公司并购

法律问题及协议安排

张锋 著

MERGERS AND ACQUISITIONS

LEGAL ISSUES AND CONTRACTUAL ARRANGEMENTS

法律出版社
LAW PRESS·CHINA
北京

图书在版编目(CIP)数据

公司并购：法律问题及协议安排 / 张锋著. -- 北京：法律出版社, 2023

ISBN 978-7-5197-8453-9

Ⅰ. ①公… Ⅱ. ①张… Ⅲ. ①企业兼并-企业法-研究-中国 Ⅳ. ①D922.291.924

中国国家版本馆CIP数据核字(2023)第206126号

公司并购

——法律问题及协议安排

GONGSI BINGGOU

—FALU WENTI JI XIEYI ANPAI

张 锋 著

策划编辑 沈小英

责任编辑 刘晓萌

装帧设计 李 瞻

出版发行 法律出版社

编辑统筹 法治与经济出版分社

责任校对 李慧艳

责任印制 吕亚莉

经　　销 新华书店

开本 710毫米×1000毫米 1/16

印张 31　**字数** 516千

版本 2023年11月第1版

印次 2023年11月第1次印刷

印刷 固安华明印业有限公司

地址:北京市丰台区莲花池西里7号(100073)

网址:www.lawpress.com.cn

投稿邮箱:info@lawpress.com.cn

举报盗版邮箱:jbwq@lawpress.com.cn

销售电话:010-83938349

客服电话:010-83938350

咨询电话:010-63939796

书号:ISBN 978-7-5197-8453-9

定价:156.00元

凡购买本社图书,如有印装错误,我社负责退换。电话:010-83938349

前　言

笔者自1994年回国从事外商投资和公司并购的法律服务至今已有近30年的时间。在此期间,笔者产生写这本书的想法也有多年。笔者在与年轻律师的交流中发现,可能是因为对公司并购缺乏系统的学习和研究,从事公司并购业务的律师往往对公司并购的一些基本概念、原理以及公司并购涉及的基本法律问题的认识不尽相同。例如:公司收购与公司合并的本质区别和内在逻辑联系是什么?资产收购与资产买卖的本质区别是什么?买方对目标公司是否有主动进行调查的法律义务?卖方对目标公司的违规事项和重大风险是否有主动向买方披露的义务?卖方的主动披露与卖方的法律责任减免之间有无直接关联?陈述和保证中陈述与保证的区别是什么?何为并购交易的交割以及如何确定交割的时间点?卖方在交割后对目标公司交割前的行为是否应当向买方承担责任以及承担责任的期限是否应有限制?如何正确理解同一并购项目中各类协议组成的一整套交易文件之间的相互关系?笔者迟迟没有下笔的主要原因,是希望通过给客户提供更多的公司并购服务进一步积累经验,提高对公司并购的认识,加深对相关问题的思考,从而在充分准备的基础上尽可能给本书读者送上一份稍有价值的研究成果和经验总结。

公司并购是一种买卖行为,即公司并购实为交易双方买卖公司或买卖公司的资产和业务的交易行为。虽然买卖行为在日常生活中频繁发生,人人熟悉,人人参与,但公司并购法律关系的复杂性和公司并购交易本身所涉法律问题的多样性决定了公司并购的业务是一项极为专业的法律服务。公司并购既要求律师对目标公司的违规问题和商业风险进行全面调查、评估和防范,也要求律师基于法律规定和客户的商业安排提供合法可行的交易方案,并基于交易方案起草和修改交易文件,协助客户与交易对方进行有效沟通,促使交易顺利进行和依法交割。因此,公司并购业务不仅在语言、逻辑、分析问题和解决问题的能力等基本功方面对律师有严格的要求,而且在法律知识、执业经验和沟通能力等方面对律师也有很高的专业要求。具体如下所述。

第一,公司并购要求并购律师能够协助客户对目标公司进行全面尽职调查,及时发现风险,客观评估风险和有效防范风险。买方律师只有熟悉与目标公司业务相关的法律和政策规定,特别是禁止性和限制性规定,方能对目标公司的合规情况进行全面到位的尽职调查;只有了解政府监管部门在目标公司业务领域的执法实践,方能正确评估目标公司投资和运营中的法律风险;也只有深入参与相关法律服务并积累丰富的实践经验,方能为客户提供问题解决方案。就目标公司的合规性而言,市场上很少有完美无缺的公司,但是,只要目标公司的业务符合买方的并购目的,买方一般不会因为目标公司的投资和经营行为没有完全合法合规而轻易放弃并购机会。因此,买方需要并购律师进行客观务实的风险评估、提供有效的风险防范措施和切实可行的交易方案。例如,虽然资产收购的方案能够减少买方的并购风险,但如果资产收购导致交易双方或一方税务负担过大,或资产收购导致买方无法取得或无法重新申请目标公司已有的关键性行政许可,那么资产收购的方案可能无法满足交易双方或一方的正常需求。

第二,公司并购要求律师能够协助客户保证交易的合法有效。不同于一般的货物买卖,公司并购会直接导致市场主体的控制权改变或市场主体的业务转移,因此公司并购可能涉及政府监管部门严格监管的一系列法律问题,包括国家安全审查的问题、经营者集中反垄断申报的问题、企业国有资产交易的监管问题、外商投资准入负面清单的问题和其他政府审批事项等。另外,公司并购虽是双方当事人之间的商业交易，但交易的内容可能涉及包括外汇监管和税务征管在内的一系列法律强制性规定。并购律师只有熟悉相关法律规定且拥有足够的项目经验方能及时提醒交易双方，确保并购交易合法有效。

第三，公司并购对律师的合同起草能力有较高的要求。公司并购属于交易型法律服务，往往涉及大量且复杂的交易文件的起草、谈判和修改，这无疑对并购律师的语言和逻辑有较高的要求。合同是当事人之间设立、变更或终止民事权利义务关系的协议，但是，对于客户来说，合同更是当事人有关一项交易的商业指南。因此，合同不仅应给客户提供清晰的交易路线图，而且应明确各方在路线图所涉的每个步骤应做的具体工作、完成时间和具体标准。一份高质量的合同应当确保没有参加合同谈判和起草的人员能够通过合同的约定清楚了解各方应该在何时完成什么工作，以及任何一方违反约定的后果。具体而言：(1)合同约定的交易步骤和流程应当清晰明了，并尽可能涵盖交易的全部主要事项，避免因合同约定的遗漏造成当事人之间的不同理解；(2)合同的文字表述应当逻辑严谨、条款清晰、文字准确、标点正确、定义明确，不应因逻辑、文字或标点符号等使得同一条款产生两种或两种以上不同的理解，或不同条款之间相互冲突；(3)合同约定的具体内容不应违反法律的强制性规定，并应具有可操作性；(4)在可争取的前提下，合同的约定应当能够给客户提供充分的保护，并在对方违约时确保客户能够通过合同约定的救济手段维护自身合法权益。

第四，公司并购要求律师能够与交易对方进行专业性和建设性沟通。公司并购具有一定的对抗性。与其他交易一样，尽管并购交易双方的目标相同，但各自的利益是对立的，即双方都希望以对自己最有利的条件达成协议。双方利益的对立决定了交易的对抗性。例如，交易双方基于各自不同的立场对目标公司的合规情况的认识和风险评估不尽相同；各自为了自身利益最大化难免讨价还价；交易双方也可能为了降低自身风险或减轻自身责任而反复推敲交易文件的每个字句。事实上，公司并购的整个过程往往是交易双方的博弈过程，而在这个过程中双方律师不可避免地需要参与当事人之间的对抗性沟通。但是，与争议解决不同，公司并购中的对抗应属于一种协商性对抗，双方律师的职责不是帮助客户与对方争执，而是基于法律规定和执业经验帮助客户与对方说理和友好协商，与对方一起寻找双方能够接受的利益平衡点和妥协方案。换句话说,并购律师的真正价值不是维护客户的不合理要求,而是在尽可能维护客户正当权益的前提下帮助客户与对方达成协议并完成交割。交易双方的并购律师之间也不应仅是对抗和竞争关系,更应是合作关系;双方律师通过专业合作,共同推进项目。因此,公司并购要求并购律师不仅能够充分维护客户的正当利益,而且能够利用自身的专业知识帮助客户与对方进行友好和建设性沟通。

公司并购是一个理论性和实务性很强的课题或业务。市场上关于公司并购的书籍不多,从并购项目操作层面详细分析和介绍并购交易细节的书籍更少。笔者撰写本书的目的是希望从并购律师的角度与读者分享并购交易中的项目经验,提示并购交易中的风险,分析并购交易中的法律问题以及介绍并购交易文件的起草技巧和注意事项。并购律师既可能代表买方,也可能代表卖方参与交易。双方当事人的利益和立场不同决定了双方律师在并购交易中扮演的角色也不同。首先,相对于卖方律师而言,买方律师的工作量和责任更大,不仅负责尽职调查和交易文件的起草,还需要基于尽职调查的结果提供风险评估和风险防范的具体方案,并根据项目的具体情况办理经营者集中反垄断申报和协助并购项目的交割。为了对公司并购进行较为全面的介绍,本书主要从买方角度分析公司并购中的法律问题和协议安排。其次,就上市公司和非上市公司而言,虽然涉及两者的公司并购具有共性,但两者适用的法律规定不完全相同,因篇幅有限,本书只对涉及有限责任公司的并购交易进行分析。[1] 最后,由于公司并购涉及的法律问题千头万绪、错综复杂,本书主要对以取得控制权为目的的公司并购进行分析,不涉及财务性投资。

从本书的目录可以基本了解本书的逻辑结构。本书在对公司并购的基本概念和流程作概括性介绍之后,基于公司并购的流程分章介绍和分析并购交易各个不同阶段的法律问题和协议安排,同时基于目标公司和交易双方的不同类型对公司并购中的企业国有资产交易和外资并购内资企业所涉及的相关问题进行专门论述。除此之外,本书也对公司并购经常涉及的税务问题和经营者集中反垄断申报分别给予介绍和分析。每个章节尽可能遵循由浅入深的原则,先从概念入手,介绍

---

〔1〕 有关上市公司的并购,参见刘成伟:《上市公司收购解决之道》,法律出版社 2023 年版。

相关原理,最终落实到相关法律问题的分析和解决。

在撰写本书的过程中,笔者得到了张鸣仕、陆翔、毛瑾炜以及团队其他同事和朋友的协助,他们以不同形式,包括案例检索、法条核对、文字检查和修改、文字排版、参与相关法律问题的研究和讨论等对本书的出版提供了帮助。对上述人员的帮助,笔者在此表示感谢。笔者也希望借此机会向客户表示衷心感谢。笔者在过去的工作中得到了他们的合作和支持,从他们经验丰富的法务人员和项目管理人员学到了很多宝贵知识和经验。可以说,没有他们的支持、合作和分享,笔者无法积累公司并购的经验,不可能完成本书的写作。最后,笔者希望借此机会感谢法律出版社法治与经济分社社长沈小英和编辑刘晓萌对本书的出版所给予的支持。

公司并购是一个法律实务性和商务性很强的律师执业领域。虽然笔者在过去近30年的时间里参与了数百个公司并购项目的法律服务,但这些项目所涉及的行业和法律问题仍然有限,因此笔者的分析和介绍难免粗浅有误,不足之处,望读者批评指正。本书撰写时正逢《公司法》修正,考虑到本书涉及《公司法》的内容有限,特别是立法机关通过《公司法》修正案的时间不确定,故最终决定不再等候。另外,虽然笔者为环球律师事务所的合伙人律师,但是本书内容不代表环球律师事务所的意见和立场,也不应被视为笔者就读者的具体法律问题所持的意见。读者应就其法律问题寻求执业律师的专业意见,不应基于本书的内容和观点自行判断或作任何决定。

张锋

2023年9月19日

本书使用的简称

本书提及或引述的法律、行政法规的名称均省略“中华人民共和国”。例如,本书中的《民法典》是指《中华人民共和国民法典》,其他法律和行政法规同理。

本书提及或引述的《公司法》是指全国人大常委会2018年10月26日修正的《公司法》。

本书提及或引述的《公司法修订审议稿》是指《中华人民共和国公司法(修订草案三次审议稿)》。

本书中股权转让协议和增资认购协议统称为“股权协议”,但根据上下文,股权协议有时特指股权转让协议,有时特指增资认购协议;股权转让中的股权受让方和增资认购中的投资人统称为“买方”,但根据上下文,买方有时特指股权转让中的受让方,有时特指增资认购中的投资人;股权转让中的股权转让方和增资认购中的目标公司统称为“卖方”,但根据上下文,卖方有时特指股权转让中的转让方,有时特指增资认购中的目标公司。在引用法条或分析案例时,为保证尽可能忠实原文,本书不对法条或判决书中的文字和概念作调整。

除已经在本书各章节注明且仅在相关章节单独使用的部分简称之外,本书不同章节重复使用的简称如下表所示(以第一个汉字的拼音为序)。

简称	全称
《公司法司法解释(二)》	《最高人民法院关于适用〈中华人民共和国公司法〉若干问题的规定(二)》(法释〔2008〕6 号,根据法释〔2020〕18 号修正)
《公司法司法解释(三)》	《最高人民法院关于适用〈中华人民共和国公司法〉若干问题的规定(三)》(法释〔2011〕3 号,根据法释〔2020〕18 号修正)
《公司法司法解释(四)》	《最高人民法院关于适用〈中华人民共和国公司法〉若干问题的规定(四)》(法释〔2017〕16 号,根据法释〔2020〕18 号修正)
《公司法司法解释(五)》	《最高人民法院关于适用〈中华人民共和国公司法〉若干问题的规定(五)》(法释〔2019〕7 号,根据法释〔2020〕18 号修正)
《合同法司法解释(二)》	《最高人民法院关于适用〈中华人民共和国合同法〉若干问题的解释(二)》(法释〔2009〕5 号,已失效)
《九民纪要》	《全国法院民商事审判工作会议纪要》(法〔2019〕254 号)
《买卖合同司法解释》	《最高人民法院关于审理买卖合同纠纷案件适用法律问题的解释》(法释〔2012〕8 号,根据法释〔2020〕17 号修正)
《民法典总则编司法解释》	《最高人民法院关于适用〈中华人民共和国民法典〉总则编若干问题的解释》(法释〔2022〕6 号)
《民事诉讼法司法解释》	《最高人民法院关于适用〈中华人民共和国民事诉讼法〉的解释》(法释〔2015〕5 号,根据法释〔2022〕11 号修正)
《商务部外资并购规定》	商务部《关于外国投资者并购境内企业的规定(2009 修改)》
《商业秘密司法解释》	《最高人民法院关于审理侵犯商业秘密民事案件适用法律若干问题的规定》(法释〔2020〕7 号)
《涉外民事关系法律适用法司法解释(一)》	《最高人民法院关于适用〈中华人民共和国涉外民事关系法律适用法〉若干问题的解释(一)》(法释〔2012〕24 号,根据法释〔2020〕18 号修正)
《外商投资法司法解释》	《最高人民法院关于适用〈中华人民共和国外商投资法〉若干问题的解释》(法释〔2019〕20 号)
《外商投资企业规定(一)》	《最高人民法院关于审理外商投资企业纠纷案件若干问题的规定(一)》(法释〔2010〕9 号,根据法释〔2020〕18 号修正)

续表

简称	全称
国家发改委	国家发展和改革委员会
原国家工商总局	原国家工商行政管理总局
国务院国资委	国务院国有资产监督管理委员会
市场监管总局	国家市场监督管理总局
中国证监会	中国证券监督管理委员会
原中国银保监会	原中国银行保险监督管理委员会

目 录

CONTENTS

CHAPTER 01

第一章 公司并购概述

实践中,公司并购类型多种多样,有股权收购、资产收购、增资认购和公司合并等。作为公司并购的概述,本章将对实践中公司并购的几种主要类型进行逐一介绍,力求透彻分析各种类型在形式上的差别和内在的共同点,并基于其共同点进一步讨论公司并购的法律属性、法律适用以及股权收购与资产转让(如不动产转让)之间的区别。本章的最后将对公司并购的基本流程作简要介绍。为避免与其他章节内容重复,本章不对公司并购涉及的具体法律问题和公司并购交易文件作详细分析,相关法律问题和交易文件的介绍和分析将按照并购交易的流程在本书的其他章节展开。

第一节 公司并购的概念和商业目的

一、公司并购的概念

"公司并购"是"公司收购"和"公司合并"两种不同类型的公司重组和交易的统称。其中,公司收购包括"股权收购"和"资产收购"两种较为典型的交易模式,股权收购又包括"股权转让”和“增资认购”,而以资产收购为目的的交易大多最终也是通过股权转让的方式完成;公司合并也同时包括“吸收合并”和“新设合并”两种不同的类型,但对于被合并的公司的股东而言,两种类型没有实质性区别。另外,虽然公司收购和公司合并在交易结构上有明显区别,但两种交易所涉及的权利和义务在本质上是相似或相同的。我们将在本节就相关概念及其内涵和外延作简要介绍和分析。

(一)公司收购

公司收购主要是指买方通过股权交易获得对目标公司的控制权,通常包括股权转让和增资认购两种类型。其中,股权转让是指目标公司的股东(卖方)通过转让其持有的股权,将该股权所指向的目标公司转让给买方;买方基于法律规定和股权转让协议的约定受让卖方持有的股权,并据此成为目标公司的股东。取决于卖方是否为目标公司的唯一股东,以及卖方是否向买方转让其在目标公司持有的全部股权,股权转让后,目标公司的股权结构大致如下:如果卖方为目标公司的唯一股东,并且卖方将其持有的目标公司全部股权转让给买方,买方将取代卖方成为目标公司的唯一股东;如果卖方为目标公司的唯一股东,但卖方仅将其持有的目标公司部分股权转让给买方,买方将与卖方共同成为目标公司的股东;如果卖方不是目标公司的唯一股东,无论卖方是否将其持有的目标公司全部股权转让给买方,买方都将与目标公司的其他股东,甚至包括卖方,成为目标公司的共同股东。增资认购是指投资人通过认购目标公司新增的注册资本,成为目标公司的股东,与目标公司的其他股东一起持有目标公司。由此可见,股权转让和增资认购二者的核心和共同点是买方(或投资人)通过股权转让或增资认购等股权交易的方式取得目标公司股权,从而间接拥有与该股权所占目标公司注册资本的比例相对应的目标公司的资产、业务、债权和债务等。

尽管股权转让和增资认购都是通过股权交易进行公司收购的方式,但二者仍然有所区别。如果不考虑目标公司现有股东之间的股权转让或目标公司现有股东参与目标公司的增资认购的情形,二者的区别主要体现在以下 3 个方面。

第一,二者主体不同。股权转让发生在股权买卖双方之间,即卖方一定是目标公司的现有股东,买方是目标公司现有股东之外的第三人,买方通过受让股权取代卖方成为目标公司的股东或与卖方一起成为目标公司的股东。增资认购主要是目标公司与买方之间的交易,买方通过认购目标公司的新增资本成为目标公司的新股东;尽管目标公司的现有股东(特别是控股股东)可能参与增资认购交易文件的签署,但其签约的目的是增加买方对目标公司的信心或根据买方的要求就目标公司在交易文件中的陈述保证和承诺向买方提供担保。

第二,二者程序不同。股权转让是股东的行为,是现有股东与未来股东之间的交易,因此除应遵守目标公司的组织性文件(如公司章程)和法律强制性规定外,卖方转让股权不受其他限制,更无须经过目标公司的同意。虽然《公司法》第71条规定股东向股东以外的人转让股权应当经其他股东过半数同意,但其他股东半数以上如既不同意转让也不同意购买卖方拟转让的股权视为同意转让。《公司法修订审议稿》对于股东向股东以外的人转让股权的,不再要求必须经其他股东过半数同意。根据《公司法修订审议稿》第84条、第86条和第87条的相关规定:(1)股东转让其股权的,应当将股权转让的数量、价格、支付方式和期限等事项书面通知其他股东,其他股东在同等条件下有优先购买权。股东自接到书面通知之日起30日内未答复的,视为放弃优先购买权。(2)股东还应书面通知公司,请求变更股东名册,需要办理变更登记的并请求公司向公司登记机关办理变更登记。公司拒绝或者在合理期限内不予答复的,转让人、受让人可以依法向人民法院提起诉讼。受让人自记载于股东名册时起向公司主张行使股东权利。(3)股东转让股权后,公司应当及时注销原股东的出资证明书,向新股东签发出资证明书,并相应修改公司章程和股东名册中有关股东及其出资额的记载;对公司章程的该项修改不需再由股东会表决。与股权转让不同,增资认购是目标公司的自身行为,是目标公司与未来股东之间的交易,因此增资认购需要根据法律和目标公司的章程履行法定增资程序,包括必须经目标公司股东会代表2/3以上表决权的股东表决通过。[1]

第三,二者结果不同。股权转让对目标公司的注册资本和资本公积不会产生任何影响,买方只负有向卖方支付股权转让价款的义务,无须向目标公司支付任何对价。在增资认购的交易中,投资人负有向目标公司支付认购价款的义务(包括认

〔1〕 参见《公司法》第43条和《公司法修订审议稿》第66条。

购的新增注册资本和与该新增注册资本相对应的资本公积),目标公司通过投资人的认购增加其注册资本和资本公积,现有股东保持不变,但各自的股权比例将被相应稀释。

实践中,交易各方有时在同一并购项目中同时采用股权转让和增资认购的交易模式,如在卖方向买方转让部分股权的同时,目标公司增加注册资本,由买方单方认购或由卖方和买方按照股权转让后的股权比例分别认购。由于股权转让只是股东之间的交易,对目标公司的注册资本不产生任何影响,因此,这种既转股又增资的交易安排是为了通过同一并购项目达到引入新股东和增加目标公司注册资本的两个不同目的。就交易文件而言,交易各方可以分别签署两份协议,即股权转让协议和增资认购协议,也可以将股权转让和增资认购同时纳入同一份协议中,即股权转让与增资认购协议,由卖方、买方和目标公司一起签署。但是,如果目标公司有数个股东,其中部分股东将其持有的全部股权转让给买方,其他股东继续持有目标公司股权,那么股权转让协议和增资认购协议应当分别签署,即买卖双方签署股权转让协议,增资认购协议应由买方与目标公司以及其他股东一起签署。如果卖方向买方转让全部股权,股权转让后买方为目标公司的唯一股东,那么卖方只需与买方签署股权转让协议,不可能参与目标公司在股权转让后的增资行为。

关于公司收购的概念,在介绍股权转让和增资认购的同时必须介绍“资产收购”。资产收购是与股权收购相对应的一个概念,具体是指买方不通过收购卖方持有的股权收购目标公司,而是直接与目标公司签署协议收购目标公司的资产,并运营该资产。由于买方收购目标公司不仅间接取得目标公司的业务和资产,而且同时间接承接了目标公司的所有负债和风险,买方有时企图通过资产收购的方式来控制或防范并购项目的风险。严格来说,如果买方只收购目标公司的资产,而不收购由该等资产所支持的业务,那么买方与目标公司之间的交易应该不属于公司收购的范畴,而是一种比较复杂的资产买卖或资产包买卖,即买方向目标公司支付一定的对价以取得对作为标的物的资产的所有权。资产收购作为一种习惯性使用的概念在大多情形下应该是指买方在收购目标公司的资产的同时,也收购该等资产所支持的目标公司的相关业务。准确地说,资产收购应该是指“业务收购”,而不是指单纯的资产买卖。另外,资产收购有时不仅是为了满足买方控制或防范并购项目风险的需要，也是卖方出于目标公司的业务结构考虑必须采用的一种交易架构。例如，在目标公司同时经营多种不同的业务时，卖方如果只希望出售目标公司某个或某几个特定领域的业务，则一般不会也不可能通过股权交易将目标公司的控制权直接转让给买方。《商务部外资并购规定》规范的外国投资者并购境内企业的方式包括股权并购和资产并购，该规定第2条对“资产并购”定义如下：外国投资者设立外商投资企业，并通过该企业协议购买境内企业资产且运营该资产，或外国投资者协议购买境内企业资产，并以该资产投资设立外商投资企业运营该资产。由此可见，该规定所强调的购买并“运营该资产”实际上是指交易双方之间的业务转让。

就资产收购的具体交易方式而言，理论上说，卖方可以基于与买方的协商，将与拟转让业务相关的资产、债权债务、员工和商务合同等直接由目标公司转让给买方。但是，考虑到直接转让资产的税务负担，以及转让与业务相关的债权债务、员工和商务合同的复杂性和对第三方的依赖性（如债务的转让和商务合同的概括转让需经合同相对方同意），[1]实践中买方一般不轻易接受这种交易模式。实践中比较常见的业务转让模式是先由卖方对目标公司进行重组，然后买方再收购重组后的相关公司。例如：（1）卖方将与拟出售的业务相关的资产、债权债务、员工和商务合同从目标公司剥离，转移到一家由目标公司新设立的公司（新设公司），再由买方收购该新设公司；（2）卖方通过公司分立的程序先将目标公司分立为两家公司（存续公司和新设公司），并将拟出售的业务以及与该业务相关的资产、债权债务、员工和商务合同转到分立后两家公司中的一家公司（如新设公司），再由买方收购该公司。这两种方式的形式区别在于，在前一种情况下，新设公司的股东是目标公司，交易发生在买方和目标公司之间，买方从目标公司受让新设公司股权；在后一种情况下，新设公司的股东与存续公司的股东相同，均为原目标公司的股东，买方从原目标公司股东受让分立后的新设公司股权。就实质性区别而言，由于相关法

---

〔1〕《民法典》第551条第1款规定：“债务人将债务的全部或者部分转移给第三人的，应当经债权人同意。”另外，《民法典》第555条规定：“当事人一方经对方同意，可以将自己在合同中的权利和义务一并转让给第三人。”

律规定分立后的公司需要对分立前公司的债务承担连带责任,因而前一种方式更有利于买方防范目标公司重组之前的债务和经营风险。[1] 尽管有上述区别,但不难看出,通过上述两种不同重组方式所完成的业务转让最终也是通过股权交易的方式实现的。

(二)公司合并

我国法律规定了吸收合并和新设合并两种方式。《公司法》第 172 条规定,吸收合并是指一个公司吸收其他公司,被吸收的公司解散;新设合并是指两个以上公司合并设立一个新的公司,合并各方解散。笔者认为,吸收合并和新设合并的区别和共同点主要表现在以下 3 个方面(假设参与公司合并的为两家公司,即 A 公司和 B 公司)。

第一,对于两家公司的股东来说,吸收合并和新设合并几乎没有任何区别,即无论是吸收合并还是新设合并,两家公司的现有股东都将是合并后的公司的共同股东。如果一定要说区别,在吸收合并中(如 A 公司吸收 B 公司),B 公司的现有股东在合并后将与 A 公司的现有股东一起成为 A 公司的股东,即 B 公司的现有股东用其持有的 B 公司股权换取合并后的 A 公司股权,A 公司的现有股东继续持有合并后的 A 公司股权;在新设合并中(如 A 公司和 B 公司通过合并设立 C 公司),A 公司和 B 公司的现有股东在合并后都将成为 C 公司的股东,即 A 公司的现有股东和 B 公司的现有股东分别用其持有的 A 公司股权和 B 公司股权换取 C 公司股权。

第二,对于 A 公司和 B 公司而言,在吸收合并中(如 A 公司吸收 B 公司),A 公司在合并后继续存在,B 公司将被解散,B 公司所有的债权、债务都将被 A 公司接收;但在新设合并中,A 公司和 B 公司都将在合并后解散,A 公司和 B 公司的所有债权、债务都将被 C 公司接收。

第三,对于 A 公司和 B 公司的员工和业务合作伙伴(如供应商和客户)而言,两种不同类型的合并对他们并无任何不同的实质影响。《公司法》第 174 条规定,“公

---

〔1〕《公司法》第 176 条规定:“公司分立前的债务由分立后的公司承担连带责任。但是,公司在分立前与债权人就债务清偿达成的书面协议另有约定的除外。”

司合并时,合并各方的债权、债务,应当由合并后存续的公司或者新设的公司承继”。因此,无论是吸收合并还是新设合并,两家公司现有的业务、资产、债权、债务、员工和商务合同都将自动转入合并后的存续公司或新设公司。

(三)公司收购与公司合并的比较

尽管公司收购和公司合并在交易结构上有明显区别,但两种交易所涉及的权利和义务在本质上是相似或相同的。公司收购属于单向收购行为,买方无疑十分关注目标公司的资产、业务、债权和债务;公司合并属于双向收购行为,其本质是公司收购的一种特殊表现形式。具体而言,在公司合并中,两家公司的股东互为卖方和买方:对于A公司的股东而言,公司合并实质上是A公司的股东共同收购B公司的交易;同样,对于B公司的股东而言,公司合并实质上是B公司的股东共同收购A公司的交易。无论是吸收合并还是新设合并,两家公司的股东在公司合并后都将成为存续公司或新设公司的股东。因此,在两家公司合并过程中,任何一家公司的股东对另一家公司的资产、业务、债权和债务都应十分关注。

若论公司收购和公司合并的区别,在公司收购的交易中,买方一般直接向卖方支付现金对价,卖方收取现金对价退出目标公司;而在公司合并中,由于不存在卖方和买方,合并前的公司股东通过股权置换的方式取得交易对价,即合并前的公司股东用合并前的公司股权换取合并后的公司股权。此外,公司收购大多发生在非关联方之间,交易双方通常为同一行业上下游的经营者或直接竞争对手;而公司合并一般发生在同一集团公司内部的关联公司之间,关联公司通过合并对其业务进行整合和优化。另外,上市公司之间的收购也经常采用公司合并的方式,即一家上市公司通过吸收合并或新设合并的方式收购另外一家上市公司,从而避免较大的资本支出或并购贷款。

实践中,公司收购与公司合并不是完全分开的,有的交易是以公司收购的形式实现公司合并的目的。如图1所示,在B以其在Y持有的股权作价出资,认购X增资的情形下,对于A和B而言,在B取得X股权以及X收购Y的同时也实现了X和Y之间的合并。也就是说,同一个项目涉及两个互为关联的股权交易,买方以其在其他项目公司持有的股权作价出资,认购目标公司的增资,目标公司基于买方的作价出资完成对其他项目公司的收购。就买方的增资认购而言,买方需要对目标公司进行必要的尽职调查,并与目标公司及其股东签署增资认购协议;同样,对于目标公司收购其他项目公司来说,目标公司需要对项目公司进行尽职调查,并签署有关项目公司的股权转让协议。

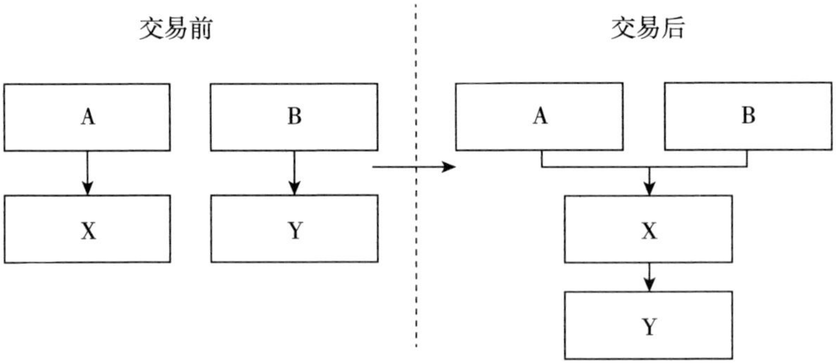

图 1

(四)公司并购与私募股权投资的比较

实践中,除实体企业通过股权交易进行公司并购外,亦存在大量的私募股权基金作为买方通过股权转让或增资认购的方式取得目标公司的股权。由于私募股权基金一般只收购目标公司部分股权或只参与认购目标公司的少量增资,且大多不是为了取得目标公司的控制权,因此,这种股权交易一般不属于严格意义上的公司并购。具体而言,与公司并购相比,私募股权投资在很多方面存在特殊性:第一,在投资目的上,实体企业作为战略投资者,其收购目标公司的根本目的是控制目标公司的经营权和管理权、实现自身的规模扩张或产业协同,而私募股权基金作为财务投资者,其对目标公司投资的根本目的是在限定时间内通过资本增值后退出等方式实现高倍数的回报。第二,在资金来源上,实体企业收购目标公司所使用的资金主要源于自有资金及融资资金,而私募股权基金所使用的资金主要为以非公开方式向投资者募集的资金,即受他人委托管理的资金。第三,在投资期限上,实体企业往往有意长期持有目标公司股权,而私募股权基金均有投资期的限制,持有目标公司股权的时间一般在 3 ~ 7 年。第四,在投资对象上,实体企业主要以成熟期的企业为收购对象,而私募股权基金则侧重于投资有较大发展空间的初创期和发展期企业。第五,在交割后的安排上,实体企业更关注交割后目标公司的控制和管理、卖方及其关联方的竞业禁止等安排,而私募股权基金则更关注估值调整("对赌")、股权回购、优先清算、反稀释等一系列保护小股东权益和退出的安排。

二、公司并购的商业目的

这里说的公司并购商业目的主要是从买方的角度而言。公司并购无疑是买方对外快速扩张公司规模、实力的有效途径。一般来说,买方希望通过并购在市场竞争中取得比竞争对手无论是在规模上还是在竞争力上更多的优势。选择不同的目标公司体现了买方不同的并购目的,具体而言,买方的并购目的主要包括以下4种。

(一)追求规模扩张

通常来说,追求规模扩张应当是买方横向并购的主要商业目的。在横向并购中,买方通过收购竞争对手或与竞争对手合并,在短时间内扩大市场占有率,增加营业额,从而达到增加经济规模、提高竞争力和控制成本的目的。在目标公司和买方的业务属于同一领域但各自产品的性能不同的情形下,并购一般能够帮助买方完善在该领域内产品的种类,满足客户对高中低不同档次和不同性能产品的需求。

(二)追求协同效应

追求协同效应也是买方并购的主要商业目的之一,并且这一商业目的往往与追求规模扩张的商业目的并存。为了实现协同效应,买方可能有意通过并购获得目标公司的市场营销网络(包括目标公司的代理商和经销商),以推广和销售自身的产品。另外,如果目标公司与买方的业务分别属于同一产业链的上下游,买方可能希望通过收购目标公司打通相关产业链,扩展其在该产业链中的业务,或通过纵向收购对上下游业务进行有效整合,取得协同效应。特别是在买方长期依赖目标公司的供货时,买方更有可能通过并购目标公司,确保供货渠道、供货质量和价格的稳定,同时节约运输和仓储成本。

（三）进入新业务领域

买方可以通过并购不同业务领域的目标公司，快速进入新的业务领域，从而直接获得目标公司在特定业务领域的市场地位和规模，在最短的时间内完善自身的投资组合和业务组合，谋取战略发展机会。特别是对政府主管部门严格监管的业务领域或国家实行产能控制的业务领域，如国家对特定业务领域内的生产许可证或经营许可证实行限额发放时，买方无法在短时间内通过自建研发部门、新建工厂等方式进入该等业务领域，只能通过并购在相关业务领域的目标公司达到快速进入的目的。

（四）收购优质资产

常见的公司优质资产包括有形的不动产和无形的知识产权。在不动产领域的公司并购中，买方可以通过收购目标公司，取得目标公司持有的不动产（包括在建工程）。如果目标公司的不动产主要用于出租，收购行为本身不影响目标公司的租约，买方仍然可以承继目标公司原有的租赁业务。如果目标公司出于资金管理的考虑，希望通过处置其拥有的不动产将自身转变为一家轻资产公司，那么，目标公司可以将不动产剥离到一家新设公司，将新设公司的股权转让给买方，再从新设公司回租不动产用于自身的生产经营。在目标公司拥有竞争力较强的知识产权时，买方通过并购目标公司，间接取得该等知识产权，从而达到快速提高自身竞争力的目的。

第二节　公司并购的法律属性和法律适用

公司并购是交易各方基于约定进行的商业交易。作为公司并购的基础性文件，并购协议属于双务有偿合同，即卖方和买方的权利和义务彼此关联，一方的权利即意味着另一方的义务，任何一方在享受权利的同时也对相对方承担相应的义务。《民法典》没有对股权转让协议做专门的规定，但是《民法典》第 646 条规定：

“法律对其他有偿合同有规定的，依照其规定；没有规定的，参照适用买卖合同的有关规定。”《买卖合同司法解释》第 32 条进一步明确规定：“法律或者行政法规对债权转让、股权转让等权利转让合同有规定的，依照其规定；没有规定的，人民法院可以根据民法典第四百六十七条和第六百四十六条的规定，参照适用买卖合同的有关规定。”基于《民法典》和《买卖合同司法解释》的上述规定，不同类型的有偿合同所约定的交易既有其自身的特点，也具有一定的共性。就公司并购而言，其实质是一种买卖行为，但是相对于买卖合同而言，并购协议有其独特性，即公司并购属于一种特殊的买卖行为，其特殊性主要由股权本身的法律属性和所适用的法律所决定。本节将分析公司并购的法律属性和公司并购的法律适用。

一、公司并购的法律属性

（一）公司并购是以股权为标的物的买卖行为

公司并购的法律属性是由股权本身的法律属性所决定的。作为股权协议的标的物，股权是股东对公司享有的一种综合性权利，包括依法享有资产收益、参与重大决策和选择管理者等权利。从股权、公司和公司的业务和经营要素（包括人力资源、物质资源、资金资源和技术资源等）三者之间的关系来看，公司是股权指向的直接对象，而公司的业务和经营要素则是股权指向的间接对象。虽然并购交易的标的物是股权，但交易双方有关公司并购的所有安排最终指向公司以及公司的业务和经营要素。具体内容如下文所述。

第一，股权是股东通过认缴出资取得的公司所有权。股权是股东最初通过认缴出资从公司取得的对价。股东承诺将其拥有的货币和实物、知识产权、土地使用权、股权、债权等可以用货币估价并可以依法转让的非货币财产以出资的形式转让给公司以换取公司所有权。根据《公司法》第 27 条、第 28 条和《公司法司法解释（三）》第 9 条、第 10 条、第 11 条的相关规定，对作为出资的非货币财产应当评估作价，核实财产，不得高估或者低估作价；如果评估确定的价额显著低于公司章程所定价额的，应当认定出资人未依法全面履行出资义务。股东以货币出资的，应当将货币出资足额存入公司在银行开设的账户；以非货币财产出资的，应当依法办理其财产权的转移手续;以房屋、土地使用权或者需要办理权属登记的知识产权等财产出资,不仅需要实际交付公司使用,还应办理权属变更手续。法律不仅要求股东的出资必须符合实际交付和权属转让的标准,而且要求股东的出资必须符合等价交换的原则。事实上,正是基于股东的出资资产在出资后归公司所有的原则,股东在承诺出资时才取得与其承诺的出资相对应的公司所有权。因此,股东的出资过程是一种权利类型转换的过程,即股东的权利由物权转为股权,物权的指向对象是出资资产,股权的指向对象是公司。

第二,股东因公司的独立人格与公司互为独立,股权因公司的法人财产权与公司的法人财产隔离。首先,作为独立的民事主体,公司具有独立人格,即相对于股东而言,公司必须依法保持自身的独立性,应当有独立于股东的意思。公司的独立人格要求股东不能对公司有过度支配和控制,不能操纵公司的决策,使得公司丧失独立性。股东通过股东会行使参与公司的重大决策和选择管理者等权利,即股东将其自身的意志通过公司章程和法律规定的程序和表决机制转变为公司股东会的有效决议,最终成为公司的决策,并由公司对此承担责任。换句话说,股东无权绕开股东会直接向公司下达指示或命令,或通过其他手段对公司过度支配和控制,否则将因滥用股东权利对公司或者其他股东承担赔偿责任,[1]或因"刺破公司面纱"被要求对公司债务承担连带责任。[2] 其次,作为独立的民事主体,公司具有法人财产权以及独立承担责任的能力。股东虽然通过认缴出资拥有公司所有权,但不直接拥有公司的法人财产和公司经营的业务,对公司的对外负债也不承担任何责任。股东依法享有的资产收益通常包括分配公司的税后利润以及分配公司在解散时根据法律清偿完所有债务之后的剩余财产。因此,独立人格权、独立财产权以及股东的有限责任制度决定了公司自成立之日即与股东互为独立,并将股东持有的股权与公司的法人财产隔离。

第三,股权收购的最终目的指向公司的业务和经营要素。公司是"以取得利润

---

〔1〕 参见《公司法》第20条。
〔2〕 参见《九民纪要》第11条。

并分配给股东等出资人为目的成立的法人,为营利法人"[1]。股东设立公司的目的是通过公司的经营活动取得利润。在通常情况下,公司拥有独立的业务和运营其业务所需的各项经营要素,所有这些业务和经营要素都集中汇集在公司的名下,使公司成为这些业务和经营要素的集合体。尽管公司的独立人格权和法人财产权将股权与公司的业务和经营要素隔离,但股权、公司以及公司的业务和经营要素三者之间的关系决定了股东在拥有公司股权的同时间接拥有公司的业务和经营要素,或者说,买方收购股权的最终目的指向公司的业务和经营要素:(1)公司并购意味着买方间接收购目标公司的全部资产,包括流动资产(如货币资金、短期投资、应收票据、应收账款和存货等)、固定资产(房屋、建筑物、机器、机械、运输工具以及其他与生产经营活动有关的设备、器具、工具等)和无形资产(如土地使用权、知识产权和特许权等)。毫无疑问,目标公司资产的品质、适用性以及该等资产的权利性或物理性瑕疵对股权转让的对价有直接影响。(2)公司并购也意味着买方间接承受目标公司的所有负债,包括现有负债(如借款、应付债券和票据、应付账款、预收款项、应付职工薪酬和社会保险、应交税费、应付利息、应付红利和其他应付款等)和或有负债(如侵权之债、违约之债等)。(3)除目标公司的资产和负债外,买方还通过公司并购间接承担目标公司在投资、生产和经营过程中可能产生的违规风险。该等风险的表现形式多种多样,有的可能导致目标公司遭受罚款、被没收违法所得等行政处罚,有的可能对目标公司的生产经营产生实质性负面影响,如吊销营业执照。(4)买方还将间接接收目标公司的员工。在买方有意通过公司并购间接收购目标公司的业务或知识产权时,买方一般希望目标公司的核心管理人员和技术人员能够稳定,不因股权变动而离职。(5)上述经营要素共同构成目标公司的业务,买方在间接取得该等经营要素的同时,自然间接取得公司的业务、客户和供应商以及市场份额。

如前所述,股权是一种综合性的权利,不仅包括财产收益权,还包括公司经营决策权等多种权利。因此,股权并购不仅直接影响当事人的利益,而且影响公司的经营决策和管理、公司的员工、债权人以及其他相关第三人的利益。另外,作为最

---

[1] 《民法典》第76条第1款。

为典型的市场主体，公司有其自身经营的业务，参与市场竞争，公司并购不仅影响市场竞争和市场管理，而且可能涉及国家安全。公司并购的法律属性和特殊性决定了公司并购是一种时间跨度长、交易环节多、交易过程复杂、交易风险高的特殊买卖行为。

（二）公司并购不同于资产买卖

公司并购与资产买卖的最大区别是资产买卖的标的物是资产，包括动产和不动产，不涉及资产之外的业务和经营要素；公司并购的标的物是股权，买方通过股权取得对公司的控制权，进而取得公司的业务和包括动产和不动产在内的各种经营要素。公司并购与资产买卖中的动产转让的区别比较容易判断。就不动产转让而言，法律设置了较多的条件或限制性规定，如根据《城镇国有土地使用权出让和转让暂行条例》和《城市房地产管理法》的相关规定，以出让方式取得的土地使用权，在转让房地产或土地使用权时应当符合规定的条件。[1] 实践中，不动产转让的当事人为了避免高额的税费成本和法律或地方政策对不动产转让的限制，往往通过股权转让的方式间接转让目标公司持有的不动产。这就产生两个基本法律问题，即股权转让在此情形下是否应该被视为不动产转让；如果目标公司的不动产尚不符合法律规定的转让条件，买方通过股权转让间接取得目标公司的不动产是否违反法律有关不动产转让的限制性规定。

《最高人民法院关于审理涉及国有土地使用权合同纠纷案件适用法律问题的解释》(2020 年修正)第 7 条规定，土地使用权转让合同，是指土地使用权人作为转让方将出让土地使用权转让于受让方，受让方支付价款的协议。《城市房地产管理法》第 37 条规定，房地产转让是指权利人通过买卖、赠与或者其他合法方式将其房地产转移给他人的行为。按照上述定义，房地产转让是指房地产权利人转让其持

---

〔1〕 参见《城镇国有土地使用权出让和转让暂行条例》第 19 ~ 27 条。另外，《城市房地产管理法》第 39 条规定："以出让方式取得土地使用权的，转让房地产时，应当符合下列条件：(一)按照出让合同约定已经支付全部土地使用权出让金，并取得土地使用权证书；(二)按照出让合同约定进行投资开发，属于房屋建设工程的，完成开发投资总额的百分之二十五以上，属于成片开发土地的，形成工业用地或者其他建设用地条件。转让房地产时房屋已经建成的，还应当持有房屋所有权证书。"

有的房地产的行为,这一转让将导致房地产权利人的变更。而股权转让并不会导致房地产权利人的变更,因此不应被视为房地产转让。但是,我们注意到,原建设部发布的《城市房地产转让管理规定》第3条规定,房地产转移的合法方式包括“因企业被收购、兼并或合并,房地产权属随之转移”等行为。因此,《城市房地产转让管理规定》第3条的规定可能使人产生这样一种解读,即通过收购目标公司间接受让目标公司持有的房地产也属于房地产转让。

究竟如何正确理解股权转让与不动产转让之间的关系,国土主管部门和地方政府似乎没有对此达成共识。例如,原国土资源部于2003年5月31日向原广东省国土资源厅出具的《国土资源部办公厅关于股权转让涉及土地使用权变更有关问题的批复》(国土资厅函〔2004〕224号,以下简称224号文)曾提及“太古可口可乐香港有限公司将其全资拥有的独资企业——太古饮品(东莞)有限公司全部转让给可口可乐(中国)投资有限公司,属于企业资产的整体出售,其中包含土地使用权的转移……应按土地使用权转让的规定办理变更登记”。由于224号文并未披露具体的交易安排,难以据此推断国土主管部门是否认为股权转让应当视为不动产转让。但是,笔者注意到,湘潭市人民政府在《关于严格落实房地产用地调控政策的通告》(潭政通〔2017〕4号)中依据224号文认为“以股权转让方式取得土地使用权的,依法承接原土地使用权人的相关权利和义务,并承担其法律责任”。这似乎延续了224号文的观点,将股权转让视为不动产转让。与此相反,原浙江省国土资源厅于2005年7月11日出具的《关于企业名称、法定代表人变更以及股东转让出资或股份是否涉及土地使用权转让有关问题的批复》(浙土资函〔2005〕186号)明确表示,股权转让应当属于《公司法》调整范畴,不应被视为法定的土地使用权转让情形。

关于如何认定股权转让与不动产转让两者之间关系的问题,法院在司法审判实践中也尚未形成统一的意见。就民商事领域的司法实践而言,根据我们对相关判例的分析和对比,最高人民法院和大部分地方法院基于股权转让行为和不动产转让行为的不同法律性质,一般认为股权转让未导致不动产的权利人变更,不应被视为不动产转让,股权转让不应纳入土地管理法规的审查范畴。例如,在“大同中建伟业房地产开发有限公司、李某股权转让纠纷案”中,最高人民法院在确认当事人签订的《股权转让协议书》合法有效的基础上进一步认为，协议约定的转让标的为公司股权，涉案地块的权利人并未变更，股权转让不会对涉案地块的权属造成影响，未违反《城市房地产管理法》。[1] 在目标公司的主要资产仅为土地使用权的情形下，最高人民法院也认为，当事人股权转让行为不属于土地使用权转让。例如，在“马某甲、马某乙与湖北瑞尚置业有限公司股权转让纠纷案”中，虽然目标公司持有的涉案地块等资产的价值是决定股权转让价格的重要因素，但是最高人民法院认为不能据此认定股权转让行为本质上是土地使用权转让行为，因为两个行为的法律依据不同，应适用完全不同的法律制度，不可混淆。[2] 在当事人的相关行为在刑法上被认定构成非法倒卖土地使用权罪时，最高人民法院也坚持认为：案涉《公司股权转让合同书》系双方的真实意思表示，依法成立并生效，即使该案在刑法上构成刑事犯罪，案涉合同的效力亦不必然归于无效；当事人以受让公司股权的方式取得涉案地块，属于商事交易中投资者对目标公司的投资行为，股权转让既未改变目标公司本身亦未改变涉案地块的权利人，不应纳入土地管理法规的审查范畴，而应依据《公司法》进行审查。[3]

最高人民法院的上述判决也代表了大部分地方法院在审理类似案件时的判决思路。[4] 例如，江苏省高级人民法院在“江苏高成房地产开发有限公司与福中集团有限公司股权转让纠纷案”中阐明了下列理由：首先，股权转让必然涉及目标公司持有的房地产等资产相关权益的移转，但该等转让并未导致房地产的权利人的变更。我国国家层面的法律法规并未明确规定股权转让应被视同为房地产转让，也未禁止此类的股权转让，因此股权转让应属于《公司法》调整范围，而不属于国家土地使用权转让的相关法律法规的调整范畴。其次，由于法律法规对房地产转让的限制以及房地产转让相关的税费成本较高，因此实践中通过转让目标公司股权

---

〔1〕 参见最高人民法院民事判决书，(2018)民终199号。

〔2〕 参见最高人民法院民事判决书，(2014)民二终字第264号。

〔3〕 参见最高人民法院民事判决书，(2016)最高法民终222号。

〔4〕 参见江苏省高级人民法院民事判决书，(2014)苏商再终字第0006号；辽宁省沈阳市中级人民法院民事判决书，(2016)辽01民终3666号；广东省佛山市中级人民法院民事判决书，(2016)粤06民终7113号。

从而间接转让房地产项目的情形成为普遍现象，这应当由政府主管部门对通过股权转让的方式间接转让房地产的行为进行规范和完善，以填补法律法规的空白，避免非法转让土地使用权和炒买炒卖土地使用权的现象，而不是将股权转让纳入土地管理法规的规制范畴。[1]

但是，也有部分地方法院在特定案件中认为，相关案件中的股权转让是行为外表，交易双方的法律关系实质上是不动产转让。例如，在“方某某与黄山美森新材料科技有限公司、盛某某合同纠纷案”中，人民法院查明：(1)受让方实际支付了土地出让金，并以此冲抵了部分转让价款，这意味着转让方将土地出让金通过股权转让协议项下的转让价款实质转移给受让方。(2)根据股权转让协议的约定，如目标公司未能取得涉案地块，则转让方应回购目标公司的股权。由于该等回购安排围绕涉案地块，不涉及分红、营收、盈亏等目标公司的经营情况，因此从该协议内容来看，该协议实质上为土地使用权买卖协议，而不属于商业经营中正常的股权转让行为。(3)目标公司在设立后没有从事经营活动，且目标公司受让案涉地块后，并未实际开发使用案涉地块。基于上述查明的事实，法院认为，该股权转让不符合商业经营活动中对于股权转让的通常理解，并最终认定双方之行为系以股权转让为外表，实质为国有土地使用权买卖。[2] 在“陈某某、沈某、沈某某诉韩某建设用地使用权转让合同纠纷案”中，转让方和受让方就涉案地块的转让签署了协议。根据该协议，转让方负责引进香港东南公司在桐乡设立嘉兴汉嘉公司，并保证将嘉兴汉嘉公司的股权转让给受让方；受让方应分期支付转让价款：协议生效后支付 100 万元保证金；受让方在转让方以嘉兴汉嘉公司的名义取得政府主管部门就案涉地块出具的挂牌文件后支付 200 万元；受让方在转让方以嘉兴汉嘉公司的名义取得案涉地块后支付 700 万元；受让方在股权转让变更登记办理完成且相关资料完成交付后支付 220 万元。杭州市萧山区人民法院认为，当事人签订的协议的实质内容是转让方借目标公司竞得案涉地块后通过公司股权转让方式将案涉地块转让受让方；由于转让方不是案涉国有土地使用权人，双方之间的协议因违反《物权法》《土地管理

〔1〕 参见江苏省高级人民法院民事判决书，(2014)苏商再终字第 0006 号。
〔2〕 参见浙江省富阳市人民法院民事判决书，(2015)杭富商初字第 3183 号。

法》等相关规定而无效。[1] 笔者注意到，法院在这两个案件中基于对股权转让和不动产转让的通常理解，判断交易各方"股权转让"的意思表示是否真实。如果双方在签署股权转让协议时的真实意思是转让不动产，法院可能认定"股权转让"系双方通谋虚假的意思表示，进而否定股权转让的效力。[2] 但是，通谋虚假行为是指各方进行通谋，一致对外做出虚假的法律行为，当事人无意追求表面法律行为的法律效果。交易各方通过签订股权转让协议间接转让不动产时，必然包括各方追求"股权转让"之法律效果产生的真意，且目标公司也会根据交易的安排办理与股权转让相关的公司变更登记。因此，除非交易双方签署的合同的标的物直接指向不动产，或目标公司在交易双方签署股权转让协议尚不具备转让不动产的法定条件，否则在交易各方有意追求股权转让的法律效果时，即使当事人受让股权的最终目的是通过股权转让间接取得目标公司的不动产，或者即使当事人股权转让的行为事实上导致目标公司的不动产的间接转让，也不应否认当事人股权转让行为的真实性和有效性。

就刑事责任而言，根据《刑法》第 228 条之规定，以牟利为目的，违反土地管理法规，非法转让、倒卖土地使用权，情节严重的或情节特别严重的，以"非法转让、倒卖土地使用权罪"定罪处罚。根据该条规定，行为人构成非法转让、倒卖土地使用权罪须符合以下要件：其一，主观上须有非法转让、倒卖土地使用权牟利的故意；其二，客观上必须违反土地管理法规非法转让、倒卖土地使用权，且情节严重或特别严重。从该罪的客观方面来说，对于何为"违反土地管理法规非法转让、倒卖土地使用权"的问题，根据《全国人民代表大会常务委员会关于〈中华人民共和国刑法〉第二百二十八条、第三百四十二条、第四百一十条的解释》，"违反土地管理法规"是指违反土地管理法、森林法、草原法等法律以及有关行政法规中关于土地管理的规定。在不动产转让中，转让方违反的土地管理法规主要是指《土地管理法》《城市房

---

〔1〕 参见浙江省杭州市萧山区人民法院民事判决书，(2015)杭萧民初字第 4087 号。

〔2〕 《民法典》第 146 条(原《民法总则》第 146 条)规定："行为人与相对人以虚假的意思表示实施的民事法律行为无效。以虚假的意思表示隐藏的民事法律行为的效力，依照有关法律规定处理。"

地产管理法》《城镇国有土地使用权出让和转让暂行条例》。[1] 转让方是否违反土地管理法规的判断标准通常比较明确，如涉案地块是否缴纳了土地出让金、是否取得了不动产权证书、是否进行了开发建设等。司法实践中，对于卖方通过股权转让的方式间接转让目标公司的土地使用权是否构成非法转让、倒卖土地使用权罪的问题，有的法院认为，股权转让并不意味着土地使用权的转让，股权转让并不会违反土地管理法规相关规定，因此通过股权转让间接转让土地使用权不应当纳入本罪的规范范畴。[2] 但也有法院认为，转让方通过转让股权间接转让土地使用权属于以合法的形式掩盖非法的行为，变相转让、倒卖土地使用权，应当纳入本罪的规范范畴。[3] 在相关有罪判决中，目标公司原则上除持有涉案地块外，无任何其他资产，也未进行任何经营行为，且目标公司尚未对涉案地块进行任何开发建设。这或许能够说明，如目标公司持有的主要资产不限于土地使用权、目标公司存在持续的经营行为或者目标公司对其持有地块已进行开发建设，那么转让方不应因转让目标公司的股权而构成本罪。

就民商事判决和刑事判决之间的关系而言，参照最高人民法院的有关司法解释[4]和最高人民法院在"周某某、营口恒岐房地产开发有限公司与付某某、沙某某、王某某、营口经济技术开发区明虹房地产开发有限公司股权转让纠纷案"[5]中

---

〔1〕《土地管理法》第 74 条规定："买卖或者以其他形式非法转让土地的，由县级以上人民政府自然资源主管部门没收违法所得；对违反土地利用总体规划擅自将农用地改为建设用地的，限期拆除在非法转让的土地上新建的建筑物和其他设施，恢复土地原状，对符合土地利用总体规划的，没收在非法转让的土地上新建的建筑物和其他设施；可以并处罚款；对直接负责的主管人员和其他直接责任人员，依法给予处分；构成犯罪的，依法追究刑事责任。"

〔2〕参见湖北省黄石市中级人民法院刑事判决书，(2017)鄂 02 刑终 40 号；江西省庐山市人民法院刑事判决书，(2017)赣 0483 刑初 93 号；山东省青岛市中级人民法院刑事判决书，(2019)鲁 02 刑终 204 号。

〔3〕参见浙江省高级人民法院刑事判决书，(2011)浙刑二终字第 106 号；河南省商丘市中级人民法院刑事判决书，(2020)豫 14 刑终 7 号；河南省濮阳市中级人民法院刑事判决书，(2018)豫 09 刑终 290 号；浙江省金华市中级人民法院刑事判决书，(2016)浙 07 刑终 1422 号；山西省晋中市中级人民法院刑事判决书，(2017)晋 07 刑终 264 号；浙江省磐安县人民法院刑事判决书，(2015)金磐刑初字第 138 号。

〔4〕根据《最高人民法院关于审理民间借贷案件适用法律若干问题的规定》第 12 条之规定，借款人或者出借人的借贷行为涉嫌犯罪，或者已经生效的判决认定构成犯罪，当事人提起民事诉讼的，民间借贷合同并不当然无效。

〔5〕参见最高人民法院民事判决书，(2016)最高法民终 222 号。

的逻辑，笔者认为，民商事裁判规则和刑事裁判规则之间并无必然联系，刑事裁判往往更加侧重从“本质上”认定犯罪的事实。即使当事人的相关行为在刑法上被认定构成非法倒卖土地使用权罪，当事人之间的股权转让协议也不一定无效。最高人民法院民事审判第二庭在其编著的《〈全国法院民商事审判工作会议纪要〉理解与适用》中对此有明确说明，即民事合同构成违法犯罪的，合同不一定无效；违法性程度考察仅是法益衡量的一个因素，但不是全部因素，在确定违法合同的效力时，还要兼顾考察交易安全保护等其他因素。[1]

笔者认为，虽然股权转让可能导致目标公司拥有的不动产间接转让，但股权转让不应等同或被视为不动产转让。考虑到实践中存在对以股权转让形式转让不动产的行为作出有罪判决的案例，在目标公司不从事任何经营活动且仅拥有不动产的情形下，交易各方(尤其是卖方)应充分关注相关法律风险。笔者认为，即便股权转让被视为不动产转让，只要目标公司拥有的不动产在股权转让时满足法律规定的转让条件，那么股权转让仍应合法有效。

二、公司并购的法律适用

公司并购属于公司法的管辖范畴，但除公司法外，公司并购还涉及大量其他领域的法律规定，包括特殊行业的限制性法律规定和地方性法规或地方政策。这些强制性规定中有的涉及并购交易文件的效力，有的规范并购交易的定价和交易程序，有的设定并购项目的合规性审查，有的关系到并购交易架构的可操作性，还有的直接限制或禁止特定买方的并购行为。确保并购交易符合所有适用的法律规定是保证并购交易有效性和稳定性的前提。

(一)股权协议的法律适用

就并购交易文件而言，公司并购无疑属于《民法典》的管辖范畴。并购交易文件签署方的民事法律行为的效力、协议的签署和履行、协议的解除以及签约方的违

〔1〕 参见最高人民法院民事审判第二庭编著：《〈全国法院民商事审判工作会议纪要〉理解与适用》，人民法院出版社2019年版，第251页。

约责任等均应适用《民法典》及其配套规定。基于股权转让与动产买卖之间的诸多不同,我们理解《民法典》和《买卖合同司法解释》所规定的股权转让合同"参照适用买卖合同的有关规定"应该不是全面和无条件地直接适用。例如,《民法典》第634条第1款规定,"分期付款的买受人未支付到期价款的数额达到全部价款的五分之一,经催告后在合理期限内仍未支付到期价款的,出卖人可以请求买受人支付全部价款或者解除合同"。对于《民法典》的这一规定是否适用并购交易的问题,司法实践中,法院一般认为,并购交易不宜简单适用该条规定的合同解除权。在最高人民法院2016年发布的第14批指导性案例之案例六十七"汤某某诉周某某股权转让纠纷案"中,法院生效判决认为分期付款买卖的主要特征如下:"一是买受人向出卖人支付总价款分三次以上,出卖人交付标的物之后买受人分两次以上向出卖人支付价款;二是多发、常见在经营者和消费者之间,一般是买受人作为消费者为满足生活消费而发生的交易;三是出卖人向买受人授予了一定信用,而作为授信人的出卖人在价款回收上存在一定风险,为保障出卖人剩余价款的回收,出卖人在一定条件下可以行使解除合同的权利。"最高人民法院进一步指出,并购交易与一般的分期付款买卖合同的不同之处在于:(1)交易标的和交易目的不同,原《合同法》第167条(《民法典》第634条)主要适用于以消费为目的的买卖合同,而股权交易中买方的目的是通过受让股权而取得目标公司的经营权;(2)卖方承担的风险不同,在并购交易中,作为交易标的物的目标公司股权的价值一直存在于目标公司,卖方因分期付款而承担的价款无法收回的风险小于以消费为目的的买卖合同;(3)买方承担的成本较高,买方受让股权一般意味着股权变更登记已经完成且买方开始参与目标公司的经营与管理,此时卖方主张解除合同将耗费买方投入的经营管理成本和社会成本,也不利于公司经营稳定。[1] 除分期付款的规定外,《民法典》有关买卖合同的规定中是否还有其他规定不应直接适用于股权转让协议,需要通过未来的司法实践进一步明确。

---

〔1〕 参见汤某某诉周某某股权转让纠纷案,最高人民法院指导案例67号(2016年)。

（二）涉及企业国有资产的公司并购

为加强对企业国有资产的监督管理，促进企业国有资产保值增值，防止企业国有资产流失，国家先后制定并发布了一系列有关企业国有资产的法律、行政法规和部门规章。目前有效的法律、行政法规和部门规章主要包括全国人大常委会2008年10月28日通过的《企业国有资产法》、国务院2019年3月2日第二次修订的《企业国有资产监督管理暂行条例》、国务院国资委和财政部2016年6月24日共同发布的《企业国有资产交易监督管理办法》、国务院国资委于2005年8月25日发布的《企业国有资产评估管理暂行办法》和2009年6月15日发布的《企业国有产权交易操作规则》。这些法律、行政法规和部门规章涉及与企业国有资产相关的产权转让、企业增资和企业资产转让，基本都是强制性规定，对参与企业国有资产交易的各方当事人均有约束力。如果公司并购的目标股权或目标资产为国有资产，买方不仅应该遵守《公司法》和《民法典》等相关规定，还应同时遵守法律有关企业国有资产的规定，包括企业国有资产的界定、交易前的批准和资产评估、进场交易等。违反法律有关企业国有资产交易的效力性强制性规定可能导致股权协议无效。有关企业国有资产交易的详细分析，请见第六章。

（三）涉及外商投资的公司并购

自2020年1月1日起施行的《外商投资法》正式确立了我国对外商投资实行准入前国民待遇加负面清单的管理制度。准入前国民待遇，是指在投资准入阶段给予外国投资者及其投资不低于本国投资者及其投资的待遇；负面清单，则是指国家规定在特定领域对外商投资实施的准入特别管理措施，即对负面清单之外的外商投资，给予国民待遇。对负面清单规定禁止投资的领域，外国投资者不得投资；对负面清单规定限制投资的领域，外国投资者投资应当符合负面清单规定的条件。《外商投资法》第36条规定："外国投资者投资外商投资准入负面清单规定的禁止投资的领域的，由有关主管部门责令停止投资活动，限期处分股份、资产或者采取其他必要措施，恢复到实施投资前的状态；有违法所得的，没收违法所得。外国投资者的投资活动违反外商投资准入负面清单规定的限制性准入特别管理措施的，由有关主管部门责令限期改正,采取必要措施满足准入特别管理措施的要求;逾期不改正的,依照前款规定处理。外国投资者的投资活动违反外商投资准入负面清单规定的,除依照前两款规定处理外,还应当依法承担相应的法律责任。”另外,根据《外商投资法司法解释》第3条和第4条之规定,外国投资者投资负面清单禁止投资的领域,或违反限制性准入特别管理措施,投资负面清单限制投资的领域,投资合同无效。值得注意的是,《中外合资经营企业法》《中外合作经营企业法》《外资企业法》于2020年被《外商投资法》废止。根据现行法律规定,外国投资者并购境内企业不再办理外资审批,在此背景下,交易各方需要自行判断相关交易是否违反外商投资准入负面清单的规定。有关外资并购内资企业的详细分析,请见第七章第一节和第二节。

(四)涉及国家安全审查的公司并购

外国投资者对特定领域内资企业的并购应当遵守国家安全审查要求。根据国家发改委和商务部2020年12月19日发布的《外商投资安全审查办法》第4条第1款、第2款之规定,下列范围内的外商投资,外国投资者或者境内相关当事人应当在实施投资前主动申报:(1)投资军工、军工配套等关系国防安全的领域,以及在军事设施和军工设施周边地域投资;(2)投资关系国家安全的重要农产品、重要能源和资源、重大装备制造、重要基础设施、重要运输服务、重要文化产品与服务、重要信息技术和互联网产品与服务、重要金融服务、关键技术以及其他重要领域,并取得所投资企业的实际控制权。该审查办法所称的取得所投资企业的实际控制权,包括下列情形:(1)外国投资者持有企业50%以上股权;(2)外国投资者持有企业股权不足50%,但其所享有的表决权能够对董事会、股东会或者股东大会的决议产生重大影响;(3)其他导致外国投资者能够对企业的经营决策、人事、财务、技术等产生重大影响的情形。[1] 根据《外商投资安全审查办法》的规定:(1)工作机制办公室对申报的外商投资作出禁止投资决定的,当事人不得实施投资,已经实施的,应当限期处分股权或者资产以及采取其他必要措施,恢复到投资实施前的状态。

---

〔1〕 参见《外商投资安全审查办法》第4条第1款、第2款。

(2)对申报范围内的外商投资,当事人未依照《外商投资安全审查办法》的规定申报即实施投资的,由工作机制办公室责令限期申报;拒不申报的,责令限期处分股权或者资产以及采取其他必要措施,恢复到投资实施前的状态。(3)当事人向工作机制办公室提供虚假材料或者隐瞒有关信息的,由工作机制办公室责令改正;提供虚假材料或者隐瞒有关信息骗取通过安全审查的,撤销相关决定;已经实施投资的,责令限期处分股权或者资产以及采取其他必要措施,恢复到投资实施前的状态。(4)附条件通过安全审查的外商投资,当事人未按照附加条件实施投资的,由工作机制办公室责令改正;拒不改正的,责令限期处分股权或者资产以及采取其他必要措施,恢复到投资实施前的状态。[1] 因此,交易各方(特别是外国投资者)应根据相关法律规定分析公司并购项目是否需要办理国家安全审查。有关国家安全审查的详细分析,请见第七章。

(五)公司并购中的税法适用

无论是股权收购还是资产收购,只要卖方取得源于中国的所得,卖方就应根据中国法律的规定在中国缴纳企业所得税或个人所得税,且买卖双方均应就签署交易文件的行为缴纳印花税。对于资产收购而言,除所得税和印花税外,交易方可能还需要就资产转让缴纳增值税及附加;如资产收购的标的物包括不动产,卖方和买方还应就不动产的转让分别缴纳土地增值税和契税。公司并购涉及的税务问题包括并购交易可能涉及的税种、与各税种相关的纳税义务人和扣缴义务人的认定、应纳税额的计算方法、纳税义务和扣缴义务发生的时间以及违反相关法律规定应承担的责任等。税法的规定既影响交易架构的税务成本控制,也关系到交易文件涉税条款的合法性和可执行性。有关公司并购涉及的税务问题及协议安排,请见第八章。

(六)涉及经营者集中申报的公司并购

如果买方通过股权收购或增资认购的方式取得对目标公司的控制权(包括单

[1] 参见《外商投资安全审查办法》第12条、第16~18条。

独控制权或共同控制权)，相关并购交易应被视为经营者集中。[1] 根据《反垄断法》的相关规定，如果经营者集中达到国务院规定的申报标准，取得控制权的一方(买方)应当事先向反垄断执法机构申报，未申报的不得实施集中。即便经营者集中未达到申报标准，但具有或者可能具有排除、限制竞争效果的，反垄断执法机构也有权依法进行调查。经审查或调查确认具有或者可能具有排除、限制竞争效果的，反垄断执法机构可以禁止实施该经营者集中，或者对该经营者集中行为附加限制性条件，以减少集中对竞争产生的不利影响。对于未经审查通过而实施集中的，且具有或者可能具有排除、限制竞争效果的，国务院反垄断执法机构可以责令停止实施集中、限期处分股份或者资产、限期转让营业以及采取其他必要措施恢复到集中前的状态，处上一年度销售额10%以下的罚款；不具有排除、限制竞争效果的，处500万元以下的罚款。[2] 因此，在并购项目的初始阶段，交易各方(特别是买方)就需要分析相关并购交易是否构成经营者集中，是否达到申报标准，以及在未达到申报标准时是否仍然具有或者可能具有排除、限制竞争效果。有关经营者集中反垄断审查的详细分析，请见第九章。

(七)涉及特殊行业监管的公司并购

国家发改委和商务部联合发布的《市场准入负面清单(2022年版)》列有禁止准入事项6项，许可准入事项111项。对于禁止准入事项，市场主体不得进入，行政机关不予审批、核准，不得办理有关手续；对于许可准入事项，包括有关资格的要求和程序、技术标准和许可要求等，或由市场主体提出申请，行政机关依法依规作出是否予以准入的决定，或由市场主体依照政府规定的准入条件和准入方式合规进入；对市场准入负面清单以外的行业、领域、业务等，各类市场主体皆可依法平等进入。对于国家重点监管的业务领域，法律往往对投资人的资格有特别规定，并且要求行业主管部门对特殊行业的并购项目进行审查。例如，对于保险公司的投资人

---

〔1〕《反垄断法》第25条规定："经营者集中是指下列情形：(一)经营者合并；(二)经营者通过取得股权或者资产的方式取得对其他经营者的控制权；(三)经营者通过合同等方式取得对其他经营者的控制权或者能够对其他经营者施加决定性影响。"

〔2〕参见《反垄断法》第26条、第34条、第35条和第58条。

资格,《保险公司股权管理办法》(保监会令〔2018〕5号)根据持股比例、资质条件和对保险公司经营管理的影响,将保险公司的股东分为财务Ⅰ类股东、财务Ⅱ类股东、战略类股东和控制类股东。[1] 保险监督管理部门对各类股东的经营状况、财务状况等条件提出了不同的要求。此外,除另有规定外,保险公司的境外投资者必须为境外金融机构;境内事业单位和社会团体只能成为保险公司财务Ⅰ类股东;境内自然人只能通过购买上市保险公司股票成为保险公司财务Ⅰ类股东。《保险公司股权管理办法》还对境内有限合伙企业、境内事业单位或社会团体、境内金融机构和境外金融机构成为保险公司股东的条件提出了特别的要求。根据《保险公司股权管理办法》第23条第1款的规定,认购保险公司发行的股权或者受让其他股东所持有的保险公司股权的,应当按照保险公司章程的规定,经保险公司履行相应内部审查和决策程序后,按规定报保险监督管理部门批准或者备案。其中,保险公司变更持有5%以上股权的股东,应当经保险监督管理部门批准;变更持有不足5%股权的股东,应当报保险监督管理部门备案,并按照规定进行公开披露。[2] 只有在保险监督管理部门核准或者备案后,保险公司方可办理章程变更和公司登记手续。[3] 对于投资人违反规定并购保险公司的法律责任,《保险公司股权管理办法》规定了通报批评并责令改正、公开谴责并向社会披露、限制其在保险公司的有关权利、依法责令其转让或者拍卖其所持股权、限制其在保险业的投资活动,并向其他金融监管机构通报等监管措施。[4] 因此,如果并购交易涉及国家重点监管的业务领域,交易各方应注意该业务领域是否存在投资人资格限制、行业主管部门审查或备案程序等特别规定,避免因违反相关规定而影响并购交易的效力。

---

〔1〕 根据《保险公司股权管理办法》第4条的规定,财务Ⅰ类股东是指持有保险公司股权不足5%的股东;财务Ⅱ类股东是指持有保险公司股权5%以上,但不足15%的股东;战略类股东是指持有保险公司股权15%以上,但不足1/3的股东,或者其出资额、持有的股份所享有的表决权已足以对保险公司股东(大)会的决议产生重大影响的股东;控制类股东是指持有保险公司股权1/3以上,或者其出资额、持有的股份所享有的表决权已足以对保险公司股东(大)会的决议产生控制性影响的股东。

〔2〕 参见《保险公司股权管理办法》第53条。

〔3〕 参见《保险公司股权管理办法》第60条。

〔4〕 参见《保险公司股权管理办法》第6~19条、第23条、第53条、第60条、第82条。

(八)涉及地方性规定或地方政策的公司并购

实践中,地方政府往往通过红头文件形式颁布一系列包括限制目标公司股权转让的政策性规定。[1] 严格来说,该等地方性政策如果与法律相冲突应该没有法律效力。但是,地方政府往往通过与目标公司设立时的股东或直接与目标公司签署投资协议或土地出让合同的方式将该等限制性规定转换为双方之间的约定。根据《民法典》第75条之规定,设立人为设立法人从事的民事活动,其法律后果由法人承受;设立人为设立法人以自己的名义从事民事活动产生的民事责任,第三人有权选择请求法人或者设立人承担。《公司法司法解释(三)》第2条也明确规定,发起人为设立公司以自己名义对外签订合同,公司成立后对该等合同予以确认,或者已经实际享有合同权利或者履行合同义务,合同相对人请求公司承担合同责任的,人民法院应予支持。因此,交易双方需要关注地方政府的政策性规定,以及地方政府与目标公司或其设立时的股东之间的限制目标公司股权转让的约定,以避免相关交易在交割阶段遇到障碍。

第三节 公司并购的基本流程

并购项目从交易各方最初的接触到最后的交割,一般需要少则数月、长则数年的时间。这期间除了双方的"讨价还价"外,买方的尽职调查和目标公司的整改重

[1] 例如,对于工业项目,上海市政府办公厅转发的原上海市规划国土资源局制定的《关于加强本市工业用地出让管理的若干规定》(沪府办〔2016〕23号)规定,工业用地产业项目类、工业用地标准厂房类的建设用地使用权人出资比例结构、项目公司股权结构改变的,应当事先经出让人同意。北京市住房和城乡建设委员会、北京市发展和改革委员会等六部门于2019年5月10日发布的《关于进一步完善已建成研发、工业项目转让管理有关问题的通知》(京建发〔2019〕216号)规定,建设单位整体转让已建成研发、工业项目的,买受人应是区政府审定的企业或专业园、公共服务平台、孵化器运营机构。根据昆山市人民政府颁布的《昆山市工业用地再开发及交易管理办法(试行)》(昆政发〔2018〕7号)的规定,"工业用地项目调整出资比例、股权结构的,经所在地区镇同意后,由市市场监管部门依法予以变更。同等条件下,所在地区镇可优先收购"。

组等均需要较长的时间。就其基本流程而言，并购项目一般包括图 2 所示的主要阶段。

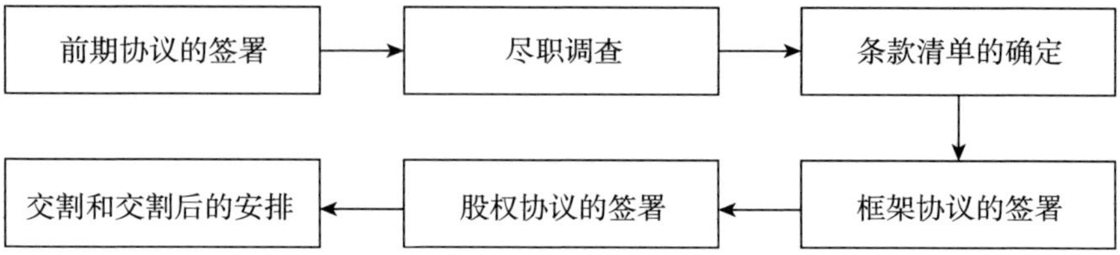

图 2　并购项目主要阶段

一、前期协议

买方在决定进行并购交易后，一般会根据自身并购的商业目的，自行或通过专业投资顾问筛选目标公司，并与选定的目标公司的股东进行比较深入的商谈，着重考察目标公司的业务和资产等是否能够满足买方并购的商业目的。在确定潜在的收购对象（目标公司）后，买方将与目标公司的股东签署前期协议，作为双方准备进行并购交易的意向性文件。前期协议，一方面总结双方有关并购项目的初步共识，另一方面也对双方接下来的工作（包括尽职调查）作出原则性安排。有关前期协议的分析，请见第二章。

二、尽职调查

（一）尽职调查的必要性

在双方签署前期协议后，为了解决买卖双方对目标公司认识度的不对称问题，买方需要对目标公司进行全面的尽职调查，尽可能了解目标公司的投资、生产和经营行为等是否存在重大违规问题和经营性风险或存在其他阻碍并购交易的情形。从买方的角度来说，尽职调查是一种风险管理措施，是买方防范并购风险或提前查明并购交易能否在法律层面上正常进行的必要手段。实践中，存在买方在并购过程中不对目标公司进行尽职调查，在交割后才发现目标公司在交割前存在违规或经营风险的情形。根据司法实践，如果买方在协议签署前不主动进行必要的尽职调查,而在事后以卖方或目标公司存在欺诈行为或违约行为为由主张权利,其权利主张不一定能够得到法院的全部支持。下面笔者通过4个案例中的不同案情介绍司法实践中法院对相关问题的意见以及具体的说理。

第一,在“牟某某、赵某某股权转让纠纷案”中,项目地块因政府规划包含一座轻轨变电站和一片林地,实际可用地面积减少。买方认为,上述规划在签订转让合同时已存在,卖方故意隐瞒该事实,应赔偿买方的损失。最高人民法院认为:根据相关法律规定,基础设施和公共服务设施用地以及绿化用地属于城市总体规划的强制性内容,买方完全有渠道获得上述信息;项目所在地的总体规划情况对项目开发的收益影响甚巨,买方作为从事房地产开发的商事主体,理应充分调查并知悉,买方关于签订合同时不知情的抗辩主张依据不足;虽然转让合同约定了项目容积率,但是根据项目所在地的市规划局专家论证会会议纪要,该地块的容积率已同意调整,调增容积率的手续正在办理中,买方在受让该案项目时对容积率的情况是知悉并认可的。[1]

第二,在“合肥鑫城国有资产经营有限公司与安徽实嘉房地产开发有限公司、安徽蓝鼎控股集团有限公司股权转让纠纷案”中,卖方在国有股权转让公告中披露了目标公司于审计、评估基准日的情况,但没有披露审计、评估基准日后至公开拍卖日期间转让标的的相关情况。最高人民法院基于下列理由认为买方关于减少或不支付股权转让价款的抗辩不能成立:买方未能全面履行竞买者的审慎审查义务,却承诺其已经仔细阅读并研究相关公告及相关附件,充分了解标的情况,并参与多轮竞价后最终中标;买方作为房地产开发企业,在参与竞买时,对于案涉转让标的情况的审查核实负有高于普通竞买者的一般注意义务,理应在更加全面、缜密和谨慎地审查案涉股权转让所有材料后,作出商业判断。[2]

第三,在“祝某某、王某某股权转让纠纷案”中,最高人民法院认为:对收购的股权进行价值评估是受让方应当承担的责任,受让方完全有能力对目标公司的资产投入、经营状况等展开调查,以决定是否与转让方签订股权转让协议,从而妥善保

---

〔1〕 参见最高人民法院民事判决书,(2017)最高法民终840号。

〔2〕 参见最高人民法院民事判决书,(2013)民二终字第67号。

护自身商业利益，但受让方怠于行使权责，对股权转让方的陈述及提供的财务资料等未作审慎调查就全部信赖，显然没有尽到谨慎、注意义务，应承担由此产生的交易风险。[1]

第四，在“祝某某、王某某等与上海源恺（集团）有限公司、宋某某股权转让纠纷案”中，上海市高级人民法院认为：在正式收购之前，收购方委托了两家中介机构进行尽职调查，这些尽职调查涵盖了目标公司的股权结构、对外投资、有形资产、无形资产、财务状况等较为详细的信息；对于目标公司的实际生产经营情况以及是否实际使用专利配方进行生产，也可以通过深入调查得出结论；即使如收购方所称尽职调查尚未完成，那么在尽职调查尚未完成的情况下匆忙作出收购决定，作为市场投资人，对投资风险也未尽必要注意义务，因此收购方作出收购行为并非完全由出让方消极披露相关事实所导致，不应以受欺诈为由要求撤销《股权转让协议书》。另外，法院还认为，收购方对于目标公司所处的行业、将要进行的业务、收购的法律后果等均有一定认知，收购方轻信出让方的介绍或者过于信赖宣传资料，系自身作出商业判断中的过失，在可以通过尽职调查和职业经理人获知真实情况的前提下，其不得以自身过错主张因重大误解要求撤销《股权转让协议书》。[2]

上述判决表明，法律在要求卖方或目标公司基于诚信原则进行主动披露的同时，也要求买方尽到审慎审查义务。具体而言：(1)买方不应单纯依赖卖方或目标公司披露所有买方认为必要的信息，而应当主动对目标公司进行必要的尽职调查；(2)买方的尽职调查义务应与其身份相符，越是专业的买方，越应更加全面地履行审慎审查的义务；(3)如果买方不进行尽职调查，买方则可能因为自身的不作为而丧失或至少减损其本该享有的法律保护。

（二）尽职调查的范围

尽职调查的范围应根据目标公司和并购项目的具体情况而定，一般包括业务、财务和税务、法律、人力资源、环境和有关不动产的工程调查等。尽职调查的内容

---

〔1〕 参见最高人民法院民事裁定书，(2018)最高法民申 869 号。

〔2〕 参见上海市高级人民法院民事判决书，(2019)沪民终 384 号。

一般涉及目标公司的设立和重组、主要资产和债务、业务和运营、财务和劳动人事等,其中不仅包括对目标公司投资经营行为的合规性的调查,还包括对目标公司资产债务的核实,以及对目标公司与第三方(包括项目公司的关联方)签署的商业协议的风险分析。如目标公司存在对外投资,公司并购往往导致买方直接或间接收购目标公司控制或参股的其他公司。在此情形下,买方除对目标公司进行正常的调查外,对目标公司的下属子公司和重要的参股公司也应安排必要的调查。如果目标公司为投资性公司,那么买方更有必要对目标公司的下属子公司和重要的参股公司进行全面调查。

就法律调查而言,除查明目标公司自设立之日起的投资、生产和经营等行为的合规性以及相关经营性风险外,买方一般还应在调查阶段针对并购项目后续推进过程中可能涉及的法律问题或者政府监管部门的审查事项做必要调查和分析。例如,如果目标公司或其下属公司涉及外商投资负面清单中的限制准入或禁止准入的行业,那么并购律师应当具体查明该等限制或禁止对并购项目的影响;如果目标公司涉及国有产权,并购律师应查明国有产权的比例,以及法律法规对相关股权转让的具体程序要求;如果交易各方就某个具体业务在特定地域市场的占有率较高,并购律师应当查明交易是否涉及经营者集中反垄断审查,以及该等市场占有率对经营者集中反垄断审查的影响。总之,尽职调查应结合买方并购的商业目的和目标公司的具体业务,做到既有全面性又有针对性。由于法律调查涉及法律不同领域的问题,实践中法律调查一般由买方委托的律师事务所负责。

(三)尽职调查的方法

尽职调查的目的是通过获取目标公司自设立之日起有关投资、生产和经营等相关信息,分析目标公司的合规性以及相关经营性风险。因此,尽职调查的方法主要是指并购律师通过什么方法和步骤获取目标公司的相关信息。并购律师的调查方法和步骤主要包括以下3项。

1.法律尽职调查清单

顾名思义,尽职调查清单是指买方为收购目标公司之目的希望调查的相关事项的清单,包括买方需要卖方答复和说明的事项和需要卖方提供相关文件和资料的事项。尽职调查清单一般应由买方的并购顾问团队起草。互联网上关于法律尽职调查清单的模板很多,内容大同小异,严格来说,任何模板都只能作为参考,不可能直接使用。由于不同项目的具体情况各有不同,即便是同一位并购律师制作的调查清单也会因并购项目的不同而不同。并购律师应当基于买方的商业目的和其提供的项目背景资料,结合通过公开渠道对目标公司进行的检索结果,有针对性地制作调查清单。

就目标公司的合规性调查而言,可以将并购律师的调查形象地比喻为用法律规定作为尺子,去丈量目标公司投资经营行为的合规性。并购律师应当基于法律、法规、行政规章和规范性文件中的强制性规定(包括限制性或禁止性的规定)准备调查清单。对于目标公司投资经营中可能涉及的强制性规定(包括各类证照和行政许可),并购律师在法律调查中应当查明目标公司是否违反了相关强制性规定;对于法律没有明确规定,但司法解释或具有代表性的判例支持或禁止的事项,律师在清单中也应给予充分关注。并购律师基于过去的实务经验,可能熟悉并购的共性问题,但是对于特殊行业的强制性规定,并购律师在制作清单时仍应做必要的检索。另外,各地政府主管部门的政策及相关实践不完全相同,即便是同一个地域的政府部门,其执法尺度也可能因人而异或因时间的不同而不同。对此,并购律师不应简单地基于以前的项目经验来理解地方政府主管部门的现行要求,避免因地域、政策或实践的变化而产生错误的认识。当然,对于当地政府主管部门一些可能比较特殊的要求,并购律师也应基于法律规定研究其合法性。

为了方便卖方或目标公司对尽职调查的有效配合,调查清单应将相关问题按照一定的逻辑分门别类具体列明,避免在清单的不同部分就相同的问题反复多次提问或以不同的表达方式提问。最后,调查清单的前言应当对清单的逻辑结构以及卖方或目标公司如何配合和提供相关资料和文件作必要说明。

为特定并购项目制作一份完整的尽职调查清单是法律尽职调查的开始。如果并购律师在制作完调查清单后,能够清楚地回答为何调查这些问题,而不是其他问题,那么该调查清单算得上是一份量身定做的清单。不过,随着调查的逐步展开和对收集的资料和信息的审阅和分析,并购律师往往需要顺藤摸瓜,从审阅的资料中发现其他相关的文件和问题,并据此准备第二轮、第三轮甚至更多轮的补充调查清单。在通常情况下,法律尽职调查一般需要经过数轮补充清单,方可收取所需的所有资料和文件或查清相关问题。

2. 独立调查

除通过调查清单要求卖方或目标公司提供相关资料和文件之外,并购律师还应通过包括档案查询和网络检索等公开渠道对目标公司进行独立调查。

就档案查询而言,并购律师需要前往目标公司所在地的政府主管部门,调取与目标公司有关的档案资料。档案查询有利于核实卖方或目标公司提供的文件和资料的真实性和全面性,也能够对卖方或目标公司提供的文件和资料进行补充。例如,就目标公司的设立及其设立后的重组等事项,并购律师可以从目标公司所在地的公司登记机关调取目标公司的档案(包括股权质押信息)。针对目标公司的不动产情况,并购律师可以从目标公司所在地的城市建设档案馆调取相关不动产的建设档案,也可以从当地不动产登记机构调取不动产登记信息(包括抵押登记信息)等。需要注意的是,各地对档案资料的管理、申请调取档案的程序和要求各有不同,并购律师在查询档案前应当做好必要的准备工作。例如,并购律师应当事先了解保管档案的具体单位的名称、地址以及申请调取档案所需的资料;如果调取档案需要目标公司提供介绍信、营业执照等文件,并购律师应在正式调取档案前与卖方或目标公司积极沟通,要求其协助完成相关的准备工作。

网络检索是指并购律师通过政府主管部门及行业协会等网站,对目标公司的相关信息、信用情况、涉诉情况、行政处罚情况等进行的独立调查。实践中,卖方和目标公司往往对披露目标公司的负面信息比较谨慎。对于买方或投资人需要特别关注的负面信息,特别是已结的诉讼案件、政府监管部门(如环保部门、安全生产部门、税务部门)的行政处罚等,网络检索能够起到不可替代的补充作用。

3. 高管访谈和政府咨询

高质量的法律调查应当包含对目标公司高级管理人员的访谈。高管访谈一般应在并购律师对卖方或目标公司提供的文件和资料进行比较充分的审阅之后进行,其主要目的是澄清相关文件和资料中不清楚的事项,并就卖方或目标公司对调查清单中没有答复的问题进行直接沟通。高管访谈一般由并购律师与目标公司管理人员(如法务主管人员、财务主管人员或业务主管人员等)当面沟通。涉及敏感事项的访谈,并购律师可以与目标公司的实际控制人单独沟通。

高管访谈有利于并购律师更直接了解相关问题的来龙去脉,从而对相关违规风险作出切合实际的分析。为了保证高质量的高管访谈,并购律师应当在访谈之前基于法律尽职调查清单和已经知悉的信息准备访谈清单,并向卖方或目标公司提供该访谈清单,以便接受访谈的管理人员提前作必要的准备。在征得卖方或目标公司同意的情况下,并购律师在访谈之后应当整理访谈笔录,并请接受访谈的高管审阅确认。如有可能,并购律师应利用访谈的机会核实卖方或目标公司提供的关键文件或证照的原件。

政府咨询是指并购律师通过实名或匿名的方式,就相关问题征询政府监管部门的意见。由于法律和实践往往存在一定差距,加之各地政府监管部门的执法实践不完全相同,对于法律调查中发现的目标公司可能涉嫌的违规事项,并购项目本身可能涉及的监管部门的审查事项以及目标公司在交割后拟从事的投资、生产和经营可能涉及的行政许可事项等,并购律师应当直接咨询目标公司所在地的政府监管部门,以便了解政府监管部门的态度和执法尺度。但是,考虑到咨询事项的敏感性,并购律师需根据具体咨询事项的保密性,决定是否可以披露目标公司的名称。并购律师即便认为可以披露目标公司的名称,也应事先得到卖方或目标公司的同意,避免因为并购律师的调查行为使买方违反与卖方或目标公司之间的保密协议。

(四)法律尽职调查报告

法律尽职调查报告是并购律师基于前期的调查(包括对卖方或目标公司提供的文件的审查、独立调查、高管访谈和政府咨询等),向买方提交的有关目标公司和并购项目的综合性报告。严格来说,调查报告应当按照调查清单的逻辑顺序,基于买方的商业目的和并购项目的具体情况,有针对性地介绍和分析调查清单列明的问题,而不应简单摘录并购律师在调查中收集到的文件和资料。对于目标公司的重大事项(如股东的出资情况、知识产权、不动产、主要证照和行政许可、对外投资),即便该等事项不涉及违规问题或经营性风险,调查报告也应作必要介绍。事实上,该等信息也应当在股权协议中作为卖方或目标公司的陈述与保证具体列明。

除介绍目标公司的重大事项之外，调查报告需要特别关注目标公司可能涉嫌违规的事项以及目标公司的经营性风险。并购律师除了在报告中对相关违规事项和经营性风险进行分析之外，还应就每个事项或风险发表整改意见或提供解决方案。调查报告应当言之有据，除在分析相关违规事项或经营性风险时列明事实和相关的法律依据之外，调查报告应当将与报告涉及的相关事项或风险有关的文件和资料按照报告的逻辑顺序逐一列明，并将其作为报告的附件，连同报告一起提交给买方，方便买方随时查阅。

在起草调查报告的同时，并购律师还应提供一份调查报告的摘要，即高管摘要，供买方高管审阅。调查报告的高管摘要应当简洁列明法律调查中发现的主要问题、风险分析以及解决方案。另外，为方便高管在阅读报告摘要时关注相关问题的细节，报告摘要应提供指引，指明相关问题在调查报告主文中的具体位置。

三、风险评估和条款清单

在所有的尽职调查基本完成后，买方可能基于尽职调查的发现和风险评估作出以下一种或多种选择：(1)放弃交易；(2)确定或调整交易架构(包括按现状直接收购目标公司或在目标公司整改重组后收购)；(3)确定或调整交易价格、付款条件以及付款时间(包括分期付款以及每期付款的前提条件)；(4)设定买方认为必要的其他风险防范机制(如分期收购)。在上述选择中，除放弃交易外，买方均需就其他安排与卖方或目标公司协商，并基于协商的结果签署并购交易的条款清单，或修订前期协议项下的交易条件(如前期协议已经包括条款清单的全部或部分内容)。如果交易各方无法就条款清单或前期协议的修订达成共识，并购交易可能随时终止。

条款清单是交易各方正式签署交易文件之前的原则性约定。在随后的商谈中，交易各方将对条款清单的条款内容进行补充、细化、调整和完善，进而形成交易文件的最终条款。条款清单是否具有法律约束力取决于双方的约定，除非双方一致同意或双方另有约定，原则上任何一方不应在随后的谈判中提出与条款清单内容相反的主张。实践中，交易各方有时为了尽早签署最终的交易文件也可能决定不再另行签署条款清单，而由一方基于交易各方的口头约定或会议纪要直接起草交易文件。条款清单或会议纪要的签署或口头协议的达成均表明双方有意推进交易的继续进行,这不仅反映双方的交易意愿,而且意味着交易双方对交易的商业安排和交易的主要条款已经达成基本共识。

四、交易文件的起草和框架协议的签署

一般来说,起草交易文件的一方往往能够取得谈判的主动权。作为一项惯例,交易文件或交易文件中的主要协议一般由买方负责起草。究其原因,可能是由双方在并购交易中义务的差异所决定。买方在股权转让或增资认购中的主要义务是向卖方支付股权转让对价或向目标公司支付增资款;与买方的义务相比,卖方的义务均为非金钱履行义务,且卖方义务的履行大多是买方付款的前提条件。因此,买方起草交易文件意味着由买方根据尽职调查的发现及对相关问题的风险分析与评估,设定股权转让中买方受让股权和支付股权对价或者增资认购中投资人认购目标公司的增资和缴付增资款的具体条件。实践中也存在由卖方起草交易文件的情形。例如,如果目标公司有意通过增资同时引入数个投资人参与增资,那么目标公司可能需要同时与数个投资人签署增资认购协议。为了保证协议条款(包括增资认购协议和股东协议)的一致性,各方可能同意由目标公司负责起草交易文件。另外,如果卖方坚持或卖方在并购项目中具有明显的谈判优势,买方也可能同意卖方负责起草交易文件。但是,由于卖方不了解买方对交易条件的具体要求,由卖方起草交易文件一般会在之后出现买方对交易文件的重大修改,这无疑将增加交易双方的沟通时间和成本。因此,卖方起草交易文件在实践中应属特例。

如果买方要求卖方或目标公司在交易各方签署股权协议前或交割前对目标公司进行整改重组,那么基于交易双方权利义务的对等原则和双方对相关信息的保密需要,交易各方可能需要另行签署框架协议,约定以下主要事项。

(一)有关整改重组的约定

无论整改重组的事项是否复杂或简单,对于买方而言,该等整改重组是必要的,是其同意收购目标公司的前提条件。因此,交易各方应通过协议明确约定整改重组的具体事项、标准、时间、整改重组后的核查以及违反整改重组义务的违约责任等。

(二)有关签署其他交易文件的约定

整改重组往往会产生较高的费用(包括税费)。如果没有书面协议约定买方在整改重组后有义务签署交易文件,并在违反该等签署义务时承担包括违约金在内的违约责任,卖方和目标公司可能无意进行整改重组。因此,框架协议在约定卖方或目标公司的整改重组义务的同时,也应约定买方在卖方或目标公司履行整改重组义务后签署其他交易文件的义务。就交易双方义务之间的关联性而言,买方有关签约的承诺应该有利于促使卖方和目标公司尽快完成整改重组。

框架协议的签署往往也是为了满足交易各方对于保密的需要。目标公司的整改重组可能涉及目标公司过去投资、生产和经营中的违规事项。在此情形下,如果交易各方不通过框架协议约定,而是直接通过其他交易文件(如股权协议)约定整改重组事项,并将该等交易文件提交政府监管部门审批备案,这将难以达到保密的目的。与股权协议不同,框架协议一般无须提交政府监管部门审批备案,并且相关约定对交易各方具有同样的法律约束力。实践中,如果股权协议无须提交政府监管部门审批备案,交易各方也可能直接在股权协议中约定目标公司的整改重组,并同时签署仅用于公司登记机关备案的简易版的股权协议。如果交易各方为同一并购项目签署前述两份不同的股权协议,那么各方应明确约定两者冲突或不一致时应以完整版的股权协议为准。

在复杂的并购交易中,框架协议经常起着承上启下的作用。框架协议一方面取代交易各方签署的前期协议,另一方面又对并购项目的其他交易文件的签署时间和签署条件作出明确约定。有关框架协议的具体分析,请见第三章。

五、股权协议的签署及审批

如前所述,框架协议的内容主要是约定目标公司的整改重组事项以及整改重组之后交易各方签署其他交易文件(如股权协议)的义务。也就是说,一旦卖方根据框架协议的约定完成了股权协议签署前的整改重组,那么交易各方即有义务签署股权协议。另外,如果并购项目根据法律规定需要办理审批或审查,如政府监管部门的审批、经营者集中反垄断审查和国家安全审查等,交易各方或法律要求的相关方应该在股权协议签署后尽快启动该等审批和审查的申请程序。有关股权协议的分析,请见第四章。

六、交割和交割后的安排

除非交易双方约定了其他的交割条件,否则在交割的法定前提条件满足后,并购交易即可进入交割阶段。

"交割"是公司并购交易中经常使用的概念,但我国相关法律对此没有明确定义。[1] 实践中并购律师对其可能有不同的理解,股权协议对其也有各种不同的约定。依照《民法典》有关买卖合同的规定,[2] 并购交易的交割类似于买卖合同中的标的物的交付,卖方将标的股权转让给买方,买方据此取得目标公司的股东身份,因此并购交易中的交割应是指股权的交付或股权的转让。就买方对标的物的控制而言,买卖合同中的标的物交付意味着买方自交付之日起取得对标的物的控制权。股权的特殊性决定了买方取得目标公司的股东身份并不代表买方自动取得与标的股权相对应的参与目标公司重大决策和选择管理者的权利。不同于一般的买卖合同,股权的转让以一系列法定条件和约定条件的满足为前提,只有在这些条件满足后,各方才有义务办理股权转让,并且在股权转让后,交易各方还应按照约定履行其他义务,包括对价的调整和支付。因此,并购交易的交割有狭义和广义两种理解。狭义的交割是指股权转让;广义的交割是指一系列以股权转让为核心的条件、行为和安排的总称,包括股权的转让和对价的支付。在交割日之前必须完成的事项一般被视为交割的前提条件,在交割日必须完成的事项一般被统称为交割行为,在交割日之后必须完成的事项则被视为交割后的安排。交割的前提条件、交割行

---

〔1〕 例如,原对外贸易经济合作部和原国家工商总局于 1997 年 5 月 28 日发布的《外商投资企业投资者股权变更的若干规定》(已失效)第 10 条有关股权转让协议应包括的主要内容提及"转让股权交割期限及方式",但没有明确"交割"的具体含义。

〔2〕《民法典》没有对股权转让协议作专门的规定,但其第 646 条规定:"法律对其他有偿合同有规定的,依照其规定;没有规定的,参照适用买卖合同的有关规定。"《买卖合同司法解释》第 32 条第 1 款进一步明确规定:"法律或者行政法规对债权转让、股权转让等权利转让合同有规定的,依照其规定;没有规定的,人民法院可以根据民法典第四百六十七条和第六百四十六条的规定,参照适用买卖合同的有关规定。"

为和交割后的安排共同构成股权协议的一个整体。另外，虽然交割的核心是股权转让，但股权转让侧重于买方取得股东身份，而交割更强调控制权的转移。

交割日是双方共同商定的特定日期，该日期应为股权转让的日期。由于股权转让日是买方取得股东身份的日期，交割日早于或晚于股权转让日都将导致卖方或买方的股东身份与其对目标公司的控制权的脱离。相对于股东身份的取得，控制权的移交需要通过一系列行为和双方之间的有效配合和安排方能实现。一般来说，除股权转让的形式要件外（如目标公司股东名册的变更记载或公司变更登记），交割行为还包括对股权转让法定条件和约定条件是否满足的核实、证明相关条件已经满足的证据的交换、有关股权协议的补充协议（如双方有关豁免股权转让部分约定条件的补充约定）和其他有关交割后安排的协议的签署、法律规定或政府监管部门要求的文件的签署、双方约定的部分股权对价的支付等。交易双方在交割日的共同目的是保证标的股权的转让、控制权的真正移交和有关目标公司的风险的转移，因此，交易双方在交割日至少应确保3点：（1）目标公司对买方的股东身份的确认；（2）目标公司的银行账户、印章、证照和重要文件的移交；（3）目标公司新任董事、监事和高级管理人员的到位。

交割将触发其他一系列交割后义务的履行，包括：（1）交易双方根据股权协议的约定调整转让对价；（2）买方根据股权协议的约定支付转让对价；（3）如交易双方同意在公司登记变更前交割，买方应确保目标公司在交割后向公司登记机关申请办理股权转让的变更登记；（4）交易双方对并购交易的保密义务；（5）卖方对目标公司保密信息的保密义务以及竞业禁止义务等。因此，交割并不意味双方在交易文件项下的义务的全部履行，更不意味交易文件的终止。另外，除非法律另有规定，否则基于交易双方的约定，上述交割后的部分义务也可以作为一方的交割前义务。例如，交易双方可以约定买方在交割前先支付部分转让对价。有关交割和交割后安排的详细分析，详见第四章第四节。

CHAPTER 02

第二章 并购交易的前期协议

对于买方而言,并购交易意味着买方的重大对外投资和资本性支出,也代表买方的战略发展方向。根据《公司法》的相关规定,有限责任公司向其他企业投资,按照公司章程的规定,由董事会或者股东会决议。[1] 可见,任何一家公司对于包括并购在内的对外投资都持十分慎重的态度,投资计划需由董事会研究后报股东会讨论表决。但就具体的并购项目而言,并购的具体工作由公司特定的部门负责。买方根据公司的发展战略自行或通过专业顾问在市场上寻找和筛选目标公司,并在与潜在的卖方就并购意向达成初步共识后签署阶段性文件,即并购交易的前期协议。前期协议的名称多种多样,包括备忘录、意向书、意向协议、保密协议或合作协议等,但就其内容而言,则大同小异,大都是以尽职调查和保密义务为核心内容的并购项目启动性文件。本章将介绍前期协议的目的和特点以及前期协议的主要条款,重点分析前期协议项下的保密义务以及与保密义务相关的法律责任。有关前期协议的法律条款(如法律适用条款、争议解决条款和送达条款)的分析和介绍也适用于并购

---

〔1〕 参见《公司法》第16条、第37条和第46条。

项目的其他交易文件,本书其他章节在介绍并购项目其他交易文件时将不再就相同条款进行重复讨论。

第一节　前期协议的目的和特点

一、前期协议的目的

首先,前期协议的主要目的是保证卖方和目标公司配合买方的尽职调查。买方在前期协议签署后一般将会尽快启动对目标公司的尽职调查。尽职调查意味着并购程序的正式启动和双方实质性工作的开始,也意味着双方人力和物力的正式投入。买方需要聘请外部专业顾问(包括财务、法律、税务、环保等)正式介入并购交易;卖方或目标公司需要收集、整理并向买方或买方的专业顾问提供相关资料和信息,并接受买方专业顾问的访谈。前期协议的签署一般需要双方管理层甚至董事会的事先批准,这在一定意义上也能够向对方证明各自管理层和决策层对双方之间并购交易的兴趣和支持。前期协议的签署将为后续包括尽职调查在内的并购工作的顺利开展提供保障。

其次,双方签署前期协议的另一个重要目的是约定与并购项目相关的保密义务以及违反保密义务的法律责任。除卖方为配合买方的尽职调查需要提供有关目标公司的保密信息外,根据交易双方的商务安排,买方可能也需要向卖方提供必要的保密信息。另外,交易双方一般都希望对双方之间的并购项目以及双方之间的商谈内容严格保密。前期协议的签署正是为了满足交易双方对保密信息进行保密的实际需要。

最后,前期协议还可能对双方前期商谈成果作阶段性总结。在双方商谈比较深入具体的情形下,为了减少未来商谈的不确定性,双方可能希望将各自或双方共同关注的事项通过前期协议作原则性陈述,内容可能涉及下列各项或数项:(1)双方一致原则性同意的交易方式和时间安排;(2)卖方或双方各自对股权转让对价的意见;(3)交割后目标公司的治理结构;(4)交割后目标公司可能参与的关联交易;(5)排他期安排;(6)交易双方认为必要的其他事项。

二、前期协议的特点

前期协议的特点是相对于并购项目交易文件而言的。并购项目交易文件是指交易各方与其关联方为完成公司并购以及为安排交割后与目标公司的业务合作事宜所签署的一系列最终协议。具体而言,交易文件是约定各方实质性权利和义务的协议,其内容一般包括:(1)各方有关目标公司重组和整改的权利和义务;(2)各方有关股权转让和增资认购的权利和义务;(3)各方在交割后的权利和义务。交易文件一经签署生效(或经政府监管部门审批生效)即对相关各方具有法律约束力。就股权转让而言,交易文件的签署意味着卖方和买方明确同意按照交易文件项下的条件和条款转让或受让股权;在增资认购的交易中,交易文件的签署意味着目标公司、目标公司股东以及投资人均明确同意按照交易文件项下的条件和条款增加注册资本和支付增资价款。根据正常流程,交易双方只能在尽职调查之后基于尽职调查的结果和双方一致同意的交易架构磋商交易文件的内容,而签署前期协议的目的正是保证尽职调查的顺利推进。这也是为什么其被称为"前期协议",即签署最终协议之前的协议。与并购项目交易文件相比,前期协议具有意向性、临时性和过渡性的特点。

(一)意向性

与交易文件不同,前期协议除保密条款和与保密条款相关的条款外,一般没有法律约束力,只代表或反映双方在签署前期协议时对并购项目的一种设想、态度、意图和打算。对于买方来说,最终是否收购目标公司以及按照什么价格和条件收购取决于目标公司的现状和价值;同样,对于卖方来说,最终是否转让目标公司取决于对买方能够接受并支付的价格和买方要求的其他条件的评估。因此,在买方或双方开始尽职调查前,前期协议一般只就尽职调查以及为保证尽职调查正常推进所应承诺的保密义务等进行约定,而非对双方将来是否订立交易文件进行具有法律约束力的约定。

(二)临时性

除保密条款外,前期协议的期限一般较短,与双方预估的达成最终协议的时间相同。如果双方在前期协议约定的期限内无法达成协议,前期协议将在期满时终止。实践中,如果双方在前期协议约定的期限内已就并购项目的主要事项达成基本共识,但无法在该期限内完成所有事项的谈判和签署有法律约束力的最终协议,那么双方可以通过签署补充协议的形式延长前期协议的期限。但是,只要任何一方无意在前期协议的期限内继续并购项目的谈判或买方无意继续推进尽职调查,那么前期协议就将在期满时自动终止。另外,由于前期协议除保密条款和与保密条款相关的条款外一般没有法律约束力,除非前期协议另有不同约定,否则双方在最终协议签署前均有权随时解除前期协议,停止尽职调查或停止配合尽职调查,并无须向对方承担赔偿责任。由此可见,前期协议是一种临时性协议。

(三)过渡性

除上文所述的意向性、临时性等特点外,前期协议还具有过渡性这一特点,即前期协议是双方为最终达成交易文件的一种过渡性安排。一般来说,双方将在买方完成尽职调查后就并购项目的实质性条款进行正式磋商。如果双方能够达成共识并签署有法律约束力的交易文件(如框架协议或股权协议),该等交易文件应当包含"完整协议"条款,明确约定框架协议或股权协议构成双方之间有关并购项目的完整协议,并取代双方在此之前的关于并购项目的所有口头或书面的备忘录、会议纪要、往来邮件和协议。也就是说,交易文件的生效日也应是前期协议的终止日,前期协议因被框架协议或股权协议取代而不再有效。因此,在双方达成最终协议的交易中,前期协议是一种过渡性协议。

三、前期协议与预约合同

讨论前期协议与预约合同之间的区别的意义在于明确当事人违反相关约定或陈述所应承担的法律责任。《民法典》第495条规定:"当事人约定在将来一定期限内订立合同的认购书、订购书、预订书等,构成预约合同。当事人一方不履行预约合同约定的订立合同义务的,对方可以请求其承担预约合同的违约责任。”事实上,《买卖合同司法解释》早在2012年就首次提到“预约合同”,并规定了违约救济手段。[1]

根据最高人民法院民法典贯彻实施工作领导小组对预约合同的理解,预约合同是指当事人约定为将来一定期限内订立合同而达成的协议,是当事人在本约合同内容达成一致前作出的有约束力的意思表示;预约合同发生在本约合同的磋商阶段,是对未来本约合同作出的初步安排;预约合同确定的内容具有一定的确定性并具有法律约束力。如果当事人在磋商后仅就合同的部分内容初步达成共识,签署备忘录,那么由于备忘录仅是对双方谈判过程的记录,不具备权利义务条款,没有法律拘束力,所以其仅为磋商性文件,不应为预约合同。[2] 最高人民法院在“恒大地产集团上海盛建置业有限公司、湖州诺德置业有限公司股权转让纠纷案”中认为,在一些复杂交易的商业实践中,当事人之间的契约缔结过程客观上存在不具有拘束力的磋商行为、缔结具有拘束力的预约、最终订立本约这3个不同阶段,与缔约磋商阶段仅受诚实信用原则约束不同,预约和本约的存在证明当事人之间已经成立合同关系。[3] 不难看出,预约合同的本质是当事人在本约合同内容达成一致前作出的有法律约束力的意思表示。即便是简单类型的预约合同,即合同内容只包含当事人、标的、数量3个必备条款,预约合同也有关于交易双方进行进一步磋商义务的明确约定,且该约定具有法律约束力。

前期协议是否构成预约合同主要看前期协议约定的内容,特别是交易双方在前期协议中是否对未来订立并购交易文件给予明确约定,以及相关约定是否具有法律约束力。一般来说,前期协议是交易双方为正式启动尽职调查之目的而签署,是交易双方正式磋商交易架构和交易文件之前的意向性文件。前期协议的内容比

---

〔1〕 2012年《买卖合同司法解释》第2条规定:“当事人签订认购书、订购书、预订书、意向书、备忘录等预约合同,约定在将来一定期限内订立买卖合同,一方不履行订立买卖合同的义务,对方请求其承担预约合同违约责任或者要求解除预约合同并主张损害赔偿的,人民法院应予支持。”

〔2〕 参见最高人民法院民法典贯彻实施工作领导小组主编:《中华人民共和国民法典合同编理解与适用》,人民法院出版社2020年版,第229~230页。

〔3〕 参见最高人民法院民事判决书,(2018)最高法民终813号。

较简要,当事人订立最终协议的意图、意思表示、有关权利义务的约定等不具有确定性。另外,除了有关保密义务的约定具有约束力之外,前期协议项下的其他约定一般没有法律约束力。前期协议的意向性决定了前期协议属于真正意义上的磋商性文件,除非交易双方另有不同约定,否则前期协议既不是预约合同,更不是本约合同。

就预约合同与前期协议项下的法律责任而言,预约合同作为有法律约束力的协议,当事人违反预约合同应当承担违约责任,即《民法典》第 495 条规定的"预约合同的违约责任"。当事人违反前期协议项下的保密义务无疑应该承担违约责任,但除此之外,交易双方在前期协议项下的其他义务一般均是基于诚实信用原则所产生的协助、通知和忠实等先合同义务,当事人在自正式磋商开始至预约合同或本约合同签署日的整个阶段如违反先合同义务则应承担缔约过失责任。[1]

第二节　保密信息和保密义务

公司并购是敏感性极强的项目,其敏感性不仅源于双方在尽职调查阶段以及后期的商谈阶段需要向对方披露大量保密信息,而且因并购项目直接影响目标公司的员工、客户和融资等方面的稳定性。在双方或任何一方为上市公司或上市公司的关联方时,并购项目甚至可能影响上市公司市值的稳定。因此,对双方提供的保密信息的保密以及对并购项目本身的保密无疑是双方必须共同遵守的有法律约束力的义务。事实上,根据《反不正当竞争法》第 9 条之规定,对保密信息的保护也是经营者的一项法定义务;另外,根据《民法典》第 501 条之规定,作为当事人的一项先合同义务,交易双方对对方提供的商业秘密也负有保密义务。为满足法律有关保密信息的保密性要求,保密信息的权利人往往会签订保密协议或者在前期协

〔1〕《民法典》第 500 条规定:"当事人在订立合同过程中有下列情形之一,造成对方损失的,应当承担赔偿责任:(一)假借订立合同,恶意进行磋商;(二)故意隐瞒与订立合同有关的重要事实或者提供虚假情况;(三)有其他违背诚信原则的行为。"

议中约定保密条款,以此作为权利人采取的保密措施。本节将重点分析前期协议中的保密条款,包括保密信息的界定、保密义务的范围、约定保密期限与法定保密期限的优先适用问题,以及违反保密义务的违约责任和侵犯保密信息的侵权责任。

一、保密信息

在前期协议生效日至交易文件生效日的这段时间内,双方提交的或双方在商谈中涉及的保密信息可能既包括卖方提供的保密信息,也包括买方提供的保密信息。按照正常程序,买方在前期协议签署后将立即启动尽职调查,并向卖方提交尽职调查清单,期待卖方根据尽职调查清单提供与目标公司业务、技术、财务、人事、债权债务、重大资产等相关的资料和信息(卖方信息)。该等卖方信息应当包含目标公司投资、生产和经营中的违法违规信息。另外,如果双方希望通过买方受让部分股权或认购增资的方式将目标公司改制为双方的合营企业,从而建立并保持双方间的长期战略合作关系,那么为了分析和评估买方未来的履约能力和双方在交割后的合作前景,卖方可能也需要对买方做针对性的尽职调查。买方根据卖方尽职调查清单所提供的资料和信息(买方信息)可能也包含保密信息。除卖方信息和买方信息外,考虑到并购项目的时间跨度较长,至少在双方签署交易文件前,双方可能均希望对并购项目本身以及双方有关并购项目的商谈进行保密。该等信息包括双方之间的会议纪要、前期协议的内容和签署的事实等(并购信息)。对于卖方来说,并购信息的泄露可能影响卖方或目标公司的融资能力、目标公司合作伙伴(包括供应商和客户)对目标公司的信心和公司内部员工的稳定性;同样,对于买方而言,并购信息的泄露可能引起竞争对手的关注,特别是在前期协议没有排他性约定时,并购信息的泄露甚至有可能吸引第三方参与竞买,增加买方的谈判难度。

并购项目中双方相互提交的和双方商谈所涉及的资料和信息包括卖方信息、买方信息和并购信息,具有覆盖面广、体量大的特点。然而,不是所有的资料和信息都属于法律或保密协议定义的保密信息。就卖方所提供的众多信息而言,有些信息明显不属于保密信息,如目标公司在公司登记机关的登记备案资料以及各类证照等。因此,只有符合法定或约定条件的保密信息才是应当保护的信息。

关于保密信息的范围,可以参照法律法规对商业秘密的界定。根据 2019 年修订的《反不正当竞争法》第 9 条之规定，该法所称的"商业秘密"是指不为公众所知悉、具有商业价值并经权利人采取相应保密措施的技术信息、经营信息等商业信息。该规定明确了法律保护的商业秘密的 3 个构成要素：(1)不为公众所知悉，即该信息是不能从公开渠道直接获取的；(2)具有商业价值，即该信息能为权利人带来现实的或者潜在的经济利益或者竞争优势；(3)权利人已采取保密措施，即权利人已采取了包括订立保密协议、建立保密制度在内的合理的保密措施。〔1〕《反不正当竞争法》自 1993 年颁布之后经历过两次修改，每次均对"商业秘密"的定义进行了修订。1993 年《反不正当竞争法》规定的"商业秘密"是指"不为公众所知悉、能为权利人带来经济利益、具有实用性并经权利人采取保密措施的技术信息和经营信息"；2017 年《反不正当竞争法》规定的"商业秘密"是指"不为公众所知悉、具有商业价值并经权利人采取相应保密措施的技术信息和经营信息"。与 1993 年和 2017 年《反不正当竞争法》相比，2019 年《反不正当竞争法》没有将"商业秘密"限定为"技术信息和经营信息"，而是包括技术信息和经营信息在内的所有商业信息。因此，只要属于商业信息，且满足上述 3 个构成要素，该信息就属于法律上适格的商业秘密，受到法律保护。

法律对商业秘密保护的前提之一是权利人必须对商业秘密采取保密措施。法律规定的保密措施包括权利人与第三方签署保密协议，即保密协议的签署意味着商业秘密的权利人已经采取了保密措施。〔2〕但是，就上述三要素中的其他两个要素而言，除非信息提供方明确告知相关信息是否属于"不为公众所知悉"和"具有商业价值"的信息，否则信息接收方一般很难自行判断。在双方签署保密协议的前提下，如果权利人能够证明信息接收方违反保密约定、权利人遭受了经济损失并且权利人的损失与该违约有直接的因果关系，那么违约所涉及的信息就可能被视为法律上适格的商业秘密。因此，在信息提供方基于保密协议向信息接收方提供没有标注为"保密信息"的信息时，即便信息接收方无法自行判断该等信息是否同时符

〔1〕参见《关于禁止侵犯商业秘密行为的若干规定》(1998 年修订)第 2 条。

〔2〕根据《商业秘密司法解释》第 6 条第 1 项之规定，"签订保密协议或者在合同中约定保密义务"，在正常情况下足以防止商业秘密泄露的，人民法院应当认定权利人采取了相应保密措施。

合上述法定三要素，接收方仍然应就该等信息履行保密义务。另外，为了尽可能降低信息接收方的违约风险，双方一般应该明确约定下列信息不属于保密信息：(1)已为公众知悉的信息；[1] (2)接收方可自行合法获取的信息；(3)在信息提供方披露前已为信息接收方合法拥有的信息。该等除外的约定有利于信息接收方在必要时行使抗辩权。

二、保密义务

信息接收方的保密义务既是保密协议项下的约定义务，也是《民法典》和《反不正当竞争法》所规定的法定义务。《民法典》第 501 条规定，“当事人在订立合同过程中知悉的商业秘密或者其他应当保密的信息，无论合同是否成立，不得泄露或者不正当地使用；泄露、不正当地使用该商业秘密或者信息，造成对方损失的，应当承担赔偿责任”。因此，对于交易双方在订立合同过程中为了促成合同订立之目的相互披露的保密信息，交易对方应基于诚信原则给予保密，并不得不正当使用。另外，《反不正当竞争法》第 9 条明确禁止经营者实施侵犯商业秘密的行为，包括“违反保密义务或者违反权利人有关保守商业秘密的要求，披露、使用或者允许他人使用其所掌握的商业秘密”。

除为了采取保密措施之目的而签署保密协议外，尽管保密义务是一项法定义务，实践中，或许是因为保密协议更具有针对性，信息提供方在提供保密信息时一般更加依赖信息接收方签署的保密协议。另外，信息提供方可能也希望通过保密协议明确约定前期协议或保密协议终止后信息接收方是否应该返还或者销毁保密信息载体，清除其接收的保密信息，以及对方违反保密义务和其他相关约定时所应承担的违约责任。信息接收方签署保密协议和承诺保密义务是一种交易习惯；另外，信息接收方也可以通过保密协议约定保密义务的具体范围，保留在特定情形下

[1] 《商业秘密司法解释》第 4 条第 1 款规定：“具有下列情形之一的，人民法院可以认定有关信息为公众所知悉：(一)该信息在所属领域属于一般常识或者行业惯例的；(二)该信息仅涉及产品的尺寸、结构、材料、部件的简单组合等内容，所属领域的相关人员通过观察上市产品即可直接获得的；(三)该信息已经在公开出版物或者其他媒体上公开披露的；(四)该信息已通过公开的报告会、展览等方式公开的；(五)所属领域的相关人员从其他公开渠道可以获得该信息的。”

对保密信息的披露权利。例如,双方可以在保密协议中约定下列披露不应被视为信息接收方违反了保密义务:(1)在确保信息接收方股东、员工、董事和专业顾问知晓并遵守相同的保密义务的前提下,信息接收方在为实现双方约定目的的合理范围内,向其股东、员工、董事和专业顾问披露保密信息;(2)在保证及时告知信息提供方,并给予信息提供方合理的时间和机会向相关方提出异议的前提下,信息接收方根据法律规定或有管辖权的法院、仲裁机构、税务机关、证券交易所或其他有权监管机构的要求披露保密信息。通过明确约定此等除外情形,双方可以尽量避免误解、减少纠纷。就约定义务和法定义务之间的关系而言,根据最高人民法院民法典贯彻实施工作领导小组的意见,如果当事人在订立合同过程中以保密协议等合法方式对保密义务作了特别约定,只要特别约定合法有效,那么根据特别约定优于法定的原则应以特别约定为准。[1]

除了不得违反法律或约定向第三人披露保密信息外,保密义务一般同时隐含另外一个义务,即接收方不得为双方约定目的之外的任何目的使用保密信息。就前期协议而言,信息提供方提供保密信息的目的是方便接收方对相关事项的风险进行分析和评估,并据此对并购项目做相应的决策。也就是说,接收方仅可为此目的使用提供方提供的保密信息。

公司并购交易中的保密义务不应是买方的单方义务。如果卖方或目标公司无须对买方进行反向尽职调查,或买方无须向卖方和目标公司披露任何商业秘密,那么前期协议项下的保密义务一般不涉及买方信息。但是,由于交易双方的谈判内容以及前期协议有关并购项目的条款和条件属于保密信息,且具有商业价值,双方对此均应保密。因此,即便前期协议项下的保密信息不包括买方信息,前期协议项下的保密义务也应是买方和卖方共同遵守的双向义务。为避免误解,交易双方应对此给予明确约定。

三、约定保密期限与法定保密期限

在前期协议或保密协议约定保密期限的情形下,实践中对于信息接收方在约

---

〔1〕 参见最高人民法院民法典贯彻实施工作领导小组主编:《中华人民共和国民法典合同编理解与适用》,人民法院出版社2020年版,第285页。

定保密期限届满后是否仍有保密义务的问题往往有不同认识。有观点认为,如果保密协议没有明确约定保密期限,那么只要相关信息仍属于保密信息,信息接收方就应该继续保密;如果保密协议明确约定了保密期限,当该保密期限届满时,信息接受方不应被要求继续履行保密义务。持该观点的理由是,权利人同意约定保密期限的事实既能够证明权利人同意信息接收方仅应在该等保密期限内履行保密义务或权利人不期待信息接收方在保密期限届满后继续对相关信息保密,也能够证明权利人在保密期限届满后对该信息不再采取保密措施,保密信息也因此不再同时满足《反不正当竞争法》所规定的 3 个构成要素。但是,这种观点似乎不为司法实践所接受。在"石家庄泽兴氨基酸有限公司、河北大晓生物科技有限公司等侵害技术秘密纠纷案"中,对于技术许可合同保密期限届满后被许可人是否有权披露商业秘密的问题,最高人民法院认为:如果合同中明确约定保密期限届满后,被许可人可以披露相关商业秘密,则被许可人实施上述行为不构成侵害商业秘密;如果技术许可合同并未明确约定保密期限届满后,被许可人可以许可他人使用、披露相关商业秘密,则需要根据双方签订合同的目的、双方的权利义务、合同对价、合同履行情况、商业惯例及诚信原则等,综合判断保密期限届满后,被许可人是否可以许可他人使用、披露相关商业秘密。最高人民法院进一步认为:(1)区别于其他知识产权具有公开性、期限性、绝对排他性等特征,商业秘密自产生之日就自动取得,并具有相对排他性;同时,商业秘密的保护期限具有不确定性,只要商业秘密不被泄露,就一直受法律保护。合同约定保密期间,仅代表双方当事人对该期间的保密义务进行了约定,该保密期间届满,虽然合同约定的保密义务终止,但被许可人仍需承担保密义务。(2)法律规定的保密义务既包括《反不正当竞争法》第 9 条规定的侵权法意义上的、普遍的消极不作为义务,也包括基于诚实信用原则的合同前、合同中、合同后的保密义务。(3)按照技术许可合同的性质,被许可人仅是获得了使用相关商业秘密的权利,合同约定保密期限不应被解释为保密期限届满后,受让人和被许可人可以许可他人使用,甚至披露相关商业秘密。因披露商业秘密属于放弃商业秘密民事权利的行为,除非合同有明确约定,否则该权利处分行为不能由非权利主体作出。义务人在合同约定期限后应当遵循诚实信用的原则,履行合同保密的附随义务。[1] 根据最高人民法院的上述判决意见，如果保密协议仅仅约定了保密期限，但没有明确约定信息接收方在保密期限届满后可以披露保密信息，那么保密期限届满仅仅意味着约定保密义务的终止，而不是信息接收方赖以停止履行法定保密义务的理由。因此，保密期限的约定不得被视为商业秘密权利人对其民事权利的放弃。

笔者认为，就约定的保密期限届满后的保密义务而言，最高人民法院的上述判决意见应代表目前主流的司法实践。为了避免双方对保密期限届满后的保密义务产生不同理解，同时为了给保密信息权利人提供充分保护，前期协议不仅不应约定保密期限，而且应明确约定保密义务在相关保密信息被公众依法知悉之前一直有效，且该保密义务不因前期协议的终止而解除。由于前期协议与并购交易文件之间存在衔接关系，双方共同签署的并购交易文件（如框架协议或股权协议）在生效后将取代前期协议，框架协议或股权协议项下的保密条款也将取代前期协议项下的保密条款，双方的保密义务不会因前期协议被取代而中断。另外，就目标公司的保密信息来说，交割将导致保密义务的转移，即由于目标公司在交割时将转让给买方，卖方信息（有关目标公司的保密信息）的保密义务承担主体在交割后将由买方变为卖方。但是，除非双方另有约定，否则卖方对目标公司的保密信息所承担的约定保密义务只应适用于目标公司在交割前的保密信息。

四、法律责任

笔者在前面已经提到，根据我国法律规定，保密信息权利人对于违反保密义务的相对人有权基于《民法典》主张缔约过失责任，基于《反不正当竞争法》主张侵权责任，或基于保密协议主张违约责任。下面我们分别介绍与保密信息相关的侵权责任和违约责任。

（一）侵犯保密信息的侵权责任

就侵权责任而言，《反不正当竞争法》第 17 条规定："经营者违反本法规定，给

〔1〕 参见最高人民法院民事判决书，(2020)最高法知民终 621 号。

他人造成损害的,应当依法承担民事责任。经营者的合法权益受到不正当竞争行为损害的,可以向人民法院提起诉讼。因不正当竞争行为受到损害的经营者的赔偿数额,按照其因被侵权所受到的实际损失确定;实际损失难以计算的,按照侵权人因侵权所获得的利益确定。经营者恶意实施侵犯商业秘密行为,情节严重的,可以在按照上述方法确定数额的一倍以上五倍以下确定赔偿数额。赔偿数额还应当包括经营者为制止侵权行为所支付的合理开支。经营者违反本法第六条、第九条规定,权利人因被侵权所受到的实际损失、侵权人因侵权所获得的利益难以确定的,由人民法院根据侵权行为的情节判决给予权利人五百万元以下的赔偿。"《商业秘密司法解释》进一步规定:因侵权行为使商业秘密为公众所知悉的,人民法院依法确定赔偿数额时,可以考虑商业秘密的商业价值。人民法院认定前款所称的商业价值,应当考虑研究开发成本、实施该项商业秘密的收益、可得利益、可保持竞争优势的时间等因素。权利人请求参照商业秘密许可使用费确定因被侵权所受到的实际损失的,人民法院可以根据许可的性质、内容、实际履行情况以及侵权行为的性质、情节、后果等因素确定。人民法院依照《反不正当竞争法》第 17 条第 4 款确定赔偿数额的,可以考虑商业秘密的性质、商业价值、研究开发成本、创新程度、能带来的竞争优势以及侵权人的主观过错、侵权行为的性质、情节、后果等因素。[1]

(二)违反保密义务的违约责任

没有法律约束力的条款不可能涉及违约责任。如果前期协议中只有保密条款具有法律约束力,那么前期协议项下的违约责任主要是指保密信息接收方违反保密义务时所应承担的违约责任。在双方没有约定违约责任的情形下,违约方应当根据《民法典》第577 条和第583 条的规定承担违约责任,即当事人一方不履行合同义务或者履行合同义务不符合约定的,应当承担继续履行、采取补救措施或者赔偿损失等违约责任。在保密信息接收方违反保密义务时,接收方除应当继续履行保密义务或者采取补救措施外,保密信息接收方如果因其违约给信息提供方造成任何损失的,还应赔偿信息提供方的损失。关于损害赔偿的范围,根据《民法典》第

---

〔1〕 参见《商业秘密司法解释》第 19 条和第 20 条。

584 条的规定,损失赔偿额应当相当于因违约所造成的损失,包括合同履行后可以获得的利益,但不得超过违约一方订立合同时预见到或者应当预见到的因违约可能造成的损失。值得注意的是,保密信息接收方承担的保密义务是一种消极义务,即保密信息接收方不得向他人披露保密信息,不得将保密信息用于其他目的等。因此,即便保密信息接收方违反该等消极义务,其违约给权利人造成的损失一般不可能包括所谓的"合同履行后可以获得的利益",而只能是权利人的直接实际损失。

"谁主张,谁举证"是民事诉讼法的一项基本原则。在信息接受方违反保密义务时,信息提供方寻求法律救济时不仅需要举证证明信息接收方的违约行为,还要证明遭受的损失和具体数额及违约行为与损失两者之间的因果关系。首先,由于商业秘密的特殊性,权利人证明违约方违约给其造成损失以及损失的具体数额的难度极大。其次,从违约方违反约定对外披露保密信息到权利人因此遭受损失,整个过程可能存在一段较长的时间,损失后果的滞后性往往导致权利人无法及时证明损失结果。最后,根据司法实践,权利人除了有义务证明所遭受的损失外,还有义务证明该损失没有超过违约方订立合同时预见到或者应当预见到的因违约可能造成的损失。〔1〕

我国法律在对违约责任做强制性规定的同时,也允许合同当事人享有约定违约金的缔约自由。〔2〕约定较高的违约金数目无疑能够起到预防和惩罚违约行为的作用。但是,出于公平解决违约纠纷的考虑,司法实践赋予法官基于违约金酌减规则行使自由裁量权。根据《最高人民法院关于印发〈全国法院贯彻实施民法典工作会议纪要〉的通知》(法〔2021〕94 号)的规定,当事人约定的违约金超过造成损失的30%的,一般可以认定为《民法典》第 585 条规定的"过分高于造成的损失";另外,

---

〔1〕 最高人民法院 2009 年颁布的《关于当前形势下审理民商事合同纠纷案件若干问题的指导意见》第 11 条规定,"对于可以预见的损失,既可以由非违约方举证,也可以由人民法院根据具体情况予以裁量"。

〔2〕《民法典》第 585 条规定:"当事人可以约定一方违约时应当根据违约情况向对方支付一定数额的违约金,也可以约定因违约产生的损失赔偿额的计算方法。约定的违约金低于造成的损失的,人民法院或者仲裁机构可以根据当事人的请求予以增加;约定的违约金过分高于造成的损失的,人民法院或者仲裁机构可以根据当事人的请求予以适当减少。当事人就迟延履行约定违约金的,违约方支付违约金后,还应当履行债务。"

违约金是否过高应以违约造成的损失为基础，并结合合同的履行情况、当事人的过错程度以及预期利益等综合因素，根据公平原则和诚实信用原则予以衡量。〔1〕 最高人民法院民法典贯彻实施工作领导小组认为，除了应当查明实际损失和当事人缔约时对可得利益损失的预见之外，还应考虑当事人的过错程度，即违约方是恶意违约还是过错违约直接决定违约金的赔偿性和处罚性功能的此消彼长；另外，在调整违约金金额时，还应考虑当事人是否为商事主体，即如果是商事主体从事的商事交易，则在认定违约金过高过低时，应更为谨慎。〔2〕

就违约金是否过高的举证责任问题而言，如果违约方主张违约金过分高于造成的损失，那么违约方应当对此承担举证责任。〔3〕 在违约方提供证据证明违约金过高后，守约方认为该约定公平合理的，也应举证证明违约金约定的合理性。〔4〕 最高人民法院民法典贯彻实施工作领导小组认为，“鉴于衡量违约金是否过高的重要标准是违约造成的损失，守约方因更了解违约造成损失的事实和相关证据而具有较强的举证能力，因此，违约方的举证责任也不能绝对化”〔5〕。司法实践中，有的

---

〔1〕《最高人民法院关于印发〈全国法院贯彻实施民法典工作会议纪要〉的通知》（法〔2021〕94号）第11条规定：“民法典第五百八十五条第二款规定的损失范围应当按照民法典第五百八十四条规定确定，包括合同履行后可以获得的利益，但不得超过违约一方订立合同时预见到或者应当预见到的因违约可能造成的损失。当事人请求人民法院增加违约金的，增加后的违约金数额以不超过民法典第五百八十四条规定的损失为限。增加违约金以后，当事人又请求对方赔偿损失的，人民法院不予支持。当事人请求人民法院减少违约金的，人民法院应当以民法典第五百八十四条规定的损失为基础，兼顾合同的履行情况、当事人的过错程度等综合因素，根据公平原则和诚信原则予以衡量，并作出裁判。约定的违约金超过根据民法典第五百八十四条规定确定的损失的百分之三十的，一般可以认定为民法典第五百八十五条第二款规定的‘过分高于造成的损失’。当事人主张约定的违约金过高请求予以适当减少的，应当承担举证责任；相对人主张违约金约定合理的，也应提供相应的证据。”

〔2〕 参见最高人民法院民法典贯彻实施工作领导小组主编：《中华人民共和国民法典合同编理解与适用》，人民法院出版社2020年版，第780～781页。

〔3〕 参见《九民纪要》第50条。

〔4〕《上海市高级人民法院关于商事审判中规范违约金调整问题的意见》（沪高法民二〔2009〕13号）第7条规定：“被主张调整违约金一方当事人否认约定的违约金过高，认为约定公平合理的，在主张调整违约金一方当事人提供相应证据后，也应当举证证明违约金约定的合理性。”

〔5〕 最高人民法院民法典贯彻实施工作领导小组主编：《中华人民共和国民法典合同编理解与适用》，人民法院出版社2020年版，第782页。

法院以守约方未能证明相关损失为由拒绝其主张，[1]也有的法院在守约方未能举证证明违约金的合理性时，在守约方实际损失30%的范围内酌情增加违约方应赔偿的数额。例如，在“王某、陈某某合同纠纷案”中，守约方仅主张其损失为违约方未支付剩余股权转让款导致守约方对外借款所产生的利息，且并无证据直接证明守约方的其他实际损失，最高人民法院认为，该案二审法院按违约方未付款数额的同期贷款利率上浮50%再上浮30%，酌定违约金数额，属于二审法院合理自由裁量的范围，并不违反法律规定。[2]

综合上述讨论，对于权利人而言，与损失赔偿相比，约定违约金的好处主要体现在举证责任分配上，约定违约金虽然没有完全免除但能够减轻权利人对于损失额的举证责任。另外，笔者注意到，根据《反不正当竞争法》第17条第4款之规定，对于难以确定权利人因被侵权所受到的实际损失和侵权人因侵权所获得的利益的侵权行为，人民法院可以根据侵权行为的情节判决给予权利人500万元以下的赔偿。对于一般性保密信息，当事人在约定前期协议项下的违约金数额时或许可以参考该条规定。

（三）权利人的自由选择权

通过比较侵权责任和违约责任，笔者注意到，两种责任制度没有实质性区分，都是以赔偿权利人的实际损失为标准。权利人在寻求法律救济时，可能根据其对争议解决方式或管辖法院的偏好决定主张违约责任或侵权责任。例如，如果前期协议约定仲裁解决方式，而权利人更希望通过法院主张权利，那么权利人可能通过主张侵权责任来规避仲裁条款的适用；如果前期协议约定的管辖法院为协议签署地的人民法院，而权利人希望通过侵权地法院主张权利，侵权人也有可能通过主张

---

〔1〕 例如，江苏省高级人民法院在“张某某诉王某股权转让合同纠纷案”中认为，双方合同关于按转让金额的5倍即41,500万元支付特别赔偿金的约定，显然过分高于被告的违约行为给原告造成的损失。鉴于原告不能对被告违约给其造成的流动资金贷款利息损失之外的其他损失事实进一步举证证明，对于原告要求被告按股份转让金数额的5倍支付特别赔偿金的主张，法院不予支持。参见《中华人民共和国最高人民法院公报》2007年第5期。

〔2〕 参见最高人民法院民事裁定书，(2019)最高法民申6442号。

侵权责任来规避前期协议的约定管辖。

第三节　前期协议的主要条款

除保密条款外，前期协议还可能包含一系列其他条款，以求尽可能总结双方就相关重大事项所达成的阶段性共识。实践中，不同并购项目的前期协议的内容各不相同，有的比较简单，有的比较全面，这取决于在签署前期协议时买方对目标公司的了解程度、双方商谈的广度和深度及双方的商务要求。需要注意的是，一份文件是否具有法律约束力不取决于该文件的名称，而是取决于其内容；同一份文件中的不同条款也因法律规定或不同约定而具有不同的法律约束力，即有的条款只是一种意向性条款，不具有法律约束力，而有的条款则基于双方的约定或法律规定具有法律约束力。一般来说，前期协议中的尽职调查条款、转让对价条款、交割后安排条款甚至排他性条款等只是意向性条款。前期协议的意向性、临时性和过渡性并不说明前期协议是公司并购交易中可有可无的协议，也不意味着前期协议无须包含一份正常完整的商业协议所应具备的有法律约束力的条款。相反，只要前期协议包含有法律约束力的商务条款（如保密条款），前期协议就应包含有关法律适用、争议解决和送达等法律条款。相对于有法律约束力的商务条款，这些法律条款应被视为有法律约束力的商务条款的配套条款，其目的是确保商务条款项下的权利人在对方违约时能够基于该等法律条款及时有效地寻求法律救济。

一、意向性条款

（一）尽职调查条款

前期协议的主要目的是保证卖方和目标公司配合买方进行尽职调查。在正常情况下，买方只有在基本完成尽职调查，确认目标公司不存在买方无法接受或无法解决的违规问题和经营性风险之后才有可能与卖方进行实质性谈判。为此，买方一般要求卖方在前期协议中明确同意配合买方或其聘请的专业顾问进行尽职调查,提供相关资料并答复相关问题。前期协议一般列明尽职调查的专业领域,但无须对尽职调查的细节作过多的约定。尽职调查的具体安排往往由双方工作层面的负责人员直接对接。卖方大多希望买方在最短的时间内完成尽职调查,而买方则需要根据专业顾问正常需要的时间与卖方协商确定合理的期限。实践中,虽然有的前期协议约定了尽职调查的期限,但这并不意味着尽职调查在该期限届满时能够完全结束。在整个商谈过程中,双方仍然会就发现的问题进行持续的沟通,如有必要,买方也会要求卖方补充提供资料和信息。

(二)转让对价条款

在签署前期协议时,尽职调查尚未开始,买方对目标公司的了解极为有限,大多只是源于双方早期接触中卖方的口头介绍或卖方提交的有限的财务报表。即便卖方要求前期协议就转让对价或项目公司的估值作原则性描述,买方也应尽量回避,至少不应对转让对价作任何不附带前提条件的承诺。前期协议可以记载卖方对转让对价或目标公司价值的单方看法,但前期协议的签署以及随后尽职调查的启动不应被理解为买方同意并接受卖方的报价。转让对价应由双方在买方完成尽职调查后协商确定。

(三)交割后的安排

在双方希望通过买方受让部分股权或认购增资的方式将目标公司改制为合营企业时,双方可能希望在前期协议中对合营企业的治理结构作比较清晰的约定,以避免双方在花费大量时间和精力完成尽职调查后无法就此达成共识。合营企业的治理结构主要涉及股东会和董事会的职权和表决机制,董事会和监事会的组成,董事、监事以及高级管理人员的提名权等。另外,如果双方或任何一方对未来合营企业的经营管理以及分红等事宜有任何特别主张,该等主张也应在早期向对方提出,而不应在并购项目的后期提出与诚信善意原则不符的重大要求。

如果双方或任何一方(包括其关联方)在交割后将与目标公司建立并保持长期业务合作关系,那么双方也可能希望通过前期协议对关联交易中包括定价在内的重要事项作原则性约定,作为将来双方起草、商谈交易文件的基础。例如,在外资并购境内企业时，如果买方和目标公司的业务相同、相似或处于同一产业链的上下游，买方往往希望在交割后能够在中国境外独家经销目标公司的产品，或者可能希望目标公司在采购原材料或半成品时尽可能采购买方或其关联方的产品；同样，目标公司或目标公司的中方股东也可能希望成为买方的产品在中国境内市场的独家经销商。如果双方有意将目标公司作为双方长期合作的平台，那么双方可能希望在前期协议中相互承诺不竞争义务，约定任何一方或其关联方在特定地域内不得直接或间接从事与目标公司竞争的业务。

（四）排他性安排

排他性条款是一种相互保证忠诚度的安排，其目的是促使双方在尽可能短的时间内达成协议。具体而言，对于卖方来说，卖方在排他期内不得与第三方就目标公司股权的转让进行任何形式的接触、商谈或为转让目标公司股权之目的向第三方提供任何资料和信息；对于买方来说，买方在排他期内不得就收购与目标公司业务相同或相似的公司与第三方进行任何形式的接触、调查和商谈。排他期能够体现各方的交易决心和诚意，有利于双方建立互信。但是，为了避免任何一方因为排他期的存在久拖不决，排他期的期限不宜太长。双方在前期协议签署后可以根据需要随时协商延长排他期的期限。

二、法律适用条款

我国法律从两个不同角度规范民事活动的法律适用，即中国境内的民事活动只能适用中国法律，但是，当事人在涉外法律关系中有权选择适用中国法律之外的其他法律。[1]《涉外民事关系法律适用法司法解释（一）》第1条规定：民事关系具有下列情形之一的，人民法院可以认定为涉外民事关系：(1)当事人一方或双方是外国公民、外国法人或者其他组织、无国籍人；(2)当事人一方或双方的经常居所地

〔1〕《民法典》第12条规定："中华人民共和国领域内的民事活动，适用中华人民共和国法律。法律另有规定的，依照其规定。"另外，《涉外民事关系法律适用法》第2条和第3条分别规定，涉外民事关系适用的法律，依照本法确定；当事人依照法律规定可以明示选择涉外民事关系适用的法律。

在中华人民共和国领域外；(3)标的物在中华人民共和国领域外；(4)产生、变更或者消灭民事关系的法律事实发生在中华人民共和国领域外；(5)可以认定为涉外民事关系的其他情形。准确地说，当事人只有在上述司法解释所定义的"涉外民事关系"中才有权协议选择适用中国法律之外的其他法律。[1]

除法律的上述原则性规定外，我国法律也规定了其他特定情形下的中国法律的"专属适用"。例如，《商务部外资并购规定》第22条规定，股权购买协议、境内公司增资协议应适用中国法律。《民法典》第467条第2款规定："在中华人民共和国境内履行的中外合资经营企业合同、中外合作经营企业合同、中外合作勘探开发自然资源合同，适用中华人民共和国法律。"《外商投资法》施行后，过去的中外合资经营合同可能改称为"股东协议"，但这类协议的条款在实质上没有改变，仍然应该根据《民法典》第467条之规定适用中国法律。

基于上述规定，无论并购交易的当事人是否为中国境内民事主体，或相关民事关系是否有涉外因素，只要目标公司为中国境内民事主体，并购交易的民事关系就只能适用中国法律。在外资并购境内企业时，尽管前期协议不是严格意义上的股权转让协议或增资认购协议，也不是类似于中外合资经营合同的股东协议，交易双方似乎有权选择适用中国法律之外的法律，但是，考虑到前期协议与其他交易文件(如框架协议、股权转让协议、增资认购协议和股东协议等)是同一并购项目中交易双方在不同阶段签署的协议，二者之间具有密切关系，为保证二者在法律适用方面的一致性，笔者认为前期协议也应适用中国法律。另外，前期协议适用中国法律也符合"最密切联系"的法律适用原则。[2]

三、争议解决条款

争议解决条款是合同主要条款之一。常见的争议解决方式包括法院诉讼和商

---

〔1〕 最高人民法院在2013年12月18日的《关于北京朝来新生体育休闲有限公司申请承认大韩商事仲裁院作出的第12113—0011号、第12112—0012号仲裁裁决案件请示的复函》(〔2013〕民四他字第64号)中指出："《合同书》没有涉外民事关系的构成要素，不属于涉外合同。该合同以及所包含的仲裁条款之适用法律，无论当事人是否做出明示约定，均应确定为中国法律。"

〔2〕 《涉外民事关系法律适用法》第2条第2款规定："本法和其他法律对涉外民事关系法律适用没有规定的，适用与该涉外民事关系有最密切联系的法律。"

事仲裁两种。与法律适用条款类似,如果双方均为中国境内民事主体,并且相关争议没有涉外因素,那么争议只能由境内仲裁机构或人民法院管辖。在外资并购境内企业时,签约方属于不同法域的民事主体,中国法律允许双方自由选择中国境内或境外的仲裁机构;但是,双方在选择境外仲裁机构时,必须考虑仲裁裁决的执行问题,争取做到既能保证裁决的公平公正,又能保证裁决的有效执行。另外,考虑到前期协议只是一份会被其他交易文件取代的临时性文件,前期协议中的争议解决条款应该与双方后续签署的交易文件(如框架协议、股权转让协议、增资认购协议和股东协议等)项下的争议解决条款保持一致。下面,笔者将从并购项目整体交易文件的角度介绍并购交易文件中的争议解决条款。

(一)法院诉讼

《民事诉讼法》第 24 条规定:“因合同纠纷提起的诉讼,由被告住所地或者合同履行地人民法院管辖。”法律在规定法定管辖的同时也规定了约定管辖。《民事诉讼法》第 35 条规定:“合同或者其他财产权益纠纷的当事人可以书面协议选择被告住所地、合同履行地、合同签订地、原告住所地、标的物所在地等与争议有实际联系的地点的人民法院管辖,但不得违反本法对级别管辖和专属管辖的规定。”因此,除被告住所地或者合同履行地的人民法院之外,合同双方还有权在法律规定的框架内共同选择其他管辖法院。就合同双方的约定管辖而言,双方的约定必须满足以下条件。

第一,当事人的约定不得违反级别管辖和专属管辖。级别管辖是指法律按照一定标准划分基层、中级、高级和最高人民法院四级法院分别受理第一审民事案件的分工和权限。《民事诉讼法》第 18 ~ 21 条关于级别管辖的规定是强制性规定,不容合同当事人约定变更。因此,合同当事人只能选择与争议有实际联系的地点(如标的物所在地)的法院,而该地点所在地的各级法院中究竟哪级法院具有管辖权则应根据法律有关级别管辖的规定确定。《民事诉讼法》第 34 条规定了专属管辖,如“因不动产纠纷提起的诉讼,由不动产所在地人民法院管辖”。同样地,法律有关专属管辖的规定也是强制性规定。如果合同当事人违反级别管辖和专属管辖的强制性规定,其约定应被视为无效,双方之间的争议仍应由被告住所地或者合同履行地人民法院管辖。

第二,当事人的约定应当具体明确。《民事诉讼法司法解释》第 30 条第 1 款规定:“根据管辖协议,起诉时能够确定管辖法院的,从其约定;不能确定的,依照民事诉讼法的相关规定确定管辖。”在司法实践中,若根据当事人的约定无法确定具体的管辖法院,法院将认定当事人的约定因约定不明而无效,从而按照法定管辖的规定确定管辖法院。例如,在“江阴市宏安金属制品有限公司与江苏中冶新能源科技有限公司买卖合同纠纷案”中,江苏省高级人民法院认为,因当事人是否存在违约行为要待实体审理后才能确定,当事人关于发生争议后“由违约方的对方所在地人民法院管辖”的约定属于约定不明,为无效条款,应适用我国《民事诉讼法》关于合同纠纷管辖的规定确定管辖法院。[1]

实践中,合同当事人为了将争议提交特定地点的法院解决(如合同签署地的法院),故将该特定地点约定为合同的签署地,从而导致合同约定的签署地与合同的实际签署地不一致。关于这一约定能否得到法院支持的问题,已经废止的《合同法司法解释(二)》第 4 条曾明确规定:“采用书面形式订立合同,合同约定的签订地与实际签字或者盖章地点不符的,人民法院应当认定约定的签订地为合同签订地。”在“上海建配龙建材配送有限公司、信达金融租赁有限公司融资租赁合同纠纷案”中,最高人民法院认为,即便合同约定的签订地与实际签订地不符,但“各方均应向本合同签订地有管辖权的人民法院提起诉讼”的约定系双方当事人的真实意思表示,应以当事人约定为准。[2] 虽然《合同法司法解释(二)》因《民法典》的生效已被废止,但最高人民法院民法典贯彻实施工作领导小组认为,《合同法司法解释(二)》第 4 条的精神实际上被《民法典》第 493 条吸收,体现了尊重当事人的合同自由原则。[3]《民法典》第 493 条规定:“当事人采用合同书形式订立合同的,最后签名、盖章或者按指印的地点为合同成立的地点,但是当事人另有约定的除外。”可以相信,法院将延续此前审判思路,在合同约定的签署地与合同的实际签署地不一致

---

〔1〕 参见江苏省高级人民法院民事裁定书,(2021)苏民辖 100 号。

〔2〕 参见最高人民法院民事裁定书,(2017)最高法民辖终 404 号。

〔3〕 参见最高人民法院民法典贯彻实施工作领导小组主编:《中华人民共和国民法典合同编理解与适用》,人民法院出版社 2020 年版,第 218～221 页。

时,仍然以合同约定的签署地为准。

（二）商事仲裁

商事仲裁是与商事诉讼平行的一种法律解决方式,具有下列特征:(1)商事仲裁中的当事人具有高度的自主性;(2)商事仲裁能够实现真正的合议制;(3)商事仲裁具有充分的公开性和透明度;(4)商事仲裁具有严格的保密性;(5)商事仲裁具有很大的灵活性;(6)商事仲裁是一种最为友好的法律解决方式;(7)商事仲裁迅速及时且费用低廉;(8)商事仲裁具有必要的强制性。由此可见,商事仲裁应该是一种与商事诉讼具有同等法律效力和法律地位,同时具有同样重要性的法律解决方式。[1] 根据《仲裁法》第5条和《民事诉讼法》第127条之规定,仲裁协议具有排除法院管辖的功能;除非仲裁协议无效,否则合同当事人达成仲裁协议后,一方向人民法院起诉的,人民法院不予受理。有效的仲裁协议或仲裁条款是仲裁机构解决合同当事方争议的基础和前提条件。根据《仲裁法》第16条和第18条之规定,有效的仲裁协议应当具有下列内容:请求仲裁的意思表示、仲裁事项及选定的仲裁委员会。仲裁协议对仲裁事项或者仲裁机构没有约定或者约定不明确的,仲裁协议无效。笔者注意到,我国几家主要的仲裁机构的示范仲裁条款十分相似。例如,深圳国际仲裁院的通用仲裁条款为:凡因本合同引起的或与本合同有关的任何争议,均应提交深圳国际仲裁院仲裁。上海国际经济贸易仲裁委员会的示范仲裁条款为:凡因本合同引起的或与本合同有关的任何争议,均应提交上海国际经济贸易仲裁委员会/上海国际仲裁中心进行仲裁。中国国际经济贸易仲裁委员会的示范仲裁条款为:“凡因本合同引起的或与本合同有关的任何争议,均应提交中国国际经济贸易仲裁委员会,按照申请仲裁时该会现行有效的仲裁规则进行仲裁。仲裁裁决是终局的,对双方均有约束力。”另外,由于当事人约定仲裁的法律后果是排除法院的管辖权,仲裁协议不应约定当事人既可以向仲裁机构申请仲裁也可以向人民

---

〔1〕 参见谢石松主编:《商事仲裁法学》,高等教育出版社2022年版,第4～14页。

法院起诉，否则仲裁协议无效。[1]

（三）涉外争议解决

涉外争议解决是指涉外法律关系中争议的解决。《民事诉讼法》（2023 年修正）从特殊地域管辖、协议管辖和专属管辖多个维度对涉外管辖规定进行了修改，扩大了我国法院对涉外民事案件的管辖权。首先，修订后的《民事诉讼法》扩充了适用特殊地域管辖的涉外案件类型，将此前规定的“合同纠纷”以及“其他财产权益纠纷”两类扩大至所有的涉外民事纠纷，并对特殊地域管辖的连结点类型进行了拓展。《民事诉讼法》（2023 年修正）第 276 条第 1 款规定：“因涉外民事纠纷，对在中华人民共和国领域内没有住所的被告提起除身份关系以外的诉讼，如果合同签订地、合同履行地、诉讼标的物所在地、可供扣押财产所在地、侵权行为地、代表机构住所地位于中华人民共和国领域内的，可以由合同签订地、合同履行地、诉讼标的物所在地、可供扣押财产所在地、侵权行为地、代表机构住所地人民法院管辖。”第 2 款进一步规定：“除前款规定外，涉外民事纠纷与中华人民共和国存在其他适当联系的，可以由人民法院管辖。”其次，《民事诉讼法》（2023 年修正）在规定特殊地域管辖的同时允许合同当事人通过协议选择管辖法院或默示同意法院的管辖权。根据其第 277 条和第 278 条之规定，涉外民事纠纷的当事人书面协议选择人民法院管辖的，可以由人民法院管辖；当事人未提出管辖异议，并应诉答辩或者提出反诉的，视为人民法院有管辖权。最后，《民事诉讼法》（2023 年修正）扩大了我国法院对于涉外案件专属管辖的范围，除已有的三类涉外合同纠纷外，新增了两类专属管辖的涉外案件。其第 279 条规定，“下列民事案件，由人民法院专属管辖：（一）因在中华人民共和国领域内设立的法人或者其他组织的设立、解散、清算，以及该法人或者其他组织作出的决议的效力等纠纷提起的诉讼；（二）因与在中华人民共和国领域内审查授予的知识产权的有效性有关的纠纷提起的诉讼；（三）因在中华人民共和

[1] 《最高人民法院关于适用〈中华人民共和国仲裁法〉若干问题的解释》第 7 条规定：“当事人约定争议可以向仲裁机构申请仲裁也可以向人民法院起诉的，仲裁协议无效。但一方向仲裁机构申请仲裁，另一方未在仲裁法第二十条第二款规定期间内提出异议的除外。”

国领域内履行中外合资经营企业合同、中外合作经营企业合同、中外合作勘探开发自然资源合同发生纠纷提起的诉讼”。

商事仲裁是涉外合同较为普遍的争议解决方式。《民事诉讼法》(2023 年修正)第 288 条第 1 款规定:“涉外经济贸易、运输和海事中发生的纠纷,当事人在合同中订有仲裁条款或者事后达成书面仲裁协议,提交中华人民共和国涉外仲裁机构或者其他仲裁机构仲裁的,当事人不得向人民法院起诉。”法律的这一规定在明确涉外民事关系当事人有权选择境外仲裁机构的同时,也排除了非涉外民事关系当事人选择境外仲裁机构的可能性。事实上,最高人民法院早在 2008 年 12 月发布的《涉外商事海事审判实务问题解答(一)》中就明确规定:“国内当事人将其不具有涉外因素的合同或者财产权益纠纷约定提请外国仲裁机构仲裁或者在外国进行临时仲裁的,人民法院应认定有关仲裁协议无效。”此后,最高人民法院在 2012 年 8 月 31 日的复函中又对这一问题作了进一步明确。[1] 因此,只有涉外民事关系当事人才有权选择境外仲裁机构。另外,根据《民事诉讼法司法解释》第 529 条之规定,属于人民法院专属管辖的案件,涉外合同或者其他财产权益纠纷的当事人不得协议选择外国法院管辖,但可以协议选择仲裁。《外商投资法》施行后,《中外合资经营企业法》《中外合作经营企业法》均已废止,但在外商投资和外资并购领域,中外合资经营合同依然存在,除合同的名称可能不再相同外,合同内容在实质上没有改变,这类合同项下的争议应继续受我国法院专属管辖。因此,就外资并购境内企业而言,当事人可以选择将相关争议提交我国法院或仲裁机构或境外的仲裁机构解决。

对于当事人有权选择境外仲裁机构的涉外案件,当事人是否可以约定将涉外争议提交外国仲裁机构在中国境内仲裁的问题,我国司法实践认为当事人约定外国仲裁机构在中国境内仲裁已满足“选定了明确具体的仲裁机构”的要求,相关仲裁协议应

---

〔1〕 最高人民法院在 2012 年 8 月 31 日发布的《关于江苏航天万源风电设备制造有限公司与艾尔姆风能叶片制品(天津)有限公司申请确认仲裁协议效力纠纷一案的请示的复函》(〔2012〕民四他字第 2 号)中指出:“由于仲裁管辖权系法律授予的权力,而我国法律没有规定当事人可以将不具有涉外因素的争议交由境外仲裁机构或者在我国境外临时仲裁,故本案当事人约定将有关争议提交国际商会仲裁没有法律依据。”

为有效。最高人民法院在2013年3月25日明确表示，我国《仲裁法》第16条规定的“选定的仲裁委员会”应解释为“选定了明确具体的仲裁机构”，因此当事人将合同争议提交国际商会仲裁院在上海仲裁的约定有效。[1] 在“大成产业气体株式会社等与普莱克斯(中国)投资有限公司申请确认仲裁协议效力案”中，上海市第一中级人民法院在重申最高人民法院的前述观点的基础上进一步明确指出，“仲裁是当事人自愿解决争议的方法之一，就当事人自愿解决争议的实质而言，它不涉及我国仲裁市场是否开放的问题……被申请人有关外国仲裁机构不得管理仲裁地点在国内的仲裁的观点，欠缺我国明令禁止性法律规定，且与国际商事仲裁发展趋势相悖”。[2]

(四)与自贸区或“一带一路”相关的商事仲裁

近年来，为了促进国际仲裁在“一带一路”建设中发挥重要作用，以及本着支持自贸区法治建设先试先行的精神，最高人民法院在认定“涉外案件的其他情形”时呈现适当开放的倾向，突破了无涉外因素争议不能提交境外仲裁的原则性规定，将符合一定条件的涉自贸区案件认定为涉外民事案件，从而对相关外国仲裁机构作出的裁决予以承认和执行。[3] 最高人民法院在《关于为自由贸易试验区建设提供

---

〔1〕 参见《最高人民法院关于申请人安徽省龙利得包装印刷有限公司与被申请人 BP Agnati S. R. L 申请确认仲裁协议效力案的请示的复函》(〔2013〕民四他字第13号)。

〔2〕 参见上海市第一中级人民法院民事裁定书，(2020)沪01民特83号。

〔3〕 《最高人民法院关于西门子国际贸易(上海)有限公司申请承认与执行外国仲裁裁决一案的请示的复函》(〔2015〕民四他字第5号)指出，“本案申请人西门子国际贸易(上海)有限公司与被申请人上海黄金置地有限公司均为中国法人，双方订立的《货物供应合同》虽不具有典型的涉外因素，但本案属于涉自贸区案件，双方当事人均为外资独资子公司，上海黄金置地有限公司作为仲裁案件的申请人提起仲裁程序后，西门子国际贸易(上海)有限公司在提出管辖权异议并被仲裁庭驳回后又提出了反请求，双方均实际参与了全部仲裁程序，上海黄金置地有限公司也在仲裁裁决作出后部分履行了仲裁裁决确定的义务。为贯彻《最高人民法院关于人民法院为‘一带一路’建设提供司法保障的若干意见》中提出的‘促进国际商事海事仲裁在一带一路建设中发挥重要作用’的要求，本着支持自贸区法治建设可先行先试的精神，综合考虑本案实际情况，同时，结合禁止反言、诚实信用和公平合理等公认的法律原则，可以认定本案仲裁协议符合《最高人民法院关于适用〈中华人民共和国涉外民事关系法律适用法〉若干问题的解释(一)》第一条第五项‘可以认定为涉外民事关系的其他情形’。此外，并无证据证明承认与执行该仲裁裁决将违反我国公共政策。故本案仲裁裁决不存在我国参加的1958年《承认与执行外国仲裁裁决公约》第五条规定之情形，应予承认与执行”。

司法保障的意见》(法发〔2016〕34 号)中进一步明确:“在自贸试验区内注册的外商独资企业相互之间约定商事争议提交域外仲裁的,不应仅以其争议不具有涉外因素为由认定相关仲裁协议无效。一方或者双方均为在自贸试验区内注册的外商投资企业,约定将商事争议提交域外仲裁,发生纠纷后,当事人将争议提交域外仲裁,相关裁决做出后,其又以仲裁协议无效为由主张拒绝承认、认可或执行的,人民法院不予支持;另一方当事人在仲裁程序中未对仲裁协议效力提出异议,相关裁决作出后,又以有关争议不具有涉外因素为由主张仲裁协议无效,并以此主张拒绝承认、认可或执行的,人民法院不予支持。”由此可见,最高人民法院在认定涉自贸区案件当事人将争议提交域外仲裁的协议的效力时既有所突破又从严把握,基于禁止反言、诚实信用等法律原则认定相关仲裁协议的效力。

四、送达条款

送达条款或称通知条款,是交易双方约定的有关双方在协议履行过程中相互送达文书的地址、方式、语言和联系人等事宜的条款。根据法律规定,法人以其主要办事机构所在地为住所;依法需要办理法人登记的,应当将主要办事机构所在地登记为住所。[1] 实践中,公司往往有多个办事机构或营业场所,或其负责并购项目的主管人员的办公场所不在公司的住所。为了保证双方之间沟通的及时有效,双方应该在协议中明确约定送达地址、联系人和联系方式以及在一方为境外实体时的送达文书的语言等。考虑到送达地址、联系人可能在协议履行过程中有变,协议也应同时约定,任何一方均可在任何时候根据相关条款的约定通知另一方,变更其送达联系人及其他联络详情。

交易双方在正常的合作过程中一般不会严格按照送达条款的约定相互送达文书或通知。即便前期协议约定了送达条款,交易双方在随后的谈判沟通中经常以非正式但更方便的方式进行联系,包括相互传送谈判中的交易文本。只有在协议对一方义务的履行或权利的行使设定了最后期限,且权利人或义务人需要通知对方自己有关义务履行或权利行使的情况时,该等通知或相关文书才可能需要严格

〔1〕 参见《民法典》第 63 条。

按照送达条款的约定送达，以确保送达的有效性和可证明性。另外，在双方就协议履行产生争议时，一方在向对方主张权利时可能希望对其权利主张保留证据。在此情形下，除非被送达方同意并接受送达方的其他送达方式，否则送达人也应当严格按照送达条款的约定方式送达相关通知和文书。严格来说，送达条款是双方为将来在协议履行中各自正式主张权利或协商解决争议而提前约定的沟通方式。

根据《最高人民法院印发〈关于进一步加强民事送达工作的若干意见〉的通知》第 8 条之规定，人民法院不能或无法要求当事人确认送达地址的，当事人在诉讼所涉及的合同、往来函件中对送达地址有明确约定的，以约定的地址为送达地址。因此，送达条款中约定的送达地址既可以是协议双方相互送达文书的地址，也可以是审判机关、仲裁机构向当事人送达法律文书的送达地址。[1] 因此，送达条款不是可有可无的条款，而是一份完整协议所应具备的条款。

〔1〕 参见最高人民法院民事裁定书，(2019)最高法民申 1000 号。

CHAPTER 03

第三章

整改重组及框架协议核心条款

买方在完成尽职调查后一般会根据目标公司的具体情况对并购项目的下一步安排作出选择:如果尽职调查中发现的问题能够通过整改得到解决,并且卖方也同意根据买方的要求进行整改,买方将按照正常的并购交易程序在整改完成后受让股权;如果尽职调查中发现的问题无法通过整改得到解决,但交易双方有意推进并购项目,双方可能调整交易架构,并基于调整后的交易架构对目标公司进行重组;如果目标公司过去曾为国有企业或集体企业,目标公司的改制严重违规并无效,那么买方可能因卖方无权转让目标公司股权或目标公司的资产而不得不放弃并购项目。本章第一节将分别介绍目标公司的整改和重组。现实中有些目标公司的前身为集体企业,笔者将在第二节分析集体企业改制中的特别要求。有关企业国有资产的交易将在第六章具体分析。第三节将介绍交易各方在框架协议生效日至交割日或股权协议生效日的过渡期内的义务,包括双方在整改重组阶段的义务、整改重组完成后的核查义务和签约义务。第四节将重点分析框架协议与附属协议之间的关系。

第一节　目标公司的整改与重组

无论是从合规角度还是从投资和经营的风险角度来看,现实中似乎没有任何一家公司是完美无缺的。事实上,买方的尽职调查也正是建立在这种理解的基础上,即买方的尽职调查不是试图证明目标公司的完美无缺,而是通过专业顾问的调查去发现目标公司存在的违规问题和投资经营风险。如果买方通过尽职调查发现目标公司存在违规问题和投资经营风险,那么除非相关问题和风险超出买方正常能够接受的范围,否则买方一般不会轻易放弃和终止交易。买方将基于专业顾问的调查、分析和建议,针对目标公司存在的违规问题和投资经营风险,与卖方协商解决方案,包括对目标公司进行必要的整改或通过重组相应调整交易架构等。整改的事项一般为非重大、非实质性的违规问题和投资经营风险,即属于买方认为可以通过整改得到解决的事项;而重组所涉及的大多是重大和实质性的违规问题和投资经营风险,通常是卖方和目标公司无法通过整改得到解决的问题。

一、目标公司的整改

对于目标公司存在的并非重大的违规问题和投资经营风险,买方大多希望在双方签署股权协议前或交割前,通过卖方和目标公司的自我整改予以解决。整改方案一般由交易双方基于买方的要求协商确定,包括具体整改事项、整改措施和时间安排。实践中,目标公司可能存在的需要通过整改解决的违规问题和投资经营风险多种多样,主要包括以下几类。

(一)股权不清晰或股权转让受限

可转让的股权应是权属确定且不存在争议的股权。实践中,有些目标公司的股东存在未按时出资或先出资后抽逃的情形;有的股权存在代持的情形,实际股东的姓名或名称既没有记载在目标公司的股东名册中,也没有在公司登记机关进行登记；有的目标公司经历过多次重组，股东变更或股权转让存在争议；有的目标公司的股东对其持有的股权设定质押，用于担保其他债务；有的目标公司与第三方之间的合同（如融资性合同）要求目标公司保证其股东和股权的稳定，并约定在股东转让股权时目标公司应当取得合同相对方的事先同意或应当事先通知合同相对方；有的目标公司的股东在股东协议或公司章程中承诺不得将股权转让给与目标公司业务相竞争的第三人；有的目标公司在与当地政府部门签署的投资协议中承诺股东转让股权需要公司所在地政府部门或工业园管委会的事先同意。

为了确保并购交易的稳定性，买方需要根据具体情形与卖方协商并采取以下整改方案：(1)对于未按时出资的或出资后又抽逃的，应当要求卖方及时出资或返还出资；(2)对于存在股权代持的，应当要求实际出资人出具书面授权书，授权名义股东全权转让相关股权；(3)对于股权不清晰或存在争议的，由相关当事人达成协议并签署和解协议或谅解备忘录，或单方出具确认函；(4)对于存在股权质押的，应当限时解除质押或取得质权人对于股权转让的书面同意；(5)对于需要第三人事先同意或需要向第三人事先通知股权转让的，应根据约定取得第三人的书面同意函或向第三人送达书面通知；(6)对于需要目标公司所在地政府部门或工业园管委会同意股权转让的，也应递交相关申请并取得书面批复。

(二)目标公司重大资产的瑕疵

属于制造业或重资产类企业的目标公司可能拥有包括工业厂房、物流地产或商业地产等在内的重大资产。就目标公司的土地使用权而言，目标公司在通过公开出让方式取得土地使用权的同时有义务根据法律规定和出让合同的约定使用土地。[1] 根据法律规定，受让人受让土地使用权后没有及时开发建设导致土地一直

〔1〕 参见《土地管理法》第56条。

闲置不用的,政府主管部门有权收取土地闲置费,甚至无偿收回土地使用权。[1]"闲置土地"是指国有建设用地使用权人超过国有建设用地使用权有偿使用合同约定的动工开发日期满一年未动工开发的国有建设用地;已动工开发但开发建设用地面积占应动工开发建设用地总面积不足1/3或者已投资额占总投资额不足25%,中止开发建设满一年的国有建设用地,也可以被认定为闲置土地。[2] 根据原国土资源部和原国家工商总局共同制定的GF-2008-2601《国有建设用地使用权出让合同(示范文本)》第32条的约定,受让人造成土地闲置,闲置满1年不满2年的,应依法缴纳土地闲置费;土地闲置满2年且未开工建设的,出让人有权无偿收回国有建设用地使用权。实践中,有的目标公司在受让土地使用权后由于自身原因没有按照法律的规定和出让合同的约定开工建设,造成土地闲置。作为整改措施,买方需要卖方根据买方收购项目公司后的投资计划安排目标公司与政府主管部门签署补充协议,重新约定建设项目的开工和竣工时间。

另外,有些目标公司的不动产从土地使用权的取得到房屋竣工验收整个过程可能存在较多的违规问题。例如,有的国有建设用地使用权没有通过法律规定的招拍挂程序公开出让或土地出让价款明显偏低;有些房屋的建设没有取得法律要求的行政许可;有些房屋在投入使用时仍然没有取得所有权证或没有办理消防验收(备案);有的房屋的实际使用用途与建设工程规划许可证载明的使用用途不符等。针对上述情形,常见的整改措施包括:(1)对于没有通过法律规定的招拍挂程序公开出让的或土地出让价款明显偏低的,应当要求卖方和目标公司取得当地政府主管部门的书面说明,需要补交土地出让价款的应当足额补交;(2)对于没有取

---

〔1〕 根据《土地管理法》第38条第1款的规定,已经办理审批手续的非农业建设占用耕地,1年以上未动工建设的,应当按照省、自治区、直辖市的规定缴纳闲置费;连续2年未使用的,经原批准机关批准,由县级以上人民政府无偿收回用地单位的土地使用权。《城市房地产管理法》第26条也规定,以出让方式取得土地使用权进行房地产开发的,必须按照土地使用权出让合同约定的土地用途、动工开发期限开发土地。超过出让合同约定的动工开发日期满1年未动工开发的,可以征收相当于土地使用权出让金20%以下的土地闲置费;满2年未动工开发的,可以无偿收回土地使用权。根据《闲置土地处置办法》第14条的规定,对于未动工开发满一年的,由市、县国土资源主管部门报经本级人民政府批准后按照土地出让价款的20%征缴土地闲置费。未动工开发满2年的,由市、县国土资源主管部门报经有批准权的人民政府批准后无偿收回国有建设用地使用权。

〔2〕 参见《闲置土地处置办法》第2条。

得所有权证或办理验收和备案的房屋,应当申请补办;(3)对于违反使用用途的,应当调整使用用途;(4)对于无法补办证照和行政许可的违规建筑,应当拆除。

(三)日常经营中的违规行为

通过尽职调查,买方或许能够发现,目标公司在日常投资、生产和经营中可能存在各种各样的违规行为。例如:(1)没有按照税法的规定足额申报和缴纳税费或代扣代缴相关税费;(2)没有遵守环境保护和安全生产方面的规定,已经发生环境污染和安全生产事故或存在环境污染和安全生产方面的隐患;(3)目标公司与分销商的分销协议可能含有固定向第三人转售商品的价格或限定向第三人转售商品的最低价格等违反《反垄断法》的约定,且无法证明相关约定不具有排除、限制竞争效果。[1] 如果目标公司存在上述或其他违规情形,买方应当要求卖方和目标公司进行相应的整改。

(四)行政许可的缺失

行政许可,是指行政机关根据公民、法人或者其他组织的申请,经依法审查后准予其从事特定活动的行为。[2] 公民、法人或者其他组织从事特定活动,依法需要取得行政许可的,应当向行政机关提出申请。严格来说,任何企业都不应该在未取得法律要求的行政许可的情形下从事生产经营活动。但是,实践中企业证照不全的情况并不少见,这与企业文化和管理层的合规意识有一定关系。例如,有的企业为了尽早开始生产经营,往往实行"先生产,后办证"的项目管理模式,但在生产经营开始后又忽视了相关证照的补办;有的企业在现有行政许可的有效期到期后没有根据法律要求及时申请延续行政许可的有效期;还有的企业完全没有意识到法律法规有关行政许可的强制性要求,或即便知悉法律的强制性要求但主观上认为没有办理的必要。不同企业缺失的行政许可各不相同,有的企业缺失的行政许可甚至涉及政府监管部门严格监管的事项(如安全生产管理、危险化学品管理、环境

〔1〕 参见《反垄断法》第18条。
〔2〕 参见《行政许可法》第2条。

保护等),由此带来的处罚风险也就更大。

对于目标公司缺失的行政许可,买方应当在整改方案中,要求卖方和目标公司申请补办。根据相关法律,行政机关一般在审查申请人提交的申请材料后,对行政许可的申请作出决定;对于申请人的申请符合法定条件、标准的,行政机关应当依法作出准予行政许可的书面决定;行政机关作出准予行政许可的决定,需要颁发行政许可证件的,应当向申请人颁发加盖本行政机关印章的相关行政许可证件。[1]但是,对于目标公司在申请补办行政许可之前的生产经营行为,如果行政机关根据法律规定应当或有权给予行政处罚的,行政机关在作出准予行政许可的决定或颁发相关行政许可证的同时,将对目标公司进行处罚。要求卖方和目标公司补办缺失的行政许可,不仅是保障目标公司未来合规经营的必要措施,也是对目标公司过去无证经营问题的彻底纠正。如果目标公司无法补办缺失的行政许可,买方应当查明原因,具体了解是根据法律无须补办,还是因为目标公司的申请不符合法定条件和标准,并据此评估目标公司的相关风险。

(五)关联交易约定不清

实践中,目标公司往往与股东和股东的关联方之间存在大量的关联交易,既涉及各种类型的业务合作,如研发领域的合作、知识产权使用许可、委托加工、产品采购、销售和分销,也可能涉及与关联方之间的相互借贷、相互担保、资产的相互借用以及管理人员的相互派遣等。该等关联交易往往没有书面协议,或即便有书面协议,相关条款也可能比较简单或模糊,没有明确约定各方在关联交易项下的具体权利、义务和违约责任。

考虑到交割后目标公司将成为买方的子公司,买方需要对目标公司的关联交易逐一审查,在作出是否保留或解除的决定之后,可与卖方协商并采取以下整改方案:(1)对于需要解除的关联交易,由目标公司与合同相对方签署解除协议或由合同相对方出具解除相关关联交易的书面确认函,并承诺双方之间没有任何争议且目标公司不存在违约或应付未付账款的情形;(2)对于需要保留的关联交易,由目

---

[1] 参见《行政许可法》第38条、第39条。

标公司与其关联方按照买方能够接受的条件和条款签署补充协议，对原协议进行必要修订，或重新签署协议以取代原协议。

（六）员工安置

员工安置问题往往决定并购交易的成败。实践中，有些经营期限较长的劳动密集型企业，特别是国有企业和集体企业，除拥有能够正常提供劳动服务的员工之外，还保留有其他类型的员工，如内退员工和符合工伤或职业病条件的丧失或者部分丧失劳动能力的员工等，交易双方的商谈往往会涉及员工的裁减和安置问题。有些目标公司虽然不是劳动密集型企业，但基于买方有关目标公司在交割后的生产经营安排，目标公司在交割后无须保留现有的所有员工。一般来说，目标公司无权以公司并购为由裁减员工。根据《劳动合同法》第 33 条和第 34 条的规定，用人单位变更名称、法定代表人、主要负责人或者投资人等事项，不影响劳动合同的履行；用人单位发生合并或者分立等情况，原劳动合同继续有效，劳动合同由承继其权利和义务的用人单位继续履行。

员工安置不仅涉及经济补偿或经济赔偿问题，还可能涉及员工在职期间的社会保险、公积金等很多其他问题。买方一般希望在双方签署股权协议或交割之前，由卖方自行安置目标公司在交割后的冗余员工，包括已经办理内退手续的员工以及符合工伤和职业病条件的员工等。员工安置方案多种多样，主要包括协商解除劳动合同或由卖方将相关员工的劳动合同关系转移到卖方或卖方的其他关联公司等。如果卖方同意自行负责员工安置，为确保员工安置合法到位，买方应当要求卖方在完成员工安置后，向买方提交相关员工签字的解除劳动关系的书面文件，确认相关员工与目标公司的劳动合同已经合法解除，双方之间不存在任何争议和未付款项等。另外，由于不能排除与目标公司解除劳动关系的员工在交割后针对目标公司提起劳动仲裁或诉讼的可能性，交易各方还应在股权协议中明确约定目标公司因此遭受损失时卖方的赔偿责任。如果卖方拒绝在股权协议签署前或交割前合法解决目标公司员工的安置问题，那么交易双方应当就目标公司在交割后解除相关员工劳动合同所可能承担的经济补偿金、赔偿金以及因无法解除劳动合同的员工所应承担的成本进行分析、测算和约定。在交易各方约定股权转让对价时，上述经济补偿金、赔偿金和员工成本如果被视为目标公司的债务,则应从目标公司的评估价值中相应扣除。

(七)财务报表不真实或不完整

有些目标公司可能基于不同目的编制不同的账本和财务报表(包括资产负债表、利润表、现金流量表等),有的账本和财务报表甚至含有误导成分或错误记载。这意味着买方能够看到的或目标公司对买方披露的账本和财务报表可能并非严格依照法律和会计准则编制,不能真实、公允地反映目标公司截至编制日的资产负债和业务状况以及盈亏情况。真实完整的账本和财务报表是双方商谈和调整股权转让对价的财务基础。卖方应当保证目标公司从双方约定的基准日起,严格按照中国法律和会计准则编制账目和财务报表,并对此前的偏差或遗漏进行调整和补充。

(八)违约行为

目标公司的投资、生产和经营活动涉及的合同多种多样。除非卖方或目标公司主动披露,否则买方很难通过尽职调查发现和判断目标公司所有可能存在或将会发生的违约情形。对于一些数额较大的到期应付款、重大合同项下义务的履行,如目标公司或其股东在其签署的投资协议和土地使用权出让合同中承诺的固定资产总投资、投资强度和年税收等,买方或许可以通过审查目标公司的财务报表、相关合同或通过高管访谈等方式调查了解并发现相关违约风险。

为尽可能防止目标公司的违约或可预见的违约在交割后给买方造成损失,买方可以要求卖方采取以下整改措施:(1)对于已经违约或虽然无法确定但有合理理由相信已经违约的合同,应当要求卖方确保目标公司及时纠正违约行为,或与合同相对方达成和解协议,明确约定合同相对方已经豁免目标公司的违约责任或已经就目标公司违约所产生的损失赔偿达成协议,相互之间不存在其他未决争议;(2)对于合同条款约定不清或双方已经实际终止履行的重大合同,应当要求目标公司与合同相对方协商,签署补充协议以修订合同或终止合同;(3)如果目标公司基于已生效的裁判文书或已生效的和解协议对合同相对方负有赔偿责任,相关赔偿款应为目标公司的债务,应由双方在协商股权转让对价时扣除;(4)对于其他潜在的争议、无法达成和解协议的争议或正在进行的未决诉讼和仲裁，交易双方可以在交割时根据当时的具体情况决定是否调整股权转让的对价，或在股权协议中明确约定如目标公司因交割前的行为而在交割后遭受损失时，卖方应对买方承担赔偿责任。

（九）侵权行为

如果目标公司存在侵权行为，特别是侵犯他人的知识产权（包括专利权、商标权、著作权和商业秘密等）或与第三方就知识产权的所有权、使用权或使用条件等存在争议或潜在争议，卖方应当确保目标公司立即停止侵权行为，尽快解决相关争议，并就相关知识产权的权属或使用条件等问题与相关第三方达成书面协议。为了确保目标公司未来生产经营的稳定，特别是为了确保目标公司不因无权使用其生产经营所必需的知识产权而使得生产经营停顿或违法，卖方应确保目标公司对其生产经营所需的知识产权拥有合法的所有权或长期稳定的使用权，除非买方自身拥有目标公司生产经营所需的相关知识产权或能够在交割后从其他第三方合法取得相关知识产权的使用许可。

（十）外商投资负面清单

在买方为外国投资者的情形下，如果目标公司的主营业务为外商投资限制类行业，那么并购交易只有在不违反法律相关限制性规定时才可以正常进行；如果目标公司的主营业务为外商投资禁止类行业，那么并购交易无法进行，否则买方一旦成为目标公司的股东，将违反法律的强制性规定，受到严重的行政处罚。但是，如果目标公司的非主营业务涉及外商投资限制类或禁止类的行业，买方需要与卖方协商，将目标公司涉及外商投资限制类或禁止类行业的业务从目标公司剥离，确保目标公司在整改后不再经营相关业务。如果目标公司投资的下属企业涉及外商投资限制类或禁止类行业，卖方也需作相应的整改，将目标公司在下属企业持有的股权转让给卖方、卖方关联方或第三方，从而使得该等企业在整改后脱离目标公司。

目标公司对其业务和股权的处置可能会产生盈亏。如果目标公司在估值基准日之后剥离业务和股权，那么目标公司处置业务和股权所产生的盈亏必将对目标公司的估值产生影响。目标公司收取的对价在扣除与处置相关的所有税费后的余额如果大于相关业务或股权在估值基准日的价值,那么增加的部分应当加入目标公司的估值;如果低于相关业务或股权在估值基准日的价值,那么减少的部分应当从目标公司的估值中扣除。

二、目标公司的重组和交易架构的调整

(一)无法整改的违规问题和投资经营风险

目标公司的整改不仅取决于卖方的意愿,而且依赖第三方(包括政府监管部门)的支持和合作。并非所有买方希望卖方和目标公司整改的事项,卖方和目标公司都能够做到。另外,目标公司过去生产经营过程中的违规问题和投资经营风险也不是都能够通过依法整改得到彻底解决和控制。例如,对于下文所述重大的违规情形或法律严格限制或禁止的情形,卖方或目标公司很难通过整改消除买方对违规问题和投资经营风险的顾虑。

第一,目标公司的税务违规风险。如果目标公司存在严重违反税法的情形,导致不缴或者少缴应纳税款、应扣未扣、应收未收的税款或骗取国家出口退税款达到较大数额的,则相关违规风险和法律责任是买方无法接受的。例如:(1)目标公司伪造、变造、隐匿、擅自销毁账簿、记账凭证,或者在账簿上多列支出或者不列、少列收入,或者经税务机关通知申报而拒不申报或者进行虚假的纳税申报,不缴或少缴应纳税款,或者目标公司作为扣缴义务人采取前面所列手段,不缴或少缴已扣、已收税款;[1](2)目标公司不进行纳税申报,不缴或少缴应纳税款;[2](3)目标公司以假报出口或者其他欺骗手段,骗取国家出口退税;[3](4)目标公司作为扣缴义务

---

〔1〕 根据《税收征收管理法》第63条的规定,在该等情形下,由税务机关追缴其不缴或少缴的税款、滞纳金,并处不缴或者少缴的税款50%以上5倍以下的罚款;构成犯罪的,依法追究刑事责任。

〔2〕 根据《税收征收管理法》第64条的规定,在该等情形下,由税务机关追缴其不缴或者少缴的税款、滞纳金,并处不缴或者少缴的税款50%以上5倍以下的罚款。

〔3〕 根据《税收征收管理法》第66条的规定,在该等情形下,由税务机关追缴其骗取的退税款,并处骗取税款1倍以上5倍以下的罚款;构成犯罪的,依法追究刑事责任。

人应扣未扣、应收而不收税款。[1] 由于上述违规所产生的法律责任(包括行政处罚和刑事责任)过于严重,卖方或许很难保证目标公司主动整改,买方也通常不会直接收购目标公司并承继其法律责任。

第二,目标公司的环境污染风险。如果目标公司在过去的生产经营中对周围环境造成重大污染,特别是导致污染物进入地下土壤,那么根据"谁污染,谁治理"的原则,目标公司应当承担治理与修复的终身责任。[2] 除行政责任外,污染土壤造成他人人身或者财产损害的,土壤污染责任人应当依法承担侵权责任。[3] 如果买方通过环境尽职调查发现目标公司的生产经营曾经或正在发生环境污染,且该等污染客观上难以治理与修复,买方通常无法接受该等风险,并会认为目标公司的生产经营没有可持续性。

第三,目标公司所在地城市总体规划的调整。实践中,越来越多的地方政府为了提高土地利用效率和效益、合理调整产业结构、解决建设用地供需矛盾,逐步推行并落实严格的土地管理制度,以提高当地土地节约集约利用水平。以上海市为例,上海市在《上海市城市总体规划(2017—2035 年)》(以下简称上海 2035 总规)于 2018 年颁布后提出了"生态空间""城市开发边界""战略预留区/战略留白区"等概念,对特定区域(如"战略预留区")内的建设用地实施过渡期管控政策,土地使用权人在不影响上海市长远战略发展的前提下可按现状继续使用其受让的土地使用权,但原则上不得在相关地块上进行大规模改建、扩建和新建。[4] 原国土资源部和原国家工商总局共同制定的 GF-2008-2601《国有建设用地使用权出让合同(示范文本)》第 19 条也约定:"本合同项下宗地在使用期限内,政府保留对本合同项下宗地的规划调整权,原规划如有修改,该宗地已有的建筑物不受影响,但在使用期

---

〔1〕 根据《税收征收管理法》第 69 条的规定,在该等情形下,由税务机关向纳税人追缴税款,对扣缴义务人处应扣未扣、应收未收税款 50% 以上 3 倍以下的罚款。

〔2〕 根据《土壤污染防治法》第 4 条的规定,任何组织和个人都有保护土壤、防止土壤污染的义务。土地使用权人从事土地开发利用活动,企业事业单位和其他生产经营者从事生产经营活动,应当采取有效措施,防止、减少土壤污染,对所造成的土壤污染依法承担责任。

〔3〕 参见《土壤污染防治法》第 96 条。

〔4〕 参见《关于落实"上海 2035",进一步加强战略预留区规划和土地管理的若干意见》(沪规划资源规〔2023〕1 号)。

限内该宗地建筑物、构筑物及其附属设施改建、翻建、重建，或者期限届满申请续期时，必须按届时有效的规划执行。”如果买方收购目标公司后有意在相关地块上改建、扩建和新建，那么该等投资计划可能受限于城市总体规划的调整而无法实现。

第四，重大资产被征收的风险。我国《宪法》第13条第3款规定：“国家为了公共利益的需要，可以依照法律规定对公民的私有财产实行征收或者征用并给予补偿。”同样或类似的规定在《民法典》和其他法律中也有明确规定。〔1〕但是，我国法律对“公共利益”的内涵和外延均没有明确界定，相关的法律法规往往以列举的方式界定公共利益的范围。〔2〕如果目标公司的不动产可能被国家因公共利益的需要而依法征收，那么目标公司未来的生产经营难免受到影响。尽管目标公司根据法律规定有权获得补偿，但对于买方而言，目标公司的搬迁位移极有可能会影响其收购目标公司的意愿。

（二）交易架构的调整

在正常情形下，买方通过直接受让卖方持有的目标公司股权而完成并购交易。但是，在目标公司存在类似上述重大违规问题或投资经营风险且卖方无法完成整改的情形下，除非双方同意调整交易架构，并且卖方同意根据调整后的交易架构对目标公司进行重组，否则并购项目将难以为继。交易架构的调整是相对于买方在

---

〔1〕《民法典》第243条第1款规定：“为了公共利益的需要，依照法律规定的权限和程序可以征收集体所有的土地和组织、个人的房屋以及其他不动产。”根据《土地管理法》第58条第1款第1项之规定，为实施城市规划进行旧城区改建以及其他公共利益需要使用土地的，由有关人民政府土地行政主管部门报经原批准用地的人民政府或者有批准权的人民政府批准，可以收回国有土地使用权。另外，根据《城市房地产管理法》第20条之规定，在特殊情况下，根据社会公共利益的需要，可以依照法律程序提前收回土地使用者依法取得的土地使用权，并根据土地使用者使用土地的实际年限和开发土地的实际情况给予相应的补偿。

〔2〕《国有土地上房屋征收与补偿条例》第8条规定：“为了保障国家安全、促进国民经济和社会发展等公共利益的需要，有下列情形之一，确需要征收房屋的，由市、县级人民政府作出房屋征收决定：（一）国防和外交的需要；（二）由政府组织实施的能源、交通、水利等基础设施建设的需要；（三）由政府组织实施的科技、教育、文化、卫生、体育、环境和资源保护、防灾减灾、文物保护、社会福利、市政公用等公共事业的需要；（四）由政府组织实施的保障性安居工程建设的需要；（五）由政府依照城乡规划法有关规定组织实施的对危房集中、基础设施落后等地段进行旧城区改建的需要；（六）法律、行政法规规定的其他公共利益的需要。”

正常情形下直接收购卖方持有的目标公司股权而言的。实践中,交易架构的调整一般由买方基于对目标公司的调查,结合法律规定和买方的商业目的,与卖方共同商定,具体包括以下几类。

第一,由股权收购改为资产收购。如果买方本来无意收购目标公司的业务,只是希望通过收购目标公司的股权达到最终收购目标公司不动产或其他重大资产的目的,那么买方可以考虑放弃原来的股权转让方案,改为直接收购目标公司的资产。不过,如果买方拟收购的资产包含目标公司的土地使用权,双方还需要关注相关法律和当地政府部门对土地使用权转让的限制条件和态度,避免协议签署后无法办理登记。例如,根据《城市房地产管理法》第 38 条和第 39 条的规定,以出让方式取得土地使用权的,转让房地产的前提条件之一,是土地使用权受让人已经按照出让合同约定进行投资开发,属于房屋建设工程的,完成开发投资总额的 25% 以上;属于成片开发土地的,形成工业用地或者其他建设用地条件。与股权收购相比,资产收购的不利之处是交易双方的交易税费将会增加。

第二,收购目标公司的子公司。在目标公司的违规问题或投资经营风险无法通过整改解决时,双方可以考虑将目标公司的业务和资产从目标公司剥离,由目标公司以出资的方式转移到目标公司新设的子公司(以下简称新设公司),然后买方从目标公司收购新设公司。与正常的交易架构不同,在该交易架构下,卖方不再是目标公司的股东,而是目标公司本身,目标公司向买方转让其在新设公司中持有的股权。如果买方原本无意收购目标公司的全部资产,那么根据双方的约定,目标公司只需将买方拟收购的业务和资产转移到新设公司。即便新设公司在生产经营中需要使用目标公司的其他资产,新设公司也可以通过协议安排,从目标公司租赁该等资产。这一安排的优点是可以减少买方的一次性资本性支出。但是,目标公司的重组无疑比较复杂,也需要较长的时间,另外,目标公司的重组也将产生额外税费,双方有必要事先约定该等税费的承担。

第三,与目标公司共同设立合营企业。如果买方只希望收购部分股权,且买方与目标公司的股东有意建立长期的战略合作关系,那么买方可以与目标公司共同设立合营企业,由目标公司将相关业务和资产转移到合营企业。买方或以缴付出资的方式直接向合营企业出资,或通过增资认购的方式认购合营企业新增的注册资本,或收购目标公司在合营企业的部分股权。该交易架构能够让买方在收购目标公司的业务和资产的同时隔离目标公司过去的违规风险(如税务风险、环保风险和其他违规风险),买方和合营企业不因目标公司过去的违规问题而承担任何风险和责任。另外,为了进一步避免合营企业在未来的生产经营中可能存在的环保风险,合营企业不应继续在目标公司现有的场地生产经营,而应选择新的生产基地。

第四,交易双方协商分期收购。分期收购只是对正常交易架构的简单调整,不涉及目标公司的重组。在买方有意收购卖方持有的目标公司全部股权时,如果卖方和目标公司无法完成买方认为必要的整改,买方可以通过分期收购的方法适当控制风险,并要求卖方将未转让的股权质押给买方,担保卖方在股权转让协议项下的义务履行(包括卖方在股权转让协议项下的陈述和保证)。除非双方就控制权问题另有特别约定,否则如果买方希望在第一期收购后即取得对目标公司的控制权,那么买方第一期收购的股权不得低于目标公司股权的 50%;剩余的股权在双方约定的条件满足后或在双方约定的期限内由买方再次收购,从而最终实现买方对目标公司的全部收购。就其优点而言,分期收购不仅有利于买方在第一期收购交割后深入了解目标公司的违规问题和投资经营风险,而且有利于买方评估目标公司的真实价值。在双方无法就股权转让的对价形成一致意见时,双方可以基于约定在后期的收购中调整第一期收购的股权转让对价。但是,分期收购将导致并购交易的时间跨度更长,而且由于目标公司在第一期收购后将成为双方共同的合营企业,所以双方能否在合营企业层面有效合作是分期收购成败的关键。

第五,交易双方协商采用 VIE 架构。在买方为外国投资者的情形下,如果目标公司的业务属于外国投资者禁止投资的领域,那么买方对目标公司的收购无疑是被法律明文禁止的。根据《外商投资法》第 36 条的规定,外国投资者投资禁止投资领域的,由有关主管部门责令停止投资活动,限期处分股份、资产或者采取其他必要措施,恢复到实施投资前的状态;有违法所得的,没收违法所得。VIE 为英文"Variable Interest Entity"的缩写,意思为"可变利益实体"。采用 VIE 架构的主要目的是通过股权投资之外的一系列协议安排,实现对另一家公司的协议控制。该架构最初用于境内企业在中国境外上市,后来在限制类和禁止类外商投资领域中也被部分外国投资者采用。尽管每个项目的 VIE 架构不完全相同,但其基本设置是外国投资者通过其控制的中国投资者收购目标公司,同时外国投资者在中国境内设立一家全资子公司,并通过该子公司以向目标公司提供融资和服务的形式控制目标公司的业务并收取服务费。需要注意的是,VIE 架构在有些限制类和禁止类外商投资领域中已被明确禁止,[1]而在其他领域的合法性至今没有得到中国法律和政府相关监管部门的明确确认。另外,VIE 架构还存在协议控制的稳定性问题和交易对价所涉及的税务问题。有关 VIE 架构的进一步分析,请见第七章。

第二节 目标公司历史改制遗留的违规问题

作为目标公司的股东,卖方在转让股权时必须保证有权处置目标公司股权。《民法典》第 612 条规定,“出卖人就交付的标的物,负有保证第三人对该标的物不享有任何权利的义务,但是法律另有规定的除外”。现实中一些民营企业或混合所有制企业最初为国有企业或集体企业,通过所有权改制成为民营企业或混合所有制企业。但是,通过仔细研究当年的改制文件和改制程序或许会发现,有的改制未能严格按照法律规定的程序办理。例如,有的国有企业的产权转让没有按照法律规定进行评估或通过公开方式在产权交易所竞价,有的集体企业也没有按照法律的强制性规定进行改制。企业改制如果违反法律的效力性强制性规定则很有可能被视为无效,同时,现有股东自始至终不应被视为目标公司的合法股东。有关企业国有资产的交易,我们将在第六章详细分析。本节将重点分析集体所有制企业的改制问题。

---

〔1〕 如根据《民办教育促进法实施条例》(2021 年修订)第 5 条第 3 款和第 13 条第 4 款之规定,在中国境内设立的外商投资企业以及外方为实际控制人的社会组织不得举办、参与举办或者实际控制实施义务教育的民办学校;举办其他类型民办学校的,应当符合国家有关外商投资的规定。任何社会组织和个人不得通过兼并收购、协议控制等方式控制实施义务教育的民办学校、实施学前教育的非营利性民办学校。

一、与集体企业改制相关的法律规定

集体所有制企业（以下简称集体企业）分为乡村集体所有制企业（以下简称乡村集体企业）和城镇集体所有制企业（以下简称城镇集体企业）两种类型。乡村集体企业指由乡（含镇）、村（含村民小组）农民集体举办的企业，但不包括农业生产合作社、农村供销合作社、农村信用社；[1]城镇集体企业是城镇的各种行业、各种组织形式的集体所有制企业。[2] 集体企业改制是指通过租赁经营、股份经营、联营及中外合资经营、中外合作经营等经营方式对集体企业进行改革，将集体企业改制为有限责任公司，以解决集体企业产权关系混乱、经营管理粗放及发展后劲不足的问题。

集体企业改制所涉及的法律规定较为繁杂，主要由以下几部分组成：(1)与集体经济组织相关的法律及地方性法规，包括《民法典》、各省农村集体资产管理条例以及各省农村集体经济组织资产管理条例，该等法律及地方性法规主要规定了集体经济组织处分集体资产的职权和程序；(2)与村民委员会相关的法律及地方性法规，包括《村民委员会组织法》以及各省关于《村民委员会组织法》的实施办法，该等法律及地方性法规主要规定了村民委员会处分集体资产的职权和程序；(3)与乡村集体企业和城镇集体企业相关的行政法规，包括《乡村集体所有制企业条例》和《城镇集体所有制企业条例》，该等行政法规主要规定了两大类型集体企业的变更程序；(4)与集体企业清产核资相关的规范性文件，该等规范性文件系国家和地方各级政府于20世纪90年代中期相继出台，主要规定了集体企业改制过程中的清产核资程序。就上述法律法规的效力而言，截至2023年，涉及城镇集体企业清产核资的

---

〔1〕 参见《乡村集体所有制企业条例》第2条。

〔2〕 参见《城镇集体所有制企业条例》第2条。《城镇集体所有制企业条例》第4条规定：“城镇集体所有制企业（以下简称集体企业）是财产属于劳动群众集体所有、实行共同劳动、在分配方式上以按劳分配为主体的社会主义经济组织。前款所称劳动群众集体所有，应当符合下列中任一项的规定：（一）本集体企业的劳动群众集体所有；（二）集体企业的联合经济组织范围内的劳动群众集体所有；（三）投资主体为两个或者两个以上的集体企业，其中前（一）、（二）项劳动群众集体所有的财产应当占主导地位。本项所称主导地位，是指劳动群众集体所有的财产占企业全部财产的比例，一般情况下应不低于51%，特殊情况经过原审批部门批准，可以适当降低。”

大部分规范性文件仍然有效，涉及农村集体资产清产核资的规范性文件基本已全部失效，但该等已失效的相关规范性文件在集体企业进行改制的历史期间仍为有效，仍应是买方核查集体企业改制是否具有违规问题的依据。

二、集体企业改制可能存在的违规风险

根据上述集体企业改制所涉的法律规定，集体企业改制需要履行清产核资、资产评估、内部权力机构决策、政府主管部门审批及工商变更几大主要程序，违反其中任何程序的集体企业改制均存在违规风险。实践中，目标公司在过去的集体企业改制过程中主要存在如下违规风险。

（一）清产核资结果未经清产核资机构批准或审定

根据财政部、原国家经贸委和国家税务总局1996年8月14日发布的《城镇集体所有制企业、单位清产核资暂行办法》以及已失效的《农业部、财政部关于印发农村集体资产清产核资工作方案和办法的通知》的规定，集体企业在清产核资过程中需要经历资产清查、价值重估、产权界定、资金核实、产权登记、建章建制六大主要环节。其中，产权界定环节涉及对集体企业产权权属的确定，为清产核资的核心环节，也是事后最容易引起争议的环节。就审批手续而言，集体企业主管单位一般为集体企业所有权人或代表集体企业所有权人的集体经济组织；因集体企业主管单位与集体企业清产核资结果存在利害关系，故清产核资程序中各个环节的结果除需经集体企业主管单位确认外，还需报请当时的清产核资机构批准或审定。实践中，集体企业在改制时的清产核资结果可能仅取得了其主管单位的确认，而并未经清产核资机构批准或审定，从而构成改制的程序瑕疵。但考虑到前述涉及集体企业清产核资的规定不是法律和行政法规，在不存在《民法典》规定的其他法定无效事由的前提下，该等程序瑕疵理论上不会影响集体企业改制的效力，由此产生的违规风险也相对可控。

（二）资产评估结果未经原所有权人确认

根据已失效的《国务院关于加强农村集体资产管理工作的通知》的规定，集体

资产通过拍卖、转让或者通过租赁经营、股份经营、联营及中外合资经营、中外合作经营等方式而发生所有权或使用权转移时,必须进行资产评估,并以资产评估结果作为转让所有权或使用权的依据。需要注意的是,集体资产评估结果还需要按权属关系经集体经济组织成员大会或成员代表大会确认。此外,各省市关于农村集体资产管理的地方性规定也有可能对集体企业改制时的资产评估作出特别规定。实践中,有的集体企业在改制过程中虽然履行了资产评估手续,但相应的资产评估结果可能未经由集体企业所有权人组成的成员大会或所有权人代表组成的成员代表大会确认,由此构成资产评估程序的瑕疵。鉴于前述资产评估的规定也不属于法律和行政法规,在不存在《民法典》规定的其他法定无效事由的前提下,该等程序瑕疵理论上同样也不会影响集体企业改制的效力。

(三)内部决策程序不合法

集体企业改制的本质是对集体所有资产的处分,是将原本归属于集体所有的企业产权对外转让并最终私有化,据此,集体企业改制必须通过其内部权力机构的决策。根据《城镇集体所有制企业条例》第 28 条的规定,城镇集体企业改制应经职工(代表)大会表决通过;《乡村集体所有制企业条例》第 18 条也规定,乡村集体企业改制应经乡或者村的农民大会(农民代表会议)或者代表全体农民的集体经济组织表决通过。在我国农村的治理实践中,农村集体经济组织缺位严重,根据《民法典》第 101 条第 2 款的规定,未设立村集体经济组织的,村民委员会可以依法代行村集体经济组织的职能。故如乡或村未设立集体经济组织,则乡村集体企业改制应由村民委员会根据《民法典》第 261 条和《村民委员会组织法》第四章的规定表决通过。但需要注意的是,各省在有关《村民委员会组织法》的实施办法中可能会对村民会议或村民代表会议的组成、召开及决议程序作出比《村民委员会组织法》更加严格的规定,对此,集体企业改制同样需要遵守。

如目标公司的前身为乡村集体企业且其所属村集体在城市化过程中经历了“村改居”,则有权决定乡村集体企业改制的机构既可能仍为“村改居”前的农村集体经济组织或村民委员会,也可能是在“村改居”过程中形成的新的集体经济组织。“村改居”或称“撤村建居”,指将“城中村”的集体土地改为国有土地,将农民的农业户口改为非农业户口,将基层自治组织由村民委员会改为居民委员会。国家层面的法律规定对“村改居”后如何确定乡村集体企业权力机构这一问题并未给出明确答案,但根据相关地方性规定,“村改居”并不会导致乡村集体企业的性质和权属发生变化,原农村集体经济组织或村民委员会仍应根据相关法律和地方性法规决定农村集体资产的处分。[1] 在乡村集体企业权力机构原为农村集体经济组织的情形下,如果农村集体经济组织在“村改居”后保持原状,集体企业的所有者并未发生变化,仍应由代表集体企业所有者的该等农村集体经济组织决定集体企业改制事宜。如果农村集体经济组织在“村改居”过程中改革为新的集体经济组织(如社区资产管理中心),只要该集体经济组织的改革经集体经济组织成员根据法律规定及其组织性文件表决通过,那么改革后的集体经济组织亦有权代表集体企业所有者决定集体企业改制事宜。在乡村集体企业权力机构原为村民委员会的情形下,虽然“村民委员会”在“村改居”后被“居民委员会”取代,但是我国法律并未赋予居民委员会经营和管理集体资产的权限。参考部分地方性法规[2]和裁判意见[3]对此问题的规定和分析,此时原村集体成员仍应根据《村民委员会组织法》规定的程序行使对集体资产的民主管理权,决定集体企业的改制。

集体企业改制未依上述规定履行内部权力机构决策程序的现象并不少见。《民法典》《村民委员会组织法》《城镇集体所有制企业条例》《乡村集体所有制企业条例》均规定了处分集体资产的内部决策程序。司法实践中,大多数裁判案例均将《村民委员会组织法》《乡村集体所有制企业条例》《城镇集体所有制企业条例》所规定的处分集体资产的内部决策程序认定为效力性强制性规定,并据此认定违反

---

〔1〕 根据《江苏省农村集体资产管理条例》第62条第2款的规定,村民委员会改为居民委员会后,属于农村集体所有的资产的管理,依照该条例执行;根据《广东省农村集体资产管理条例》第2条第3款的规定,乡镇人民政府改为街道办事处或者村民委员会改为居民委员会后,属于农村集体所有的资产的管理,依照该条例执行。

〔2〕 2013年1月1日生效的《山东省实施〈中华人民共和国村民委员会组织法〉办法》第46条规定:“街道办事处、经济技术开发区、工业园区等所辖区域内的村民委员会,或者撤销村民委员会设立居民委员会,农村集体经济改制未完成的,应当执行本办法。”

〔3〕 参见山东省高级人民法院民事判决书,(2010)鲁商终字第188号。

该等效力性强制性规定的集体企业产权转让合同无效。[1]

虽然集体企业改制的历史可能已较为久远,也可能超过一般意义上的诉讼时效期间,但根据最高人民法院的公报案例以及部分高级人民法院的相关审判指南,在集体企业产权转让合同涉嫌无效的情形下,确认合同无效并不适用诉讼时效,基于无效合同产生的返还财产、损害赔偿请求权等债权请求权才适用诉讼时效。[2]对于无效合同产生的债权请求权之诉讼时效的起算点,司法实践中一直存有争议。例如,最高人民法院在早期的两个公报案例中对此持完全相反的意见:在"中国五交化公司与光大银行合肥分行借款担保合同纠纷案"[3]中,最高人民法院认为应从合同履行期限届满之日起算;而在"北海市威豪房地产开发公司、广西壮族自治区畜产进出口北海公司与广西北生集团有限责任公司建设用地使用权转让合同纠纷案"中,最高人民法院认为应从合同被宣告无效之日起算。[4] 近年来,在"胡某某、李某合同纠纷案"[5]和"武汉市珞珈科技信息产业园有限公司、湖北省军区珞珈山招待所房屋租赁合同纠纷案"[6]中,最高人民法院均持诉讼时效应自合同被宣告无效之日起计算的意见。对于民事法律行为无效、被撤销或确定不发生效力的法律后果,《民法典》第157条规定:"民事法律行为无效、被撤销或者确定不发生效力后,行为人因该行为取得的财产,应当予以返还;不能返还或者没有必要返还的,应当折价补偿。有过错的一方应当赔偿对方由此所受到的损失;各方都有过错的,应当各自承担相应的责任。法律另有规定的,依照其规定。"根据《最高人民法院关于审理民事案件适用诉讼时效制度若干问题的规定》第5条第2款之规定,合同被撤销,返还财产、赔偿损失请求权的诉讼时效期间从合同被撤销之日起计算。

---

〔1〕 参见贵州省高级人民法院民事判决书,(2017)黔民终256号;甘肃省高级人民法院民事判决书,(2014)甘民再终字第5号;山东省高级人民法院民事判决书,(2010)鲁商终字第188号;贵州省高级人民法院民事判决书,(2018)黔民再56号。

〔2〕 参见最高人民法院民事判决书,(2005)民一终字第104号;最高人民法院民事判决书,(2018)最高法民终1263号;《北京市高级人民法院审理民商事案件若干问题的解答之五(试行)》;《上海市高级人民法院关于印发〈关于民事案件审理的几点具体意见〉的通知》。

〔3〕 参见最高人民法院民事判决书,(2003)民二终字第38号。

〔4〕 参见最高人民法院民事判决书,(2005)民一终字第104号。

〔5〕 参见最高人民法院民事判决书,(2018)最高法民申3825号。

〔6〕 参见最高人民法院民事判决书,(2018)最高法民申4508号。

笔者认为,合同被宣告无效后债权请求权的诉讼时效也应当与合同被撤销的情形保持一致,即基于无效合同而产生的债权请求权的诉讼时效应自合同被宣告无效之日起计算。

基于上述分析,如目标公司历史期间的集体企业改制违反法律和行政法规规定的内部权力机构决策程序,那么卖方在集体企业改制过程中取得目标公司股权的产权转让交易便存在被认定为无效的风险,且因确认合同无效不适用诉讼时效,该等无效风险将一直存续。一旦卖方最初取得目标公司股权的交易行为被认定为无效,买方从卖方取得目标公司股权的并购交易也应无效或自始至终未生效。司法实践要求买方尽到审慎审查义务(详见第一章第三节),买方可能很难以自身属于善意第三人为由进行抗辩。由此可见,如目标公司在集体企业改制中未依法履行内部权力机构决策手续,买方很难不将其视为重大违规,并放弃收购目标公司或目标公司的资产和业务。

(四)未依法取得政府主管部门批复

集体企业改制必然会导致集体企业内部结构发生变更。《乡村集体所有制企业条例》第 15 条规定,企业分立、合并、迁移、停业、终止以及改变名称、经营范围等,须经原批准企业设立的机关核准。《城镇集体所有制企业条例》第 15 条也规定,集体企业的合并、分立、停业、迁移或者主要登记事项的变更,必须符合国家的有关规定,由企业提出申请,报经原审批部门批准。因此,乡村集体企业和城镇集体企业改制所产生的产权变更应经原审批机关核准。地方各级政府机构及其职能在过去一直处于变化和调整之中。实践中,集体企业的原审批部门一般为乡镇企业主管部门。据此,集体企业改制一般需要取得乡镇企业主管部门或承接乡镇企业主管部门相关职能的街道办事处的审批,同时还需要取得各地体制改革领导小组的审批。

《民法典》第 502 条第 2 款规定:“依照法律、行政法规的规定,合同应当办理批准等手续的,依照其规定。未办理批准等手续影响合同生效的,不影响合同中履行报批等义务条款以及相关条款的效力。应当办理申请批准等手续的当事人未履行义务的,对方可以请求其承担违反该义务的责任。”按照《民法典》的上述规定并结合司法实践中的相关裁判案例可知,如集体企业改制未取得政府主管部门的审批,集体企业产权转让合同应为未生效合同。[1] 根据《九民纪要》第37条的规定,未生效合同已具备合同的有效要件,对双方具有一定的拘束力,任何一方不得擅自撤回、解除、变更,但因欠缺法律、行政法规规定或当事人约定的特别生效条件,在该生效条件成就前,不能产生请求对方履行合同主要权利义务的法律效力。也就是说,如果卖方最初为取得目标公司股权所签署的集体企业产权转让合同未生效,卖方事实上并未合法持有目标公司股权。

三、对集体企业改制违规风险的整改建议

基于上面的分析,如果目标公司前身为集体企业,且卖方系通过集体企业改制取得目标公司股权,那么集体企业改制中存在的违规风险将直接影响卖方持有目标公司股权的合法性,即如集体企业改制存在重大违规事项,特别是在集体企业改制违反法律法规强制性规定的情形下,卖方取得目标公司股权的交易存在被认定为无效或未生效的风险。前述并购交易的效力瑕疵将会直接影响买方收购目标公司股权之交易的效力,可能导致买方与卖方之间的股权协议无效或未生效。

在集体企业改制违规的情形下,买方能否通过前面介绍的交易架构的调整达到保护交易安全的目的?例如,交易双方能否约定,将目标公司的业务和资产从目标公司剥离,转移到目标公司新设的子公司名下,然后由买方与目标公司签署股权转让协议收购目标公司的子公司,或由买方与目标公司共同设立合营企业,最终既实现与买方直接受让目标公司股权相同的效果,又将买方与集体企业改制违规风险隔离?考虑到上述交易架构的调整均需要目标公司的股东或股东会作出相关决定或决议,而目标公司的股东并不是目标公司的合法股东,严格来说,相关股东决定或股东会决议也应是无效决定或无效决议。因此,买方无法通过交易架构的调整达到保护交易安全的目的。

集体企业改制的利益关系方应该是原集体企业的所有权人和政府主管部门。

---

〔1〕 参见四川省高级人民法院民事裁定书,(2015)川民申字第737号;甘肃省高级人民法院民事判决书,(2017)甘民终116号。

如果交易双方有意推进并购交易,真正有效的整改方案是由卖方按照当时法律和法规的规定补办相关程序和审批手续。就原集体企业的内部程序而言,卖方应取得原集体企业的所有权人对当年改制的追认。就政府审批而言,卖方应该取得政府主管部门有追溯力的审批;在政府职能调整的情形下由承继当时政府职能的现有政府主管部门就当年的改制出具批复文件。如果可能,卖方还应取得目标公司所在地的市级人民政府或相关主管部门出具的确认上述补救措施合法合规的书面文件。

第三节　框架协议有关整改重组的安排

框架协议的主要目的是约定整改重组的内容、标准、时间和整改重组完成后的核查,以及双方在卖方完成整改重组后签署股权协议的义务。另外,买方可能还希望对目标公司在自框架协议签署日至交割日或股权协议生效日期间内所应遵循的规则进行明确约定。如果双方不签署框架协议,而是在尽职调查之后直接签署股权协议,整改重组事项也可以在股权协议中约定。但是,考虑到整改重组条款可能涉及目标公司的违规事项,而框架协议一般无须提交政府监管部门备案,通过框架协议约定整改重组更有利于对目标公司违规事项的保密。

一、双方在整改重组阶段的义务

(一)卖方在整改重组阶段的义务

目标公司的整改重组应当是卖方的义务,或更准确地说,卖方应促使和确保目标公司履行整改重组义务。如前所述,整改重组事项能否顺利完成不完全取决于卖方和目标公司的主观愿望,还取决于包括政府监管部门在内的第三方配合。因此,卖方在承诺相关义务前,应当就整改重组事项逐一评估,避免后期违约或影响并购项目的顺利推进。为避免双方对整改重组的安排有任何误解,整改重组条款至少应当明确以下内容。

第一,整改重组的具体内容和标准。整改重组条款应当分项列明整改重组的具体内容以及标准,即哪些事项需要整改、如何整改,整改需要达到什么标准。卖方在整改重组完成后应向买方提供证据证明相关义务已经履行完毕。例如:(1)对于需要政府监管部门出具的批复文件或颁发的行政许可,应当提供相关批复和证照;(2)对于需要目标公司补缴的税费,应提供主管税务机关出具的目标公司的完税凭证;(3)涉及股权质押和不动产抵押解除的,应提供相关担保权解除的证明文件;(4)涉及争议和解的,应当提交和解协议和撤诉文件;(5)需要签署或修订协议的,应提供签署或修订后的协议;(6)对于应付账款和员工劳动合同的解除事项,应由相关债权人和员工按照买卖双方事先同意的格式和内容出具书面文件,确认所有应付款已结清,不存在任何争议。

第二,整改重组的时间安排。根据双方对具体整改重组事项的重要程度以及正常所需时间的理解,整改重组事项一般可以分阶段完成。例如:(1)有的整改重组事项必须在双方签署股权协议之前完成,即该等整改重组事项的完成是双方签署股权协议的前提条件;(2)有的整改重组事项可以在交割前完成,即该等整改重组事项的完成是交割的前提条件;(3)还有的整改重组事项可以延长到交割之后,但必须在买方付款之前完成,或在买方分期付款的情形下必须在买方支付尾款之前完成,即此类整改重组事项的完成是买方付款或支付尾款的前提条件。这种循序渐进的时间安排有利于并购项目的正常推进,方便交易双方相互监督对方对合同义务的履行,保护各自的正当权益。但就双方在每个阶段的义务而言,由于卖方在各阶段的整改重组义务的履行是买方履行相应义务的前提,一旦双方确定了各阶段整改重组的具体期限,卖方如果不能在该期限届满前完成具体整改重组事项,不仅应根据法律规定和协议的约定承担违约责任,买方还有权基于卖方在先义务的未履行拒绝履行买方的后续义务。同样,如果买方在卖方完成某一阶段的整改重组后未能履行后续义务,卖方也有权要求买方承担违约责任,并拒绝履行下一阶段的整改重组义务。在交易双方同意卖方分阶段完成整改重组义务时,框架协议至少应明确约定双方签署股权协议之前卖方必须完成的整改重组义务。卖方在股权协议签署后完成的整改重组义务可以在股权协议中明确约定,也可以同时在框架协议和股权协议中约定,如果在框架协议和股权协议中同时约定,则应当避免两份协议相关条款的冲突或不一致。

第三,依法完成整改重组。为防止卖方或目标公司以违规的手段来解决之前的违规事项,协议必须明确要求卖方和目标公司依法进行整改重组,并根据法律规定按时足额缴纳与整改重组相关的税费。

(二)买方在整改重组阶段的义务

如果整改重组涉及目标公司的债务清偿、税费的补缴或银行贷款的提前偿还等事项,卖方或目标公司可能因为现金短缺需要买方提供短期资金支持。根据双方的商定,买方或其关联方可以选择直接向目标公司提供短期贷款或通过银行提供委托贷款。委托贷款是指银行作为受托人,根据买方(或其指定的关联方)的委托,按照委托人确定的借款人、金额、期限、利率和用途等条件代为发放、监督使用并协助收回的贷款。银行在委托贷款中虽然收取手续费,但不提供或垫付任何资金,也不承担任何贷款风险,所有贷款风险均由作为资金提供方的买方自行承担。买方在答应给目标公司提供短期资金支持的同时,一般也要求卖方和目标公司提供必要的担保,如要求卖方将其持有的目标公司股权质押给买方。由于各地对不动产抵押给金融机构之外的抵押权人能否办理不动产抵押登记的实践不尽相同,买方可以通过委托贷款的方式要求目标公司将不动产抵押给银行。如果签署股权协议前的整改重组需要较长的时间,担保权的设定有利于保证交易的稳定,即通过担保权的设定买方既能够预防卖方将股权转让给第三人,也能够预防目标公司将主要资产转让给第三人。

(三)与整改重组相关的协议安排

上文所述的卖方的整改重组义务、买方的资金支持义务以及卖方和目标公司的担保义务之间是相互依赖的。比较理想的协议安排是双方在签署框架协议之前就贷款协议和担保协议的条款达成共识。双方如果不能在签署框架协议之前确定贷款协议和担保协议的文本,则应当在框架协议中对贷款协议和担保协议的主要条款和条件逐一列明,并要求双方在框架协议签署后商谈贷款协议和担保协议时遵照执行。就买方而言,如果买方在框架协议签署后因其自身原因不能签署贷款协议,或不能根据贷款协议的约定按时足额向目标公司提供贷款,那么买方可能需要根据框架协议或贷款协议承担违约责任,甚至无权要求卖方履行整改重组的义务。

二、整改重组完成时的核查

(一)整改重组的核查时间与标准

买方核查整改重组的时间应当与约定的卖方完成整改重组的时间相吻合。如果整改重组分期完成,卖方应当在完成每期的整改重组后通知买方,由买方在约定期限内进行核查。买方的核查不是尽职调查,而是买方对卖方履约情况的查明和确认。因此,买方应当严格基于框架协议的约定以及卖方提交的履约证明文件进行核查。

基于买方的核查,如果卖方未能按照约定履行相关整改重组义务,或者相关履行没有达到约定的标准,买方通常根据卖方未履行的整改重组义务对股权转让的影响选择并与卖方商讨下列解决方案:

第一,延期签署股权协议,要求卖方继续履行。如果卖方相关整改重组义务的履行是双方约定的签署股权协议的前提条件,在卖方未完成整改重组义务时,买方没有义务签署股权协议。在此情形下,买方可以延期签署股权协议,并要求卖方继续履行整改重组义务。如果买方同意卖方延期履行,那么买方应在双方重新约定的履行期限届满时按照同样的标准进行核查。

第二,买方可以决定是否调整交易结构,给予卖方更多的履约时间。例如,如果相关的整改重组是双方约定的签署股权协议前提条件,则买方可以同意将其改为交割前提条件或付款前提条件。

第三,买方也可以决定不再要求卖方继续履行相关整改重组义务,改为要求卖方将相关的整改重组费用从股权转让对价中扣除,由目标公司在交割后自行整改。

第四,由卖方承诺确保买方在交割后不因该等整改重组的未完成而遭受任何损失,并承诺如果该等未完成的整改重组事项在交割后给买方造成任何损失的,卖方将赔偿买方的全部损失。

第五，基于法律规定或框架协议的约定解除框架协议，并要求卖方承担违约责任。框架协议的解除意味着并购项目的失败。除非卖方未能完成的整改重组事项对目标公司影响较大，且卖方明确表示或者以自己的行为表明不再继续履行相关义务，或者双方无法就上述其他方案达成共识，否则买方一般不会轻易决定解除框架协议。

（二）第三人对整改重组的影响

整改重组可能涉及第三人的行为，即卖方完成框架协议中的整改重组需要第三人的配合和支持。《民法典》第 593 条规定："当事人一方因第三人的原因造成违约的，应当依法向对方承担违约责任。当事人一方和第三人之间的纠纷，依照法律规定或者按照约定处理。"因此，如果卖方因第三人的原因未能完成整改重组，卖方仍需对买方承担违约责任。但是，作为例外，第三人的原因若符合不可抗力的构成要件，即"不能预见、不能避免且不能克服的客观情况"，则应适用《民法典》第 590 条关于不可抗力免责的规定，进而排除《民法典》第 593 条的适用。[1]

整改重组也涉及政府监管部门的行政许可，包括补办以前应申请但未申请的行政许可和整改重组过程中需要申请的行政许可。在双方没有约定的情形下，对于卖方未能取得或未能确保目标公司取得该等行政许可是否构成违约的问题，法律没有明确规定。《民法典》第 593 条没有明确"第三人"是否应该包括行政机关，即行政机关的行为是否也应构成《民法典》第 593 条中的"第三人的原因"。根据笔者对相关案例的理解，法院一般认为，行政行为不属于合同履行中的情势变更或不可抗力，不能成为免责事由。也就是说，行政行为属于合同之外的第三人行为，债务人应承担违约责任；债务人与行政机关的纠纷应另案解决。例如，在"湖南云达房地产开发有限公司与蔡某某合资、合作开发房地产合同纠纷案"中，根据双方当事人约定，云达房地产开发有限公司（以下简称云达公司）应负责依法办理合作项目的各项报建以及开发建设和销售所需的手续，提供有关的证照文件，确保不影响

〔1〕 参见最高人民法院民法典贯彻实施工作领导小组主编：《中华人民共和国民法典合同编理解与适用》，人民法院出版社 2020 年版，第 846 页。

合作项目的顺利建设。该案的争议焦点是,因政府部门审批方面的原因造成违约,能否成为债务人不承担违约责任的理由。最高人民法院认为,在当事人没有明确约定的情况下,行政原因不应成为免责事由;上述问题的解决是土地使用权人云达公司根据合同约定应尽的义务,应当根据原《合同法》第121条(《民法典》第593条)之规定承担违约责任。〔1〕在“薛某与怀远县红鹿置业有限公司房屋拆迁安置补偿合同纠纷案”中,被告未能按照《拆迁安置协议书》的约定履行如期交房义务,双方的争议焦点是怀远县人民政府的违法行为能否成为被告对原告薛某不承担责任的理由。安徽省高级人民法院认为,即使被告未能按照约定交房是因怀远县人民政府的违法行为造成,根据原《合同法》第121条(《民法典》第593条)之规定,怀远县人民政府的违法行为也不能免除被告应向合同相对方薛某承担的违约责任。〔2〕在“重庆长虹塑料厂与重庆天龙房地产开发有限公司房屋拆迁安置补偿合同纠纷案”〔3〕和“浙江银泰投资有限公司、包头市中冶置业有限责任公司房屋租赁合同纠纷案”〔4〕中,法院也同样认为行政行为不构成情势变更或不可抗力,不能作为违约的免责事由。

三、整改重组完成后的签约义务

整改重组是卖方基于买方的要求进行的,买方要求卖方对目标公司进行整改重组是为了收购目标公司,因此,框架协议在要求卖方对目标公司进行整改重组的同时,约定双方签署其他交易文件的义务有其合理性和必要性。相关安排不仅是为卖方履行在先义务提供必要保障,也是平衡双方权利义务的合理约定。换句话说,买方在要求卖方对目标公司进行整改重组的同时,应当承诺在卖方履行相关在先义务后履行买方的后续签约义务。同样,卖方在承诺对目标公司进行整改重组的同时,也有权要求买方承诺在卖方履行在先义务之后履行签署交易文件的义务。卖方的在先整改重组义务与买方的后续签约义务互为因果关系。

---

〔1〕 参见最高人民法院民事判决书,(2014)民申字第230号。

〔2〕 参见安徽省高级人民法院民事判决书,(2015)皖民四终字第00514号。

〔3〕 参见最高人民法院民事判决书,(2016)最高法民终203号。

〔4〕 参见最高人民法院民事判决书,(2017)最高法民终171号。

四、过渡期安排

双方在签署框架协议时已确定股权协议等交易文件的条款和条件，并且在框架协议约定的签署股权协议的前提条件满足后，交易双方均有义务签署股权协议等交易文件。因此，双方签署框架协议的事实证明，双方已经附条件地承诺签署股权协议等交易文件，并将基于该等交易文件转让或受让目标公司股权或认购目标公司的增资。换句话说，双方在签署框架协议的同时，已经附条件地锁定了双方的后续义务。

框架协议项下的过渡期，是指自框架协议生效日至交割日的期间。一方面，目标公司在交割前一直处于卖方的单方控制之下；另一方面，框架协议的签署意味着双方已经就股权转让的条款和条件，以及双方签署股权协议的条件和时间达成一致。为了保证目标公司在过渡期尽可能地处于“静止”状态，买方一般要求目标公司在过渡期内除了进行整改重组和从事正常的生产经营活动外，不得从事其他经营性活动或投资行为，或要求卖方作出有关目标公司的重大决定或目标公司本身作出重大决定时必须得到买方的事先书面同意。如果框架协议约定的过渡期为自框架协议生效日至股权协议生效日的这段时间，那么框架协议中有关过渡期安排的约定应在股权协议中重述，即卖方在自股权协议生效日至交割日这段过渡期内仍然应按股权协议的约定履行其在过渡期内的义务。

过渡期安排事实上是交易各方通过协议约定，保证买方在正式成为股东之前，能够行使部分股东权利。换句话说，虽然买方无权在框架协议之外行使任何针对目标公司的权利，但对于框架协议约定的特定事项，买方有权基于框架协议的约定合理地行使“否决权”。值得注意的是，如果买方通过并购交易取得对目标公司的控制权，并购交易将构成经营者集中，在参与集中的经营者上一年的营业额达到法定申报标准时，框架协议有关过渡期的约定必须遵守反垄断法的相关规定，否则将构成“抢跑”或违法实施集中，申报业务人将受到包括罚款在内的行政处罚（有关经营者集中反垄断申报的分析，请见第九章）。如果并购交易不构成经营者集中，或虽然构成经营者集中，但参与集中的经营者上一年的营业额未达到法定申报标准，那么交易双方可以自行约定过渡期内的安排。一般来说，框架协议可以按照以下安排约定卖方或目标公司在过渡期内的义务。

(一)目标公司的正常生产经营行为

在正常情形下,买方希望卖方承诺,在过渡期内确保目标公司履行下列义务:(1)依法开展正常业务范围内的经营活动;(2)保持所有行政许可和证照的持续有效;(3)采取合理的措施保护其业务和资产免受损害。

(二)目标公司不得从事的行为

除双方已经同意的整改重组外,在过渡期内买方也希望卖方确保在未经买方事先书面同意的情况下,目标公司不得进行某些特定的行为。常见的禁止行为包括:(1)从事其他非正常业务范围内的经营活动;(2)签署对其业务、资产、财务状况等产生不利影响的协议或作出该等承诺;(3)增加或减少目标公司的注册资本;(4)向卖方分配或支付任何红利;(5)除正常的关联交易外,向或同意向卖方或其关联方支付任何款项;(6)实施任何形式的重组,包括但不限于收购、合并、变更公司形式和任何形式的整合;(7)向第三方借款或贷款;(8)对外投资;(9)转让或处置目标公司的固定资产;(10)除日常经营外,单次或累计向第三方支付分别超过约定数额的款项;(11)对目标公司股权或其资产设定任何权益负担;(12)调整现行会计政策;(13)修订公司章程;(14)实施任何可能导致目标公司业务发生重大改变的行为;(15)变更法定代表人、董事、监事和高级管理人员或变更其聘用条件;(16)招聘新员工;(17)签署价值超过约定数额的任何协议;(18)与卖方或其关联方签署任何新的协议或修改任何现有协议;(19)任何可能妨碍并购项目顺利推进的行为等。

(三)卖方在过渡期的披露义务

买方一般还希望卖方在过渡期内基于善意原则,及时向买方书面披露任何可能影响买方收购目标公司股权的意愿或认购目标公司增资的意愿,或影响交易价款的事项,或者任何可能与卖方在未来签署的股权协议等交易文件项下的陈述和保证相冲突的事项。

第四节　公司并购项目的交易文件

公司并购看似只是一项单纯的买卖股权的交易，但是不同于一般的买卖行为，股权作为公司并购交易中的标的物，其指向的对象是公司，而公司是业务经营和各类经营要素的集合体。作为以营利为目的的独立市场主体，目标公司虽然不是股权转让协议的签约主体，但无论是在股权转让的交易中，还是在增资认购的交易中，目标公司可能均需根据双方约定在交易的不同阶段自费完成整改重组；目标公司也可能在交割后与参与并购交易的双方或一方（包括其关联方）建立或保持长期业务合作关系。所有这些因素均需交易方在并购交易中给予充分关注，并就相关安排进行约定。并购交易的这些特点决定了并购项目的交易文件除了股权协议之外，还包括交易双方（包括关联方）之间或目标公司与交易双方（包括关联方）之间签署的一系列围绕股权转让的其他协议。本节将简要介绍公司并购项目的主要交易文件，分析框架协议与其他交易文件之间的关系，基于本约合同和预约合同之间的区别探讨框架协议相关约定的类型。

一、框架协议与附属协议的关系

并购项目中交易各方应签署的交易文件因项目的不同而不同，由交易各方根据交易架构和商业安排共同商讨确定。一般来说，并购项目交易文件除框架协议外，可能还包括以下协议。

（一）融资类协议

融资类协议不是公司并购交易的必备协议。但是，如果交易各方约定，买方或买方的关联方应在并购项目的整改重组阶段向卖方或目标公司提供短期资金支持，那么相关方应签署融资协议以及与融资相关的担保协议，包括股权质押协议、不动产抵押协议等（以下统称融资类协议）。融资类协议可以与框架协议同时签署，但如涉及银行委托贷款，也可能在框架协议签署后签署。融资类协议一方面帮助卖方和目标公司解决短期资金需求,另一方面也是买方对卖方提供的一种变相担保。如果买方违反框架协议之约定,在卖方完成整改重组后拒绝签署并履行股权协议,卖方和目标公司均有理由迟延还款或扣留部分借款用于抵销买方应向卖方或目标公司支付的违约金或损失赔偿款。如卖方为借款方,买方一般要求卖方在收到买方支付的股权对价或首笔对价后返还买方提供的借款;在目标公司为借款方的情形下,由于目标公司在股权转让后将成为买方的子公司,卖方无须对目标公司的还款承担任何责任。

(二)股权类协议

对于简单的并购项目,如并购项目不涉及目标公司的整改重组,且买方一次性收购卖方持有的目标公司全部股权,双方可能只需签署股权转让协议;在买方分期收购股权的情形下,双方应签署第一期的股权转让协议、第一期并购交割后的股东协议,并就目标公司章程的修订达成共识;在买方认购目标公司的增资的情形下,各方应签署增资认购协议、股东协议,并就目标公司章程的修订达成共识;在双方共同新设合营企业的情形下,双方应签署股东协议和合营企业的章程。这些协议直接约定股权转让或增资认购事宜以及并购后的股东权利和义务,并应由交易各方在框架协议约定的签署条件满足后同时签署(以下统称股权类协议)。不同于其他类型的协议,股权类协议中的股权协议、新设公司的公司章程和目标公司的章程修改等是公司并购交易中法定的必备文件。即便股东协议不是法定的必备文件,但如果股东不希望通过公司章程规定各方希望保密的事项,股东协议也应是公司并购的必要文件(有关签署股东协议的必要性,请见第五章第一节)。

(三)担保类协议

相对于一般的货物买卖,公司并购是一种交易时间跨度长、交易环节比较多、交易比较复杂,并且对于交易双方来说交易风险比较高的特殊买卖行为。为了保证交易的安全,交易双方一般均希望对方对协议的履行提供必要担保。就卖方来说,为了确保买方在卖方完成整改重组后按时签署并履行股权协议,包括按时足额支付股权转让对价,卖方可能希望买方通过监管账户的形式提供一笔监管资金用于担保买方的承诺。基于双方的约定,监管资金可以用作买方未来支付的股权转让对价或增资认购款,也可以用于买方在违约时应向卖方承担的违约责任。对于买方来说,为了担保框架协议和股权协议项下卖方的陈述与保证以及卖方披露信息的真实性和完整性,特别是担保卖方对于买方在股权转让后可能遭受的损失所应承担的赔偿责任,买方可能希望卖方提供包括质押、抵押或第三人保证等担保。这些担保类协议包括监管协议、质押协议、抵押协议或保证协议等。监管协议由交易双方与监管银行共同签署,可以与框架协议同时签署或在框架协议签署后签署;其他担保类协议可以由担保人和被担保人与股权协议同时签署。

(四)业务类协议

目标公司作为以营利为目的的市场主体,在自设立之后的生产经营活动中通过一系列民事法律行为与包括股东和股东的关联方在内的其他市场主体建立了各种各样的民事法律关系。在正常情形下,公司并购不应对目标公司与第三方的业务合作产生直接影响。但是,就目标公司与股东或股东的关联方之间的业务合作而言,买方一般需要根据具体情况决定是否维持、变更或解除。如果卖方或其关联方在交割后拟与目标公司建立或保持长期业务合作关系,如共同研发、委托生产、产品分销、技术和商标许可、房屋租赁等,双方也应在并购项目的谈判过程中确定该等业务协议的条款和条件(以下统称业务类协议)。业务类协议一般应在交割时由卖方或其关联方与目标公司签署,但在设定附条件生效(交割)的前提下也可以与股权类协议同时签署。值得注意的是,在目标公司依赖卖方特定技术或其他知识产权的情形下,保持相关使用许可协议的稳定或许是买方收购目标公司的前提条件。在此情形下,卖方的义务除按照约定的时间和条件转让股权外,还应在股权转让之后保证相关技术许可协议的继续履行,否则即便股权已经转让,买方也无法真正实现收购目标公司的目的。另外,如果买方希望卖方在交割后对目标公司的商业秘密保密或不得从事与目标公司相竞争的业务,相关方应在股权协议中对此作特别约定或另行签署交割后的保密与竞业禁止协议。与其他业务类协议一样,该协议应在交割时由卖方与目标公司签署,但在设定附条件生效(交割)的前提下也可以与股权类协议同时签署。保密与竞业禁止协议可以约定对价,如将股权转让对价中的部分价款作为卖方承诺并履行保密和竞业禁止义务的对价，也可以不约定对价。有对价的保密与竞业禁止协议更有利于买方或目标公司通过分期付款的方式监督卖方对相关义务的履行，以及在卖方违反约定时向卖方主张违约金或损失赔偿。有关竞业禁止的分析，请见第四章。

就保密义务而言，由于框架协议在生效后将取代前期协议，包括前期协议项下的保密条款，因此，无论是框架协议还是股权协议均应就交易各方的保密义务再次约定。笔者在第二章已经介绍过，在并购交易的前期协议签署后，卖方为了配合买方的尽职调查，将向买方提供目标公司的保密信息。卖方提供该等保密信息的前提条件是买方根据前期协议对卖方提供的保密信息进行保密，并在违反保密义务时向卖方承担违约责任。买方在签署前期协议时一般无法正式承诺收购目标公司，因此买方没有理由要求卖方对卖方自己提供的保密信息保密。换言之，就目标公司的保密信息而言，前期协议约定的保密义务是一种单向义务，即买方对卖方单方承诺的保密义务。与前期协议不同，框架协议的签署意味着双方已经就股权协议的条款和条件达成一致，并且双方也已就股权协议的签约条件和时间达成共识。只要双方如约履行各自在框架协议项下的义务，那么股权协议就将签署生效，目标公司将在交割后成为买方的子公司。基于这一逻辑，框架协议应当约定卖方和买方同时对目标公司的保密信息进行保密，并在违反保密义务时承担违约责任。值得注意的是，如果并购项目在交割前终止，那么即便卖方泄露目标公司的保密信息，卖方的违约也不可能给买方造成损失。同样，如果并购项目顺利交割，那么即便买方违反保密义务，买方的违约也不可能在交割后给卖方造成损失。因此，一方的违约是否一定给对方造成损失，应视并购项目的进展情况以及违反保密义务的具体时间而定。

上述所有这些直接与并购项目相关的协议以及在交割后与目标公司相关的协议与框架协议共同构成一套完整的并购项目交易文件。笔者在第一章已经提到，框架协议在并购交易中起着承上启下的作用。所谓“承上”是相对于并购项目的前期协议而言，即框架协议一经签署生效就将取代前期协议；而“启下”则是针对并购项目的其他交易文件而言。与并购项目其他交易文件相比，框架协议的性质决定了框架协议的条款具有“框架性”的特点，即框架协议一般概括性地约定交易各方在框架协议签署生效后需要签署的其他交易文件,以及签署这些交易文件的前提条件和具体时间。将并购项目的所有交易文件统一到框架协议中,不仅有利于保证交易的稳定性,而且可以避免不同交易文件之间的冲突。

由于框架协议具有框架性,所以框架协议与其他交易文件有可能约定相同事项,其不同之处在于框架协议的约定可能较为原则,其他交易文件的约定更为详细明确。另外,其他交易文件的签约方可能是框架协议的签约方,也可能是框架协议签约方的关联方,甚至是目标公司本身,而且不同交易文件的签署时间也可能不同。因此,这些交易文件虽然与框架协议具有紧密联系,但不应被视为框架协议的附件,而应视为分别成立并相对独立存在的协议。严格来说,这些交易文件共同构成框架协议的附属协议。为避免同一并购项目中框架协议和附属协议之间产生冲突,以及解决在产生冲突时具体协议的优先适用问题,交易各方在起草框架协议和附属协议时应注意以下事项:(1)框架协议和附属协议的通用条款(如定义条款、法律适用条款、争议解决条款、送达条款等)应当尽量保持一致;(2)对于框架协议和附属协议约定不一致或约定冲突的事项,如附属协议有约定而框架协议没有约定,或附属协议和框架协议的约定相互冲突,除非框架协议或附属协议另有明确且特别约定,否则应以附属协议的约定为准。

二、框架协议的完整预约性质和本约性质

框架协议既约定卖方的整改重组义务,又约定交易各方签署股权协议的义务。对于框架协议究竟是预约合同还是本约合同的问题,需要具体分析。预约合同是相对于本约合同而言的。判定一份协议是预约合同还是本约合同的标准并非协议本身关于权利义务的约定是否完整和清晰。例如,《民法典》在规定合同一般应包括的条款(如质量、价款或者报酬、履行地点等)的同时,并没有规定未包括这些条款的合同不是本约合同或是未生效或无效合同。相反,《民法典》第510条规定:"合同生效后,当事人就质量、价款或者报酬、履行地点等内容没有约定或者约定不明确的,可以协议补充;不能达成补充协议的,按照合同相关条款或者交易习惯确定。"另外,《民法典》第511条进一步规定了在合同内容约定不明,且依据《民法典》

第510条仍不能确定时，当事人应遵守的规则。[1] 因此，一份协议约定的内容是否完善不是判定其是否为本约合同的标准，即便作为本约合同的协议内容不清晰或不完整，当事人仍然可以在协议签署后通过后期的补充约定完善，或按照《民法典》的规定确定其内容并据此履行。

当事人在合同中的意思表示是认定一份协议是预约合同还是本约合同的主要标准。最高人民法院在“成都讯捷通讯连锁有限公司与四川蜀都实业有限责任公司、四川友利投资控股股份有限公司房屋买卖合同纠纷案”中指出：“预约是指将来订立一定契约的契约。预约的形态多种多样，有的预约条款非常简略，仅表达了当事人之间有将来订立本约的意思，至于本约规定什么内容留待以后磋商决定；有的预约条款则非常详尽，将未来本约应该规定的内容几乎都在预约中作了明确约定。而若仅从内容上看，后者在合同内容的确定性上几乎与本约无异，即使欠缺某些条款，往往也可以通过合同解释的方式加以补全。因此，仅根据当事人合意内容上是否全面，并不足以界分预约和本约。判断当事人之间订立的合同系本约还是预约的根本标准应当是当事人的意思表示，也就是说，当事人是否有意在将来订立一个新的合同，以最终明确在双方之间形成某种法律关系的具体内容。如果当事人存在明确的将来订立本约的意思，那么，即使预约的内容与本约已经十分接近，即便通过合同解释，从预约中可以推导出本约的全部内容，也应当尊重当事人的意思表示，排除这种客观解释的可能性。”[2]

按照预约合同的内容，预约合同可以分为3个类型，即简单预约、典型预约和完整预约。具体来说，简单预约合同只包含当事人、标的、数量3个必备条款，没有其

---

[1] 《民法典》第511条规定：“当事人就有关合同内容约定不明确，依据前条规定仍不能确定的，适用下列规定：(一)质量要求不明确的，按照强制性国家标准履行；没有强制性国家标准的，按照推荐性国家标准履行；没有推荐性国家标准的，按照行业标准履行；没有国家标准、行业标准的，按照通常标准或者符合合同目的的特定标准履行。(二)价款或者报酬不明确的，按照订立合同时履行地的市场价格履行；依法应当执行政府定价或者政府指导价的，依照规定履行。(三)履行地点不明确，给付货币的，在接受货币一方所在地履行；交付不动产的，在不动产所在地履行；其他标的，在履行义务一方所在地履行。(四)履行期限不明确的，债务人可以随时履行，债权人也可以随时请求履行，但是应当给对方必要的准备时间。(五)履行方式不明确的，按照有利于实现合同目的的方式履行。(六)履行费用的负担不明确的，由履行义务一方负担；因债权人原因增加的履行费用，由债权人负担。”

[2] 最高人民法院民事判决书，(2013)民提字第90号。

他合同条款;典型预约合同则包含当事人、标的、数量、价格以及部分主要条款;而完整预约对于合同主要条款已经约定或基本约定,只是缺乏要式性,即使不签署本约合同,预约合同也可以正常履行。[1] 根据最高人民法院民法典贯彻实施工作领导小组的意见,就裁判思路而言,对于简单预约和典型预约,可以强制要求违约方磋商,而对于完整预约,则可以强制要求违约方缔约。[2] 另外,区分不同类型的预约合同的必要性还在于违约方因违约承担的损失赔偿责任会有差异,对于简单预约和典型预约,违约方的赔偿责任限于守约方的成本费用支出和机会损失利益(信赖利益赔偿),而对于完整预约则还应酌情赔偿履行利益。[3]

框架协议既约定卖方的整改重组义务,又约定交易各方签署股权协议的义务。就框架协议约定的卖方整改重组义务而言,框架协议属于本约合同。但就框架协议所约定的双方在卖方完成整改重组后签署其他交易文件而言,框架协议应是预约合同,而其他交易文件则为本约合同。如果框架协议只约定交易各方签署其他交易文件的前提条件和签约义务,或只就其他交易文件的部分条款作简单原则性约定,那么这种类型的框架协议属于简单预约或典型预约;在此情形下,交易各方在框架协议项下的主要义务是基于善意、诚信和公平的原则就其他交易文件的条款和条件进行磋商。但是,如果交易各方为了避免在签署框架协议后无法就其他交易文件的条款和条件达成共识,而在商谈框架协议的同时,对其他交易文件进行磋商,并最迟在框架协议签署时确定了其他交易文件的最终条款和条件,那么此时的框架协议符合完整预约的所有条件。因此,框架协议既包含预约合同也包含本约合同,是两者的集合体。

---

〔1〕 参见最高人民法院民法典贯彻实施工作领导小组主编:《中华人民共和国民法典合同编理解与适用》,人民法院出版社 2020 年版,第 228 ~ 238 页。

〔2〕 同上书,第 234 页。

〔3〕 同上书,第 234 ~ 235 页。

CHAPTER 04

第四章

股权协议核心条款及相关法律问题

股权转让协议和增资认购协议(股权协议)是并购交易中最核心、最重要的协议,具体约定股权转让对价和增资认购价款、价格的调整、股权转让对价和增资认购价款的支付时间与支付条件、卖方的陈述与保证以及卖方违反陈述与保证的责任、卖方的披露义务以及对卖方披露事项的责任减免、交割的时间和前提条件、交割后的安排、协议的解除和违约责任等。本章先分析股权协议的签署方、股权转让应具备的条件,以及股东在出资期限届满前转让股权和未履行到期出资义务时转让股权两种不同情形下的出资责任和补充赔偿责任,然后将对股权协议的核心条款以及核心条款可能涉及的法律问题进行分析和介绍。对于第二章已经分析过的法律条款(如法律适用条款、争议解决条款和通知条款),在此不再重复介绍。另外,本章有关股权协议的分析主要针对股权转让协议,包括股权转让协议和增资认购协议共同涉及的问题,增资认购协议的个性问题将在本章中单独分析。

第一节　股东和股权

一、股权协议的签约方

（一）股权转让协议的签约方

股权转让协议是作为股权转让方的卖方（目标公司的现有股东）和作为股权受让方的买方（未来股东）之间签署的协议。股权转让是股东的行为。就目标公司的其他股东而言，除非卖方对其他股东有特别承诺或公司章程有不同规定，否则《公司法》第 71 条在保证其他股东在同等条件下有优先购买权的同时，也要求其他股东或同意卖方转让股权或购买卖方拟转让的股权。《公司法修订审议稿》第 84 条对于股东向公司其他股东以外的人转让股权的交易，除了规定卖方对其他股东的通知义务和其他股东的优先受让权外，不再要求必须经其他股东过半数同意。因此，除非股东协议或公司章程有不同规定，卖方转让股权除应遵守法律强制性规定外，不受其他限制。

就股东协议而言，卖方转让股权意味着卖方将其在股东协议项下的全部权利和义务或与转让股权相对应的权利和义务转让给买方。《公司法》没有明确规定在股东协议没有禁止股东转让股权时，股东在股东协议项下的权利和义务是否随股权自动转让。根据《民法典》第 555 条之规定，合同权利和义务的一并转让应当经其他合同方同意。[1] 为避免不必要的纠纷，在股东协议没有明确约定的情形下，交易双方应就股东协议项下权利和义务的转让事先与目标公司的其他股东进行沟通。另外，如果买方有意在受让股权时修改股东协议，买方应就此与其他股东协商并取得其他股东的同意。有关股东协议的详细分析，请见第五章。

《公司法》没有明确要求股东转让股权时应当书面通知公司。但是，根据《公司

---

〔1〕《民法典》第 555 条规定："当事人一方经对方同意，可以将自己在合同中的权利和义务一并转让给第三人。"

法修订审议稿》第86条和第87条之规定,股东转让股权时应当书面通知公司,请求公司变更股东名册,需要办理变更登记的并请求公司向公司登记机关办理变更登记。公司拒绝或者在合理期限内不予答复的,转让人、受让人可以依法向人民法院提起诉讼。公司应当及时注销原股东的出资证明书,向新股东签发出资证明书,并相应修改公司章程和股东名册中有关股东及其出资额的记载。对公司章程的该项修改不需再由股东会表决。《民法典》第64条也规定:"法人存续期间登记事项发生变化的,应当依法向登记机关申请变更登记。"因此,公司因股东转让股权申请变更登记是公司的法定义务,股东对公司的通知义务不应被理解为股东转让股权需要公司的同意,法律规定股东通知义务的真正目的是方便公司履行法律规定的因股权转让所产生的程序性义务。同样,公司也不应对股东在股权转让协议项下的义务承担任何责任。

在股权代持的情形下,根据《公司法司法解释(三)》第25条第1款之规定,如果名义股东将登记在其名下的股权转让、质押或者以其他方式处分,实际出资人以其对于股权享有实际权利为由,请求认定处分股权行为无效的,人民法院可以参照《民法典》第311条的规定处理。根据《民法典》第311条规定的物权善意取得制度,符合下列情形的,受让人取得不动产或者动产的所有权:(1)受让人受让该不动产或者动产时是善意;(2)以合理的价格转让;(3)转让的不动产或者动产依照法律规定应当登记的已经登记,不需要登记的已经交付给受让人。关于"善意"的认定,一般认为要以当事人没有重大过失并尽到合理注意为要件,如果真实权利人有证据证明受让人知道或应当知道转让人无处分权的,应当认定受让人具有重大过失。[1] 因此,并购交易中买方在进行必要的尽职调查的同时,还应当要求卖方明确表示是否为拟转让股权的实际出资人,如果卖方仅为名义股东,买方应要求实际出资人出具书面授权书,授权名义股东磋商和签署并购项目的全部交易文件。

---

〔1〕 最高人民法院民法典贯彻实施工作领导小组主编:《中华人民共和国民法典物权编理解与适用》,人民法院出版社2020年版,第534页。

(二)增资认购协议的签约方

就增资认购而言,投资人通过认购目标公司新增的注册资本而成为新股东,同时现有股东在目标公司注册资本中的出资比例因为新股东的加入而被稀释,从而在客观上达到现有股东将其持有的目标公司股权间接转让给投资人的结果。实践中增资认购协议的签约方不尽相同,基本可以分为两类:(1)目标公司与投资人签署,目标公司现有股东不作为协议的签约方;(2)目标公司、现有股东和投资人三方共同签署,并且现有股东在增资认购协议中承担实质性义务(如现有股东就目标公司的现状向投资人作陈述和保证)或者就目标公司在增资认购协议项下的实质性义务向投资人承担担保责任。

与股权转让不同,公司增资须经股东会代表2/3以上表决权的股东表决通过。[1] 如果股东或部分股东反对,导致股东会无法根据公司章程的规定通过有效的增资决议,那么公司无法增资。另外,根据《公司法》第34条之规定,除非全体股东另有约定,"公司新增资本时,股东有权优先按照实缴的出资比例认缴出资"。对于公司增资时部分股东放弃认缴的增资份额其他股东是否享有优先认购权的问题,《公司法》没有明确规定,司法实践对此也没有统一认识(详见第五章)。在公司股东会通过增资引进新股东时,公司增资必然包括两个不同但相互关联的行为,即公司的增资行为和投资人的认购行为。在公司层面,公司增资除需要股东会通过有效增资决议外,还涉及公司章程的修改;在股东层面,无论现有股东是否放弃优先认缴权外,如果股东之间已经签署股东协议,公司增资还将涉及股东协议的修改。因此,公司增资事实上涉及公司、公司现有股东与投资人三方之间的关系。至少从投资人的角度看,基于以下原因,现有股东也应作为增资认购协议的签署方。

第一,合法有效的股东会决议是公司增资的前提。就增资认购协议的签署时间来说,法律并未要求公司只有在股东会通过有效的增资决议后方可与投资人签署增资认购协议。从理论上讲,公司在股东会通过有效决议之前与投资人签署附

---

〔1〕 参见《公司法》第43条。

条件生效的增资认购协议应该没有违反法律规定。对于投资人来说，如果现有股东和公司一同与投资人签署增资认购协议，则现有股东的签字可以保证股东会决议的有效通过。实践中，公司也可能在股东会作出有效增资决议后与投资人商谈并签署增资认购协议。如果现有股东不同时签署增资认购协议，那么，如何保证增资认购协议与股东会决议之间的一致，可能是公司和投资人都需要重视的问题。司法实践对于股东会增资决议的内容与增资认购协议的具体约定之间的关联度可能存在不同认识。例如，贵州省高级人民法院在“余某与贵州泰邦生物制品有限责任公司、贵阳大林生物技术有限公司、贵州益康制药有限公司等股权确认、盈余分配纠纷案”的一审中认为：(1)公司股东会增资决议未明确指明引进多少个投资者或具体的投资者，也没有授权公司及其法定代表人与战略投资者签订增资协议，更没有其他任何股东会决议或董事会决议明确签约投资人是公司可以引进的战略投资者，故公司及其法定代表人签订增资协议的行为越权，且一直未获得公司股东会或董事会追认。(2)签约投资人签订协议时没有尽到谨慎合理的注意义务。签约投资人对《公司法》关于股东会和董事会及公司法定代表人的职权范围的规定是明知的，对公司法定代表人应得到授权才能签订增资协议亦是明知的，签约投资人仅凭公司的承诺和保证就签订协议，该行为与其投资金额相比较不符合常理。(3)增资协议的内容不符合股东会增资扩股目的。股东会议有关通过增资扩股引进战略投资者的目的是加快企业改制和上市，但增资协议载明的缔约目的仅是通过吸收战略投资者，实施增资扩股，对股东会加快企业改制和上市目的并未涉及，因此增资协议的内容有悖股东会决议，协议内容缺乏依据。最高人民法院在二审中认为，该案中公司股东会决议是为了引入战略投资者而增资，增资对象应当对公司改制上市起到促进和帮助作用，在公司发行上市后仍能起到积极促进作用，而非仅是投入资本金的投资者。公司法定代表人在对外签订增资协议时没有遵守股东会决议设定的条件，超越了公司股东会决议范畴。[1] 笔者注意到，最高人民法院在该案中也明确指出：“如果增资协议严格依照股东会决议签订，且增资协议内容客观真实、没有违反法律规定、没有损害他人利益的，增资协议应为有

〔1〕 参见最高人民法院民事判决书，(2013)民二终字第19号。

效。”从该案中两级人民法院对增资认购协议如何符合股东会决议的意见来看，现有股东直接签署增资认购协议或许是避免股东会决议和增资认购协议冲突或不一致的一种较好方法。

第二，投资人通过认购公司的增资成为公司的新股东，必然对公司现有股东之间的股东协议产生影响，即现有股东和投资人将需要基于投资人的增资认购对股东协议进行必要修订，并共同签署。不难看出，现有股东直接签署增资认购协议应有利于保证股东协议与增资认购协议的一致性。退一步讲，即便现有股东之间没有签署股东协议，或投资人与现有股东不再另行签署股东协议，公司的增资行为也必然导致公司章程的修订，且相关修订的内容可能主要涉及投资人成为新股东后公司治理结构的调整，包括股东会和董事会的决议事项、表决程序、董事会成员的提名权等。鉴于公司章程的修订必须经股东会代表2/3以上表决权的股东通过，现有股东一同签署增资认购协议同样有利于保证公司章程与增资认购协议的一致性。值得一提的是，《公司法》第24条规定的有限责任公司的股东人数最多可达50名，如果目标公司现有股东人数较多，特别是在部分中小股东不同意公司增资或不同意投资人认购增资的情形下，根据股东在股东会的表决权，争取能够保证股东会通过有效决议的股东与公司一起签署增资认购协议则更有必要。

第三，公司的增资行为与公司的对外投资行为或其他经营行为的性质完全不同。公司增资表面上是公司的自身行为，但就其本质而言，是现有股东寻求新的合作伙伴与自己一起投资公司的行为。实践中，增资认购协议的条款和条件往往由现有股东与投资人商定，公司不一定直接参与商谈。因此，现有股东签署增资认购协议顺理成章。如果现有股东为了引进投资人同意就公司的相关事项向投资人作陈述和保证，或者对公司在增资认购协议项下义务的履行承担担保责任，现有股东更应成为增资认购协议的签署方。

二、股权的可转让性

股权是股东基于认缴出资行为而形成的一种财产性权利，具有可转让性。但是，从法律意义上说，股权是否可以转让还取决于相关股权是否符合法律规定的转让条件。根据《公司法司法解释（三）》第11条关于“出资人以其他公司股权出资”

的规定,[1]可转让的股权应该是卖方“合法持有并依法可以转让”和“无权利瑕疵或者权利负担”的股权。具体来说:(1)卖方必须是拟转让股权的合法持有人。一般来说,股权属于股东所有,股东应该是股权的合法持有人,但在股权代持的情形下,名义股东不是股权的真正所有人,只是基于实际出资人的委托持有股权,名义股东基于实际股东的委托持有股权也应是法律规定的“合法持有”。(2)《公司法司法解释(三)》规定的“依法可以转让”应该包含两个层面的意思,即股权的转让既不为法律所限制或禁止,也没有违反公司章程的规定或股东协议的约定。(3)拟转让的股权没有权利负担。一般来说,除非权利人同意,否则带有权利负担的股权无法转让。例如,根据《民法典》第443条之规定,除非出质人与质权人协商同意,否则股权出质后不得转让。(4)拟转让的股权没有权利瑕疵。股权的权利瑕疵主要指股东没有按照法律和公司章程的规定按时足额出资或在出资后抽逃出资。根据《公司法司法解释(三)》第16条之规定,股东未履行或者未全面履行出资义务或者抽逃出资,公司有权根据公司章程或者股东会决议对股东的权利作出相应的合理限制。也就是说,法律并不限制或禁止股东转让带有权利瑕疵的股权,但是如果公司章程或股东会决议规定股东在履行到期的出资义务之前不得转让股权,相关股权在权利瑕疵消除之前不得转让。

三、转让股权后的出资责任

无论股东是在出资期限届满前转让股权,还是在未履行到期出资义务时转让股权,都存在股东转让股权后的出资义务承担问题和对公司债权人的补充赔偿责任问题。下文将分析两种不同情形下的出资责任和补充赔偿责任。

(一)股东在出资期限届满前转让股权的出资责任和补充赔偿责任

在认缴制下,股权形成的基础是股东的认缴出资行为,而不是股东的实际出资

[1] 《公司法司法解释(三)》第11条第1款规定:“出资人以其他公司股权出资,符合下列条件的,人民法院应当认定出资人已履行出资义务:(一)出资的股权由出资人合法持有并依法可以转让;(二)出资的股权无权利瑕疵或者权利负担;(三)出资人已履行关于股权转让的法定手续;(四)出资的股权已依法进行了价值评估。”

行为,可转让的股权一定是与股东认缴的公司注册资本相对应的股权。换句话说,股东在出资期限届满前转让股权不以实际出资为前提条件,只要股东完成认缴出资的法律程序,股东即有权根据法律和公司章程的规定转让股权。实践中也存在股东在出资期限届满前转让股权的大量案例。

《公司法》对股东在出资期限届满前转让股权的出资责任以及补充赔偿责任没有明确规定。对于转让股权后,公司债权人能否请求原股东在未实缴出资范围内对公司债务承担补充赔偿责任的问题,司法实践争议较大。如果股东在出资期限届满前转让股权导致股东的期限利益与债权人利益产生冲突,部分法院主张保护股东的期限利益,认为股东在认缴期限届满前转让股权的,不应向债权人承担补充赔偿责任。[1] 例如,在"福建省鞋帽进出口集团有限公司、中国东方资产管理股份有限公司福建省分公司合同、无因管理、不当得利纠纷案"中,最高人民法院认为,股东享有出资的期限利益,股东在出资期限尚未届满的情况下不具有出资义务,相应的出资义务应由受让方承接;公司债权人在与公司进行交易时有机会在审查公司股东出资时间等信用信息的基础上综合考察是否与公司进行交易,债权人决定交易即应受股东出资时间的约束,债权人主张原股东在转让时尚未出资范围内对外承担责任的实质是主张股东出资加速到期,该请求没有法律依据。[2] 与上述判例不同,司法实践中也有法院倾向于保护债权人的利益,认为即使转让股权时出资义务尚未到期,原股东仍应向公司债权人承担责任。[3] 例如,在"深圳市宜安延保担保服务有限公司与上海昊跃投资管理有限公司、接某某、林某某股权转让纠纷上诉案"中,上海市第二中级人民法院认为,虽然股东对其认缴的出资享有期限利益,

---

〔1〕 参见最高人民法院民事裁定书,(2020)最高法民申2285号;最高人民法院民事判决书,(2019)最高法民终230号;四川省高级人民法院民事判决书,(2020)川民再148号;湖南省高级人民法院民事判决书,(2019)湘民终723号;贵州省高级人民法院民事判决书,(2020)黔民终561号;广东省高级人民法院民事判决书,(2018)粤民终690号。

〔2〕 参见最高人民法院民事判决书,(2019)最高法民再104号。

〔3〕 参见河南省高级人民法院民事判决书,(2016)豫民终739号;山东省高级人民法院民事判决书,(2018)鲁民初98号;广东省高级人民法院民事裁定书,(2019)粤民申12286号;广东省高级人民法院民事判决书,(2020)粤民再254号;四川省高级人民法院民事判决书,(2016)川民再232号;四川省高级人民法院民事裁定书,(2018)川民申5155号。

但注册资本认缴制绝非免除认缴股东的出资义务,认缴股东享有期限利益的同时应对其认缴出资承担财产担保责任;公司债权人对公司股东已认缴出资所对应的公司偿债能力产生合理信赖和可预见的期待,股权转让的交易自由不得动摇法定的公司资本充实基础,不得损害公司债权人的合法利益;在受让人未按期缴纳出资的情况下,出让股东仍应对其原认缴的出资承担财产担保责任。[1]

《公司法修订审议稿》第 88 条第 1 款规定:"股东转让已认缴出资但未届缴资期限的股权的,由受让人承担缴纳该出资的义务;受让人未按期足额缴纳出资的,转让人对受让人未按期缴纳的出资承担补充责任。"如果该审议稿通过立法机关的审议成为法律,那么根据该规定,在公司不能清偿到期债务的情形下,公司债权人也应有权要求转让人在受让人未能缴纳出资的范围内承担补充赔偿责任。

鉴于法律和司法实践可能要求卖方在股权转让后对公司或公司债权人承担补充责任,为避免因股权转让后的补充责任承担而遭受损失,卖方可以考虑与买方协商下列风险控制方案:(1)在股权转让前及时或提前完成出资,并通过股权转让价款从买方收回其出资款;(2)在股权转让前办理公司的减资手续,确保卖方在股权转让时已经缴纳其认缴的所有出资;(3)要求买方对其出资义务的履行向卖方提供担保,确保买方履行出资义务;(4)在股权转让协议中明确约定卖方在承担补充责任后对买方的追偿权,以及买方对卖方的赔偿责任。

(二)股东在未履行到期出资义务时转让股权的出资责任和补充赔偿责任

对于股东未履行出资义务即转让股权的责任承担,《公司法司法解释(三)》第 13 条和第 18 条分别从公司和公司的债权人角度作了规定。即有限责任公司的股东未履行或者未全面履行出资义务即转让股权,如果受让人对此知道或者应当知道,公司有权请求该股东履行出资义务,并请求受让人对此承担连带责任;公司债权人也有权请求该股东在未出资本息范围内对公司债务不能清偿的部分承担补充赔偿责任,并有权请求受让人对此承担连带责任;除非双方另有约定,受让人承担责任后,有权向未履行或者未全面履行出资义务的股东追偿。

---

〔1〕 参见上海市第二中级人民法院民事判决书,(2018)沪 02 民终 9359 号。

《公司法司法解释(三)》没有明确“股东未履行或者未全面履行出资义务”是否指出资期限已届满但尚未履行的出资义务。在认缴制下,股东对其认缴出资享有的期限利益属于法律保护的合法利益,是股东权利和公司意思自治的体现。根据该制度,出资期限届满前,股东原则上没有对公司履行出资的义务。《九民纪要》对此作了明确规定。[1] 因此,上述《公司法司法解释(三)》规定的“未履行或者未全面履行出资义务”应为出资期限已届满但尚未履行的出资义务。也就是说,即便股东已经将股权转让给受让人,但是对于其在股权转让时逾期未履行的与转让的股权相关的出资义务,相关方有权或应按照下列规定主张权利和承担责任:(1)公司有权请求该股东继续履行出资义务,公司债权人也有权请求该股东在未出资本息范围内对公司债务不能清偿的部分承担补充赔偿责任;(2)如果受让人知道或者应当知道股东有与转让股权相关的逾期未履行的出资义务,公司和公司债权人均有权请求受让人对此承担连带责任;(3)受让人承担责任后,有权向该股东追偿,除非双方另有约定。《公司法修订审议稿》也有类似规定。[2]

对于卖方在股权转让时逾期未履行的出资义务,《公司法司法解释(三)》要求买方承担连带责任的前提是买方知道或者应当知道卖方逾期未出资的事实。由于该出资义务的履行届满时间在股权转让之前,该义务不应被视为随着股权自动转让给买方,卖方应是逾期未出资的第一责任人。不过,既然买方在知道或应当知道该逾期未出资的事实后仍然决定从卖方处受让股权,那么要求买方承担连带责任也是对公司和公司债权人必要的保护。根据本书第一章的分析,法律在要求卖方基于诚信原则主动披露违规和违约情形的同时,也要求买方尽到审慎审查义务。基于相同的逻辑,对于卖方逾期未出资这等十分明显的违规行为,买方只要尽到审

---

〔1〕《九民纪要》第6条规定:“在注册资本认缴制下,股东依法享有期限利益。债权人以公司不能清偿到期债务为由,请求未届出资期限的股东在未出资范围内对公司不能清偿的债务承担补充赔偿责任的,人民法院不予支持。但是,下列情形除外:(1)公司作为被执行人的案件,人民法院穷尽执行措施无财产可供执行,已具备破产原因,但不申请破产的;(2)在公司债务产生后,公司股东(大)会决议或以其他方式延长股东出资期限的。”

〔2〕《公司法修订审议稿》第88条第2款规定:“未按期足额缴纳出资或者作为出资的非货币财产的实际价额显著低于所认缴的出资额的股东转让股权的,受让人知道或者应当知道存在上述情形的,在出资不足的范围内与该股东承担连带责任。”

慎义务就应该能够发现。因此，如果在买方受让股权时存在卖方逾期未出资的事实，买方对此一般应该知道，或至少应被视为“应当知道”。

法律在规定买方在承担连带责任后有权向卖方追偿的同时，也允许交易双方对此进行另行约定。就双方之间的约定而言：(1)如果双方约定卖方在转让股权时将该逾期未出资的责任一同转让给买方，那么该约定在股权转让对价中应有所体现，即股权转让对价不应包含卖方本应缴纳的出资款，买方在承担法定的连带责任后无权向卖方追偿；(2)如果买方知道卖方逾期未出资的事实，但双方对此责任的承担没有约定，或约定卖方逾期未出资的责任不随同股权一同转让给买方，那么买方在承担连带责任后应有权基于法律规定向卖方追偿；(3)如果买方有证据证明不知道卖方逾期未出资的事实，但被视为“应当知道”并据此承担连带责任，那么买方基于法律规定对卖方应同样享有追偿权。

第二节　股权转让对价和增资认购价款

股权转让对价是指在股权转让的交易中买方因受让股权应向卖方支付的股权价款，而在增资认购交易中投资人应向目标公司支付的是增资认购价款，两者的本质是相同的，均是买方为取得目标公司股权所应支付的对价。本节将分析股权转让对价和增资认购价款的定价方法和调整机制，交易双方有关价款支付时间和支付条件的约定以及所应遵守的法律规定。

一、股权转让对价和增资认购价款的定价方法

(一)股权转让对价的定价方法

无论是股权转让，还是增资认购，除法律规定的竞价交易外，拟转让的股权的价格和新增的注册资本的价格均为交易双方商谈的结果。双方有关股权价格的商谈一般基于目标公司的价值。实践中，确定目标公司价值的方法有多种，包括出资额的一定倍数、净资产的一定倍数、净利润的一定倍数、税息折旧及摊销前利润

(Earnings Before Interest, Taxes, Depreciation and Amortization, EBITDA)的一定倍数、第三方评估价等。相对于其他定价方法,专业评估机构的评估是实践中比较普遍的做法,而且也是法律规定的在收购特定目标公司时必须遵守的做法。例如,就企业国有产权的转让而言,《企业国有资产交易监督管理办法》第12条规定:“对按照有关法律法规要求必须进行资产评估的产权转让事项,转让方应当委托具有相应资质的评估机构对转让标的进行资产评估,产权转让价格应以经核准或备案的评估结果为基础确定。”另外,企业国有产权转让首次正式披露的转让底价不得低于经核准或备案的转让标的评估结果;如果信息披露期满未征集到意向受让方的,可以降低转让底价,但新的转让底价低于评估结果的90%时,应当经转让行为批准单位书面同意。[1] 另外,根据《商务部外资并购规定》第14条之规定,外资并购境内企业时,并购当事人应以资产评估机构对拟转让的股权价值或拟出售资产的评估结果作为确定交易价格的依据。实践中,并购项目涉及的其他政府监管部门(如主管税务机关、外汇主管部门授权的商业银行等)也可能根据其内部操作规程在审查或汇付交易价款时要求交易方提交专业评估机构出具的评估报告。专业评估机构的评估也有可能是交易方的内部要求,即根据交易方的内部规定,项目组或经理提请董事会审议并购交易时或董事会提请股东会审议并购交易时必须提交专业评估机构出具的评估报告。对于法律没有要求必须进行评估的并购项目,交易双方可以协商共同委托专业评估机构对目标公司进行评估。

很难简单评价不同估值方法的优缺点。实践中,不同的估值方法适合于不同业务领域和类型的目标公司。例如,一般来说,缺乏竞争性业务的重资产企业的价值可能主要由其拥有的资产的价值所决定,而轻资产企业的价值则主要由其业务规模和利润率所决定。因此,交易双方应根据目标公司的具体情况选择合适的估值方法。在大型或较为复杂的并购项目中,交易双方都可能聘请投资银行或财务顾问就目标公司的估值和定价方法提供专业意见。另外,上述不同估值或定价方法相互之间并不排斥,交易双方可能同时参考使用两种或两种以上不同的方法。例如,除涉及企业国有产权的转让外,交易双方可能参考第三方对目标公司的评估

---

[1] 参见《企业国有资产交易监督管理办法》第17条、第18条。

值并结合目标公司的 EBITDA 商谈确定股权转让对价,也有可能基于其他方法在初步商定股权转让对价后,再由专业评估机构对目标公司进行评估。在确定目标公司的价值后,股权转让对价将按照拟转让的股权占目标公司注册资本的比例确定。

(二)增资认购价款的定价方法

在增资认购的交易中,目标公司的价值一般不等同于其注册资本,投资人认购公司的增资也不同于股东在公司设立时认缴公司的注册资本。《商务部外资并购规定》第 18 条第 2 款规定:“外国投资者认购境内有限责任公司增资的,并购后所设外商投资企业的注册资本为原境内公司注册资本与增资额之和。外国投资者与被并购境内公司原其他股东,在境内公司资产评估的基础上,确定各自在外商投资企业注册资本中的出资比例。”参照这一规定,投资人通过增资认购取得公司新增注册资本的认购价格应当按照下列公式确定:

> 假设:公司现有注册资本为 A1,评估价值为 B1,现有股东持有公司 100% 股权,公司增资后的注册资本为 A2,公司的增资全部由投资人认购,那么投资人的认购价款为(A2 - A1)× B1 ÷ A1。其中 A2 - A1 为新增注册资本,新增注册资本之外的认购价款为投资人支付的公司的资本公积金。

需要注意的是,上述公式主要适用于公司价值大于公司注册资本的情形。在公司经营亏损严重、公司价值低于注册资本时,公司在增资前一般需要通过减资程序将公司的注册资本减到与公司价值相同的数额,然后再由投资人按照公司价值认购公司的增资。例如,公司的实缴注册资本为 1000 万元,交易双方基于评估报告共同接受的公司价值为 900 万元,公司应先将注册资本减为 900 万元,然后再由投资人认购公司的增资。在此情形下,投资人的认购价款与公司在增资前的 900 万元注册资本之和应为公司增资后的注册资本,投资人取得的股权比例为认购价款占公司增资后的注册资本的比例。如果投资人支付的认购价款为 900 万元,那么增资后投资人与原股东将各自持有公司50%股权。

除上述方案外,交易双方也可以通过先转股、后增资的方案完成并购交易。具体来说,在上述公司实缴注册资本为1000万元,而实际价值为900万元的情形下,假如交易双方约定公司增资后各自持有公司50%股权,那么现有股东先按450万元的股权转让对价向投资人转让50%股权,然后双方再按照同等比例和价格共同参与公司的增资。实践中,股权转让和增资认购可以同步进行。

二、股权转让对价的调整机制

股权转让对价一般都有一个从初步确定到最终调整的过程。交易双方大多参照目标公司在某个基准日的评估报告或资产负债表商谈股权转让对价,该基准日应是某个公历月的最后一天。目标公司在交割前一直处于卖方控制之下,并一直从事生产经营活动。因此,在基准日至交割日这段时间内,目标公司的现金、原材料和制成品的库存、应收账款、债权债务等一直处于变动中,目标公司在基准日的价值不能代表其在交割日的价值。严格来说,目标公司在基准日至交割日期间的所有收入和损失都应归属卖方,这就要求交易双方在交割后按照“零现金和零负债”(又称“净现金和净负债”)的原则调整双方最初确定的股权转让对价。目标公司在基准日的资产负债表一般作为股权转让协议的附件,交割日后目标公司应该编制目标公司在交割前一日(一般是某个公历月的最后一天)的资产负债表。交易双方可以基于对两个不同日期的资产负债表的比较,确定目标公司在基准日至交割日这段时间内的现金、原材料和制成品的库存、应收账款、债权债务等的变动情况。其中,现金、应收账款、库存和债权等增加的部分应按照转让的股权占目标公司注册资本的比例加到股权转让对价中,负债增加的部分应按照相同的比例从股权转让对价中扣除。股权转让协议应约定资产负债表中“现金”的范围和表现形式(如目标公司银行账户内的现金、库存和应收账款等)、“负债”的范围和表现形式(如目标公司应缴未缴的税费、对第三方的应付款、罚款、罚金、滞纳金以及违约赔偿金等),以及库存中原材料和制成品的有效期和数量限制以及盘点安排等。除此之外,股权转让对价的调整还涉及以下事项。

第一,在交割前发生的应加和应减款项应由交易双方在交割后基于双方约定的价格调整机制集中调整。交割后发生的应由卖方承担的费用或成本，包括卖方应向买方支付的赔偿款，不属于股权转让对价的调整项，不应从股权转让对价中扣除。双方可以在股权转让协议中约定“抵销条款”，授权买方在卖方因违反股权转让协议而需向买方承担赔偿责任时书面通知卖方，将该等违约金或赔偿款从应付的股权转让对价中直接抵销。但是，根据税法的相关规定，该等抵销不应减免卖方根据法律就股权转让对价所应缴纳的税费。

第二，基于正常逻辑，买方不应享受和承担目标公司在交割前的营运收入和损失，也无权享受目标公司在交割前的未分配利润。但是，这不妨碍交易双方对目标公司历史期间未分配利润另行约定。例如，双方可以约定，卖方放弃目标公司在交割前的未分配利润，将目标公司与拟转让股权相对应的未分配利润与股权一同转让给买方。相关约定事实上将目标公司与拟转让股权相对应的未分配利润作为股权转让对价的一部分。法律不禁止交易双方的约定，但是从税法角度看，相关约定可能会增加卖方的税务负担。根据《企业所得税法》第26条之规定，如果卖方从目标公司取得的投资收益属于“符合条件的居民企业之间的股息、红利等权益性投资收益”，那么该等收益可以享受免税待遇。[1] 如果买方以股权转让对价的形式向卖方支付该等未分配利润，除非股权转让对价低于卖方投资相关股权的历史性成本，否则卖方就该部分未分配利润取得的股权转让收入属于应税所得，应按照相应的所得税税率缴纳所得税。[2]

第三，《企业国有资产交易监督管理办法》第23条规定：“受让方确定后，转让方与受让方应当签订产权交易合同，交易双方不得以交易期间企业经营性损益等理由对已达成的交易条件和交易价格进行调整。”因此，在涉及企业国有产权转让的并购交易中，法律对股权转让对价的调整有严格限制，违反该等规定的约定可能无效或无法实际履行。

---

〔1〕 根据《企业所得税法实施条例》第83条的规定，《企业所得税法》第26条第2项所称“符合条件的居民企业之间的股息、红利等权益性投资收益”，是指居民企业直接投资于其他居民企业取得的投资收益。

〔2〕 参见《国家税务总局关于贯彻落实企业所得税法若干税收问题的通知》（国税函〔2010〕79号）第3条。

为防止交易双方对目标公司在交割前一日的资产负债表产生不同理解,股权转让协议应明确目标公司在编制交割前一日的资产负债表时所应遵循的会计准则和交易双方的特别约定。协议还应约定在双方持不同意见并在约定的时间内无法达成共识时的解决方案。例如,股权转让协议可以事先约定,在双方对目标公司编制的交割前一日的资产负债表持有不同意见时,如果双方在任何一方提出异议后的约定期限内无法对此达成共识,任何一方有权聘请股权转让协议约定的会计师事务所,由该专业机构基于会计准则和股权转让协议的约定审查并调整资产负债表,并确定调整后的股权转让对价。协议还可以明确约定交易双方都应无条件接受该专业机构调整后的股权转让对价。所有这些约定的目的是避免双方因技术性分歧而在交割后无法最终确定股权转让对价。对于卖方来说,这些约定也有利于双方尽快解决技术性分歧,保证买方及时按照协议的约定支付股权转让对价。

上述价格调整方法同样适用于增资认购的交易,即目标公司在从基准日至交割日期间的营运收入和损失均归属于目标公司现有股东,投资人不应享受和承担目标公司在交割前的营运收入和损失。因此,投资人和目标公司也应基于上面的股权对价调整原则,调整投资人的增资认购价款。

三、影响付款时间的法律规定

股权转让对价的支付对交易双方来说都很重要。对于卖方来说,股权转让对价的支付是其实现合同目的的表现,故卖方大多希望买方尽快支付股权转让对价。买方的合同目的是按照约定的条件取得受让的股权,因此买方大多希望在其实现合同目的后或至少在基本保证其实现合同目的后向卖方支付股权转让对价。如何平衡交易双方对付款时间的不同诉求不仅取决于双方的谈判力,也取决于法律的限制性规定。

(一)影响付款时间的税法规定

税法对于股权转让对价的纳税方式和时间根据卖方的不同身份而有不同规定。如果卖方为居民企业,卖方的企业所得税应纳税额的计算以权责发生制为原则,除非税法另有规定,否则计入收入的纳税年度应以确认收入的时间为标准,而不以实际取得收入的时间为准。居民企业的企业所得税按纳税年度计算，确认收入时并非立刻纳税。根据《国家税务总局关于贯彻落实企业所得税法若干税收问题的通知》（国税函〔2010〕79 号）第 3 条的规定，企业转让股权应于转让协议生效且完成股权变更手续时确认收入的实现。即便交易双方约定跨越数个纳税年度分期付款，纳税人仍应在确认收入的当年一次性计算全部所得额，而不应在实际取得收入的每个年度分别计算当年的所得额。因此，卖方为居民企业时，卖方的纳税时间与买方的付款时间没有直接关系，交易双方可以自由约定：买方或在完成股权变更登记手续之前付款，或在完成股权变更登记手续之后付款；买方或一次性付款或分期付款。

但是，如果卖方为个人或非居民企业，股权转让对价的支付时间直接影响代扣代缴义务的发生时间。具体来说，第一，如果卖方为非居民企业，根据《企业所得税法》第 37 条的规定，对在中国境内未设立机构、场所，或者虽设立机构、场所，但取得的所得与其所设机构、场所没有实际联系的非居民企业源于中国境内的所得应缴纳的所得税，实行源泉扣缴，以支付人为扣缴义务人。《关于非居民企业所得税源泉扣缴有关问题的公告》第 7 条第 3 款规定："非居民企业采取分期收款方式取得应源泉扣缴所得税的同一项转让财产所得的，其分期收取的款项可先视为收回以前投资财产的成本，待成本全部收回后，再计算并扣缴应扣税款。"因此，对于超出成本之外的对价，扣缴义务发生之日为相关款项实际支付或者到期应支付之日，扣缴义务人应当自扣缴义务发生之日起 7 日内向扣缴义务人所在地税务主管机关申报和解缴代扣税款。〔1〕 也就是说，如果卖方为非居民企业，交易双方对超出成本之外的对价的付款时间的约定将直接决定代扣代缴义务的发生时间，支付时间越早，税款的代扣和解缴时间也就越早。考虑到实践中申请退还税款的复杂性，〔2〕如果买方在交割前付款，交易双方应考虑在交割前停止并购交易可能对代扣代缴税

〔1〕 参见《关于非居民企业所得税源泉扣缴有关问题的公告》第 7 条。

〔2〕 《税收征收管理法》第 51 条规定："纳税人超过应纳税额缴纳的税款，税务机关发现后应当立即退还；纳税人自结算缴纳税款之日起三年内发现的，可以向税务机关要求退还多缴的税款并加算银行同期存款利息，税务机关及时查实后应当立即退还；涉及从国库中退库的，依照法律、行政法规有关国库管理的规定退还。"

款的影响。

第二，如果卖方为个人，支付所得的单位或者个人为扣缴义务人。根据《个人所得税法》第 12 条和第 14 条以及《个人所得税法实施条例》第 24 条的规定，纳税人取得股权转让所得，应按次计算个人所得税，由扣缴义务人按次代扣代缴税款；买方在向卖方个人支付应税款项时应代扣税款，并在次月 15 日内缴入国库。就任何一次特定的并购交易而言，即便双方约定分期付款，实践中，买方应在第一笔款项支付时按照全额申报缴纳个人所得税。[1] 另外，《个人所得税法》第 15 条第 2 款规定："个人转让股权办理变更登记的，市场主体登记机关应当查验与该股权交易相关的个人所得税的完税凭证。"根据该条规定，目标公司只能在扣缴义务人或纳税人完税之后方可在公司登记机关办理股权转让的变更登记，或者说个人所得税税款必须在股权转让变更登记之前入库。

（二）影响付款时间的外汇监管规定

无论是外国投资者以增资认购的形式或以股权转让的形式取得中国境内企业的股权，还是中国投资者收购外商投资企业的外方股权，通常都会涉及股权转让对价和增资款的跨境支付，而跨境支付往往以外汇支付。区别于境内企业之间可以相对自由地使用人民币直接支付价款，根据《外汇管理条例》的规定，外汇支付必须通过外汇账户办理，[2] 而办理外汇登记则是开立外汇账户的必要条件，即办理外汇登记和开立外汇账户是支付和收取外汇价款的必要条件。自 2012 年 12 月 17 日起，国家外汇管理局取消了境内直接投资项下外汇账户开立及入账等核准手续，改由银行根据国家外汇管理局相关业务系统登记信息直接办理相关手续；自 2015 年 6 月 1 日起，境内直接投资项下外汇登记也全部改由银行直接审核办理，国家外汇

〔1〕 例如，深圳市税务局在其官方网站的解答中认为，股权转让款分期支付的，应在第一笔款项支付时按照全额申报缴纳个人所得税。参见《自然人股东转让股权，股权转让款分期支付，应如何缴纳个人所得税?》，载国家税务总局深圳市税务局网 2021 年 12 月 6 日，https://shenzhen.chinatax.gov.cn/nsrxt/article/2147.html? eqid = b6d63c5400021bb600000003645c3b21。

〔2〕 《外汇管理条例》第 7 条第 1 款规定，经营外汇业务的金融机构应当按照国务院外汇管理部门的规定为客户开立外汇账户，并通过外汇账户办理外汇业务。

管理局及其分支机构通过银行对直接投资外汇登记实施间接监管。[1] 下面笔者举例说明外汇监管规定对跨境支付的影响。

第一,在买方为外国投资者时,买方通常以外汇支付股权转让对价,卖方应在银行依法开立资产变现账户用于接收买方支付的股权转让价款。根据现行有效的外汇管理规定,卖方开立资产变现账户以目标公司就股权转让办理外汇登记(变更登记)并取得业务登记凭证为前提,而目标公司的外汇登记(变更登记)和业务登记凭证的取得又以目标公司就股权转让办理公司变更登记为前提。由此可见,在目标公司就股权转让办理公司变更登记前,卖方无法开立资产变现账户,买方也无法向卖方支付任何股权转让价款。

第二,在卖方为外国投资者时,即在中国投资者收购外商投资企业的外方(不包括外商投资性公司)股权时,中国投资者需向外国投资者跨境支付股权转让对价。根据相关外汇管理规定,在中国投资者向银行申请办理购汇及对外支付手续之前,目标公司必须就股权转让在公司登记机关办理变更登记,中国投资者必须办理税务备案,且目标公司必须办理外汇变更或注销登记。因此,买方只有在目标公司办理公司变更登记等手续后方可向卖方支付股权转让对价。

第三,在外国投资者认购中国境内企业的增资时,由于目标公司在外国投资者认购增资后将变更为外商投资企业,目标公司应开立外汇资本金账户用于接收外国投资者以外汇支付的增资款。开立外汇资本金账户的前提是目标公司先办理公司变更登记和外汇登记,外国投资者在目标公司办理完该等手续之前无法支付增资款。

(三)法律有关付款时间的强制性规定

法律对特定类型并购交易中股权转让对价的支付时间有强制性规定。例如,就企业国有产权转让而言,《企业国有资产交易监督管理办法》第 28 条规定:“交易

〔1〕 参见《国家外汇管理局关于进一步改进和调整直接投资外汇管理政策的通知》(汇发〔2012〕59 号)和《国家外汇管理局关于进一步简化和改进直接投资外汇管理政策的通知》(汇发〔2015〕13 号)等规定。

价款原则上应当自合同生效之日起5个工作日内一次付清。金额较大、一次付清确有困难的,可以采取分期付款方式。采用分期付款方式的,首期付款不得低于总价款的30%,并在合同生效之日起5个工作日内支付;其余款项应当提供转让方认可的合法有效担保,并按同期银行贷款利率支付延期付款期间的利息,付款期限不得超过1年。"对于外资并购境内企业的并购交易,《商务部外资并购规定》第16条第1款规定:"外国投资者并购境内企业设立外商投资企业,外国投资者应自外商投资企业营业执照颁发之日起3个月内向转让股权的股东,或出售资产的境内企业支付全部对价。对特殊情况需要延长者,经审批机关批准后,应自外商投资企业营业执照颁发之日起6个月内支付全部对价的60%以上,1年内付清全部对价,并按实际缴付的出资比例分配收益。"需要注意的是,国家已经废止外资并购的审批制度,《商务部外资并购规定》的上述规定与《外商投资法》规定的外商投资国民待遇的原则存在冲突,实践中应该不再执行。

四、约定的付款时间和付款条件

交易双方有关股权转让对价的约定既可以包括付款时间,也可以包括付款条件。但是,交易双方有关付款时间和付款条件的约定不应违反法律规定。例如,就企业国有产权的转让来说,买方应该在目标公司办理公司变更登记之后的法定期限内支付股权转让对价;在并购交易涉及跨境支付时,买方也只能在目标公司办理公司变更登记之后支付股权转让对价或增资款;在交易双方均为中国投资者,且目标公司不涉及企业国有产权时,法律对买方的付款时间和条件没有严格限制。实践中,交易双方对付款时间的要求各不相同:买方一般希望在目标公司办理公司变更登记后,并在双方对股权转让对价调整后分期或一次性付款,卖方通常希望买方在目标公司办理公司变更登记前至少支付部分股权转让对价,将剩余价款留到股权对价调整后支付。交易双方可以根据并购交易的具体情况以及卖方有关付款诉求的具体原因商讨付款方式和时间。

第一,如果卖方要求提前付款的原因是担心买方的付款能力或付款意愿,交易双方可以通过银行监管账户的方式平衡双方的不同诉求,即交易双方与监管银行签署监管协议,由买方将全部或部分股权对价先行存放到监管账户内,在股权协议约定的付款条件满足后,由监管银行将股权转让对价从监管账户转入卖方的指定账户。监管账户在一定程度上能够减轻卖方对买方付款能力或付款意愿的担心,也能够兼顾买方对并购交易的交割能否顺利进行的顾虑。

第二,如果卖方要求提前付款的原因是卖方资金周转困难,并且买方有意帮助卖方解决资金周转困难,交易双方则应根据税法和外汇监管的相关规定,商谈买方是否可以在目标公司办理公司变更登记前支付部分价款。如果根据相关法律规定,买方只能在目标公司办理公司变更登记后付款,或买方在支付对价时必须及时履行代扣代缴卖方所得税的义务,那么双方可以商讨由买方或买方的关联方以“诚意金”的形式先行支付部分款项,但诚意金应在买方支付股权转让对价时原路退还。如果法律对付款时间没有限制,并且买方的付款时间也不会导致有关卖方所得税的缴纳义务或代扣代缴义务的提前发生,那么双方可以约定由买方在股权协议签署并生效后分期支付对价。

在股权协议同时约定付款时间和付款条件时,即便付款期限已经届满,但如果双方约定的付款条件没有成就,买方仍然没有付款义务。约定支付条件的目的无疑有利于买方防范卖方违约的风险;但是,卖方一般不会接受太多或太严厉的付款条件。如果股权协议概括性要求卖方在买方付款前没有违反股权协议(包括卖方的陈述和保证),卖方可能担心该条款授予买方过多的延期付款理由。交易各方需要根据并购交易的具体情况就付款的前提条件逐一分析和讨论,做到抓大放小,兼顾双方的利益和关注点。例如,股权协议可以按照卖方陈述和保证的事项对并购交易和目标公司的不同影响将其中的某些事项定义为“重大事项”,同时将卖方对有关“重大事项”的陈述和保证的违反视为“重大违约”,再将卖方没有发生“重大违约”作为买方付款的前提条件。股权协议可以同时约定:如双方约定的付款条件未能满足,买方有权相应延长付款期限直至付款条件全部满足;买方有权书面通知卖方放弃全部或部分付款条件,但买方对付款条件的放弃不应被理解为买方放弃要求卖方继续履行相关义务的权利,或买方免除卖方的违约责任。这种安排既可以保障卖方按照协议约定的付款时间及时收到股权对价和增资价款,也可以保障买方在卖方发生重大违约时通过延迟付款的手段达到及时自我救济的目的。

在分期付款时,买方每期付款的时间一般均具有阶段性,与并购交易的主要阶段相一致,如目标公司的整改重组已经完成并达到双方约定的标准,卖方已经返还或已经促使目标公司返还买方或其关联方早期提供的诚意金、贷款或委托贷款,交易各方已就股权对价的调整达成协议等。也就是说,分期付款实际上是以卖方对截至相关特定阶段的义务的履行为买方每期付款的前提条件。首期付款之后的每期付款条件除包含该阶段性义务的履行外,还应当包含之前各期的付款条件。

《民法典》第 634 条第 1 款规定:“分期付款的买受人未支付到期价款的数额达到全部价款的五分之一,经催告后在合理期限内仍未支付到期价款的,出卖人可以请求买受人支付全部价款或者解除合同。”第一章已经介绍过,对于《民法典》的这一规定是否适用于并购交易的问题,法院一般认为并购交易不宜简单适用该条规定的合同解除权。根据相关判例,如果卖方主张根据《民法典》第 634 条第 1 款解除股权转让合同,法院倾向于将买方的逾期付款与卖方合同的目的能否实现、买方是否存在根本违约等因素结合起来加以判断,而非直接适用《民法典》第 634 条第 1 款的规定。[1] 但是,对于分期付款中买方构成逾期付款或存在预期违约等情形,卖方依据《民法典》第 634 条第 1 款主张买方支付或提前支付全部股权转让价款的,法院一般予以支持。[2]

第三节 卖方的陈述和保证以及卖方的披露

关于买卖合同标的物的质量要求,《民法典》第 615 条规定,“出卖人应当按照约定的质量要求交付标的物。出卖人提供有关标的物质量说明的,交付的标的物应当符合该说明的质量要求”。参照《民法典》第 615 条的规定,股权作为交易双方之间买卖的标的物,交易双方约定其“质量”的方法应是卖方对股权本身以及股权所指向的目标公司的各方面情况进行完整的介绍和说明,卖方提供的有关股权和

---

〔1〕 参见最高人民法院民事判决书,(2018)最高法民终 874 号;吉林省高级人民法院民事判决书,(2018)吉民终 563 号。

〔2〕 参见黑龙江省高级人民法院民事判决书,(2019)黑民终 589 号;贵州省高级人民法院民事判决书,(2016)黔民终 241 号;四川省高级人民法院民事判决书,(2012)川民终字第 486 号。

目标公司的完整信息应被视为《民法典》规定的出卖人提供的有关标的物的“质量说明”。如果将目标公司的信息分为正面信息（合法、合规和无风险类的信息）和负面信息（违法、违规和有风险类的信息）两种类型，那么卖方有关目标公司正面信息的介绍和说明可以被视为卖方的陈述和保证（以下合称卖方保证），而卖方有关目标公司负面信息的介绍和说明可以被视为卖方的披露。

一、卖方的陈述和保证

（一）陈述和保证的必要性

卖方保证是指卖方在股权协议中，就转让的股权以及该股权指向的目标公司自设立之日起的投资、生产和经营活动等各方面事项向买方作出的正面的陈述和保证。实践中，卖方有时以买方已做尽职调查或目标公司已由双方指定或认可的第三方独立专业评估机构做过评估等为由拒绝向买方作任何实质性的陈述及保证。基于下列原因，卖方在并购交易中应向买方作具体、明确和全面的陈述及保证。

第一，尽职调查的局限性。不同于行政机关的执法调查或公安机关的刑事侦查，买方尽职调查的手段十分有限，可以说几乎完全依赖卖方的配合。如果卖方不充分配合和支持，不提供买方需要的资料，不正面回答买方的问题，或者提供的资料或给予的答复不真实、不全面，则买方很难全面了解目标公司的情况。特别是在目标公司成立多年或经营的业务比较复杂的情形下，买方几乎不可能在有限的时间内彻底查清目标公司过去多年的投资、生产和经营情况，包括目标公司是否存在违约和潜在或未决争议，是否存在违规行为，是否存在应申报、应缴纳而未及时申报和缴纳的税费；目标公司的账目和财务报表（包括资产负债表、利润表、现金流量表等）是否真实，是否依照中国法律和中国会计准则编制，是否真实公允地反映目标公司的资产、负债和业务状况以及目标公司的利润或亏损状况等。因此，即便买方进行了尽职调查，卖方依然应当在股权协议中对目标公司作充分的陈述和保证。

第二，资产评估的假设性。法律要求特定主体（如国有企业）的产权转让必须进行资产评估。资产评估的核心是对评估对象进行价值判断。尽管评估机构应关注被评估资产可能存在的显性和隐性瑕疵,但是查明和分析该等瑕疵,并据此判断评估对象的价值需要不同领域(如财务、税务、法律、工程、环境保护等)的专业人员的通力配合。作为资产评估的前提条件或评估机构的自我保护手段,评估报告一般分别列明产权状况描述、产权状况假设和产权状况提醒等内容。其中,产权状况假设正是因受评估条件的制约,评估机构不能完整、准确描述被评估资产的权属和状况而按照有关资产评估规则对被评估资产的产权内容、产权限制和产权瑕疵所作的假设;而产权状况提醒也是在评估机构就被评估资产存在或可能存在权利或物理瑕疵或目标公司可能存在违规问题和经营风险时所作的自我保护性提示。因此,以假设性和预先提醒为前提条件的资产评估很难全面真实反映目标公司的实际状况。在交易双方以评估机构的评估结果作为确定交易价格的依据时,卖方应当通过卖方保证和卖方披露的方式对评估报告中的产权状况描述、产权状况假设和产权状况提醒给予明确确认或否认。

第三,股权对价的虚拟性。除非交易双方事先明确约定卖方按照目标公司的现状向买方转让股权,并且买方明确放弃卖方保证和卖方披露,否则对于买方来说,交易双方商定的股权对价一般基于一种完美的虚拟假设:(1)目标公司没有任何违规问题和投资经营风险,或目标公司不存在任何一旦披露将会实质性影响买方收购股权的意愿或者实质性影响买方接受股权对价和股权协议项下条款和条件的任何事实或情形。(2)目标公司即便存在该等问题或瑕疵,也应限于卖方已经事先告知买方的问题或瑕疵,除此之外,不存在其他买方不知晓或卖方没有告知的问题或瑕疵。根据诚信交易的善意原则和等价交换原则,交易依赖的这一虚拟假设意味着卖方有义务通过卖方保证和卖方披露的方式向买方披露有关目标公司的信息,无论该等信息是正面的,还是负面的。事实上,即便交易双方同意按照目标公司的“现状”转让股权,卖方也应当向买方详细介绍何为目标公司的“现状”,而不应当在买方对目标公司毫不知情的情况下转让并由买方接受目标公司股权。

(二)陈述与保证的区别

从字面上看,卖方保证既包括陈述事项也包括保证事项。基于正常逻辑,卖方可以对目标公司在股权协议签署时或之前已经发生、未曾发生或已经存在、不存在的事项作陈述，而对于目标公司在股权协议签署后一定发生或一定不发生的事项，卖方只能向买方作保证。《民法典》第 604 条规定：“标的物毁损、灭失的风险，在标的物交付之前由出卖人承担，交付之后由买受人承担，但是法律另有规定或者当事人另有约定的除外。”基于相同的逻辑，目标公司投资、生产和经营等风险，在股权交割之前应由卖方承担，在交割之后由买方承担。目标公司在自股权协议签署日至交割这段时期内一直处于卖方的控制之下，如果只要求卖方对股权协议签署日之前的事项作陈述，买方无法合理保证在股权协议签署日至交割日这段时间内目标公司的投资、生产和经营活动不会损害买方的利益。因此，买方不仅有权要求卖方就目标公司自成立日至股权协议签署日期间的所有事项作陈述，而且有权要求卖方就目标公司自股权协议签署日至交割日期间的所有事项作保证。

卖方的陈述内容和卖方的保证内容不仅在时间上有区别，而且买方在卖方违反相关陈述和保证时可以采取的法律救济的手段也不同。严格来说，卖方违反保证类的事项（有关目标公司自股权协议签署日至交割日期间的保证内容）应该属于一种违约行为，而卖方违反陈述类的事项（有关目标公司自成立日至股权协议签署日期间的陈述内容）则可能同时构成欺诈和违约。《民法典》第 148 条规定：“一方以欺诈手段，使对方在违背真实意思的情况下实施的民事法律行为，受欺诈方有权请求人民法院或者仲裁机构予以撤销。”根据《民法典总则编司法解释》第 21 条之规定，故意告知虚假情况，或者负有告知义务的人故意隐瞒真实情况，致使当事人基于错误认识作出意思表示的，人民法院可以认定为欺诈。在违约责任和法定责任两者竞合时，买方有权在两者之间选择。买方如果基于法律规定行使撤销权，除根据法律规定的法律救济之外，不应在请求撤销股权协议的同时要求卖方承担违约责任。同样，买方如果要求卖方根据法律规定或股权协议的约定承担违约责任，则不应同时行使撤销权。

关于撤销股权协议的法律后果，根据《民法典》第 157 条之规定，行为人因该行为取得的财产，应当予以返还；不能返还或者没有必要返还的，应当折价补偿。有过错的一方应当赔偿对方由此所受到的损失；各方都有过错的，应当各自承担相应的责任。《九民纪要》第 32 ~ 35 条对过错方的法律责任作了进一步的澄清和说明：合同被撤销时，如果仅返还财产或者折价补偿不足以弥补损失，一方还可以向有过错的另一方请求损害赔偿；损害赔偿范围的确定既要考虑当事人的过错程度，又要考虑在确定财产返还范围时已经衡量过的财产增值或者贬值等因素，以避免双重受损或者双重获利的现象发生。换言之，损害赔偿范围的确定一方面不能使当事人所承担的缔约过失责任超过合同履行利益，另一方面不能使不诚信的当事人因合同被撤销而获益。

（三）陈述和保证的范围

卖方保证的范围和具体内容一般取决于目标公司的对外投资活动和生产经营活动以及目标公司所在的业务领域。如果不考虑每个并购项目的特殊性，作为并购交易的惯例，除卖方另行书面披露的事项外，卖方保证应当包括以下各项（以目标公司和卖方均为有限责任公司为例）。

第一，有关目标公司的设立和存续事项，陈述和保证应当包括：(1)目标公司是依据中国法律正式成立并有效存续的有限责任公司。(2)目标公司在交割前的各次重组和/或变更（包括但不限于股权转让、增资和减资，以及目标公司股东对目标公司注册资本的认缴和缴付等）均符合中国法律的规定，并已根据中国法律办理了审批、登记和备案，不存在因违反中国法律而导致目标公司的设立或目标公司的重组或变更无效的情形。有关转让的股权（目标股权），陈述和保证应当包括：(1)目标公司的注册资本和实收资本、卖方认缴和实缴的出资，以及卖方认缴和实缴的出资占目标公司注册资本的比例均是真实的。(2)卖方是目标股权真实合法的所有人，卖方对目标股权的持有以及所享有的权益符合中国法律，没有违反卖方或目标公司与任何第三方的协议安排或受到任何第三人的限制。(3)目标股权不存在瑕疵、争议或权利负担，也不存在将产生该等权利负担的安排。

第二，有关卖方的签约能力，陈述和保证应当包括：(1)卖方是依据中国法律成立并有效存续的法律实体，有权签订和履行股权协议。(2)股权协议没有违反卖方或目标公司的章程和其他组织性文件以及卖方或目标公司与任何第三方的协议，也没有违反对卖方或目标公司有约束力的判决、裁定、决定、行政许可、法律规定或规范性文件。

第三，有关目标公司的账目和财务报表，陈述和保证应当包括：(1)目标公司所有截至交割日的账目和财务报表(包括审计报告、相关资产负债表、利润表、现金流量表和相关注释以及附于财务报表中的所有文件)均是依照中国法律和中国会计准则编制,真实公允地反映了目标公司在编制日的资产负债和业务状况以及截至编制日目标公司的利润或亏损。(2)目标公司的账目和财务报表不含任何误导成分,也没有实质性错误记载。(3)卖方及目标公司向买方提供的账目和财务报表是目标公司财务状况的全部记录。(4)目标公司在自股权协议附件中的资产负债表的基准日至交割日的期间内,其财务、经营和资产状况均未发生任何重大不利变化;其未曾向任何第三方(包括卖方或卖方的关联方)不合法、不合理地转移任何资产;其利润未曾因会计处理方法的改变或因非按正常商业条件订立的交易而受到影响;其业务未曾因失去任何重要客户或供应商或因任何其他因素而受到重大不利影响,而且不存在可能会导致前述影响的任何事实;目标公司的负债(包括或有和预期负债)没有超过双方共同确认的数额,也没有任何新的对外担保。

第四,有关目标公司的合规及行政许可事项,陈述和保证应当包括:(1)目标公司已取得与其投资、生产和经营相关的根据中国法律规定必须具备的所有行政许可和证照,并且该等行政许可和证照完全有效,不存在被撤销、吊销或失效的情形。(2)目标公司一直依法从事投资、生产和经营活动,不存在针对目标公司的行政或司法调查。(3)卖方、目标公司及其各自的董事、监事、高级管理人员及其他员工未曾因目标公司投资、生产和经营业务或与目标公司有关的任何其他事宜自行或代表目标公司向他人(包括但不限于国家机关、国有公司、企业、事业单位、人民团体及其工作人员)行贿、接受他人任何财物或其他利益或者违反与反腐败相关的任何中国法律。

第五,有关第三人索赔,陈述和保证应当包括:(1)未曾有任何人向目标公司提出过损害赔偿或其他索赔要求。(2)目标公司没有(无论是以原告、被告、申请人、被申请人还是以其他当事人身份)参与任何尚未了结的诉讼或仲裁案件,也不存在任何相关威胁或可能要发生的针对目标公司的诉讼或仲裁案件或其他法律行动。

第六,有关员工事项,陈述和保证应当包括:(1)目标公司的员工均根据中国法律签署了劳动合同,且劳动合同的条款和条件符合中国法律。(2)目标公司未曾欠付任何员工工资(包括加班工资)、奖金和社会保险(包括但不限于养老保险、基本医疗保险、失业保险、工伤保险、生育保险)及住房公积金。(3)目标公司不存在欠缴工会经费或者工会筹备金的情形。(4)目标公司对现任或前任董事、监事或高级管理人员不存在任何实有的和或有的债务,包括但不限于任何员工持股计划等激励性安排或其他非正常奖金安排。(5)目标公司没有尚未了结的劳动争议,不存在工伤和职业病的情形,目标公司已在所有实质方面履行了根据中国法律和劳动合同对其现有员工和前员工所应承担的义务。

第七,有关合同事项,陈述和保证应当包括:(1)目标公司签署的所有合同和协议均是有效的,对有关各方均有约束力,目标公司以及其他各方均遵守了该等合同和协议。(2)目标公司没有、也未曾签署存在下列情形的合同或作过类似的承诺或安排:不属于正常业务范围;不是完全基于正常交易条件;签约时或作出承诺或安排时已知在履行完毕时目标公司很可能遭受损失;或超出目标公司或有关各方的经营范围、资质或履行能力。

第八,有关税费事项,陈述和保证应当包括:(1)目标公司一直依法申报税费,申报的内容和资料均是完整、准确和真实的。(2)目标公司已依法缴付所有应缴的税费(包括关税、增值税、所得税等),不存在尚未缴付的任何税费或与该等税费有关的滞纳金或罚款。(3)目标公司一直根据中国法律规定履行其应承担的代扣代缴义务。(4)目标公司已依法完成过去各年度的企业所得税汇算清缴,且不存在少缴、漏缴情形。(5)目标公司未曾骗取任何税收优惠待遇,或以任何其他方式违反与税收相关的法律。

第九,有关资产事项,陈述和保证应当包括:(1)目标公司的资产均为目标公司有权占有、使用、有权处分,且均为目标公司实际控制的资产,能够满足目标公司现有的生产经营需求。(2)目标公司的资产不存在任何权益负担、瑕疵或争议,也不存在可能产生该等权益负担或争议的安排和情况。(3)目标公司的应收款为日常经营业务过程中销售产品或提供服务所产生的真实有效和应得的金额。(4)目标公司的存货是合格的可销售产品,原材料和半成品处于良好形态,没有任何缺陷,所有库存均存放于目标公司可以完全控制的业务场所。

第十,有关目标公司使用的地块(目标地块),陈述和保证应当包括:(1)目标公司已就目标地块的土地使用权通过合法程序取得有效权属证书。(2)目标地块的土地使用权系国有土地使用权,由政府主管部门出让;目标地块的土地使用权的征收、出让或转让手续符合中国法律的规定,不存在因目标地块的征收、出让或转让手续不符合中国法律的规定而可能被政府主管部门要求支付罚金、返还土地使用权等情形。(3)目标公司没有违反中国法律和目标公司与政府主管部门签署的土地出让合同(包括其补充协议及其他附属协议)、投资协议及其补充协议或其他类似协议项下的义务,并且目标公司就目标地块的开发、建设和使用不存在任何可能受到政府主管部门处罚的情形。(4)目标地块的土地出让价款符合中国法律的规定,目标公司不存在因目标地块的土地出让价款违反中国法律的规定而被政府主管部门要求补缴土地出让金和/或索赔的情形。(5)目标公司已根据中国法律的规定支付目标地块的土地出让价款(包括但不限于征地和拆迁补偿费用、土地前期开发费用、土地出让收益等),并依据中国法律规定足额缴纳了应缴税费,不存在任何第三方就目标公司受让目标地块而向目标公司提出索赔的情形。(6)目标公司不存在违反政府主管部门规定的有关目标地块的土地用途和土地利用条件的情形,目标地块的占有、开发建设、使用、租赁和出售符合中国法律、与政府主管部门签署的土地使用权出让合同以及政府主管部门的其他各项要求。(7)不存在对目标地块的价值产生或可能产生重大不利影响的任何事实或情况,也不存在可能需要对目标地块的现状进行补救的任何重大缺陷。(8)目标地块(包括其下的土壤和地下水)无污染,符合中国法律规定的所有环境标准,不存在因目标公司违反与环境相关的中国法律或目标地块的任何环境污染事宜而被处以任何处罚或承担法律责任的情况。(9)所有与目标地块有关的市政配套设施、管线以及附属设施等均处于良好可用状态,目标公司作为所有有关公用设施协议的合同方不存在违反或不遵守该等协议的行为,也不存在任何可能导致该等协议提前终止的情形。(10)目标地块处于目标公司的完全占有之下,除中国法律有强制性规定外,不存在任何政府部门或第三人有权占有、使用、处分目标地块,或在目标地块上空、表面及地下布设管线、安置设施、铁路线、穿越、通行及排水等情形,或有权采取可能对目标地块的开发和使用造成不利影响的任何其他行动。

第十一,有关目标公司的房产(目标房产),陈述和保证应当包括:(1)目标公司已合法取得目标房产的有效产权证书,目标房产的用途符合法律规定。(2)不存在与目标房产相关的应付未付的税费。(3)目标房产没有任何影响其正常使用的重大缺陷,不存在地面沉降、湿腐或干腐或虫害影响的情形,也不存在对目标房产的价值产生或可能产生重大不利影响的任何事实或情况。(4)目标公司已根据中国法律取得目标房产的建设、装修、改建和扩建所需的全部行政许可和备案,并已根据中国法律取得目标房产的建设、装修、改建、扩建、占有和使用所需的所有竣工验收或备案文件。(5)目标公司已履行与目标房产相关的建设工程合同(包括但不限于建设工程勘察合同、设计合同、施工合同及监理合同)项下的相关义务,并已根据该等建设工程合同付清相关款项,且与该等建设工程合同的合同相对方之间不存在任何已发生的或潜在的纠纷。

第十二,有关目标公司的知识产权和信息技术,陈述和保证应当包括:目标公司有权使用的知识产权和信息技术(无论是否已经登记注册)完全能够满足其业务需要,目标公司合法拥有该等知识产权和信息技术,或取得了相关所有权人或权利人的书面许可和同意,目标公司对该等知识产权和信息技术的使用合法有效,不受任何非正常限制,未侵犯任何第三方的合法权益,也不存在任何争议。

第十三,有关安全生产和环境保护事项,陈述和保证应当包括:目标公司不存在违反中国法律和政府监管部门有关安全生产和环境保护的要求的任何事实或情况,没有发生过安全生产事故和环境污染,也不存在安全生产和环境保护的隐患。

交易双方可以在股权协议中进一步约定,卖方应向买方承诺:卖方的所有陈述和保证于股权协议签署日和交割日在所有方面均是真实、准确和完整的,不存在误导性,不存在导致或可能导致卖方的陈述和保证不真实或不准确的其他事实或情形,也不存在任何其他一旦披露将会实质性影响买方签署股权协议的意愿或者实质性影响买方接受股权协议条款的其他事实或情形。

二、卖方的披露

(一)卖方的披露义务

卖方披露是指卖方主动向买方披露的有关拟转让的股权以及目标公司自设立之日起的负面信息。基于其与卖方保证的关系,卖方披露可以分为“被动披露”和

"主动披露"两种。被动披露是指卖方保证的除外情形。考虑到目标公司通常不是完美无缺,买方在要求卖方作卖方保证的同时,应允许卖方披露与其陈述和保证不符的例外情形,此等例外情形即为卖方的被动披露事项。因此,卖方被动披露的信息与卖方保证的内容属于同一事项,但分属同一事项的正反面。根据正常逻辑,卖方的披露内容不应适用于卖方保证,买方不应基于卖方披露的内容主张卖方违反卖方保证。对于与卖方保证不符的事项,如果卖方在向买方作陈述和保证时不向买方及时披露,那么股权协议一经签署生效卖方就因违反卖方保证而违约。在卖方作充分、全面的陈述和保证的情形下,卖方披露的事实和事项越多,卖方保证所排除的事项也就越多,卖方违反卖方保证的风险也就越小。实践中,在卖方不愿主动披露目标公司的负面信息时,买方对卖方保证的坚持可以促使卖方被动披露与卖方保证不符的负面信息,这不仅有利于买方在正式签署股权协议前对目标公司有尽可能多的了解,还有利于双方避免或减少在签署股权协议后产生争议。

相对于被动披露,卖方的主动披露则与卖方保证没有直接联系。卖方可以对其没有作任何陈述和保证的事项的负面信息进行主动披露。例如,卖方没有对目标公司按时足额缴纳税费的事项作陈述和保证,但主动披露主管税务机关曾对目标公司进行行政处罚。严格来说,即便卖方拒绝就特定事项作陈述和保证,该等拒绝也不应阻碍卖方主动披露有关该特定事项的负面信息。

卖方的披露义务是一种法定义务。根据《民法典》第 7 条和第 500 条之规定,民事主体从事民事活动,应当遵循诚信原则,秉持诚实,恪守承诺;当事人在订立合同过程中故意隐瞒与订立合同有关的重要事实或者提供虚假情况或有其他违背诚信原则的行为,造成对方损失的,应当承担赔偿责任。无论是被动披露还是主动披露,根据诚实信用原则,卖方均有义务向买方披露有关目标公司的负面信息,特别是对买方是否收购目标公司的决定以及对包括交易价格在内的交易条件有直接影响的负面信息。买方对目标公司的尽职调查不应被视为免除卖方的披露义务,除非卖方有证据证明买方已经知悉相关信息。在"周某某与江苏火炬创业投资有限公司、江苏奥泰重工有限公司、上海精密机械制造有限公司股权转让纠纷案"中,涉案《股权投资协议书》项下卖方和目标公司的陈述和保证条款载明:"目标公司、公司原股东及实际控制人确认,未有任何未披露的可能形成在任何重大方面进行误导的信息或合理地影响买方按照本协议提供投资款和本次投资意愿的事项。”根据案件事实，卖方和目标公司等未曾披露目标公司虚假出资等事实。最高人民法院认为：尽管买方作为专业投资公司，亦应对目标公司的资产状况进行尽职调查，尽到合理审慎的注意义务，但并不能因此而免除卖方和目标公司等签约主体披露真实信息的合同义务；卖方和目标公司等隐瞒了重要事实，使买方基于错误认识签订协议进行投资，因此卖方构成欺诈于法有据，买方有权依法行使撤销权。[1] 卖方保证和卖方披露共同构成卖方对目标公司的全面介绍。如果卖方保证和卖方披露是真实、充分和完整的，且不存在误导，那么买方在签署股权协议时或在交割时对目标公司应有全面的认识和了解。实践中，也可能存在另外一种情况，即卖方没有对特定事项作陈述和保证，也没有对该特定事项的负面信息作任何披露。在此情形下，卖方虽然没有违约（违反卖方保证），但仍有可能被视为故意隐瞒真实情况，构成欺诈。

卖方披露的信息大多是有关目标公司的负面信息，而且有的负面信息比较敏感，卖方可能不适合通过股权协议或其附件等保密性不强的形式披露该等信息。实践中，卖方有时通过披露函的形式单独详细列明披露的事项和内容，披露函一般应由双方共同签字确认并保留。这一做法不仅有利于对披露事项的保密，而且可以避免交易双方对卖方披露的内容产生不同理解。

（二）卖方披露后的责任减免

卖方披露后的责任减免主要是指卖方在交割后就目标公司因其交割前的行为而在交割后遭受的损失对买方的赔偿责任的减免。卖方披露的实质是提前告知买方有关股权和目标公司的瑕疵，以确保买方在知悉目标公司的真实情况后决定是否收购以及按照什么条件和价格收购。严格来说，除非双方另有约定，否则只要卖方做到了真实且全面披露，没有隐瞒或误导买方，或有证据证明买方是在充分知悉相关事项或在卖方披露相关事项后自愿承担相关风险并决定购买股权，那么，卖方不应对该披露事项或买方已经充分知悉的事项承担责任。根据《民法典》有关买卖

[1] 参见最高人民法院民事裁定书，(2014)民申字第1184号申请。

合同的规定，出卖人就交付的标的物，负有保证第三人对该标的物不享有任何权利的义务，但是买受人订立合同时知道或者应当知道第三人对买卖的标的物享有权利的，出卖人不承担上述义务。[1] 同样，相关司法解释就卖方对卖方披露的或买方已经知悉的事项的免责亦有类似规定："买受人在缔约时知道或者应当知道标的物质量存在瑕疵，主张出卖人承担瑕疵担保责任的，人民法院不予支持，但买受人在缔约时不知道该瑕疵会导致标的物的基本效用显著降低的除外。"[2] 不难看出，法律在要求违反诚信原则的交易方承担法律责任的同时，也基于公平合理的原则减免了遵守诚信原则的交易方的法律责任。

对卖方披露后的责任减免并不意味法律强制要求买方自行承担相关损失。正确的理解应该是，法律在要求卖方基于诚信原则如实披露有关股权和目标公司的负面信息的同时，也期待或要求买方基于卖方披露在合理期限内自行维护其正当权益。双方可以通过股权协议对卖方披露和买方知晓的事项所造成损失的责任承担进行约定，从而达到保障公平交易的目的。例如，双方可以将目标公司在股权协议签署前遭受的损失从目标公司的价值中扣除，从而确保股权协议约定的股权对价反映该等损失；对于目标公司在股权协议签署后至股权交割期间遭受的损失，双方可以约定通过交割后的价格调整机制将该等损失从股权对价中扣除；对于目标公司在股权交割后因其在交割前的行为所遭受的损失，双方可以通过股权协议约定该等损失的承担主体和赔偿责任。

目标公司交割前的行为对目标公司在交割后的影响具有或然性，即目标公司交割前的违规或违约行为是否在交割后对目标公司造成损失具有不确定性。实践中，卖方可能认为，目标公司交割前的违规或违约行为是否在交割后对目标公司造成损失在很大程度上取决于目标公司管理层或控股股东对该等风险的管控以及与其他相关方（如政府监管机构）的有效沟通，而卖方在交割后退出目标公司，其指定的管理人员也可能由买方指定的管理人员替代，因此卖方可能不愿意承担该等损失。严格来说，如果股权协议对此不作明确约定，在卖方如实披露目标公司交割前

---

〔1〕 参见《民法典》第612条和第613条。

〔2〕《最高人民法院关于审理买卖合同纠纷案件适用法律问题的解释》（2020年修正）第24条。

行为的前提下，买方对目标公司在交割后因该等行为遭受的损失一般无权要求卖方承担责任。因此，从买方的角度看，股权协议需要对此作相应的合理安排。具体来说：(1)如果卖方同意对目标公司因其交割前的行为而在交割后遭受的损失向买方承担全部赔偿责任，那么股权协议可以约定：如果卖方在该协议签署日或之前已向买方书面披露了与卖方的陈述和保证不符的信息或目标公司的其他负面信息，那么买方无权基于该等披露而解除协议，但任何该等披露均不应免除或减轻卖方对买方在任何时候（包括交割日后）因该等披露事项所遭受损失的赔偿责任。(2)如果双方无法就上述协议安排达成共识，那么作为一种妥协，双方可以约定：在目标公司因卖方披露的事项所遭受的单项损失低于一定数额或总的损失低于一定数额时，卖方无须赔偿买方的损失；但在目标公司遭受的单项损失达到一定数额或总的损失达到一定数额时，卖方应当赔偿买方的损失。(3)双方也可以约定卖方的最高赔偿额，对于超出最高赔偿额的损失，卖方不再承担。在这几种安排中，卖方通常更能接受第二种和第三种协议安排，而且买方放弃要求卖方对买方遭受的损失承担全部赔偿责任，也能够鼓励卖方在签约前尽可能披露目标公司的负面信息。

第四节　交割和交割后安排

根据第一章的介绍，并购交易的交割有狭义和广义两种理解：狭义的交割是指股权转让；广义的交割是指一系列以股权转让为核心的条件、行为和安排的总称，包括股权的转让和对价的支付。在股权协议签署后，交易各方应当根据股权协议的约定履行各自的义务，促使交割的约定条件和法定条件尽快满足；在交割条件满足后，交易各方应按照约定和法律规定进行交割；在交割后，交易各方还应按照约定履行交割后的各项义务。交割日事实上就是股权转让日，在交割日之前必须完成的事项一般被视为交割的前提条件，在交割日必须完成的事项一般被统称为交割行为，在交割日之后必须完成的事项则被视为交割后的安排。交割的前提条件、交割行为和交割后的安排共同构成股权协议的一个完整整体。

一、交割的法定条件

股权能否转让以及何时转让不完全取决于交易双方的自由约定。在法律对特定行业、特定投资人或特定交易有强制性规定时，遵守这些规定是股权转让的法定条件。这些法定条件大致包括以下两种类型。

（一）股权协议已经生效

作为股权转让的合同基础，股权协议的生效是股权转让的前提条件。在股权协议生效前，卖方没有义务转让股权，买方也没有义务受让股权。《民法典》第502条第1款、第2款规定："依法成立的合同，自成立时生效，但是法律另有规定或者当事人另有约定的除外。依照法律、行政法规的规定，合同应当办理批准等手续的，依照其规定。未办理批准等手续影响合同生效的，不影响合同中履行报批等义务条款以及相关条款的效力。应当办理申请批准等手续的当事人未履行义务的，对方可以请求其承担违反该义务的责任。"《民法典》第502条属于强制性规范，当事人无权通过约定予以变更。目前，我国只在少数重点监管的行业继续实行合同生效审批制。例如：(1)在矿产资源领域，《矿产资源法》第6条规定：探矿权人在完成规定的最低勘查投入后，经依法批准，可以将探矿权转让他人。已取得采矿权的矿山企业，因企业合并、分立，与他人合资、合作经营，或者因企业资产出售以及有其他变更企业资产产权的情形而需要变更采矿权主体的，经依法批准可以将采矿权转让他人采矿。(2)在商业银行领域，《商业银行法》第28条规定："任何单位和个人购买商业银行股份总额百分之五以上的，应当事先经国务院银行业监督管理机构批准。"(3)在保险领域，根据《保险法》第84条之规定，变更出资额占有限责任公司资本总额5%以上的股东，或者变更持有股份有限公司股份5%以上的股东应当经保险监督管理机构批准。(4)在证券领域，根据《证券法》第122条之规定，变更主要股东或者公司的实际控制人应当经国务院证券监督管理机构核准。法律、行政法规没有明确规定上述批准是对项目的批准，还是对合同的批准，但主流意见认为：上述批准的对象是合同，不是项目；审批的性质属于事后审批，而非事前审批，即便是《商业银行法》第28条规定的事前审批，其本质也是对合同的事后审批。[1]

有关批准生效的合同,有4点需要注意:第一,对于法律、行政法规规定以批准为法定生效条件的合同,凡是没有经过批准的,合同均因欠缺法定生效条件而未生效。例如,在"深圳市标榜投资发展有限公司、鞍山市财政局股权转让纠纷案"中,涉案转让标的为鞍山财政局持有的鞍山银行9.9986%股权。最高人民法院认为,根据《商业银行法》等法律的相关规定,涉案合同应经有批准权的政府及金融行业监督管理部门批准方产生法律效力;涉案合同虽已成立,但因未经有权机关批准,应认定为未生效。[2]《九民纪要》第37条指出:法律、行政法规规定某类合同应当办理批准手续生效的,批准是合同的法定生效条件,未经批准的合同因欠缺法律规定的特别生效条件而未生效;未生效合同已具备合同的有效要件,对双方具有一定的拘束力,任何一方不得擅自撤回、解除、变更,但因欠缺法律、行政法规规定或当事人约定的特别生效条件,在该生效条件成就前,不能产生请求对方履行合同主要权利义务的法律效力。

第二,报批义务条款以及与报批义务相关的约定具有效力上的独立性,不受合同本身未生效的影响。除《民法典》第502条外,《九民纪要》第38条对此也有明确阐述:"须经行政机关批准的合同,对报批义务及未履行报批义务的违约责任等相关内容作出专门约定的,该约定独立生效。"根据最高人民法院民事审判第二庭的意见,即便合同没有约定报批义务,报批义务也属于基于诚信原则产生的可以独立请求的附随义务,属于合同义务的范畴,与合同的主给付义务一起构成一个义务群,并且报批义务属于能够独立诉请的附随义务,其功能在于促进主给付义务的实现。[3]

第三,关于违反报批义务的法律责任,《九民纪要》第38条规定,"一方因另一方不履行报批义务,请求解除合同并请求其承担合同约定的违约责任的,人民法院

---

〔1〕 参见最高人民法院民法典贯彻实施工作领导小组主编:《中华人民共和国民法典合同编理解与适用》,人民法院出版社2020年版,第295页。

〔2〕 参见最高人民法院民事判决书,(2016)最高法民终802号。

〔3〕 参见最高人民法院民事审判第二庭编著:《〈全国法院民商事审判工作会议纪要〉理解与适用》,人民法院出版社2019年版,第282页。

依法予以支持”。关于解除合同的条件，最高人民法院民事审判第二庭认为：“只有经催告后在合理期限内仍未履行报批义务时，另一方才能够解除合同。”〔1〕司法实践之所以对未生效合同的解除设定更为严格的条件，是因为报批义务本身具有促成合同生效的意义。根据鼓励交易原则，应尽量促成当事人履行报批义务，而不宜轻易地以报批义务人没有报批为由解除合同。关于赔偿责任，如果合同专门针对报批义务约定违约责任的，当事人在解除合同的同时可以基于约定请求报批义务人承担违约责任；反之，如果合同未专门针对报批义务约定违约责任的，当事人只能请求报批义务人承担缔约过失责任。〔2〕笔者认为，在合同没有约定报批义务时，将报批义务视为基于诚信原则所产生的可以独立请求的附随义务有一定道理。但是，附随义务不完全等同于先合同义务，先合同义务只是附随义务的一部分，是指合同成立之前的附随义务。合同成立之后双方之间不再有产生新的先合同义务的可能，报批义务是合同成立之后的附随义务。就赔偿责任而言，违反先合同义务应当承担缔约过失责任，但违反合同成立之后的附随义务应当根据合同约定或法律规定承担违约责任；如果合同没有约定与报批义务相关的违约责任，报批义务人则应当根据法律规定承担违约责任。鉴于司法实践对此认识可能不一致，并购协议应约定报批义务人违反报批义务时所应承担的法律责任。

第四，如果当事人在合同中约定以买方支付全部或者部分价款作为卖方办理报批手续的条件，则该约定作为与报批义务相关的约定，应当独立生效。但是，相关约定不应被理解为卖方在合同批准生效前即享有请求买方支付该价款的权利，而只能被理解为卖方基于该约定享有针对买方请求其履行报批义务的抗辩权。也就是说，卖方在买方支付相关价款前可以拒绝履行报批义务，但卖方在买方未依约支付价款时不能直接请求买方履行付款义务。另外，当买方经催告后在合理期限内不履行约定的付款义务时，卖方也可请求解除合同并要求赔偿损失。〔3〕

〔1〕参见最高人民法院民事审判第二庭编著：《〈全国法院民商事审判工作会议纪要〉理解与适用》，人民法院出版社2019年版，第283页。

〔2〕同上。

〔3〕参见最高人民法院民法典贯彻实施工作领导小组主编：《中华人民共和国民法典合同编理解与适用》，人民法院出版社2020年版，第305～306页。

股权协议已经生效也要求股权协议的约定不得违反法律、行政法规的效力性强制性规定，否则自始无效。例如，《外商投资法司法解释》第 3 条和第 4 条规定：外国投资者投资负面清单规定的禁止投资的领域或投资限制投资的领域并违反限制性准入特别管理措施的，投资合同无效。如果交易各方已经完成股权转让，根据《外商投资法》第 36 条之规定，有关主管部门将“责令停止投资活动，限期处分股份、资产或者采取其他必要措施，恢复到实施投资前的状态”。需要注意的是，根据《九民纪要》第 31 条的规定：“违反规章一般情况下不影响合同效力，但该规章的内容涉及金融安全、市场秩序、国家宏观政策等公序良俗的，应当认定合同无效。”最高人民法院民事审判第二庭对“公序良俗”作出了进一步解释：分析和判定违反规章的合同的效力问题主要是关注其在违反规章的同时是否违背了公序良俗。一般来说，违反党中央政策、国家政策的合同可以被认定为违反公序良俗；而违反部门政策、地方政策的合同，一般不宜以违背善良风俗为由认定为无效。[1]

与合同审批不同，政府监管部门对投资项目的监管措施一般不影响股权协议的效力。根据国家发改委 2023 年修订的《企业投资项目核准和备案管理办法》的规定，公司并购如导致目标公司取得项目核准文件的投资项目发生需要提出变更申请的变化，目标公司应当及时以书面形式向原项目核准机关提出变更申请；[2] 对于备案的项目，项目备案后，如果“项目法人”发生变化或相关备案内容发生重大变更，或者放弃项目建设的，目标公司应当通过在线平台及时告知项目备案机关，并修改相关信息。[3] 在外资并购境内企业时，根据国家发改委制定的《外商投资项目核准和备案管理办法》(2014 年修正)第 21 条之规定，经核准或备案的项目如投资方或股权发生变化的，目标公司需向原批准机关申请变更。笔者认为，这些备案、核准和变更等程序性规定不涉及股权协议的效力，而是政府监管部门监管目标公司投资项目的具体措施。

---

[1] 参见最高人民法院民事审判第二庭编著：《〈全国法院民商事审判工作会议纪要〉理解与适用》，人民法院出版社 2019 年版，第 252～258 页。

[2] 参见《企业投资项目核准和备案管理办法》第 37 条。

[3] 参见《企业投资项目核准和备案管理办法》第 43 条。

(二)并购交易已通过政府主管部门的审查

对于有可能影响市场竞争和国家安全的并购交易,法律要求股权转让前必须办理经营者集中审查和国家安全审查。例如,《反垄断法》第 26 条和第 34 条规定:经营者集中达到国务院规定的申报标准的,经营者应当事先向国务院反垄断执法机构申报,未申报的不得实施集中;经营者集中具有或者可能具有排除、限制竞争效果的,国务院反垄断执法机构应当作出禁止经营者集中的决定。关于国家安全审查,《外商投资安全审查办法》第 8 条和第 12 条规定:外商投资安全审查期间,当事人不得实施投资;对申报的外商投资作出禁止投资决定的,当事人不得实施投资,已经实施的,应当限期处分股权或者资产以及采取其他必要措施,恢复到投资实施前的状态,消除对国家安全的影响。由此可见,虽然经营者集中审查和国家安全审查不直接涉及并购协议的效力,但是,如果相关审查部门基于审查禁止经营者集中或禁止投资,交易双方不应也无法办理股权转让,否则将因违法转让股权而受到处罚。

二、交割的约定条件

法律、行政法规在对特定并购项目的股权转让设定法定条件的同时并不禁止交易双方约定其他条件。一般而言,除了交易双方根据并购项目的商务安排认为必要的条件外,约定条件还应包括以下在通常情形下较为普遍适用的条件。

(一)目标公司整改重组的完成

如果交易各方将部分整改重组的完成作为股权转让的前提条件,买方应根据约定的标准核实履行情况,并根据核实结果决定是否同意交割。如果卖方未能完全履行相关义务,买方可以根据股权协议的约定选择附条件豁免卖方的义务或决定延迟股权转让直至卖方完全履行相关义务。股权转让意味着买方将成为目标公司股东,卖方或目标公司即将收到买方支付的股权转让对价或增资价款,因此,实践中交易各方往往都希望尽快完成交割。但是,作为买方的必要风险防范措施,双方应在股权协议中明确约定,买方的豁免或股权的转让不应被视为免除卖方或目标公司因交割条件未满足而可能产生的损失赔偿责任。

（二）双方均未违约

对于交易双方来说，股权转让既可以理解为一种权利，也可以理解为一种义务。例如，对于卖方而言，股权转让通常应被视为其义务，但是如果根据股权协议的约定，买方只有在股权转让后才应支付股权转让对价，那么及时完成股权转让可能是卖方追求的行为。同样，虽然从一般意义上说，股权转让应被视为买方的权利，但是如果卖方违反股权协议，特别是违反其在股权协议项下的陈述和保证，导致买方在股权转让后可能承担较大的风险时，买方可能不希望受让股权。作为双务有偿合同，如果一方有到期未履行的义务，另一方则有权拒绝履行在该义务之后的义务。《民法典》第526规定："当事人互负债务，有先后履行顺序，应当先履行债务一方未履行的，后履行一方有权拒绝其履行请求。先履行一方履行债务不符合约定的，后履行一方有权拒绝其相应的履行请求。"

作为交割的约定条件，一方义务的履行可能即另一方的交割条件。一般来说，买方在股权协议项下的主要义务是支付股权转让对价；如果股权协议约定买方应当在股权转让前支付部分股权转让对价，那么对于卖方来说，买方对该项付款义务的履行应是股权转让的前提条件。与买方的义务相比，卖方的义务较多，除目标公司的整改重组之外，还包括卖方和目标公司在自股权协议签署日至交割日整个过渡期内对股权协议的遵守，包括卖方根据双方约定应取得的相关第三方对股权转让的同意函，以及卖方对股权协议项下的陈述和保证的遵守等。如果卖方实质性违反股权协议（包括双方有关过渡期的安排和卖方保证），未能取得相关第三方同意股权转让的确认函，或卖方在股权协议签署后和股权转让前主动向买方披露了与卖方保证不符的事项，交易双方应基于善意进行磋商。在通常情形下，买方将根据卖方违约对股权转让的具体影响决定是否进行交割：如果卖方的违约对股权转让造成实质性影响，买方可能拒绝交割并解除股权协议；如果卖方的违约对股权转让没有实质性影响，买方可能基于双方的补充约定同意附条件交割。所附的条件一般包括调整股权转让对价，要求卖方在股权转让后纠正违约事项或在股权转让后继续履行没有按照约定履行的义务，或在卖方纠正违约或履行相关义务之前延期支付股权转让对价或保留部分股权转让对价等。

三、交割日的确定

对于新设公司而言，发起人自公司营业执照签发日成为公司股东。《公司法》第7条规定："依法设立的公司，由公司登记机关发给公司营业执照。公司营业执照签发日期为公司成立日期。"但是，《公司法》对于并购交易中买方自何日起成为目标公司的股东没有明确规定。有的法院认为应首先根据股权转让双方的意思表示和履行行为来判断股权转让的日期，在股权转让合同没有约定或根据双方履行行为无法判断的情形下，再根据公司内部的股东名册变更日判断股权转让日期。[1]《九民纪要》第8条规定："当事人之间转让有限责任公司股权，受让人以其姓名或者名称已记载于股东名册为由主张其已经取得股权的，人民法院依法予以支持，但法律、行政法规规定应当办理批准手续生效的股权转让除外。"根据最高人民法院民事审判第二庭的意见，"股东名册记载确定股权的归属，变更股东名册记载之后，受让人便可以以股东身份参与公司事务，实际享有股权，股权转让生效。"[2]《公司法修订审议稿》第86条第2款也规定："股权转让的，受让人自记载于股东名册时起向公司主张行使股东权利。"不难看出，股东名册记载属于设权登记。

需要说明的是，股东转让股权时，公司有义务根据股东的请求变更股东名册。《公司法司法解释(三)》第23条规定："当事人依法履行出资义务或者依法继受取得股权后，公司未根据公司法第三十一条、第三十二条的规定签发出资证明书、记载于股东名册并办理公司登记机关登记，当事人请求公司履行上述义务的，人民法院应予支持。"《公司法修订审议稿》分别就股东对公司的通知义务，以及公司收到股东请求后变更股东名册的义务作了规定。《公司法修订审议稿》第86条规定："股东转让其股权的，应当书面通知公司，请求变更股东名册，需要办理变更登记的

---

〔1〕 参见上海市闵行区人民法院民事判决书，(2013)闵民二(商)初字第1498号。

〔2〕 最高人民法院民事审判第二庭编著：《〈全国法院民商事审判工作会议纪要〉理解与适用》，人民法院出版社2019年，第135～136页。

并向公司登记机关办理变更登记。公司拒绝或者在合理期限内不予答复的,转让人、受让人可以依法向人民法院提起诉讼。”既然公司有义务根据股东的通知变更股东名册,那么从这个意义上说,交易双方在遵守股权转让法定条件的前提下可以选择交割日(受让人记载于股东名册的具体日期)。

交易双方在选择交割日时需要考虑下列事项:

第一,在法定条件与约定条件并存时,交易双方应该注意两种条件之间的有效衔接。法定条件代表法律的强制性规定,任何一方无权放弃或变更;在约定条件已经满足、法定条件尚未满足的情形下,交易双方不得进行交割。但是,在法定条件已经满足、约定条件尚未满足的情形下,交割是否如期进行取决于没有义务满足约定条件的一方是否同意放弃相关约定条件。如果有权放弃约定条件的一方选择放弃尚未满足的约定条件,则交割可以如期进行;否则交割将延迟,直至约定条件全部满足。在推迟交割的情形下,交易双方应当在原来约定的交割日或在此之前的任何时间重新约定新的交割日。

第二,股东名册变更虽然代表买方取得股东身份,并同时取得与其受让股权相对应的股东权益,但股东名册变更没有公示效力。根据《公司法司法解释(三)》第27条之规定,股权转让后尚未向公司登记机关办理变更登记,原股东将仍登记于其名下的股权转让、质押或者以其他方式处分,受让股东以其对于股权享有实际权利为由,请求认定处分股权行为无效的,人民法院可以参照《民法典》第311条关于善意取得的规定处理。〔1〕《九民纪要》也明确表示,股东名册记载虽然满足了公司内部登记生效的条件,但不具有公司外部登记的对抗效力。没有办理公司变更登记的股权转让因为缺乏公示效力,不得对抗善意相对人。交易双方如果约定交割日为公司变更登记日,则能够保证在交割日同时完成交割的公司内部登记和对外公示。

---

〔1〕《民法典》第311条规定:“无处分权人将不动产或者动产转让给受让人的,所有权人有权追回;除法律另有规定外,符合下列情形的,受让人取得该不动产或者动产的所有权:(一)受让人受让该不动产或者动产时是善意;(二)以合理的价格转让;(三)转让的不动产或者动产依照法律规定应当登记的已经登记,不需要登记的已经交付给受让人。受让人依据前款规定取得不动产或者动产的所有权的,原所有权人有权向无处分权人请求损害赔偿。当事人善意取得其他物权的,参照适用前两款规定。”

第三，交易双方在协商交割日时还应考虑到目标公司在交割后编制资产负债表的实际需要。笔者在前面已经介绍，交易双方一般需要根据股权协议的约定在交割日后基于目标公司截至交割日前一日的资产负债表调整股权转让对价。资产负债表日是指资产负债表的截止日。根据不同的会计和财务需要，资产负债表包括年度、半年度、季度和月度资产负债表，但通常来说，所有的资产负债表的截止日都是相关会计期间的最后一天。如果交易双方将交割日定为某个月当中的一个日期，而不是特定公历月的第一日，目标公司似乎很难提供截至交割日前一日的资产负债表。相反，如果交割日的具体时点为特定公历月的第一日零时，目标公司则可以据此提供截至交割日上个公历月最后一日 24 时的资产负债表。另外，交易双方如果希望以公司变更登记日为交割日，则需要取得公司登记机关的配合，将公司变更登记日也安排为特定公历月的第一日。如果无法得到公司登记机关的配合，交易双方可以将交割日确定为法定条件和约定条件满足后的下一个公历月的第一日，但应确保公司的内部登记在约定的交割日生效，并确保目标公司在约定的交割日后及时办理公司变更登记。

四、交割

严格来说，交割不仅应在形式上完成股权的转让，使买方成为目标公司的股东，而且应在实质意义上使双方在约定的地点和时间移交目标公司的控制权。因此，交割日的交割安排主要包括确保交割的形式要件已经具备，以及移交与控制权相关的核心物件和证照。

（一）交割的形式要件

前文已述，股东名册的变更是股权转让的关键性形式要件。交易双方应在交割日确保公司根据股东的请求变更股东名册。实践中，股东人数较少的公司可能没有设置股东名册，最高人民法院民事审判第二庭对此表示：“审判实践中可以根据案情实际审理情况，认定股东名册是否变更。在不存在规范股东名册的情况下，有关的公司文件，如公司章程、会议纪要等，只要能够证明公司认可受让人为新股东的,都可以产生相应的效力。”[1]因此,公司内部的设权登记变更不应仅指股东名册的变更,只要有证据证明目标公司知悉并认可买方为新股东,公司内部的设权登记变更就应被视为完成。

除股东名册外,与股权转让相关的形式要件还包括原股东出资证明书的注销、新股东出资证明书的签发和公司章程的修改等。《公司法修订审议稿》第87条规定:“依照本法转让股权后,公司应当及时注销原股东的出资证明书,向新股东签发出资证明书,并相应修改公司章程和股东名册中有关股东及其出资额的记载。对公司章程的该项修改不需再由股东会表决。”另外,如果目标公司现任董事、监事或高级管理人员根据交易双方的约定在交割后不再担任现在的职务,卖方还应根据约定确保上述人员向买方或买方指定的代表提交不附带任何条件并自交割日生效的辞职函,书面确认上述人员与目标公司不存在任何争议和未结清的应收应付款,并放弃任何权利主张。

(二)核心物件和证照的移交

就交割日的安排而言,双方一方面应在交割日签署相关文件对双方已经完成的行为进行确认或对任何一方附条件豁免的交割条件进行补充约定,另一方面应通过核心物件和证照的移交实现控制权由卖方向买方的转移。该等由卖方移交的核心物件和证照包括目标公司的各类账目和财务报表、资产清单、供应商和客户清单、合同清单及合同文本、银行账户、各类公章以及行政许可文件和证照等。为确保该等核心物件和证照在交割日的有序移交,股权协议的附件应列明卖方在交割日应向买方或买方指定的代表移交的物件和证照的清单,交易双方在交割日按照清单逐一清点,并在移交后签署确认书。

需要注意的是,上述有关目标公司物件和证照的移交不代表买方对目标公司业务和资产的检验。买方在交割日后应当按照股权协议约定的检验期限或在股权协议没有约定的情形下在合理期限内尽快完成对目标公司的全面检验,并将检验

[1] 最高人民法院民事审判第二庭编著:《〈全国法院民商事审判工作会议纪要〉理解与适用》,人民法院出版社2019年版,第135页。

中发现的与卖方保证和卖方披露不符的事项及时通知卖方，寻求解决方案。有关交割后的检验期限，请见本章第五节的分析。

五、交割后的安排和竞业禁止

交割并不意味交易双方在股权协议项下义务的完全履行，更不意味股权协议的终止。事实上，股权转让必将触发一系列其他义务的履行，包括交易双方协商调整股权转让对价的义务、买方付款的义务、卖方在交割后对目标公司商业秘密的保密义务等。笔者在其他章节已经对这些事项作了分析，在此不再重复。

不同并购交易中的竞业禁止安排不尽相同。如果买方进行收购交易的主要商业目的是收购目标公司的业务，那么买方可能要求卖方和其关联方在交割后不得在目标公司交割时经营的地域范围内直接或间接从事与目标公司在交割日从事的业务相竞争的业务。买方甚至希望卖方进一步承诺，卖方及其关联方：(1)不得在目标公司的竞争对手持有任何经济利益(包括股权或财产份额)，或设立、经营与目标公司竞争的实体；(2)不得将其主要资产转让或租赁给目标公司的竞争对手；(3)不得阻止或妨碍第三方与目标公司进行正常业务合作或说服第三方停止或减少与目标公司的业务合作；(4)不得教唆、引诱、帮助目标公司的在职员工或与目标公司解除劳动合同未满一定期限的前员工直接或间接地为目标公司的竞争对手提供劳动服务或顾问服务。交易双方可能通过股权转让协议直接约定竞业禁止，也可能在签署股权转让协议的同时另行签署一份保密与竞业禁止协议。基于双方的约定，买方可能从股权转让对价中扣除部分价款，作为卖方在保密与竞业禁止协议项下的对价，按照双方约定的付款期限一次性或分期支付给卖方，并据此约定卖方或其关联方违反相关义务时应向买方支付等额或更高的违约金。

如果交易双方的共同商业目的是通过并购交易(如买方收购卖方持有的部分股权或认购目标公司的增资)将目标公司改制为买方与目标公司现有股东进行长期战略合作的平台，那么双方可能均要求对方在交割后承担上述竞业禁止义务，并承诺不得将其在目标公司中持有的股权转让给目标公司的竞争对手，不得允许目标公司的竞争对手持有对方或对方的关联方的股权，或以任何其他方式取得对对方或对方的关联方的控制。

上述竞业禁止协议属于《反垄断法》规范的垄断协议。对于具有竞争关系的经营者之间的收购来说,买方可能正是出于排除、限制竞争之目的收购竞争对手,因此并购交易在客观上具有限制市场竞争的可能性。也正因如此,《反垄断法》要求达到申报标准的经营者集中必须向国务院反垄断执法机构申报,并对具有或者可能具有排除、限制竞争效果的经营者集中作出禁止集中的决定。但是,当买方基于目标公司的价值向卖方支付对价时,其目的是取得目标公司的全部价值,包括目标公司的全部业务和资产;如果卖方不承诺在一定期限内履行竞业禁止的义务,买方很难实现并购的商业目的。从这个意义上说,要求卖方签署并遵守竞业禁止义务具有商业上的必要性和合理性,法律基于并购交易的商业逻辑对并购交易中的竞业禁止给予适当豁免应是并购交易方对法律的合理期待。问题的关键是交易双方是否可以借并购交易的机会毫无限制地约定竞业禁止义务。

根据欧盟颁布的《委员会关于与集中直接相关且必要的限制的通告》(2005/C 56/03)的规定,在经营者集中的交易中,对卖方施加竞业禁止的目的是保证买方取得受让有形资产和无形资产的全部价值,包括客户和专有技术。如果竞业禁止是实施经营者集中所必需的,即没有相关限制,集中将无法实施,而且竞业禁止是与经营者集中直接相关的,那么竞业禁止应被视为经营者集中的附属性限制。欧盟委员会认为,只有当限制的期限、地域范围、受限业务和人员没有超过为了达到实施集中所必需的合理范围,实施集中的合法目的方能证明竞业禁止条款的正当性。具体而言:(1)当经营者集中包括以商誉和专有技术为表现形式的客户忠诚度,竞业禁止条款的期限最长为3年;如果仅包括商誉,则不应超过2年。相反,当经营者集中仅限于有形资产(如土地、房屋或机械设备)或仅限于权利人可以制止侵权的排他性知识产权时,竞业禁止条款则不应被视为必要。(2)竞业禁止条款应仅限于集中实施之前卖方已经提供过产品或服务的地域范围,该范围可以扩大到卖方在并购交易时已经计划进入并为此已经进行投资的地域。(3)竞业禁止条款应仅限于目标公司经营活动所涉及的产品和服务;对于目标公司在转让前非主营的产品或服务市场,对卖方的限制则不应被视为必要。(4)竞业禁止条款可以限制卖方、卖方子公司和卖方的代理人,但是,对于其他主体的类似限制则不被视为与实施经营者集中直接相关和必要,特别是当相关条款限制分销商或用户的进口或出口自由时更是如此。(5)限制卖方受让或持有与转让业务相竞争的公司的股权应被视为与实施经营者集中直接相关和必要。[1]

我国《反垄断法》及其配套规章目前没有对并购交易中的竞业禁止给予明确规范,国务院反垄断执法机构的处罚决定也尚未涉及相关问题。笔者认为,在我国相关规定出台之前,只要相关限制没有超出合理范围,与实施经营者集中直接相关且具有必要性,竞业禁止的约定应该是国务院反垄断执法机构所允许的。

第五节　股权协议的解除和违约责任条款

与其他类型的合同一样,股权协议签署生效后,可能因一方当事人的违约而被另一方当事人解除。但是,不同于其他买卖合同,股权协议的标的物是股权,而股权是一种包括人身和财产权益的综合性权利。股权协议的签订和履行不仅直接影响协议当事人的利益,还会影响目标公司和目标公司的其他股东、员工、债权人以及其他相关第三人的利益。同样,除涉及协议当事人之间权利义务关系的重新安排和调整以及协议解除的责任和损失分担的问题外,股权协议的解除也必然对目标公司等其他相关方产生影响。相对于股权协议的签订和履行,股权协议的解除对交易双方和其他相关方的影响可能更为严重。本节将具体分析股权协议的解除和违约责任,包括协议当事人在股权转让后能否解除股权协议。关于违约责任,股权协议需要对卖方因目标公司在交割前的行为所产生的赔偿责任与其他违约责任进行区分。基于正常逻辑,如果股权协议被解除,框架协议可能也解除,因此本节有关股权协议的解除和违约责任的分析同样适用于第三章中的框架协议。

---

〔1〕 参见《委员会关于与集中直接相关且必要的限制的通告》。

一、股权协议的解除

（一）法定解除和约定解除

合同当事人可以通过约定解除合同，也可以在法律规定的解除情形发生时直接主张解除合同，而无须征得对方当事人的同意。法定解除是《民法典》或其他法律规定的合同当事人在特定情形下享有的解除权。《民法典》第563条第1款规定："有下列情形之一的，当事人可以解除合同：（一）因不可抗力致使不能实现合同目的；（二）在履行期限届满前，当事人一方明确表示或者以自己的行为表明不履行主要债务；（三）当事人一方迟延履行主要债务，经催告后在合理期限内仍未履行；（四）当事人一方迟延履行债务或者有其他违约行为致使不能实现合同目的；（五）法律规定的其他情形。"从《民法典》上述规定的第4项可以看出，并非只有对主要债务的不履行或迟延履行才会导致合同目的不能实现；如果合同一方违反从合同义务或附随义务，或即便履行了主要债务但相关履行为部分履行或瑕疵履行，致使合同目的不能实现，另一方同样可以主张解除合同。《民法典》对非违约方行使法定解除权设定了较高的标准，即法定解除的实质性条件是"不能实现合同目的"。根据最高人民法院民法典贯彻实施工作领导小组的理解，"不能实现合同目的"等同于根本违约，其判断标准是违约结果的客观严重性，即实际剥夺了债权人的履行利益，使得当事人订立合同所追求的履行利益不能实现。[1]

除法定解除外，《民法典》也规定了约定解除。《民法典》第562条规定："当事人协商一致，可以解除合同。当事人可以约定一方解除合同的事由。解除合同的事由发生时，解除权人可以解除合同。"《民法典》规定的约定解除包括事先和事后两种不同情形的约定解除。事后约定解除又称"合意解除"或"协商解除"，是指双方当事人在合同签署生效后，合同未履行或未完全履行之前另行约定解除双方之间的合同。合意解除是合同双方在协商一致的基础上解除双方之间原先订立的合

---

〔1〕 参见最高人民法院民法典贯彻实施工作领导小组主编：《中华人民共和国民法典合同编理解与适用》，人民法院出版社2020年版，第639页。

同关系，在实践中一般不容易产生争议，法院和仲裁机构介入的可能性也较小。事先约定解除是指合同当事人在订立合同时即约定一方解除合同的事由，并授予解除方在约定的解除事由发生时解除双方之间合同的权利。无论是事先约定解除，还是事后约定解除，《民法典》对约定解除的唯一要求是双方须在事先或事后达成解除合同的有效共识。尽管《民法典》明确允许约定解除和法定解除的共存，但在司法实践中，法院对事先约定解除的理解并不一致。

在“苏州伟源新材料科技有限公司、广东中航天旭恒源节能科技有限公司买卖合同纠纷案”[1]中，法院支持了当事人在合同中约定的解除权。双方当事人之间的合同约定了乙方享有随时随意单独解除合同的权利，即“如果乙方对该合同项下灯具采购的具体要求，对甲方的产品不满意，或者乙方因其他原因最终不同意使用甲方产品，乙方有权单独解除该合同，甲方同意无条件接受，甲方在收到乙方书面或者其他方式的合同解除通知后，三个工作日内，甲方保证返还乙方支付的五百万元货款”。该案审理法院认为，意思自治是商事活动的基础，也是我国合同法的基本原则。涉案合同约定了乙方享有无条件解除合同的权利，该合同条款是在双方当事人充分协商的基础上签订的，是当事人意思自治、契约自由的充分体现，且没有违反法律禁止性规定，没有损害他人的合法权益，理应得到尊重和遵守。甲方作为商事主体，在订立合同时应对解除合同条款及该条款给自己带来什么样的法律后果有充分的认识，甲方在涉案合同落款处盖章，是其同意接受该条款约束的承诺，故甲方应遵守该条款并受该条款的约束。

在“四平九洲房地产开发有限责任公司、邝某股权转让纠纷案”[2]中，法院否定了当事人对解除权的约定。双方当事人之间的《股权转让协议书》第4条违约责任的第1款约定：“任何一方违反本协议约定条款，即构成违约，违约方应向非违约方承担违约责任，任何一方违约，并给对方造成损失时，非违约方有权向违约方要求损失赔偿，并有权单方解除合同。”该案二审法院认为：（1）单从上述第1款约定

〔1〕 参见广东省广州市花都区人民法院民事判决书，（2017）粤0114民初1868号；广东省广州市中级人民法院民事判决书，（2017）粤01民终24093号。

〔2〕 参见最高人民法院民事判决书，（2018）最高法民终863号。

来看，任何一方只要有任何违约行为并给对方造成损失的，无论违约程度轻重、损失后果大小，非违约方均有权解除合同。虽然该约定将非违约方行使合同解除权的条件限定为一方违约且同时造成对方损失，但由于客观上违约与损失息息相关，该条款实质仍着眼于只要发生了违约，则非违约方有权解除合同。这显然泛化了作为合同约定解除条件的违约行为，将所有违约行为不加区分同质化，若简单依此履行，必将造成解除合同过于随意，增加了合同被解除的风险，不利于交易安全和稳定。(2)上述第1款约定虽在形式上约定了合同解除的条件，但实属对解除条件约定不明。(3)合同当事人出现违约情形时，不能当然以此为由主张解除合同，而应当结合合同履行情况、违约程度等因素，从合理平衡双方利益出发，慎重判断合同是否符合法定解除条件。

上述两种完全不同的观点代表两种不同的价值取向，即应当基于当事人意思自治原则充分尊重当事人的自由意志，还是应当基于诚实信用原则和鼓励交易原则由法官基于自由裁量权修订当事人之间的约定。前文已经分析过，除了要求双方当事人之间的有效合意之外，《民法典》对于约定解除没有其他特别要求，并且《民法典》对双方合意的时间也没有限制，既可以事先约定，也可以事后约定。事实上，《民法典》在对法定解除设定较高标准的同时允许合同当事人自由约定解除事由，这本身也能说明约定解除不应以违约方的违约是否导致合同目的不能实现为标准，否则《民法典》没有规定约定解除的必要。笔者认为，只要双方当事人有关解除权的约定真实有效，法院和仲裁机构应该谨慎行使自由裁量权，不宜轻易作出与合同当事人约定相反的裁判或裁决。也就是说，如果合同当事人没有约定解除权，那么双方都应当遵守标准较高的法定解除；但是，如果合同当事人明确约定了解除事由，那么法院和仲裁机构应当充分尊重合同当事人之间的约定，而不应当依据法定解除标准审查当事人之间约定的解除事由。最高人民法院民法典贯彻实施工作领导小组一方面表示，“审判实践中，当事人在合同中约定解除权行使事由的，人民法院原则上应当尊重当事人的意思自治，严格把握自由裁量权的行使，不应轻易否定当事人约定的效力”；另一方面也表示，“对于违约方违约程度显著轻微的情形，即使形式上符合当事人事先所约定的行使合同解除权的事由，仍有必要对非违约方行使约定解除权加以限制，由此才能更好地平衡当事人之间的利益关系，维护交易安全”[1]。

《九民纪要》基于诚实信用原则和鼓励交易原则，支持司法裁判人员对约定解除行使自由裁量权。《九民纪要》第 47 条规定：“合同约定的解除条件成就时，守约方以此为由请求解除合同的，人民法院应当审查违约方的违约程度是否显著轻微，是否影响守约方合同目的的实现，根据诚实信用原则，确定合同应否解除。违约方的违约程度显著轻微，不影响守约方合同目的的实现，守约方请求解除合同的，人民法院不予支持；反之，则依法予以支持。”《九民纪要》虽然不是司法解释，也不能被人民法院作为裁判依据进行援引，但是根据最高人民法院的通知，《九民纪要》发布后人民法院对于尚未审结的一审、二审案件，在裁判文书中的“本院认为”部分具体分析法律适用的理由时，可以根据《九民纪要》的相关规定进行说理。因此，交易各方在商谈和起草交易文件的解除条款时，或在协议履行过程中行使约定解除权时，不得不考虑司法实践对缔约自由的限制。

（二）股权转让后的协议解除问题

无论是法定解除还是约定解除，股权协议在并购项目不同阶段的可解除性是不同的。转让股权和受让股权分别是卖方和买方在股权协议项下的主要义务，股权协议在股权转让前当然具有可解除性。如在卖方拒绝按照约定完成整改重组或违反卖方的陈述保证时，或在买方没有按照股权协议的约定在股权交付前支付股权转让对价时，非违约方均可以根据法律规定或交易文件的合法约定解除交易文件，并要求违约方承担违约责任。事实上，股权协议在交割前的解除意味着并购项目的终止，股权协议此时的解除即便可能给非违约方造成经济损失，但对于目标公司的股权结构、治理结构和正常生产经营一般不会造成直接影响。在交易双方完成交割后，即便非违约方基于法律规定或双方的约定有权解除股权协议，但是从商务角度来看，股权的特殊性决定了此时股权协议的可解除性一般不再存在，非违约方真正能够行使的权利大多是在保持转让后的股权不受影响的基础上，要求违约

[1] 最高人民法院民法典贯彻实施工作领导小组主编：《中华人民共和国民法典合同编理解与适用》，人民法院出版社 2020 年版，第 636～637 页。

方根据法律规定和股权协议的约定承担违约责任。下面笔者通过司法判例对此作进一步介绍。

第一，在交易双方没有约定解除权时，转让方在股权转让后以受让方未按约定付款为由要求解除协议，法院不予支持。在“上海绿洲花园置业有限公司、霍尔果斯锐鸿股权投资有限公司股权转让纠纷案”中，最高人民法院认定受让方尚未支付剩余股权转让款占全部股权转让款的40%，但同时认为：“尚未支付剩余1.5亿元股权转让款虽然构成违约，但并未致使《股权转让协议》的目的不能实现。迟延履行不能实现合同目的，指迟延的时间对于债权的实现至关重要，超过了合同约定的期限履行合同，合同目的就将落空。虽然锐鸿公司存在尚未支付剩余1.5亿元股权转让款的违约行为，但《股权转让协议》并未约定锐鸿公司迟延支付该部分款项，绿洲公司将不接受《股权转让协议》的履行。绿洲公司作为股权的出让方，其转让股权的目的在于收取股权转让款，迟延交付1.5亿元股权转让款虽使其遭受损失，但是通过股权买受人继续履行股权转让款支付义务并承担违约责任等，合同目的仍能实现。”法院进一步认为：“股权是一种综合性的财产权利，不仅包括财产收益权还包括公司经营决策权等多种权利。股权转让合同的签订与履行不仅直接影响合同当事人的利益，而且还会影响目标公司的员工、债权人及其他相关第三人的利益。因此，解除股权转让合同除应依据法律的明确规定外，还应考虑股权转让合同的特点。尤其在股权已经变更登记，受让方已经支付大部分款项、且已经实际控制目标公司的情况下，解除股权转让合同应结合合同的履行情况、违约方的过错程度以及股权转让合同目的能否实现等因素予以综合判断。”基于该案中股权转让已经办理变更登记，受让方已经实际接管目标公司2年多等事实，法院最终认为，与案涉股权转让时相比，目标公司股权的价值及股权结构均已发生较大变化，案涉股权客观上已经无法返还。因此，虽然受让方存在迟延支付股权转让款的违约行为，但是依据该案事实和法律规定，《股权转让协议》并不符合法定解除的条件。[1]

第二，在交易双方约定解除权时，转让方在股权转让后以受让方未按约定付款为由要求解除协议的，法院不予支持。在“李某、蔡某某股权转让纠纷案”中，《股权

〔1〕 参见最高人民法院民事判决书，(2017)最高法民终919号。

转让协议》明确约定受让方未按协议约定的期限支付转让款且逾期超过 30 日，转让方有权解除协议。该案的一审和二审法院均认为转让方在受让方违反付款约定时有权解除协议，但是广东省高级人民法院在该案再审时认为，虽然受让方存在违约行为，但股权已变更至受让方名下，案涉股权客观上已经无法返还。受让方迟延支付股权转让款不会导致转让方合同目的不能实现。如果案涉《股权转让协议》解除，不仅会导致目标公司的正常经营受到重大影响，而且双方还需对目标公司转让后的债权债务进行全面清理，会对目标公司的债权人、员工等造成影响，后续可能引发大量诉讼。因此，考虑到股权转让的特殊性、双方履行合同的情况以及维护交易的稳定性，案涉《股权转让协议》不应予以解除。[1]

第三，双方约定了解除权，但受让方的延迟付款不符合约定解除事由和法定解除情形，转让方在股权转让后以受让方未按约定付款为由要求解除协议，法院不予支持。在"曹某某与张某某股权转让纠纷案"中，双方约定，如受让方到期未付清全部股权转让款，出让方"有权选择依本协议索要相关款项或者继续行使余款的相应股权"。协议签署后，买方未能按照约定按时足额付款，但股权已经转让，并且股权转让后目标公司的股权结构已经发生重大改变，股东由股权转让时的四个自然人变更为两个，注册资金也由股权转让时的 1800 万元变更为 5000 万元，且均办理了工商变更登记手续。最高人民法院认为：根据双方的实际履行情况，应认定股权转让合同的目的已经基本实现；欠付 200 万元股权转让款的行为应当构成一般性违约，并未构成根本性违约，不符合上述合同约定的解除条件，亦不属于法定解除情形。故双方应当继续履行股权转让协议。[2]

第四，转让方根据双方约定在受让方未按约定支付转让款时享有解除权，法院支持终止履行未办理股权转让变更登记手续的股权转让义务，已经转让的股权不恢复原状。在"龚某与韩某股权转让纠纷案"中，卖方和买方均为某商场的股东，2010 年 12 月 31 日，双方签订一份《股权转让协议书》，并且卖方于《股权转让协议书》签订之日即转让 60% 股权给买方，并办理登记手续。根据约定，如买方于 2011

---

〔1〕 参见广东省高级人民法院民事判决书，(2020)粤民再 422 号。

〔2〕 参见最高人民法院民事判决书，(2015)民二终字第 340 号。

年8月31日未能付清全部股权转让款,卖方有权解除本协议,并就股权转让事宜重新协商。双方同时约定了违约责任。卖方向一审法院起诉的请求包括解除《股权转让协议书》,买方向卖方返还商场60%股权,配合将该60%股权重新登记到卖方名下,承担两次股权变更登记的所有税费。一审法院认为:关于已转让的60%股权应否返还的问题,2011年1月11日双方办理了60%股权变更登记手续,买方支付了部分股权转让款,转让协议的主要内容已履行完毕。同时,由于该股权早已完成了相关股权变更登记及交接手续,卖方已退出公司经营,买方作为法定代表人、大股东,实际控制、经营公司3年之久,投入了人力、物力、财力,公司资产也发生了变化,股权的价值同3年前已经不一样,故根据股权转让合同的性质及双方之间实际形成的债权债务关系,不应判决恢复原状,由买方返还60%的股权,应判决买方支付该部分股权对应的对价并承担违约责任。二审法院驳回买方上诉,维持原判。湖北省高级人民法院再审时认为,卖方依约履行合同,向买方转让了60%股权;买方仅支付部分股权转让款,构成违约。根据双方在合同中约定的解除条件,买方未按约支付转让款时卖方享有解除权,尚未办理股权变更登记手续的15%股权的转让应终止履行。对于卖方主张的返还已经转让的60%股权的请求,再审法院认为:"作为股权转让合同的标的,股权的性质决定其以财产权为基本内容,但还包含有公司内部事务管理权等非财产权等内容,是否能恢复原状取决于合同履行情况,根据合同的履行部分对整个合同义务的影响,如果当事人的利益不是必须通过恢复原状才能得到保护,不一定采用恢复原状。不应当仅从表面的形式,而应当综合合同性质、合同的履行情况、当事人的主观意图等案件的整体情况,在通过其他的方式进行补救更适宜的情况下,就不应当轻易地判决恢复原状。"再审法院最终认为,卖方能够通过主张股权转让款及违约责任实现合同目的,不存在无法收回股权转让款的风险,即卖方实现合同的目的不是必须通过返还股权才能得到保护。因此,为了"避免公司内部新的不平衡、产生新的利益冲突和纠纷,维护社会经济秩序,保护合法的交易安全,维护公司稳定",再审法院未支持返还股权。[1]

第五,在受让方拒绝付款的情形下,法院支持解除股权转让协议,已经转让的

〔1〕 参见湖北省高级人民法院民事判决书,(2016)鄂民再154号。

股权恢复原状。在“周某某、李某某股权转让纠纷案”中，按照双方签订的股权转让协议约定，股权受让方应支付9500万元股权转让款及溢价款，但仅支付3000万元，尚欠6500万元。该案一审法院认为：因受让方在履行合同过程中存在逾期付款行为，并拒绝继续履行支付剩余股权转让对价的合同义务，导致股权转让方通过转让股权获取转让对价的合同目的无法实现，存在法定解除情形，股权转让协议应当予以解除；另外，虽然股权变更登记手续业已完成，但目标公司所涉项目的开发建设一直处于停滞状态，故对于转让方要求受让方返还股权并协助办理股权恢复的变更登记的诉讼请求应予支持。最高人民法院在二审中认为，一审判决认定事实清楚，适用法律正确，应予维持。[1]

基于上面的案例，在股权已经转让，且目标公司在股权转让后已经发生较大变化的情形下，无论股权协议是否约定解除权，法院一般不支持已经转让的股权恢复原状。笔者从上述案例中注意到两点：第一，一般来说，合同解除具有追溯力，当事人的财产状态可以恢复到合同订立时的状态；但是，法律并未强制要求合同解除后当事人的财产状态必须恢复原状。《民法典》第566条第1款规定，合同解除后“已经履行的，根据履行情况和合同性质，当事人可以请求恢复原状或者采取其他补救措施，并有权请求赔偿损失”。所谓“根据履行情况和合同性质”，是指根据履行部分对合同债权的影响和根据合同标的的属性决定是否必须恢复原状。如果根据合同履行状况无法恢复或不容易恢复，或债权人的利益不是必须通过恢复原状才能得到保护的，则不必恢复原状。[2] 就股权协议而言，买方自股权转让之日起取得对目标公司生产经营的控制权，买方在股权转让后可能启动对目标公司的全面整合，涉及人事（特别是管理层）、财务、生产、销售和技术等各方面，目的是使目标公司按照买方的整体要求运营或融入买方的整体规划中。对于任何一方来说，整合后的目标公司都很难或不可能通过股权回转而恢复原状。法院在上述案例中对此也有详尽明确的阐述。

---

〔1〕 参见最高人民法院民事判决书，（2018）最高法民终295号。

〔2〕 参见最高人民法院民法典贯彻实施工作领导小组主编：《中华人民共和国民法典合同编理解与适用》，人民法院出版社2020年版，第660页。

第二，最高人民法院在“上海绿洲花园置业有限公司、霍尔果斯锐鸿股权投资有限公司股权转让纠纷案”中认为，解除股权转让合同除应依据法律的明确规定外，还应考虑股权转让合同的特点；尤其在股权已经变更登记，受让方已经支付大部分款项且已经实际控制目标公司的情况下，解除股权转让合同应结合合同的履行情况、违约方的过错程度以及股权转让合同目的能否实现等因素予以综合判断。从表面上看，这似乎颠倒了合同解除和合同解除的结果两者之间的因果关系。根据《民法典》第566条的逻辑，是否恢复原状是在确定合同解除之后应该回答的问题，而不是先考虑是否可以恢复原状，然后再判定是否解除合同。实践中，股权转让的义务往往只是卖方在股权协议项下的主要义务或主要义务之一，除转让股权的义务外，卖方可能基于双方的约定还应承担与股权转让相关的其他义务。例如，卖方可能承诺在股权转让后不得从事与目标公司相竞争的业务；如果目标公司严重依赖卖方许可使用的知识产权，买方往往以卖方承诺继续授权目标公司使用其知识产权为受让股权的前提条件。卖方在股权协议中的相关承诺在股权转让后应继续有效。在股权无法恢复时，如果判决合同解除，卖方所有的后续义务将在合同解除后终止履行，包括不竞争义务或知识产权许可使用的义务，这将强行分割股权协议中相互关联的约定，必然对目标公司的生产经营、目标公司员工、债权人等产生不利影响，甚至引发大量纠纷。如果法院必须在下列两个选项中做选择，即解除合同并恢复无法恢复原状的股权，或维持无法恢复原状的股权并同时维持本该解除的合同继续有效，必须承认第二个选项更能反映司法机关的价值取向，既充分考虑到交易双方和相关第三方的合法权益，也有利于维护公司稳定和社会经济秩序。

上面的案例均为因股权转让产生的纠纷。就增资认购而言，投资人在登记成为目标公司的股东后很难通过解除增资认购协议而终止其出资义务。在“浙江新湖集团股份有限公司与浙江玻璃股份有限公司增资纠纷案”中，最高人民法院认为：本案各方当事人明确约定，在一方违约的情形下，非违约方有权要求单方面终止《增资扩股协议书》的继续履行，这一约定是各方当事人共同的意思表示，且不违反法律法规的禁止性规定，应当得到遵守。但目标公司的增资已经办理了工商登记，其营业执照显示的注册资本未实际缴付部分所对应的股权系登记在投资人新湖集团名下。虽然新湖集团终止继续出资有其合同依据，但公司登记的注册资本数额具有公示效力,股东出资不足会直接影响包括公司债权人在内的第三人的合法权益,因此股东缴付出资的义务不能因股东之间的内部约定予以免除,新湖集团应按照《公司法》的相关规定足额缴付注册资本的差额。[1] 法院在该案中一方面支持投资人解除增资认购协议,另一方面又认定投资人基于增资认购协议的出资义务不应免除。笔者认为,投资人的出资义务既是约定义务也是法定义务,两种义务最根本的基础都是增资认购协议。对于有限责任公司而言,增资认购协议一般不仅约定投资人成为公司股东后的出资义务,还约定投资人成为公司股东之后的各项权利。尽管法律对股东的出资义务有明确规定,但有效的增资认购协议是投资人成为股东的前提条件和协议基础,增资认购协议的解除意味着该等前提条件和协议基础不复存在,投资人无法或很难仅仅基于法律的规定履行出资义务和行使股东权利。

二、违约责任

(一)股权协议项下违约责任的承担方式

买方在股权协议项下的主要义务是金钱给付,相对比较简单。与买方义务相比,卖方在股权协议项下的义务主要包括三类,即卖方的陈述事项、卖方的保证事项和卖方的承诺事项。陈述事项是指卖方对目标公司在股权协议签署之前事项的陈述,保证事项是指卖方对目标公司在股权协议签署日至股权转让日这一期间内诸多事项的保证,而承诺事项是指卖方在股权协议中对买方承诺的作为和不作为事项,包括卖方确保目标公司的作为和不作为事项。卖方违反陈述事项可能既构成违约也构成欺诈,而卖方违反保证事项和承诺事项则构成违约。另外,对于目标公司其他可能影响买方受让股权的意愿或影响买方接受股权协议项下主要条款和条件的意愿的事项,如果卖方隐瞒真实情况,不向买方披露,卖方也可能构成欺诈或因违反卖方在股权协议中承诺的披露义务而违约。就法律责任而言,卖方违反

---

[1] 参见最高人民法院民事判决书,(2010)民二终字第101号;最高人民法院民事裁定书,(2013)民申字第326号。

不同事项的法律后果不尽相同。如卖方行为构成欺诈的，买方有权根据法律规定请求人民法院或仲裁机构撤销买方在违背真实意思的情况下实施的民事法律行为，并要求卖方返还财产和赔偿损失；如卖方行为构成违约的，买方则有权根据法律规定和股权协议的约定要求卖方承担违约责任。

法律有关违约责任的规定可以简单归纳为下列几点：(1)当事人一方不履行主要债务，或有致使不能实现合同目的的违约行为，守约方可以请求终止合同权利义务关系，并要求违约方承担违约责任；(2)当事人一方不履行合同义务或者履行合同义务不符合约定的，应当承担继续履行、采取补救措施或者赔偿损失等违约责任；(3)当事人可以约定一方违约时应当根据违约情况向对方支付一定数额的违约金，也可以约定因违约产生的损失赔偿额的计算方法；(4)当事人也可以约定一方向对方给付定金作为债权的担保。[1] 就股权协议项下卖方的违约责任而言，如果卖方的违约发生在交割之前，并且买方在股权转让前发现该等违约，买方可以根据法律规定和股权协议的有效约定选择解除股权协议并要求卖方承担违约责任，或不解除股权协议，只要求卖方承担违约责任。如果买方在股权转让后发现该等违约，买方可能难以主张恢复原状，一般只能基于商务上的务实考虑要求卖方承担违约责任。下面对股权协议可能涉及的损失赔偿、违约金和定金等作简要分析。

1. 损失赔偿与违约金

关于损失赔偿范围，《民法典》第584条规定："当事人一方不履行合同义务或者履行合同义务不符合约定，造成对方损失的，损失赔偿额应当相当于因违约所造成的损失，包括合同履行后可以获得的利益；但是，不得超过违约一方订立合同时预见到或者应当预见到的因违约可能造成的损失。"该条规定事实上确定了损失赔偿以下两个基本原则：

第一，损失赔偿应包括守约方的实际损失和可得利益损失。可得利益是一种期待利益，是指守约方在合同正常履行后未来可以得到的利益或净利润。这种期待利益事实上属于守约方的一种间接损失。最高人民法院在"刘某某、刘某某合同纠纷案"中对此有较为明确的说明："可得利益是合同履行后可以获得的利益，是对

[1] 参见《民法典》第577～588条。

债务不履行的赔偿，法律规定可得利益的目的主要在于通过加重当事人的违约成本，以期遏制违约行为的发生，督促当事人诚信履约，保护守约方的信赖利益，并弥补守约方因对方违约而造成的实际损失。如在因违约方违约导致合同解除的情况下，将损害赔偿范围仅限定于守约方因对方违约而产生的损失，不将可得利益损失纳入其中，显然将会在一定程度上鼓励甚至纵容当事人违约行为的发生，亦不符合合同法关于赔偿可得利益损失的立法初衷。”〔1〕

第二，损失赔偿范围不得超过违约方订立合同时预见到或者应当预见到的因违约可能造成的损失。可预见性规则是限制违约损失赔偿范围的一项重要规则，是对完全赔偿原则的限制，或者说是确定损失赔偿范围的消极性规则，因此也是划分应当赔偿的违约损失与不应赔偿的违约损失的法律界限。关于可预见性的判断标准，根据最高人民法院民法典贯彻实施工作领导小组的理解，违约方是否预见到或者是否应当预见到，须由守约方承担举证责任；裁判者除在特定情形下需要依据主观标准进行判断外，通常应当依据相对客观的标准进行判断。〔2〕

就守约方的实际损失而言，并购交易中一方违约给对方造成的实际损失至少包括订约费用、履约费用和准备履约费用。一般来说，守约方遭受的实际损失的大小取决于股权协议是否因一方的违约而解除：(1)如果股权协议没有因违约方的违约而解除，即违约没有达到守约方行使解除权的情节，或虽然达到守约方行使解除权的情节，但守约方没有行使解除权，由于违约没有导致并购交易的失败，那么无论是卖方违约还是买方违约，该等违约可能导致守约方的订约费用、履约费用和准备履约费用的增加，但守约方的实际损失不应包括守约方的全部订约费用、履约费用和准备履约费用，而只应是因违约而增加的部分。另外，在卖方没有按双方之间的约定完成有关目标公司的整改时，如果买方同意相关的整改工作由买方或目标公司在交割后自行完成，相关整改费用应为买方的实际损失。(2)如果股权协议因一方违约而解除，即违约已经达到守约方行使解除权的情节，并且守约方决定据此

〔1〕　参见最高人民法院民事裁定书，(2018)最高法民申2258号。

〔2〕　最高人民法院民法典贯彻实施工作领导小组主编：《中华人民共和国民法典合同编理解与适用》，人民法院出版社2020年版，第772页。

行使解除权,那么守约方的订约费用、履约费用和准备履约费用应全部被视为守约方的实际损失。

在股权协议因一方违约而解除的情形下,卖方因买方违约所遭受的实际损失和买方因卖方违约所遭受的实际损失可能也不一样。例如,在卖方违约的情形下,买方的实际损失可能主要为相关人员的差旅费用和时间费用、聘请专业顾问的费用等;在买方违约的情形下,卖方的实际损失除上述费用外,可能还涉及有关目标公司整改重组的费用。但是,对于卖方能否请求买方赔偿有关目标公司整改重组的所有费用的问题,需要具体分析。目标公司的整改事项一般是对目标公司过去违规事项的纠正(如应缴税费的补缴、补办本应办理的行政许可等),或是为了完善目标公司的经营管理。因此,无论并购项目是否顺利交割,目标公司发生的整改费用一般不应全部被视为卖方的实际损失。在卖方基于买方的要求,仅为并购交易之目的对目标公司进行重组的情形下(如将目标公司的部分业务转移到新设公司),卖方和目标公司没有从相关的重组中直接受益。在此情形下,如果股权协议因买方的违约而解除,卖方或目标公司因重组所产生的费用应被视为卖方的实际损失;除此之外,卖方因该等重组所产生的其他费用(如相关税费、恢复原状的费用等)也应被视为卖方的实际损失。

在确定卖方的违约责任时,除了分析卖方是否已经披露目标公司在交割前的行为以及该行为是否导致卖方违反卖方保证,还应关注该行为本身的性质。除非双方另有不同约定,对于目标公司因其在交割前的正常商业行为而在交割后产生的商业损失,卖方不应承担赔偿责任。事实上,目标公司在交割前可能发生大量的投资、生产和经营行为,这些行为有的可能在交割后给目标公司带来收益,有的则可能给目标公司造成亏损。除非交易双方对赌,买方一般不应要求卖方对目标公司在交割后的经营业绩和利润或正常商业风险作保证。同样,就卖方的违约责任而言,除非卖方已向买方披露或双方另有约定,卖方只应就目标公司因在交割前的特定行为而在交割后造成的非正常性损失对买方承担违约责任。具体来说,该等特定行为一般是指卖方未向买方披露的目标公司的违规行为、对第三人的违约行为或侵权行为,以及与卖方保证不符的行为,而该等非正常性损失主要是指行政处罚、第三方索赔或与卖方保证不符的行为所造成的损失。例如,在目标公司存在为第三人的债务提供担保时,如果卖方在其陈述和保证中否认该等担保的存在,则目标公司在交割后因承担该担保责任而遭受的损失属于卖方应当赔偿的损失;对于目标公司在交割前签署的大量与投资、生产和经营活动相关的协议,如果这些协议属于正常的商务协议,那么除非协议方在交割前已经违约并且卖方未向买方披露该等违约,否则即便目标公司在交割后因该等协议的签署和履行而遭受损失,卖方也不应承担赔偿责任。

相对于实际损失,并购交易中的任何一方都难以有效证明可得利益损失。另外,根据司法实践,守约方除了需要证明实际损失和可得利益损失之外,还需要证明该等实际损失和可得利益损失没有超过违约方在订立协议时预见到或者应当预见到的因违反协议可能造成的损失。〔1〕与损失赔偿不同,可预见性规则不适用于约定违约金,在当事人约定违约金时,约定的违约金数额具有优先效力,除违约金数额过高而基于公平原则应予减少外,无论该数额有多高,都属于当事人能预见到的损失数额。司法实践中有的法院明确表示,合同当事人约定的违约金数额应被理解为违约方订立合同时预见到或者应当预见到的因违反合同可能造成的损失。〔2〕

考虑到违约方的违约并不必然导致股权协议的解除,股权协议可以分三个层面约定违约责任:(1)违约方应按双方约定的每日违约金标准,向守约方支付自违约发生日至违约补救完成日或协议解除日期间的违约金;(2)如守约方因对方的违约而决定依据法律规定或协议约定解除股权协议的,违约方除应支付上述日违约金外,还应向守约方支付双方约定的额外违约金;(3)如上述两项违约金总额仍然低于守约方因违约方的违约而遭受的损失(包括但不限于守约方的实际损失和可得利益损失,以及为寻求法律救济而发生的所有费用),违约方除应向守约方支付上述违约金外,还应补足该等差额。

---

〔1〕　最高人民法院2009年颁布的《关于当前形势下审理民商事合同纠纷案件若干问题的指导意见》第11条规定,“对于可以预见的损失,既可以由守约方举证,也可以由人民法院根据具体情况予以裁量”。

〔2〕　参见最高人民法院民事判决书,(2016)最高法民终106号;上海市徐汇区人民法院民事判决书,(2018)沪0104民初4718号。

2. 定金

与违约金不同,定金作为一种具有双向性的债权担保,能够同时担保合同双方当事人的债权,即交付定金的一方不履行债务的,丧失定金;而收受定金的一方不履行债务的,则应双倍返还定金。根据《民法典》的相关规定,定金是指当事人双方为了保证债务的履行,约定由当事人一方先行支付给对方一定数额的货币作为担保,定金的数额由当事人约定,但不得超过主合同标的额的20%。给付定金的一方履行债务的,定金应当抵作价款或者收回。给付定金的一方不履行债务或者履行债务不符合约定,致使不能实现合同目的的,无权请求返还定金;收受定金的一方不履行债务或者履行债务不符合约定,使不能实现合同目的的,应当双倍返还定金。[1] 虽然法律对定金罚则设定了很高的条件,即债务人"不履行债务或者履行债务不符合约定,致使不能实现合同目的",但在特定的并购项目中,定金能够更好地满足交易双方对债权担保的要求。例如,在卖方因急于转产希望尽快将目标公司转让出去时,定金能够给卖方提供更好的保障,即如果买方签署股权协议后毁约,则无权请求返还定金。同样,由于国家对特定行业的投资总量的限制和严格监管,有些目标公司在并购市场的热度极高,卖方如果在签署股权协议后将股权转给第三人,则应向买方双倍返还定金。

股权协议的核心条款之一是约定股权对价或增资认购价款。在有明确合同标的额的并购交易中,股权协议可以约定定金条款。虽然交易各方在股权交割后一般需要通过协议约定的价格调整机制调整最终的股权对价,但这不影响定金条款的有效性和可行性。根据《民法典》第586条之规定,只要定金的数额没有超过股权对价的20%,实际交付的定金数额多于或者少于约定数额的,视为变更约定的定金数额。换句话说,即便定金的数额超过调整后股权对价的20%,没有超过的部分仍然产生定金的效力。

根据《民法典》第588条之规定,在违约金与定金竞合时,即股权协议既约定违约金又约定定金时,守约方在对方违约时,可以选择适用违约金或者定金条款。在守约方选择定金条款时,如定金不足以弥补损失的,守约方仍然可以请求违约方赔

[1] 参见《民法典》第586条和第587条。

偿超过定金数额的损失。[1] 与违约金相比，定金的优点是双方均无权主张定金的数额过高或过低，因此也就无须证明损失的具体数额。另外，考虑到并购交易的标的额一般较高，如果以股权对价的20%作为定金的数额，那么事先支付的定金或许能够比双方约定的违约金更能保障并购交易的顺利推进和最终交割。

（二）赔偿责任人和受偿人

卖方有时为了避免因违反陈述和保证而承担违约责任，要求目标公司在股权转让协议中向买方作陈述和保证，并由目标公司承担违反陈述和保证的责任。司法实践中也有法院将目标公司因交割前的行为而在交割后遭受的损失视为目标公司的自身债务，进而认定买方无权要求卖方赔偿损失。例如，在“杨某某与山东金岭矿业股份有限公司、塔什库尔干县金钢矿业有限责任公司、季某、赵某某、钟某某、杜某某股权转让纠纷案”中，交易双方在股权转让协议中约定：卖方在交割前“没有在其所有的标的资产和标的股权上设定包括担保在内的任何第三者权益，并保证免遭第三者追索”，卖方“对标的资产和标的股权的占有、使用、收益或处分没有侵犯任何其他第三方的权利”。法院在该案中认为：第三人在交割后向目标公司追索的债务发生在交割之前，该债务系目标公司自身债务，并非由买方负担，买方向卖方追偿无法律依据。[2] 笔者认为，在股权转让的交易中，要求目标公司向买方作陈述和保证并在交割后向买方承担赔偿责任有违正常逻辑和公平交易原则。从表面上看，目标公司因交割前的行为而在交割后遭受损失说明目标公司既是造成损失的行为人，也是损失的承担者，与买方没有直接关系；但是，股权转让的交易主体是目标公司的现有股东和未来股东，卖方转让的是目标公司股权，目标公司的损失将直接导致股权价值的减损。如果目标公司在交割前因其自身的行为而遭受损失，即目标公司的行为和遭受损失的时间均发生在交割前，那么卖方作为目标公司当时的股东应是该等损失的最终承受者，该等损失将直接从目标公司的价值中扣除。同理，如果该等损失发生在交易双方确定股权对价之后和股权转让之前，买方

〔1〕 参见《民法典》第588条。

〔2〕 参见新疆维吾尔自治区高级人民法院民事判决书，(2014)新民二初字第15号。

应有权将其从股权对价中扣除;如果该等损失发生在交割之后,卖方应直接赔偿买方该等损失,或同意买方基于股权协议的"抵销条款"将该等损失从买方应付未付的股权对价中抵销。

就目标公司的损失与卖方应向买方赔偿的数额而言,如果买方收购目标公司全部股权,目标公司因交割前的行为在交割后遭受的所有损失都应为买方的损失;如果买方只收购目标公司部分股权,目标公司因交割前的行为在交割后遭受的所有损失与转让股权比例相对应的部分应为买方的损失。由于股权转让发生在卖方和买方之间,买方向卖方支付股权转让对价,因此卖方应直接向买方承担赔偿责任,而不应由目标公司向买方承担赔偿责任或由卖方向目标公司承担赔偿责任。

与股权转让不同,增资认购是目标公司与投资人之间的交易,目标公司直接收取投资人缴付的认购价款。公司价值是确定认购价款的依据或一项主要标准。如果目标公司因交割前行为而在交割后遭受损失,那么目标公司的价值将因该损失的发生而减少。在投资人保持认购的股权比例不变时,投资人实际支付的认购价款将高于其应当支付的认购价款,两者之间的差额即为投资人的损失。如果增资认购协议约定目标公司在此情形下应赔偿投资人的损失,相关约定能否得到执行取决于其是否会被视为目标公司与投资人之间的"对赌协议"。对于目标公司与投资人之间的对赌安排,根据最高人民法院民事审判第二庭的意见,在目标公司对赌失败的情况下,那些持目标公司"应该先回购再减资,或者直接用公司财产补偿投资方,或者可以用资本公积金补偿投资方等观点,是不能得到支持的"。根据《九民纪要》第5条的规定,当事人可以约定目标公司在完成减资程序后回购股权。但是,对于目标公司不履行减资程序,投资人是否可以通过起诉的方式判决目标公司履行的问题,最高人民法院民事审判第二庭在"综合各种因素反复考虑"后认为"司法不介入为宜"。因此,如果相关约定被视为对赌协议,唯一可行的方案是目标公司从其可以分配的利润中支付,包括公司当年的利润、公司之前的剩余未分配利润以及未来可分配的利润。[1] 事实上,对于投资人多付的认购价款,目标公司的其他

〔1〕 最高人民法院民事审判第二庭编著:《〈全国法院民商事审判工作会议纪要〉理解与适用》,人民法院出版社2019年版,第114~120页。

股东也是受益者。因此，作为替代方案，在目标公司不直接退还投资人多付的认购价款时，其他股东也可以根据约定按照各自在增资前持有的股权比例赔偿投资人的损失，或按相同的比例将其不应间接受益的利益退还目标公司。考虑到司法实践对于目标公司与投资人之间有关赔偿责任的约定所持的谨慎做法，或许由目标公司股东直接赔偿投资人是一种更为妥当的安排。

（三）买方请求赔偿的期限

《民法典》对买卖合同项下买卖标的物的检验有明确且详细的规定：（1）买受人收到标的物时应当在约定的检验期限内检验；没有约定检验期限的，应当及时检验。（2）当事人约定检验期限的，买受人应当在检验期限内将标的物的数量或者质量不符合约定的情形通知出卖人；买受人怠于通知的，视为标的物的数量或者质量符合约定。（3）当事人没有约定检验期限的，买受人应当在发现或者应当发现标的物的数量或者质量不符合约定的合理期限内通知出卖人。（4）买受人在合理期限内未通知或者自收到标的物之日起2年内未通知出卖人的，视为标的物的数量或者质量符合约定；但是，对标的物有质量保证期的，适用质量保证期，不适用该2年的规定。（5）出卖人知道或者应当知道提供的标的物不符合约定的，买受人不受上述通知时间的限制。[1] 根据笔者对部分判例的研究，对于股权转让争议中买方因卖方没有移交目标公司的资产、财务账目及业务档案资料或目标公司的设备、土地使用权在交割时存在瑕疵，或目标公司的经营许可证在交割前已经过期等情形提出的主张，法院一般认为买方的主张应适用法律有关买卖标的物检验的“合理期限”的规定，如买方未能在“合理期限”内将相关瑕疵通知卖方，法院对买方的主张一般不予支持。[2]

《民法典》有关买卖合同的规定主要是关于动产买卖的规定。并购交易所涉及的目标公司是业务和各种经营要素的集合体，买方在交割后很难或不可能及时发

〔1〕 参见《民法典》第620条和第621条。

〔2〕 参见湖南省高级人民法院民事判决书，（2017）湘民再233号；山东省威海市中级人民法院民事判决书，（2019）鲁10民终479号；辽宁省大连市中级人民法院民事判决书，（2018）辽02民终2126号；陕西省西安市碑林区人民法院民事判决书，（2020）陕0103民初1333号。

现目标公司在交割前的投资、生产和经营行为可能涉及的所有违规或违约事项。例如:(1)对于目标公司在交割前签署的大量合同,有些合同在股权协议签署时或交割时已经终止,买方不可能对目标公司已经终止的合同逐一排查。但是,相关合同的对方当事人有权在相应的诉讼时效内主张权利,因此不能排除目标公司在交割后的不确定期限内仍应对其在合同终止前的违约行为承担赔偿责任。〔1〕 在约定的检验期短于第三人对目标公司的追诉期时,买方可能因为第三人在双方约定的检验期之后的追诉行为而丧失对卖方的追偿权利。(2)对于目标公司在交割前可能存在的违法、违规行为,特别是一些较为隐秘的违法、违规行为,在该等行为被政府监管部门发现或查处之前,买方也很难或不可能在交割后及时查明。但是,只要该等违法、违规行为在法律规定的处罚期之内,就不能排除目标公司随时受到政府监管部门的行政处罚或被追究刑事责任。〔2〕 在约定的检验期短于法律规定的处罚期时,买方也有可能丧失对卖方的追偿权利。

最高人民法院注意到不同标的物对检验期的要求不同,故在其司法解释中明确规定:"人民法院具体认定民法典第六百二十一条第二款规定的'合理期限'时,应当综合当事人之间的交易性质、交易目的、交易方式、交易习惯、标的物的种类、数量、性质、安装和使用情况、瑕疵的性质、买受人应尽的合理注意义务、检验方法和难易程度、买受人或者检验人所处的具体环境、自身技能以及其他合理因素,依据诚实信用原则进行判断。"〔3〕另外,为了合理平衡买卖合同中交易双方的不同利益,法律在规定检验期的同时,也允许交易各方对检验期进行约定,并排除检验期适用于卖方的恶意违约或欺诈行为,即"出卖人知道或者应当知道提供的标的物不符合约定的,买受人不受上述通知时间的限制"。

参照《民法典》有关买卖合同的规定以及相关的司法实践,买方应在股权转让

〔1〕 根据《民法典》第188条和第594条之规定,向人民法院请求保护民事权利的诉讼时效期间为3年;国际货物买卖合同和技术进出口合同争议提起诉讼或者申请仲裁的时效期间为4年。

〔2〕 《税收征收管理法》第86条规定:"违反税收法律、行政法规应当给予行政处罚的行为,在五年内未被发现的,不再给予行政处罚。"另外,根据《刑法》第87条之规定,法定最高刑为不满5年有期徒刑的追诉期限为5年。

〔3〕 《最高人民法院关于审理买卖合同纠纷案件适用法律问题的解释》第12条。

后的“合理期限”内履行检验和通知义务，并承担不履行该义务的法律后果。为了避免各方对“合理期限”的不同理解，交易各方应在股权协议中约定检验期。考虑到买方很难在交割后较短的时间内完全核查目标公司在交割前的行为，股权协议可以区分目标公司的资产（如厂房设备等）和目标公司的交割前行为，并据此约定不同的检验期。严格来说，出于维护自身合法权益的需要，买方在交割后不仅应尽快基于法律规定、卖方的披露、卖方的陈述和保证和买方的尽调报告对目标公司进行彻底“检验”，还应在发现任何与卖方披露、卖方陈述和保证不符的事项后尽快按照股权协议通知条款的约定通知卖方，并妥善保管相关证据。

实践中，卖方为了进一步控制交割后的风险和损失赔偿额，除了基于法律规定的检验期减免责任外，可能还要求只对目标公司在交割后的一定期限内因其交割前的行为所遭受的损失承担赔偿责任。该等限制赔偿期限的安排应该属于减轻或者免除卖方瑕疵担保责任的约定，根据《民法典》第 618 条之规定，对于“因出卖人故意或者重大过失不告知买受人标的物瑕疵的，出卖人无权主张减轻或者免除责任”。

（四）针对同一违约行为的重复主张

前文已述，并购项目一整套交易文件（包括框架协议和附属协议）的签约主体可能不尽相同。考虑到违约方的同一行为或不作为可能同时构成不同交易文件项下的违约情形，实践中交易双方可能都希望框架协议和附属协议明确约定，任何一方或其关联方均不得就违约方的同一违约行为分别基于框架协议和附属协议向违约方重复主张违约责任。但是，基于合同相对性原则，如果守约方接受并遵守该约定，守约方可能无法得到应有的损失赔偿。举例来说，交易各方为同一个并购项目分别签署了股权协议和借款协议，股权协议由卖方与买方签署，借款协议由卖方与买方的关联方签署。借款协议约定买方的关联方人向卖方人提供一笔贷款，利率参照同期贷款市场报价利率确定，借款协议的违约责任条款明确约定了违约金，即如果卖方违约导致借款协议解除，卖方则应按照法律允许的民间借贷最高利率向买方的关联方支付违约金。卖方在股权协议和借款协议中分别向买方和买方的关联方保证，卖方是目标公司真实合法的股东，有权向买方转让目标公司股权。但是,在交易文件签署后,并购交易之外的第三人证明该第三人是目标公司的真正股东,卖方不是目标公司的股东,无权转让目标公司股权,从而导致卖方与买方的并购交易终止。毫无疑问,卖方在股权协议和借款协议项下的虚假陈述构成重大违约,该虚假陈述属于同一行为。如果按照交易文件的约定,即买方和买方的关联方不得因卖方的同一行为而分别基于股权协议和借款协议主张违约责任,那么买方和买方的关联方只能选择或由买方基于股权协议或由买方的关联方基于借款协议主张违约责任。但是,根据合同相对性原则,如果买方向卖方主张违约责任,买方主张权利的合同依据只能是股权协议,买方无权同时向卖方主张买方的关联方在借款协议项下的违约金。同样,如果买方的关联方向卖方主张违约责任,买方的关联方也无权主张卖方在股权协议项下的违约责任。因此,上述有关不得因违约方的同一违约行为分别基于不同交易文件主张违约责任的约定不能给守约方提供合理的法律救济,因而在司法实践中也很难得到法院或仲裁庭的支持。

CHAPTER 05

第五章 股东协议和公司章程

与其他类型的投资相比，公司并购是买方以取得对目标公司的控制权为目的的交易。取得控制权并不意味着买方必须收购目标公司全部股权。如果目标公司只有一个股东，在正常情况下买方收购目标公司50%以上的股权即可取得对目标公司的控制；如果目标公司的股东较多，且股东之间没有一致行动协议，买方也可以通过收购目标公司部分股权而取得对目标公司的控制权。在买方仅收购目标公司部分股权时，无论目标公司在并购交易前是否为合营企业，在收购完成后，目标公司都将成为买方与其他股东共同拥有的合营企业，买方在签署股权协议的同时可能与其他股东签署股东协议或修改现有的股东协议，明确约定相互之间的权利和义务，并要求对公司章程作适当修改。相对于股东协议，公司章程是公司的宪章性文件，是公司设立和存续的必备文件。但就两者的内容来说，股东协议和公司章程都是有关股东权利义务以及公司治理等方面的约定或规定。本章将分别介绍和分析股东协议和公司章程的区别以及两者共存的必要性和合理性、股东的主要权利和义务、公司纠纷的解决方式和公司僵局的解决方案。

第一节 股东协议与公司章程的关系

一、股东协议的任意性和必要性以及与股东之间其他协议的区别

（一）股东协议的任意性

顾名思义，股东协议是指公司全体股东之间的协议。相对于股份有限公司而言，人合性是有限责任公司的核心特征，有限责任公司的股东人数为50人以下，股东之间良好紧密的信任和合作关系是有限责任公司存续的基础。因此，有限责任公司全体股东可以通过股东协议相互约束，以维系有限责任公司的人合性，共同持续地经营和管理公司。法律虽然没有要求股东必须签署股东协议，但也没有禁止股东基于意思自治的原则在不违反法律强制性规定的前提下通过协议对股东的权利和义务以及公司治理等方面的事项进行约定。例如，根据《公司法》第34条和第41条的规定，全体股东可以就法律规定的相关事项作出不同于法律规定的约定。[1] 由此可见，虽然法律对股东的权利义务和公司的治理有明确规定，但股东协议作为股东就相同事项达成的合意，一方面，可以重述法律的规定，为股东依法经营和管理公司提供协议指引；另一方面，也可以在法律允许的范围内基于合意调整公司的治理规则，并对股东的权利义务作不同安排。事实上，《公司法》中的"全体股东另有约定的除外"等类似表述为全体股东签署股东协议提供了法律基础。

除已经废止的《中外合资经营企业法》和《中外合作经营企业法》及其实施细则明确要求合营各方和中外合作者必须签署"合营企业协议、合同"和"合作企业合同"外，包括《公司法》和《外商投资法》在内的法律并未要求公司股东在设立有限责任公司时必须签署股东协议或类似的协议。也就是说，根据现行法律规定，股东

〔1〕《公司法》第34条规定："股东按照实缴的出资比例分取红利；公司新增资本时，股东有权优先按照实缴的出资比例认缴出资。但是，全体股东约定不按照出资比例分取红利或者不按照出资比例优先认缴出资的除外。"第41条第1款规定："召开股东会会议，应当于会议召开十五日前通知全体股东；但是，公司章程另有规定或者全体股东另有约定的除外。"

是否签署股东协议完全取决于股东之间的自行安排。因此，与公司章程的法定性不同，股东协议具有很强的任意性。除此之外，股东协议的任意性还主要表现为全体股东既可以在不违反法律强制性规定的前提下对相互之间的权利义务关系以及公司的治理进行全面的约定，也可以只对相关特定事项进行约定，其约定的内容可以超出、等于或少于公司章程所规定的内容。换句话说，只要是全体股东之间的约定，并且约定的事项是有关公司的事项或有关股东之间与公司相关的事项，那么该等约定均属于股东协议的约定范畴。相反，即便是公司全体股东之间的约定，如果约定的事项与公司无关或与股东之间有关公司的权利和义务无关，那么该等约定不应是股东协议的约定范畴，而是相同签约主体有关其他不同合同标的之约定。

（二）签署股东协议的必要性

股东协议约定的事项，包括股东的权利义务和公司的治理，也可以通过公司章程明确规定。既然公司章程是公司设立和存续的必备文件，而且公司章程也可以对股东协议约定的事项进行明确规定，那么有必要分析全体股东是否需要另行签署股东协议。实践中的确存在很多公司只有公司章程，股东不再另行签署股东协议的实例。但是，基于以下 4 种主要原因，笔者认为，全体股东在公司设立时或在公司并购时签署股东协议有其必要性。

第一，签署股东协议有利于股东和公司对股东之间商业安排的保密。实践中，申请人在申请设立公司时应当提交公司法定代表人签署的设立登记申请书、公司章程等文件；公司登记机关也应将公司登记事项、公司章程等信息通过统一的企业信息公示系统向社会公示。但是，股东之间的有些约定可能涉及股东之间或股东与公司之间的商业安排，股东和公司出于保密的目的一般不希望将相关的约定写入公司章程并对外公示。例如，就股东之间的不竞争约定而言，约定的内容大多包括不竞争的业务领域、地域范围和不竞争期限；再就股东向第三方转让股权的限制而言，相关约定可能限制或禁止股东向竞争对手转让股权，并据此列明主要竞争对手的名单等。类似的约定因投资项目以及股东等不同而不同，但是相关约定无疑具有极强的市场敏感性和商业保密性，不适合对外公示。除非股东同时签署两个不同版本的公司章程，一个用于在公司登记机关备案，另一个为股东和公司内部保密版的公司章程,否则股东只能通过股东协议对保密事项另行约定。

第二,签署股东协议有利于更好地保护小股东的合法权益。签署股东协议也可能是大股东在公司设立或重组时(包括股权转让和增资认购时)根据小股东的要求所做的妥协。虽然公司章程在公司设立时需要全体股东一致同意并签署,但是除非公司章程另有规定,否则公司章程在公司设立后经股东会代表2/3以上表决权的股东表决通过即可被修改。[1] 事实上,控股股东不仅能够在股东会通过其控制的多数表决权强行表决通过包括修改公司章程的股东会决议,还可能利用控股优势在董事会安排代表自己利益的董事,从而使董事会在一定程度上成为代表控股股东单方意志和利益的工具,并进而利用董事会表决机制选任代表自己利益的管理人员。《公司法》禁止股东滥用股东权利损害公司其他股东的利益,但在实践中对于如何评判控股股东滥用股东权利侵害小股东合法权益的问题存在很大的模糊性,《九民纪要》第10条和第11条也只是从保护公司债权人的角度就公司控制股东对公司过度支配与控制、操纵公司的决策过程的情形和责任进行规范。由于公司设立时全体股东一致同意的公司章程在公司设立后可能不具有稳定性和持久性,公司章程很难满足小股东对自身权益保护的要求。与公司章程相比,股东协议一经签字生效即对全体股东产生约束力,任何修改必须经全体股东一致同意,因此只要股东协议在签署时充分体现了小股东真实意思,并明确约定了小股东的权益保护,股东协议能够给小股东提供更为稳定和长期的保护。从一定意义上说,股东协议是小股东限制控股股东滥用控制权的一个有效手段,控股股东在股东会的任何表决以及控股股东提名的董事在公司董事会的任何表决,包括有关修改公司章程的表决,如果与股东协议的约定相违背,其他股东应有权基于股东协议追究控股股东的违约责任。

第三,签署股东协议是公司应对公司登记机关特别要求的妥协方案。根据2022年3月1日施行的《市场主体登记管理条例》第19条和第20条之规定,在申请人申请办理市场主体登记时,登记机关应当对申请材料进行形式审查。对申请材料齐全、符合法定形式的予以确认并当场登记。不能当场登记的,应当在3个工

[1] 参见《公司法》第43条。

作日内予以登记；情形复杂的，经登记机关负责人批准，可以再延长3个工作日。登记申请不符合法律、行政法规规定，或者可能危害国家安全、社会公共利益的，登记机关不予登记并说明理由。虽然法律规定登记机关应当对申请材料进行形式审查，但是，由于思想认识的差距，部分地方的公司登记机关在实践中往往以过去长期形成的审批心态实质性审查申请人提交备案的公司章程，经办人员在审查过程中有时基于主观认识对公司提出超出法律规定的要求。例如，有的经办人员将法律的任意性规定视为强制性规定，只要公司章程的规定与法律规定不一致，即便公司章程的规定没有违反法律的强制性规定，相关条款也可能无法通过公司登记机关的审查；有的经办人员甚至直接要求公司提交符合其指定格式版本的公司章程。不难想象，股东在该等情形下可能很难通过公司章程充分表达其真实意思。

第四，签署股东协议可以避免公司章程的反复修改和备案。根据《市场主体登记管理条例》第9条和第29条之规定，公司章程属于法定的备案事项，公司设立后变更法定备案事项的，应当自作出变更决议、决定或者法定变更事项发生之日起30日内向登记机关办理备案。也就是说，公司设立之后公司章程的每次修改都应根据法律规定向公司登记机关办理备案。如果股东通过公司章程记载股东之间的所有约定，而不再另行签署股东协议，只要全体股东修改或补充该等约定，公司就须同步修改公司章程并向公司登记机关办理备案手续。如果股东将与法定登记事项无关的约定通过股东协议另行签署，不通过公司章程记载，股东协议的修改和补充自然不涉及公司章程的修改和备案。

（三）股东协议与一致行动协议

相对于公司全体股东之间的约定，实践中部分股东之间也可能就公司的事项或与公司相关的事项进行约定。但是，无论全体股东是否已经签署股东协议，也无论部分股东之间的协议是在股东协议之前或之后签署，部分股东之间的协议对其他未签署的股东没有约束力，不应被视为股东协议。

部分股东之间的协议所约定的内容一般包括两大类：一是相关股东在不违反法律、公司章程和不损害公司、其他股东权益的前提下约定相互之间的权利和义务；二是部分股东在股东协议和公司章程之外就各自在公司股东会和董事会层面共同行使表决权和提名权等进行约定。作为部分股东之间的内部协议,第一类约定即便与股东协议和公司章程不一致或存在冲突,只要不涉及公司和公司其他股东的权益,一般不被法律所禁止;除非股东协议和公司章程有不同规定,否则该等协议也无须公司和公司其他股东的同意。第二类约定在本质上构成一致行动协议,部分股东就共同行使表决权达成协议,从而构成一致行动人。"一致行动"这一概念在中国法上源于上市公司监管规则,《上市公司收购管理办法》(2020 年修订)第 83 条第 1 款将一致行动界定为"投资者通过协议、其他安排,与其他投资者共同扩大其所能够支配的一个上市公司股份表决权数量的行为或者事实"。严格来说,一致行动协议应是指公司股东之间就行使表决权达成的投票权协议,目的在于取得公司的控制权或对公司施加更多的影响。虽然一致行动协议多见于上市公司,但在有限责任公司中,部分股东也可能通过一致行动协议共同取得对公司更多的影响力,甚至取得对公司的控制权。一致行动协议可能约定签约股东按照以下两种方式一致行使表决权:(1)在公司召开股东会前,一致行动人内部按照一定的议事规则就股东会拟议事项事先达成一致意见,一致行动人在股东会上根据事先达成的一致意见行使表决权;(2)一致行动人中的其他股东在股东会上的表决应与一致行动人中的决定性股东保持一致,其他股东依据决定性股东的意志被动行使表决权和发表意见,决定性股东的意志被视为一致行动协议各方的共同意志,并据此形成一个稳定的利益团体。

部分股东之间的一致行动协议在通常情况下不应对未签约的股东和公司产生效力。但是,在公司法定代表人签署一致行动协议并且董事会讨论通过相关决议内容的情形下,对于签约股东在股东会上违反一致行动协议的约定行使表决权,有的法院认为公司有权直接根据一致行动协议的约定计票。[1] 笔者认为:(1)除非公司章程另有规定,否则无论股东之间是否签署一致行动协议,股东按照自己的意志在股东会会议上行使表决权是股东基本的、固有的权利。即便签约股东在股东

〔1〕 参见江西省新余市渝水区人民法院民事判决书,(2016)赣 0502 民初 75 号;江西省新余市中级人民法院民事判决书,(2016)赣 05 民终 12 号;江西省高级人民法院民事裁定书,(2017)赣民申 367 号。

会上的表决违反一致行动协议，公司也应尊重相关股东投票表决的真实意思表示，并根据该股东的真实意思如实计票，而无权行使裁判机构的职权，更无权直接纠正该股东的违约行为并进而根据一致行动协议计票。违反一致行动协议或股东协议的股东对其他一致行动人应承担的违约责任应基于一致行动协议或股东协议的相关约定和法律规定由相关协议方另行解决，与公司和其他股东无关。(2)股东会是公司的最高权力机构，其议事规则和表决机制等均应由公司章程规定或由股东会通过有效决议规范，股东之间有关表决权的约定不应对股东会产生约束力。(3)股东理应知道公司不是一致行动协议的当然当事方，公司法定代表人或其他代表在没有股东会有效决议授权时无权签署一致行动协议，也应当知道公司董事会无权就股东会职权范围的事项作出任何对股东会有约束力的决议。因此，只要股东会事先没有通过有效决议授权公司法定代表人签署一致行动协议，且在事后也没有通过有效决议追认该等协议，即便公司法定代表人签署一致行动协议，相关协议也不应对公司产生约束力。

虽然公司和公司的其他股东不受一致行动协议的约束，但一致行动协议可能对公司和公司的其他股东产生影响。一致行动协议也可能增加一致行动人的法律义务。例如，在部分股东通过各自的股权比例无法控制公司的情形下，如果一致行动协议使相关股东达到共同控制公司的目的，则可能构成经营者集中，并根据《反垄断法》的规定产生经营者集中反垄断申报的义务。

从买方的角度来看，如果目标公司的股东较多，股权较为分散，买方未能通过收购足够的股权取得对目标公司的单独控制权，那么为了防止目标公司其他股东通过一致行动协议取得对目标公司的控制，并导致公司决策陷入僵局状态，买方需要考虑是否要求：(1)其他股东在股东协议或公司章程中对相互之间不存在一致行动协议作陈述与保证；(2)所有股东共同承诺不在未来寻求与其他股东达成一致行动协议，或相关股东应在达成一致行动协议前书面告知其他股东。虽然相关安排无法真正保证股东在实践中一定不会基于相互之间的默契或协同行使表决权，但该等安排在一定程度上能够防止部分股东在有关目标公司的控制权的问题上建立长期稳定的战略联盟。事实上，除非部分股东在公司设立时或在公司并购交易发生时已经成为利益关联方，否则上述不针对任何特定股东的约定在通常情况下能够被所有股东接受。

（四）股东协议与设立协议

设立协议又称发起人协议或股东投资协议等，是指发起人在公司设立过程中就有关公司设立的事项所订立的协议。就有限责任公司而言，《公司法》虽未使用“发起人”的概念，但从《公司法》第23条“股东共同制定公司章程”以及第25条“股东应当在公司章程上签名、盖章”等规定可以看出，法律对有限责任公司设立时的股东（原始股东）与股份有限公司的发起人的条件要求相同，所以可以将有限责任公司设立时的股东也纳入发起人的范畴。[1]《公司法司法解释（三）》第1条明确规定，“为设立公司而签署公司章程、向公司认购出资或者股份并履行公司设立职责的人，应当认定为公司的发起人，包括有限责任公司设立时的股东”。

《公司法》没有强制要求有限责任公司的股东在设立公司时必须签署设立协议。实践中，股东有可能就公司设立所涉及的事项单独签署协议，以明确各自在公司设立阶段的权利和义务，将公司设立之后的事项交由公司章程规定，这类设立协议属于临时性协议，股东之间有关公司设立的权利义务在公司设立时终止。但是，如果设立协议约定的事项不仅包括股东各方在公司设立阶段的权利和义务，也包括公司设立之后的相关安排，这种设立协议本质上属于股东协议。在“上海宏胜物业有限公司与吴某某公司决议纠纷案”中，涉案投资人订立的股东投资协议既约定公司设立完成之前的事项，也约定公司成立后股东之间、公司与股东之间的权利义务，以及公司治理结构，且基于各种原因，其中的许多内容并未被纳入之后所订立的公司章程中。上海市第二中级人民法院在该案中认为，有时股东投资协议中确实存在某些不便载入公司章程的约定内容；此外，由于公司登记机关往往要求按照其统一制定的样本格式起草公司章程，许多股东间特别约定的协议内容无法被载入公司章程。在此情形下，股东投资协议实际承担了公司章程之外的规则性协议的功能。在公司设立后，由全体投资人所共同参与订立的股东投资协议仍具有法

[1] 参见最高人民法院民事审判第二庭编著：《最高人民法院关于公司法解释（三）、清算纪要理解与适用（注释版）》，人民法院出版社2016年版，第23页。

律效力，其中涉及以公司成立后的股东之间、股东与公司之间的权利义务关系为调整对象的协议内容，只要未违反法律的强制性规定或没有与公司章程的规定相冲突，对各缔约投资股东依法具有规范和约束的效力，其效力并不自然终止或被公司章程的效力所取代。[1]

笔者认为，通过太多不同协议对相同标的分别约定容易造成协议之间的相互冲突。股东在公司设立时要么签署临时性设立协议和公司章程，要么签署长期性股东协议和公司章程，甚至根据具体情况在没有必要另行签署股东协议的情形下只签署公司章程。设立协议约定的内容完全能够被股东协议所涵盖，股东在签署股东协议时，没有必要同时签署临时性设立协议。

二、公司章程的法定性

公司章程是由公司全体股东共同制定，并由公司股东会根据法律和公司章程规定的程序不断修改的规范性文件。根据不同的标准，公司章程同时具有多种不同的属性。从公司章程的制定主体来说，公司设立时的章程由全体股东一致同意并签名或盖章，因此公司章程具有契约性，是全体股东之间的协议性文件。在公司设立后，作为规范公司组织和活动的自治性文件，公司章程可由股东会基于法律赋予公司的自治权自行修改，具有自治性。但是，相对于公司章程的契约性和自治性，公司章程在更多方面展现的是其法定性。具体来说，公司章程的法定性主要表现在公司章程的内容、修改程序、适用范围以及强制性备案等方面。

（一）公司章程内容的法定性

公司章程不仅是公司设立和存续的法定必备文件，而且必须载明法律规定的事项。[2]《公司法》第25条规定的公司章程的记载事项包含绝对记载事项和任意

---

〔1〕 参见上海市第二中级人民法院民事判决书，(2012)沪二中民四(商)终字第68号。

〔2〕《公司法》第25条第1款规定："有限责任公司章程应当载明下列事项：(一)公司名称和住所；(二)公司经营范围；(三)公司注册资本；(四)股东的姓名或者名称；(五)股东的出资方式、出资额和出资时间；(六)公司的机构及其产生办法、职权、议事规则；(七)公司法定代表人；(八)股东会会议认为需要规定的其他事项。"

记载事项。确切地说,除“股东会会议认为需要规定的其他事项”外,《公司法》第25条规定的其他记载事项均属于绝对记载事项,即每个公司章程必须记载、不可缺少的法定事项。“股东会会议认为需要规定的其他事项”属于任意记载事项,由股东会基于公司决策和运营的具体情况和需要自行决定。

就公司章程可能涉及的股东的权利义务和公司的治理事项而言,公司法的规定包括强制性规范和任意性规范。从语义识别的角度看,《公司法》中带有“必须”“应当”“不得”“禁止”的规定应为强制性规范,如《公司法》第43条有关修改公司章程、公司增资或减资、合并、分立、解散或变更公司形式的决议必须经代表2/3以上表决权的股东通过的规定,以及《公司法》第16条有关公司为公司股东或实际控制人提供担保必须经股东会或股东大会决议的规定;《公司法》中带有“可以”“依照公司章程的规定”“公司章程另有规定的除外”“全体股东另有约定的除外”的规定则为任意性规范,如《公司法》第16条有关公司对外提供非关联担保的决策机构可由公司章程规定,由董事会或者股东会决议的规定,以及《公司法》第42条有关股东是否按出资比例行使表决权可由公司章程规定的规定等。公司章程不得变更或排除公司法中的强制性规范,但可以排除或变更公司法中的任意性规范。

公司章程内容的法定性并不意味着股东无权通过公司章程体现其真实意思。法律在就公司股东的权利义务和公司的治理作出较为具体的规定的同时,也给股东和公司保留充分空间就相关事项另行规定。上文所说的《公司法》中“公司章程另有规定的除外”以及“由公司章程规定”等表述均体现法律赋予股东和公司在一定范围内通过公司章程自行规范股东的权利义务和公司的治理规则。另外,《公司法》并非对公司章程可能涉及的所有事项都有明确规定。既然公司章程是公司的自治性文件,股东应有权在不违反法律强制性规定和公序良俗的前提下根据公司实际情况自行制定公司章程。事实上,一部结合公司具体情况量身定做的高质量公司章程不应仅仅摘录《公司法》的强制性规范或变更《公司法》的任意性规范,而应同时对《公司法》没有规范的但与公司股东的权利义务密切相关或与公司投资、生产和运营相关的所有重要事项作明确规定。

(二)公司章程修改程序的法定性

公司设立后,公司章程只能由股东会按照法律和公司章程规定的程序修改。根据《公司法》第43条第2款之规定,股东会会议作出修改公司章程的决议必须经代表2/3以上表决权的股东通过。该条规定确立了股东会对公司重大事项应采用2/3以上多数决的表决机制,属于股东和公司都必须遵守的强制性规范。但是,对于公司章程能否提高《公司法》规定的"2/3以上"表决权比例的问题,有的法院认为,股东对于公司重大事项的表决应严格遵守法定的"2/3以上多数决"的表决机制,如在"王某某与刘某某、上海商景投资管理有限公司等董事会决议效力纠纷案"中,案涉公司章程规定"股东会会议决议应由全体股东表决通过",滁州市中级人民法院认为,公司章程对股东会会议表决机制所作的另行规定不应违反"少数服从多数"这一基本原则,否则公司将无法形成决议,使公司陷入僵局。该院最终认为应按照资本多数决的表决机制来判定股东会决议是否通过。[1] 与其相反,大多数法院认为,《公司法》规定的"2/3以上"只是对表决权的最低限度的要求,对上限并无限制;如果公司章程规定更高的比例,相关规定没有违反法律的强制性规定。[2] 笔者赞同后一种意见,即在尊重股东意思自治的前提下,《公司法》这一强制性规定的目的在于保障拥有少数表决权的股东参与公司重大决策的权利,限制拥有多数表决权的股东单方决定公司重大事项的权利;公司章程可以就需多数决的事项规定高于2/3的表决比例,甚至规定由全体股东一致表决通过;至于高于2/3的表决比例是否可能导致股东会无法形成决议和使公司陷入僵局,这应属于股东和公司自行评判和决定的事项,法律无须强行介入。

(三)公司章程适用范围的法定性

作为规范公司组织机构及其行为、公司与股东、股东与股东之间权利义务关系

---

〔1〕 参见安徽省滁州市中级人民法院民事判决书,(2013)滁民二再终字第00014号。

〔2〕 参见上海市第二中级人民法院民事判决书,(2012)沪二中民四(商)终字第896号;江苏省高级人民法院民事判决书,(2018)苏民终129号;四川省高级人民法院民事裁定书,(2019)川民申4599号。

的组织性文件，除约束全体股东外，公司章程对公司、公司的董事、监事和高级管理人员也具有约束力。就公司与股东以及股东与股东之间的关系而言，如果一方违反公司章程的规定侵犯另一方权益并造成损失，另一方有权基于公司章程的规定提出权利请求。《公司法》也明确规定了董事、监事、高级管理人员因违反法律和公司章程给公司和股东造成损害的赔偿责任。例如，《公司法》第149条和第152条分别规定，董事、监事、高级管理人员执行职务违反法律、行政法规或者公司章程的规定，给公司造成损失的，应当承担赔偿责任；损害股东利益的，股东可以向人民法院提起诉讼。

《公司法》没有就公司章程对第三人的效力作明确规定。基于合同相对性原则，除非法律有明确规定，否则公司章程不应突破相对性原则直接对第三人产生效力。在“中建材集团进出口公司与北京大地恒通经贸有限公司、北京天元盛唐投资有限公司、天宝盛世科技发展（北京）有限公司等进出口代理合同纠纷案”中，北京市高级人民法院认为，“有限责任公司的章程不具有对世效力，其作为公司内部决议的书面载体，它的公开行为不构成第三人应当知道的证据。强加给第三人对公司章程的审查义务不具有可操作性和合理性，第三人对公司章程不负有审查义务。第三人的善意是由法律所推定的，第三人无须举证自己善意；如果公司主张第三人恶意，应对此负举证责任”[1]。也就是说，公司章程是股东制定的公司内部文件，公司章程的备案和公示不能也不应被作为推定第三人知晓或应当知晓公司章程内容的充分依据。

公司法定代表人对外有法定权利代表公司。但是，在《民法典》颁布之前，商务实践经常就公司能否通过限定法定代表人权限的章程或股东会决议等对抗第三人的问题产生争议。根据《民法典》第61条第3款之规定，法人章程或者法人权力机构对法定代表人代表权的限制，不得对抗善意相对人。《公司法修订审议稿》第11条也规定：“法定代表人以公司名义从事的民事活动，其法律后果由公司承受。公司章程或者股东会对法定代表人职权的限制，不得对抗善意相对人。法定代表人因执行职务造成他人损害的，由公司承担民事责任。公司承担民事责任后，依照法

[1] 《最高人民法院公报》2011年第2期（总第172期）。

律或者公司章程的规定,可以向有过错的法定代表人追偿。”

根据最高人民法院民事审判第二庭的权威解读,对法定代表人代表权的限制分“意定限制”和“法定限制”两种。意定限制包括公司章程对代表权事先所作的一般性限制和公司权力机构对代表权的个别限制,意定限制仅具有内部效力,不得对抗善意相对人;法定限制是指法律对代表权所作的限制,一经公布推定所有人都应知晓并遵守。[1] 例如,《公司法》第16条对法定代表人有关公司向其他企业投资或为他人提供担保的代表权的限制就属于典型的法定限制。[2] 值得注意的是,在《九民纪要》出台前,《公司法》第16条的规定在司法实践中往往被视为管理性强制规范。例如,在“招商银行股份有限公司大连东港支行与大连振邦氟涂料股份有限公司、大连振邦集团有限公司借款合同纠纷案”中,最高人民法院认为:“上述公司法规定已然明确了其立法本意在于限制公司主体行为,防止公司的实际控制人或者高级管理人员损害公司、小股东或其他债权人的利益,故其实质是内部控制程序,不能以此约束交易相对人。故此上述规定宜理解为管理性强制性规范。对违反该规范的,原则上不宜认定合同无效。”[3] 但是,相关裁判规则似乎在《九民纪要》实施后发生了变化,如最高人民法院在其2021年9月27日作出的判决中认为,担保人出具的《第三方单位担保书》虽经法定代表人签名,并盖有担保人公章,但是根据《公司法》的相关规定,担保行为不是法定代表人所能单独决定的事项,而必须以公司股东会、董事会等公司机关的决议作为授权的基础和来源。法定代表人未经授权擅自为他人提供担保的,构成越权代表,现被担保人并未提供证据证明以担保人名义为本案提供的担保经过了担保人董事会或者股东会的同意,故该担保属于法定代表人未经授权擅自为他人提供担保。因此,《第三方单位担保书》应被认

---

〔1〕 参见最高人民法院民事审判第二庭编著:《〈全国法院民商事审判工作会议纪要〉理解与适用》,人民法院出版社2019年版,第181页。

〔2〕 《公司法》第16条规定:“公司向其他企业投资或者为他人提供担保,依照公司章程的规定,由董事会或者股东会决议;公司章程对投资或者担保的总额及单项投资或者担保的数额有限额规定的,不得超过规定的限额。公司为公司股东或者实际控制人提供担保的,必须经股东会决议。前款规定的股东或者受前款规定的实际控制人支配的股东,不得参加前款规定事项的表决。该项表决由出席会议的其他股东所持表决权的过半数通过。”

〔3〕 参见最高人民法院民事判决书,(2012)民提字第156号。

定无效。[1]

根据《九民纪要》的规定，对于法律明确限制的事项，法院在认定法定代表人未经公司决议程序对外提供担保之效力时应区分债权人是否为善意。[2] 对于公司为公司股东或实际控制人提供的关联担保，债权人如果主张担保合同有效，则应提供证据证明其对股东会决议进行了审查，决议的表决程序符合《公司法》的相关规定，签字人员也符合公司章程的规定；对于公司为公司股东或实际控制人以外的人提供的非关联担保，只要债权人能够证明其在订立担保合同时对董事会决议或股东会决议进行了审查，同意决议的人数及签字人员符合公司章程的规定，就应当认定其构成善意，除非公司能够证明债权人明知公司章程对决议机关有明确不同的规定或债权人明知决议是伪造或者变造的文件。[3] 因此，就法律明确限制的事项而言，第三人对担保方的公司章程负有适当关注的法定义务。最高人民法院在"黑龙江昆丰农业发展集团有限公司、瓮福集团农资有限责任公司企业借贷纠纷案"中也认为，与公司签订担保合同的第三人对公司章程负有合理审慎的审查义务。[4]

（四）公司章程备案的法定性

公司章程的法定性还表现在法律对公司章程的备案要求。根据《市场主体登记管理条例》第 9 条和第 29 条的规定，公司章程以及公司章程的修改均应向登记机关办理备案。但是，公司出于保密需要可能不愿意向第三人公示公司章程的全部内容；另外，公司登记机关往往要求公司提交符合其格式版本的公司章程，公司自行制定的章程可能不被公司登记机关接受。这在客观上导致了有的公司可能同时

---

〔1〕 参见最高人民法院民事判决书，(2020)最高法民终 1143 号。

〔2〕 《九民纪要》第 17 条规定："为防止法定代表人随意代表公司为他人提供担保给公司造成损失，损害中小股东利益，《公司法》第 16 条对法定代表人的代表权进行了限制。根据该条规定，担保行为不是法定代表人所能单独决定的事项，而必须以公司股东(大)会、董事会等公司机关的决议作为授权的基础和来源。法定代表人未经授权擅自为他人提供担保的，构成越权代表，人民法院应当根据《合同法》第 50 条关于法定代表人越权代表的规定，区分订立合同时债权人是否善意分别认定合同效力：债权人善意的，合同有效；反之，合同无效。"

〔3〕 参见《九民纪要》第 18 条。

〔4〕 参见最高人民法院民事判决书，(2019)最高法民终 1451 号。

拥有两套内容不同的公司章程的情形，一套用于在公司登记机关备案，即公司备案章程；另一套由股东和公司实际遵守和执行，即公司内部章程。

在公司备案章程和公司内部章程产生冲突或不一致时，判定应以哪一套章程为准的标准包括两个方面：一是备案是否为公司章程生效的要件；二是股东的真实意思。就公司章程的生效要件而言，公司章程的备案不是公司章程生效的前提条件，公司章程及其修改只要没有违反法律的强制性规定并经全体股东签署或经公司股东会有效表决通过即合法生效。在“万某某等诉丽江宏瑞水电开发有限公司股东资格确认纠纷案”中，最高人民法院认为，“经法定程序修改的章程，自股东达成修改章程的合意后即发生法律效力，工商登记并非章程的生效要件，这与公司设立时制定的初始章程应报经工商部门登记后才能生效有所不同”[1]。笔者注意到，最高人民法院有关“初始章程应报经工商部门登记后才能生效”的表述可能引起误解。笔者认为这句话的本意应是指初始章程只能在公司成立时生效，而公司的成立日期是公司营业执照签发日期，即初始章程备案之后的日期。也就是说，最高人民法院的表述不应被理解为，如果存在两套初始章程，即公司备案章程和公司内部章程，只有经过备案的初始章程才是有效章程。另外，根据正常逻辑并结合司法实践，除非公司备案章程或公司内部章程另有不同规定或有其他证据提供不同的证明，否则签署时间在后的章程应更能体现股东的真实意思，在两者之间产生冲突或不一致时，对于股东、公司、公司的董事、监事和高级管理人而言，应以签署时间在后的公司章程为准，无论这套章程为公司备案章程，还是公司内部章程。[2]

为避免股东和公司因公司内部章程和公司备案章程存在冲突或不一致而产生争议，笔者建议公司内部章程应包含下列冲突适用条款：“如果公司登记机关要求公司签署其指定版本的公司章程（‘公司备案章程’）或公司拟向公司登记机关提交另行签署的公司备案章程，股东应基于本章程的规定制定并签署公司备案章程。但是，本章程为全体股东的真实意思表示，公司备案章程仅用于在公司登记机关办理备案手续之目的；如公司备案章程与本章程有任何冲突或不一致，应当以本章程

---

〔1〕 最高人民法院民事判决书，(2014)民提字第00054号。

〔2〕 参见广西壮族自治区南宁市中级人民法院民事判决书，(2014)南市民二终字第339号。

为准。”需要指出的是，上述冲突适用条款只适用于公司与股东、股东与股东之间的权利义务关系。公司内部章程一般不为第三人所知悉，包括基于公司备案章程合理信赖公司并与公司交易的第三人，因此在处理公司与第三人之间的关系时，公司和股东不应对第三人主张适用公司内部章程。

三、股东协议和公司章程的优先适用问题

基于上述介绍，股东协议是公司全体股东之间的协议，而公司设立时的公司章程也是全体股东一致同意并签署的文件。如果股东协议和公司章程的内容完全一致，并且能够在公司存续期间内一直保持一致，那么股东可以通过公司章程约定相关事项，无须另行签署内容与公司章程完全相同的股东协议。换句话说，股东协议和公司章程的同时存在正好说明两者内容在公司设立时或在公司设立后的存续期间内可能不完全一致，甚至可能存在冲突。基于正常逻辑，如果股东协议就某一事项进行了明确约定，而公司章程对此未作任何规定，那么两者应被视为不一致，但没有构成直接冲突；如果两者均对同一事项进行了约定，但约定不同，两者则产生冲突。在两者不一致但没有冲突的情形下，除非股东协议或公司章程另有不同规定，否则股东对公司章程的遵守不应被视为违反股东协议；公司选择遵守股东协议也不应被视为违反公司章程。但是，在股东协议和公司章程冲突的情形下，股东和公司究竟应遵守股东协议还是公司章程则应视具体情况而定。

（一）股东协议和公司章程对股东的优先适用问题

股东协议和公司章程对股东均有约束力。在两者产生冲突时，判定哪个优先适用的标准首先取决于股东协议和/或公司章程是否约定了冲突适用条款。如果股东协议和/或公司章程明确约定了优先适用条款，股东之间的权利义务关系应以优先适用的股东协议或公司章程为准。如果两者均未明确约定优先适用条款，那么应基于两者的签署或修改时间以及其他事实查明股东的真实意思，股东之间的权利义务关系应以代表股东真实意思的股东协议或公司章程为准。在正常情况下，如果两者的签署时间不同，那么除非有其他证据能够提供不同的证明，否则签

署在后的股东协议或公司章程应代表股东的最新意思表示。如果两者的签署时间相同,则应根据其他事实,如股东会会议纪要或股东之间商谈的其他记录文件等查明股东的真实意思。为防止股东之间因两者之间的冲突产生争议,股东协议与公司章程均应明确约定,在股东协议与公司章程存在冲突或不一致时应以股东协议为准。

(二)股东协议和公司章程对公司的优先适用问题

公司通过其组织机构或授权代表进行意思表示或从事特定行为。有限责任公司的组织机构有广义和狭义之分,狭义的组织机构主要包括股东会、董事会和监事会,广义的组织机构除股东会、董事会和监事会之外,还包括法定代表人和经理。股东会是公司的决策机构,也就是权力机构;董事会或不设董事会的公司的执行董事是执行股东会决议的执行机构;监事会或不设监事会的公司的监事是公司的监督机构;法定代表人是公司意志的具体体现者,基于法律的强制性规定对外代表公司;经理由董事会或执行董事聘任和解聘,对董事会或执行董事负责,代表公司的日常经营机构并负责公司的日常经营。作为公司的常设组织机构,股东会、董事会、监事会、法定代表人和经理无疑受公司章程约束。除公司的常设组织机构外,公司章程对公司的其他高级管理人员(包括公司的副经理、财务负责人和公司章程规定的其他人员)同样具有法定约束力。

在股东协议与公司章程不一致或相互冲突时,对于公司是否受股东协议约束的问题,有的法院认为,如果股东协议合法有效并代表全体股东的真实意思,在股东协议与公司章程不一致时,股东协议应对公司具有约束力;在股东协议与公司章程相冲突时,股东协议可被视为股东通过合意进一步明确各自的权利义务,甚至否定公司章程的约定。在下文所述的3个案件中,上海市第二中级人民法院基于对股东真实意思的查明,在股东协议与公司章程不一致或冲突时支持代表全体股东真实意思的股东协议对公司的适用。

第一,在“上海宏胜物业有限公司与吴某某公司决议纠纷案”中,吴某某等23名自然人股东订立了一份《股东投资协议》,该投资协议第18条约定,股东受到刑事或行政处罚时,股东会经代表2/3以上表决权的股东的书面同意可以通过决议取消其股东资格。上海宏胜物业有限公司(以下简称宏胜公司)的章程在《股东投资协议》签署后制定,没有载明上述约定。法院认为:股东投资协议通常是由全体投资人在公司设立前,共同参与订立的协议,其主要作用在于明确发起人设立公司的目的、确定公司的基本性质和结构,以及分配和协调发起人之间的权利义务关系;在公司设立过程中,由股东签署的公司章程具有公司自治规范的性质,对股东、公司以及公司董事、监事等人员具有规范和约束的效力;股东投资协议与公司章程在本质上存在不同,两者应为相互平行而非前后承接的关系,股东投资协议与公司章程不存在效力上的关联性。法院进一步认为,虽然《股东投资协议》约定的取消股东出资资格的内容未被载入宏胜公司后来制定的章程中,但该条款内容并未违反法律的强制性规定,也没有与宏胜公司的章程相冲突,故对各股东具有约束力。法院最终认为,按照《股东投资协议》的约定,宏胜公司股东会有权经代表2/3以上表决权的股东表决通过决议,取消吴某某的股东资格,并由股东会处理其股东权益。[1]

第二,在"上海联合汽车大道开发建设有限公司、中国五冶集团有限公司与上海联合汽车(集团)有限公司公司决议撤销纠纷上诉案"中,法院认为:公司章程作为对公司重要和基本问题明确规定的公众法律文件,对股东以外的债权人以及其他社会公众而言是其赖以了解公司的基本依据,但对股东来说,公司章程仅是股东之间的一种契约,股东可以通过其他合意且在不违反强制性规定的情况下进一步明确各自的权利义务,甚至否定公司章程的约定,故在股东之间应以股东的真实意思为准;本案的事实表明,公司股东双方实际并不是按照章程的规定在股东会、董事会行使表决权,而是按照股东内部协议的方式确定相应的表决方式,该约定对股东具有法律效力,且与《公司法》有关股东会会议由股东按照出资比例行使表决权的规定以及《公司法》关于董事会会议的表决规定相符。[2]

第三,在"曾某与上海产联电气科技有限公司公司决议撤销纠纷案"中,A和B为上海产联电气科技有限公司的创始股东,股东共同签署的增资扩股协议明确约

---

〔1〕 参见上海市第二中级人民法院民事判决书,(2012)沪二中民四(商)终字第68号。

〔2〕 参见上海市第二中级人民法院民事判决书,(2013)沪二中民四(商)终字第733号。

定 A 的特别权利,包括:(1)对股东会行使职权的事项或者董事会按照章程须报股东会批准的事项拥有否决权;(2)任命执行董事或董事长;(3)董事会授权 A 和 B 共同决定公司内部管理机构的设置和公司的基本管理制度,聘任或者解聘经理,并根据经理的提名决定聘任或者解聘公司的副经理;(4)董事会撤销上述授权须征得股东会的批准或 A 和 B 的书面同意。法院认为:股东协议和章程均应是股东的合意表示,股东协议只要体现各股东的真实意思表示,不违反法律、法规以及不与公司章程相冲突,即应当与公司章程具有同样的法律效力;增资扩股协议有关创始股东特别权利的约定是当时各股东达成的合意,约定不违法,且公司章程亦未对此特权予以否定,故 A 的特别权利应合法有效,涉案股东会决议因违反上述股东间的协议应当予以撤销;A 的特别权利同样适用于董事会,涉案董事会决议因同样违反了股东间的协议,也应一并予以撤销。[1]

但是,司法实践中也有法院认为,在股权协议与公司章程不一致时,公司应遵守公司章程的规定。在"叶某某诉厦门华龙兴业房地产开发有限公司公司盈余分配权纠纷案"中,股东双方通过股东协议约定分配公司利润的比例,但未相应修改公司章程,厦门市中级人民法院认为:(1)根据《公司法》的规定,制定和修改公司章程都必须依照法律规定,生效的公司章程对公司、股东、董事、监事、高级管理人员具有约束力;《股东合作协议》及其补充协议系股东规定彼此合作期间各自权利义务的合同,对华龙公司不具有约束力。(2)股东在达成《股东合作协议》及其补充协议后应当召开股东会会议对公司章程中有关股东利润分成的规定进行修改;《股东会决议》是股东会依照《公司法》和公司章程召开股东会议形成的决议,在公司章程修改前,如果《股东会决议》与《股东合作协议》及其补充协议不一致,华龙兴业房地产开发有限公司应执行《股东会决议》。[2] 在"吉林省家和投资有限公司与兴旺投资有限公司公司决议撤销纠纷案"中,北京市海淀区人民法院明确表示,股东之间达成的协议不能作为判断董事会决议效力的依据。[3]

---

〔1〕 参见上海市第二中级人民法院民事判决书,(2013)沪二中民四(商)终字第 851 号。

〔2〕 参见福建省厦门市中级人民法院民事判决书,(2007)厦民终字第 2330 号。

〔3〕 参见北京市海淀区人民法院民事判决书,(2017)京 0108 民初第 3827 号。

笔者认为，与公司章程不同，根据合同的相对性原则，股东协议只对全体股东有约束力，不能直接约束公司，除非有证据证明股东协议构成对公司章程的修改。根据《公司法》第37条之规定，股东会在行使修改公司章程等职权时，“股东以书面形式一致表示同意的，可以不召开股东会会议，直接作出决定，并由全体股东在决定文件上签名或者盖章”。根据《公司法》这一规定，即便股东会没有按照法律和公司章程规定的程序召开会议，但是股东以一致同意的方式作出的书面决定，也应被视为股东会有效决议。另外，如果公司章程明确规定在两者冲突或不一致时应以股东协议为准，公司应基于公司章程的冲突条款以股东协议为准。在此情形下，股东协议不应被理解为直接适用于公司，而是通过公司章程中的冲突条款间接适用；公司也不是接受股东协议的全部约束，而只是基于公司章程的冲突条款接受股东协议中与公司章程不一致或相冲突的条款的约束。严格来讲，公司在此情形下对股东协议相关条款的遵守在本质上是对公司章程的遵守。但是，如果基于对股东协议和公司章程的比较分析，认定在两者之间产生冲突时，公司应以公司章程的规定为准，那么公司章程的规定也应优先适用于股东与公司之间的法律关系。

（三）股东之间基于股东协议的求偿权

在股东协议与公司章程不一致或冲突时，股东根据公司章程行使股东权利，有可能违反其在股东协议项下对其他股东的承诺。举例来说，股东协议往往约定，如果股东协议中股东一致同意的事项的实施根据法律或公司章程的规定需要取得股东会或董事会的有效决议，全体股东不仅应按照股东协议的约定在股东会投票表决，而且应保证其提名的董事按照股东协议的约定在董事会投票表决，以确保股东一致同意的事项能够通过股东会和董事会的有效决议。如果股东在股东会上的投票违反其在股东协议项下的承诺，则非违约股东有权根据股东协议向违约股东主张违约责任。同样，如果股东提名的董事在公司董事会的投票导致股东违反其在股东协议项下的承诺，则非违约股东也应有权根据股东协议向违约股东主张违约责任。

第二节　股东的出资义务

根据法律和公司章程的规定认缴并实缴注册资本是公司股东的主要义务。就公司并购而言,下列交易安排均涉及买方的出资义务:(1)买方基于尽职调查和风险分析决定不直接收购目标公司,改为与目标公司或目标公司的股东新设合营企业;(2)在买方收购卖方持有的目标公司股权时,如果卖方在转让股权时尚有出资期限未届满的出资义务,买方在成为目标公司股东后需要按照卖方最初的认缴额和实缴时间向目标公司出资;(3)在买方通过增资认购的方式取得目标公司股权时,买方需要按照增资认购协议的约定向目标公司出资。需要说明的是,在正常情况下,卖方在股权转让前的实缴出资以及与该实缴出资相关的权益在股权转让后应由买方承继;同样,若卖方认缴的出资期限在股权转让时尚未届满,该等出资义务也应在股权转让后由买方承继。对于卖方在股权转让前没有履行的而出资期限已届满的出资义务以及卖方在股权转让前因瑕疵出资而产生的相关责任等事项,交易双方应通过股权协议明确约定。

一、出资形式

根据《公司法》第 27 条和第 28 条之规定,股东可以用货币出资,也可以用实物、知识产权、土地使用权等可以用货币估价并可以依法转让的非货币财产作价出资。法律在从正面肯定股东的出资形式的同时,也从反面否定了股东的其他出资形式。根据《市场主体登记管理条例》第 13 条第 2 款之规定,股东不得以劳务、信用、自然人姓名、商誉、特许经营权或者设定担保的财产等作价出资。另外,法律不仅对股东的出资形式有明确规定,也对股东的出资行为有明确要求,即以货币出资的,股东应将货币出资足额存入公司账户;以非货币财产出资的,股东应当依法评估作价并办理财产权转移手续;对于以房屋、土地使用权或者需要办理权属登记的知识产权等财产出资的,出资人还需要办理权属变更手续。[1] 相较于货币出资,非货币财产作价出资的情况比较复杂。实践中股东以技术成果作价出资具有普遍性,但法律对以技术成果作价出资的规定并不十分清楚。下面有关出资形式的讨论将重点关注股东以技术成果的作价出资。

(一)技术成果资本化

《公司法》在规定股东可以用“知识产权”出资的同时没有对知识产权的内涵和外延作进一步明确。《民法典》实施前,法律规定的知识产权仅包括专利权、商标权和著作权。[2] 《民法典》第123条扩大了知识产权的范围,除专利权、商标权和著作权外,还包括商业秘密等其他客体。商业秘密应包含非专利技术,一种与“技术秘密”或“技术诀窍”相互替换使用的专有技术。专有技术不具备财产所有权的内容公示性和排他性以及对世主张的效力,主要包括三类技术:一是该技术虽然符合授予专利权的条件,但技术所有者出于技术垄断的目的不希望通过申请专利把技术公开;二是该技术虽然具备先进性和实用性,但不具备专利法要求的新颖性或单一性;三是该技术属于法定不授予专利权的范围,只能以专有技术的形式存在。[3] 作为具有商业价值、不为公众知悉、并经权利人采取保密措施的技术信息,专有技术具有财产权的部分属性,权利人能够通过专有技术创造新的价值。《公司法》仅以非穷尽的方式列举了非货币财产作价出资的形式,并未排除专有技术作价出资。事实上,改革开放之后实施数十年的三资企业法及其实施条例或细则均规定,合营各方、中外合作方或外国投资者可以用“工业产权、专有技术”等作价出资。[4] 虽

---

〔1〕 《公司法司法解释三》第10条第1款规定:“出资人以房屋、土地使用权或者需要办理权属登记的知识产权等财产出资,已经交付公司使用但未办理权属变更手续,公司、其他股东或者公司债权人主张认定出资人未履行出资义务的,人民法院应当责令当事人在指定的合理期间内办理权属变更手续;在前述期间内办理了权属变更手续的,人民法院应当认定其已经履行了出资义务;出资人主张自其实际交付财产给公司使用时享有相应股东权利的,人民法院应予支持。”

〔2〕 参见已经废止的《民法通则》第94条、第95条和第96条。

〔3〕 《专利法》第25条第1款规定:“对下列各项,不授予专利权:(一)科学发现;(二)智力活动的规则和方法;(三)疾病的诊断和治疗方法;(四)动物和植物品种;(五)原子核变换方法以及用原子核变换方法获得的物质;(六)对平面印刷品的图案、色彩或者二者的结合作出的主要起标识作用的设计。”

〔4〕 参见已失效的《中外合资经营企业法实施条例》第22条、《中外合作经营企业法实施细则》第18条、《外资企业法实施细则》第25条第1款。

然三资企业法现已废止,但专有技术的作价出资早已得到法律的确认。因此,目前法律上适格的知识产权作价出资至少包括专利权、商标权、著作权和专有技术。

对于非货币财产作价出资所涉及的财产权转移的问题,法律没有要求一定是财物所有权的转移,如法律明确规定股东可以以土地使用权作价出资。财产权与人身权相对应,[1]是以财产利益为内容,直接体现财产利益的民事权利,既包括物权、债权、继承权,也包括知识产权中的财产权利。从法律意义上看,技术许可使用权不是独立的财产权,但其本身具有财产价值,也具有可转让性,只要相关的技术使用权具有可估价性,并且不违反法律法规禁止作价出资的规定,股东可以以技术使用权作价出资。根据最高人民法院民事审判第二庭的解读,相对于知识产权所有权或专有权而言,以知识产权使用权作价出资实质上是股东以对公司享有的许可使用费请求权出资,属于债权出资。[2] 因此,以知识产权作价出资包括所有权转让和使用权许可两种不同方式。根据《民法典》第 862 条的规定,[3]知识产权所有权或专有权的转让是指权利人按照法定程序并基于合同的约定将知识产权的所有权或专有权转让给受让方,转让后知识产权的所有权或专有权的主体和归属发生变化;知识产权的许可使用则是指权利人保留知识产权的所有权或专有权,许可他人使用其知识产权的行为,即被许可人基于合同的约定取得知识产权的使用权。

如果换一个角度看,知识产权作价出资也可视为股东的间接货币出资。在正常的技术贸易中,如果股东向公司转让知识产权或向公司许可使用知识产权,作为对价,公司应向股东支付转让费或许可使用费。在股东以知识产权作价出资的情形下,股东不从公司收取转让费或许可使用费,而是将该等对价作为出资款用于对公司的出资。也就是说,知识产权作价出资的本质是技术成果资本化,与股东的货币出资没有实质性区别。但是,从法律意义上看,知识产权作价出资与货币出资的

---

〔1〕《民法典》第 3 条规定:“民事主体的人身权利、财产权利以及其他合法权益受法律保护,任何组织或者个人不得侵犯。”

〔2〕参见最高人民法院民事审判第二庭编著:《最高人民法院关于公司法解释(三)、清算纪要理解与适用(注释版)》,人民法院出版社 2016 年版,第 173 页。

〔3〕《民法典》第 862 条第 1 款、第 2 款规定:“技术转让合同是合法拥有技术的权利人,将现有特定的专利、专利申请、技术秘密的相关权利让与他人所订立的合同。技术许可合同是合法拥有技术的权利人,将现有特定的专利、技术秘密的相关权利许可他人实施、使用所订立的合同。”

不同之处主要表现为，以知识产权作价出资的行为不仅适用《公司法》，也可能适用《民法典》《专利法》《商标法》《著作权法》《反不正当竞争法》及其相关的司法解释。下面笔者以专利技术和专有技术为例简要分析两者作价出资可能涉及的法律问题。

1. 以技术所有权或专有权作价出资

股东以专利技术的所有权和专有技术的专有权作价出资不仅符合法律规定，而且在实践中具有普遍性。就专利权而言，根据《专利法》第 10 条之规定，专利申请权和专利权可以转让；转让专利申请权或者专利权的，当事人应当订立书面合同，并向国务院专利行政部门登记，由国务院专利行政部门予以公告；专利申请权或者专利权的转让自登记之日起生效。但是，对于同样可自由转让的专利申请权是否可以用于作价出资的问题，理论上一直存在争议。有观点认为，专利申请权所包含的是非实在、非现实的价值，在未获授权前并无实在价值，不能作为出资客体。〔1〕 与之相反，也有观点认为，专利申请权具有财产权的性质，可用货币估价且可转让，可作为出资客体。〔2〕 笔者认为，专利申请权是指享有发明创造的主体在完成一项发明创造之后向国务院专利行政部门提出专利申请，请求依法保护其在法定期限内独占该发明创造的权利。在正常情况下，专利申请权属于完成发明创造的主体，但是，如果完成发明创造的主体将专利申请权转让给受让人或将专利申请权作价出资，那么相关的发明创造也应同时转让。专利申请权只是一项申请权，并不一定能够转化为专利权。但是，只要相关的发明创造至少具有类似于专有技术的财产价值，那么即便一项发明创造不完全具备专利性条件，即新颖性、创造性和实用性，也不必然影响其作价出资。换言之，专利申请权能否作价出资的关键不是专利申请权能否转化为专利权，而是如果专利申请权不能转化为专利权，该专利申请权所代表的发明创造是否仍然能够给公司带来新的价值，以及该发明创造的专利申请权的评估价值是否合理。在“江苏雅泰新材料有限公司等与宿迁雅臣工程

---

〔1〕 参见衣庆云：《专利申请权和专利使用权入股问题探析》，载《当代法学》2000 年第 1 期。

〔2〕 参见骆增进：《法学视角下专利申请权出资适格性分析》，载《大连海事大学学报（社会科学版）》2013 年第 5 期。

尼龙有限公司专利权权属、专利申请权转让合同纠纷申请案”中，涉案当事人在合同中约定以专利申请权作价出资，最高人民法院在审理该案时未质疑专利申请权是否为适格的出资标的物以及专利申请权转让合同的效力。[1] 不过，在法律对该问题作出明确规定之前，股东究竟能否以专利申请权作价出资还取决于市场监督管理部门的执法实践。

与专利权及专利申请权不同，专有技术并无法定权属证明文件，专有技术专有权的移转亦无须办理法定变更手续。对于以专有技术的专有权作价出资应如何判断股东已履行出资义务的问题，最高人民法院在“江苏金本控股集团有限公司、殷某民间借贷纠纷案”中指出，专有技术的专有权是否移转可结合评估报告、验资报告、是否达成协议并移交相关文件、其他股东是否认可以及公司登记情况等因素综合判断。[2] 在“徐州江煤科技有限公司、徐州信智科技有限公司与徐州中国矿业大学资产经营有限公司股东出资纠纷案”中，江苏省高级人民法院分别从形式要件和实质要件分析股东是否履行出资义务，即从形式要件看股东是否已与公司签订专有技术移交清单并完成公司登记，从实质要件上看公司是否已使用专有技术并取得与产品相关的证书。[3]

就交易文件而言，股东以专利技术所有权和专有技术专有权作价出资应与公司签署技术转让合同，具体约定股东和公司作为合同双方的义务，包括专利技术转让合同的登记、技术资料的描述和移交、有关转让技术合法性、实用性和可靠性的陈述与保证、相关技术的评估作价（股东的出资款）、保密义务（特别是针对专有技术的保密）以及股东提供的与转让技术相关的技术指导和支持等。此外，技术转让合同还应根据《最高人民法院关于审理技术合同纠纷案件适用法律若干问题的解释》（2020 年修订）第 16 条的规定对技术成果作价出资后的权属作明确约定。[4]

---

〔1〕 参见最高人民法院民事裁定书，(2016)最高法民申 984 号。

〔2〕 参见最高人民法院民事裁定书，(2018)最高法民申 3419 号。

〔3〕 参见江苏省高级人民法院民事判决书，(2016)苏民终 1103 号。

〔4〕《最高人民法院关于审理技术合同纠纷案件适用法律若干问题的解释》第 16 条第 1 款规定：“当事人以技术成果向企业出资但未明确约定权属，接受出资的企业主张该技术成果归其享有的，人民法院一般应当予以支持，但是该技术成果价值与该技术成果所占出资额比例明显不合理损害出资人利益的除外。”

2. 以技术使用权作价出资

国家层面的法律法规并未明确规定股东能否以技术成果(包括专利技术和专有技术)的使用权作价出资。以技术成果使用权作价出资的本质是股东许可公司按照协议约定的条件和对价实施特定专利或使用特定专有技术,股东不从公司直接收取货币形式的许可使用费,股东在技术许可合同项下实际取得的对价是公司股权。根据最高人民法院民事审判第二庭的理解,目前理论界及实务界对于知识产权权利人以其对公司享有的债权(许可使用费请求权)出资的合法性已经达成共识。[1] 实践中,已有地方政策确认并鼓励以技术成果使用权出资,如《上海市鼓励创业带动就业三年行动计划(2012—2014 年)》提出“扩大知识产权出资范围,开展专利使用权、域名权等新类型知识产权出资试点工作”,湖南省也曾就以专利使用权作价出资出台过专门的试行规定。[2] 司法实践中也有认可以专利使用权作价出资的案例。[3]

以技术使用权出资的主要难点是技术使用权的作价评估。在正常的技术许可贸易中,特别是在排他许可合同和普通许可合同中,权利人许可对方的仅仅是在约定期限内和地域内对特定技术的使用,权利人没有放弃相关技术的所有权和使用权,技术许可方一般按照被许可方每年营业额的一定比例计收技术许可使用费。但是,在以技术使用权作价出资的情形下,由于公司在股东出资前尚未使用相关技术从事生产和经营或实施相关专利,各方无法知悉公司未来使用相关技术或实施相关专利的年度营业额,因此客观评估用于出资的技术使用权的价值具有一定难度。

与技术转让相似,股东以技术使用权作价出资应与公司签署技术许可合同,具体约定技术许可的相关事宜,包括实施专利或者使用专有技术的期限、地域和方式

〔1〕 参见最高人民法院民事审判第二庭编著:《最高人民法院关于公司法解释(三)、清算纪要理解与适用(注释版)》,人民法院出版社 2016 年版,第 173 页。

〔2〕 参见《湖南省科学技术厅、湖南省工商行政管理局、湖南省知识产权局关于支持以专利使用权出资登记注册公司的若干规定(试行)》(该规定的有效期已于 2016 年 12 月 9 日届满)。

〔3〕 参见最高人民法院民事裁定书,(2019)最高法民申 1516 号;最高人民法院民事调解书,(2007)民三提字第 1 号;江苏省高级人民法院民事判决书,(2008)苏民三终字第 0136 号。

(独占许可、排他许可或普通许可)以及接触专有技术的人员、许可费的评估和约定(股东的出资款)、保密义务(特别是针对专有技术的保密)、技术资料的描述和移交、有关技术合法性、实用性和可靠性的陈述与保证以及股东提供的与许可实施的专利或者许可使用的专有技术相关的技术指导和支持等。就专利技术许可合同而言,如果双方签署独占或排他许可合同的,技术许可合同应同时约定在政府强制许可时的具体安排。[1] 另外,《专利法实施细则》第 14 条第 2 款规定,“专利权人与他人订立的专利实施许可合同,应当自合同生效之日起 3 个月内向国务院专利行政部门备案”。与专利权转让不同,技术许可合同的备案不应是合同生效的要件,但是备案应当具有对抗善意第三人的作用。

在股东不是技术成果的原始权利人,即股东不是专利技术的所有权人或专有技术的专有权人,而是通过技术许可合同从原始权利人处取得使用权的情形下,如果股东与原始权利人之间的技术许可合同明确约定股东有权再许可公司使用相关技术,那么从理论上说,股东也可以以该等技术使用权向公司作价出资。但是,由于股东所享有的使用权系以原始权利人与股东之间有效存续的许可使用为基础,股东的再许可权利是一种从属且不稳定的权利,前端许可使用的终止将直接导致股东对公司的出资落空,这不符合公司资本维持原则。例如,现已废止的《中外合资经营企业合营各方出资的若干规定》就曾排除以技术再许可使用权作价出资的可能性。该规定第 2 条第 2 款规定:“凡是以实物、工业产权和专有技术作价出资的,出资者应当出具拥有所有权和处置权的有效证明。”该规定中的“处置权”包括权利人对专有技术的专有权,即股东以技术作价出资的前提条件是股东对该技术拥有所有权或专有权,而不是仅拥有许可使用权。因此,即便现行有效的法律没有明确禁止,股东也应避免以第三方许可使用的技术成果向公司作价出资。

(二)以技术成果作价出资的保值责任

无论是专利技术还是专有技术,技术成果的价值往往处于变动状态。作为出

[1] 《专利法》第 49 条规定:“国有企业事业单位的发明专利,对国家利益或者公共利益具有重大意义的,国务院有关主管部门和省、自治区、直辖市人民政府报经国务院批准,可以决定在批准的范围内推广应用,允许指定的单位实施,由实施单位按照国家规定向专利权人支付使用费。”

资标的物的专利有可能在股东出资后被国家知识产权局宣告无效，专有技术也可能因被公开披露而丧失商业价值。对于公司来说，与货币和实物作价出资相比，股东以技术成果作价出资的风险较高。

根据《公司法司法解释（三）》第15条之规定，出资人以符合法定条件的非货币财产出资后，出资财产因市场变化或者其他客观因素贬值，除当事人另有约定外，出资人不应承担补足出资的责任。同样，在股东以技术成果所有权或使用权作价出资时，除非股东与公司之间另有约定或股东在出资时存在主观恶意，否则用于作价出资的技术成果因市场变化或者其他客观因素而发生价值贬损的风险也应由公司承担。就专利技术而言，《公司法司法解释（三）》第15条的规定与《专利法》的规定基本一致。根据《专利法》第47条之规定，除专利权人因其恶意给他人造成损失或专利权人未全部或者部分返还专利使用费、专利权转让费明显违反公平原则外，宣告专利权无效的决定对于被宣告无效前已经履行的专利实施许可合同和专利权转让合同不具有追溯力。《商标法》第47条有关商标被宣告无效的后果的规定与《专利法》第47条完全一致。在"青海威德生物技术有限公司、北京威德生物科技有限公司公司增资纠纷案"中，作为股东出资标的物的商标和专利在股东向公司出资后均被宣告无效，最高人民法院认为，股东在以注册商标和专利权出资时，股东和公司之间没有对股东在其出资的无形资产贬值时是否需要承担补足出资的责任进行约定，也无证据证明股东在出资时存在主观恶意，故即使专利和注册商标被宣告无效可能导致出资财产贬值，公司也无权要求股东补足出资和赔偿损失。[1] 与专利技术不同，专有技术的商业价值主要依赖其保密性，如果股东在完成出资后因自身过错导致专有技术泄露，进而造成专有技术贬值的，股东应向公司承担补足出资的义务。

基于上述分析，如股东拟以技术成果的所有权或使用权作价出资，包括股东协议、公司章程和技术转让合同或技术许可合同在内的相关协议应对技术成果贬值的风险承担问题作明确约定，确定股东在该等情形下是否需要向公司补足出资以及是否需要向公司或其他股东承担损失赔偿责任。

---

〔1〕 参见最高人民法院民事判决书，(2019)最高法民终959号。

二、出资期限

《公司法》于2013年修正时正式确立了注册资本认缴制，即除非法律另有规定，股东可在股东协议和公司章程中自主约定实缴出资期限。实践中，特别是对于注册资本较大的公司来说，股东为了有效利用资金一般希望在公司存续期间内根据公司的投资、生产经营的实际需要分期出资，而非一次性足额缴纳其认缴的全部出资。注册资本认缴制实际上确认了股东对于出资期限未届满的认缴注册资本享有期限利益。最高人民法院在"曾某、甘肃华慧能数字科技有限公司股权转让纠纷案"中明确指出，《公司法司法解释(三)》第13条第2款规定的未履行或者未全面履行出资义务应指未缴纳或未足额缴纳出资，出资期限未届满的股东尚未完全缴纳其出资份额不应被认定为未履行或者未全面履行出资义务。[1] 因此，股东只要在公司章程规定的出资期限内按照法律和章程的规定向公司实缴其认缴的全部出资即应被视为已全面履行出资义务。

但是，在公司破产和公司解散两种特定情形下，股东对公司的出资义务应根据法律规定加速到期。根据《企业破产法》第35条之规定，人民法院受理破产申请后，债务人的出资人尚未完全履行出资义务的，管理人应当要求该出资人缴纳所认缴的出资，而不受出资期限的限制。另外，根据《公司法司法解释(二)》第22条之规定，公司解散时，股东尚未缴纳的出资均应作为清算财产，包括到期应缴未缴的出资和分期缴纳但缴纳期限尚未届满的出资。最高人民法院民事审判第二庭在分析前述两条规定时指出，对于公司股东而言，虽然章程规定了明确的出资期限，但出资期限不能超过公司的存续期限，所以一旦公司破产或者强制清算，则视为章程规定的出资期限届至，即加速到期。[2]

另外，除公司破产和公司解散两种法定情形外，对于公司在正常经营中不能清偿的到期债务，债权人能否请求出资期限未届满的股东在未出资范围内对公司不

[1] 参见最高人民法院民事判决书，(2019)最高法民终230号。

[2] 参见最高人民法院民事审判第二庭编著：《〈全国法院民商事审判工作会议纪要〉理解与适用》，人民法院出版社2019年版，第124页。

能清偿的债务承担补充赔偿责任的问题，司法实践不尽一致。根据《九民纪要》第6条之规定，股东在注册资本认缴制下享有期限利益，原则上债权人不能请求出资期限未届满的股东在未出资范围内对公司不能清偿的债务承担补充赔偿责任，但是以下两种情形除外：一是在公司作为被执行人的案件中，人民法院穷尽执行措施，公司无财产可供执行，已具备破产要件，但不申请破产的；二是在公司债务产生后，公司股东会决议或以其他方式延长股东出资期限的。第一种情形实质上构成《企业破产法》第2条规定的公司破产实质要件，即“企业法人不能清偿到期债务，并且资产不足以清偿全部债务或者明显缺乏清偿能力”。如公司在此情形下没有申请破产或拒绝申请破产，公司的债权人有权要求类推适用《企业破产法》第35条的加速到期的规定。公司在第二种情形下实际上构成《民法典》第538条规定的“恶意延长其到期债权的履行期限，影响债权人的债权实现”，公司的债权人有权请求人民法院撤销债务人的行为，股东应按原定出资期限向公司履行出资义务。《公司法修订审议稿》第53条规定：“公司不能清偿到期债务的，公司或者已到期债权的债权人有权要求已认缴出资但未届缴资期限的股东提前缴纳出资。”

三、瑕疵出资的法律后果

出资义务的内涵既包括股东应当依法向公司缴纳其在公司设立时和公司增资时认缴的出资额，也包括出资后不得抽逃出资。与其相对应，瑕疵出资是指股东未履行出资义务或未全面履行出资义务以及抽逃出资的行为。其中，股东未履行出资义务或未全面履行出资义务的行为包括出资人以不享有处分权或设定权利负担的财产出资；出资人未将出资的货币和非货币财产交付公司；出资人以非货币财产出资但未依法评估作价，或评估确定的价额显著低于公司章程所定价额；需要办理权属登记的财产出资，虽然已经交付公司使用但未办理权属变更手续等。[1] 股东抽逃出资主要表现为制作虚假财务会计报表虚增利润进行分配；通过虚构债权债务关系将其出资转出；利用关联交易将出资转出；其他未经法定程序将出资抽回的

〔1〕 参见《公司法司法解释(三)》第7～10条。

行为等。[1]

《公司法》在2013年修正时取消了股东向公司缴纳出资的验资手续。就货币出资而言,判断股东对公司的出资是否真实到位主要依赖于银行出具的相关支付凭证。就非货币出资而言,判断出资是否真实到位则需要依赖资产评估机构出具的评估报告,并需要确认出资人是否已将非货币资产交付公司使用以及是否已根据法律规定办理非货币资产的权属转移手续。对于境外股东以外汇实缴的出资,根据《企业会计准则第19号——外币折算》及其应用指南,境外股东的出资应当按照付款当日中国外汇交易中心公布的当日人民币外汇牌价的中间价折算,不得采用合同约定汇率和即期汇率的近似汇率折算;公司收到外汇后因结汇而产生的汇兑差额应计入公司的当期损益,作为公司的收入或损失。就货币出资而言,境外股东按照股东协议和公司章程规定的外汇出资额缴付出资就应被视为履行了出资义务。

股东的出资是公司资产的最初来源,也是公司开展营利活动并实现资产增值的经济基础。因此,出资义务是股东最基本和最重要的义务,既是股东的法定义务,也是股东之间以及股东和公司之间的约定义务。股东违反出资义务应对公司、其他股东和公司债权人承担相应的法律责任,并承担权利限制、资格解除和丧失股权的法律后果。

(一)瑕疵出资股东对公司的责任

《公司法》第28条第2款规定,“股东不按照前款规定缴纳出资的,除应当向公司足额缴纳外,还应当向已按期足额缴纳出资的股东承担违约责任”。在股东没有按时足额出资的情形下,股东除应当及时补缴所欠出资,是否还应向公司支付拖欠出资期间的利息?尽管《公司法》没有要求瑕疵出资股东对未按期足额缴纳出资加算银行同期存款利息,但是司法实践中对此已经有明确要求。例如,《上海市高级人民法院关于审理涉及公司诉讼案件若干问题的处理意见(二)》(沪高法民二〔2003〕15号)第一部分第3点第1句规定,“公司成立后,因部分股东出资不足或者

〔1〕 参见《公司法司法解释(三)》第12条。

出资存在瑕疵,公司提起诉讼,请求判令其补足出资或者补正瑕疵出资,以及支付相应利息的,人民法院应予支持”。《最高人民法院关于审理涉公司纠纷案件若干问题的规定(一)(征求意见稿)》第9条规定,“股东出资不足或者出资存在瑕疵,公司及已适当履行了出资义务的股东可以向人民法院提起诉讼,请求判令其补足出资或者补正瑕疵,并支付利息”。《公司法修订审议稿》第4条也规定:“股东未按期足额缴纳出资,给公司造成损失的,应当承担赔偿责任。”

另外,根据《最高人民法院关于审理民事案件适用诉讼时效制度若干问题的规定》第1条之规定,公司基于投资关系产生的缴付出资请求权不适用诉讼时效的规定。《公司法司法解释(三)》第19条第1款也规定,公司或者其他股东请求瑕疵股东向公司全面履行出资义务或者返还出资,瑕疵股东以诉讼时效为由进行抗辩的,人民法院不予支持。

(二)瑕疵出资股东对其他股东的责任

就瑕疵出资股东对其他股东的责任而言,《公司法》第28条第2款规定的瑕疵出资股东应当向已按期足额缴纳出资的股东承担责任的基础是股东协议,即瑕疵出资股东没有按照股东协议的约定向公司出资事实上违反了其在股东协议项下对其他股东的承诺。因此,与瑕疵出资股东对公司的侵权责任不同,瑕疵出资股东对其他股东的责任是违约责任,其他已按期足额缴纳出资的股东有权基于股东协议要求瑕疵出资股东承担违约责任。[1] 另外,其他股东在基于公司的请求就瑕疵股东的出资义务承担连带责任后也有权向瑕疵股东追偿。[2] 需要注意的是,与公司基于投资关系产生的缴付出资请求权不同,其他股东基于股东协议对瑕疵股东产生的违约请求权仍然适用诉讼时效的规定。在“深圳市中电森浩固体光源有限公司与长治高科产业投资有限公司等股东出资纠纷上诉案”中,山西省高级人民法院认为:已按期足额缴纳出资的股东因瑕疵出资股东迟延履行出资义务而要求其承

---

〔1〕 参见最高人民法院民事审判第二庭编著:《最高人民法院关于公司法解释(三)、清算纪要理解与适用(注释版)》,人民法院出版社2016年版,第214~216页。

〔2〕 参见《公司法司法解释(三)》第13条第3款。

担违约责任，该请求权虽然是因投资关系而产生，但其基础关系仍然是违约责任，并非全面履行出资义务或者返还出资。所以，已按期足额缴纳出资的股东主张瑕疵出资股东支付违约金的请求，应适用诉讼时效。[1]

（三）瑕疵出资股东对公司债权人的责任

根据《公司法司法解释（三）》第13条、第14条和第19条之规定，如公司债权人的债权未过诉讼时效期间，则瑕疵出资股东应在未出资和抽逃出资本息范围内就公司债务不能清偿的部分向公司债权人承担补充赔偿责任；在此情形下，瑕疵出资股东不能以其出资义务或返还出资义务超过诉讼时效期间为由进行抗辩。

如果公司在公司债务产生后减资，且该减资未履行通知债权人等法定程序，那么该等不当减资行为可能危及公司债权人利益，法院可能会类推适用《公司法司法解释（三）》第13条及第14条之规定，要求股东在减资范围内就公司债务向公司债权人承担补充赔偿责任。在"江苏万丰光伏有限公司诉上海广力投资管理有限公司、丁某某等买卖合同纠纷案"中，江苏省高级人民法院认为，公司股东在明知公司对债权人负有债务情形下，在减资时既未依法通知债权人，亦未向债权人清偿债务，损害了公司合法权利；公司股东应在其减资范围内对公司债务承担补充赔偿责任。[2] 在"上海德力西集团有限公司与江苏博恩世通高科有限公司、上海博恩世通光电股份有限公司等买卖合同纠纷案"中，上海市第二中级人民法院也持相同观点，即公司未就减资通知已知债权人致使减资前形成的公司债权在减资后清偿不能的，可比照《公司法》有关股东违法抽逃出资的原则和规定处理，股东应在公司减资数额范围内对公司债务承担补充赔偿责任。[3]

值得注意的是，如公司在公司债务产生后增加注册资本，对于就该等增资构成瑕疵出资的股东是否需要对公司在增资前产生的债务向公司债权人承担补充责任

---

[1] 参见山西省高级人民法院民事判决书，(2017)晋民终152号。

[2] 参见江苏省高级人民法院民事判决书，(2015)苏商终字第00140号。

[3] 参见上海市第二中级人民法院民事判决书，(2016)沪02民终10330号。

的问题,司法实践持两种完全不同的意见。最高人民法院原执行工作办公室在2003年12月11日对江苏省高级人民法院的复函中指出:南通开发区富马物资公司(以下简称富马公司)与深圳龙岗电影城实业有限公司(以下简称龙岗电影城)的交易发生在龙岗电影城变更注册资金之前,富马公司对于龙岗电影城责任能力的判断应以其当时的注册资金500万元为依据,而龙岗电影城能否偿还富马公司的债务与此后龙岗电影城股东深圳长城(惠华)实业企业集团(以下简称惠华集团)增加注册资金是否到位并无直接的因果关系;惠华集团的增资瑕疵行为仅对龙岗电影城增资注册之后的交易人(公司债权人)承担相应的责任,富马公司在龙岗电影城增资前与之交易所产生的债权,不能要求惠华集团承担责任。[1] 但是,在"重庆荣诚装饰工程有限公司与重庆市农业资产经营管理有限公司与公司有关的纠纷案"中,重庆市第一中级人民法院认为,出资不实的公司股东应当对增资发生前的公司债务承担相应的补充赔偿责任。法院在该案中进一步指出:(1)公司资本制度的核心和本质在于通过股东向公司履行出资义务,充实公司责任财产,对内保障公司运行,对外增强公司的债务承担能力;(2)无论公司的债务与公司的债权形成时间孰先孰后,公司债权人均可依法向公司的债务人行使代位权,欠缴增资的股东作为公司的债务人,理应承担相应的责任;(3)公司增资后的全部资产应当成为公司对外承担债务的保障,即无论增资行为在前或者在后,股东均应在出资不实的范围内依法对债权人承担补充赔偿责任。[2]

笔者认为,对于公司所负债务,无论该等债务产生于公司增资前还是公司增资后,参与增资的股东都应在瑕疵出资的范围内向公司债权人承担补充赔偿责任。事实上,最高人民法院执行工作办公室2003年的上述复函与《公司法司法解释(三)》似乎存在冲突。根据《公司法司法解释(三)》第13条第2款的规定,"公司债权人请求未履行或者未全面履行出资义务的股东在未出资本息范围内对公司债务不能清偿的部分承担补充赔偿责任的,人民法院应予支持"。可见,《公司法司法

〔1〕 参见《最高人民法院执行工作办公室关于股东因公司设立后的增资瑕疵应否对公司债权人承担责任问题的复函》(〔2003〕执他字第33号)。

〔2〕 参见重庆市第一中级人民法院民事判决书,(2018)渝01民终3511号。

解释(三)》第13条并不区分公司债务的具体产生时间,只要股东未履行或者未全面履行出资义务,公司债权人即可请求该股东在未出资本息范围内对公司债务不能清偿的部分承担补充赔偿责任。另外,《公司法司法解释(三)》第13条的规定与《民法典》第535条规定的代位求偿权基本一致,两者之间的微弱区别是《民法典》第535条规定的代位求偿权以“债务人怠于行使其债权或者与该债权有关的从权利”为前提,而《公司法司法解释(三)》第13条并未将公司怠于行使其对股东的债权作为前提条件。[1]

(四)瑕疵出资股东的权利限制和资格解除

除上述责任外,瑕疵出资股东可能还应承担下列三种不同类型的法律后果,包括股东权利的限制、股权的丧失和股东资格的解除。具体来说:第一,根据《公司法司法解释(三)》第16条之规定,如股东未履行或者未全面履行出资义务或者抽逃出资,公司有权根据公司章程或股东会决议对股东的利润分配请求权、新股优先认购权、剩余财产分配请求权等股东权利作出相应的合理限制。不难看出,该条规定的目的是授权公司通过限制股东权利来促使股东履行出资义务。严格来说,股东权利包括资产收益、参与重大决策和选择管理人等权利,该条仅以非穷尽列举的方式规定公司有权限制瑕疵出资股东的三项资产收益权,并未明确规定公司是否有权限制瑕疵出资股东参与重大决策和选择管理人的权利。最高人民法院民事审判第二庭认为,如果将《公司法司法解释(三)》第16条理解为除这3项股东权利之外,瑕疵出资股东的其他股东权利均不受限制,则可能缩小了应受限制的股东权利范围。[2] 另外,《公司法司法解释(三)》第16条在规定公司有权限制股东三项资产收益权的同时,也对公司的行权方式作了明确规定:(1)公司设立时全体股东或

---

〔1〕《民法典》第535条规定:“因债务人怠于行使其债权或者与该债权有关的从权利,影响债权人的到期债权实现的,债权人可以向人民法院请求以自己的名义代位行使债务人对相对人的权利,但是该权利专属于债务人自身的除外。代位权的行使范围以债权人的到期债权为限。债权人行使代位权的必要费用,由债务人负担。相对人对债务人的抗辩,可以向债权人主张。”

〔2〕参见最高人民法院民事审判第二庭编著:《最高人民法院关于公司法解释(三)、清算纪要理解与适用(注释版)》,人民法院出版社2016年版,第270页。

公司设立之后股东会有权在公司章程中对股东3项资产收益权的限制作明确规定；只要公司章程对相关事项有明确规定，公司即可基于公司章程的规定行使该权利而无须股东会另行决议。(2)在公司章程没有规定的情形下，股东会基于《公司法司法解释(三)》第16条也有权作出限制股东3项资产收益权的决议。

第二，除上面的股东权利限制外，在特定情形下，公司还有权稀释瑕疵出资股东的股权，甚至解除瑕疵出资股东的股东资格。《公司法司法解释(三)》第17条规定，未履行出资义务或者抽逃全部出资的股东在经公司催告后仍未在合理期间内向公司缴纳或者返还出资，公司可以通过股东会决议解除其股东资格。根据该条规定的文义并结合司法实践，公司应有权通过股东会决议除名完全未履行出资义务或抽逃全部出资的股东，但不能决议除名未全面履行出资义务以及抽逃部分出资的股东。[1]《公司法修订审议稿》的一大亮点是对《公司法司法解释(三)》第17条规定的确认。《公司法修订审议稿》第51条第1款、第2款、第3款规定，"有限责任公司成立后，董事会应当对股东的出资情况进行核查，发现股东未按期足额缴纳出资的，应当向该股东发出书面催缴书，催缴出资。公司依照前款规定催缴出资，可以载明缴纳出资的宽限期；宽限期自公司发出出资催缴书之日起，不得少于六十日。宽限期届满，股东仍未履行出资义务的，公司可以向该股东发出失权通知，通知应当以书面形式发出，自通知发出之日起，该股东丧失其未缴纳出资的股权。依照前款规定丧失的股权应当依法转让，或者相应减少注册资本并注销该股权；六个月内未转让或者注销的，由公司其他股东按照其出资比例足额缴纳相应出资"。值得注意的是，如果催缴书载明缴纳出资的宽限期，且宽限期不少于60日，其直接后果是，只要该股东在宽限期届满时仍未缴纳出资，公司可以向该股东发出立即生效的书面失权通知，无须股东会的任何决议。因此，取决于瑕疵出资股东是否已经缴纳部分出资，瑕疵出资可能产生两种不同的结果：在瑕疵出资股东没有履行任何出资义务的情形下，如果丧失的股权代表其在公司持有的全部股权，那么瑕疵出资股东在丧失相关股权的同时将被解除股东资格；在瑕疵出资股东已经履行部分出资义务的情形下，如果丧失的股权只代表其在公司持有的部分股

[1] 参见上海市第一中级人民法院民事判决书，(2016)沪01民终9059号。

权，那么瑕疵出资股东在丧失相关股权后仍然保留股东资格，但所持股权比例将被稀释。

有关涉及股东权利限制和股东除名的股东会决议的表决机制，公司法没有明确规定。最高人民法院民事审判第二庭认为，瑕疵出资事实上构成相关股东对所有其他股东的违约，因此“即使仅有半数以上股东同意限制未尽出资义务股东的权利，也不违反法律的规定”。[1] 笔者认为，股东会决议的表决不取决于股东人数，而是以表决权为准。根据《公司法》第 43 条第 2 款的规定，股东会决议分为一般事项决议和特别事项决议，特别事项决议需经代表 2/3 以上表决权的股东通过。在不违反《公司法》的前提下，公司章程可以对一般事项决议和特别事项决议的表决权问题作具体规定。关于股东会决议所针对的股东是否有投票权的问题，《公司法》同样没有规定。事实上，《公司法》除对公司为股东提供担保时排除被担保股东的表决权之外，尚未建立系统的股东表决权排除制度。笔者认为，就股东权利限制和股东资格的解除而言，瑕疵出资股东无疑与股东会的表决议题具有直接的利益冲突关系；如果不排除瑕疵出资股东的表决权，那么很难防止和避免瑕疵出资股东滥用表决权而损害公司和其他股东的利益。值得注意的是，司法实践中存在公司将其绝对控股股东除名的先例。在“宋某某、上海万禹国际贸易有限公司与杭州豪旭贸易有限公司公司决议效力确认纠纷上诉案”中，公司股东会决议将持有公司 99% 股权的绝对控股股东除名。法院在该案的裁判意见中指出：《公司法司法解释（三）》第 17 条规定的股东除名权是公司为消除不履行义务的股东对公司和其他股东所产生不利影响而享有的一种法定权能，是不以征求被除名股东的意思为前提和基础的；在特定情形下，股东除名决议作出时，会涉及被除名股东可能操纵表决权的情形，故当某一股东与股东会讨论的决议事项有特别利害关系时，该股东不得基于其持有的股权行使表决权。[2]

基于上面的介绍和分析，股东各方在股东协议和公司章程中有必要对股东瑕

---

〔1〕 参见最高人民法院民事审判第二庭编著：《最高人民法院关于公司法解释（三）、清算纪要理解与适用（注释版）》，人民法院出版社 2016 年版，第 258 页。

〔2〕 参见上海市第二中级人民法院民事判决书，（2014）沪二中民四（商）终字第 1261 号。

疵出资的责任作明确约定，以促使违约股东尽快根据股东协议和公司章程规定履行出资义务。例如，股东协议可以约定：(1)如一方未能按照本协议的约定缴纳出资(包括缴纳增资)，则违约方应按应缴纳但未按时缴纳的出资金额和约定的日违约金标准向守约方支付自逾期缴纳出资之日起至实际出资到位之日止的违约金。(2)除上述约定的违约金外，如违约方逾期缴纳出资时间超过约定期限，守约方有权选择替代违约方向公司缴纳该方逾期未出资的金额，并据此相应提高守约方的股权比例和相应稀释违约方的股权比例，增持和稀释的股权比例应按违约方逾期未出资的金额所代表的股权比例确定。(3)违约方应当根据法律规定提供包括签署股权转让协议和办理股权转让手续所需的所有必要协助。对于瑕疵出资股东对公司以及公司债权人的责任、瑕疵出资股东的权利限制以及股东资格的除名等事项，股东各方可以根据具体情况决定是否在股东协议和公司章程中详细约定或直接引述《公司法》及相关司法解释的规定。但是，考虑到《公司法》对存在利益冲突的股东的回避问题没有明确规定，股东协议和公司章程对此应作明确约定。

四、股东资格证明文件

有限责任公司应当置备股东名册，记载股东的姓名或者名称及住所、股东的出资额、出资证明书编号，记载于股东名册的股东可以依股东名册主张行使股东权利；股东转让股权后，公司应当相应变更股东名册中有关股东及其出资额的记载。[1]《九民纪要》进一步明确，当事人之间转让有限责任公司股权，受让人以其姓名或者名称已记载于股东名册为由主张其已经取得股权的，人民法院依法予以支持，但法律、行政法规规定应当办理批准手续生效的股权转让除外。[2] 因此，股东名册记载在效力上应属设权登记。除股东名册之外，证明股东资格的依据还包括出资证明文件和公司登记资料。其中，出资证明文件又包括股东协议中关于股东认缴出资的约定，以及股东实缴出资后取得的收据和银行回单等。

司法实践中，法院通常将确认股东资格的证据分为源泉证据、效力证据和对抗

〔1〕 参见《公司法》第32条、第73条。

〔2〕 参见《九民纪要》第8条。

证据三种类型。其中出资证明文件是股东据以证明股东身份并可向公司主张相关权利的源泉证据;公司内部置备的股东名册是效力性证据,是确定股东与公司关系的重要证据;而公司登记材料系对抗性证据,对外具有公示性和对抗性。[1] 实践中,出资证明文件、股东名册及公司登记资料记载信息不一致的情况时有发生,从而会引发有限责任公司内部关于股东资格确认的纠纷。在“侯某某与李某某等与公司有关的纠纷再审案”中,最高人民法院认为,“就股东资格而言,工商登记材料可以被视为证明股东资格并对抗第三人的证据。对股东资格进行工商登记,是为了向第三人宣示股东资格,使登记股东就其股东资格获得对抗第三人的能力,工商登记对外具有公示和公信的效力。但工商登记仅具有证权性,没有设权性,当股东之间因股东权益产生争议时,公司股东名册或工商登记不能成为确定股东权益的唯一根据,而应以股东实际出资额来确定”[2]。在“黄某与李A、上海汉佳自动化机电工程有限公司股东资格确认纠纷上诉案”中,原审法院和二审法院均持相同观点,认为在各种证据发生冲突的情况下,应当认定作为源泉证据的出资证明文件效力相对高于股东名册和工商登记资料。[3] 可见,就股东与公司之间的内部纠纷而言,在相关文件关于股东信息的记载不一致时,作为源泉证据的出资证明文件是确认股东资格的基础和核心依据。

第三节 股东的主要权利

根据法律规定,公司股东依法享有资产收益、参与重大决策和选择管理者等权利。具体来讲:(1)股东拥有依法了解公司运营和财务的知情权;(2)就股东参与重大决策的权利而言,股东对股东会职权范围内的公司相关事项享有表决权;(3)就股东的资产收益权利而言,股东对公司享有利润分配请求权;(4)为维系有限责任

---

〔1〕 参见上海市第二中级人民法院民事判决书,(2011)沪二中民四(商)终字第883号。
〔2〕 最高人民法院民事裁定书,(2015)民申字第2332号。
〔3〕 参见上海市第二中级人民法院民事判决书,(2011)沪二中民四(商)终字第883号。

公司的人合性,股东向股东以外的人转让股权,其他股东在同等条件下享有优先购买权;(5)为确保公司原股东的持股比例在公司注册资本增加后不被稀释,法律还赋予股东对公司新增注册资本的优先认购权。下面将分别介绍和分析股东的主要权利。

一、股东知情权

股东知情权是指股东对其投资的公司的运营和管理情况享有知情的权利。股东知情权是《公司法》强制赋予股东的股东权利,是股东通过查阅公司相关资料了解公司运营状况的权利。股东一般不直接负责公司的运营,在股东所有权与公司经营权分离的状态下,股东通过行使法定知情权获取公司经营的有关信息是其有效参与公司重大决策和监督经营管理的前提条件。

根据《公司法》第33条之规定,有限责任公司的股东知情权主要表现在两个方面:一是股东有权查阅、复制公司章程、股东会会议记录、董事会会议决议、监事会会议决议和财务会计报告;二是可以要求查阅公司会计账簿。但是股东要求查阅公司会计账簿的,应当向公司提出书面请求,说明目的。公司有合理根据认为股东查阅会计账簿有不正当目的,可能损害公司合法利益的,可以拒绝提供查阅,并应自股东提出书面请求之日起15日内书面答复股东并说明理由。公司拒绝提供查阅的,股东可以请求人民法院要求公司提供查阅。《公司法修订审议稿》第56条扩大了股东知情权的范围,股东除可以查阅公司会计账簿外,也有权查阅公司的会计凭证。股东行使知情权必须遵守法定的规则。

(一)股东要求查阅公司会计账簿的书面请求

在"谢某与贵州奔马名车行销售服务有限公司股东知情权纠纷案"中,谢某为奔马名车行销售服务有限公司(以下简称奔马公司)的股东,奔马公司自2016年下半年未在其住所地开展经营活动,原销售展厅也转租或转让给其他公司。谢某因不清楚奔马公司实际经营状况,向奔马公司主张行使股东知情权,要求查阅、复制奔马公司财务账簿,但奔马公司予以拒绝。最高人民法院认为,谢某在行使查阅公司会计账簿的知情权之前须先向公司提出书面要求并说明目的,在向公司提交书面申请遭到公司拒绝后才可以寻求司法救济,即谢某向法院主张股东知情权需履行向奔马公司提出书面请求并说明查阅目的等前置程序;谢某提交的证据未能证明其以书面形式向奔马公司提出过申请,不符合股东知情权的行使要件。法院在该案中同时释明,股权知情权是股东在公司经营或存续期间的一项持续性权利,谢某若有合理事由需行使知情权亦可再行主张。[1]

(二)有权行使股东知情权的股东必须是公司的登记股东

在"许某某与苏州炭黑厂有限公司股东知情权纠纷案"中,江苏省高级人民法院认为,实际出资人提起诉讼的请求权基础系股东知情权,但工商登记的全部股东中并不包含实际出资人,实际出资人以公司隐名股东的身份要求对公司行使股东知情权缺乏依据。[2] 值得注意的是,在特定条件下股东的知情权可能延伸到股东退出公司之后。根据《公司法司法解释(四)》第7条第2款的规定,公司之前的股东有初步证据证明在持股期间其合法权益受到损害,应有权依法查阅或者复制其持股期间的公司特定文件材料。

(三)股东知情权不应通过股东协议或公司章程被实质性剥夺

根据《公司法司法解释(四)》第9条的规定,股东协议和公司章程等实质性剥夺股东依据《公司法》的规定查阅或者复制公司文件材料的权利,公司以此为由拒绝股东查阅或者复制的,人民法院不予支持。股东的知情权属于股东身份性质的权利,与股东的身份密切关联。只要股东没有丧失其股东身份,股东就一直拥有知情权,即便股东存在瑕疵出资的情形。在"桂某与陈某某、陈某股东知情权纠纷、公司盈余分配纠纷案"中,湖北省高级人民法院认为,根据民法中权利与义务统一、利益与风险一致原则,股东行使权利的基础和前提是承担股东义务,股东出资不足或抽逃出资的,其股东权利必然受到相应限制,但是权利限制主要是指表决权、分红权、剩余财产分配权、增资优先认购权等按出资比例确定的股东权利。股东知情权

---

〔1〕 参见最高人民法院民事裁定书,(2019)最高法民申4231号。
〔2〕 参见江苏省高级人民法院民事裁定书,(2018)苏民申2014号。

等身份性质的权利，与实际出资无关。[1] 同样，在“王某某、凯里市黔甬蓝莓有限公司股东知情权纠纷案”中，公司以股东未足额缴清出资及相应利息为由复函拒绝股东行使知情权，贵州省高级人民法院在该案中并未审查股东的实际出资情况，而是直接认定股东出资不足不构成公司拒绝股东行使知情权的理由。[2]

（四）股东的知情权与股东是否担任公司职务没有直接关系

股东的知情权与股东是否担任公司的法定代表人、董事、监事、高级管理人员没有直接关系。只要当事人具有合法的股东身份，无论其在公司是否担任职务以及担任何种职务均不影响其行使股东知情权。在“西安市五星商贸有限公司与赵某某股东知情权纠纷案”中，陕西省高级人民法院认为，虽然当事人具有股东与公司高级管理人双重身份，但该双重身份具有的权利、义务各不相同，其行使权利、承担义务的条件也各不相同。当事人只要具有股东身份，就应有权行使知情权，不能因当事人基于职务身份知晓公司财务状况而阻却当事人行使股东知情权。[3]

（五）股东有权委托中介机构协助行使知情权

《公司法》没有对股东选任检查人的决定权作出明确规定。实践中，如果股东有正当理由怀疑公司在经营管理过程中存在违反法律法规或者公司章程的重大事实，或公司管理层严重违反忠实义务和勤勉义务，损害公司和股东利益，股东可能需要专业人士协助其调查公司的业务和财产状况。根据《公司法司法解释（四）》第10条第2款的规定，股东依据人民法院生效判决查阅公司文件材料的，在该股东在场的情况下，可以由会计师、律师等依法或者依据执业行为规范负有保密义务的中介机构执业人员辅助进行。根据《公司法修订审议稿》第56条第3款之规定，股东查阅相关材料，可以委托会计师事务所、律师事务所等中介机构进行。不难看出，《公司法修订审议稿》为股东行使知情权提供了进一步的便利，股东可以自行决定

〔1〕 参见湖北省高级人民法院民事判决书，（2013）鄂民监三再字第3号。

〔2〕 参见贵州省高级人民法院民事判决书，（2018）黔民终1215号。

〔3〕 参见陕西省高级人民法院民事裁定书，（2017）陕民申286号。

是否委托会计师事务所、律师事务所等中介机构协助查阅、复制有关材料，无须依据或提交法院生效判决书。

(六)股东必须善意行使知情权

需要强调的是，公司法对股东知情权的保护是以股东善意行使知情权为前提。即便当事人具有合格的股东身份，并且根据法律规定履行了包括提出书面请求并说明查阅相关资料目的等前置程序，公司在下列情形下也有权拒绝股东的书面请求：(1)除非公司章程另有规定或者全体股东另有约定，否则股东自营或者为他人经营与公司主营业务有实质性竞争关系业务的；(2)股东为了向他人通报有关信息查阅公司会计账簿，可能损害公司合法利益的；(3)股东在向公司提出查阅请求之日前的3年内，曾通过查阅公司会计账簿，向他人通报有关信息损害公司合法利益的；(4)股东有不正当目的的其他情形。[1]

二、表决权

股东的表决权是指股东就股东会会议的议案进行投票表决的权利。股东通过行使表决权参与公司的经营管理和选举公司董事和监事，表决权的行使能够让股东将其需要和意愿转化为法律上的意思表示，通过多数决的原则上升为公司的最高意思表示，从而最终形成对股东、公司及其组织机构均有法律拘束力的股东会决议。

根据《公司法》第42条之规定，除非公司章程另有规定，“股东会会议由股东按照出资比例行使表决权”。但是，《公司法》这一规定没有明确“出资比例”是指股东的认缴出资比例还是实际出资比例。最高人民法院基于下列逻辑通过《九民纪要》第7条对此做了澄清：(1)尊重股东意思自治原则，即关于股东对其认缴的在出资期限届满前未缴纳的出资是否享有表决权的问题，应当根据公司章程来确定；(2)公司章程没有规定的，由公司股东会通过有效决议按实际出资比例或者其他标准确定表决权；(3)公司章程没有规定，并且公司股东会也没有通过有效决议的，应

〔1〕 参见《公司法司法解释(四)》第8条。

当按照认缴出资的比例确定。[1] 需要说明的是,在公司章程没有明确规定的情形下,《九民纪要》第7条在授权公司股东会通过有效决议确定表决权的同时,也明确要求股东会的决议必须符合修改公司章程所要求的表决程序,即必须经代表2/3以上表决权的股东通过。按照最高人民法院民事审判第二庭的解读,股东会在该等情形下的决议"相当于修改公司章程",因此应"由符合修改公司章程要求的股东所持表决权的多数通过"。[2] 可见,《公司法》和《九民纪要》第7条企图在同股同权的原则和股东意思自治的原则之间寻求平衡。基于股东意思自治的原则,《公司法》和《九民纪要》允许股东通过公司章程或股东会通过决议对股东的表决权进行规定;如果公司章程和股东会决议对此没有规定的,则应基于同股同权的原则由股东按照认缴出资比例行使表决权。

法律允许公司章程自行规定股东表决权,意味着法律不禁止股东之间有关同股不同权的安排。同股不同权的极端情形可能表现为股东之间约定某一股东享有一票否决权或约定完全排除某一股东的表决权。对于有限责任公司而言,一票否决权或完全排除特定股东表决权的规定原则上并不违反法律强制性规定。在"上海产联电气科技有限公司与曾某决议撤销纠纷案"中,上海市第二中级人民法院认定,公司创始股东所享有的一票否决权属于全体股东的合意及真实意思表示,不违反法律规定,应予保护。[3] 广西壮族自治区南宁市兴宁区人民法院在其判决书中对此有进一步说明:有限责任公司具有人合性的特点,公司法允许有限责任公司通过公司章程确定表决权的行使方式;股东的出资与表决权可以适度分离,股东表决权如何行使属于公司自治权;只要公司章程没有违反公司法,股东在签订章程过程

---

[1] 《九民纪要》第7条规定:"股东认缴的出资未届履行期限,对未缴纳部分的出资是否享有以及如何行使表决权等问题,应当根据公司章程来确定。公司章程没有规定的,应当按照认缴出资的比例确定。如果股东(大)会作出不按认缴出资比例而按实际出资比例或者其他标准确定表决权的决议,股东请求确认决议无效的,人民法院应当审查该决议是否符合修改公司章程所要求的表决程序,即必须经代表2/3以上表决权的股东通过。符合的,人民法院不予支持;反之,则依法予以支持。"

[2] 参见最高人民法院民事审判第二庭编著:《〈全国法院民商事审判工作会议纪要〉理解与适用》,人民法院出版社2019年版,第130页。

[3] 参见上海市第二中级人民法院民事判决书,(2013)沪二中民四(商)终字第851号。

中对自身权利的放弃不被法律禁止。[1]

有限责任公司股东还可通过表决权委托的方式将自身享有的表决权交由其他股东行使。股东之间的表决权委托协议在性质上属于《民法典》规定的委托合同。在《民法典》施行之前，尽管股东在表决权委托协议中通常会加入“表决权委托不可撤销”等类似条款以排除委托股东的任意解除权，但司法实践对于该等不可撤销条款能否阻却委托人行使任意解除权存在争议。一般认为，对于无偿委托合同，当事人之间人身信赖属性较强，不能限制任意解除权的行使；对于有偿委托合同，当事人之间不仅具有人身信赖关系，还具有利益关系，应当允许当事人通过特别约定的形式对任意解除权予以适当限制。例如，北京市第一中级人民法院在“陈某与李某委托合同纠纷案”中认为，“不可撤销”确为双方当事人对不得解除委托所做的特别约定，但在委托合同关系中，委托人并不因当事人预先限制解除权而丧失单方解除权。[2] 最高人民法院在“湖南康帅房地产开发有限公司与深圳天鹜投资策划有限公司委托合同纠纷案”中指出：“就案涉有偿合同而言，该条所规定的任意解除权可以基于合同当事人的合意予以排除。当事人通过合同就任意解除权不得行使的约定具有法律约束力，当事人均应按照约定履行自己的义务。”[3]《民法典》第933条在支持委托合同的任意解除权的同时，加大了在任意解除有偿委托合同情形下的赔偿责任。[4]

严格来说，除非公司章程另有规定，法律没有授权股东会在其他情形下通过决议确定股东的表决权或作出任何与公司章程规定不一致的有关股东表决权的决议，否则相关决议因违反公司法关于股权平等的效力性强制性规定而无效。[5]《九民纪要》第7条规范的是股东对其认缴的在出资期限届满前未缴纳的出资是否

〔1〕 参见广西壮族自治区南宁市兴宁区人民法院民事判决书，(2012)兴民二初字第569号。

〔2〕 参见北京市第一中级人民法院民事判决书，(2017)京01民终4548号。

〔3〕 最高人民法院民事裁定书，(2015)民申字第990号。

〔4〕《民法典》第933条规定：“委托人或者受托人可以随时解除委托合同。因解除合同造成对方损失的，除不可归责于该当事人的事由外，无偿委托合同的解除方应当赔偿因解除时间不当造成的直接损失，有偿委托合同的解除方应当赔偿对方的直接损失和合同履行后可以获得的利益。”

〔5〕 参见最高人民法院民事审判第二庭编著：《〈全国法院民商事审判工作会议纪要〉理解与适用》，人民法院出版社2019年版，第132页。

享有表决权的问题。值得探讨的是，公司能否参照《九民纪要》第7条的规定通过股东会决议限制瑕疵出资股东的表决权？司法实践对此问题认识不一。在"吕某上诉北京贝瑞德生物科技有限公司公司证照返还纠纷案"中，北京市第二中级人民法院认为，《公司法司法解释（三）》第16条限制的只是股东的自益权，但是股东的表决权属于共益权，非经法定条件不得予以限制，其他股东无权通过召开公司股东会议并作出决议的形式限制瑕疵出资股东的表决权。[1] 但是，南京市中级人民法院在"俞某某与南京云帆科技实业有限公司、华某某股东会决议效力纠纷上诉案"中认为，表决权原则上属于共益权，但又具有一定的特殊性，股东通过资本多数决的表决权机制选择或罢免董事、确立公司的运营方式、决策重大事项等，借以实现对公司的有效管理和控制，其中也包括控制公司财产权，故表决权实质上是一种控制权，同时兼有保障自益权行使和实现之功能，具有工具性质。如果让未尽出资义务的股东通过行使表决权控制公司，不仅不符合权利与义务对等、利益与风险一致的原则，也不利于公司的长远发展。因此，公司通过公司章程或股东会决议对瑕疵出资股东的表决权进行合理限制，更能体现法律的公平公正，亦符合公司法和司法解释有关规定之立法精神，可以得到支持。[2]

笔者认为，基于正常逻辑，法律对违约股东的保护力度不应大于对守约股东的保护力度。就未出资股东的表决权而言，法律对瑕疵出资股东的保护标准也不应高于对在出资期限届满前未缴纳出资的股东的保护标准。因此，根据《九民纪要》第7条的规定，公司股东会应有权对瑕疵出资股东的表决权进行合理限制，但相关决议是否也应按照《九民纪要》第7条的规定符合修改公司章程所要求的表决权比例的问题，有待法律和司法实践进一步明确。另外，基于本章第二节第三部分"瑕疵出资的法律后果"中的分析，在股东会就瑕疵出资股东的表决权进行表决时，瑕疵出资股东作为利益冲突方不应参加表决，即瑕疵股东不应对涉及其表决权的事项享有表决权。

---

〔1〕 参见北京市第二中级人民法院民事判决书，(2013)二中民终字第17025号。

〔2〕 参见江苏省南京市中级人民法院民事判决书，(2012)宁商终字第991号。

三、利润分配请求权

公司税后利润应首先用于弥补亏损和提取法定公积金,公司也可基于股东会决议从公司税后利润中提取任意公积金。在公司弥补亏损和提取公积金后,公司方可将所余税后利润分配给股东。[1] 根据《公司法》第37条和第46条之规定,公司的利润分配方案应由公司股东会审议批准。因此,决定是否向股东分配利润以及按何种方案向股东分配利润系公司的自治行为,在公司股东会未作出分配利润的有效决议前,原则上法院不应介入公司内部自治,股东径行诉请法院强制判决公司分配利润的诉讼请求一般也不会得到支持。[2] 《公司法司法解释(四)》进一步明确,股东请求公司分配利润需要向人民法院提交载明具体分配方案的股东会有效决议;股东未提交载明具体分配方案的股东会决议而请求公司分配利润的,人民法院应当驳回其诉讼请求,但违反法律规定滥用股东权利导致公司不分配利润,给其他股东造成损失的除外。[3]

有限责任公司全体股东有权约定按何种方式分配公司利润,即股东既可以根据《公司法》第34条的规定按实缴出资比例分配利润,也可约定按认缴出资比例分配利润,还可约定不按出资比例分配利润。只要股东对公司利润分配方式所达成的意思自治不违反法律的强制性规定,法院一般均认可其效力。[4] 实践中股东之间的约定各种各样,除约定按照实缴出资比例或认缴出资分配利润之外,有的是部分股东向其他股东承诺固定或最低利润的分配,也有的是公司向部分股东承诺固定或最低利润的分配。对于公司股东之间达成的由一方股东定期向另一方股东支付固定收益或最低利润的安排,法律并不禁止。例如,在"绿地能源集团有限公司与陆某某股权转让合同纠纷案"中,公司两股东在股东协议中约定一股东放弃按出

[1] 参见《公司法》第166条。

[2] 参见山东省青岛市中级人民法院民事裁定书,(2017)鲁02民终2339号;北京市第三中级人民法院民事判决书,(2016)京03民终4101号;北京市高级人民法院民事裁定书,(2016)京民申3314号。

[3] 参见《公司法司法解释(四)》第14条、第15条。

[4] 参见最高人民法院民事裁定书,(2016)最高法民申363号;最高人民法院民事裁定书,(2018)最高法民申6136号。

资比例取得分红,另一股东每年支付一定固定收益给放弃分红的股东,上海市高级人民法院认定,前述约定是股东间平等、自愿协商后对于公司管理权、股东分红权以及一方股东支付另一方股东固定收益等的特别安排,不违反公司法的强制性规定,亦不损害国家、集体以及第三人和公司的合法权益,应有效。[1] 但是,对于股东之间约定由公司向部分股东承诺固定或最低利润的分配的安排,司法实践一般不予支持。例如,在“四川正银投资股份有限公司等与成都金控财富股权投资基金合伙企业等与公司有关的纠纷案”中,最高人民法院明确肯定了两点:(1)股东之间承诺由公司向股东每年分配固定利润会损害公司利益和公司债权人利益,相关约定属于无效条款;(2)股东之间承诺对方并通过自身的支付行为保证对方最低利润的安排不违反法律、行政法规的强制性规定,亦不损害公司及其债权人利益,应属有效。[2]

四、优先购买权

股东优先购买权是指股东享有的在同等条件下优先购买其他股东拟向公司股东之外的第三人转让的股权的权利,其目的是确保有限公司的人合性和封闭性,避免公司股东之外的第三人通过受让公司股权随意进入公司。股东优先购买权具有法定性、专属性,是一种附条件的形成权和期待权。《公司法》在明确规定股东优先购买权的同时,充分尊重了股东的意思自治原则。根据《公司法》第 71 条第 4 款之规定,公司章程对股权转让有规定的,从其规定。也就是说,在公司章程没有规定的情形下,股东的优先购买权应以《公司法》的规定为准;但是,公司章程如果有明确规定,则应优先适用。《公司法》及其相关司法解释规定的优先购买权主要涉及转让股东的书面通知、优先购买权的行使、转让股东的反悔权和侵犯优先购买权的合同效力等问题。

(一)转让股东的通知

转让股东向其他股东发送书面通知是其他股东行使优先购买权程序的开始。

〔1〕 参见上海市高级人民法院民事判决书,(2016)沪民终 497 号。

〔2〕 参见最高人民法院民事判决书,(2018)最高法民终 765 号。

一般而言,转让股东可采取以下两种不同方式通知其他股东股权转让相关事宜:第一种方式包括两次通知,即转让股东第一次仅通知其他股东其转让股权的意向,以征询其他股东的收购意向;如果其他股东没有收购意向,转让股东在与第三方就股权转让的交易条件进行磋商后再通过第二次通知将该等交易条件告知其他股东,由其他股东决定是否在同等条件下行使优先购买权。第二种方式只需一次通知,即转让股东在与第三人就股权转让事项进行磋商并就交易条件达成一致后,将对外转让股权的意向以及与第三方达成的股权转让交易条件一并通知其他股东。有效的通知应当载明转让股东对外转让股权的意向以及对外转让股权的交易条件,包括股权转让的数量、价格、支付方式和期限等。在其他股东答复前如转让股东与第三方达成的股权转让交易条件发生变更,转让股东还应将变更后的交易条件重新通知其他股东,否则转让股东不能被视为已尽到书面通知其他股东的义务。[1]

(二)优先购买权的行使

优先购买权一定是指在同等条件下的优先权。因此,转让股东与第三人就转让股权的交易条件达成一致并将该等条件通知其他股东是其他股东行使优先购买权的前提。在最高人民检察院提起抗诉并由最高人民法院再审的“丁某某、李某、冯某某因与被申诉人瞿某某优先认购权纠纷案”中,最高人民法院指出,股东行使优先购买权的前提是转让股东与第三人已就股权转让达成合意,该合意不仅包括转让股东转让股权的意思表示,还应包括转让股东与第三人约定的价款数额、付款时间、付款方式等在内的完整对价。[2] 根据《公司法司法解释(四)》第 18 条之规定,法院在判断是否符合《公司法》及《公司法司法解释(四)》所称的“同等条件”时,应当考虑转让股权的数量、价格、支付方式及期限等因素。在司法实践中,法院对于同等条件的认定一般采取较为宽泛的解释,包括转让股东与受让人约定的投资、业务合作、债务承担、受让人向公司提供的借款、受让人有关员工薪酬待遇的承

〔1〕 参见江苏省高级人民法院民事裁定书,(2015)苏审三商申字第 00398 号。

〔2〕 参见最高人民法院民事判决书,(2012)民抗字第 32 号。

诺以及股权的整体转让等均可被认定为同等条件的内容。[1]

关于优先购买权的行使期限，根据《公司法司法解释(四)》第19条之规定，决定行使优先购买权的股东应当在收到转让股东的通知后，在公司章程规定的行使期间内提出购买请求；公司章程没有规定行使期间或者规定不明确的，以通知确定的期间为准；通知确定的期间短于30日或者未明确行使期间的，行使期间为30日。《公司法》第71条第3款规定，如果两个以上股东主张行使优先购买权的，协商确定各自的购买比例；协商不成的，按照转让时各自的出资比例行使优先购买权。

值得探讨的是，在股东的股东向第三人转让股权时，该等股权转让是否应被视为股东间接转让公司股权，从而触发公司其他股东的优先购买权。假设目标公司有两个股东A2和B，A2的股东为A1，那么A1向第三人转让股权的行为是否构成A2向该第三人间接转让目标公司股权？股东B能否主张优先购买权以及能够主张购买哪个层面股权的优先权？对该问题的分析或许涉及两个不同层面：一个是在目标公司的层面上，A1向第三人转让股权的行为客观上导致向该第三人间接转让目标公司股权，即A1的买方通过收购A2间接取得目标公司股权，那么B是否有权在目标公司层面要求A2向其转让股权；另一个是在A2的层面上，B是否有权对A1的股权转让主张优先购买权。基于下列原因，笔者认为在正常情况下不应扩大解释和适用股东的优先购买权：(1)基于文义解释，就B而言，《公司法》规定的优先购买权仅针对A2向第三人转让股权的情形，优先购买权制度的本意在于维持目标公司的人合性，而目标公司与A2为相互独立的两个法人，A1向第三人转让股权属于A2层面的股权转让，正常情况下不会必然破坏目标公司的人合性；(2)A1与B之间不存在任何形式的法律关系，允许B对A1主张优先购买权完全突破了合同相对性的原则；(3)允许B穿透行使优先购买权在法律适用层面几乎不存在可行性，如A2存在两个或两个以上股东(如A1和X)，在A1转让股权时，X当然对此享有优先购买权，如果允许B主张优先购买权，那么必然同时产生X和B两个优先购买

[1] 参见上海市第二中级人民法院民事判决书，(2012)沪二中民四(商)终字第16号；上海市浦东新区人民法院民事判决书，(2018)沪0115民初12817号；江苏省南京市中级人民法院民事判决书，(2014)宁商终字第611号；浙江省杭州市中级人民法院民事判决书，(2016)浙01民终5128号。

权之间的直接冲突；(4)如果允许 B 穿透行使优先购买权，则意味着 A2 层面以及 A1 层面以上的所有层次的股权转让均受制于 B 的优先购买权，这将极大地增加交易成本并限制企业的投融资。

需要注意的是，间接转让公司股权是否在事实上侵害公司其他股东的优先购买权仍需要结合个案判定。在司法实践中，存在法院刺破交易实质，认定股东通过间接转让股权规避公司其他股东优先购买权的先例。在"浙江复星商业发展有限公司与长烨公司、嘉和公司、证大置业公司、长昇公司、绿城公司、证大五道口公司股权转让合同纠纷案"中，上海市第一中级人民法院认为，该案数名被告相互之间交易行为的目的在于控制目标公司。交易前，目标公司的原有股权结构实际由三方核心利益集团构成，其中原告持有 50%，处于相对控股地位，目标公司内部的人合性、股权结构的合理性、股东之间的信赖关系相对稳定，经营管理相对正常。被告通过一系列间接股权转让达到了与直接转让相同的交易目的，即目标公司另外的 50% 股权通过被告之间的一系列间接转让归于同一利益方。被告之间的交易虽然在形式上没有直接损害原告在目标公司中所享有的 50% 权益，但在实质上影响和损害了原告在目标公司的相对控股地位，客观上剥夺了原告对于目标公司另外的 50% 股权的优先购买权，明显规避法律有关优先购买权的规定。法院认为，被告之间的一系列股权转让实为"以合法形式掩盖非法目的"的交易，应无效。[1] 需要注意的是，法院在该案的判决书中并未认定原告对被告之间的股权转让享有优先购买权，而是认为被告之间的股权转让规避了法律赋予原告享有股东优先购买权的设定要件，剥夺了原告的优先购买权，具有以合法形式掩盖非法目的的主观恶意。基于法院在该案中的逻辑推理，如果股东的股东通过间接方式转让目标公司股权，与受让方之间的股权转让存在虚假的意思表示，或与受让方存在恶意串通，损害目标公司其他股东合法权益，那么根据《民法典》第 146 条和第 154 条的规定，相关股权转让协议应属无效。

〔1〕 参见上海市第一中级人民法院民事判决书，(2012)沪一中民四(商)初字第23号。

(三)转让股东的反悔权

股东优先购买权制度的立法宗旨在于维护公司的人合性,而不是保障其他股东取得拟转让的股权,即法律在尊重股东自行处置股权的权利的同时通过授予其他股东优先购买权的手段达到维护公司的人合性的目的。根据《公司法司法解释(四)》第20条的规定,除非公司章程或全体股东另有约定,有限责任公司的转让股东,在其他股东主张优先购买后又不同意转让股权的,对其他股东优先购买的主张,人民法院不予支持;其他股东主张转让股东赔偿其损失合理的,人民法院应当予以支持。《公司法司法解释(四)》事实上在支持合理赔偿的基础上赋予转让股东反悔权。《公司法司法解释(四)》出台前,最高人民法院曾认定转让股东对股权是否转让以及转让条件所作的多次的反复处理构成权利滥用,最终判决支持其他股东行使优先购买权的请求。[1]《公司法司法解释(四)》出台后,在"钟某某、杨某某股权转让纠纷案"中,转让股东以行使反悔权的名义不同意向其他股东转让股权,并将股权转让价款提高至原协议约定价款的15倍继续对外转让股权,成都市中级人民法院在二审判决书中认为,转让股东的前述行为旨在阻止其他股东行使优先购买权,有违诚实信用原则,判决不支持转让股东行使反悔权的主张。但是,四川省高级人民法院在该案的再审判决书中根据《公司法司法解释(四)》第20条的规定判决支持转让股东的反悔权。[2]

(四)侵犯优先购买权的合同效力

根据《公司法司法解释(四)》第21条的规定,有限责任公司的股东向股东以外的人转让股权,未就其股权转让事项征求其他股东意见,或者以欺诈、恶意串通等手段,损害其他股东优先购买权,其他股东主张按照同等条件购买该转让股权的,人民法院应当予以支持,但其他股东自知道或者应当知道行使优先购买权的同等条件之日起30日内没有主张,或者自股权变更登记之日起超过1年的除外。其他

〔1〕 参见最高人民法院民事判决书,(2011)民提字第113号。
〔2〕 参见四川省高级人民法院民事判决书,(2019)川民再377号。

股东仅提出确认股权转让合同及股权变动效力等请求，未同时主张按照同等条件购买转让股权的，人民法院不予支持，但其他股东非因自身原因导致无法行使优先购买权，请求损害赔偿的除外。股东以外的股权受让人，因股东行使优先购买权而不能实现合同目的的，可以依法请求转让股东承担相应民事责任。

《公司法司法解释（四）》第21条所规范的侵犯优先购买权包括两种不同的情形：转让股东因未事先书面通知其他股东而侵犯其他股东的优先购买权；转让股东以欺诈、恶意串通等手段侵犯其他股东的优先购买权。实践中，转让股东以欺诈、恶意串通等手段侵害其他股东优先购买权的情形多种多样，如转让股东与第三人签订"阴阳合同"，表面上遵循"阳合同"的约定，事实上以"阴合同"约定的较低价格向第三方转让股权；〔1〕或转让股东先以高价将少部分股权转让于第三人，在第三人成为公司股东后又以不合理的低价向其转让剩余大部分股权。〔2〕转让股东与第三人签订的股权转让合同在两种不同情形下的效力不完全相同。《公司法》有关股东优先购买权的规定并非效力性强制性规定。《九民纪要》第9条指出：审判实践中，部分人民法院对《公司法司法解释（四）》第21条规定的理解存在偏差，往往以保护其他股东的优先购买权为由认定股权转让合同无效。准确理解该条规定，既要注意保护其他股东的优先购买权，也要注意保护股东以外的股权受让人的合法权益，正确认定有限责任公司的股东与股东以外的股权受让人订立的股权转让合同的效力。一方面，其他股东依法享有优先购买权，在其主张按照股权转让合同约定的同等条件购买股权的情况下，应当支持其诉讼请求，但其他股东自知道或者应当知道行使优先购买权的同等条件之日起30日内没有主张，或者自股权变更登记之日起超过1年的除外。另一方面，为保护股东以外的股权受让人的合法权益，股权转让合同如无其他影响合同效力的事由，应当认定有效。其他股东行使优先购买权的，虽然股东以外的股权受让人关于继续履行股权转让合同的请求不能得到支持，但不影响其依约请求转让股东承担相应的违约责任。根据最高人民法院民

〔1〕 参见最高人民法院民事判决书，（2016）最高法民终295号；江苏省高级人民法院民事判决书，（2014）苏商外终字第0011号。

〔2〕 参见江苏省高级人民法院民事判决书，（2015）苏商再提字第00068号；浙江省高级人民法院民事裁定书，（2016）浙民申3249号。

事审判第二庭的解读,除转让股东与第三人恶意串通损害其他股东优先购买权订立的合同无效之外,一般情况下,即使转让股东侵犯了其他股东的优先购买权,其与第三人签订的股权转让合同仍然有效。[1]

五、优先认缴出资权

为确保原股东的持股比例在注册资本增加后不被稀释,《公司法》赋予了原股东对新增资本的优先认购权。根据《公司法》第 34 条之规定,公司新增资本时,股东有权优先按照实缴的出资比例认缴出资,但全体股东约定不按照出资比例优先认缴出资的除外。事实上,《公司法》规定的"股东有权优先按照实缴的出资比例认缴出资"对股东来说既是一种权利,也是一种限制,即股东只能按其实缴的出资比例认缴出资,不得超出这一比例,其目的在于保障股东之间股权比例的稳定。

对于股东对其他股东放弃认缴的增资份额是否享有优先认购权的问题,《公司法》的规定并不明确,司法实践也存在不同认识。天津市高级人民法院在"聂某某诉天津信息港电子商务有限公司等公司决议侵害股东权案"中认为,可以依照《公司法》有关有限责任公司股权转让的规定进行分析和判断,即《公司法》有关股东优先购买权的规定的目的是维护有限公司的人合属性,使公司股权维持在原股东之间,不轻易向外扩散。同样,对于股东放弃认购的公司增资,其他股东也应有优先购买的权利,股东之外的第三人只有在公司股东均放弃认缴增资时才可认购公司增资。[2] 与上述观点不同,在"贵州捷安投资有限公司与贵阳黔峰生物制品有限责任公司、重庆大林生物技术有限公司、贵州益康制药有限公司、深圳市亿工盛达科技有限公司股权确认纠纷案"中,原审法院认为,公司股权转让与增资扩股不同,股权转让往往是被动的股东更替,与公司的战略性发展无实质联系,故要更加突出保护有限责任公司的人合性;而增资扩股,引入新的投资者,往往是为了公司的发展,当公司发展与公司人合性发生冲突时,则应当突出保护公司的发展机会,此时

---

〔1〕 参见最高人民法院民事审判第二庭编著:《〈全国法院民商事审判工作会议纪要〉理解与适用》,人民法院出版社 2019 年版,第 143 ~ 144 页。

〔2〕 参见天津市高级人民法院民事判决书,(2006)津高民二终字第 0076 号。

若基于保护公司的人合性而赋予某一股东优先认购权,该优先权行使的结果可能会削弱其他股东特别是控股股东对公司的控制力,导致其他股东因担心控制力减弱而不再谋求增资扩股,从而阻碍公司的发展壮大,因此,不能援引《公司法》关于股权转让的规定精神来解释关于优先认购增资的规定。最高人民法院在该案中进一步指出,公司增资扩股与股东对外转让股份确属不同性质的行为,意志决定主体不同,二者对有限责任公司人合性要求不同。在已经充分保护股东优先认缴权(原股东已按其实缴出资比例行使优先认缴权)的基础上,原股东在目标公司增资中的利益没有受到损害。当股东个体更大利益与公司整体利益或者有限责任公司人合性与公司发展相冲突时,应当由全体股东按照公司章程规定方式进行决议,从而产生最终结论以便各股东遵循。[1]

法院在上述两个案例中从不同角度阐述了股东对其他股东放弃认缴的增资份额是否享有优先认购权的问题,似乎各有道理。如果回归到《公司法》有关股东优先购买权的立法意图,不难看出,在部分股东放弃认缴时,如果股东之外的第三人参与增资认购,其效果相当于公司股权的转让,即放弃认缴的股东将其与该增资份额相关的股权转让给第三人。假设原本决定放弃认缴的股东决定不再放弃,而是按其实缴出资比例认缴增资份额,但在认缴之后和实际出资之前将与该增资份额相关的股权转让第三人,那么其他股东无疑对此时的股权转让享有优先购买权。由此可见,无论是股东对增资认购权的放弃,还是在参加增资之后对相关股权的转让,其本质都是股东的股权转让。基于股东优先受让权的原则和逻辑,对于部分股东在公司增资时放弃认缴的增资份额,公司其他股东在同等条件下应当享有优先认缴权;股东之外的人只有在公司股东放弃行使优先认缴权时方可认购公司的增资。鉴于目前司法实践对此认识不一,为避免公司设立之后股东对此产生不同的理解,股东应在公司设立时就该等事项通过股东协议和公司章程明确约定。

《公司法》没有规定股东优先认缴权的行使期限。在最高人民法院公报案例“绵阳高新区科创实业有限公司、福建省固生投资有限公司、陈某某与绵阳市红日实业有限公司、蒋某股东会决议效力及公司增资纠纷案”中,最高人民法院认为,股

〔1〕 参见最高人民法院民事判决书,(2009)民二终字第3号。

东优先认缴权属于形成权，虽然相关法律没有明确规定该项权利的行使期限，但为维护交易安全和稳定经济秩序，该权利应当在一定合理期间内行使，并且由于这一权利的行使属于典型的商事行为，对于合理期间的认定应当比通常的民事行为更加严格。法院在该案中因涉案当事人的行权主张超过合理期间，没有支持其行使优先认缴权的诉讼请求。[1]

第四节　公司纠纷和公司僵局

相对于股东协议而言，因公司章程产生的或与公司章程相关的争议比较复杂，既包括股东之间的争议，也包括股东与公司之间的争议，还可能包括公司或股东与公司董事、监事或高级管理人员之间的争议。《公司法》第25条规定的章程应当载明的事项没有包含争议解决事项，但是，如果股东或公司希望通过仲裁方式解决相关争议，或希望将公司纠纷提交特定法院解决，股东或股东会应当在公司章程中对此作明确规定。就股东争议而言，在股东协议和公司章程同时对相关权利义务进行约定的情形下，同一个争议既可以被视为股东协议项下的争议，也可以被视为公司章程项下的争议。如果股东协议和公司章程的争议解决条款不一致，则将产生管辖权冲突。另外，在买方收购目标公司部分股权、认购目标公司的增资或与卖方或卖方的关联方共同设立合营企业时，为避免合营企业因股东冲突而陷入僵局并无法正常运营，买方应与其他股东对公司僵局的破解方案提前进行约定。就合营企业而言，由于股东的商业利益不同，争议和僵局往往不可避免，提前约定清晰可行的争议解决机制和僵局破解机制应有利于控制争议和僵局给股东和合营企业造成的损失。本节将简要介绍和分析涉及公司纠纷的解决方式和公司僵局的解决方案。

---

〔1〕 参见最高人民法院民事判决书，(2010)民提字第48号。

一、公司纠纷的解决方式

对于因公司章程产生的或与之相关的争议的解决方式，目前已失效的《中外合资经营企业法》及《中外合作经营企业法》均规定，合营各方或中外合作者因履行协议或章程发生争议的，可根据仲裁协议向仲裁机构申请仲裁，未达成仲裁协议的可向中国法院起诉。[1] 中国证监会2013年1月4日发布的《非上市公众公司监管指引第3号——章程必备条款》第14条规定："公司章程应当载明公司、股东、董事、监事、高级管理人员之间涉及章程规定的纠纷，应当先行通过协商解决。协商不成的，通过仲裁或诉讼等方式解决。如选择仲裁方式的，应当指定明确具体的仲裁机构进行仲裁。"由此可见，公司纠纷的解决方式包括诉讼和仲裁，股东在公司设立时可以在公司章程中约定争议解决条款，公司设立后股东会也可以根据有效决议决定和修改公司章程中的争议解决条款。

（一）公司纠纷的可仲裁性

章程包含仲裁条款并不意味所有的公司纠纷都可以提交仲裁解决。例如，就公司解散、股东知情权和公司决议的效力等问题，《公司法》均规定相关当事人"可以请求人民法院解散公司""可以向人民法院提起诉讼""可以请求人民法院撤销"，《公司法》的这些规定是否意味着当事人只能通过法院解决相关纠纷的问题，需要具体分析。

第一，关于公司解散的纠纷，《公司法》第182条规定："公司经营管理发生严重困难，继续存续会使股东利益受到重大损失，通过其他途径不能解决的，持有公司全部股东表决权百分之十以上的股东，可以请求人民法院解散公司。"关于仲裁机构对于公司解散的纠纷是否有管辖权的问题，宝鸡市中级人民法院在"美国大陆管理有限公司诉陕西济生制药有限公司公司解散纠纷管辖异议案"中认为，依照《仲裁法》的相关规定，仲裁事项应为平等主体的公民、法人和其他组织之间发生的合同纠纷和其他财产权益纠纷，股东请求解散公司是股东行使的一项法定权利，涉及

[1] 参见《中外合资经营企业法》第16条、《中外合作经营企业法》第26条。

公司主体资格的消灭,具有一定的身份性和公共性,不属于仲裁事项范围。[1] 最高人民法院在2011年对北京市高级人民法院的复函中明确表示,“仲裁机构裁决解散公司没有法律依据,属于无权仲裁的情形”[2]。此后,最高人民法院在多份复函中重复该立场,司法实践中各级法院也多持此观点。因此,即便公司章程明确规定因公司章程产生的或与公司章程相关的争议应提交仲裁机构通过仲裁解决,相关仲裁机构也不因公司章程中的仲裁条款取得对公司解散纠纷的管辖权。

第二,关于股东知情权的纠纷,根据《公司法》第33条之规定,股东可以要求查阅公司会计账簿;公司拒绝提供查阅的,股东可以请求人民法院要求公司提供查阅。严格来说,该条规定应属于任意性法律规范,似乎没有禁止股东或公司基于仲裁条款向约定的仲裁机构提起仲裁。但是,在“郑州鑫岚光房地产开发有限公司、郑州宛耀置业有限公司股东知情权纠纷案”中,郑州市中级人民法院认为:当事人签订的合作协议约定了仲裁条款,但合作协议未约定股东知情权的内容;虽然公司章程也约定了仲裁条款,但上诉人(公司)不是公司章程的签订方,故章程约定的仲裁条款对上诉人无约束力。此外,法院认为,仲裁机构裁决股东知情权纠纷没有法律依据,上诉人请求将该案提交仲裁机构裁决的主张不能成立。[3] 笔者认为,股东知情权纠纷是股东与公司之间的纠纷,股东知情权是公司基于法律强制性规定对股东的一项义务或股东基于法律强制性规定对公司的一项权利,无须股东协议或公司章程另行约定。公司章程对股东和公司均有约束力,公司章程中的仲裁条款对股东和公司也当然具有约束力。如果公司章程规定了相关争议由仲裁解决,除非法律另有明确规定,否则股东和公司都应遵循这一规定。

第三,关于公司决议效力的纠纷,根据《公司法》第22条之规定,股东会、董事会的会议召集程序、表决方式违反法律、行政法规或者公司章程,或者决议内容违反公司章程的,股东可以自决议作出之日起60日内,请求人民法院撤销;人民法院宣告该决议无效或者撤销该决议后,公司应当向公司登记机关申请撤销变更登记。

---

〔1〕 参见陕西省宝鸡市中级人民法院民事裁定书,(2013)宝市中法民三初字第00001号。

〔2〕《最高人民法院关于撤销中国国际经济贸易仲裁委员会(2009)CIETACBJ裁决(0355)号裁决案的请示的复函》(〔2011〕民四他字第13号)。

〔3〕 参见河南省郑州市中级人民法院民事裁定书,(2020)豫01民辖终48号。

有观点认为,该条规定排除了当事人通过仲裁撤销公司决议的可能性,当事人只能请求人民法院撤销。但是,类似于股东知情权的法律规定,该条规定同样属于任意性规范,没有禁止当事人通过仲裁撤销公司决议。在《公司法》没有明确禁止当事人通过仲裁申请撤销公司决议的情形下,允许当事人通过诉讼或仲裁程序撤销公司决议更符合《民法典》的规定。《民法典》第 134 条规定:“民事法律行为可以基于双方或者多方的意思表示一致成立,也可以基于单方的意思表示成立。法人、非法人组织依照法律或者章程规定的议事方式和表决程序作出决议的,该决议行为成立。”因此,包括股东会决议和董事会决议在内的公司决议属于《民法典》第 134 条规定的一种特别类型的民事法律行为。《民法典》第 147 条至第 151 条详细规定了撤销民事法律行为的几种不同的法定情形,并同时明确规定相关方“有权请求人民法院或者仲裁机构予以撤销”。

(二)公司纠纷的诉讼管辖

《民事诉讼法》和《公司法》以及相关司法解释均确立了公司纠纷由公司住所地人民法院管辖这一特殊地域管辖规则。具体而言,《民事诉讼法》第 27 条规定,因公司设立、确认股东资格、分配利润、解散等纠纷提起的诉讼,由公司住所地人民法院管辖。《民事诉讼法司法解释》第 22 条规定,因股东名册记载、请求变更公司登记、股东知情权、公司决议、公司合并、公司分立、公司减资、公司增资等纠纷提起的诉讼,依照《民事诉讼法》第 27 条的规定确定管辖。《公司法司法解释(二)》第 24 条第 1 款也规定,解散公司诉讼案件和公司清算案件由公司住所地人民法院管辖。根据最高人民法院在相关案件裁决中的解释,法律规定公司纠纷适用特殊地域管辖是因为公司住所地的人民法院在审理案件时调取公司资料较为方便,是出于方便诉讼、提高诉讼效率的目的,也是为了避免因对同一个公司的同一个组织法行为的诉讼管辖过于分散而影响司法效率或产生相同事实相异判决。[1]

但是,除法律和司法解释列举的上述公司纠纷外,对于是否还有其他应适用特

〔1〕 参见最高人民法院民事裁定书,(2018)最高法民辖终 140 号;最高人民法院民事裁定书,(2019)最高法民辖终 325 号。

殊地域管辖规则的公司纠纷以及适用特殊地域管辖规则的公司纠纷的具体标准的问题,目前法律规定和司法实践似乎以相关纠纷是否具有公司组织法性质以及公司是否为原告或被告为主要标准。最高人民法院在“唐山宝业实业集团有限公司、刘某某股东出资纠纷案”的二审民事裁定书中指出,公司诉讼是指涉及公司组织法性质上的诉讼,存在与公司组织相关的多数利害关系人,涉及多数利害关系人的多项法律关系的变动,且胜诉判决往往产生对世效力。例如,就股东出资纠纷而言,该诉讼虽与公司有关,但不具有公司组织法上纠纷的性质,也不涉及多项法律关系,相关判决仅对公司、出资股东和其他股东发生法律效力。因此,股东出资纠纷诉讼应适用一般地域管辖规定确定管辖法院。[1] 最高人民法院在“国民信托有限公司、西安市新里程投资有限公司股东出资纠纷案”的二审民事裁定书中进一步指出,作为适用特殊地域管辖的公司纠纷的前提条件之一,公司要么是被告,要么是原告;在公司为第三人的情况下,除非是根据《公司法》提起的股东代表诉讼,否则不具有适用《民事诉讼法》第 27 条的前提。[2] 根据北京市高级人民法院 2014 年发布的《关于立案工作中适用〈民事诉讼法〉若干问题的解答》第 6 条第 1 款、第 2 款的规定:“适用公司诉讼管辖应以是否与公司组织行为有关作为判断标准。因公司设立、确认股东资格、分配利润、公司解散、公司组织形式变更、公司合并、公司分立、公司资本变动等与公司组织行为有关的纠纷应适用公司诉讼管辖。股东损害公司债权人利益诉讼、股东出资违约责任诉讼、股权转让诉讼、公司与股东之间出资纠纷诉讼等,不具有公司组织法上纠纷的性质,不适用公司诉讼管辖。”由此可见,在当事人没有通过协议选择管辖法院的情形下,并非所有与公司相关的纠纷都应适用上述特殊地域管辖规则。

《民事诉讼法》中的特殊地域管辖不同于专属管辖。对于《民事诉讼法》规定的适用特殊地域管辖规则的公司纠纷,当事人亦可以通过协议管辖的方式确定由公司住所地法院之外的其他法院管辖。最高人民法院在“兰州万佳置业有限公司等与王某某等股权转让纠纷管辖权异议案”中的意见指出,《民事诉讼法》第 27 条从

---

〔1〕 参见最高人民法院民事裁定书,(2017)最高法民辖终 414 号。

〔2〕 参加最高人民法院民事裁定书,(2018)最高法民辖终 140 号。

立法体例上看，位于民事诉讼法第二章"管辖"的第二节"地域管辖部分"，该节第34条明确规定了专属管辖的情形，但不包括与公司有关的诉讼的情形。因此《民事诉讼法》关于公司诉讼的规定应当被理解为特殊地域管辖的规定，而不是专属管辖。《民事诉讼法》有关特殊地域管辖的规定并不排除当事人之间有关协议管辖的约定，当事人对于争议解决方式有约定的从其约定，无约定或者约定不具有可操作性则依照该法律规定确定案件的管辖法院。[1] 也就是说，对于法律和司法解释规定的由公司住所地人民法院管辖公司的公司纠纷，当事人仍然有权根据《民事诉讼法》第35条通过书面协议选择被告住所地、合同履行地、合同签订地、原告住所地、标的物所在地等与争议有实际联系的地点的人民法院管辖。

（三）股东协议和公司章程中的争议解决条款

股东同时接受股东协议和公司章程的约束，并且在正常情况下，股东协议和公司章程均对股东之间的权利义务进行约定。另外，即便股东协议不直接约束公司，但股东协议的约定可能与公司具有直接关系。例如，在股东没有按照股东协议或公司章程的约定履行出资义务时，公司和公司的其他股东均有权要求该股东向公司依法全面履行出资义务；股东协议和公司章程可能约定，如果两者不一致或冲突，应以股东协议为准。在股东协议和公司章程的争议解决条款冲突的情形下，如股东协议约定仲裁解决，公司章程规定诉讼解决或不规定具体的解决方式，或股东协议和公司章程约定不同的仲裁机构或不同地点的法院，那么在因同一事项产生争议时，一方有权根据股东协议中的仲裁条款向仲裁机构申请仲裁，另一方有权基于公司章程将相同的争议提交法院解决，或争议各方分别基于股东协议或公司章程中的争议解决条款将相同的争议提交不同的法院或仲裁机构解决。因此，无论是就股东与股东之间的法律关系而言，还是就股东与公司之间的法律关系而言，确保股东协议和公司章程中争议解决条款的一致性都是十分重要的，即要么均提交同一仲裁机构仲裁，要么均提交同一地点的人民法院管辖。在股东协议和公司章程同时选择仲裁时，仲裁条款应排除对只能由法院管辖的纠纷的适用。同样，如果

---

[1] 参见最高人民法院民事裁定书，(2014)民二终字第14号。

股东协议和公司章程同时选择诉讼解决方式,争议条款应在公司住所地人民法院或被告住所地、合同履行地、合同签订地、原告住所地、标的物所在地等与争议有实际联系的地点的人民法院中选择同一地点有管辖权的人民法院。

二、公司僵局

公司僵局,是指公司的股东会或董事会无法按照法律和公司章程规定的程序作出有效决议,致使公司无法正常运营,甚至处于瘫痪状态的情形。产生公司僵局的原因,在于股东之间就公司的经营和管理存在难以调和的矛盾和冲突。例如,当两名股东在股东会所拥有的表决权以及各自在董事会所拥有的董事席位均等时,一旦股东之间对于公司的经营管理发生分歧且无法达成一致解决方案,则极有可能导致公司股东会或董事会无法有效召集或无法通过有效决议。此外,如公司股东为 3 人或 3 人以上且大股东不能实际控制公司,小股东可能基于一致行动协议限制大股东在股东会上的表决权以及大股东提名的董事在董事会上的表决权,从而导致公司股东会和董事会的决策机制瘫痪。在前述情形下,股东和股东提名的董事之间的对抗和僵持最终可能升级为公司僵局,导致公司的经营活动停滞,股东、公司及公司债权人的利益遭受损失。因此,股东需要通过协商甚至通过司法途径尽快破解公司僵局。

(一)公司僵局的法定情节和司法救济

公司僵局的情形多种多样,时间跨度长短不一,严重程度有高有低。《公司法》第 182 条在提供公司僵局的司法救济手段的同时明确了公司僵局的法定情节,即“公司经营管理发生严重困难,继续存续会使股东利益受到重大损失,通过其他途径不能解决的”。《公司法司法解释(二)》第 1 条第 1 款对公司僵局的法定情节作了进一步明确:(1)公司持续 2 年以上无法召开股东会,公司经营管理发生严重困难的;(2)股东表决时无法达到法定或者公司章程规定的比例,持续 2 年以上不能做出有效的股东会决议,公司经营管理发生严重困难的;(3)公司董事长期冲突,且无法通过股东会解决,公司经营管理发生严重困难的;(4)经营管理发生其他严重困难,公司继续存续会使股东利益受到重大损失的情形。《公司法》规定的法律救济手段是解散公司,所以法律对公司僵局的时间跨度和严重程度提出了很高的要求,即只有当公司僵局达到 2 年以上,致使公司经营管理发生严重困难,或公司继续存续会使股东利益受到重大损失的,在持有公司全部股东表决权 10% 以上的股东请求人民法院解散公司时,法院才应予受理。

虽然法律给股东提供了通过解散公司破解公司僵局的救济手段,但是在多数情形下,以公司解散为目的的法律救济无法最大限度地减少股东、公司以及其他利益相关方的损失,更无法实现股东、公司以及他利益相关方的利益最大化。作为一个商业实体,公司的消灭和终结对于股东各方、公司的债权人、合作伙伴甚至社会都会造成一定程度的经济损失,因此解散公司是一种对各方利益都极具破坏性的消极的僵局破解方式。在股东意见不统一时,通过司法程序解散公司所需时间较长且具有较大的不确定性,公司在此过程无法正常开展经营活动,从而造成公司经营成本的损耗、债务风险的增加和股东投资利益的落空。另外,在公司经营发生严重困难的情形下,公司往往存在严重亏损,即便法院支持解散公司,公司财产需要用于清偿各类债务,股东难以通过公司剩余财产的分配收回投资成本。如公司资不抵债,且股东尚未向公司实缴全部认缴出资,那么股东还负有向公司实缴全部认缴出资的义务。对于制造业企业而言,即便公司在清偿全部债务后尚有资产可以分配,公司的经营性资产的使用价值将因资产的处置行为而受到极大影响,无论是整体处置还是拆分处置。

或许正是因为公司解散的诸多不利后果,在司法实践中,法院对解散公司的认定标准较高,一般不轻易支持股东要求解散公司的诉讼请求。法院除查明公司经营管理是否已发生严重困难,公司存续是否会使股东利益受到重大损失外,还需确认股东是否已穷尽其他救济措施。如果请求解散公司的股东未争取向其他股东或第三人转让股权,法院极有可能认定该股东未穷尽其他救济途径,进而驳回其解散公司的请求。〔1〕 换言之,除需要满足法律规定的公司僵局法定情节外,股东之间已就破解公司僵局进行过充分的协商且股权的内部转让和外部转让途径均已堵塞也

〔1〕 参见最高人民法院民事裁定书,(2015)民申字第 289 号;广东省高级人民法院民事判决书,(2019)粤民终 375 号;新疆维吾尔自治区高级人民法院民事裁定书,(2017)新民申 1278 号。

是法院考察的重要因素。与该等司法实践相一致,《公司法司法解释(五)》第5条规定,人民法院审理涉及有限责任公司股东重大分歧案件时应当注重调解;人民法院应当支持当事人协商一致以公司回购部分股东股份、其他股东受让部分股东股份、他人受让部分股东股份、公司减资、公司分立以及其他能够恢复公司正常经营、避免公司解散的方式解决分歧。因此,公司解散作为法律规定的公司僵局的救济措施只是一种在极端情形下的最后手段。

(二)公司僵局的约定解决方案

为避免通过解散公司破解公司僵局而给股东造成不必要的损失,股东应尽可能地通过股东协议和公司章程预防公司僵局的发生,特别是对公司僵局发生后的破解方案进行明确约定。与解散公司相比,在公司僵局发生后,如果股东之间无法通过友好协商破解公司僵局,部分股东退出公司可能是较好的安排,即在不影响公司存续和正常运营的前提下,由有意退出公司或根据股东协议和公司章程应退出公司的股东以合理对价转让全部股权,将公司交由其他股东继续运营。

预防和破解公司僵局的前提在于明确何种情形构成公司僵局。公司僵局的标准设定越高,启动公司僵局解决方案的时间就越晚,公司僵局给公司经营管理造成的困难就越严重,公司因此所遭受的经济损失也越大。公司僵局大多是由于股东会或董事会无法按照法律和公司章程规定的程序顺利召开会议或作出有效决议所引起,因此作为股东之间的约定,股东协议和公司章程不宜以“公司的经营管理发生严重困难或公司无法正常运营”等作为启动公司僵局解决方案的前提条件,而应以造成公司经营管理困难或公司无法正常运营的具体的公司僵局事件的发生为前提条件。例如,股东协议和公司章程可以将下列事件的发生作为启动公司僵局解决方案的前提条件:股东会或董事会无法有效召开会议或无法就特定事项通过有效决议,并且在就相同议题召开的第二次会议上,股东会或董事会仍未能通过有效决议,或第二次会议未能在上一次会议之后的一定期限内有效召开。也就是说,股东协议和公司章程中约定的僵局事件的发生意味着公司僵局的形成和僵局解决方案的启动,无论该等事件是否已经给公司经营管理造成任何影响。

公司僵局大多源自股东之间的误解或矛盾。为了方便股东各方在公司僵局产生后能够通过友好磋商化解误解和寻求解决方案，股东协议和公司章程可以约定，在正式启动僵局解决方案之前，股东各方应指派一位高级管理人员于僵局发生后的一定期限内就公司僵局事件进行友好磋商。如果股东各方在僵局发生后的一定期限内仍无法达成解决方案，则股东各方应在前述期限届满后的特定期限内正式启动和实施僵局解决方案。

僵局解决方案多种多样，由股东通过股东协议和公司章程具体约定。例如，股东协议和公司章程确定第三方评估机构，在公司僵局发生之后，相关争议股东均有权按照该第三方评估机构提供的公司评估价格行使购买权或出售权，即相关争议股东均有权按照公司评估价格与其持有的公司股权比例相对应的价格向对方出售其股权或按照公司评估价格与对方股东持有的公司股权比例相对应的价格向对方收购股权。如相关争议股东均有意行使购买权或出售权，那么可采取相关机制最终确定有权购买的一方或有权出售的一方。具体而言：(1)相关争议股东就单位股权的价格进行报价，并在对方在场时将其报价置于密封信封提交给双方共同指定的见证人员或公证人员，见证人员或公证人员在收到相关争议股东的各自报价后当面开启信封并宣布报价。(2)如相关争议股东均有意购买对方的股权，则报价较高的股东有权以该报价购买对方所持的全部股权且对方有义务向报价较高的股东出售其所持全部股权；如相关争议股东均有意出售股权，则报价较低的股东有权以该较低的报价向对方出售其所持全部股权且对方有义务向该报价较低的股东购买其所持全部股权。(3)如各方报价相等，各方应持续报价，直至产生不相等的报价。

股东协议和公司章程也可以约定，如相关争议股东认为对方股东违约造成公司僵局，相关争议股东有权将公司僵局提交法院或仲裁机构，由法院或仲裁机构确定公司僵局责任人。如根据法院判决或仲裁裁决，公司僵局系对方股东违约所致，则非违约股东有权在第三方提供的公司评估价格的基础上行使股权购买权或股权出售权。具体而言，如果非违约股东选择购买违约股东在公司持有的全部股权，违约股东有义务将股权出售给非违约股东，股权购买价格为公司的评估价值的N%(N%应小于100%)乘以违约股东持有的股权比例，违约股东转让股权的折价款项实际上为违约股东应向非违约股东支付的违约金。同样，如果非违约股东选择向违约股东出售非违约股东在公司持有的全部股权，违约股东有义务从非违约股东购买股权，非违约股东的出售价格为公司的评估价值的 M%（M%应大于 100%）乘以非违约股东持有的股权比例，非违约股东转让股权的溢价款项代表违约股东应向非违约股东支付的违约金。

CHAPTER 06 第六章

公司并购中的企业国有资产交易

为加强对企业国有资产的监督管理,促进企业国有资产保值增值,防止企业国有资产流失,国家先后制定了一系列有关企业国有资产的法律、行政法规和部门规章。目前有效的法律、行政法规和部门规章主要包括全国人大常委会2008年10月28日公布的《企业国有资产法》、国务院2019年3月2日第二次修订的《企业国有资产监督管理暂行条例》、国务院国资委和财政部2016年6月24日共同发布的《企业国有资产交易监督管理办法》(以下简称32号令)、国务院国资委分别于2005年8月25日、2009年6月15日、2023年6月23日发布的《企业国有资产评估管理暂行办法》《企业国有产权交易操作规则》《国有企业参股管理暂行办法》。这些法律、行政法规和部门规章规范企业国有资产相关的产权转让、企业增资和企业资产转让,基本都是强制性规定,对参与企业国有资产交易的各方当事人均有约束力。公司并购包括买方对目标公司股权的收购、买方认购目标公司的增资,以及买方从目标公司收购特定的业务和资产。在目标公司为国有及国有控股企业、国有实际控制企业时,或在目标股权或目标资产为国有资产时,买方不仅应该遵守《公司法》和《民法典》等相关规定,还应同时遵守法律有关企业国有资产的规定。本章将从企业国有资产的界定、交易前的批准和资产评估、进场交易,以及企业国有资产监管与第三人权利保护之间的平衡等角度介绍法律的相关规定,并分析相关法律问题。

第一节　企业国有资产的界定和法律适用

判定公司并购是否涉及企业国有资产交易,首先需要查明的是公司并购涉及的目标股权、目标公司或目标资产是否为法律规定的企业国有资产;其次需要查明《企业国有资产法》的具体适用范围。通常来说,只有政府部门和机构以及事业单位在企业中持有的产权,国有及国有控股企业、国有实际控制企业在其所投资企业中持有的产权才是法律规定的企业国有资产。同样,也只有涉及这类产权的转让行为以及国有及国有控股企业、国有实际控制企业的增资行为和资产转让行为才是《企业国有资产法》所规范的对象。为方便后面的分析和讨论,笔者在本章中将国有及国有控股企业、国有实际控制企业合称为"国家控制企业"。

一、企业国有资产的概念

"国有资产"是指国家所拥有的一切财产和财产权利的总称,分布在不同的地域、行业和领域。相对于国家在国家机关、政府机构、事业单位等拥有的资产,"企业国有资产"是指国家在企业中拥有的资产。"企业"的概念应该是与"事业单位"平行使用的常用词语,是指自行承担亏损与盈利的后果,有一定自主权的经济单位;而"事业单位"一般是由国家机关举办或由其他组织利用国有资产举办的带有公益性质的机构,但不属于政府机构或国家机关。因此,企业国有资产是国家所有的经营性资产。

无论是有限责任公司还是股份有限公司,作为以取得利润并分配给股东等出资人为目的成立的经济组织,公司具有企业的所有属性。公司与企业的关系属于一种隶属和包含的关系,即公司属于企业的一种组织形式,并且是最主要和最典型的现代企业组织形式。但是,不是所有的企业都是公司,如相对于具有法人资格的公司而言，合伙企业虽然也能够依法以自己的名义从事民事活动，但不具有法人资格，不属于公司。因此，企业是包含有限责任公司、股份有限公司、独资企业和合伙企业等在内的不同类型的经济组织的总称；企业国有资产是指国家在有限责任公司、股份有限公司、独资企业和合伙企业等这些不同类型的经济组织中直接或间接拥有的产权。

企业国有资产应该是一种习惯性称呼。从严格的法律意义上说，国家作为投资人通过出资方式投入企业后的资产成为企业的资产，属于企业自身直接拥有并控制的资产，国家不再对出资后的资产拥有所有权。企业资产包括国家投入企业后的资产和企业在日常生产经营中形成的资产。《企业国有资产法》第 16 条第 1 款规定："国家出资企业对其动产、不动产和其他财产依照法律、行政法规以及企业章程享有占有、使用、收益和处分的权利。"国家通过对企业各种形式的投资所直接取得的是对企业享有的所有权，如有限责任公司中的股权、股份有限公司中的股份等，以及该所有权所具体体现的所有者权益，如公司的股东权益。换句话说，国家对企业出资的结果是将用于出资的财产或财产性权利转化为国家在所出资企业中拥有的权益。《企业国有资产法》第 12 条第 1 款规定："履行出资人职责的机构代表本级人民政府对国家出资企业依法享有资产收益、参与重大决策和选择管理者等出资人权利。"基于这一理解，企业国有资产也不同于国有企业资产，后者是指国有独资企业或国有全资企业自身拥有的总资产，包括其全部负债和净资产。

《企业国有资产法》和《企业国有资产监督管理暂行条例》对企业国有资产均作了定义。[1] 笔者将两者对比后发现，《企业国有资产监督管理暂行条例》第 3 条规定的企业国有资产包括：(1) 国家对企业各种形式的投资，即国家对所投资企业拥有的所有权；(2) 国家对企业各种形式的投资所形成的权益，即国家对企业基于所有权所享有的所有者权益；(3) 依法认定为国家所有的其他权益。《企业国有资产法》第 2 条对于企业国有资产的定义没有包括"依法认定为国家所有的其他权益"，《企业国有资产监督管理暂行条例》也没有对何为"依法认定为国家所有的其他权

〔1〕《企业国有资产法》第 2 条规定：企业国有资产是指国家对企业各种形式的出资所形成的权益。

益”给予明确规定。32 号令虽然没有重新定义企业国有资产,但从其对企业国有资产交易的一系列监管规定来看,国家在“国有实际控制企业”中享有的权益也被视为企业国有资产。32 号令作为国务院国资委和财政部依据《企业国有资产法》和《企业国有资产监督管理暂行条例》制定的部门规章,其相关规定可以被视为对《企业国有资产法》和《企业国有资产监督管理暂行条例》在实施层面上的细化和进一步明确。因此,基于正常逻辑,《企业国有资产监督管理暂行条例》第 3 条中的“依法认定为国家所有的其他权益”应该是指或至少包括 32 号令规定的国家在国有实际控制企业中的权益。

另外,相对于《企业国有资产法》和《企业国有资产监督管理暂行条例》,目前已废止的《企业国有产权转让管理暂行办法》第 2 条对企业国有产权的定义还包含了国家对企业间接投资所产生的权益,即“国家对企业以各种形式投入形成的权益、国有及国有控股企业各种投资所形成的应享有的权益,以及依法认定为国家所有的其他权益”。虽然《企业国有产权转让管理暂行办法》已经废止,但 32 号令就国家对企业多层次的包括直接投资和间接投资在内的投资以及相关的权益作了更为详细明确的规定。基于该等规定,企业国有资产不仅包括国家通过履行出资人职责的机构对国家出资企业的出资所形成的权益,也应包括国家控制企业对其他企业各种形式的出资所形成的权益。

二、国家出资企业和国家控制企业

我国有关企业国有资产的立法经历了从行政法规到部门规章,再到法律的自下而上的过程。“国家出资企业”这一概念首次出现在《企业国有资产法》中。《企业国有资产法》第 5 条规定:“本法所称国家出资企业,是指国家出资的国有独资企业、国有独资公司,以及国有资本控股公司、国有资本参股公司。”即便指向完全相同,但《企业国有资产监督管理暂行条例》使用的是“所出资企业”这一概念。[1] 其实,早在 2007 年发布的《物权法》(已失效)中也有类似于《企业国有资产法》的规

[1] 《企业国有资产监督管理暂行条例》第 5 条第 3 款规定:“国务院,省、自治区、直辖市人民政府,设区的市、自治州级人民政府履行出资人职责的企业,以下统称所出资企业。”

定,但原《物权法》使用的概念是“国家出资的企业”。原《物权法》第55条规定:“国家出资的企业,由国务院、地方人民政府依照法律、行政法规规定分别代表国家履行出资人职责,享有出资人权益。”《民法典》第257条承继了原《物权法》第55条之规定,仍然没有使用“国家出资企业”这一概念。尽管法律对同一类型的企业使用不同的称谓,但无论是“国家出资企业”还是“国家出资的企业”,两者均是法律对因国家直接出资行为而含有国有资本成分的企业的一种总称,即企业只要含有源于国家直接出资的资本成分都属于国家出资企业,既包括国有独资企业、国有独资公司、国有资本控股公司,也包括国有资本参股公司。准确地说,国家出资企业是指国家通过国务院和地方人民政府或其授权的国资监管机构和其他部门以财政性资金直接注资的各类企业,其全部资本或部分资本直接源于国家。

国家出资企业不等同于国有企业。虽然国家出资企业一定含有国有资本的成分,但国家出资企业对国有资本在企业整体资本中所占的比重没有具体要求,国家出资企业可以同时包括国有企业、国家控股企业和国家参股企业。相反,就国有企业而言,国家出资方式不是判断国有企业的标准,但是国有企业的单一资本构成决定了其资本全部为国家的投资,包括直接投资和间接投资。如果国家出资企业同时也是国有企业,那么该国家出资企业的全部资本均直接源于国务院或地方人民政府。由此可见,国家出资企业与国有企业两者存在交叉关系,但互不包含。

前文已述,国家对企业的投资表现为多层次的投资,既有国家对企业的直接投资,也有国家通过国家出资企业以及国家出资企业所投资的企业对其他企业的间接投资。从理论上说,所有这些直接或间接含有国家资本成分的被投资企业都属于国家投资企业。如果以国家投资的时间顺序为标准来划分,国家出资企业属于第一层次的国家投资企业,而国家出资企业直接投资的企业属于第二层次,国家出资企业所投资的企业对外直接投资的企业则属于第三层次,以此类推,形成多层次的国有资本。不难看出,国家出资企业只是国家投资企业的一种类型,是国家对企业的直接投资,而国家投资企业则包括国家对企业的直接投资和间接投资。

《企业国有资产法》第5条定义的“国家出资企业”包括“国有资本参股公司”。从该定义中可以看出,《企业国有资产法》认定“国家出资企业”的唯一标准是国家是否出资,至于国家是否通过其出资对其投资的企业拥有直接或间接的控制权则不是认定国家出资企业的标准。这与《公司法》对“国家出资公司”的认定标准不尽相同。《公司法修订审议稿》对国家出资公司的设立和组织机构作了规定，但该等规定不适用于国家出资的国有资本参股公司，故《公司法修订审议稿》第168条第2款规定：“本法所称国家出资公司，是指国家出资的国有独资公司、国有资本控股公司，包括国家出资的有限责任公司、股份有限公司。”

但是，就企业国有资产的监管而言，企业控制权仍然决定国家对企业国有资产的监管范围，或者说企业国有资产法以企业控制权为标准确定其适用范围和适用对象。如果国家出资企业属于国家控制企业，包括国有独资企业、国有独资公司，以及国有资本控股公司，那么不仅国家在企业中持有的产权的转让属于法律的监管范围，而且国家控制企业的增资和资产转让也受同样监管；如果国家出资企业仅为国有资本参股公司，那么除国家出资所形成和对应的企业产权的转让之外，国家出资企业本身的增资行为和资产转让行为不是企业国有资产法的监管对象。这里需要注意的是，无论国家在国有资本参股公司的出资比例有多低，也无论国家对国家出资企业是否有控制权，国家对企业出资所形成的权益应该始终为国有资产，并应是企业国有资产法监管的对象。此逻辑同样适用于国家出资企业的对外投资。对于国家出资企业下面的各级国家投资企业而言，如果国家出资企业属于国家控制企业，并且对其投资的下属企业拥有控制权，那么国家出资企业持有的国有产权，以及其下属企业的增资和资产转让等均应属于法律的监管范围；如果国家出资企业对其投资的下属企业没有控制权，那么除国家出资企业持有的国有产权外，其下属企业的增资行为和资产转让行为等不是企业国有资产法的监管对象。另外，如果国家出资企业是国有资本参股公司，那么无论该国有资本参股公司在其投资的下属企业中所持有的出资比例有多高，该国有资本参股公司持有的产权的转让、其下属企业的增资以及资产转让等均不是企业国有资产法的监管对象。因此，查明国家对国家出资企业以及国家出资企业对其他各级国家投资企业的控制权，确定这些企业是否属于国家控制企业，是分析和讨论企业国有资产交易监管的前提。

三、企业国有资产法中的企业控制权

32号令第4条对国家控制企业的认定标准作了规定：“本办法所称国有及国有

控股企业、国有实际控制企业包括:(一)政府部门、机构、事业单位出资设立的国有独资企业(公司),以及上述单位、企业直接或间接合计持股为100%的国有全资企业;(二)本条第(一)款所列单位、企业单独或共同出资,合计拥有产(股)权比例超过50%,且其中之一为最大股东的企业;(三)本条第(一)、(二)款所列企业对外出资,拥有股权比例超过50%的各级子企业;(四)政府部门、机构、事业单位、单一国有及国有控股企业直接或间接持股比例未超过50%,但为第一大股东,并且通过股东协议、公司章程、董事会决议或者其他协议安排能够对其实际支配的企业。"笔者注意到,32号令第4条第1项、第2项和第3项规定的国有企业或国有控股企业的认定标准主要为股权比例,即从资本构成的角度判断国家控制企业;第4条第4项有关协议控制的情形则从控制力的角度判断国家控制企业,且只涉及其他投资人通过协议向国有股东或国有控股股东让与控制权,并不涉及国有股东或国有控股股东通过协议向其他投资人让与控制权的情形。事实上,根据《企业国有资产法》第11条至第15条对"履行出资人职责的机构"的职责要求和《企业国有资产监督管理暂行条例》第4条之规定,可以排除法律允许国有股东或国有控股股东通过协议向其他投资人让与控制权的可能性。[1] 另外,笔者认为,任何法律的制定都有其自身的立法目的,32号令和《公司法》的立法目的不同,因此对于32号令没有明确规定的情形,不应简单地基于《公司法》的规定来认定国有控股企业和国有实际控制企业。下文将以有限责任公司为例对32号令第4条规定的国有企业及国有控股企业、国有实际控制企业作进一步分析。

(一)国有企业

对于一家企业来说,无论其有多少股东,也无论其在国家投资企业中所处的层

---

[1] 《企业国有资产法》第12条规定:"履行出资人职责的机构代表本级人民政府对国家出资企业依法享有资产收益、参与重大决策和选择管理者等出资人权利。履行出资人职责的机构依照法律、行政法规的规定,制定或者参与制定国家出资企业的章程。履行出资人职责的机构对法律、行政法规和本级人民政府规定须经本级人民政府批准的履行出资人职责的重大事项,应当报请本级人民政府批准。"《企业国有资产监督管理暂行条例》第4条规定:"企业国有资产属于国家所有。国家实行由国务院和地方人民政府分别代表国家履行出资人职责,享有所有者权益,权利、义务和责任相统一,管资产和管人、管事相结合的国有资产管理体制。"

级,只要其资本金全部直接或间接源于国家,该企业就应为国有企业。32 号令所称的国有企业包括:(1)政府部门、机构、事业单位出资设立的国有独资企业(公司);(2)政府部门、机构、事业单位、国有独资企业(公司)直接或间接合计持股为100%的国有全资企业。因此,国有企业包括国有独资企业和国有全资企业。国有独资企业和国有全资企业两者之间的区别在于投资主体的单一性和多元性,国有独资企业(公司)由政府部门、机构、事业单位等单一主体出资设立,国有全资企业的投资主体包含两个或两个以上的政府部门、机构、事业单位或国有独资企业。

(二)国有控股企业

相对于国有企业,32 号令有关国有控股企业的判断标准比较复杂。32 号令第 4 条第 2 项和第 3 项规定了认定国有控股企业的三种基本标准:(1)政府部门、机构、事业单位或国有企业单独出资,拥有股权比例超过 50% 的各级子企业;(2)国有控股企业对外投资,单独拥有股权比例超过 50% 的各级子企业;(3)政府部门、机构、事业单位或国有企业共同出资,合计拥有股权比例超过 50%,且其中之一为最大股东的企业。32 号令没有就国有企业或国有控股企业与被投资企业的其他股东对被投资企业拥有共同控制权的情形做区分对待。笔者认为,“共同控制”是《反垄断法》中的概念,其主要目的是确定在发生经营者集中时,取得共同控制权的一方是否需要根据法律规定对经营者集中进行反垄断申报。32 号令第 4 条认定国有控股企业和国有实际控制企业的主要目的是从企业国有资产交易监管的角度明确哪些企业在从事国有资产交易时需要根据法律规定履行特定程序。因此,只要符合 32 号令第 4 条的认定标准,被投资企业就应被视为国有控股企业,无论其他股东是否也对被投资企业拥有共同控制权。考虑到实践中公司的股权结构多种多样,为更好理解 32 号令第 4 条的规定,下文根据上述三种标准讨论几种主要不同股权结构下的企业性质。

第一,如果被投资企业的股东中仅有一家是政府部门、机构、事业单位或国有企业或国有控股企业,且该股东在被投资企业所拥有的股权比例没有超过 50%,那么被投资企业不属于国有控股企业。例如,A 为国有企业或国有控股企业,持有被投资企业 50% 股权,B 和 C 为民营企业,分别持有被投资企业 30% 和 20% 股权,根据32号令第4条第2项和第3项的规定，被投资企业不属于国有控股企业。

第二，如果被投资企业有数个股东为国有企业，即便该数家国有企业共同持有的股权比例超过50%，在没有其他特殊情况（如该数个国有企业为同一家国有企业的全资子公司）的情形下，只要其中没有任何一家为被投资企业的最大股东，被投资企业也不属于国有控股企业。例如，被投资企业有3个股东：A和B为国有企业并分别持有被投资企业32.5%的股权比例，C为民营企业并持有被投资企业35%的股权比例，被投资企业在此情形下不属于国有控股企业；但是，如果A和B中有一家持有被投资企业35%以上的股权比例，那么即便C仍然持有被投资企业35%的股权比例，被投资企业也应为国有控股企业。

第三，32号令第4条第2项只涉及政府部门、机构、事业单位或国有企业的对外单独或共同投资，合计拥有股权比例超过50%，且其中之一为最大股东的情形，但是其第3项没有明确，在数家国有控股企业共同出资，合计拥有股权比例超过50%，且其中之一为最大股东的情形下，被投资企业是否属于国有控股企业。例如，在A、B、C均为国有控股企业，分别持有被投资企业50%、30%和20%股权的情形下，被投资企业是否属于国有控股企业的问题取决于32号令第4条第3项规定的"拥有股权比例超过50%"是否只指单独拥有，或同时包括合计拥有。如果只指单独拥有，被投资企业不属于国有控股企业；如果包括合计拥有，被投资企业则属于国有控股企业。

第四，32号令第4条第3项规定的"各级子企业"是指国有企业或国有控股企业单独直接拥有或间接拥有超过50%股权比例的各级子企业。例如，X为国有企业，A和B为X的全资子公司，且分别拥有被投资企业30%股权，X通过A和B间接拥有被投资企业60%股权，被投资企业根据32号令第4条第3项的规定应被视为国有控股企业。若X和A以及B均为国有控股企业，X通过A和B间接拥有被投资企业超过50%的股权比例，被投资企业也应属于国有控股企业。

（三）国有实际控制企业

国有实际控制企业，是指政府部门、机构、事业单位、单一国有及国有控股企业直接或间接持股比例未超过50%，但为第一大股东，并且通过股东协议、公司章程、董事会决议或者其他协议安排能够对其实际支配的企业。换句话说，虽然32号令第4条第4项接受协议控制的概念和安排，但是在单一国有股东或国有控股股东直接或间接持股比例未超过50%的情形下，只有当国有股东或国有控股股东同时满足下列两个条件时，被投资企业才属于国有实际控制企业：(1)就股权比例而言，国有股东或国有控股股东是被投资企业的第一大股东；(2)国有股东或国有控股股东通过股东协议、公司章程、董事会决议或者其他协议安排能够对被投资企业实际支配。因此，即便国有股东或国有控股股东通过协议等安排能够对被投资企业实际支配，如果其不是第一大股东，那么被投资企业也不属于国有实际控制企业；反之亦然。笔者认为，法律要求国有股东或国有控股股东必须为“第一大股东”的原因可能是基于对协议控制的稳定性的考虑。在国有股东或国有控股股东为第一大股东的情形下，即使其他小股东违反约定导致国有股东或国有控股股东无法通过协议实际支配被投资企业，但相对于其他小股东，国有股东或国有控股股东对被投资企业应该有更多的影响力。另外，尽管32号令没有明确规定，但是笔者认为，在下列两种情形下，被投资企业也有可能被视为国有实际控制企业：(1)国有实际控制企业对外投资并持有被投资企业超过50%的股权；(2)国有实际控制企业在被投资企业持有的股权比例没有超过50%，但其是被投资企业第一大股东，并通过协议安排取得对被投资企业的实际控制权。

32号令第4条第4项对下列情形没有明确规定。例如，两家国有企业共同出资合计拥有被投资企业的股权比例超过50%，被投资企业的最大股东是一家民营企业。即便两家国有企业为共同控制被投资企业之目的签署一致行动协议，被投资企业在此情形下似乎仍然因为其最大股东不是国有企业，而不应被认定为国有实际控制企业。但是，如果国有企业A或B持有的股权比例大于民营企业C，从而成为被投资企业第一大股东，即便A与B之间没有一致行动协议，根据32号令第4条第2项的规定，被投资企业也应属于国有控股企业。

四、企业国有资产法的适用范围

基于我们在前面的分析和介绍，企业国有资产法中的国家控制企业是一个多层级的国有资本体系，而在这一体系中层级最高的是国家出资企业。《企业国有资产法》第5条明确规定，“本法所称国家出资企业，是指国家出资的国有独资企业、国有独资公司，以及国有资本控股公司、国有资本参股公司”。因此，《企业国有资产法》第5条中的国家出资企业似乎不包括合伙企业。实践中，国家出资企业或其下属的国家控制企业与其他市场主体共同投资设立合伙企业的案例并不少见，由于《企业国有资产法》没有明确排除对该等合伙企业的适用，或许需要结合其他法律法规和规章来探究立法者的立法意图。

（一）合伙企业的法律适用

根据《企业国有资产监督管理暂行条例》第2条第1款的规定，“国有及国有控股企业、国有参股企业中的国有资产的监督管理，适用本条例”。同样，《企业国有资产监督管理暂行条例》似乎也没有排除对合伙企业的适用。笔者注意到，32号令是在《企业国有资产法》生效之后由国务院国资委和财政部共同发布的有关企业国有资产交易的具体规定，并且其立法依据是《企业国有资产法》《公司法》《企业国有资产监督管理暂行条例》等相关法律法规。32号令的“立法依据”没有包括《合伙企业法》，而是基于《公司法》和其他法律法规的事实或许可以被理解为32号令不适用于合伙企业。

关于国有或国家控制的合伙企业是否属于《企业国有资产法》、《企业国有资产监督管理暂行条例》和32号令规范的范畴，这事实上至少涉及两个层面的问题，即国家控制企业在合伙企业拥有的出资份额的监督管理，以及国家控制企业控制的合伙企业在其他企业中拥有的权益的监督管理。对于第一层面的问题，国务院国资委于2018年在其官方网站回复留言称，32号令第4条是针对公司制企业中的国有及国有控股、国有实际控制等情形进行分类，合伙企业中合伙人的权益和义务应以合伙协议中的约定为依据。[1] 国务院国资委于2019年在其官方网站再次回复留言称，32号令的适用范围是依据《公司法》设立的公司制企业，国有企业转让有限

〔1〕《对〈企业国有资产交易监督管理办法〉理解》，载国务院国资委网2018年12月29日，http://www.sasac.gov.cn/n2588040/n2590387/n9854167/c10126551/content.html。

合伙企业份额的监督管理另行规定。[1] 对于第二层面的问题,国务院国资委、财政部和中国证监会2018年5月16日共同发布的《上市公司国有股权监督管理办法》(国资委、财政部、证监会令第36号)明确指出,国有出资的有限合伙企业不作国有股东认定,其所持上市公司股份的监督管理另行规定。[2]

国务院国资委分别从两个层面对国有或国家控制的合伙企业是否适用《企业国有资产法》、《企业国有资产监督管理暂行条例》和32号令的答复基本澄清了相关法律法规和规章的适用范围。值得注意的是,根据国务院国资委于2020年1月3日发布的《有限合伙企业国有权益登记暂行规定》第2条的规定,国有及国有控股企业、国有实际控制企业在有限合伙企业中的财产份额将被纳入国有权益登记范围。[3] 继上述规定后,各地相继出台政府投资基金退出的相关规定。例如,广州市财政局于2020年1月10日发布的《广州市政府投资基金管理办法》(穗财规字〔2020〕2号)第22条规定,政府出资从投资基金退出时,应当按照章程约定的条件退出;章程中没有约定的,应聘请具备资质的资产评估机构对出资权益进行评估,作为确定投资基金退出价格的依据。退出工作由业务主管部门组织实施。北京市地方金融监督管理局、中国证监会、北京监管局和北京市国资委等部门于2021年6月21日联名发布的《关于推进股权投资和创业投资份额转让试点工作的指导意见》规定了国资基金份额转让和退出路径:(1)支持各类国资相关基金份额(包括但不限于国家出资企业及其拥有实际控制权的各级子企业出资形成的基金份额、各级政府投资基金出资形成的基金份额),通过北京股权交易中心份额转让试点转让交易。对于存续期未满但达到预期目标的政府投资基金出资形成的份额,经该基

---

〔1〕《国有企业转让有限合伙企业财产份额是否适用32号文?》,载国务院国资委网2019年5月27日,http://www.sasac.gov.cn/n2588040/n2590387/n9854167/c11349294/content.html。

〔2〕《上市公司国有股权监督管理办法》第78条。

〔3〕《有限合伙企业国有权益登记暂行规定》第2条规定:"本规定所称有限合伙企业国有权益登记,是指国有资产监督管理机构对本级人民政府授权履行出资人职责的国家出资企业(不含国有资本参股公司,下同)及其拥有实际控制权的各级子企业(以下统称出资企业)对有限合伙企业出资所形成的权益及其分布状况进行登记的行为。前款所称拥有实际控制权,是指国家出资企业直接或间接合计持股比例超过50%,或者持股比例虽然未超过50%,但为第一大股东,并通过股东协议、公司章程、董事会决议或者其他协议安排能够实际支配企业行为的情形。"

金行业主管部门审核后,可在北京股权交易中心份额转让试点转让交易。基金设立协议等对基金份额转让有明确规定或约定的,从其规定或约定。(2)简化国资相关基金份额转让审批流程,采取市场化方式确定最终转让价格。首次转让报价应以评估或估值结果为基准。与广州市和北京市的规定不完全相同,根据上海市国有资产监督管理委员会2022年2月23日发布的《上海市国有私募股权和创业投资基金份额转让监督管理办法(试行)》(沪国资委产权〔2022〕58号)的规定,上海市(区)国资监管机构所监管企业及其各级国有及国有控股、国有实际控制企业转让其在完成国有权益登记和私募基金备案的各类私募股权和创业投资基金中持有的权益,需履行内部决策、事前批准和资产评估程序,并通过经中国证监会批准开展试点的交易场所以市场化方式公开进行。上述规定的出台在一定程度上体现了国家拟加强对国有出资的有限合伙企业的监管,同时试图在尊重基金设立协议的约定和遵守32号令的强制性规定之间寻求平衡。总体来说,目前各地对合伙型私募基金的国有产权转让的要求不尽一致。

(二)金融、文化类企业和上市公司的法律适用

32号令第63条规定,"金融、文化类国家出资企业的国有资产交易和上市公司的国有股权转让等行为,国家另有规定的,依照其规定"。就金融类国家出资企业的国有资产交易而言,根据财政部2009年3月17日公布的《金融企业国有资产转让管理办法》(财政部令第54号)第3条之规定,县级以上人民政府财政部门和县级以上人民政府或者财政部门授权投资主体转让所持金融企业国有资产,国有及国有控股金融企业转让所持国有资产给境内外法人、自然人或者其他组织,适用该管理办法。财政部2021年11月29日公布的《关于规范国有金融机构资产转让有关事项的通知》(财金〔2021〕102号)进一步明确规定,国有金融机构转让股权类资产,按照《金融企业国有资产转让管理办法》等相关规定执行;转让不动产、机器设备、知识产权、有关金融资产等非股权类资产,按照本通知有关规定执行,行业监管部门另有规定的从其规定。转让标的资产在境外的,应在遵守所在国法律法规的前提下,参照本通知规定执行,国家另有规定的从其规定。因开展正常经营业务涉及的抵(质)押资产、抵债资产、诉讼资产、信贷资产、租赁资产、不良资产、债权等资

产转让及报废资产处置,以及司法拍卖资产、政府征收资产等,国家另有规定的从其规定。除国家另有规定外,涉及底层资产全部是股权类资产且享有浮动收益的信托计划、资管产品、基金份额等金融资产转让,应当比照股权类资产转让规定执行。纳入国有金融资本管理的凭借国家权力和信用支持的金融机构,资产转让有关事宜执行本通知规定。关于中央文化企业国有资产交易的问题,根据财政部2017年10月13日发布的《关于进一步规范中央文化企业国有资产交易管理的通知》(财文〔2017〕140号),除该通知另有规定,中央文化企业国有资产交易应当遵守国家法律、行政法规和《企业国有资产交易监督管理办法》等有关规定;除该通知特别规定外,中央文化企业国有资产交易行为(包括产权转让、增资、资产转让行为)应当在上海和深圳两个文化产权交易所交易,严格控制以非公开协议方式进行国有资产交易。上市公司的国有股权转让则应遵守《上市公司国有股权监督管理办法》的规定。

第二节　企业国有资产的交易

32号令规范的企业国有资产交易行为是指包括股权转让、增资认购和资产收购在内的公司并购行为。事实上,32号令的规定是从公司并购交易中卖方的角度对企业产权转让、企业增资和企业资产转让等行为进行规范。国家对企业国有资产的监管在法律层面上表现为企业国有资产交易必须履行包括事前批准、审计评估和进场交易等特别的法定程序。本节在介绍企业国有资产交易的监管机构及其主要职责之后,将分别介绍和分析法律有关企业产权转让、企业增资和企业资产转让的相关规定。

一、企业国有资产交易的监管机构及其主要职责

《企业国有资产法》、《企业国有资产监督管理暂行条例》和32号令对企业国有资产交易通过法定和授权的方式实行分级监管,即法律确立了国务院和地方人民政府、履行出资人职责的机构(国务院和地方人民政府分别授权的国资监管机构或

其他部门、机构)以及国家出资企业共同但又在各自法定或授权的职责范围内分别负责企业国有资产交易的监督管理责任。具体来说,国务院和地方人民政府分别代表国家对国家出资企业履行出资人职责,享有出资人权益;国务院和地方人民政府可以授权国资监管机构或其他部门、机构代表本级人民政府对国家出资企业履行出资人职责;国家出资企业经履行出资人职责的机构的授权负责其各级子企业国有资产交易的管理,定期向同级国资监管机构报告本企业的国有资产交易情况,并对其所出资企业依法享有资产收益、参与重大决策和选择管理者等出资人权利。[1] 下文将基于法律规定对企业国有资产交易的监管机构及其主要职责作简要归纳和梳理。

(一)代表国家履行出资人职责的各级人民政府

作为原则性规定,根据《企业国有资产法》第 3 条和第 4 条之规定,国有资产属于国家所有,即全民所有,国务院代表国家行使国有资产所有权;就企业国有资产而言,国务院和地方人民政府依照法律、行政法规的规定,分别代表国家对国家出资企业履行出资人职责,享有出资人权益。具体来说,国务院确定的关系国民经济命脉和国家安全的大型国家出资企业,重要基础设施和重要自然资源等领域的国家出资企业,由国务院代表国家履行出资人职责。这些由国务院代表国家履行出资人职责的国家出资企业一般被习惯性地称为中央企业或央企。省级人民政府和设区的市、自治州级人民政府分别代表国家对由国务院履行出资人职责以外的国家出资企业履行出资人职责。其中,省级人民政府履行出资人职责的国家出资企业,由省级人民政府确定、公布,并报国务院国资监管机构备案;其他由设区的市、自治州级人民政府履行出资人职责的国家出资企业,由设区的市、自治州级人民政府确定、公布,并报省级国资监管机构备案。[2]

事实上,各级人民政府一般不直接对国家出资企业履行出资人职责,而是授权

[1] 参见《企业国有资产法》第 3 条、第 4 条、第 11 条和第 21 条,《企业国有资产监督管理暂行条例》第 4 条、第 5 条、第 6 条和第 27 条,32 号令第 6 条。

[2] 参见《企业国有资产监督管理暂行条例》第 5 条。

其他机构或部门代表本级人民政府对国家出资企业履行出资人职责。但是,作为各级人民政府对其他机构或部门授权的排除情形,各级人民政府应对因企业产权转让或企业增资致使国家不再拥有所出资企业控股权的交易行为履行直接监管的职责,并在各级人民政府批准相关交易行为的前提下,对其批准的交易行为涉及的下列事项同样负有决定是否批准的职责:(1)转让底价低于评估结果的90%的;(2)产权交易机构与转让方对意向受让方是否符合受让条件意见不一致的;(3)交易价款因特殊情况不能通过产权交易机构结算的。[1]

需要注意的是,为加强对重点国家出资企业及其主要承担重大专项任务的子企业的保护,国务院国资委2022年5月16日发布的《关于企业国有资产交易流转有关事项的通知》(国资发产权规〔2022〕39号,以下简称39号文)第2条规定:"主业处于关系国家安全、国民经济命脉的重要行业和关键领域,主要承担重大专项任务的子企业,不得因产权转让、企业增资失去国有资本控股地位。国家出资企业内部重组整合中涉及该类企业时,以下情形可由国家出资企业审核批准:(一)企业产权在国家出资企业及其控股子企业之间转让的。(二)国家出资企业直接或指定其控股子企业参与增资的。(三)企业原股东同比例增资的。其他情形由国家出资企业报同级国有资产监督管理机构批准。"另外,39号文第9条强调:产权转让、企业增资导致国家出资企业及其子企业失去标的企业实际控制权的,交易完成后标的企业不得继续使用国家出资企业及其子企业的字号、经营资质和特许经营权等无形资产,不得继续以国家出资企业子企业名义开展经营活动。上述要求应当在信息披露中作为交易条件予以明确,并在交易合同中对公司变更、字号变更等安排作出相应约定。

(二)经各级人民政府授权履行出资人职责的国资监管机构

国务院和地方人民政府授权的对国家出资企业履行出资人职责的机构包括国务院国资监管机构(国务院国资委)和地方国资监管机构(地方国资委),以及国务院和地方人民政府根据需要授权的其他部门和机构(如财政部和地方财政厅或财

〔1〕 参见32号令第7条、第18条、第21条、第27条和第34条。

政局等)。例如,根据《金融企业国有资产转让管理办法》第8条之规定,财政部门是金融企业国有资产转让的监督管理部门,地方县级以上财政部门对本级管理的金融企业及其子公司国有资产转让实施监督管理;另外,根据财政部2013年5月7日公布的《中央文化企业国有产权交易操作规则》第3条之规定,财政部代表国务院对中央文化企业履行出资人职责。《企业国有资产法》将所有代表本级人民政府履行出资人职责的机构、部门统称为"履行出资人职责的机构"。其中,国务院国资委是代表国务院履行出资人职责、负责监督管理企业国有资产的直属特设机构;省级国资委,设区的市、自治州级国资委是分别根据授权代表本级政府履行出资人职责、负责监督管理企业国有资产的直属特设机构。[1] 总之,履行出资人职责的机构代表本级人民政府对国家出资企业依法享有资产收益、参与重大决策和选择管理者等出资人权利;依照法律、行政法规的规定,制定或者参与制定国家出资企业的章程。另外,履行出资人职责的机构委派的股东代表参加国有资本控股公司、国有资本参股公司召开的股东会会议、股东大会会议,应当按照委派机构的指示提出提案、发表意见、行使表决权,并将其履行职责的情况和结果及时报告委派机构。[2]

国资监管机构负责审核国家出资企业的产权交易,并负责下列具体事项的批准:(1)对主业处于关系国家安全、国民经济命脉的重要行业和关键领域,主要承担重大专项任务子企业的产权转让和增资行为;(2)在涉及上述重要行业和关键领域企业的重组整合并对受让方有特殊要求的情形下,企业产权需要在国有及国有控股企业之间采取非公开协议方式转让的行为;(3)因国有资本布局结构调整需要,由特定的国有及国有控股企业或国有实际控制企业采取非公开协议方式参与增资的行为;(4)因国家出资企业与特定投资方建立战略合作伙伴或利益共同体需要,由该投资方采取非公开协议方式参与国家出资企业或其子企业增资的行为。[3] 在相关国资监管机构批准上述交易行为的前提下,同一国资监管机构还应对其批准

---

〔1〕 参见《企业国有资产法》第11条、《企业国有资产监督管理暂行条例》第6条和第12条。

〔2〕 参见《企业国有资产法》第12条和第13条。

〔3〕 参见32号令第7条、第8条、第31条和第45条。

的交易行为涉及的下列事项负有决定是否批准的职责：(1)转让底价低于评估结果的90%的；(2)产权交易机构与转让方对意向受让方是否符合受让条件意见不一致的；(3)交易价款因特殊情况不能通过产权交易机构结算的。[1]

就上述产权转让或企业增资所涉及的国资监管机构的批准，如产权转让方或增资企业为多家国有股东共同持股的企业，由其中持股比例最大的国有股东负责履行相关批准程序；各国有股东持股比例相同的，由相关股东协商后确定其中一家股东负责履行相关批准程序。[2]

(三)国家出资企业对各级子企业国有资产交易的管理

除各级国资监管机构负责监管的企业和前面提及的应当报国资监管机构或相关人民政府批准的事项外，国家出资企业决定其子企业的产权转让和增资行为。具体而言，国家出资企业对其所出资企业，通过制定或者参与制定所出资企业的章程，建立权责明确、有效制衡的企业内部监督管理和风险控制制度，维护其出资人权益。[3] 国有产权转让和企业增资应当由转让方和增资企业按照企业章程和企业内部管理制度进行决策，形成书面决议。国有控股和国有实际控制企业中国有股东委派的股东代表，应当按照法律规定和委派单位的指示发表意见、行使表决权，并将履职情况和结果及时报告委派单位。[4] 同一国家出资企业及其各级控股企业或实际控制企业之间因实施内部重组整合进行产权转让的，经国家出资企业审议决策，可以采取非公开协议转让方式。同样，经国家出资企业审议决策，以下增资情形也可以采取非公开协议方式进行：(1)国家出资企业直接或指定其控股、实际控制的其他子企业参与增资；(2)企业债权转为股权；(3)企业原股东增资。[5]

《企业国有资产法》第5条定义的“国家出资企业”包括“国有资本参股公司”，因此32号令有关国家出资企业对各级子企业国有资产交易管理的规定理论上应该

[1] 参见32号令第18条、第21条和第27条。

[2] 参见32号令第8条和第35条。

[3] 参见《企业国有资产法》第21条。

[4] 参见32号令第9条和第37条。

[5] 参见32号令第31条和第46条。

包含国有资本参股公司对各级子企业的管理。[1] 笔者认为,法律要求国有资本参股公司决定其子企业的产权转让和增资行为在逻辑上和法理上都应该是正确的。但是,在国家出资企业本身为国有资本参股公司的情形下,无论国有资本在国有资本参股公司各级子企业整体资本中所占的比例为多少,如果要求国有资本参股公司向同级国资监管机构报告本企业的国有资产交易情况,或者要求国有资本参股公司及其子公司采取非公开协议方式之外的方式进行增资,这不仅没有逻辑依据,也不是保护企业国有资产所必需。

二、企业产权转让

根据32号令第3条之规定,企业产权转让是指履行出资人职责的机构、国有及国有控股企业、国有实际控制企业转让其对企业各种形式出资所形成权益的行为。无论企业产权是通过产权交易机构公开转让或是通过非公开协议方式转让,相关交易均需经人民政府或国资监管机构事先批准或经国家出资企业事先审议决策。企业产权进场交易时,转让方应当在产权转让公告中披露包括"产权转让行为的相关内部决策及批准情况"在内的转让标的基本情况。[2] 企业产权通过非公开协议方式转让的,需经国资监管机构批准或国家出资企业审议决策;国资监管机构和国家出资企业在批准和审议时应当审核包括有关产权转让决议文件和产权转让法律意见书等一系列文件。[3] 尽管实践中未经前置决策和审批程序的企业产权转让仍然存在,但基于产权转让公告的相关要求,这类违规应该并不多见或很难发生。本节第一部分有关企业国有资产交易监管机构及其主要职责的分析已对企业产权转让涉及的事先批准作了简要介绍,下面我们重点介绍法律有关审计评估和进场交易的规定。

---

[1] 32号令第6条规定:"……国家出资企业负责其各级子企业国有资产交易的管理,定期向同级国资监管机构报告本企业的国有资产交易情况。"

[2] 参见《企业国有产权交易操作规则》第10条。

[3] 参见32号令第31条和第33条。

(一)审计和评估

产权转让事项经批准后,转让方应当委托会计师事务所对转让标的企业进行审计,出具审计报告,并委托具有国有资产评估资质的评估机构对转让标的进行资产评估并出具评估报告。[1] 实践中,企业大多从各级国资监管机构建立的评估机构备选库中选聘评估机构。评估机构出具的资产评估结果需根据法律规定进行核准或备案。具体来说:(1)经各级人民政府批准经济行为的事项涉及的资产评估项目,分别由其国资监管机构负责核准;(2)经国务院国资监管机构批准经济行为的事项涉及的资产评估项目,由国务院国资监管机构负责备案;(3)经国务院国资监管机构所出资企业(中央企业)及其各级子企业批准经济行为的事项涉及的资产评估项目,由中央企业负责备案;(4)地方国资监管机构及其所出资企业的资产评估项目备案管理工作的职责分工,由地方国资监管机构根据各地实际情况自行规定。[2] 实践中,有的地方国资监管机构从严要求,增设评估结果的核准范围。例如,根据北京市的相关规定,除北京市人民政府批准实施的经济事项所涉及的评估项目外,经济行为涉及的资产总额账面值或资产总额评估值大于或等于1亿元人民币的评估项目也需经北京市国资监管机构核准。[3]

需要注意的是,32号令所规范的是履行出资人职责的机构、国有及国有控股企业、国有实际控制企业转让其对企业各种形式出资所形成权益的行为,不包括国有资本参股公司作为转让方的产权转让。但是,如果国有股东转让其在国有资本参股公司持有的产权,相关的产权转让仍然适用32号令。例如,国务院国资委2023年6月23日发布的《国有企业参股管理暂行办法》(国资发改革规〔2023〕41号)第26条规定:"退出参股股权应当严格执行国有资产监督管理有关规定,依法合规履行财务审计、资产评估和产权交易等程序,及时办理工商变更登记。"就专项审计而言,根据32号令第11条之规定,因涉及参股权转让而不宜单独进行专项审计的,转

〔1〕 参见32号令第11条和第12条。

〔2〕 参见《企业国有资产评估管理暂行办法》第4条。

〔3〕 参见《北京市企业国有资产评估管理暂行办法》(京国资发〔2008〕5号)第23条。

让方应当取得转让标的企业最近一期年度审计报告作为替代。[1] 另外，法律没有强制要求国有资本参股公司转让其持有的下属企业产权时必须进行资产评估。在司法实践中，法院认为国有资本参股公司参与国有资产交易时无须履行资产评估程序。在“李某某与江苏省天衡拍卖有限公司拍卖合同纠纷案”中，江苏省高级人民法院认为，《企业国有资产法》并未规定国有资本参股公司转让公司财产时必须进行评估，涉案国有资本参股公司转让公司财产不属于法律规定的必须进行评估的范围。[2] 在“北京市新兴房地产开发总公司与杨某某、孙某某、李某、伊某某土地使用权出让合同纠纷案”中，最高人民法院也认为，根据《企业国有资产法》的规定，对国家出资企业转让重大财产要求进行评估的只涉及国有独资企业、国有独资公司和国有资本控股公司，不包括国有资本参股公司；国有资本参股公司转让重大财产由公司股东会决定，无须经过审批和评估程序；履行出资人职责的机构委派股东代表参加国有资本参股公司的股东会会议，按照委派机构的指示行使表决权，并履行报告义务，但不是履行审批职责。[3]

作为法定资产评估的例外，在下列两种情形下的产权转让可以免于资产评估：(1)同一国家出资企业内部实施重组整合，且转让方和受让方为该国家出资企业及其直接或间接全资拥有的子企业；(2)同一国有控股企业或国有实际控制企业内部实施重组整合，且转让方和受让方为该国有控股企业或国有实际控制企业及其直接、间接全资拥有的子企业。在上述两种情形下，经评估标的公司或其股东公司按照《公司法》和公司章程履行决策程序后，转让价格可以资产评估报告或最近一期审计报告确认的净资产值为基础确定，但不得低于经评估或审计的净资产值。[4] 39 号文第 4 条也规定：“采取非公开协议方式转让企业产权，转让方、受让方均为国有独资或全资企业的，按照《中华人民共和国公司法》、企业章程履行决策程序后，转让价格可以资产评估报告或最近一期审计报告确认的净资产值为基础确定。”

---

〔1〕 参见 32 号令第 11 条。

〔2〕 参见江苏省高级人民法院民事判决书，(2013)苏民终字第 0330 号。

〔3〕 参见最高人民法院民事判决书，(2014)民提字第 77 号。

〔4〕 参见 32 号令第 32 条。

(二)进场交易

从理论上说,除法律明确允许可以不通过产权交易机构公开交易的情形外,企业国有资产应经资产评估后在产权交易机构公开进行交易。[1] 但是,在国家控制企业以其所持企业股权作价出资时,在被投资企业为唯一并确定的情形下,从逻辑上说不存在通过产权交易机构公开竞价的可能性。32 号令和其他相关法律法规和规章对此没有明确规定,国务院国资委 2020 年 11 月 26 日通过官方网站对"国有股权作价出资给非国资企业是否需要进场交易"的问题所作的答复,未就作价出资是否需要进场交易给予正面回应,仅表示"国有企业以所持企业股权作价出资,应当履行企业对外投资论证决策工作程序,并按照《企业国有资产评估管理暂行办法》(国资委令第 12 号)有关规定进行资产评估"。[2] 笔者认为,国务院国资委的答复可以被理解为国有股权作价出资无须进场交易。笔者注意到,《广西壮族自治区国资委关于规范企业国有资产进场交易有关问题的通知》(桂国资发〔2014〕271 号)第 1 条第 1 款第 4 项对于国有企业作价出资行为只是鼓励进场交易,没有强制要求进场交易。

根据 32 号令第 54 条之规定,省级以上国资监管机构应当在全国范围选择符合法定条件的开展企业国有资产交易业务的产权交易机构,并对外公布名单。实践中,在目标公司和企业国有股权转让方的住所地不在同一省市的情形下,转让方可选择任意一方住所地的产权交易机构进行公开交易,具体地点不受限制。《企业国有产权交易操作规则》明确了企业国有产权交易所应适用的规则,覆盖从发布转让信息、登记受让意向、组织交易签约、结算交易资金到出具产权交易凭证的全部交易过程。结合 32 号令、《企业国有产权交易操作规则》和部分产权交易机构的操作

---

〔1〕 32 号令第 31 条规定:"以下情形的产权转让可以采取非公开协议转让方式:(一)涉及主业处于关系国家安全、国民经济命脉的重要行业和关键领域企业的重组整合,对受让方有特殊要求,企业产权需要在国有及国有控股企业之间转让的,经国资监管机构批准,可以采取非公开协议转让方式;(二)同一国家出资企业及其各级控股企业或实际控制企业之间因实施内部重组整合进行产权转让的,经该国家出资企业审议决策,可以采取非公开协议转让方式。"

〔2〕《国有股权作价出资给非国资企业是否需要进场交易?》,载国务院国资委网 2020 年 11 月 26 日,http://www.sasac.gov.cn/n2588040/n2590387/n9854167/c16067784/content.html。

细则,笔者认为,进场交易程序中需要特别注意的事项包括下列几点。

1. 信息披露

转让方应向产权交易机构提交产权转让公告所需的材料,并对所提交材料的真实性、完整性、有效性负责。产权交易机构对涉及转让标的信息披露的准确性和完整性、交易条件和受让方资格条件设置的公平性与合理性,以及竞价方式的选择等内容进行规范性审核。[1]

转让方可以根据企业实际情况和工作进度,采取信息预披露和正式披露相结合的方式,通过产权交易机构网站分阶段对外披露产权转让信息,公开征集受让方。其中,正式披露信息时间不得少于20个工作日。因产权转让导致转让标的企业的实际控制权发生转移的,转让方应当在转让行为获得批准后10个工作日内通过产权交易机构进行信息预披露,时间不得少于20个工作日。[2] 产权转让公告应当客观全面地披露标的企业的主要信息和基本情况,帮助意向受让方快速了解交易的全貌。转让方披露的信息包括但不限于:(1)转让标的基本情况;(2)转让标的企业的股东结构;(3)产权转让行为的决策及批准情况;(4)转让标的企业最近一个年度审计报告和最近一期财务报表中的主要财务指标数据,包括但不限于资产总额、负债总额、所有者权益、营业收入、净利润等;(5)受让方资格条件;(6)交易条件、转让底价;(7)企业管理层是否参与受让,有限责任公司原股东是否放弃优先受让权;(8)竞价方式和选择受让方的相关评判标准等。其中信息预披露应当包括但不限于上述第1~5项内容。此外,转让方不得在披露信息期间擅自变更信息披露公告中公布的内容。由于非转让方原因或其他不可抗力因素导致可能对转让标的价值判断造成影响的,转让方应当及时调整补充披露信息内容,并相应延长信息披露时间。[3]

产权转让项目首次正式信息披露的转让底价,不得低于经核准或备案的转让标的评估结果。信息披露期满未征集到意向受让方的,可以延期或在降低转让底

〔1〕 参见《企业国有产权交易操作规则》第6条和第8条。

〔2〕 参见32号令第13条。

〔3〕 参见32号令第15条和第20条。

价、变更受让条件后重新进行信息披露。变更受让条件后重新披露信息的，披露时间不得少于20个工作日；仅调整转让底价后重新披露信息的，产权转让披露时间不少于10个工作日。新的转让底价低于评估结果的90%时，应当经转让行为批准单位书面同意。此外，经核准或备案的资产评估结果使用有效期为自评估基准日起1年；如果转让项目自首次正式披露信息之日起超过12个月未征集到合格受让方，应当重新履行审计、资产评估以及信息披露等产权转让程序。[1] 笔者认为，既然法律明确规定资产评估有效期为自评估基准日起1年，那么要求转让项目自首次正式披露信息之日起超过12个月未征集到合格受让方应当重新履行资产评估的规定似乎违反正常逻辑。举例来说，假设资产评估的基准日为1月1日，那么资产评估有效期的截止日应该为当年的12月31日。如果转让项目首次正式披露信息日为6月1日，并且在当年的12月31日之前未能征集到合格受让方，转让方在当年的12月31日之后就应重新办理资产评估，而不应在第二年5月31日之后才重新办理。

2. 竞价与签约

产权转让原则上不得针对受让方设置资格条件，确需设置的，不得有明确指向性或违反公平竞争原则，所设资格条件的相关内容应在信息披露前报同级国资监管机构备案。[2] 实践中，转让方就受让方资格设置的条件通常仅限于依法设立并有效存续、具有良好的财务状况和支付能力、具有良好商业信用、无不良经营记录等一般性要求。但是，如果法律对于特定行业的投资人资格有特别要求的，转让方可依据法律规定对受让方资格作相应限制。

信息公告期限内，意向受让方应向产权交易机构提出产权受让申请并提交相关材料，由产权交易机构对意向受让方进行登记和审核，并在信息公告期满后5个工作日内将意向受让方的登记情况及其资格确认意见书面告知转让方。产权交易机构与转让方对意向受让方是否符合受让条件意见不一致的，由转让行为批准单位作出最终决定。经征询转让方意见后，产权交易机构应以书面形式将资格确认

---

〔1〕 参见32号令第17条、第18条和第19条，《企业国有产权交易操作规则》第21条，《企业国有资产评估管理暂行办法》第21条，39号文第8条。

〔2〕 参见32号令第14条。

结果告知意向受让方。通过资格确认的意向受让方在向产权交易机构交纳交易保证金后获得竞价资格,逾期未交纳的视为放弃受让意向。保证金的交纳数额一般不超过转让标的转让底价的30%,交易保证金以外汇交纳的,应按交纳当日中国外汇交易中心公布的人民币汇率中间价进行折算。[1]

产权转让信息公告期满后,只产生一个符合条件的意向受让方的,由产权交易机构组织交易双方按挂牌价与买方报价孰高原则直接签约;产生两个及以上符合条件的意向受让方的,由产权交易机构按照公告的竞价方式组织实施公开竞价。竞价可以采取拍卖、招投标、网络竞价以及其他竞价方式,且不得违反《拍卖法》《招标投标法》等法律法规的规定。[2] 与拍卖和招投标相比,网络竞价具有公平性高、灵活性强、成本较低的显著优势,是目前实践中最常采用的竞价方式。受让方确定后,转让方与受让方应当签订产权交易合同。交易双方不得以交易期间企业经营性损益等理由对已达成的交易条件和交易价格进行调整。产权交易合同签署后,产权交易机构应当依据法律法规的相关规定,按照产权转让公告的内容以及竞价交易结果等,对产权交易合同进行审核。如果产权交易涉及主体资格审查、反垄断审查等情形的,以及产权交易合同的生效需经政府相关部门批准的,交易双方还应将产权交易合同及相关材料报政府相关部门审查或批准。[3]

3. 交易价款及付款期限

交易价款应当以人民币计价,通过产权交易机构以货币进行结算。因特殊情况不能通过产权交易机构结算的,转让方应当向产权交易机构提供转让行为批准单位的书面意见以及受让方付款凭证。此外,交易双方为同一实际控制人的,经产权交易机构核实后,交易资金可以场外结算。[4] 实践中,产权交易机构通常允许以人民币或外币结算交易资金;以外汇结算的,交易双方应当提前向产权交易机构提

---

〔1〕 参见《企业国有产权交易操作规则》第25条、第27条、第29条和第31条,32号令第21条,《上海联合产权交易所交易保证金操作细则》第7条和第16条。

〔2〕 参见《企业国有产权交易操作规则》第32条和第33条,32号令第22条。

〔3〕 参见32号令第23条、第25条和第26条,《企业国有产权交易操作规则》第36条和第37条。

〔4〕 参见《企业国有产权交易操作规则》第38条和第41条,32号令第27条。

出申请,并以国家外汇管理部门限定的外汇币种结算。[1]

交易双方签订产权交易合同后,受让方交纳的交易保证金可以根据约定转为交易价款。[2] 关于交易保证金和交易价款的利息结算,产权交易机构通常均有明确规定。例如,根据上海联合产权交易所的规定,交易保证金转为交易价款的,应当按照中国人民银行同期活期存款基准利率结算交易价款的利息,交易双方签订产权交易合同次日起至合同生效当日,交易价款的利息归受让方所有;产权交易合同生效次日起至交易价款从上海联合产权交易所划出当日,交易价款的利息归转让方所有。如交易保证金不转为交易价款,上海联合产权交易所应在受让方支付全部价款或分期付款的首付款后3个工作日内,向受让方原额返还其已交纳的保证金。[3]

就付款期限而言,交易价款的支付可以采取一次性支付或分期付款的方式。具体而言,交易价款原则上应当自合同生效之日起5个工作日内一次付清。金额较大、一次付清确有困难的,可以采取分期付款方式。采用分期付款方式的,首期付款不得低于总价款的30%,并在合同生效之日起5个工作日内支付;其余款项应当提供转让方认可的合法有效担保,并按同期银行贷款利率支付延期付款期间的利息,付款期限不得超过1年。[4]

4. 产权交易凭证和产权登记

产权交易合同生效后,产权交易机构将通过网站对标的名称、评估结果、转让底价和交易价格等交易结果信息进行不少于5个工作日的对外公告。产权交易合同生效,且受让方按照合同约定支付交易价款后,产权交易机构应及时为交易双方出具产权交易凭证。但是,如产权交易涉及主体资格审查、反垄断审查等情形,产权交易凭证将在交易行为获得政府相关部门批准后出具。[5] 实践中,对于分期付

---

〔1〕 参见《上海联合产权交易所结算交易资金操作细则》第8条。

〔2〕 参见《上海联合产权交易所结算交易资金操作细则》第5条。

〔3〕 参见《上海联合产权交易所结算交易资金操作细则》第11条,《上海联合产权交易所产权交易保证金操作细则》第10条、第11条第1项。

〔4〕 参见32号令第28条。

〔5〕 参见32号令第29条和第30条,《企业国有产权交易操作规则》第44条。

款的，经转让行为的审批单位批准，且转让方向产权交易机构提交情况说明，产权交易机构也可在受让方支付首期款后提前出具产权交易凭证。产权交易凭证是企业国有产权依法通过产权交易机构转让的重要证明，市场监督管理部门通常将取得产权交易凭证作为目标公司办理相关变更登记的前提条件。

根据《国家出资企业产权登记管理暂行办法》的相关规定，国资监管机构对本级人民政府授权管理的国家出资企业的产权及其分布状况进行登记管理。国有产权转让导致转让方持股比例改变或企业不再包含国有资本的，应当相应办理变动产权登记或注销产权登记。具体而言，企业发生产权登记相关经济行为时，应当自相关经济行为完成后20个工作日内，在办理企业登记备案变更前，申请办理产权登记。企业应当按要求填报申请材料并逐级报送国家出资企业，经国家出资企业对登记内容及相关经济行为的合规性进行审核后，向国资监管机构申请登记。[1]

三、企业增资

根据32号令第3条之规定，企业增资是指国有及国有控股企业、国有实际控制企业增加资本的行为，但政府以增加资本金方式对国家出资企业的投入除外。企业增资是企业国有资产交易的一种形式，其进场交易程序与笔者在本节前文介绍的企业产权转让程序大致相同，但下列事项除外：

第一，关于资产评估，根据32号令第38条之规定，下列情形按照《公司法》和企业章程履行决策程序后，可以依据评估报告或最近一期审计报告确定企业资本及股权比例：(1)增资企业原股东同比例增资的；(2)履行出资人职责的机构对国家出资企业增资的；(3)国有控股或国有实际控制企业对其独资子企业增资的；(4)增资企业和投资方均为国有独资或国有全资企业的。增资企业根据《公司法》和企业章程履行决策程序后，如果决定依据最近一期审计报告确定企业资本及股权比例，上述4种情形下的企业增资均无须办理资产评估。但是，值得注意的是，上述第一种增资情形指的是增资企业原股东同比例增资；如果原股东不是同比例增资，且增

〔1〕 参见《国家出资企业产权登记管理暂行办法》第2条、第13条第1项、第14条第2项、第15条和第16条。

资不属于其他三种情形的任何一种情形,增资企业仍需办理资产评估。

第二,从交易方式来看,企业增资也以进场交易为原则。但是,在国资监管机构批准或国家出资企业审议同意的前提下,下列企业增资可以采取非公开协议方式:(1)因国有资本布局结构调整需要,由特定的国有及国有控股企业或国有实际控制企业参与增资;(2)因国家出资企业与特定投资方建立战略合作伙伴或利益共同体需要,由该投资方参与国家出资企业或其子企业增资;(3)国家出资企业直接或指定其控股、实际控制的其他子企业参与增资;(4)企业债权转为股权;(5)企业原股东增资。上述第一、二种情形下的非公开协议方式增资需经同级国资监管机构批准;第三种至第五种情形下的非公开协议方式增资需经国家出资企业审议同意。[1] 为确保对企业非公开协议方式增资的有效监管,国资监管机构和国家出资企业应当审核包括增资法律意见书在内的一系列文件。[2]

笔者注意到,上述第五种情形下的增资,法律只要求企业原股东增资,而没有要求增资企业原股东同比增资。从参与企业增资的主体来看,企业增资包含企业原股东认购增资和外部第三方认购增资的两种不同情形。法律只规定企业原股东增资可以采用非公开协议方式,这意味着外部第三方参与增资需通过进场交易择优确定投资人。但是,在企业原股东认购增资的情形下,还会因原股东是否同比增资而产生不同的结果:如果原股东同比增资,企业增资之后原股东的股权比例保持不变;如果原股东不是同比增资,企业增资之后原股东的股权比例将发生改变,造成企业原股东之间事实上的股权转让。32 号令没有进一步区分这两种不同情形,国资监管机构和产权交易机构在实践中一般认为,只要国家出资企业审议同意,企业原股东同比增资和非同比增资均可采用非公开协议方式进行。值得注意的是,如果国资股东不按同比增资或不参加增资,企业增资将直接导致国有股东持股比例的减少和国有股权的对外转让。举例来说,假设国有企业 A 和民营企业 B 分别持有被投资企业 80% 股权和 20% 股权,但 A 和 B 不按同比认购被投资企业的增资,被投资企业增资后 A 和 B 的持股比例变更为 60% 和 40%,这事实上构成 A 向

〔1〕 参见 32 号令第 45 条和第 46 条。
〔2〕 参见 32 号令第 47 条。

B转让20%股权。假如调整增资方案,A在被投资企业增资前先向B或第三方转让20%的股权,相关方在股权转让后按照各自的持股比例同比认购被投资企业的增资,那么A向B或第三方的股权转让应该通过产权交易机构公开竞价。因此,在原股东不按同比增资的情形下,非公开协议方式在客观上可能会被用来规避法律有关国有股权转让必须通过产权交易机构公开竞价的规定。

第三,根据32号令第39条之规定,企业增资通过产权交易机构网站对外披露信息公开征集投资方,时间不得少于40个工作日。39号文第6条对此作了进一步规定:企业增资可采取信息预披露和正式披露相结合的方式,通过产权交易机构网站分阶段对外披露增资信息,合计披露时间不少于40个工作日,其中正式披露时间不少于20个工作日;信息预披露应当包括但不限于企业基本情况、产权结构、近3年审计报告中的主要财务指标、拟募集资金金额等内容。

第四,关于意向投资方的资格条件,与企业产权转让不同,法律并未明确规定企业增资不得对意向投资方设置资格条件。笔者注意到,有些产权交易机构明确允许拟增资企业根据自身需求,在增资信息公告中从市场、技术、管理、资源等方面对投资方的资格条件提出合理要求。[1] 例如,在“宁波润盛房地产开发有限公司增资项目”(项目编号:G62022SH1000027)中,拟增资企业从行业排名、信用资质、财务情况和项目经验等方面对投资方设置了资格条件,具体包括:(1)意向投资方应为中国境内依法注册并有效存续10年以上的企业法人,且实缴资本不低于20亿元;(2)意向投资方或其控股股东或实际控制人须位于2021年度房地产企业操盘金额前30名;(3)意向投资方企业信用评级为AAA级;(4)意向投资方或其控股股东具有房地产开发企业一级资质;(5)意向投资方连续3年盈利,2021年末资产负债率不高于85%;(6)截至2021年年末,意向投资方或其关联方在宁波房地产项目建筑面积累计不低于80万方,并且已竣工备案建筑面积不小于30万方。[2]

---

〔1〕 参见《上海联合产权交易所企业增资业务规则(试行)》第18条。

〔2〕 《宁波润盛房地产开发有限公司增资项目》,载产投数据网,https://bigdata.cspea.com.cn/cq/proj/g62022sh1000027,2023年10月15日访问。

四、企业国有资产的转让

企业资产包括生产设备、房产、在建工程以及土地使用权、债权、知识产权等资产。根据32号令第3条之规定，企业国有资产的转让是指国有及国有控股企业、国有实际控制企业的重大资产转让行为。企业在日常生产经营中可能经常发生资产交易行为，但是并非所有的资产转让都属于32号令和其他相关法律规范的范畴，只有企业的重大资产转让行为才应按照32号令和其他相关法律规定的程序和要求在产权交易机构公开进行。

32号令第49条规定："国家出资企业负责制定本企业不同类型资产转让行为的内部管理制度，明确责任部门、管理权限、决策程序、工作流程，对其中应当在产权交易机构公开转让的资产种类、金额标准等作出具体规定，并报同级国资监管机构备案。"参照32号令第50条的规定，笔者认为，转让底价高于100万元的资产转让应该通过产权交易机构公开进行，转让底价低于100万元的资产转让行为是否进场交易应根据国家出资企业制定的内部管理制度决定。[1] 企业资产转让的具体工作流程参照32号令关于企业产权转让的规定执行。涉及国家出资企业内部或特定行业的资产转让，确需在国有及国有控股、国有实际控制企业之间非公开转让的，由转让方逐级报国家出资企业审核批准。除国家法律法规或相关规定另有要求外，资产转让不得对受让方设置资格条件。此外，资产转让价款原则上应一次性结清。[2] 根据39号文第8条的规定，资产转让项目信息披露期满未征集到意向受让方，仅调整转让底价后重新披露信息的，披露时间不少于5个工作日。

资产作价出资是资产转让的常见形式之一。企业在实践中可能以其持有的土地使用权、在建工程和房屋等资产作价出资，设立子公司或认购其他公司的增资。笔者认为，以国有资产作价出资应当依法履行前置审批和资产评估程序；但是，由于被投资企业是国有资产作价出资的唯一且确定的受让方，类似于我们在前面讨

---

〔1〕 32号令第50条规定："转让方应当根据转让标的情况合理确定转让底价和转让信息公告期：(一)转让底价高于100万元、低于1000万元的资产转让项目，信息公告期应不少于10个工作日；(二)转让底价高于1000万元的资产转让项目，信息公告期应不少于20个工作日。"

〔2〕 参见32号令第48条、第51条和第52条。

论的国有股权的作价出资，从实操层面上说，企业资产以作价出资方式的转让也不存在进场公开竞价的可能性。

五、企业国有资产交易的涉外情形

国家有关境外国有产权管理的法律规定主要为国务院国资委2011年6月14日发布的《中央企业境外国有产权管理暂行办法》。该暂行办法适用于中央企业及其各级独资、控股子企业持有的境外国有产权管理。根据该暂行办法，“境外国有产权”是指中央企业及其各级子企业以各种形式对境外企业出资所形成的权益，“境外企业”是指中央企业及其各级子企业在中国境外以及香港特别行政区、澳门特别行政区和台湾地区依据当地法律出资设立的企业。另外，部分地方国资监管机构也参照该暂行办法制定了所出资企业境外国有产权管理制度，如《北京市属企业境外国有产权管理暂行办法》（京国资发〔2012〕35号）和《上海市企业境外国有资产监督管理暂行办法》（沪国资委办〔2012〕230号）等。根据现有法律规定，境外国有产权转让需经有权主体审核批准，履行资产评估程序，但不强制要求进场交易。

第一，境外国有产权转让的审批主体包括国资监管机构和所出资企业。例如，根据《中央企业境外国有产权管理暂行办法》第11条之规定，境外国有产权转让等涉及国有产权变动的事项，由中央企业决定或批准。其中，中央企业重要子企业由国有独资转为绝对控股、绝对控股转为相对控股或者失去控股地位的，应当报国务院国资委审核同意。《上海市企业境外国有资产监督管理暂行办法》之附件《上海市企业境外国有产权管理实施办法》第11条规定，境外企业国有产权转让等涉及企业国有产权变动的事项，由出资监管企业、委托监管单位决定或批准。《北京市属企业境外国有产权管理暂行办法》第18条规定，境外国有产权转让由所出资企业决定或批准；对于重要子企业由国有独资转为绝对控股、绝对控股转为相对控股或者失去控股地位等的，应当报北京市国资委审核同意。

第二，境外国有产权转让应当履行资产评估程序。《中央企业境外国有产权管理暂行办法》第9条规定，中央企业及其各级子企业以其拥有的境内国有产权向境外企业注资或者转让，或者以其拥有的境外国有产权向境内企业注资或者转让，应当依照《企业国有资产评估管理暂行办法》等相关规定，聘请具有相应资质的境内评估机构对标的物进行评估，并办理评估备案或者核准。《上海市企业境外国有资产监督管理暂行办法》和《北京市属企业境外国有产权管理暂行办法》也均明确提出了资产评估要求。

第三，中央企业及其各级子企业独资或者控股的境外企业在境外发生转让或者受让产权，以非货币资产出资，非上市公司国有股东股权比例变动、合并分立、解散清算等经济行为时，应当聘请具有相应资质、专业经验和良好信誉的专业机构对标的物进行评估或者估值，评估项目或者估值情况应当由中央企业备案；涉及中央企业重要子企业由国有独资转为绝对控股、绝对控股转为相对控股或者失去控股地位等经济行为的，评估项目或者估值情况应当报国资委备案或者核准。中央企业及其各级子企业独资或者控股的境外企业在进行与评估或者估值相应的经济行为时，其交易对价应当以经备案的评估或者估值结果为基准。[1]

第四，关于进场交易的问题，《中央企业境外国有产权管理暂行办法》并未规定中央企业及其各级子企业转让境外国有产权必须进场交易，仅要求多方比选意向受让方，具备条件的，应当公开征集意向受让方并竞价转让，或者进入中央企业国有产权转让交易试点机构挂牌交易。[2] 就地方性规定而言，上海市不强制要求进场交易。根据《上海市企业境外国有产权管理实施办法》的规定，出资监管企业、委托监管企业及各级子企业转让境外企业国有产权，要多方比选意向受让方；具备条件的，应当公开征集意向受让方并竞价转让，或者进入上海市选择确定的企业国有产权交易机构挂牌交易。[3] 北京市则要求原则上应在产权交易机构挂牌交易。根据《北京市属企业境外国有产权管理暂行办法》的规定，所出资企业及其各级子企业在转让境外国有产权时应当公开发布转让信息，广泛征集意向受让方，通过北京产权交易所挂牌交易；不具备进场交易条件的，由所出资企业将相关情况报北京市国资委，采用多方比选意向受让方、竞价转让或协议转让等方式进行交易。[4]

第五，境外国有产权转让价款应当按照产权转让合同约定支付，原则上应当一

[1] 参见《中央企业境外国有产权管理暂行办法》第 10 条。
[2] 参见《中央企业境外国有产权管理暂行办法》第 12 条。
[3] 参见《上海市企业境外国有产权管理实施办法》第 12 条。
[4] 参见《北京市属企业境外国有产权管理暂行办法》第 21 条。

次付清。确需采取分期付款的,受让方须提供合法的担保。[1]

另外,企业国有资产交易的涉外情形也包括境外国有及国有控股企业、国有实际控制企业在境内返程投资的企业的资产交易。根据32号令第65条之规定,境外国有及国有控股企业、国有实际控制企业在境内投资企业的资产交易,比照该管理办法执行。同样,根据《中央企业境外国有产权管理暂行办法》第5条之规定,中央企业及其各级子企业独资或者控股的境外企业所持有的境内国有产权的管理,比照国资委境内国有产权管理的相关规定执行。因此,境外国有及国有控股企业、国有实际控制企业在境内投资企业的资产交易应与境内的其他企业国有资产一视同仁,执行同样的规定。

第三节　企业国有资产交易的监管与第三人权利的保护

与私有资产的交易相比,法律有关企业国有资产交易的一系列包括进场交易在内的监管要求难免对交易效率产生一定影响。就国有企业、国有控股企业和国有实际控制企业这三种不同类型的国家控制企业而言,决定国家控制企业范围的大小主要取决于法律对国有控股企业和国有实际控制企业的界定。国家在促进企业国有资产保值增值,防止企业国有资产流失的同时,对于国有控股企业和国有实际控制企业的界定采用较为严格的标准。例如,在两家国有企业与第三人共同投资的情形下,即便两家国有企业共同持有被投资企业超过50%的股权,只要第三人是被投资企业的最大股东,那么被投资企业就不属于国有控股企业。另外,即便国有企业通过协议实际控制被投资企业,只要其不是被投资企业的最大股东,被投资企业也不属于国有实际控制企业。法律对企业国有资产采用较为严格的界定标准应该有利于平衡对第三人权利的保护。本章第一节已对国有控股企业和国有实际控制企业的界定标准作了介绍和分析,本节将从其他三个不同角度分析企业国有资产交易监管与第三人权利保护之间的关系。

---

〔1〕 参见《中央企业境外国有产权管理暂行办法》第14条。

一、第三人在进场前签署的预约合同的效力

与其他类型的交易不同,交易双方在包括股权收购、资产收购和增资认购在内的公司并购项目中往往需要较长的时间方能达成协议。其中,不仅包括交易双方的初期接触和了解、买方对目标公司或目标资产的尽职调查,甚至还包括卖方按照双方的约定对目标公司进行整改和重组。股权转让方和企业增资方在不同的并购交易中的交易目的可能不尽相同:在通常情形下,股权转让方和企业增资方的主要目的是通过转让股权或增加注册资本收取货币对价;但在有的并购交易中,股权转让方和企业增资方可能更希望通过产权转让或企业增资引入有利于国家控制企业进一步发展的新投资人。在第一种情形下,股权转让方和企业增资方最关心的应是交易价格和付款期限,这或许能够解释为何 32 号令对企业的审计和评估、转让底价和付款期限等有极为严格的要求。但是,买方在决定收购股权或认购企业增资之前一般需要花费较多的时间从多方面对目标公司进行尽可能全面的调查和了解。虽然 32 号令和 39 号文对企业国有资产交易的公告期有明确规定,且就企业增资来说,公告期不少于 40 个工作日,但是买方对目标公司进行调查、分析和研究所需的时间可能远超公告允许的期限。另外,虽然 32 号令也分别就企业产权转让和企业增资的信息披露内容作了原则性规定,但买方可能难以仅凭转让方和增资企业通过产权交易机构披露的信息决定是否收购相关股权或认购增资,买方可能需要通过自行调查,核实、确认、补充和澄清产权交易机构披露的信息。在第二种情形下,交易各方无疑需要花费更久的时间进行彼此了解并对交易之后的合作进行详细商讨。因此,与其他类型的交易相比,公司并购,特别是涉及企业国有资产的公司并购,具有周期较长、不确定性较高的特点。

基于上述原因,实践中交易双方往往在股权转让方或企业增资方向产权交易机构提交产权转让公告所需相关材料之前已接触很久,买方已基本完成对目标公司的尽职调查,交易双方甚至已就交易的基本条款和条件达成共识,并签署书面协议,即第三章所介绍和分析的框架协议或类似交易文件。框架协议有关企业国有资产交易的核心是围绕法律对企业国有资产交易的强制性要求约定双方的权利和义务。卖方希望买方通过框架协议承诺在转让底价或增资底价不超出约定数额的

前提下参与竞价交易，向产权交易机构提交受让产权或认购增资的申请，交纳交易保证金。买方希望卖方通过框架协议承诺：(1)在约定的期限内办理法律规定的卖方在申请进场之前所应办理的事项，包括卖方按照其内部决策程序进行审议，并形成书面决议；按照法律规定报请人民政府、履行出资人职责的机构或国家出资企业批准或者决定；对目标公司或目标资产进行评估等。(2)卖方不得设置任何妨碍买方参与竞价交易的资格条件。买方可能还希望卖方通过框架协议对卖方在签署框架协议时已经完成的相关事项作陈述和保证。由此可见，交易双方签署框架协议的目的是提前确定进场交易的条件，以及在场内公开竞价后买方被确定为受让方时共同签署国有资产交易合同的义务。

关于此类框架协议是否有效，相关法律法规没有明确规定；但是，司法实践中的主流意见认可该等协议的效力。例如，在"汇伦(北京)投资有限公司与华鑫置业(集团)有限公司股权转让纠纷案"中，涉案双方签署的《股权转让框架协议书》及补充协议约定了下列事项：(1)买方在框架协议签署并支付意向金后开始对目标公司进行尽职调查；卖方将委托具有专业资质的审计机构及评估机构对目标股权进行审计、评估，以确定评估价格，并按照上海联合产权交易所的要求办理国有资产转让的挂牌程序。(2)目标股权的最终转让价格须经卖方上级主管单位批准后，以在上海联合产权交易所的摘牌价格为准；除目标公司的其他股东有权以不低于6.3亿元的对价收购目标股权外，在挂牌前卖方不得再与第三方签订股权转让框架协议或类似的股权转让文件，否则卖方应双倍返还买方支付的2000万元意向金。(3)如卖方在获得挂牌所必需的所有文件和条件后30日内不向上海联合产权交易所提交挂牌申请的，卖方除应退还买方支付的意向金，还应同时向买方支付800万元违约金。(4)如股权转让价格在公开竞价后不高于6.3亿元，买方必须以不低于6.3亿元摘牌，否则卖方不退还买方支付的意向金，且买方承担相应违约责任；如股权转让价格在公开竞价后高于6.3亿元，买方可以选择放弃摘牌，卖方将返还买方支付的意向金，并按银行同期存款利率支付相应的利息；如目标公司的其他股东同意以不低于6.3亿元的对价收购目标股权，则框架协议自动解除，卖方退回买方已支付的2000万元意向金，双方互不作违约。上海市第一中级人民法院认为，各方当事人均知晓涉案框架协议及补充协议所涉股权为国有资产，协议约定双方的权利义务并不违反国有产权交易的相关强制性规定，故涉案框架协议及补充协议合法有效，双方当事人应依约履行。[1] 在“新疆新农矿业投资有限责任公司与梁某某股权转让纠纷案”中，涉案股权转让意向书及补充协议就股权转让价款、涉案股权的挂牌出让以及意向受让方申请摘牌等事项作出约定。新疆维吾尔自治区高级人民法院认为，涉案协议为双方当事人真实意思表示，内容不违反国家法律法规的禁止性规定，合法有效。[2] 最高人民法院在该案的再审中也支持了涉案协议的效力。[3]

国家控制企业在对外进行股权投资时可能与目标公司的其他股东约定退出机制，即在特定的时间和约定的条件满足时，投资人有权选择退出目标公司，并要求目标公司的其他股东按照约定的条件收购投资人在目标公司中持有的股权。关于该等约定是否会被视为国有产权违法私下协议转让的问题，相关法院在“秦某某等与贫困地区产业发展基金有限公司股权转让纠纷案”中有比较明确的意见。在该案中，贫困地区产业发展基金有限公司（以下简称贫困基金公司）与内蒙古中加农业生物科技有限公司（以下简称中加农业公司）于 2016 年 10 月 10 日签订增资合同，约定贫困基金公司通过认购中加农业公司新增注册资本持有 28.57% 股权（目标股权）。同日，贫困基金公司与中加农业公司另外两位股东（乙方和丙方）签订合作协议，约定贫困基金公司退出中加农业公司的时间和条件，即贫困基金公司在决定通过股权转让方式退出时应按国家有关规定履行资产评估等程序，如果贫困基金公司要求的转让价格高于协议约定的价格，乙方和丙方没有收购义务；如果贫困基金公司要求的转让价格等于约定价格，乙方应按照该价格受让（或竞买）目标股权，丙方应承担连带付款责任。2018 年 10 月 31 日，贫困基金公司与乙方和丙方签订的框架协议约定：贫困基金公司通过产权交易所转让目标股权，乙方或其指定的第三方将依据协议约定作为意向受让方参与竞买目标股权，丙方就乙方的受让义务承担连带付款责任；当目标股权在交易所的挂牌价格为《合作协议》中的约定价

〔1〕 参见上海市第一中级人民法院民事判决书，（2015）沪一中民四（商）终字第 410 号。

〔2〕 参见新疆维吾尔自治区高级人民法院民事判决书，（2017）新民终 127 号。

〔3〕 参见最高人民法院民事裁定书，（2017）最高法民申 4476 号。

格时,乙方或其指定的第三方须在挂牌期内向产权交易所提交受让申请、缴纳相关保证金并配合完成标的股权在交易所的转让程序。三方随后又签订补充协议,约定审计和评估等事宜。贫困基金公司后来按照约定通过北京产权交易所挂牌转让目标股权,但直至挂牌转让期满乙方或其指定的第三方仍未履行受让义务。一审法院认为,三方签订的增资合同、合作协议及框架协议、补充协议均系各方的真实意思表示,并未违反法律法规的强制性规定,应属合法有效。乙方和丙方上诉主张,上述涉案协议的实质为国有产权违法私下协议转让,故涉案协议应属无效合同。二审法院认为,合作协议约定了贫困基金公司股权的退出方式,贫困基金公司可以选择通过国有产权交易场所公开转让等合法合规方式,并在受让价格不低于目标股权届时的评估值的前提下要求乙方参与股权竞买,该等约定符合国有资产交易的监管规定,贫困基金公司的退出事宜也履行了相应审批程序;贫困基金公司已于 2019 年 10 月 24 日在北京产权交易所就涉案股权启动了挂牌转让程序,以公开交易的方式转让股权,乙方并未被通过事先协议锁定为股权的受让方。二审法院进一步认为,涉案协议并非私下约定协议转让国有股权的行为,乙方和丙方关于涉案协议因存在法定情形而应当被认定为无效的上诉意见,没有事实依据。[1]

笔者认为,类似上述框架协议的协议没有规避法律有关企业国有资产交易的事先批准、资产评估和进场交易等强制性规定,只是交易双方为保证交易的稳定性或一定程度的可预见性就相关程序性安排提前达成协议。即便框架协议禁止卖方在进场挂牌前与买方之外的第三方签订类似的框架协议或要求合同相对方必须参加竞价,该等约定没有限制,也不可能限制或禁止第三方在转让方信息披露后向产权交易机构申请参加公开竞价。与最终签署的国有资产交易合同不同,这类框架协议作为预约合同没有最终确定股权转让的全部条款和条件,仅代表意向受让方拟参与国有资产交易的意思表示,也是转让方或增资企业为提高国有资产交易成功率所做的合理有效安排。允许意向受让方与转让方或增资企业为追求和维护交易效率之目的通过预约合同提前安排交易,体现了法律在企业国有资产交易监管

〔1〕 参见北京市第二中级人民法院民事判决书,(2021)京 02 民终 12165 号。

与第三人权利保护之间所应保持的价值平衡。

二、未经批准、评估或未进场公开交易的合同的效力

法律有关企业国有资产交易的事先批准、资产评估和进场交易的规定无疑都是强制性规定。尽管《企业国有产权交易操作规则》、《企业国有资产评估管理暂行办法》和32号令均为部门规章，但3部规章的立法依据是《企业国有资产法》或《企业国有资产监督管理暂行条例》，并且3部规章在执行层面上对《企业国有资产法》和《企业国有资产监督管理暂行条例》作了进一步细化。考虑到法律对事先批准、资产评估和进场交易分别进行规范，三者之间应该没有包含或替代关系，或者说违反3项规定的后果可能不尽相同，下文将对企业国有资产交易违反3项强制性规定的后果逐一进行分析。

（一）未经批准的企业国有资产交易合同的效力

法律对企业国有资产交易的监管采取层层授权的方式下放到国家出资企业的层面，授权国家出资企业决定其子企业的产权转让和增资行为，要求国家出资企业通过制定或者参与制定所出资企业的章程建立企业内部监督管理制度。同时，法律也保留了人民政府和国资监管机构在特定情形下对企业国有资产交易的批准。[1] 这自然牵涉另外一个问题，即违反该等强制性规定对企业国有资产交易合同效力的影响。

笔者认为，在分析企业国有资产交易未按照法律规定取得批准的情形时，首先应该确定，法律规定的批准是属于在交易行为发生前的批准还是属于在相关交易合同签署后的批准，或相关批准的对象是交易合同还是具体的交易行为。《九民纪要》第37条针对的是合同应当办理批准手续生效的情形，即批准的对象

〔1〕《企业国有资产法》第12条第3款规定："履行出资人职责的机构对法律、行政法规和本级人民政府规定须经本级人民政府批准的履行出资人职责的重大事项，应当报请本级人民政府批准。"

是交易合同。[1]《企业国有资产监督管理暂行条例》第24条规定："所出资企业投资设立的重要子企业的重大事项，需由所出资企业报国有资产监督管理机构批准的，管理办法由国务院国有资产监督管理机构另行制定，报国务院批准。"最高人民法院民二庭认为，《企业国有资产监督管理暂行条例》第24条没有明确哪些事项属于"重大事项"，存在一定的模糊性，因此没有正面回答企业国有资产交易中的批准对象是交易合同还是具体的交易行为。[2] 从32号令的相关规定中不难看出，企业国有资产交易中的批准是对交易行为的事先批准，而不是对交易合同的批准。[3]《企业国有产权交易操作规则》第3条更为直接地规定，本规则所称企业国有产权交易，是指企业国有产权转让主体在履行相关决策和批准程序后，通过产权交易机构发布产权转让信息，公开挂牌竞价转让企业国有产权的活动。因此，可以排除《九民纪要》第37条对交易合同的适用，企业国有资产交易中的合同不应被视为"未经批准的合同因欠缺法律规定的特别生效条件而未生效"。

在"甘肃省中国青年旅行社与林某某、陈某某房屋买卖合同纠纷案"中，最高人民法院认为：《企业国有资产监督管理暂行条例》中关于国有资产转让应当进行评估、批准等程序的规定，系对履行出资人职责的机构及相关人员行为的规范，是法律对国有资产管理者科以的义务，要求管理者审慎地履行自己的职责，上述规定均属规范内部程序的管理性规定，而非效力性强制性规定，不应影响国有企业与第三人签订合同的效力。对于该案中的资产转让是否损害社会公共利益的问题，最高人民法院认为，国有资产转让是国有企业经营权的体现，作为资产的管理者，有责

〔1〕《九民纪要》第37条规定："法律、行政法规规定某类合同应当办理批准手续生效的，如商业银行法、证券法、保险法等法律规定购买商业银行、证券公司、保险公司5%以上股权须经相关主管部门批准，依据《合同法》第44条第2款的规定，批准是合同的法定生效条件，未经批准的合同因欠缺法律规定的特别生效条件而未生效。实践中的一个突出问题是，把未生效合同认定为无效合同，或者虽认定为未生效，却按无效合同处理。无效合同从本质上来说是欠缺合同的有效要件，或者具有合同无效的法定事由，自始不发生法律效力。而未生效合同已具备合同的有效要件，对双方具有一定的拘束力，任何一方不得擅自撤回、解除、变更，但因欠缺法律、行政法规规定或当事人约定的特别生效条件，在该生效条件成就前，不能产生请求对方履行合同主要权利义务的法律效力。"

〔2〕参见最高人民法院民事审判第二庭编著：《〈全国法院民商事审判工作会议纪要〉理解与适用》，人民法院出版社2019年版，第275～276页。

〔3〕《企业国有资产交易监督管理办法》第11条规定："产权转让事项经批准后，由转让方委托会计师事务所对转让标的企业进行审计……"

任对资产保值增值，但亦应承担市场经营的风险。原《物权法》第3条规定，国家实行社会主义市场经济，保障一切市场主体的平等法律地位和发展权利。在市场经济条件下，国有企业参与市场交易与其他市场主体地位平等，其资产利益不能等同于社会公共利益。[1]

最高人民法院在上述判决书中引述的原《物权法》第3条的规定在《民法典》第206条第3款也有同样规定，即“国家实行社会主义市场经济，保障一切市场主体的平等法律地位和发展权利”。笔者认为，就企业国有资产交易而言，事先取得批准是法律对企业产权转让人或增资企业的要求；如果法律允许企业产权转让人或增资企业在与第三人的交易合同签署后以未取得相关批准为理由主张交易合同未生效或无效，这与法律规定的保障第三人作为独立市场主体的平等法律地位相矛盾。另外，基于相同的逻辑，如果法律支持企业产权转让人或增资企业的主张，那么第三人应该也具有相同的权利，即第三人也应该有权以企业产权转让人或增资企业未取得相关批准为理由主张交易合同未生效或无效。这无疑会对交易的稳定性和预见性产生负面影响。当然，如果有证据证明参与企业国有资产交易的第三人与企业产权转让人或增资企业有任何恶意串通，那么交易合同则应基于《民法典》第154条的规定被认定无效。不过就第三人的权利保护而言，为证明自己为善意第三人，第三人或许应该要求企业产权转让人或增资企业在交易合同中对其已经取得或根据法律规定无须取得相关批准的事项作充分的陈述和保证。

(二)未经评估的企业国有资产交易合同的效力

虽然《企业国有资产法》、《企业国有资产监督管理暂行条例》、《企业国有资产评估管理暂行办法》和32号令都明确要求企业产权转让必须进行资产评估，但除《企业国有资产评估管理暂行办法》外，这些法律、行政法规和规章均未对未经资产评估对企业国有资产交易合同效力的影响作任何明确规定。根据《企业国有资产评估管理暂行办法》第27条之规定，国有资产监管机构必要时可依法向人民法院提起诉讼，确认在下列情形下相应的经济行为无效：(1)应当进行资产评估而未进

[1] 参见最高人民法院民事判决书，(2014)民提字第216号。

行评估;(2)聘请不符合相应资质条件的资产评估机构从事国有资产评估活动;(3)向资产评估机构提供虚假情况和资料,或者与资产评估机构串通作弊导致评估结果失实的;(4)应当办理核准、备案而未办理的。

在司法实践中,主流观点认为,法律关于资产评估的规定系管理性强制性规定,不构成直接认定合同无效的依据。在"罗某某与日本株式会社辽宁实业公司、辽宁海普拉管业有限公司、辽宁工程机械(集团)有限公司案外人执行异议纠纷案"中,最高人民法院认为,有关国有资产评估的强制性规定是效力性的还是管理性的,需要通过综合分析来确定:首先,有关强制性规定约束的应当是国有资产占有单位,进行资产评估是国有资产占有单位的义务,违反国有资产评估规定的责任应当由国有资产占有单位及其责任人员承担;如果认定合同无效,则受让人在无义务的情况下也承担了法律后果。其次,有关强制性规定没有对合同行为本身进行规制,没有规定当事人不得就未经评估的国有资产订立转让合同,更没有规定未经评估,转让合同无效。最后,未经评估而转让国有资产不必然导致国家利益或者社会公共利益受损害;规定国有资产转让须经评估,目的是防止恶意低价转让国有资产,但未经评估也可能实际转让价格高于实际价值。最高人民法院进一步认为:资产未经评估转让的,国有资产监管机构有权责令国有资产占有单位改正,依法追认转让行为;由于无效的合同自始没有法律效力,无法追认,在某些情形下,反倒对国有资产保护不利;如果认定有关规定是效力性的,进而一概认定转让合同无效,当事人(包括受让人在资产贬值后)就可能据此恶意抗辩,违背诚实信用原则,危及交易安全和交易秩序。最高人民法院认为,从法律条文的文义和立法宗旨来看,都应认定关于国有资产转让须经评估的强制性规定是管理性的,而非效力性的。[1] 在"山西能源产业集团煤炭有限公司、山西嘉鑫煤化工科技有限公司与山西能源产业集团煤炭有限公司、山西嘉鑫煤化工科技有限公司项目转让合同纠纷案"中,最高人民法院重申了法律有关资产评估的规定属于管理性强制性规定的观点,并指出:《国有资产评估管理办法》第3条的立法目的是保护国有资产,避免国有资产因低价转让而流失,但这并不等于在流通领域,特别是在市场主体间就财产流转发生争

---

〔1〕 参见最高人民法院民事裁定书,(2013)民申字第2119号。

议时,要对占有、使用、经营国有资产的民事主体给予特殊保护:如果在民事司法中支持转让国有资产的民事主体事后以财产未经评估,可能造成国有资产流失为由请求认定合同无效的主张,则不仅会影响正常的市场流转秩序,而且不利于国有企业以平等的市场主体身份参与市场竞争。[1]

需要注意的是,虽然未经资产评估不会自动导致企业产权转让无效,但如果当事人在交易活动中恶意串通,相关交易行为应该无效。[2] 最高人民法院在前面提到的(2013)民申字第2119号民事裁定书中也认为,如果出现国有资产占有单位与他人恶意串通,故意压低资产转让价格的情形,则可以恶意串通、损害国家利益为由认定合同无效。因此,类似于企业国有资产交易中的批准事项,就第三人的权利保护而言,第三人或许也应该要求企业产权转让人或增资企业在交易合同中对资产评估以及评估的核准或备案等事项作充分的陈述和保证。

(三)未进场公开交易的企业国有资产交易合同的效力

与判断未经资产评估的国有产权转让的效力相同,认定未进场公开交易的国有产权转让合同的效力亦取决于有关进场交易的法律规定属于效力性强制性规定或管理性强制性规定,或未在产权交易机构进行的企业国有资产交易是否违反公序良俗。目前,司法实践对于进场交易法律规定的性质存在不同认识,部分法院认为法律关于进场交易的要求是管理性强制性规定。例如,在“新疆嘉丰油脂厂奇台县农垦基地与新疆金奇阳光建设投资(集团)有限责任公司、霍尔果斯杰德联信股份投资合伙企业确认合同无效纠纷案”中,新疆维吾尔自治区高级人民法院认为,《企业国有资产法》第54条规定的“除按照国家规定可以直接协议转让的以外,国有资产转让应当在依法设立的产权交易场所公开进行”属于管理性强制性规定,不能作为认定涉案合同无效的依据。[3] 在“广州冶炼厂有限公司、岑某某房屋买卖合同纠纷案”中,广东省高级人民法院也认为,《企业国有资产法》第54条对国有资

〔1〕 参见最高人民法院民事裁定书,(2013)民申字第2036号。

〔2〕 参见《企业国有资产法》第72条。

〔3〕 参见新疆维吾尔自治区高级人民法院民事裁定书,(2019)新民申1540号。

产转让的相关规定属于国有资产处分的行政管理性规定，并非法律、行政法规的效力性强制性规定，当事人以涉案合同违反上述规定为由主张合同无效，法律依据不足。[1] 与上述观点不同，实践中也有部分法院认为法律关于进场交易的要求属于效力性强制性规定。例如，在“兰州桃园东风汽车技术服务有限公司与兰州市农电公司股权转让纠纷案”中，甘肃省高级人民法院认为，《企业国有资产法》关于进场交易的规定属于效力性强制性规定，旨在通过严格规范的程序保证交易的公开、公平、公正，最大限度地防止国有资产流失，避免国家利益、社会公共利益受损，未依法进场交易的国有资产转让合同应为无效。[2] 北京市石景山区人民法院在“张某某与北京华信源科贸有限公司股东资格确认纠纷案”中也认为，《企业国有资产法》第54条第2款关于进场交易的规定将股权转让这一处分行为本身作为规制对象，属于效力性强制性规定，涉案协议违反该规定应属无效。[3]

相对于其他案例，“巴菲特投资有限公司与上海自来水投资建设有限公司股权转让纠纷案”或许更具有代表性。该案的基本案情是上海自来水投资建设有限公司曾持有光大银行股权，并通过第三人委托金槌拍卖公司于2007年2月6日对该股权进行拍卖，巴菲特投资有限公司以最高价买受。需要注意的是，在金槌拍卖公司拍卖该股权时，《企业国有资产法》尚未生效，当时有效的行政法规和规章主要为《企业国有资产监督管理暂行条例》、现已废止的国务院国资委和财政部共同制定的《企业国有产权转让管理暂行办法》以及上海市人民政府发布的《上海市产权交易市场管理办法》。《企业国有产权转让管理暂行办法》第4条规定：“企业国有产权转让应当在依法设立的产权交易机构中公开进行……”《上海市产权交易市场管理办法》第5条规定：“本市所辖国有、集体产权的交易，应当在产权交易市场进行……”该案两级审理法院均认为：根据《企业国有产权转让管理暂行办法》和《上海市产权交易市场管理办法》的规定，上海市所辖国有产权的交易应当在产权交易市场进行；上述规定虽然不是行政法规，但均系依据国务院的授权对《企业国有资

---

[1] 参见广东省高级人民法院民事裁定书，(2018)粤民申6710号。

[2] 参见甘肃省高级人民法院民事判决书，(2018)甘民再99号。

[3] 参见北京市石景山区人民法院民事判决书，(2017)京0107民初11317号。

产监督管理暂行条例》的实施所制定的细则办法，符合上位法的精神，不违背上位法的具体规定，应当在企业国有资产转让过程中贯彻实施。法院最终均认为，涉案股权通过擅自委托拍卖方式进行转让不具合法性，涉案《股权转让协议》无效。[1]该案是最高人民法院2010年公报案例，在一定程度上反映了最高人民法院对这一问题的意见和认识。最高人民法院在公报的"裁判摘要"部分指出，企业未按规定通过依法设立的产权交易机构公开转让企业国有产权，而是通过场外交易，其交易行为违反公开、公平、公正的交易原则，损害社会公共利益，应依法认定其交易行为无效。[2]

法律有关资产评估和进场交易两项规定的最终目的都是防止国有资产流失，但两者的内在逻辑和采取的保护方式各有侧重。资产评估是对企业国有资产在评估基准日的价值进行客观评价，并据此确定企业国有资产交易在首次信息公告时的挂牌价，因此就交易价格而言，资产评估属于一种"最低要求"。进场交易是通过产权交易机构的公告邀请尽可能多的意向方参与竞买，通过竞价的方式确保企业国有资产的交易价在成交的特定时刻为市场最高价格，因此进场交易是一种"最高追求"。考虑到资产评估的客观性和可重复性，在资产评估程序缺失的情形下，资产评估可以在事后重新安排，即按照正常的评估方法和标准并基于本应进行评估的基准日进行补充评估。如果事后的评估结果低于交易价格，那么可以确定最初的资产评估的缺失没有影响交易的公平性和交易价格的真实性；如果事后的评估结果高于交易价格，则应具体调查和分析价格差异的原因，是否存在违法操纵或恶意串通的情形，并据此肯定或否定交易的有效性。如果存在违法操纵或恶意串通，那么否定企业国有资产交易合同效力的真实原因不是因为事先资产评估的缺失，而是因为相关当事人在交易环节的违法操纵或恶意串通行为；如果不存在违法操纵或恶意串通，国有资产交易最终通过产权交易机构的公开竞价应该可以避免国有资产的低价转让，即没有理由推定未经评估必然导致国有资产低价转让。与其

---

〔1〕 参见上海市高级人民法院民事判决书，(2009)沪高民二(商)终字第22号。

〔2〕 参见巴菲特投资有限公司与上海自来水投资建设有限公司股权转让纠纷案，载《最高人民法院公报》2010年第4期。

相反,如果国有资产交易没有通过产权交易机构公开竞价,其结果是无法在后来的特定时间重演已经发生并结束的交易,亦无法确定当时是否有其他意向方愿意接受更高的价格,进而无从判断或无法排除企业国有资产是否流失。由此可见,资产评估程序的瑕疵或缺失可以通过事后补办的方式弥补,而未进场交易的后果可能直接导致国有资产的流失,除认定交易无效外没有其他更好的补救办法。另外,从受让方的责任认定来看,资产评估是产权转让方和增资企业的单方面行为,也是法律对产权转让方和增资企业的单方面要求,与受让方没有直接关系。就进场交易而言,进场交易虽然是法律对产权转让方和增资企业的直接要求,但受让方在明知根据法律规定应该通过产权交易机构参与公开竞价而未进场交易的情形下,认定未进场交易的国有资产交易合同无效没有“误伤”受让方。《九民纪要》第30条在列举效力性强制性规定时认为,“交易场所违法”属于违反效力性强制性规定。《九民纪要》没有对未进场公开竞价的交易是否属于“交易场所违法”的情形给予明确说明。根据前文介绍的司法实践,未进场公开竞价的企业国有资产交易应该属于对效力性强制性规定的违反。

三、进场公开交易与公司其他股东优先购买权的保护

进场交易和股东优先购买权分别是《企业国有资产法》和《公司法》的明确且原则性规定。[1] 笔者在第五章已经介绍和分析了有限责任公司股东对外转让股权时其他股东在同等条件下的优先购买权。《企业国有资产法》、《企业国有资产监督管理暂行条例》和32号令均未涉及企业国有资产进场交易时公司其他股东的优先购买权问题。《企业国有产权交易操作规则》第32条虽然规定,“涉及转让标的企业其他股东依法在同等条件下享有优先购买权的情形,按照有关法律规定执行”,但没有明确“有关法律规定”的具体指向。根据《公司法司法解释(四)》第22条第2款的规定,在依法设立的产权交易场所转让有限责任公司国有股权的,适用公司法相关规定的“书面通知”“通知”“同等条件”时,可以参照产权交易机构的交易规则。因此,在《公司法》没有明确规定的情形下,《公司法司法解释(四)》将此问题

---

〔1〕 参见《企业国有资产法》第54条和《公司法》第71条。

交由产权交易机构通过其交易规则具体明确。或许最高人民法院充分意识到无法保证产权交易机构交易规则的合法性，其最终发布的《公司法司法解释（四）》没有采用最初征求意见稿的“应当参照”产权交易场所的交易规则，而是改为“可以参照”。也就是说，只有当产权交易场所的交易规则遵守法律规定时才可能被参照适用。

笔者通过对几家主要产权交易机构的交易规则对比后发现，目前产权交易机构就股东行使优先购买权的规定不尽相同。例如，对于其他股东是否必须场内行权的问题，上海联合产权交易所和北京产权交易所均允许公司其他股东自行决定。根据上海联合产权交易所就此专门发布的操作细则，其他股东未明确表示放弃优先购买权的，视为不放弃优先购买权；最终市场价格产生后，其他股东应当通过书面形式对是否行权作出明确的意思表示。〔1〕 根据北京产权交易所的操作细则，其他股东行使优先购买权包括场内行权和场外行权两种方式：场内行权是指其他股东在信息披露公告期内向北京产权交易所提出受让申请，交纳交易保证金，并在同等条件下就股东以外的意向受让方的最终报价当场表态行使优先购买权；场外行权是指在信息披露公告期内未向北京产权交易所提交受让申请，或未交纳交易保证金的其他股东就非股东意向受让方的最终报价，在规定的期间内，在同等条件下以书面形式表态行使优先购买权。〔2〕 与此相反，浙江产权交易所明确要求公司其他股东应参与竞价活动并进行场内行权，否则视同放弃优先购买权。〔3〕

需要注意的是，相对于场外行权的股东，北京产权交易所的操作细则授予场内行权的股东更优的优先权。例如，在信息披露公告期满后只征集到其他股东但未征集到股东之外的意向受让人的情形下，如果只有一个股东选择场内行权，则该股东将作为受让方与转让方按照北京产权交易所的相关规定办理成交手续；如果两个及两个以上股东选择场内行权，由场内行权的股东通过竞价确定受让方，但转让

〔1〕 参见《上海联合产权交易所有限公司股东行使优先购买权操作指引》第11条和第12条。

〔2〕 参见《北京产权交易所企业国有产权转让股东行使优先购买权操作细则》第3条。

〔3〕 《浙江产权交易所有限公司企业国有产权转让股东行使优先购买权操作办法（试行）》第4条规定：“不放弃优先购买权的其他股东（以下简称‘优先权人’）须按时登记报名、交纳竞买保证金，竞价当天须按产权转让信息公告规定的方式参与竞价活动并进行场内行权，否则视同放弃优先购买权。”

方与场内行权的股东一致同意以协商方式确定受让方的情形除外。如果选择场内行权的股东已受让或行使优先购买权,转让方不再征询未进场的股东的意见。只有在信息披露公告期满只征集到符合条件的非股东意向受让方,并且没有场内行权的股东或者场内行权的股东均放弃行权的情形下,转让方才应在非股东意向受让方的最终报价产生后3个工作日内以书面形式向未选择场内行权的股东征询其是否行使优先购买权。[1] 另外,还要注意的是,由于产权交易机构最终出具的产权交易凭证是公司变更登记备案的必要文件,因此选择场外行权的股东最终行使优先权时仍然需要向产权交易机构提交受让申请及交纳交易保证金。根据北京产权交易所的操作细则,选择场外行权的股东应在收到转让方有关第三人最终报价后的征询文件之日后的30日内按照转让方的要求通知北京产权交易所,并提交受让申请及交纳交易保证金;逾期未提交受让申请及交纳交易保证金的,视为放弃行使优先购买权。[2]

对于其他股东是否一定需要场内行权的问题,目前司法实践中的主流观点认为,仅基于未进场交易这一事实不能当然地认定其他股东已放弃或丧失优先购买权。在"上海电力实业有限公司、中国水利电力物资有限公司与中静实业(集团)有限公司股权转让纠纷案"中,涉案其他股东在公司股东会决议中明确表示不放弃优先购买权,并在涉案股权转让挂牌后书面告知上海联合产权交易所其享有优先购买权,请求暂停交易。原审法院认为,不作为的默示仅在法律有规定或当事人有约定的情况下才可视为意思表示,在法无明文规定且其他股东未明示放弃优先购买权的情况下,不能从其他股东未进场交易得出其丧失优先购买权的结论;虽然其他股东未进场交易,但产权交易机构亦可通知其在一定期限内作出是否接受最终报价的意思表示,因此片面强调不到场交易则丧失优先购买权将弱化对其他股东利益的保护。二审法院即上海市第二中级人民法院认为,权利的放弃需要明示,在其他股东没有明示的情形下不能当然地认定其他股东已经放弃或丧失优先购买权;

〔1〕 参见《北京产权交易所企业国有产权转让股东行使优先购买权操作细则》第7条、第9条和第10条。

〔2〕 参见《北京产权交易所企业国有产权转让股东行使优先购买权操作细则》第11条。

转让方在确定意向受让方后未明确告知公司其他股东，对公司其他股东及时合法行权造成了障碍；产权交易机构并非司法机构，无权对其他股东是否享有优先购买权做出法律意义上的认定，其设定的交易规则也不应与法律规定相矛盾和冲突。[1] 在“新乡市健康房地产开发有限责任公司与新乡市安厦房地产开发有限公司、新乡市吉超房地产经纪服务有限公司股权转让纠纷案”中，河南省新乡市红旗区人民法院也认为，法律规定国有股权应公开交易不能被理解为享有优先购买权的股东必须到场竞价，更不能据此推断未进场交易的股东即丧失优先购买权；股东放弃优先购买权应当明示，或者由法律法规明确规定，不能根据未进场的行为推定其放弃权利。[2]

另外，股东的优先购买权也决定了在公司的股东转让股权时，如果产权转让方对受让方设置资格条件，公司其他股东不受该等资格条件的限制。在“北京华亿浩歌传媒文化有限公司与保利文化集团股份有限公司股权转让纠纷上诉案”中，涉案股权转让的挂牌公告将受让方资质限定为“正常经营且合法存续的国有企业、国有事业单位或法定机构”，而享有优先购买权的其他股东并不属于该等企业类型。法院认为，目标公司其他股东有合理理由认为其优先购买权被排除，转让方和产权交易机构有义务予以澄清，并在其他股东有意进场的情况下给予合理的期间。[3] 事实上，上海联合产权交易所于2011年发布的《股权转让项目中股东优先购买权行使操作办法（试行）》（已失效）第15条曾明确规定，转让方可按照交易规则的要求在产权转让公告中设置受让方资格条件，但应同时披露在不违反法律法规等强制性规定的前提下，标的公司其他股东的受让资格不受该受让方资格条件的限制。

需要注意的是，公司其他股东的优先购买权不是指公司其他股东与第三人之间的竞价。既然优先购买权是指同等条件下的优先权，股东优先购买权的行使期间应从转让方公开表达转让意图并正式通知转让条件时起算，且转让条件应是转

〔1〕 参见上海市第二中级人民法院民事判决书，（2014）沪二中民四（商）终字第1566号。

〔2〕 参见河南省新乡市红旗区人民法院民事判决书，（2019）豫0702民初547号。

〔3〕 参见北京市第二中级人民法院民事判决书，（2011）二中民终字第13979号。

让股东与第三人达成的确定的条件。换句话说，如果转让方与第三人之间的购买条件不确定则不存在同等条件，股东优先购买权便没有成立的基础。同样，如果没有第三人承诺购买也不存在优先购买的前提。在"河南投资集团有限公司与鹤壁同力发电有限责任公司、中国石化集团中原石油勘探局股权转让纠纷案"中，涉案其他股东以目标公司生产经营状况恶化等为由不同意涉案股权转让，在挂牌期限内亦未提出受让申请，第三方受让人竞得涉案股权后，转让方未将竞价结果通知其他股东。河南省鹤壁市山城区人民法院认为，股东优先购买权的行使期间应从转让方公开表达转让意图并正式通知转让方与第三人达成的确定的转让条件时起算。在以竞价方式转让股权的情形下，通知其他股东参加与第三人的竞买不能实现对优先购买权的保护，因为在竞价过程中即使其他股东匹配了第三人的同等报价，第三人还可以再次提高报价。根据《企业国有产权交易操作规则》第 13 条和第 32 条的规定，在竞价之前的产权转让公告中，应当对其他股东是否放弃优先购买权予以披露，其他股东有权在竞价结果产生后以竞买人的最高报价买受出让标的。[1]北京产权交易所的操作细则对此作了更为详细的规定，即信息披露期满后同时征集到其他股东和非股东意向受让方的，则按下列规定处理：(1)如果产生一个非股东意向受让方，且只有一个场内行权的股东，由非股东意向受让方在转让底价的基础上再进行一次报价，该报价即为最终报价。场内行权的股东应就该报价当场表态是否行使优先购买权；场内行权的股东未当场表态的，视为放弃优先购买权。(2)如果产生两个或两个以上非股东意向受让方，且只有一个场内行权的股东，则由非股东意向受让方按照信息披露公告确定的竞价方式进行竞价。场内行权的股东就竞价产生的最终报价当场表态是否行使优先购买权。场内行权的股东未当场表态的，视为放弃优先购买权。(3)如果场内行权的股东为两个及两个以上的，就第一、二项所述情形，由非股东意向受让方先行产生最终报价后，场内行权的股东就最终报价当场表态是否行使优先购买权。两个及以上股东当场表态行使优先购买权的，应协商确定各自的购买比例；协商不成的，按照各自的出资比例行使优先购买权。[2]

---

〔1〕 参见河南省鹤壁市山城区人民法院民事判决书，(2011)山民初字第 1838 号。

〔2〕 参见《北京产权交易所企业国有产权转让股东行使优先购买权操作细则》第 8 条。

法律在保护公司其他股东的优先购买权的同时，也对其他股东行权的期限有明确要求。根据《公司法司法解释（四）》第 19 条之规定，有限责任公司的股东主张优先购买转让股权的，应当在收到通知后在公司章程规定的行使期间内提出购买请求。公司章程没有规定行使期间或者规定不明确的，以通知确定的期间为准，通知确定的期间短于 30 日或者未明确行使期间的，行使期间为 30 日。在司法实践中，如果有证据证明公司其他股东怠于主张优先购买权的，该等情形应被认定为相关股东放弃优先购买权。在"北京永汇丰咨询有限公司与中国冶金科工集团公司、北京产权交易所有限公司合同纠纷案"中，涉案其他股东在涉案股权转让挂牌期间前往产权交易机构领取了载明意向受让方及转让价格的通知函和空白交易合同，但未在法定期限内主张优先购买权。北京市海淀区人民法院认为，其他股东领取通知函和空白交易合同的行为能够证明其在挂牌阶段已知晓涉案股权转让的详细情况，在此情形下，其他股东未在接到通知后的法定期限内主张优先购买权，可视为放弃该权利。[1]

基于上述分析，笔者认为，为避免股东之间在企业国有产权转让时对优先购买权的具体行使方式等产生争议，股东或许应该在股东协议和公司章程中明确约定下列事项：转让方不得设置任何排除或限制其他股东行使优先购买权的资格条件；公司其他股东享有的优先购买权不因进场交易的要求而受到任何不利影响或损害；转让方应确保其他股东有权自行决定是否参与进场交易并行使优先购买权。事实上，产权交易机构一般不排斥股东通过公司章程或股东协议对股东优先购买权进行约定。只要相关约定不违反法律规定，产权交易机构将优先适用公司章程和股东协议的相关约定，即在股东协议或公司章程对股东优先购买权有约定的情形下，产权交易机构的相关交易规则只是参照适用。[2]

---

〔1〕 参见北京市海淀区人民法院民事判决书，(2008)海民初字第 27259 号。

〔2〕 例如，《北京产权交易所企业国有产权转让股东行使优先购买权操作细则》第 17 条规定："标的企业章程另有约定，或者标的企业为股份有限公司或其他经济组织，但在其章程或协议中规定了优先购买权相关内容的，参照适用本细则。"《上海联合产权交易所有限公司股东行使优先购买权操作指引》第 8 条规定："公司章程对其他股东行权有规定的，按照规定执行。转让方与其他股东对行权另有约定的，从其约定。"《浙江产权交易所有限公司企业国有产权转让股东行使优先购买权操作办法（试行）》第 11 条规定："标的企业章程另有约定，或者其他类型标的企业章程或协议中规定了优先购买权相关内容，以及……参照适用本办法。"

CHAPTER 07 第七章

外资并购内资企业

外资并购内资企业，是指外国投资者通过股权收购和资产收购等形式收购中国境内的内资企业。外资并购内资企业是外商投资的一种形式，也是公司并购的一种特殊形式，其特殊性主要表现为法律对外商投资和外商投资企业的特殊规定，包括外商投资准入负面清单、国家安全审查和《外商投资法》施行前专门适用于外商投资企业的不同于《公司法》和《合伙企业法》的法律规定。本章将分别介绍和分析《外商投资法》实施后的外商投资管理制度、外商投资准入负面清单和国家安全审查。

第一节　单轨制下的外商投资管理制度

改革开放初期，我国先后出台了《中外合资经营企业法》、《中外合作经营企业法》、《外资企业法》及其实施条例或实施细则（以下合称三资企业法）。三资企业法奠定了我国以中外合资企业、中外合作企业、外商独资企业三种企业组织形式为基础的外商投资法律体系，与《公司法》双轨并存。三资企业法以行政审批和行政监管为核心，对外商投资企业的设立、变更和组织形式等作了详细规定。另外，三资企业法在2020年之前也经历了从严格的事前审批制度到以负面清单为基础的备案制度的演变。

第一，在1978年至2016年的这一事前审批阶段，国家对外商投资企业的设立和变更实施严格的事前审批制度，外商投资企业自设立、变更到解散期间的所有重要事项均需外商投资主管部门（以下简称外资审批部门）事先审批。例如，就外商投资企业的设立而言，(1)发起人应向外资审批部门报送相关协议、合同和章程等文件，申请设立外商投资企业；(2)外资审批部门审查批准上述文件后颁发批复文件和批准证书；(3)取得相应的批复之后，发起人须在规定期限内向当时的国家工商行政主管部门申请办理登记手续。事前审批阶段的最大特点是投资者之间有关外商投资企业的文件，无论是合资合同、合作协议、章程，还是股权转让协议、增资认购协议和资产收购协议等，均需经外资审批部门批准后方才生效。[1] 外资审批部门往往会对该等文件进行严格的实质审查，并提出一轮甚至多轮修改意见。

第二，2016年至2019年为以负面清单为基础的备案管理阶段。为进一步探索改革开放的经验，国家从自贸区试点开始逐步探索以负面清单为基础的外资准入备案管理制度。2013年8月30日，全国人大常委会授权国务院在上海自贸区内对负面清单之外的外商投资暂停实施三资企业法有关外商投资的行政审批事项。2014年12月28日，全国人大常委会授权国务院将试点区域进一步扩展到其他自贸区。基于自贸区改革的显著效果，2016年9月3日，全国人大常委会通过了《关于修改〈中华人民共和国外资企业法〉等四部法律的决定》，将外资准入备案制正式推行到全国。随后，商务部发布了《外商投资企业设立及变更备案管理暂行办法》（商务部令2016年第3号，已废止）。上述改革将外商投资企业的事前审批制度调整为以负面清单为基础的备案制，即对负面清单外的外商投资，按照外资准入前国民待遇的原则，将外商投资企业自设立、变更到解散期间的事项的事前审批改为备案管理；对负面清单内的外商投资，仍保留事前审批制度。在备案制下，省级、副省

[1] 参见《中外合资经营企业法（1979年版）》第2条、第3条，《外资企业法（1986年版）》第6条、第7条、第10条，《中外合作经营企业法（1988年版）》第5条、第6条、第7条。

级城市的商务主管部门以及自贸区、国家级经济技术开发区的相关机构为外商投资企业设立及变更的备案机构，通过外商投资综合管理信息系统开展本区域内的备案工作。申请人在向工商部门办理设立登记时，应一并在线报送外商投资企业设立备案信息；就变更备案而言，企业应在变更事项发生后30日内报送外商投资企业变更备案信息。[1]

第三，随着我国改革开放的进一步扩大，以三资企业法及其配套法规和规章为主的外商投资法律体系不再适应我国外商投资的现实需要。2020年1月1日，三资企业法及其相关配套规定同时废止，《外商投资法》《外商投资法实施条例》《外商投资信息报告办法》《外商投资法司法解释》等同时实施，并与其他相关法律共同构成我国外商投资新的管理制度。与三资企业法不同，《外商投资法》第31条明确规定，外商投资企业的组织形式、组织机构及其活动准则适用《公司法》《合伙企业法》等法律。除《外商投资法》施行前已经设立的外商投资企业在《外商投资法》施行后5年内可以继续保留原企业组织形式、组织机构外，《外商投资法》的施行标志着我国长期实行的三资企业法与《公司法》以及《合伙企业法》并存的双轨制的结束。《外商投资法》不再为外商投资企业组织法，而是具体规范外商投资准入以及促进和保护外商投资的外商投资行为法。

一、外商投资法规范的外商投资

根据《外商投资法》第2条的规定，外商投资是指外国投资者（包括外国的自然人、企业或者其他组织）直接或者间接在中国境内进行的投资活动，包括：(1)外国投资者单独或者与其他投资者共同在中国境内设立外商投资企业；(2)外国投资者取得中国境内企业的股份、股权、财产份额或者其他类似权益；(3)外国投资者单独或者与其他投资者共同在中国境内投资新建项目；(4)法律、行政法规或者国务院规定的其他方式的投资。《外商投资法》规定的外商投资包括外国投资者在中国境内进行的直接投资活动和间接投资活动。顾名思义，所谓直接投资活动应该是指

〔1〕 参见《外商投资企业设立及变更备案管理暂行办法》（商务部令2018年第6号，已废止）第5条、第6条。

外国投资者在中国境内直接设立外商投资企业，直接收购股份、股权、财产份额或者其他类似权益或直接投资新建项目；而间接投资活动应该是指外国投资者通过其在中国境内投资或控制的其他法律主体间接从事投资活动。除相关文件特别规定的外商投资企业使用外汇或跨境人民币资本金在中国境内的股权投资外，[1]这类法律主体主要是从事股权投资的外商投资企业，包括外商投资性公司、外商投资创业投资企业和外商投资股权投资类企业（以下合称投资类外商投资企业）。例如，《关于外商投资举办投资性公司的规定》（以下简称《外商投资性公司规定》）实际赋予了外商投资性公司视同外国投资者的地位。[2] 商务部曾经发布的《外商投资企业设立及变更备案管理暂行办法》第32条明确规定，投资类外商投资企业（包括投资性公司、创业投资企业）视同外国投资者。《外商投资信息报告办法》第29条规定，外商投资举办的投资性公司、创业投资企业和以投资为主要业务的合伙企业在境内投资设立企业的，参照外国投资者在境内进行投资的相关规定报送投资信息。由此可见，虽然外国投资者通过投资类外商投资企业在中国境内进行的投资活动应被视为外国投资者在中国境内进行的间接投资活动，但我国法律事实上认定投资类外商投资企业投资的企业应该属于外商投资企业。

---

〔1〕 例如，国家外汇管理局2019年10月23日发布的《关于进一步促进跨境贸易投资便利化的通知》（汇发〔2019〕28号）第2条规定："在投资性外商投资企业（包括外商投资性公司、外商投资创业投资企业和外商投资股权投资企业）可依法依规以资本金开展境内股权投资的基础上，允许非投资性外商投资企业在不违反现行外商投资准入特别管理措施（负面清单）且境内所投项目真实、合规的前提下，依法以资本金进行境内股权投资。" 中国人民银行、商务部和国家外汇管理局等六部委于2020年12月31日发布的《关于进一步优化跨境人民币政策 支持稳外贸稳外资的通知》（银发〔2020〕330号）第9项规定："便利外商投资企业境内再投资。非投资性外商投资企业在符合现行规定且境内所投资项目真实、合规的前提下，可以依法以人民币资本金进行境内再投资。外商投资企业使用资本项目人民币收入开展境内再投资，被投资企业无需开立人民币资本金专用存款账户，资金使用须遵守本通知第八项的规定。" 其第8项规定的情形包括"不得直接或间接用于企业经营范围之外或国家法律法规禁止的支出；除另有明确规定外，不得直接或间接用于证券投资；除经营范围中有明确许可的情形外，不得用于向非关联企业发放贷款；不得用于建设、购买非自用房地产（房地产企业除外）"。

〔2〕 《外商投资性公司规定》第20条规定："投资性公司投资设立企业，投资性公司中折算出的外国投资者的投资单独或与其他外国投资者一起投资的比例一般不低于其所投资设立企业的注册资本的25%，其投资设立的企业享受外商投资企业待遇，发给外商投资企业批准证书和外商投资企业营业执照；出资比例低于25%的，除法律、行政法规另有规定外，均应按照现行设立外商投资企业的审批登记程序进行审批和登记。"

（一）外商投资性公司

原对外贸易经济合作部（现为商务部）1995 年 4 月 4 日颁布的《关于外商投资举办投资性公司的暂行规定》允许符合条件的外国投资者以独资或与中国投资者合资的方式在中国境内设立从事股权投资的公司（外商投资性公司），并允许外商投资性公司为其所投资的企业提供代理采购机器设备、平衡外汇、协助招聘人员、提供财务支持和担保等服务。此后，原对外贸易经济合作部就《关于外商投资举办投资性公司的暂行规定》发布了一系列解释和补充规定。商务部于 2003 年将《关于外商投资举办投资性公司的暂行规定》及原对外贸易经济合作部后续颁布的一系列解释及补充规定合并为《外商投资性公司规定》，并分别于 2004 年 2 月 13 日、11 月 17 日和 2015 年 10 月 28 日进行了三次修订。第一次修订主要增加了外商投资性公司申请跨国公司地区总部的规定；第二次修订主要是基于我国加入世贸组织的承诺允许外商投资性公司从事货物或技术进出口、佣金代理、批发、零售和特许经营等活动；第三次修订允许外国投资者成立股份有限公司形式的外商投资性公司，同时为了适应《公司法》的修订，不再要求投资人在营业执照签发之日起 2 年内缴清全部出资，且设立和变更外商投资性公司不再要求提供验资报告。

时至今日，《外商投资性公司规定》的许多规定与《外商投资法》《外商投资法实施条例》等法律规定存在冲突。《外商投资法实施条例》第 49 条第 2 款规定："2020 年 1 月 1 日前制定的有关外商投资的规定与外商投资法和本条例不一致的，以外商投资法和本条例的规定为准。"商务部 2020 年 8 月 7 日在其官方网站回复公众留言时表示：《外商投资性公司规定》仍属有效，与《外商投资法》及其实施条例不冲突的条款仍应继续适用。举例而言，根据笔者从北京市市场监督管理局、上海市市场监督管理局、广州市市场监督管理局和深圳市市场监督管理局了解到的情况，设立外商投资性公司不再有前置审批手续，投资人可以直接向相关的市场监督管理局申请办理外商投资性公司设立的登记手续。北京市商务局、上海市商务委员会、广州市商务局和深圳市商务局也确认，目前商务部门不再对设立和变更外商投资性公司进行审批或备案，外国投资者可直接向市场监管部门申请办理外商投资性公司的设立和变更登记；外商投资性公司应自行确认是否符合《外商投资性公司规定》规定的各项条件,如实办理外商投资信息报告,并承担相应的责任。

根据《外商投资性公司规定》第3条的规定,申请设立投资性公司应符合下列条件:(1)外国投资者资信良好,拥有举办投资性公司所必需的经济实力,申请前一年该投资者的资产总额不低于4亿美元,且该投资者在中国境内已设立了外商投资企业,其实际缴付的出资额超过1000万美元;或者外国投资者资信良好,拥有举办投资性公司所必需的经济实力,该投资者在中国境内已设立了10个以上外商投资企业,其实际缴付的出资额超过3000万美元。(2)以合资方式设立投资性公司的,中国投资者应为资信良好,拥有举办投资性公司所必需的经济实力,申请前一年该投资者的资产总额不低于1亿元人民币。(3)申请设立投资性公司的外国投资者应为一家外国的公司、企业或经济组织;若外国投资者为2名以上的,其中应至少有1名占大股权的外国投资者符合上述规定。另外,《外商投资性公司规定》第4条规定,符合前述条件的外国投资者也可以以其全资子公司的名义设立外商投资性公司。笔者注意到,部分地区通过地方规定放宽了设立外商投资性公司的要求。例如,根据2019年7月印发的《上海市人民政府关于本市促进跨国公司地区总部发展的若干意见》(沪府规〔2019〕30号)的规定,上海市放宽外商设立投资性公司条件,将设立申请前一年外国投资者资产总额降为不低于2亿美元,取消境内实缴注册资本或投资企业数量要求。根据2021年2月27日印发的《云南省人民政府办公厅关于印发云南省提升利用外资水平政策措施的通知》(云政办发〔2021〕12号),中国(云南)自由贸易试验区放宽了设立外商投资性公司的条件,放宽后的条件与上海市一致。

与一般外商投资企业的投资者可以选择实物或其他符合中国法律规定的非货币财产用于出资不同,外商投资性公司的外国投资者仅可使用自由兑换的货币或其在中国境内获得的人民币利润或因转股、清算等活动获得的人民币合法收益作为其向外商投资性公司的出资。[1] 虽然现行有效的《外商投资性公司规定》为了与《公司法》保持一下,删除了最初对注册资本的最低要求,但其第8条仍然规定:投资性公司的注册资本中至少应有3000万美元作为向其投资新设立的外商投资企

〔1〕 参见《外商投资性公司规定》第7条。

业的出资,或作为向其母公司或关联公司已投资设立外商投资企业(已依法办理完毕股权转让手续)未缴付完毕的出资额的出资,或增资部分的出资,或用于设立研发中心等机构的投资,或用于购买中国境内公司股东的股权(不包括投资性公司母公司或其关联公司已缴付完毕的出资额形成的股权)。《外商投资性公司规定》对于外商投资性公司完成前述投资的时间没有规定。根据上海市商务委员会、广州市商务局和深圳市商务局的介绍,商务主管部门在实践中对完成该等投资的时间没有硬性要求,外商投资性公司在其经营期限内完成该等金额的投资即可。

对于大型跨国公司,特别是在中国境内拥有较多投资项目的跨国公司而言,外商投资性公司具有一定的存在价值。一方面,跨国公司一般都将外商投资性公司作为其在中国的管理总部,通过外商投资性公司向其在中国境内的其他项目公司提供包括公共关系、财务、资金管理、人力资源和法务等综合性管理和服务;另一方面,根据有些地方性规定,外商投资性公司被认定为地区总部后能够享受地方政府提供的财政支持以及其他一系列优惠和便利政策。例如,上海市高度重视跨国公司地区总部发展,2002 年率先在全国出台支持政策,截至 2021 年年底,《上海市鼓励跨国公司设立地区总部的规定》历经 4 次修改,有力推动了上海成为中国内地跨国公司地区总部最为集聚的地区。为顺应全球跨国公司发展趋势,回应总部企业诉求,2022 年 10 月 28 日上海市政府对该规定进行了第五次修订。根据北京市人民政府 2021 年颁布的《北京市促进总部企业高质量发展的相关规定》(京政发〔2021〕3 号),总部企业包括跨国公司地区总部,北京市支持总部企业开展一系列先行先试、科技创新等尝试,并为总部企业提供相对优惠和便利的政策服务措施。

(二)外商投资创业投资企业

为鼓励外国投资者来华投资高新技术产业,建立和完善我国的创业投资机制,原对外贸易与经济合作部、科学技术部和原国家工商总局于 2001 年 8 月 28 日发布的《关于设立外商投资创业投资企业的暂行规定》允许外国投资者在中国境内设立以创业投资为主要经营范围的外商投资企业(外商投资创业投资企业)。根据该规定,外商投资创业投资企业主要向未上市高新技术企业进行股权投资,并为之提供创业管理服务,以期获取资本增值收益。原对外贸易经济合作部、科学技术部、原国家工商总局、国家税务总局和国家外汇管理局于2003年1月30日颁布的《外商投资创业投资企业管理规定》废止了之前的《关于设立外商投资创业投资企业的暂行规定》,对设立外商投资创业投资企业进行了进一步规范。现行有效的《外商投资创业投资企业管理规定》为商务部于2015年10月28日修订后的版本。

或许是因为设立外商投资创业投资企业的程序比较复杂,或要求的条件较高(如必备投资者应当以创业投资为主营业务),且投资标的仅为未上市高新技术企业的股权,实践中,外商投资创业投资企业的数量较少。根据中国投资协会股权和创业投资专业委员会发布的《中国创业投资行业发展报告2020(数据篇)》提供的信息,自国家发改委等10部委于2006年颁布关于创业投资企业的《创业投资企业管理暂行办法》以来,内资创业投资企业的数量一直占绝对多数,占比一直高达97%左右;外商投资创业投资企业(包括中外合资创业投资企业、外商独资创业投资企业)的数量总体趋稳,截至2019年年末,外商投资创业投资企业有30家,占全部创业投资企业的1.69%。[1]

(三)外商投资股权投资类企业

除了《外商投资信息报告办法》第29条的规定,即"以投资为主要业务的合伙企业在境内投资设立企业的"参照外国投资者在境内进行投资的相关规定报送投资信息,目前国家层面尚未发布规范外商投资股权投资类企业的法律法规和部门规章,各地关于外商投资股权投资类企业的试点大多以合格境外有限合伙人(Qualified Foreign Limited Partnership,QFLP)的形式开展,包括外商投资股权投资管理企业(QFLP管理企业)和外商投资股权投资企业(QFLP基金)。例如,根据珠海市金融工作局印发的《珠海市外商投资股权投资类企业试点办法》(珠金〔2021〕52号)第2条之规定,QFLP管理企业指依法由外国投资者(包括外国的自然人、企业或者其他组织)参与投资设立的,以发起设立股权投资企业,或受托管理股权投资企业为主要经营业务的企业;QFLP基金指依法由外国投资者参与投资设立的,

〔1〕 参见《不同类型创业投资企业数量分布状况——〈中国创业投资行业发展报告2020〉连载三》,载微信公众号"创投动态"2021年1月29日。

以非公开方式向境内外投资者募集资金,投资于境内非公开交易的企业股权的企业。由于各地 QFLP 试点政策几乎均要求 QFLP 管理企业和 QFLP 基金在中国证券投资基金业协会办理私募基金管理人登记和私募基金备案,QFLP 管理企业和 QFLP 基金实质上是私募基金管理人和私募股权投资基金。换言之,目前外商投资股权投资类企业更多以外资私募基金的形式存在和运营。实践中,外国投资者通常选择投资设立 QFLP 管理企业,并通过 QFLP 管理企业向境内外投资者(包括其境外关联方)募集资金设立 QFLP 基金,此后通过 QFLP 基金在中国境内开展投资,或仅作为投资人(有限合伙人)投资其他私募基金管理人或其他 QFLP 管理企业发起设立的 QFLP 基金,并通过 QFLP 间接参与中国境内的投资。

根据目前各地的 QFLP 试点政策,设立 QFLP 管理企业和 QFLP 基金通常需要得到地方相关政府主管部门的前置审批。例如,根据《珠海市外商投资股权投资类企业试点办法》,申请设立 QFLP 管理企业或 QFLP 基金的,应向区地方金融工作部门提交申请资料,由设在市金融工作局的珠海市外商投资股权投资类企业试点工作协调办公室组织协商认定,此后凭协调办公室出具的认定通知书到市场监管部门办理注册登记手续。根据在珠海市的相关规定,设立 QFLP 管理企业和每一只 QFLP 基金均应取得批准。但是,根据北京市地方金融监督管理局和北京市市场监督管理局 2021 年 4 月 28 日印发的《关于本市开展合格境外有限合伙人试点的暂行办法》,QFLP 管理企业可以通过一次申请设立多只 QFLP 基金,且各只基金之间的额度可以灵活调剂。具体而言,私募投资基金管理企业或其控股股东、实际控制人或执行事务合伙人作为 QFLP 管理企业或 QFLP 基金的申请人向设在北京市金融监管局的试点联审工作办公室提交申请材料,试点联审工作办公室在受理后征求试点联审成员单位(包括市金融监管局、市市场监管局、中国人民银行营业管理部、国家外汇管理局北京外汇管理部)的意见,并召开试点联审工作会议;经审核符合试点要求的,由试点联审工作办公室向申请人出具同意开展试点、给予试点额度的书面意见,并将相关情况报告市政府;申请人此后持试点联审工作办公室出具的书面意见至市场监督管理部门办理登记注册手续及后续手续。其中,QFLP 管理企业发起成立 QFLP 基金,各单只基金募集的境外汇入本金之和不得超过试点联审工作办公室同意的 QFLP 管理企业募集境外资金总规模。除另有规定外,QFLP 管理企业可在其设立的各基金之间灵活调剂单只基金募集的境外资金规模。

各地对 QFLP 基金的管理企业的要求也不完全一致。例如,《珠海市外商投资股权投资类企业试点办法》第 4 条规定:“外商投资股权投资管理企业可以发起设立或受托管理外商投资股权投资企业及内资私募股权、创业投资基金;内资私募股权、创业投资基金管理人可以发起设立或受托管理外商投资股权投资企业。”根据北京市《关于本市开展合格境外有限合伙人试点的暂行办法》第 2 条之规定,QFLP 基金是指由“试点基金管理企业”依法发起,由合格境外有限合伙人参与投资设立、以非公开方式向投资者募集资金并进行投资的一只或多只私募投资基金。前述“试点基金管理企业”是指经试点联审工作成员单位认定并按规定发起成立试点基金,受托管理其投资业务的企业。

对于 QFLP 基金的投资标的,受限于《国家外汇管理局关于改革外商投资企业外汇资本金结汇管理方式的通知》(汇发〔2015〕19 号)等外汇管理规定,各地 QFLP 试点政策大多明确规定,QFLP 基金的投资标的为未上市公司的股权,且不得参与证券市场的投资。除应遵守外商投资负面清单的限制外,对于 QFLP 基金允许投资的具体标的种类,各地政策大多采用正面清单或负面清单的形式进行规定。例如,《珠海市外商投资股权投资类企业试点办法》第 12 条规定:“外商投资股权投资企业可依法在境内开展以下投资业务:(一)未上市企业股权;(二)上市公司非公开发行或交易的股票;(三)可转债、市场化和法治化债转股、股权类基金份额;(四)作为上市公司原始股东参与配股;(五)经监管部门或登记备案部门许可的其他相关业务。”北京市《关于本市开展合格境外有限合伙人试点的暂行办法》第 14 条规定:“试点基金募集的境外资金可用于以下支出:(一)非上市公司股权。(二)上市公司非公开发行和交易的普通股(含定向发行新股、大宗交易、协议转让等),可转换为普通股的优先股、债转股和可转债,可作为上市公司原股东参与配股。(三)夹层投资、私募债、不良资产。(四)参与投资境内私募投资基金。(五)法律法规允许的其他业务。试点基金投资的境内项目应符合现行外商投资准入特别管理措施的要求。如中国证监会或中国证券投资基金业协会对投资范围另有规定的,从其规定。未经批准,试点基金不得使用募集的资金在中国境外进行投资。”《海南省关于开展合格境外有限合伙人(QFLP)境内股权投资暂行办法》第 21 条则以负面清单的形式规定:“股权投资企业不得从事以下业务:(一)在国家禁止外商投资的领域投资;(二)二级市场股票和企业债券交易,但经过海南省地方金融监督管理局、中国证券监督管理委员会海南监管局、中国人民银行海口中心支行、海南省市场监督管理局等管理部门认可的投资标的除外;(三)期货等金融衍生品交易;(四)投资于非自用不动产;(五)挪用非自有资金进行投资;(六)向非被投企业提供贷款或担保;(七)国家法律法规禁止从事的其他事项。”

除各地明文限制的投资标的外,考虑到国家宏观政策的影响,实践中不能排除地方金融监管部门对于投资敏感行业(如房地产)的QFLP基金不予批准的可能性。另外,QFLP基金作为私募股权投资基金,其投资方向还应遵守私募股权投资基金的相关规定。例如,根据中国证券投资基金业协会发布的《证券期货经营机构私募资产管理计划备案管理规范第4号》的规定,基金业协会对投资于房地产价格上涨过快的热点城市(指北京、上海、广州等16个城市)的普通住宅地产项目暂不予办理私募基金备案。

二、外商投资法规范的外商投资企业

(一)外商投资企业的组织形式

《外商投资法》所称外商投资企业是指全部或部分由外国投资者投资,依照中国法律在中国境内经登记注册设立的企业。根据《外商投资法》第31条之规定,外商投资企业的组织形式、组织机构及其活动准则适用《公司法》《合伙企业法》等法律。就其组织形式而言,《外商投资法》实施之前的外商投资企业的组织形式一般为有限责任公司、股份有限公司和合伙企业。例如,就作为有限责任公司的外商投资企业来说,三资企业法自颁布之初即明确规定外资企业的组织形式为有限责任公司,经批准也可以为其他责任形式;中外合作经营企业依法取得中国法人资格的,为有限责任公司;中外合资经营企业为有限责任公司。[1] 实践中,公司登记系

〔1〕 参见《外资企业法实施细则》(1990年)第19条,《中外合作经营企业法实施细则》(1995年)第14条,《中外合资经营企业法实施条例》(1983年)第19条。

统也将三资企业登记为“有限责任公司”,仅通过括号表明其外资性质[例如“有限责任公司(外国法人独资)”等]。但是外商投资企业的组织机构及其活动准则在《外商投资法》实施前根据其不同的组织形式适用不同的法律。例如,作为有限责任公司的外商投资企业,其组织机构及其活动准则适用三资企业法;作为股份有限公司的外商投资企业,其组织机构及其活动准则适用原对外贸易经济合作部1995年1月发布的《关于设立外商投资股份有限公司若干问题的暂行规定》(已失效);作为合伙企业的外商投资企业,其组织机构及其活动准则适用原国家工商总局发布的《外商投资合伙企业登记管理规定》。因此,《外商投资法》及其实施条例有关外商投资企业组织形式的规定并不意味着外商投资企业组织形式的转换,而是指外商投资企业就其组织形式应该与内资企业一样统一适用《公司法》《合伙企业法》等法律,特别是外商投资企业应根据其具体组织形式就其组织机构及其活动准则分别适用《公司法》《合伙企业法》等法律。

(二)外商投资企业的组织机构

《外商投资法》及其实施条例所规定的外商投资企业的“组织机构”应该是指外商投资企业的治理结构。《外商投资法》及其实施条例的实施意味着外商投资企业的组织机构及其活动准则自《外商投资法》及其实施条例实施之日起与内资企业适用相同的法律规定,这对外商投资企业的治理结构产生很大的影响。就作为有限责任公司的中外合资企业而言,相关影响主要表现在下列几个方面:(1)外商投资企业的最高权力机构由董事会改为《公司法》规定的股东会;(2)外商投资企业的法定代表人由董事长担任改为《公司法》规定的由董事长、执行董事或经理担任;(3)外商投资企业的董事会成员由中外股东各方直接委派,改为《公司法》规定的由股东会选举产生(职工代表董事除外);(4)《公司法》不要求合资公司设置副董事长;(5)外商投资企业重大事项(包括修改章程,增加或者减少注册资本,公司合并、分立、解散等)的表决由原来规定的须经参加董事会会议的董事一致通过,改为《公司法》规定的须经代表2/3以上表决权的股东通过等。应该说,这些改变不仅符合《外商投资法》的立法目的,也是国家进一步扩大对外开放,积极促进外商投资,保护外商投资合法权益,规范外商投资管理的需要。

(三)外商投资企业的活动准则

除治理结构外,三资企业法对外商投资企业的注册资本、股东出资、利润分配、股权转让等均有强制性规定,且带有浓厚的行政强制和行政监管色彩。相比之下,《公司法》的相关规定更符合现代公司的市场实践,也更加尊重股东的意思自治。

首先,三资企业法要求公司章程明确规定企业的投资总额和注册资本。投资总额是指外商投资企业按照合资合同和公司章程规定的生产规模需要投入的资金总和(含企业借款)。[1] 投资总额是我国长期采用的外资管理措施:国家在批准设立外商投资企业时,同时批准投资项目的投资规模,并按照投资总额与注册资本的法定比例(投注差)确定外商投资企业的注册资本(股东的出资额)和融资额度。[2] 另外,投资总额也是国家确定外商投资项目行政审批权限的主要标准。《公司法》没有使用投资总额这一概念,《外商投资法》及其配套法规也未对外商投资企业的投资总额加以规定。但是,《商务部关于外商投资信息报告有关事项的公告》中的附件"外商投资初始、变更报告表"仍要求外商投资企业自主填报投资总额。在国家鼓励采取跨境融资宏观审慎管理模式的背景下,基于投注差的外债管理模式或许在不久的未来将被废除。[3]

其次,三资企业法一般要求合营企业的外国投资者的投资比例不低于注册资本的25%,并对外国投资者的出资方式、合作条件也有特别规定。例如,《中外合资经营企业法》及其实施条例规定,外国投资者以机器设备或其他物料出资的,其应当是合资企业生产所必需的,且应报审批机关批准;以工业产权或专有技术出资的,必须能显著改进现有产品的性能、质量,提高生产效率,或能显著节约原材料、

---

〔1〕 参见《中华人民共和国外资企业法实施细则》(2014年修订)第15条、第19条,《中外合资经营企业法实施条例》(2019年修订)第13条、第17条,《中外合作经营企业法实施细则》(2017年修订)第13条、第15条。

〔2〕 参见《关于中外合资经营企业注册资本与投资总额比例的暂行规定》(工商企字〔1987〕第38号)。

〔3〕 例如,国家外汇管理局上海市分局2019年7月印发的《进一步推进中国(上海)自由贸易试验区外汇管理改革试点实施细则(4.0版)》(上海汇发〔2019〕62号)规定,允许区内已确定选择"投注差"模式借用外债的企业,调整为以跨境融资宏观审慎管理模式借用外债,一经调整不得变更。

燃料、动力；若有意以落后技术和设备进行欺骗，造成损失的，应赔偿损失。[1]《外商投资法》实施后，除外商投资负面清单规定的特定行业和特定领域外，中外股东一般可以自主商定各自在外商投资企业中的出资比例，且中外股东的出资方式均应遵守《公司法》的规定。

再次，三资企业法要求中外合资经营企业应按注册资本比例分享利润；中外合作经营企业存在合作条件这一特殊的出资形式，因此相关法律允许各方约定不按持股比例进行利润分配。[2]《公司法》赋予股东在利润分配上的自主权，规定有限责任公司股东按实缴出资比例分配利润，但全体股东另有约定的除外；另外，除要求公司分配利润前先行弥补亏损和提取法定公积金外，《公司法》对股东利润分配没有其他限制性规定。[3]

最后，关于股权转让，三资企业法要求股东向第三者转让其全部或者部分股权的，须经其他各方同意；《公司法》除规定其他股东有优先购买权外没有其他限制，并允许公司章程另行约定。[4]

（四）过渡期安排

《外商投资法》施行前，外国投资者在我国已经设立大量外商投资企业。[5] 为方便这些企业的平稳过渡，《外商投资法》及其实施条例设定了5年的过渡期，即外商投资企业在2020年1月至2024年12月这段过渡期内可以继续保留原企业组织形式和组织机构，但自2025年1月1日起，对未依法调整组织形式、组织机构，并办理变更登记的原有外商投资企业，市场监督管理部门将不予办理其申请的其他登

---

〔1〕 参见已失效的《中外合资经营企业法》第5条以及《中外合资经营企业法实施条例》（2019年修订）第24条、第25条、第27条。

〔2〕 参见已失效的《中外合资经营企业法》第4条、第8条，《中外合作经营企业法实施细则》（2017年修订）第43条。

〔3〕 参见《公司法》第34条、第166条。

〔4〕 参见《中外合资经营企业法实施条例》（2019年修订）第20条，《中外合作经营企业法》第10条，《中外合作经营企业法实施细则》（2017年修订）第23条，《公司法》第71～73条。

〔5〕 根据商务部发布的《中国外资统计公报2021》，截至2019年，我国外商投资累计设立企业1,016,335家，其中外资企业数量为586,795家，占比56.6%；中外合资企业352,076家，占比35.2%；中外合作企业61,089家，占比6.1%。

记事项,并将相关情形予以公示。[1] 有关过渡期的安排,有下列事项需要注意:第一,《外商投资法》及其实施条例自2020年1月1日起施行,三资企业法及其相关实施细则同时废止。[2] 因此,自2020年1月1日起,对于合资合同、合作协议和章程没有约定的事项,只要《公司法》《合伙企业法》有规定的,应当适用《公司法》《合伙企业法》的相关规定。第二,2020年1月1日以前设立的外商投资的公司,在《外商投资法》实施后5年内应当调整最高权力机构、法定代表人或者董事产生方式、议事表决机制等与《公司法》强制性规定不符的事项,同时应当修订公司章程,并依法向登记机关申请办理变更登记、章程备案和董事备案等手续。第三,根据《市场监管总局关于贯彻落实〈外商投资法〉做好外商投资企业登记注册工作的通知》(国市监注〔2019〕247号)的规定,外商投资企业办理组织形式、组织机构等变更登记的,应该根据公司章程现有规定的组织机构和议事表决机制作出有效决议并办理变更登记,而非直接适用《公司法》《合伙企业法》规定的组织结构和议事表决机制。广东省深圳前海合作区人民法院曾明确表示,如外商投资企业在调整组织形式和组织机构时不遵循原企业合营合同或企业章程,而直接依据《外商投资法》《公司法》《合伙企业法》等法律,由相应的企业机关在违反原有合营合同、企业章程的情况下作出相关决议,将使《外商投资法实施条例》第44条关于5年过渡期规定的立法目的和现实意义落空。[3] 第四,根据《外商投资法实施条例》第46条的规定,现有外商投资企业的组织形式、组织机构依法调整后,原合营、合作各方在合同中约定的股权或所有者权益转让办法、收益分配办法、剩余财产分配办法等,可以继续按照约定办理。换言之,除组织形式和组织机构需依法调整外,当事方之间约定的其他事项应继续有效。

三、外商投资企业的投资人

《外商投资法》规定的外商投资企业是指全部或者部分由外国投资者投资的企

---

〔1〕 参见《外商投资法》第42条,《外商投资法实施条例》第44条。

〔2〕 参见《外商投资法》第42条,《外商投资法实施条例》第49条。

〔3〕 参见广东省深圳前海合作区人民法院民事判决书,(2020)粤0391民初3425号。

业,[1]包括外商独资企业和中外合资企业。在《外商投资法》实施之前,中国籍自然人能否成为外商投资企业股东的问题一直不甚清晰。虽然一些地方性规定允许中国自然人与外国投资者设立合资企业,[2]但严格来说,《中外合资经营企业法》和《中外合作经营企业法》规定的中国合营者和合作者并未包括中国自然人。[3]《关于加强外商投资企业审批、登记、外汇及税收管理有关问题的通知》(外经贸法发〔2002〕575号)明确规定,暂不允许境内中国自然人以新设或收购方式与外国的公司、企业、其他经济组织或个人成立外商投资企业。作为例外情形:(1)根据《商务部外资并购规定》第54条的规定,被外国投资者收购的境内公司的中国自然人股东经批准可继续作为变更后所设外商投资企业的中方投资者;(2)根据《外国企业或者个人在中国境内设立合伙企业管理办法》(国务院令2009年第567号)的规定,外国企业或者个人可以与中国的自然人设立合伙企业;(3)根据商务部办公厅2009年7月出具的《关于浙江向日葵光能科技股份有限公司首发过程中所披露的关于其历史上对中国国籍自然人增发股份事项的回函》:"现行外商投资企业法律法规和规章对已设立的外商投资股份公司向境内自然人定向增发股份无禁止性规定。"在司法实践中,对于中国籍自然人与外方投资者为共同设立外商投资企业而签订的投资协议的效力,法院往往认为《中外合资经营企业法》或《中外合作经营企业法》已明确将中国自然人排除于设立主体之外,进而认定前述投资协议因违反法

〔1〕 参见《外商投资法》第2条。

〔2〕 例如,《北京市工商局改革市场准入制度优化经济发展环境若干意见》(京工商发〔2004〕19号,已失效)第26条规定:"中国公民可与境外经济组织或者个人兴办合资、合作企业……"上海市浦东新区人民政府印发的《境内自然人在浦东新区投资设立中外合资、中外合作经营企业试行办法》(浦府综改〔2010〕1号)第3条规定:"境内自然人在浦东新区与外国公司、企业、其他经济组织或个人共同投资设立中外合资、中外合作经营企业的审批登记,适用本试行办法。"《浙江省关于进一步发挥工商行政管理职能支持企业改革和发展的若干意见》(浙政办〔2020〕2号,已失效)第25条规定:"允许个人独资企业、合伙企业、自然人出资兴办中外合资、合作经营企业……"

〔3〕 《中外合资经营企业法》第1条规定:"……允许外国公司、企业和其它经济组织或个人(以下简称外国合营者)……同中国的公司、企业或其他经济组织(以下简称中国合营者)共同举办合营企业。"《中外合作经营企业法》第1条规定:"……外国的企业和其他经济组织或者个人(以下简称外国合作者)……同中华人民共和国的企业或者其他经济组织(以下简称中国合作者)在中国境内共同举办中外合作经营企业(以下简称合作企业),制定本法。"

律、行政法规的强制性规定而无效。[1]

《外商投资法》和《外商投资法实施条例》明确了中国自然人作为外商投资企业投资者的合格主体身份。根据《外商投资法实施条例》第3条之规定,《外商投资法》规定的"外国投资者单独或者与其他投资者共同在中国境内设立外商投资企业"或"投资新建项目"中所称的"其他投资者"包括中国自然人。值得注意的是,对于《外商投资法》实施前签署的投资协议,部分法院类推适用《最高人民法院关于适用〈中华人民共和国外商投资法〉若干问题的解释》(以下简称《外商投资法司法解释》)第2条的规定,[2]认为在三资企业法已经废止且《外商投资法》没有禁止的情况下,应当认定中国籍自然人与外国投资者签订的相关协议合法有效。[3]

另外,我国《外商投资法实施条例》将定居国外的中国公民在中国境内的投资"视为外资"管理。[4] 笔者认为,《外商投资法实施条例》中的"定居国外的中国公民"应该与《国务院侨务办公室关于印发〈关于界定华侨外籍华人归侨侨眷身份的规定〉的通知》(国侨发〔2009〕5号)中的"华侨"具有相同指向,即华侨是指定居在国外的中国公民,其中"定居"是指中国公民已经取得住在国长期或者永久居留权,并已在住在国连续居留2年,2年内累计居留不少于18个月;中国公民虽未取得住在国长期或者永久居留权,但已取得住在国连续5年以上(含5年)合法居留资格,5年内在住在国累计居留不少于30个月,视为华侨;中国公民出国留学(包括公派和自费)在外学习期间,或因公务出国(包括外派劳务人员)在外工作期间,均不视为华侨。

---

〔1〕 参见江苏省镇江市中级人民法院民事判决书,(2015)镇商终字第000471号;江苏省镇江市中级人民法院民事判决书,(2017)苏11民终100号;天津市西青区人民法院民事判决书,(2019)津0111民初5018号;陕西省西安市中级人民法院民事判决书,(2019)陕01民初1195号。

〔2〕《外商投资法司法解释》第2条规定:"对外商投资法第四条所指的外商投资准入负面清单之外的领域形成的投资合同,当事人以合同未经有关行政主管部门批准、登记为由主张合同无效或者未生效的,人民法院不予支持。前款规定的投资合同签订于外商投资法施行前,但人民法院在外商投资法施行时尚未作出生效裁判的,适用前款规定认定合同的效力。"

〔3〕 相关案例参见陕西省高级人民法院民事判决书,(2020)陕民终567号;上海市浦东新区人民法院民事判决书,(2019)沪0115民初6248号。

〔4〕《外商投资法实施条例》第48条第3款规定:定居在国外的中国公民在中国境内投资的,参照《外商投资法》及其实施条例执行。

关于我国港澳台地区投资者,《外商投资法实施条例》贯彻了我国以往对港澳台地区投资者"视为外资"的管理实践。《外商投资法实施条例》第 48 条第 1 款和第 2 款规定,香港特别行政区、澳门特别行政区投资者在内地投资的,参照《外商投资法》及其实施条例执行,法律、行政法规或者国务院另有规定的,从其规定;我国台湾地区投资者在大陆投资,优先适用《台湾同胞投资保护法》及其实施细则的规定,前述法律法规未规定的事项,参照《外商投资法》及其实施条例执行。对于为何不在《外商投资法》中对港澳台地区投资的法律适用问题作出规定,而是以《外商投资法实施条例》这一行政法规的形式予以规定的问题,第十三届全国人民代表大会宪法和法律委员会在 2019 年 3 月 12 日作出的《关于〈中华人民共和国外商投资法(草案)〉审议结果的报告》中表示:"港澳台地区属于中国的一部分,港澳台投资在性质上不属于外国投资;同时,港澳台地区属于单独关税区,港澳同胞到内地投资、台湾同胞到大陆投资不完全等同于境内投资,属于特殊国内投资。国家对港澳台投资一直实行特殊的政策和管理,并在国务院行政法规、部门规章和有关规范性文件中规定,对港澳台投资,参照或者比照适用有关外商投资的规定;对台湾同胞投资,国家还专门制定了台湾同胞投资保护法……在外商投资法中不对港澳台投资法律适用问题作出明确规定,继续由国务院行政法规、部门规章和有关规范性文件来明确参照或者比照适用外商投资的有关规定,是适当的、可行的。不会改变、也不会影响多年来行之有效的制度安排和实际运作,不会因此对港澳台投资造成任何妨碍或者限制。"

四、外商投资企业的信息报告制度

《外商投资法》第 34 条规定,外国投资者或者外商投资企业应当通过企业登记系统以及企业信用信息公示系统向商务主管部门报送投资信息。在《外商投资法》实施前,外商投资企业或外国投资者需通过商务部门的外商投资综合管理信息系统,在线提交外商投资企业设立及变更材料。《外商投资法》实施后,上述手续简化为由市场监督管理部门实行"一站式"的审核和登记,并向其他政府部门共享信息。根据商务部和市场监管总局 2019 年 12 月 30 日颁布的《外商投资信息报告办法》及商务部《关于外商投资信息报告有关事项的公告》的相关规定,外商投资信息报告包括下列四种类型：

第一，初始报告。设立外商投资企业或境内非外商投资企业变更为外商投资企业，应通过各地市场监管部门的企业登记系统提交初始报告。初始报告的内容包括企业基本信息、投资者及其实际控制人信息、投资交易信息等。以下主体需报送投资信息：(1)直接在中国境内设立公司、合伙企业（包括银行、证券、保险等金融领域）的外国投资者；(2)在中国境内从事生产经营活动的外国（地区）企业；(3)在中国境内设立从事生产经营活动的常驻代表机构的外国（地区）企业；(4)在中国境内投资（含多层次投资）设立企业的外商投资企业。[1] 据此，在外商投资信息报告制度下，外国投资者无论在中国境内设立多少层企业，都应如实填报投资者以及最终实际控制人信息。

第二，变更报告。初始报告信息发生变更的，外商投资企业应通过企业登记系统提交变更报告。如需办理企业变更登记（备案），企业应在办理变更登记（备案）的同时提交变更报告；如不需要进行变更登记（备案），企业应在变更事项发生后20个工作日提交变更报告。[2]

第三，注销报告。外商投资企业注销或者转为内资企业的，在办理企业注销登记或者企业变更登记后视同已提交注销报告，相关信息由市场监管部门推送至商务主管部门，企业无须单独提交注销报告。[3]

第四，年度报告。外商投资企业应于每年1月1日至6月30日通过国家企业信用信息公示系统提交上一年度的年度报告。当年设立的外商投资企业，自下一年度报送年度报告。年度报告包括外商投资企业基本信息、投资者及其实际控制人信息、企业经营和资产负债等信息，涉及外商投资准入特别管理措施的，还应当报送获得相关行业许可信息。[4]

《外商投资信息报告办法》要求外国投资者或者外商投资企业报告投资信息应

---

〔1〕 参见《外商投资信息报告办法》《商务部、市场监管总局有关司局负责人就〈外商投资信息报告办法〉有关问题答记者问》。

〔2〕 参见《外商投资信息报告办法》第11条、第12条。

〔3〕 参见《外商投资信息报告办法》第13条。

〔4〕 参见《外商投资信息报告办法》第14条、第15条。

当及时、真实、准确、完整,不得有虚假或误导性信息,也不得遗漏重要信息。未按照要求报送投资信息,且在商务主管部门通知后未予以补报或更正的,由商务主管部门责令其于20个工作日内改正;逾期仍不改正的,处10万元以上30万元以下罚款;逾期不改正且存在商务主管部门认定的严重情形的(如故意逃避信息报告义务,隐瞒真实情况,提供误导性或虚假信息;对所属行业、是否涉及负面清单、企业投资者及其实际控制人等重要信息报送错误;未按照要求报送投资信息,并因此受到行政处罚的,2年内再次违反有关要求),处30万元以上50万元以下罚款。[1]对于上述行政处罚情况,商务主管部门可在外商投资信息报告系统公示平台上予以公示,并按照国家有关规定纳入信用信息系统。[2] 未按规定报送年报或不配合年度报告抽检,市场监管部门可以将其列入经营异常名录,通过企业信用信息公示系统向社会公示;列入名录满3年仍未履行企业信息公示义务的,将被列入严重违法失信企业名单,并通过企业信用信息公示系统向社会公示。[3] 除此之外,县级以上地方人民政府及其有关部门将建立健全信用约束机制,在政府采购、工程招投标、国有土地出让、授予荣誉称号等工作中,将企业信息作为重要考量因素,对被列入经营异常名录或者严重违法企业名单的企业依法予以限制或者禁入。[4] 企业在融资贷款、货物出入境、生产经营许可、资质审核等方面也有可能受到相关政府主管部门、金融机构的联合惩戒。[5]

外商投资信息报告制度并非行政许可。根据《行政许可法》第2条的规定,行政许可是指行政机关根据公民、法人或者其他组织的申请,经依法审查,准予其从事特定活动的行为,但外商投资信息报告不属于设立或变更外商投资企业的必要前提。根据市场监管总局的通知,外商投资信息报告制度是在新型外商投资法律制度框架下设立的一项管理制度,而非针对外国投资者或者外商投资企业新设立

---

〔1〕 参见《外商投资信息报告办法》第25条。

〔2〕 参见《外商投资信息报告办法》第26条。

〔3〕 参见《企业信息公示暂行条例》第17条。

〔4〕 参见《企业信息公示暂行条例》第18条。

〔5〕 参见《国务院关于建立完善守信联合激励和失信联合惩戒制度加快推进社会诚信建设的指导意见》(国发〔2016〕33号)。

的一项行政审批,它不是外国投资者或者外商投资企业办理企业登记或其他手续的前置条件;信息报告制度的主要目的是为制定和完善外资政策措施、提升精准服务水平、做好投资促进和保护工作等提供信息支撑。[1]

五、外商投资促进和保护措施

与三资企业法侧重于行政审批和行政管理不同,《外商投资法》着重强调对外商投资的促进与保护。《外商投资法》及其实施条例均以专章的形式对外商投资促进与保护措施进行了详细规定。具体而言,《外商投资法》及其实施条例规定的外商投资促进措施包括:(1)外商投资企业依法平等适用国家支持企业发展的各项政策,包括政府资金安排、土地供应、税费减免、资质许可、标准制定、项目政策、人力资源政策等。(2)国家根据国民经济和社会发展需要,制定鼓励外商投资产业目录,列明鼓励和引导外国投资者投资的特定行业、领域、地区;国家根据需要,设立特殊经济区域,或者在部分地区实行外商投资试验性政策措施,促进外商投资。(3)外国投资者、外商投资企业可以依照法律、行政法规或者国务院的规定享受包括财政、税收、金融、用地等方面的优惠待遇,县级以上地方人民政府可以在法定权限内制定费用减免、用地指标保障、公共服务提供等外商投资促进和便利化政策措施。(4)国家制定与外商投资有关的法律、行政法规、规章,应当采取包括书面征求意见、座谈会、论证会、听证会等多种形式征求外商投资企业的意见和建议。(5)外商投资企业可依法和内资企业平等参与国家标准、行业标准、地方标准和团体标准的制定、修订工作,还可根据需要自行制定或者与其他企业联合制定企业标准;国家制定的强制性标准对外商投资企业和内资企业平等适用,不得专门针对外商投资企业适用高于强制性标准的技术要求。(6)国家保障外商投资企业依法通过公平竞争参与政府采购活动,政府及其有关部门不得阻挠和限制外商投资企业自由进入本地区和本行业的政府采购市场,不得在政府采购信息发布、供应商条件确定和资格审查、评标标准等方面,对外商投资企业实行差别待遇或者歧视待遇,不得

[1] 参见《市场监管总局关于贯彻落实〈外商投资法〉做好外商投资企业登记注册工作的通知》(国市监注〔2019〕247 号)。

以所有制形式、组织形式、股权结构、投资者国别、产品或者服务品牌以及其他不合理的条件对供应商予以限定,不得对外商投资企业在中国境内生产的产品、提供的服务和内资企业区别对待。(7)外商投资企业可以依法在境内外通过公开发行股票、公司债券等证券以及公开或非公开发行其他融资工具、借用外债等方式进行融资,以切实降低外国投资者的融资成本。[1]

在投资保护方面,《外商投资法》及其实施条例规定了下列措施:(1)国家对外国投资者的投资不实行征收;在特殊情况下,国家为了公共利益的需要,可以依照法律规定对外国投资者的投资实行征收或者征用;征收、征用应当依照法定程序、以非歧视性的方式进行,并按照被征收投资的市场价值及时给予公平、合理的补偿。(2)外国投资者在中国境内的投资及其相关所得可以自由汇入、汇出,任何单位和个人均不得违法对币种、数额以及汇入、汇出的频次等进行限制。(3)国家平等保护外国投资者和外商投资企业的知识产权;行政机关不得利用行政手段强制或变相强制外国投资者、外商投资企业转让技术,不得泄露或者非法向他人提供履行职责过程中知悉的外国投资者、外商投资企业的商业秘密。(4)地方各级人民政府及其有关部门应当履行在法定权限内就外国投资者、外商投资企业在本地区投资所适用的支持政策、享受的优惠待遇和便利条件等作出的书面承诺;不得以行政区划调整、政府换届、机构或者职能调整以及相关责任人更替等为由违约毁约;因国家利益、社会公共利益需要改变政策承诺、合同约定的,应当依照法定权限和程序进行,并依法及时予以公平、合理的补偿。(5)政府及其有关部门制定涉及外商投资的规范性文件,应当按照国务院的规定进行合法性审核;外国投资者、外商投资企业在依法对行政行为申请行政复议或者提起行政诉讼时,可以一并请求对该规范性文件进行审查。(6)中央层面由国务院商务主管部门会同国务院有关部门建立外商投资企业投诉工作部际联席会议制度,地方层面由县级以上地方人民政府指定部门或者机构负责受理本地区投诉;外商投资企业或者其投资者认为行政机关及其工作人员的行政行为侵犯其合法权益的,可以通过外商投资企业投诉工作机制申请协调解决,且通过投诉工作机制申请协调解决不影响其依法申请行政

[1] 参见《外商投资法》第 9 ~ 19 条,《外商投资法实施条例》第 6 ~ 20 条。

复议、提起行政诉讼。[1]

有关地方政府的政策承诺以及订立的各类合同,《外商投资法》第 25 条规定的"政策承诺"和"各类合同"是指地方各级人民政府及其有关部门向外国投资者、外商投资企业"依法作出"的政策承诺以及"依法订立"的各类合同。《外商投资法实施条例》第 27 条进一步明确,"外商投资法第二十五条所称政策承诺,是指地方各级人民政府及其有关部门在法定权限内,就外国投资者、外商投资企业在本地区投资所适用的支持政策、享受的优惠待遇和便利条件等作出的书面承诺。政策承诺的内容应当符合法律、法规规定"。实践中,部分地方政府为招商引资之目的作出的政策承诺或签署的投资合同可能超出其法定权限,承诺内容也可能违反法律法规规定。例如,《税收征收管理法》第 3 条第 2 款规定:"任何机关、单位和个人不得违反法律、行政法规的规定,擅自作出税收开征、停征以及减税、免税、退税、补税和其他同税收法律、行政法规相抵触的决定。"《国务院办公厅关于规范国有土地使用权出让收支管理的通知》(国办发〔2006〕100 号)禁止以先征后返、补贴等形式变相减免土地出让收入。如果投资合同约定对企业缴纳的税款按照一定比例予以返还或直接免去企业应缴纳的税款,或者约定对超出一定金额的土地出让价款予以返还或以奖励等形式变相返还土地出让价款,则该等约定可能因违反公序良俗或法律强制性规定而被认定无效。[2]

六、投资协议与规范性文件

实践中,地方人民政府出于行政管理的需要发布地方性行政性规范性文件(俗称的政策文件或红头文件),这些规范性文件对外商投资和经营可能有直接影响。行政规范性文件是指由行政机关或者经法律法规授权的具有管理公共事务职能的

---

〔1〕 参见《外商投资法》第 20 ~ 27 条,《外商投资法实施条例》第 21 ~ 32 条。

〔2〕 关于"公序良俗"的认定,最高人民法院民事审判第二庭认为,分析和判定违反规章的合同的效力问题主要是关注其在违反规章的同时是否违背了公序良俗。一般来说,违反党中央政策、国家政策的合同可以被认定为违反公序良俗;而违反部门政策、地方政策的合同,一般不宜以违背善良风俗为由认定为无效。参见最高人民法院民事审判第二庭编著:《〈全国法院民商事审判工作会议纪要〉理解与适用》,人民法院出版社 2019 年版,第 252 ~ 258 页。

组织依照法定权限、程序制定并公开发布,涉及公民、法人和其他组织权利义务,具有普遍约束力,在一定期限内反复适用的公文。根据《国务院办公厅关于加强行政规范性文件制定和监督管理工作的通知》(国办发〔2018〕37 号)第 6 条和第 8 条之规定,制定机关应负责规范性文件合法性的审核,对制定主体、程序、有关内容等是否符合法律法规和规章的规定,及时进行合法性审核;行政规范性文件应向社会发布,未经公布的行政规范性文件不得作为行政管理依据。

对于投资协议签署时已经公布生效的规范性文件,投资协议一般不会因其约定违反该等规范性文件而无效。如果规范性文件设定的义务被转换为投资协议项下的约定,投资人违反投资协议的约定则应承担违约责任。但是,如果相关义务没有被转换为投资协议项下的约定,政府主管部门无权在投资协议的约定外基于该等规范性文件对投资人进行行政处罚。《行政处罚法》第 16 条规定:"除法律、法规、规章外,其他规范性文件不得设定行政处罚。"即便如此,为保证投资协议在签署后能够得到顺利履行,特别是与投资项目相关的行政许可可以顺利取得,投资人应履行投资协议的约定,遵守协议签署时有效的法律法规、规章和规范性文件。

如果投资协议签署后颁布或修订的法律法规或规章与投资协议冲突,除非法律法规或规章有特别规定,否则投资协议的约定应继续有效。《立法法》第 104 条规定:"法律、行政法规、地方性法规、自治条例和单行条例、规章不溯及既往,但为了更好地保护公民、法人和其他组织的权利和利益而作的特别规定除外。"《行政处罚法》第 37 条也规定:"实施行政处罚,适用违法行为发生时的法律、法规、规章的规定。但是,作出行政处罚决定时,法律、法规、规章已被修改或者废止,且新的规定处罚较轻或者不认为是违法的,适用新的规定。"同样的逻辑应适用于规范性文件,即参照《立法法》《行政处罚法》有关法律法规和规章追溯力的规定,规范性文件不应有追溯力,政府主管部门不应基于投资协议签署后发布或修订的规范性文件单方变更投资协议的约定。

投资协议属于行政协议,同时具备行政性和合同性。不同于一般的具体行政行为,行政协议的合同性说明,行政协议只有在双方当事人通过协商达成合意时方可成立,行政相对人对于是否订立行政协议以及协议的条款拥有一定的选择权;而一般的行政行为只需行政主体一方作出决定就可形成。行政协议的合同性也要求行政主体和行政相对人都应按照约定履行行政协议项下的义务,任何一方不得任意变更或解除行政协议,包括政府主管部门不得基于投资协议签署后发布或修订的规范性文件单方变更或解除投资协议。在“湖北草本工房饮料有限公司与荆州经济技术开发区管理委员会、荆州市人民政府行政合同纠纷再审案”中,最高人民法院认为:行政机关既然选择以缔结行政协议的方式“替代”单方行政行为,则应于缔结协议后,切实避免再以单方行政行为径令协议相对方无条件接受权利义务变动。如果出尔反尔,不仅显失公平,亦违背双方当初以行政协议而不是单方行政行为来形塑当事人之间法律关系的合意基础。[1] 在“遂宁市安居区人民政府、洪某某、遂宁鸿润房地产开发有限公司与遂宁帝豪投资有限公司、遂宁龙诚投资有限公司、遂宁荣誉投资有限公司合同纠纷案”中,最高人民法院认为,国土部门违反约定不交付土地在先,土地规划调整在后,且案涉土地规划变更属于协议当事人一方的行政行为,不属于非因当事人原因发生的客观情况变化,故不构成情势变更。当事人应当重诺守信,严守契约。即使案涉国有土地使用权因规划变更需征收或收回等,也应依据法律和行政法规规定办理。当地政府以规划变更为由不履行土地交付义务并请求解除投资协议已履行部分,缺乏正当理据。[2] 在“重庆融豪投资(集团)有限公司与泸州市江阳区人民政府、泸州市江阳区江南轻工业集中发展区管理委员会合同纠纷案”中,重庆市高级人民法院认为:投资协议没有关于协议解除的约定的,应当依据合同法有关法定解除条件予以审查。地方政府以投资协议违反国务院办公厅和四川省人民政府的文件精神主张解除投资协议,但所依据的文件并非法律、行政法规,且不能证明有关文件对所涉投资协议明令禁止,因此当地人民政府关于终止履行投资协议等事宜的函不产生解除合同的效力,相关投资协议应继续履行。[3]

但是,作为一种例外,政府主管部门因国家利益、社会公共利益需要有权依照法定权限和程序改变投资协议的约定,但应根据实际情况给予投资人补偿。《外商

---

〔1〕 参见最高人民法院行政裁定书,(2017)最高法行申 3564 号。

〔2〕 参见最高人民法院民事判决书,(2019)最高法民终 1902 号。

〔3〕 参见重庆市高级人民法院民事判决书,(2014)渝高法民初字第 00070 号。

投资法》第25条规定："地方各级人民政府及其有关部门应当履行向外国投资者、外商投资企业依法作出的政策承诺以及依法订立的各类合同。因国家利益、社会公共利益需要改变政策承诺、合同约定的，应当依照法定权限和程序进行，并依法对外国投资者、外商投资企业因此受到的损失予以补偿。"《行政许可法》第8条规定："公民、法人或者其他组织依法取得的行政许可受法律保护，行政机关不得擅自改变已经生效的行政许可。行政许可所依据的法律、法规、规章修改或者废止，或者准予行政许可所依据的客观情况发生重大变化的，为了公共利益的需要，行政机关可以依法变更或者撤回已经生效的行政许可。由此给公民、法人或者其他组织造成财产损失的，行政机关应当依法给予补偿。"根据国家利益、社会公共利益高于个体利益的原则，在两种利益冲突时，政府主管部门有权为了国家利益或社会公共利益改变规范性文件中的政策承诺、投资协议的约定，甚至变更或者撤回行政许可。在上述"湖北草本工房饮料有限公司与荆州经济技术开发区管理委员会、荆州市人民政府行政合同纠纷再审案"中，最高人民法院认为：基于行政协议和行政管理的公共利益目的，应当赋予行政机关一定的单方变更权或解除权，但这种行政优益权的行使，通常须受到严格限制。首先，必须是为了防止或除去对于公共利益的重大危害；其次，当作出单方调整或者单方解除时，应当对公共利益的具体情形作出释明；再次，单方调整须符合比例原则，将由此带来的副作用降到最低；最后，应当对相对人由此造成的损失依法或者依约给予相应补偿。尤为关键的是，行政优益权是行政机关在《民法典》的框架之外作出的单方处置，也就是说，行政协议本来能够依照约定继续履行，只是出于公共利益考虑才人为地予以变更或解除。如果是因为相对方违约致使合同目的不能实现，行政机关完全可以依照《民法典》的规定或者合同的约定采取相应的措施，尚无行使行政优益权的必要。

第二节　外商投资负面清单和外商投资的特殊模式

一、外商投资负面清单

禁止或限制外国投资者在特定领域投资的负面清单制度（以下简称负面清单

制度)是国际上普遍采用的外商投资管理措施。负面清单制度通过否定性列表的方式列明禁止或限制外国投资者投资的特定领域,以保护本国的敏感产业及国家利益。《外商投资法》对我国的负面清单制度进行了总体规定。根据《外商投资法》的规定,我国对外商投资实行准入前国民待遇加负面清单管理制度。准入前国民待遇是指在投资准入阶段给予外国投资者及其投资不低于本国投资者及其投资的待遇。负面清单,是指国家在特定领域对外商投资实施的准入特别管理措施,即负面清单禁止投资的领域,外国投资者不得投资;负面清单限制投资的领域,外国投资者投资应当符合负面清单规定的条件。[1]《外商投资法实施条例》进一步规定由国家发改委和商务部提出负面清单,报国务院发布或者报国务院批准后由国家发改委和商务部发布。[2]

(一)负面清单的历史沿革及不同类型

负面清单并非《外商投资法》的首创。我国的负面清单制度始于 1995 年 6 月 20 日发布的《指导外商投资方向暂行规定》。《指导外商投资方向暂行规定》将外商投资项目分为鼓励、允许、限制和禁止四类。其中,鼓励类、限制类和禁止类的外商投资项目列入国家有关部门定期编制并适时修订的《外商投资产业指导目录》;不属于鼓励类、限制类和禁止类的外商投资项目为允许类外商投资项目,该等允许类项目不列入《外商投资产业指导目录》。国务院于 2002 年 2 月 11 日颁布的《指导外商投资方向规定》在《指导外商投资方向暂行规定》的基础上进一步明确,《外商投资产业指导目录》由国家发展计划委员会(已改组为国家发改委)、国家经济贸易委员会和对外贸易经济合作部(相关职能已并入商务部)会同国务院有关部门制订,经国务院批准后公布。《外商投资产业指导目录》自 1995 年首次颁布后,截至 2017 年共进行了 7 次修订。

---

〔1〕 参见《外商投资法》第 4 条、第 28 条。

〔2〕《外商投资法实施条例》第 4 条规定:"外商投资准入负面清单(以下简称负面清单)由国务院投资主管部门会同国务院商务主管部门等有关部门提出,报国务院发布或者报国务院批准后由国务院投资主管部门、商务主管部门发布。国家根据进一步扩大对外开放和经济社会发展需要,适时调整负面清单。调整负面清单的程序,适用前款规定。"

根据全国人大常务委员会和国务院的授权，上海市人民政府于2013年9月29日颁布的《中国（上海）自由贸易试验区管理办法》和《中国（上海）自由贸易试验区外商投资准入特别管理措施（负面清单）（2013年）》提出了“外商投资准入特别管理措施（负面清单）”，并在自贸区开展负面清单先行先试。在此之后，国家发改委和商务部于2017年6月28日发布了《外商投资产业指导目录》（2017年修订），将目录中的“限制外商投资产业目录”和“禁止外商投资产业目录”合并为“外商投资准入特别管理措施（外商投资准入负面清单）”，并在全国范围内实施。2018年6月28日，国家发改委和商务部单独发布了《外商投资准入特别管理措施（负面清单）（2018年版）》（以下简称《2018年负面清单》）。自此，全国范围适用的负面清单（以下简称全国版负面清单）作为单独的文件进行发布和修订，不再作为《外商投资产业指导目录》的组成部分。在《2018年负面清单》发布后，国家发改委和商务部每年均对负面清单进行了修订，现行有效的全国版负面清单为国家发改委和商务部于2021年12月27日发布的《外商投资准入特别管理措施（负面清单）（2021年版）》（以下简称《2021年全国版负面清单》）。

除上述全国版负面清单外，我国还颁布了适用于特定区域的负面清单，包括自由贸易试验区负面清单（以下简称自贸区负面清单）和海南自由贸易港负面清单（以下简称自贸港负面清单）。国务院办公厅于2015年5月8日首次印发了自贸区负面清单，并于2017年对自贸区负面清单进行了修订。自2018年起，国家发改委和商务部对自贸区负面清单逐年进行修订，现行有效的自贸区负面清单为国家发改委和商务部于2021年12月27日发布的《自由贸易试验区外商投资准入特别管理措施（负面清单）（2021年版）》（以下简称《2021年自贸区负面清单》）。同时，为支持海南自由贸易港的建设和发展，国家发改委和商务部于2020年12月31日发布了适用于海南自由贸易港的《海南自由贸易港外商投资准入特别管理措施（负面清单）（2020年版）》（以下简称《2020年自贸港负面清单》）。依据特别法优于普通法的原则，在自贸区和自贸港内的外商投资应优先适用自贸区和自贸港负面清单，在自贸区和自贸港之外开展的外商投资则适用全国版负面清单。

（二）负面清单的内容

从限制和禁止的投资领域来看，为扩大对外开放和进一步落实《外商投资法》，负面清单的内容整体上呈逐年缩减的趋势。相较2017年修订的全国版负面清单和自贸区负面清单，《2021年全国版负面清单》和《2021年自贸区负面清单》分别由63条和95条[1]缩减至31条和27条。具体而言，2021年版全国版负面清单对农、林、牧、渔业、采矿业、制造业等共12个行业的31个领域采取了特别管理措施，而2021年版自贸区负面清单对农、林、牧、渔业、采矿业、电力、热力、燃气及水生产和供应业等共11个行业的27个领域采取了特别管理措施，实现了对制造业条目的清零。

从限制措施来看，除禁止外国投资者投资的领域外，负面清单主要从持股比例和高级管理人员的聘任两个方面对限制类投资领域的外商投资进行规范。全国版负面清单以及自贸区和自贸港负面清单在持股比例、高管要求等外商投资准入方面的管理措施大体一致。总体而言，作为全国开放措施的先行试点，自贸区和自贸港负面清单针对外国投资者的特别管理措施相对较少，管制程度更为宽松。例如，就限制类而言，全国版负面清单将出版物印刷行业列为限制投资领域，而自贸区和自贸港负面清单未加规定；就禁止类而言，全国版负面清单将电影制作公司、发行公司、院线及电影引进行业列为禁止投资领域，而自贸区负面清单在经批准的前提下允许中外企业合作拍摄电影。此外，自贸区和自贸港在负面清单之外往往还有其他领域的外资准入开放性政策，以建立和发挥自贸区独特的竞争优势。例如，中国（上海）自由贸易试验区及其临港新片区持续探索跨境服务贸易、跨境人民币结算、跨境资金管理和外汇管理等领域的改革试点，放宽金融机构外资持股比例和业务经营范围，降低区内企业开展跨境资金池业务的门槛，以加快上海国际金融中心

---

[1] 因自贸区负面清单规定更为细致，所以自贸区负面清单的条目数比全国版负面清单的条目数更多。例如，全国版负面清单仅通过1条规定禁止外国投资者从事中国法律事务咨询（提供有关中国法律环境影响的信息除外），但自贸区负面清单通过3条规定，对外国律师事务所以代表机构的方式进入中国、禁止从事中国法律事务、外国律师事务所驻华代表机构不得聘用中国执业律师等事项作出了具体规定。

的建设。[1]

除对实施特别管理措施的领域进行专门规定外,负面清单还对如何适用负面清单进行了规定。例如,鉴于合伙企业(尤其是有限合伙企业)组织结构的特殊性,合伙企业的个别合伙人有条件以较低的出资比例控制合伙企业。为避免外国投资者利用合伙企业规避负面清单对外商投资的持股比例的限制,《2021 年全国版负面清单》明确规定,外国投资者投资有股权要求的领域,不得设立外商投资合伙企业。对于境内投资者通过其在境外合法设立或控制的公司并购与其有关联关系的境内公司,2021 年全国版和自贸区负面清单均规定应当按照外商投资等规定办理,但又同时规定,经国务院有关主管部门审核并报国务院批准,特定外商投资可以不适用负面清单中相关领域的规定。这一规定为中国投资者在负面清单规定的投资领域中利用其境外投资的实体在境内进行投资(返程投资)或通过 VIE 架构在境内进行投资留出空间。有关 VIE 架构的讨论,详见本节第二部分。

此外,2021 年全国版负面清单和自贸区负面清单增加了从事外资准入负面清单禁止投资领域业务的境内企业到境外发行股份并上市交易的,应当经国家有关主管部门审核同意,境外投资者不得参与企业经营管理,其持股比例参照境外投资者境内证券投资管理有关规定执行的新条款,这为从事负面清单禁止投资领域业务的境内企业到境外上市提供了政策空间。根据《国家发改委有关负责人就 2021 年版外商投资准入负面清单答记者问》的相关介绍[2],前述措施是“提高外资准入负面清单管理精准度、包容性的一项具体举措。同时,明确该类企业赴境外上市需要满足外资不参与企业经营管理和股比符合规定两个条件,体现了统筹发展和安全的要求。区分存量和增量,对于个别存量境外上市企业已突破外资持股比例的

[1] 参见《进一步推进中国(上海)自由贸易试验区金融开放创新试点、加快上海国际金融中心建设方案》、《进一步推进中国(上海)自由贸易试验区外汇管理改革试点实施细则(4.0 版)》(上海汇发〔2019〕62 号)、《关于进一步加快推进上海国际金融中心建设和金融支持长三角一体化发展的意见》(银发〔2020〕46 号)、《中国(上海)自由贸易试验区临港新片区管理办法》(上海市人民政府令第 19 号)、《中国(上海)自由贸易试验区临港新片区总体方案》(国发〔2019〕15 号)。

[2] 《扩大高水平对外开放　推动经济高质量发展——国家发展改革委有关负责人就 2021 年版外商投资准入负面清单答记者问》,载中央人民政府网,https://www.gov.cn/zhengce/2021-12/28/content_5664882.htm。

情况,不要求调减境外已发行股份或外资已持有 A 股份额”。前述答记者问进一步明确:上述条款中“应当经国家有关主管部门审核同意”系指审核同意境内企业赴境外上市不适用负面清单禁止性规定,而不是指审核境内企业赴境外上市的活动本身;“境外投资者境内证券投资管理有关规定”,系指“境外投资者通过合格境外机构投资者(QFII)、人民币合格境外机构投资者(RQFII)、股票市场互联互通机制等投资境内证券市场相关规定”;现行规定要求单个境外投资者及其关联人投资比例不超过公司股份总数的 10%,所有境外投资者及其关联人投资比例合计不超过公司股份总数的 30%;对于从事负面清单禁止领域业务的在境内外同时上市的企业,境外投资者持有同一企业的境内外上市股份应合并计算。

(三)负面清单制度中的行政监管

如本章第一节所述,我国外商投资管理制度主要经历了从事前审批到以负面清单为基础的备案,再到外商投资信息报告三个不同阶段。其中,在事前审批阶段,外商投资企业的设立、变更或解散,均需取得外商投资主管部门的事前批准;在以负面清单为基础的备案阶段,除涉及负面清单的外商投资企业的设立、变更或解散仍需取得外商投资主管部门的事前批准外,其他外商投资企业的设立、变更或解散仅需向外商投资主管部门备案。《外商投资法》实施后,国家不再通过商务主管部门监督和审批负面清单限制类或禁止类外商投资,而是通过市场监督管理部门和行业主管部门在履行各自职责的每个环节对外商投资遵守负面清单的情况进行监管。根据《外商投资法实施条例》的规定,有关主管部门在依法履行职责过程中,对外国投资者拟投资负面清单内领域,但不符合负面清单规定的,不予办理许可、企业登记注册等相关事项;涉及固定资产投资项目核准的,不予办理相关核准事项;如外国投资者的投资活动违反负面清单的,则由相关主管部门根据《外商投资法》的相关规定予以处理。[1] 具体而言,有关负面清单的监管至少涉及下列几个政府主管部门:

第一,就外商投资的投资项目而言,与内资企业的投资项目相同,外商投资企

[1] 参见《外商投资法》第 36 条和《外商投资法实施条例》第 34 条。

业的投资项目应根据中国法律的规定办理核准或备案。[1] 我国此前长期对企业投资项目实行审批制。国务院于2004年7月16日发布了《国务院关于投资体制改革的决定》,改革过去实行的企业投资一律按投资规模大小分别由各级政府及有关部门审批的企业投资管理办法,对于企业不使用政府投资建设的项目,一律不再实行审批制,并根据不同情况分别实行核准制和备案制。政府仅对重大项目和限制类项目从维护社会公共利益角度进行核准,其他项目无论规模大小,均改为备案制。投资项目的市场前景、经济效益、资金来源和产品技术方案等均由企业自主决策、自担风险。根据国务院于2016年11月30日颁布的《企业投资项目核准和备案管理条例》,对于企业在中国境内投资建设的固定资产投资项目中关系国家安全、涉及全国重大生产力布局、战略性资源开发和重大公共利益等的投资项目,实行核准管理;对于其他投资项目实行备案管理。企业应当在投资项目开工建设前办理核准手续,或将投资相关信息告知备案机关。实践中,根据各地政府主管部门的分工不同,企业通常向当地发展和改革部门或工业和信息化部门办理投资项目的核准或备案手续。相关政府主管部门在办理外商投资项目的核准和备案时有权对违反负面清单的外商投资不予办理相关核准和备案。

第二,就外商投资企业的设立登记和变更登记而言,如果外商投资违反负面清单的规定,市场监督管理部门有权拒绝企业办理登记注册的申请,并对负面清单规定的执行情况进行监督检查。根据《市场监管总局关于贯彻落实〈外商投资法〉做好外商投资企业登记注册工作的通知》(国市监注〔2019〕247号)的规定,在申请外商投资企业设立或者变更登记时,投资人应当承诺是否符合负面清单的要求,并根据实际情况如实勾选涉及负面清单的行业领域。法律、行政法规规定企业设立、变更、注销登记前须经行业主管部门许可的,还应当向登记机关提交有关批准文件。外国投资者或者外商投资企业投资负面清单内对出资比例、法定代表人(主要负责人)国籍等有限制性规定的领域,对于符合准入特别管理措施规定条件的,依法予以登记注册;行业主管部门在登记注册前已经依法核准相关涉企经营许可事项的,

〔1〕《外商投资法》第29条规定:“外商投资需要办理投资项目核准、备案的,按照国家有关规定执行。”

登记机关无须就是否符合准入特别管理措施规定条件进行重复审查。外国投资者或者外商投资企业在负面清单禁止投资的领域投资的，不予登记注册。

第三，对于必须申请行政许可的外商投资企业，如果外商投资违反负面清单的规定，行业主管部门同样有权拒绝企业的申请，并对负面清单规定的执行情况进行监督检查。例如，就负面清单有关经营增值电信业务的企业的外资股比不得超过50%的规定而言，在企业申请办理增值电信业务时，工业和信息化部门应要求申请人提供追溯到任何一级股东是否包含外资成分的说明和证明材料。[1]

除了专门适用于外商投资的负面清单外，依据内外资一致原则，外商投资企业还需要遵守国家发改委和商务部发布的适用于我国所有市场主体的市场准入负面清单。国家发改委和商务部2022年3月12日发布的《市场准入负面清单（2022年版）》（发改体改规〔2022〕397号）分为禁止和许可两类事项。对禁止准入事项，市场主体不得进入，行政机关不予审批、核准，不得办理有关手续；对许可准入事项，包括有关资格的要求和程序、技术标准和许可要求等，或由市场主体提出申请，行政机关依法依规作出是否予以准入的决定，或由市场主体依照政府规定的准入条件和准入方式合规进入；对市场准入负面清单以外的行业、领域、业务等，各类市场主体皆可依法平等进入。《市场准入负面清单（2022年版）》列有禁止准入事项6项，许可准入事项111项，共计117项。

（四）违反负面清单的法律后果

《外商投资法》第36条规定，外国投资者投资外商投资准入负面清单禁止投资的领域的，由有关主管部门责令停止投资活动，限期处分股份、资产或者采取其他必要措施，恢复到实施投资前的状态，并没收违法所得；外国投资者的投资活动违反外商投资准入负面清单规定的限制性准入特别管理措施的，由有关主管部门责令限期改正，采取必要措施满足准入特别管理措施的要求，逾期不改正的，依照法律关于违反禁止投资的处罚规定处理。

---

〔1〕　参见工业和信息化部信息通信管理局于2023年4月20日发布的《电信业务经营许可审批服务指南》。

违反负面清单的投资活动也影响外商投资合同的效力。根据《外商投资法司法解释》的规定,"投资合同"是指外国投资者因直接或者间接在中国境内进行投资而形成的相关协议,包括设立外商投资企业合同、股份转让合同、股权转让合同、财产份额或者其他类似权益转让合同、新建项目合同等协议。[1]《外商投资法司法解释》对违反负面清单的投资合同的效力作了明确规定:首先,负面清单之外的投资合同,以有效性为原则,当事人以合同未经有关行政主管部门批准、登记为由主张合同无效或者未生效的,人民法院不予支持。其次,负面清单之内的投资合同,如果违反禁止性规定的,一律无效;如果违反限制性规定的,也应该无效,但当事人在生效裁判前采取适当补救措施满足负面清单要求的,合同应合法有效。最后,在时间效力上适用从新原则,因负面清单调整使得外商投资范围不再属于负面清单的,可作为合同有效性的理由。[2]

二、外商投资的特殊模式

实践中,外国投资者可能试图通过变通的投资模式规避负面清单的限制,包括通过非投资类外商投资企业进行股权投资、通过股权代持的方式或协议控制(VIE)方式进行股权投资。本节将重点讨论这三种方式的可行性以及可能存在的法律风险。

(一)非投资类外商投资企业的股权投资

非投资类外商投资企业的对外投资主要包括两种方式,即或用其经营所得或用其注册资本金进行投资。我国长期对外商投资企业在中国境内的股权投资进行严格限制。一方面,外商投资企业的外汇资本金原则上应在企业经营范围内使用,不得用于境内股权投资;另一方面,根据原对外贸易经济合作部和原国家工商总局2000年7月25日发布的《关于外商投资企业境内投资的暂行规定》,进行股权投资的外商投资企业应同时符合下列三个条件,即注册资本已缴清、开始盈利且用于股

[1] 参见《外商投资法司法解释》第1条。

[2] 参见《外商投资法司法解释》第2~5条。

权投资的累计投资额不得超过自身净资产的50%。后来,随着我国改革开放的进一步深入,国家放宽对非投资类外商投资企业的股权投资限制。国家外汇管理局2019年10月23日颁布并实施的《关于进一步促进跨境贸易投资便利化的通知》(汇发〔2019〕28号)(以下简称汇发〔2019〕28号文)允许非投资类外商投资企业使用外汇资本金进行境内股权投资。根据该文件的规定,外国投资者如通过其在境内设立的外商投资企业从事股权投资,可在遵守相关法律法规的前提下,选择设立非投资类外商投资企业,将非投资类外商投资企业的外汇资本金用于境内股权投资,而不再需要专门设立投资类外商投资企业。不过,如果非投资类外商投资企业以外汇资本金原币或外汇资本金结汇所得人民币进行境内股权投资,相关资金需进入相关外汇账户,资金用途仍应受限于外汇资金用途的相关规定。[1] 具体而言,根据汇发〔2019〕28号文和《资本项目外汇业务指引(2020年版)》(汇综发〔2020〕89号)的规定,非投资类外商投资企业以外汇或外汇资本金结汇所得人民币支付对价(包括出资款或收购价款)的,被投资企业或作为机构的卖方应按规定办理接收境内再投资登记并开立外汇资本金账户或结汇待支付账户用于接收对价;被投资企业或机构卖方原则上仅可在经营范围和许可的范围内遵循真实、自用的原则使用前述外汇资本金账户内的外汇资金或结汇待支付账户内的人民币资金。但作为自然人的卖方接收非投资类外商投资企业支付的股权转让价款的,无须开立资本金账户或结汇待支付账户,非投资类外商投资企业可使用外汇资本金结汇所得人民币直接支付股权转让价款。[2] 根据中国人民银行、国家发改委、商务部、国务院国资委、原中国银保监会、国家外汇管理局2020年12月31日联合发布的《关于进一步优化跨境人民币政策　支持稳外贸稳外资的通知》(银发〔2020〕330号),自2021年2月4日起:(1)放宽对部分资本项目人民币收入使用限制。境内机构资本

〔1〕 参见汇发〔2019〕28号文第2条第2款。

〔2〕 国家外汇管理局综合司2020年11月13日发布的《资本项目外汇业务指引(2020年版)》第6.3条规定:境内机构接收投资性外商投资企业(包括外商投资性公司、外商投资创业投资企业和外商投资股权投资企业)的人民币形式(指直接结汇所得或结汇待支付账户内的人民币资金)的再投资资金或股权转让对价,无须办理接收境内再投资基本信息登记或开立外汇资本金账户,相关投资款项可直接划入被投资主体或接收股权转让对价的境内主体的人民币账户。

项目人民币收入(包括外商直接投资资本金、跨境融资及境外上市募集资金调回)在符合下列规定的情形下,在国家有关部门批准的经营范围内使用:不得直接或间接用于企业经营范围之外或国家法律法规禁止的支出;除另有明确规定外,不得直接或间接用于证券投资;除经营范围中有明确许可的情形外,不得用于向非关联企业发放贷款;不得用于建设、购买非自用房地产(房地产企业除外)。(2)便利外商投资企业境内再投资。非投资类外商投资企业在符合现行规定且境内所投资项目真实、合规的前提下,可以依法以人民币资本金进行境内再投资。外商投资企业使用资本项目人民币收入开展境内再投资,被投资企业无须开立人民币资本金专用存款账户,资金使用须遵守上述第一项的规定。因此,相比投资类外商投资企业,非投资类外商投资企业以外汇资本金进行境内股权投资的,在外汇使用层面仍受到一定限制。

严格来说,非投资类外商投资企业在中国境内通过股权投资设立或收购的企业(外商再投资企业)不属于外商投资企业,但其在中国境内的股权投资行为仍然应该遵守负面清单的规定。在《外商投资法》颁布前,原对外贸易经济合作部和原国家工商总局于2000年7月25日发布,并由商务部2015年10月28日修改的《关于外商投资企业境内投资的暂行规定》所规范的"外商投资企业境内投资"是指在中国境内依法设立,采取有限责任公司形式的中外合资经营企业、中外合作经营企业和外资企业以及外商投资股份有限公司,以本企业的名义,在中国境内投资设立企业或购买其他企业投资者股权的行为。[1]《关于外商投资企业境内投资的暂行规定》第3条规定:"外商投资企业境内投资,应遵守国家法律、法规。外商投资企业境内投资比照执行《指导外商投资方向暂行规定》和《外商投资产业指导目录》的规定。外商投资企业不得在禁止外商投资的领域投资。"《关于外商投资企业境内投资的暂行规定》第8条至第10条进一步规定,外商投资企业在限制类领域投资设立公司,应向省级商务主管部门提出申请,在审批机关作出同意批复后,外商投资企业方可向公司登记机关申请设立登记。虽然《外商投资法》不再要求对涉及负面清单的外商投资进行事前审批,但《外商投资法实施条例》第47条明确规定:"外商投资企

〔1〕 参见《关于外商投资企业境内投资的暂行规定》第2条。

业在中国境内投资,适用外商投资法和本条例的有关规定。”因此,外商投资企业再投资作为外商投资的一种形式,同样应当遵守《外商投资法》关于负面清单的相关规定。

值得注意的是,在《外商投资法》颁布前,由于不同政府主管部门之间的信息共享未必及时,实践中,政府主管部门对于外商投资企业或外商再投资企业的股权投资是否遵守负面清单的规定可能难以及时监管。比如,市场监督管理部门将外商投资企业投资设立的境内企业按照内资企业进行管理;商务主管部门主要管理三资企业的设立及变更,外商再投资企业并不必然在其管理范围内;外汇管理部门则从外汇管理的角度进行监管,外商投资企业的再投资如果不涉及外汇及其结汇资金的使用(如外商投资企业利用经营所得进行再投资),则不属于外汇管理部门的管理范围。在此情形下,如果相关行业主管部门不能基于实质重于形式的原则通过穿透对外商再投资企业的设立和经营所需的资质证照进行严格监管,那么部分外国投资者可能通过外商投资企业或外商再投资企业规避负面清单中的规定。在《外商投资法》实施后,外国投资者无论是通过投资类外商投资企业进行的投资,还是通过非投资类外商投资企业进行的投资,其投资行为均应按照规定报告。《外商投资信息报告办法》第28条规定:“外商投资企业在中国境内投资(含多层次投资)设立企业的,在向市场监管部门办理登记备案、报送年报信息后,相关信息由市场监管部门推送至商务主管部门,上述企业无需另行报送。”商务部办公厅和市场监管总局办公厅2020年6月30日发布的《关于进一步完善外商投资信息报告制度 加强和完善事中事后监管工作的通知》将外商投资企业的多层次投资信息正式纳入政府主管部门的监管范围。该通知要求“各地商务主管部门统筹负责本地外商投资信息报告工作,接收初始、变更、注销报告信息,并对外国投资者、外商投资企业遵守《外商投资信息报告办法》规定履行信息报告义务的情况开展监督检查”。因此,有理由相信,在取消外商投资的审批和备案要求后,国家将进一步完善对外商投资的事后监管,外国投资者通过外商投资企业进行多层次投资的方式规避负面清单将更加困难。

(二)股权代持

这里所说的股权代持是指外国投资者与境内企业或自然人(以下简称代持人)签署代持协议,以代持人的名义在中国境内进行股权投资,代持人以其自身名义持有境内企业的股权(代持股权),按照外国投资者的要求行使股东权利,与代持股权有关的一切收益、支出和损失均由外国投资者承担。

关于代持协议的效力问题,根据《公司法司法解释(三)》第 24 条第 1 款和《外商投资企业规定(一)》第 15 条第 1 款的规定,如果不存在法律规定的合同无效情形,代持协议应属有效。[1] 例如,根据上海市第一中级人民法院发布的新闻,该院于 2020 年 5 月 14 日对《外商投资法》施行后全国首例"境外自然人要求确认股东资格案"公开宣判。根据相关新闻报道,为规避原《中外合资经营企业法》对外方与中方自然人设立中外合资企业的限制,外国投资者委托境内自然人代持股权。该院在二审中认定外国投资者系境内公司的隐名股东,被投资企业不涉及负面清单规定的禁止或限制投资领域,当事人之间的股权代持合同也不存在法律规定的其他无效情形,因此支持外国投资者有权依据合同约定取回股权。[2] 鉴于我国对外商投资实行准入前国民待遇加负面清单管理制度,该案一审法院在诉讼期间特别就此致函有关行政管理机关,行政管理机关复函确认,被投资公司所从事的领域不属于负面清单的范围,将被投资公司变更为外商投资企业的备案手续不存在法律障碍。

对于代持协议在涉及负面清单规定的禁止或限制投资领域情形下的效力问题,在《外商投资法》颁布以前,有观点认为违反负面清单的规定未必导致合同无效。例如,在"长沙亚兴置业发展有限公司与北京师大安博教育科技有限责任公司合同纠纷案"中,长沙亚兴置业发展有限公司(以下简称亚兴公司)与外国投资者协议控制的北京师大安博教育科技有限责任公司(以下简称安博公司)签署了一份《合作框架协议》,由亚兴公司向安博公司转让设立在长沙市的一家学校和一家幼儿园的教学举办权、经营收益权、经营处置权、无形资产等权益,亚兴公司主张前述

---

〔1〕《公司法司法解释(三)》第 24 条第 1 款规定:"有限责任公司的实际出资人与名义出资人订立合同,约定由实际出资人出资并享有投资权益,以名义出资人为名义股东,实际出资人与名义股东对该合同效力发生争议的,如无法律规定的无效情形,人民法院应当认定该合同有效。"《外商投资纠纷规定(一)》第 15 条第 1 款规定:"合同约定一方实际投资、另一方作为外商投资企业名义股东,不具有法律、行政法规规定的无效情形的,人民法院应认定该合同有效。一方当事人仅以未经外商投资企业审批机关批准为由主张该合同无效或者未生效的,人民法院不予支持。"

〔2〕参见《二审宣判!〈外商投资法〉施行后全国首例境外自然人要求确认股东资格案判决结果来了》,载中国长安网,http://www.chinapeace.gov.cn/chinapeace/c100045/2020-05/16/content_12349205.shtml。

《合作框架协议》因违反《外商投资产业指导目录》《商务部实施外国投资者并购境内企业安全审查制度的规定》而无效。最高人民法院认为《外商投资产业指导目录》及《商务部实施外国投资者并购境内企业安全审查制度的规定》系部门规章，而非法律和行政法规，不能作为认定合同无效的依据。[1] 根据《九民纪要》第 31 条的规定，如果负面清单涉及金融安全、市场秩序、国家宏观政策等公序良俗的，违反负面清单的规定仍可能导致合同无效。[2] 笔者认为，有关违反负面清单的代持协议的效力问题在《外商投资法》实施后应当不再存在争议。外国投资者通过代持人实际享受股东权利并履行股东义务，外国投资者以股权代持方式在中国境内的投资应当同样被认定为外商投资，并应同样遵守负面清单的限制。代持协议属于外国投资者在中国境内进行投资而形成的相关协议，属于《外商投资法司法解释》项下的“投资合同”。[3] 根据《外商投资法司法解释》的规定，如代持协议涉及负面清单规定的禁止或限制的领域，则代持协议应属无效。[4]

在代持协议因违反负面清单被认定无效的情形下，外国投资者除应根据《外商投资法》第 36 条的规定承担相应的行政责任外，对其投资款以及投资损益的权利则因届时股权价值是否高于实际投资额而不同。具体而言：(1) 如果名义股东持有的股权价值高于实际投资额，实际投资者请求名义股东向其返还投资款并根据其实际投资情况以及名义股东参与外商投资企业经营管理的情况对股权收益在双方之间进行合理分配的，人民法院应予支持。外商投资企业名义股东明确表示放弃

---

〔1〕 参见最高人民法院民事判决书，(2015)民二终字第 117 号。

〔2〕《九民纪要》第 31 条规定：“违反规章一般情况下不影响合同效力，但该规章的内容涉及金融安全、市场秩序、国家宏观政策等公序良俗的，应当认定合同无效。人民法院在认定规章是否涉及公序良俗时，要在考察规范对象基础上，兼顾监管强度、交易安全保护以及社会影响等方面进行慎重考量，并在裁判文书中进行充分说理。”

〔3〕《外商投资法司法解释》第 1 条第 1 款规定：“本解释所称投资合同，是指外国投资者即外国的自然人、企业或者其他组织因直接或者间接在中国境内进行投资而形成的相关协议，包括设立外商投资企业合同、股份转让合同、股权转让合同、财产份额或者其他类似权益转让合同、新建项目合同等协议。”

〔4〕《外商投资法司法解释》第 3 条规定：“外国投资者投资外商投资准入负面清单规定禁止投资的领域，当事人主张投资合同无效的，人民法院应予支持。”《外商投资法司法解释》第 4 条规定：“外国投资者投资外商投资准入负面清单规定限制投资的领域，当事人以违反限制性准入特别管理措施为由，主张投资合同无效的，人民法院应予支持。人民法院作出生效裁判前，当事人采取必要措施满足准入特别管理措施的要求，当事人主张前款规定的投资合同有效的，应予支持。”

股权或者拒绝继续持有股权的，人民法院可以判令以拍卖、变卖名义股东持有的外商投资企业股权所得向实际投资者返还投资款，其余款项根据实际投资者的实际投资情况、名义股东参与外商投资企业经营管理的情况在双方之间进行合理分配。(2)如果名义股东持有的股权价值低于实际投资额，实际投资者请求名义股东向其返还现有股权的等值价款的，人民法院应予支持；外商投资企业名义股东明确表示放弃股权或者拒绝继续持有股权的，人民法院可以判令以拍卖、变卖名义股东持有的外商投资企业股权所得向实际投资者返还投资款。实际投资者请求名义股东赔偿损失的，人民法院应当根据名义股东对合同无效是否存在过错及过错大小认定其是否承担赔偿责任及具体赔偿数额。[1]

事实上，涉及负面清单禁止或限制投资领域的股权代持不仅存在合同无效和投资人遭受行政处罚的风险，还可能导致被投资企业遭受无法合法取得相关行政许可的风险。严格来说，对于不符合法律规定条件的被投资企业，政府主管部门不应发放行政许可。即使被投资企业通过股权代持的隐蔽方式能够取得行政许可，该等行政许可有可能被随时撤销，被投资企业还可能因欺诈行为而承担相应的法律责任。[2] 例如，虽然增值电信业务属于负面清单中的限制性投资领域，即增值电信业务的外资股比不得超过50%（电子商务、国内多方通信、存储转发类、呼叫中心除外），但《中国加入世界贸易组织议定书》附件9《中华人民共和国服务贸易具体承诺减让表》载明的开放的增值电信业务并不包括互联网数据中心业务（IDC业务）。根据《关于港澳服务提供者在内地开展电信业务有关问题的通告》（工信部通信〔2016〕222号）以及工业和信息化部的相关规定，IDC业务目前仅对港澳投资者开放，且该等港澳投资者还应当具备相应资质。[3] 因此，外国投资者即使间接持有

〔1〕 参见《外商投资企业规定（一）》第18条和第19条。

〔2〕 参见《行政许可法》第69条和第79条。

〔3〕 《关于港澳服务提供者在内地开展电信业务有关问题的通告》（工信部通信〔2016〕222号）第2条规定："允许港澳服务提供者在内地设立合资企业，提供下列增值电信业务，港澳资股权比例不超过50%：……（三）互联网数据中心业务……"工业和信息化部网站的《外商投资电信业务表单》填报说明规定："若外方主要投资者为香港、澳门的，拟按照《内地与香港关于建立更紧密经贸关系的安排》（CEPA）政策，申请WTO尚未承诺开放的业务或者出资比例突破WTO政策时，应同时提交香港工贸署颁发的《香港服务提供者证明书》，澳门亦同。"

被投资企业的股权未超过50%，但如果不属于持有相关资质的港澳投资者，则该被投资企业应该无法取得经营IDC业务必需的《增值电信业务经营许可证》；即使被投资企业通过隐瞒股权代持的事实取得了《增值电信业务经营许可证》，该许可证仍有被吊销的风险。[1] 相较于限制性投资领域而言，外国投资者在禁止性投资领域通过股权代持进行投资的风险应该更大。

除上述涉及负面清单的法律风险外，外国投资者还面临实际出资人在股权代持中的其他共性风险：第一，根据《公司法司法解释（三）》的规定，即便双方当事人同意解除代持关系，将外国投资者变更为代持股权的名义股东，但如未能取得被投资企业其他股东半数以上同意，外国投资者无法显名成为公司股东。[2] 根据上海市第二中级人民法院发布的《2012—2016股权代持纠纷案件审判白皮书》，该院在2012年至2016年受理的97件代持股纠纷案件中，股东资格认定纠纷的案件数量为61件，且主要为隐名股东请求显名的纠纷。第二，外国投资者可以根据约定要求代持人交付从外商投资企业取得的收益，但无权依据代持协议直接向被投资企业请求分配利润或行使包括股东知情权在内的其他股东权利；如果代持人违反代持协议，不按照外国投资者的指示行使股东权利，外国投资者除追究代持人的违约责任外，无法保证其商业目的的实现。[3] 第三，如代持人擅自转让、质押或者以其他方式处分代持股权，第三人有权基于善意取得原则取得股权，外国投资者仅能请求代持人承担损失赔偿责任。[4] 第四，如代持人因自身债务涉诉，代持股权可能被冻结和拍卖，外国投资者无法依据代持协议对抗第三人的权利主张。在“王某某与刘某某、长春中安房地产开发有限公司、詹某某、陈某某案外人执行异议纠纷案”中，最高人民法院认为，对于外部第三人而言，股权登记具有公信力，隐名股东对外不具

---

〔1〕《外商投资电信企业管理规定》（2022年修订）第20条规定：“申请设立外商投资电信企业，提供虚假、伪造的资格证明或者确认文件骗取批准的，批准无效，由国务院工业和信息化主管部门处20万元以上100万元以下的罚款，吊销《电信业务经营许可证》。”

〔2〕《公司法司法解释（三）》第24条第3款规定：“实际出资人未经公司其他股东半数以上同意，请求公司变更股东、签发出资证明书、记载于股东名册、记载于公司章程并办理公司登记机关登记的，人民法院不予支持。”

〔3〕参见《外商投资企业规定（一）》第15条第3款、第16条、第17条。

〔4〕参见《公司法司法解释（三）》第25条。

有公示股东的法律地位，不得以股权代持协议对抗外部债权人对显名股东的正当权利；债权人有权依据公司登记中记载的股权归属向人民法院申请对相关股权的强制执行。[1] 虽然外国投资者可以向代持人主张赔偿损失，但此时代持人可能已不具有偿债能力。

对于以对投资者身份保密为主要目的的股权代持而言，由于2022年3月1日起施行的《中华人民共和国市场主体登记管理条例》第9条规定市场主体的备案信息包括市场主体受益所有人信息，[2] 而根据《市场主体受益所有人信息管理暂行办法（草案公开征求意见稿）》第16条的规定，"受益所有人"是指最终拥有或实际控制市场主体或者享有市场主体最终收益的自然人，股权代持在实践中的作用可能越来越小。

（三）VIE架构

VIE为英文"variable interest entity"的缩写，意思为"可变利益实体"，也称为"协议控制"，其主要架构如图3所示。VIE架构最早为中国控制人出于在境外融资和上市之目的使用。简单来说，中国运营公司的控制人在中国境外和境内搭建至少三层用于融资和税务筹划的公司架构，包括至少两个特殊目的公司SPV1和SPV2，以及通过SPV2在中国境内设立的外商投资企业。SPV1一般为用于境外上市的主体，注册在诸如BVI或开曼群岛等税收优惠、监管宽松的避税港，其目的是方便企业融资和股权重组。根据中国内地和香港特别行政区之间有关避免双重税收的安排，中国内地对香港特别行政区公司源于中国内地的符合规定的股息所得按5%的税率征收预提所得税。[3] 因此，SPV2一般设在香港特别行政区。我国法律目前不以最终控制人的国籍或身份为标准来判断境外资本在中国境内设立企业的内外资属性。虽然SPV2的最终实际控制人为中国公民或企业，但SPV2应被视

[1] 参见最高人民法院民事判决书，(2016)最高法民申3132号。

[2] 《中华人民共和国市场主体登记管理条例实施条例》第7条规定，受益所有人信息管理制度由中国人民银行会同国家市场监督管理总局另行制定。

[3] 中国香港特别行政区公司需持有支付股息公司至少25%股份。参见《内地和香港特别行政区关于对所得避免双重征税和防止偷漏税的安排》第10条第2款。

为外国投资者,其在中国境内设立的独资企业也被视为外商投资企业,应遵守包括外商投资负面清单在内的外商投资管理规定。VIE 架构中的外商投资企业主要通过技术咨询服务、企业管理等服务类协议、技术许可协议、股权质押协议、表决权委托协议、独家购买权协议、借款协议等一系列协议(统称控制协议)向中国运营公司提供资金支持,并控制中国运营公司的业务。另外,外商投资企业也通过咨询服务费和借款利息等形式向境外 SPV 转移中国运营公司的利益,使中国运营公司成为境外 SPV 的可变利益实体。VIE 结构的本质是通过控制协议将境外上市实体在境外融得的资金输送到中国运营公司,同时将中国运营公司的利益转移至境外上市实体。中国控制人不仅同时控制境外 SPV 和中国运营公司,而且保证境外 SPV 在与中国运营公司股权分离的状态下通过协议对中国运营公司进行控制。由于 SPV 的最终实际控制人为中国公民或企业,SPV 在中国境内设立的外商投资企业也同时被视为“返程投资”,即 SPV 的中国控制人的返程投资,因此这种 VIE 结构事实上属于返程投资 VIE 架构。

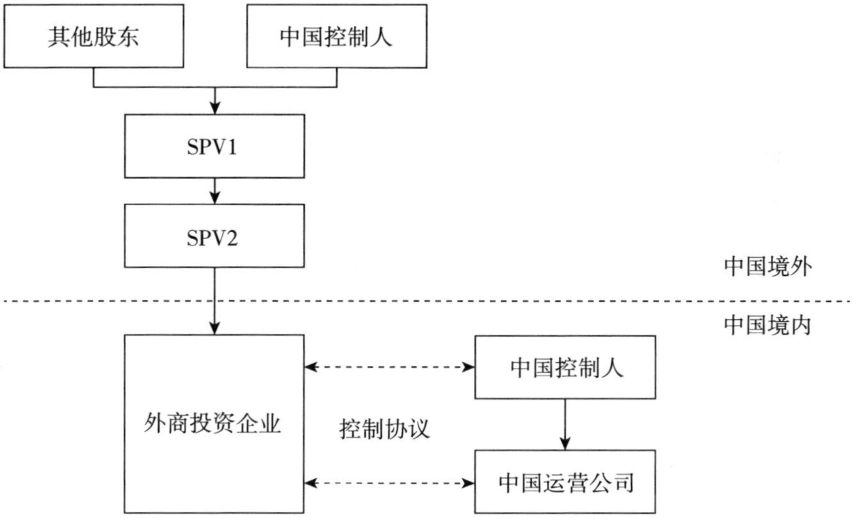

图 3　VIE 架构

除上述返程投资 VIE 架构外,实践中外国投资者可能使用 VIE 架构从事外商投资负面清单限制类或禁止类业务领域的投资(以下简称外商投资 VIE 架构)。如

图4所示，外国投资者通过其指定的中国投资者设立中国运营公司，从事外商投资负面清单限制类或禁止类业务，并同时在中国境内设立外商投资企业。外商投资企业通过控制协议向中国运营公司提供资金支持，控制中国运营公司的业务，并转移中国运营公司的利润。但是，与上述返程投资VIE架构相比，两者的目的不同，返程投资VIE架构是中国控制人为境外融资之目的而设置，而外商投资VIE架构是外国投资者为规避外商投资负面清单的规定而设置。另外，两者的架构虽然非常相似，但两者的实质性区别在于：返程投资VIE架构中的中国控制人同时是境外SPV、外商投资企业和中国运营公司的直接或间接投资人；外商投资VIE架构中的外商投资企业的投资人是外国投资者，中国运营公司的投资人是中国投资者，该中国投资者也可能是外国投资者的股权代持人。

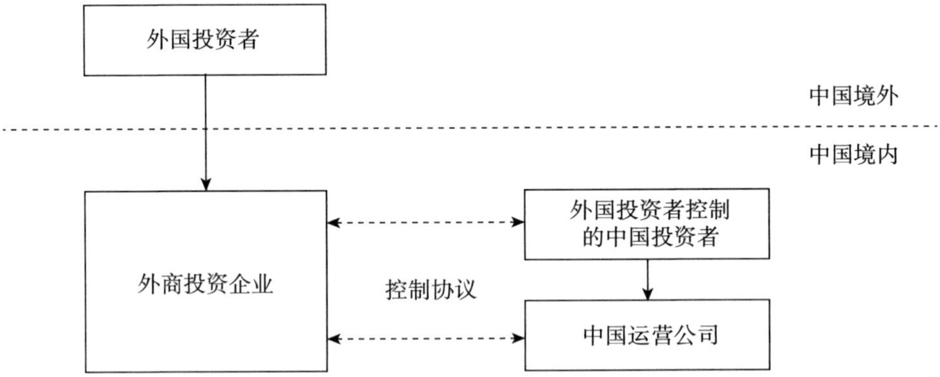

图4　外商投资VIE架构

关于VIE架构的商业稳定性问题，如果外商投资企业和中国运营公司均为同一人实际控制，外商投资企业与中国运营公司及其股东之间的控制协议的稳定性应该不存在问题。在返程投资VIE架构中，由于外商投资企业和中国运营公司往往由同一实际控制人直接或间接控股，控制协议实质上是实际控制人控制的不同主体之间的内部协议。外商投资VIE架构的稳定性取决于外国投资者对中国投资者和中国运营公司的控制力，如中国运营公司的境内股东是否为外国投资者在中国境内公司的中国员工或特殊关系人，中国运营公司在中国境内的业务是否依赖于外国投资者提供的包括资金、技术和品牌等各种支持，中国运营公司及其境内股东与外国投资者是否有着紧密的捆绑关系。如果外国投资者仅通过 VIE 架构对中国运营公司开展财务投资，除控制协议外，对中国运营公司的股东会或董事会没有其他任何影响或控制，那么外国投资者很难保证控制协议的稳定性。

依照我国外商投资法律法规的立法脉络，目前法律除在某些特定行业或领域明确禁止外国投资者通过协议控制的中国境内主体的投资外，[1]没有明确且概括性地禁止外国投资者通过协议控制的中国境内主体在负面清单中相关领域的投资，并且对于境内公司、企业或自然人在境外合法设立或控制的外国投资者在中国境内从事负面清单中相关领域的投资可能适用不同的审核标准。

第一，商务部 2015 年 1 月 19 日发布的《外国投资法（草案征求意见稿）》（以下简称《外国投资法征求意见稿》）将 VIE 架构的投资认定为“外国投资”。《外国投资法征求意见稿》第 11 条将受外国投资者控制的境内企业视同外国投资者；[2]第 15 条进一步规定，外国投资者通过合同、信托等方式控制境内企业或者持有境内企业权益属于外国投资的一种形式。全国人大常委会 2018 年 12 月 26 日公布的《外商投资法（草案）》（以下简称《外商投资法一审稿》）和 2019 年 1 月 29 日公布的《外商投资法草案（二次审议稿）》（以下简称《外商投资法二审稿》）以及全国人大 2019 年 3 月 15 日最终通过的《外商投资法》均明确规定“外商投资”是指外国投资者直

〔1〕 例如，2021 年修订的《民办教育促进法实施条例》（国务院令第 741 号）第 5 条第 3 款规定：“在中国境内设立的外商投资企业以及外方为实际控制人的社会组织不得举办、参与举办或者实际控制实施义务教育的民办学校；举办其他类型民办学校的，应当符合国家有关外商投资的规定。”其第 13 条第 4 款规定：“任何社会组织和个人不得通过兼并收购、协议控制等方式控制实施义务教育的民办学校、实施学前教育的非营利性民办学校。”中共中央、国务院于 2018 年 11 月 7 日发布实施的《中共中央　国务院关于学前教育深化改革规范发展的若干意见》第 24 条规定：“社会资本不得通过兼并收购、受托经营、加盟连锁、利用可变利益实体、协议控制等方式控制国有资产或集体资产举办的幼儿园、非营利性幼儿园。”原新闻出版总署等于 2009 年 9 月 28 日发布实施的《关于贯彻落实国务院〈“三定”规定〉和中央编办有关解释，进一步加强网络游戏前置审批和进口网络游戏审批管理的通知》（新出联〔2009〕13 号）第 4 条规定：“禁止外商以独资、合资、合作等方式在中国境内投资从事网络游戏运营服务。外商不得通过设立其他合资公司、签订相关协议或提供技术支持等间接方式实际控制和参与境内企业的网络游戏运营业务……”

〔2〕《外国投资法（草案征求意见稿）》第 11 条规定：“本法所称的外国投资者，是指在中国境内投资的以下主体：（一）不具有中国国籍的自然人；（二）依据其他国家或者地区法律设立的企业；（三）其他国家或者地区政府及其所属部门或机构；（四）国际组织。受前款规定的主体控制的境内企业，视同外国投资。”

接或间接在中国境内进行的投资活动。《外商投资法》第 2 条列举的外商投资的情形没有包括外国投资者通过 VIE 架构取得中国境内企业的股份、股权、财产份额或者其他类似权益,但相较于《外商投资法一审稿》列举的"外国投资者通过并购方式取得中国境内企业的股份、股权、财产份额或者其他类似权益",《外商投资法》删除了"通过并购"这一特定方式,这为将外国投资者通过 VIE 架构取得中国境内企业的股份、股权、财产份额或者其他类似权益认定为外商投资保留了余地。

第二,相对于外商投资 VIE 架构,国家对于境内公司、企业或自然人在境外合法设立或控制的外国投资者在中国境内从事负面清单中相关领域的投资可能采取较为宽松的监管措施。例如,《外国投资法征求意见稿》第 45 条规定:本法第 11 条第 1 款第 2 项所规定的外国投资者,受中国投资者控制的,其在中国境内从事限制实施目录范围内的投资,在申请准入许可时,可提交书面证明材料,申请将其投资视作中国投资者的投资。司法部 2019 年 11 月 1 日发布的《外商投资法实施条例(征求意见稿)》第 35 条也规定:"中国的自然人、法人或者其他组织在中国境外设立的全资企业在中国境内投资的,经国务院有关主管部门审核并报国务院批准,可以不受外商投资准入负面清单规定的有关准入特别管理措施的限制。"虽然最终通过的《外商投资法》和《外商投资法实施条例》未采用实际控制人身份的标准,但 2021 年版负面清单(包括全国版负面清单和自贸区负面清单)一方面,要求境内公司、企业或自然人以其在境外合法设立或控制的公司并购与其有关联关系的境内公司,按照外商投资、境外投资、外汇管理等有关规定办理;另一方面,又规定经国务院有关主管部门审核并报国务院批准,特定外商投资可以不适用负面清单中相关领域的规定。此外,中国证监会 2023 年 2 月 17 日公布了《境内企业境外发行证券和上市管理试行办法》(中国证监会公告〔2023〕43 号)及其配套监管指引。其中,《监管规则适用指引——境外发行上市类第 2 号:备案材料内容和格式指引》规定,"发行人存在协议控制架构安排的,发行人境内律师应就以下方面进行核查说明:(1)境外投资者参与发行人经营管理情况,例如派出董事等;(2)是否存在境内法律、行政法规和有关规定明确不得采用协议或合约安排控制业务、牌照、资质等的情形;(3)通过协议控制架构安排控制的境内运营主体是否属于外商投资安全审查范围,是否涉及外商投资限制或禁止领域"。中国证监会于 2023 年 2 月 17 日公告的《证监会有关部门负责人答记者问》第六问中明确：对于 VIE 架构企业境外上市，备案管理将坚持市场化、法治化原则，加强监管协同。中国证监会将征求有关主管部门意见，对满足合规要求的 VIE 架构企业境外上市予以备案，支持企业利用两个市场、两种资源发展壮大。可见，监管部门明确将采用 VIE 架构的企业的境外上市纳入监管，满足合规要求的 VIE 架构企业境外上市能够给予备案，但对于法律、行政法规和有关规定没有明确禁止的通过协议控制架构从事负面清单限制或禁止外商投资领域业务的 VIE 架构企业的境外上市，相关指引政策未予以明确。

基于上面的分析，笔者认为：首先，考虑到《外商投资法》和《外商投资法实施条例》等法律法规未对外国投资者通过 VIE 架构进行的投资作出明确规定，并且 VIE 架构在实践中仍然较为普遍，除法律已有明确规定外（如《民办教育促进法实施条例》），VIE 架构在短期内被概括性地认定为外商投资并同时被要求遵守负面清单的可能性不大。其次，考虑到当前 VIE 架构投资的存量，即使国家要求 VIE 架构应遵守外商投资的相关规定，国家也很可能给予一定过渡期，或对存量投资项目作特别安排。例如《外国投资法征求意见稿》虽然规定 VIE 架构的投资应适用该法关于外国投资的规定，但未明确如何处理在该法生效前已经存在的涉及负面清单的 VIE 架构的投资。商务部在《关于〈中华人民共和国外国投资法（草案征求意见稿）〉的说明》（2015 年 1 月 19 日）中对此作如下解释[1]：《外国投资法征求意见稿》将协议控制明确规定为外国投资的一种形式，《外国投资法》生效后，以协议控制方式进行投资的，将适用《外国投资法》。根据商务部的说明，对于《外国投资法》生效前既存的以协议控制方式进行的投资，如在《外国投资法》生效后仍属于禁止或限制外国投资领域，应当如何处理，理论界和实务界有以下几种观点：（1）实施协议控制的外国投资企业，向国务院外国投资主管部门申报其受中国投资者实际控制的，可继续保留协议控制结构，相关主体可继续开展经营活动。（2）实施协议控制的外国投资企业，应当向国务院外国投资主管部门申请认定其受中国投资者实际控制；在国务院外国投资主管部门认定其受中国投资者实际控制后，可继续保留协议控制结

[1]　参见《商务部就〈中华人民共和国外国投资法（草案征求意见稿）〉公开征求意见》附件 2，载商务部网 2015 年 1 月 19 日，http://tfs.mofcom.gov.cn/article/as/201501/20150100871010.shtml。

构，相关主体可继续开展经营活动。（3）实施协议控制的外国投资企业，应当向国务院外国投资主管部门申请准入许可，国务院外国投资主管部门会同有关部门综合考虑外国投资企业的实际控制人等因素作出决定。最后，以实际控制的标准对投资者的身份进行区分，并据此在负面清单的投资领域内适当允许包括 VIE 架构在内的特殊的外商投资可能为我国外资管理的趋势。

第三节　外商投资安全审查

近年来，随着经济全球化的深入发展，外国投资者以并购方式进行的投资逐步增多，外商投资所涉行业和领域不断呈现多样化趋势，有些交易涉及军事、国防、能源、技术等关系国家安全的重要行业，目标公司也不乏为一些知名的行业龙头。在外商投资稳步增长的背景下，国家安全审查制度应运而生，其目的是能够在吸收和利用外资的同时有效保障国家安全。“外资安审制度的核心在于判断外国投资是否危害国家安全，而国家安全是一个包含浓厚政治性色彩的概念。国家安全审查虽然处于法律的语境之下，但其内核是一个政治问题，法律化的外在表现形式不会改变国家安全审查制度的内在政治特质。”[1]全球许多国家和地区目前都建立了各自的安全审查机制。国家安全以及目前国际上安全审查实践的共性主要表现在下列几个方面：（1）国家安全是一个不确定的概念，缺少明确的定义，其内涵会随着经济、社会的发展而不断发生变化，从传统的国防、军事、政治领域逐渐向经济、科技乃至社会、文化、网络安全领域扩展。各国普遍认为国家安全的界定属于各自的自决事项，各国立法均不对国家安全进行清晰界定或穷尽式列举。（2）国家安全概念的模糊性决定国家安全审查标准根据国家利益需要的变化而变化，进而带有较为浓厚的主观判断色彩。（3）国家安全涉及多领域，国家安全审查机构不仅集中在中央政府层面，而且大都跨越诸多部门和领域。（4）安全审查制度作为一般性制

---

〔1〕 漆彤：《论外商投资国家安全审查决定的司法审查》，载《武汉大学学报（哲学社会科学版）》2020 年第 3 期。

度,理论上适用于所有外国投资者及其投资项目,而非针对特定投资者,但其往往导致东道国在审查外国投资时还会考虑投资者所属国与东道国之间的关系以及双方国际政治立场是否对立,从而在相同或者类似的投资项目上对来自不同国家的投资者进行区别对待。(5)国际趋势越来越倡导安全审查程序的公开透明,但由于对威胁国家安全的认定很可能涉及国家机密信息,东道国通常不愿将此公开,往往只能做到审查流程的基本透明,而具体的决定和理由通常不会告知投资者。〔1〕本节主要对我国国家安全审查的立法进程作简要介绍,重点解读有关国家安全审查范围、申报义务、审查程序和审查决定等法律规定,并对安全审查与股权协议之间的关系进行分析。

一、安全审查的法律框架

我国关于安全审查的法律规定最初见于原对外贸易经济合作部、国家税务总局、原国家工商总局和国家外汇管理局 2003 年 3 月 7 日联合发布的《外国投资者并购境内企业暂行规定》。〔2〕2007 年 8 月 30 日发布的《反垄断法》是我国首部要求进行国家安全审查的法律。〔3〕随后,商务部 2009 年 6 月 22 日修订的《关于外国投资者并购境内企业的规定》第 12 条规定:"外国投资者并购境内企业并取得实际控制权,涉及重点行业、存在影响或可能影响国家经济安全因素或者导致拥有驰名商标或中华老字号的境内企业实际控制权转移的,当事人应就此向商务部进行申报。当事人未予申报,但其并购行为对国家经济安全造成或可能造成重大影响的,商务

---

〔1〕参见漆彤:《论外商投资国家安全审查决定的司法审查》,载《武汉大学学报(哲学社会科学版)》2020 年第 3 期。

〔2〕《外国投资者并购境内企业暂行规定》第 19 条规定:"外国投资者并购境内企业有下列情形之一的,投资者应就所涉情形向外经贸部和国家工商行政管理总局报告:(1)并购一方当事人当年在中国市场营业额超过 15 亿元人民币;(2)一年内并购国内关联行业的企业累计超过 10 个;(3)并购一方当事人在中国的市场占有率已经达到百分之二十;(4)并购导致并购一方当事人在中国的市场占有率达到百分之二十五。虽未达到前款所述条件,但是应有竞争关系的境内企业、有关职能部门或者行业协会的请求,外经贸部或国家工商行政管理总局认为外国投资者并购涉及市场份额巨大,或者存在其他严重影响市场竞争或国计民生和国家经济安全等重要因素的,也可以要求外国投资者作出报告。上述并购一方当事人包括外国投资者的关联企业。"

〔3〕《反垄断法》第 31 条规定:"对外资并购境内企业或者以其他方式参与经营者集中,涉及国家安全的,除依照本法规定进行经营者集中审查外,还应当按照国家有关规定进行国家安全审查。"

部可以会同相关部门要求当事人终止交易或采取转让相关股权、资产或其他有效措施,以消除并购行为对国家经济安全的影响。"在这一阶段,我国的安全审查规定相对零散,尚未形成一套完整的制度和体系。

我国安全审查制度源于国务院办公厅2011年2月3日发布的《国务院办公厅关于建立外国投资者并购境内企业安全审查制度的通知》(国办发〔2011〕6号)(以下简称《国办发安全审查通知》)。该通知标志着我国正式启动安全审查。随后,商务部2011年8月25日发布了《商务部实施外国投资者并购境内企业安全审查制度的规定》(以下简称《商务部安全审查规定》),从审查范围、审查主体、审查程序以及审查标准等方面对安全审查进行了较为详细的规定,标志着我国安全审查制度的初步建立。2015年4月8日,国务院办公厅又发布了《国务院办公厅关于印发〈自由贸易试验区外商投资国家安全审查试行办法〉的通知》(国办发〔2015〕24号,以下简称《自贸区安审办法》),对自贸区内的安全审查工作提出了具体且有针对性的要求。至此,我国基本构建了分别适用于全国范围和自贸区的安全审查制度。

随着我国对外资开放力度的不断加大,安全审查制度也逐步发展和完善。2015年7月1日发布的《国家安全法》真正以法律名义规定建立国家安全审查和监管制度,对影响或者可能影响国家安全的外商投资等进行国家安全审查。〔1〕2019年3月15日发布的《外商投资法》和2019年12月26日发布的《外商投资法实施条例》进一步明确规定国家建立外商投资安全审查制度。〔2〕此后,国家发改委和商务部于2020年12月19日联合发布了《外商投资安全审查办法》(以下简称《安全审查办法》)。根据外商投资安全审查工作机制办公室(以下简称工作机制办公室)负责人2020年12月19日就《安全审查办法》答记者问时的介绍,《安全审查办法》总结近10年来的工作实践,特别是自由贸易试验区外商投资安全审查有益做法,对审查机构、审查范围等进行适当调整,并将金融服务等敏感领域纳入审查范围,标志着

〔1〕《国家安全法》第59条规定:"国家建立国家安全审查和监管的制度和机制,对影响或者可能影响国家安全的外商投资、特定物项和关键技术、网络信息技术产品和服务、涉及国家安全事项的建设项目,以及其他重大事项和活动,进行国家安全审查,有效预防和化解国家安全风险。"

〔2〕参见《外商投资法》第35条和《外商投资法实施条例》第40条。

我国安全审查制度的进一步完善。

需要注意的是，国家发改委和商务部在发布《安全审查办法》的同时未就《商务部安全审查规定》是否废止给予明确规定；另外，《国办发安全审查通知》和《自贸区安审办法》作为政策性法律文件也未废止。相关政策性文件和规章之间的效力优先问题需要在今后的执法实践中进一步明确。笔者认为，基于正常逻辑，《安全审查办法》没有规定，但之前的政策性文件或规章有规定的，仍应以之前的规定为准；《安全审查办法》与之前的规定相冲突的，则应以《安全审查办法》为准。就《自贸区安审办法》与《安全审查办法》之间的关系来说，考虑到《自贸区安审办法》是国务院办公厅有关自贸区的特别规定，但是《安全审查办法》的发布时间在后，在两者冲突时，《自贸区安审办法》的适用问题应由国家发改委和商务部具体解释。〔1〕另外，就证券领域外商投资安全审查而言，根据《安全审查办法》第22条的规定，其具体适用办法由国务院证券监督管理机构会同工作机制办公室另行制定。

二、审查范围

不是所有的外商投资都需要申请安全审查。根据《安全审查办法》的规定，只有在法律规定的特定领域或特定地域的外商投资才是《安全审查办法》所要求的必须进行安全审查的外商投资。

（一）外商投资的界定

《安全审查办法》所称的“外商投资”是指外国投资者直接或者间接在中国境内进行的投资活动，包括：(1)外国投资者单独或者与其他投资者共同在境内投资新建项目或者设立企业；(2)外国投资者通过并购方式取得境内企业的股权或者资产；(3)外国投资者通过其他方式在境内投资。与《自贸区安审办法》相比，《安全审查办法》中的外商投资虽然包括“外国投资者通过其他方式在境内投资”，但没有明确列明“外国投资者通过协议控制、代持、信托、再投资、境外交易、租赁、认购可转

〔1〕《自贸区安审办法》第4条规定：本办法由国家发展改革委、商务部负责解释。

换债券等方式投资”。即便如此，正如《商务部安全审查规定》第9条明确规定的，判断外国投资者并购境内企业是否属于安全审查范围时，“应从交易的实质内容和实际影响来判断并购交易是否属于并购安全审查的范围；外国投资者不得以任何方式实质规避并购安全审查，包括但不限于代持、信托、多层次再投资、租赁、贷款、协议控制、境外交易等方式”。因此，《安全审查办法》中的外商投资应当包含《自贸区安审办法》和《商务部安全审查规定》中的外商投资，工作机制办公室在实践中也必将采用实质审查而非形式审查的手段防止投资者通过交易结构的设计规避审查要求。

（二）特定的投资领域

根据《安全审查办法》第4条之规定，对于下列两类业务领域的外商投资，外国投资者或者境内相关当事人应当在实施投资前主动向工作机制办公室申报：（1）投资军工、军工配套等关系国防安全的领域；（2）投资关系国家安全的重要农产品、重要能源和资源、重大装备制造、重要基础设施、重要运输服务、重要文化产品与服务、重要信息技术和互联网产品与服务、重要金融服务、关键技术以及其他重要领域，并取得所投资企业的实际控制权。与《自贸区安审办法》相比，《安全审查办法》规定的投资领域增加了“重要金融服务”。根据国家发改委公布的《产业结构调整指导目录（2019年本）》，金融服务业包括农村金融服务体系建设、债券发行、交易服务体系建设、农业保险、责任保险、信用保险、商业健康保险、财产保险、信用卡及网络服务等。《安全审查办法》仅以非穷尽方式列举了“关系国防安全”和“关系国家安全”的两大领域，这无疑给工作机制办公室预留较大的自行认定空间。对于关系国家安全的领域，《安全审查办法》规定相关领域为“重要”、“重大”或“关键”的领域，但也没有明确具体的认定标准。笔者认为，《安全审查办法》的相关安排事实上授权工作机制办公室在执法实践中根据案件的具体情况自行认定关系国防安全和关系国家安全的外商投资项目，这些看似模糊的规定不仅是维护国家安全的客观需要，而且与本节开始所归纳的其他国家的做法相一致。

上述两类业务领域的关键区别是，外商在“关系国防安全”领域的投资均属于需要进行安全审查申报的外商投资，无论其所持股权比例多少，也无论其是否通过股权或协议拥有控制权。但是,对于"关系国家安全"的领域,外国投资者或者境内相关当事人只有在外国投资者取得所投资企业的实际控制权的情形下才需进行安全审查申报。《安全审查办法》第4条同时对"实际控制权"的判定标准作了规定:(1)外国投资者持有企业50%以上股权;(2)外国投资者持有企业股权不足50%,但其所享有的表决权能够对董事会、股东会或者股东大会的决议产生重大影响;(3)其他导致外国投资者能够对企业的经营决策、人事、财务、技术等产生重大影响的情形。

(三)特定的投资地域

除上述特定业务领域的外商投资外,在"军事设施和军工设施周边地域"的外商投资也应进行安全审查申报。根据2021年修订的《军事设施保护法》,军事设施是指国家直接用于军事目的的建筑、场地和设备。[1] 国家根据军事设施的性质、作用、安全保密的需要和使用效能的要求,划定军事禁区、军事管理区,并在防护措施不足或具有重大危险因素的陆地军事禁区外围划定安全控制范围;对于没有划入军事禁区、军事管理区的军事设施则分别划定作战工程安全保护范围、军用机场净空保护区域、军用无线电固定设施电磁环境保护范围等。[2] 另外,虽然《安全审查办法》同样没有明确界定军工设施,但参照《军工关键设备设施管理条例》第2条的规定,军工关键设备设施是指直接用于武器装备科研生产的重要的实验设施、工艺设备、试验及测试设备等专用的军工设备设施。根据《军工关键设备设施管理条例》第14条的规定,企业、事业单位应当按照国务院国防科技工业主管部门的规定,在需要特殊管控的军工关键设施外围划定安全控制范围,并在其外沿设置安全警戒标志。

---

〔1〕《军事设施保护法》第2条规定:"本法所称军事设施,是指国家直接用于军事目的的下列建筑、场地和设备:(一)指挥机关,地上和地下的指挥工程、作战工程;(二)军用机场、港口、码头;(三)营区、训练场、试验场;(四)军用洞库、仓库;(五)军用信息基础设施,军用侦察、导航、观测台站,军用测量、导航、助航标志;(六)军用公路、铁路专用线,军用输电线路,军用输油、输水、输气管道;(七)边防、海防管控设施;(八)国务院和中央军事委员会规定的其他军事设施。前款规定的军事设施,包括军队为执行任务必需设置的临时设施。"

〔2〕参见《军事设施保护法》第9条、第19条、第27条、第29条和第33条。

另外,一些地方性规定也对相关军事区域内的外资项目的建设活动提出了特殊要求。例如,根据《山东省军事设施保护条例》第26条、第28条和第48条之规定,禁止在军事禁区外围安全控制范围内建设涉外项目;有关部门在审批邻近军事禁区、军事管理区、军事禁区外围安全控制范围的涉外项目时,应当与主管军事机关、国家安全机关共同商定保护措施与安全距离,确保军事设施安全保密和使用效能;违反前述规定的将由政府主管部门责令停止建设活动,已经建成的依法责令限期拆除有关的建筑物、构筑物和非军事设施。《山西省军事设施保护条例》第13条和第16条也规定,在军事禁区外围安全控制范围和其他军事设施安全保护范围内兴建涉外项目不得危害军事设施的安全和使用效能;未经批准,禁止在划定的国防工程安全保护范围和国防工程外围安全控制范围内建设涉外项目。相比其他地方规定,《广东省涉及国家安全事项的建设项目管理规定》保护的范围进一步扩大。根据该管理规定第5条和第7条的规定,在重要国家机关、军事设施、重点科研单位和军工单位的周边建设项目属于涉及国家安全事项的建设项目,建设单位应当向国家安全机关申报国家安全事项审批。笔者认为,上述地方规定涉及的审批事项不应属于国家安全审查,但是相关规定均未明确两者之间的关系,即通过国家安全审查的外商投资项目是否仍然需要根据地方的规定办理相关审批。这个问题无疑需要通过实践或相关政府主管部门进一步澄清。

此外,《安全审查办法》同样没有对特定地域范围给予清晰的界定。笔者认为,《军事设施保护法》所规定的军事禁区、军事管理区和相关保护区域和《军工关键设备设施管理条例》所规定的安全控制范围应该属于《安全审查办法》规定的特定地域。但是,没有理由推定两者范围完全相同,即《安全审查办法》规定的特定地域有可能大于《军事设施保护法》和《军工关键设备设施管理条例》所规定的保护区域或控制范围。实践中,工作机制办公室可能根据外国投资者或者境内相关当事人提交的申报材料,按照“一事一议”的原则确定申报的外商投资项目是否属于《安全审查办法》所规定的“军事设施和军工设施周边地域”的外商投资。

三、申报义务人和申报材料

《安全审查办法》规定了当事人自行申报审查、工作机制办公室要求申报审查以及第三方向工作机制办公室建议审查三种方式。根据《安全审查办法》第 4 条之规定，对于申报范围内的外商投资，外国投资者或者境内相关当事人应当在实施投资前主动向工作机制办公室申报。《安全审查办法》在确定外国投资者为申报义务人的同时，没有进一步明确“境内相关当事人”的具体指向。笔者认为，境内相关当事人应该包括外商投资项目的其他利益相关方。例如，在外资并购境内企业时，境内相关当事人应该包括目标公司和转让目标公司股权的转让方；在外国投资者与境内其他投资人共同新设项目公司时，由于此时新设公司尚未成立，境内其他投资人应该是利益相关方；如果外国投资者通过在中国境内已经设立的项目公司从事其他新的投资项目，那么该项目公司以及项目公司的其他境内投资人都应该是利益相关方。就申报义务人而言，外国投资者和作为外商投资项目利益相关方的其他境内相关当事人均有义务主动进行申报。

《安全审查办法》中的罚则没有规定对申报义务人进行直接罚款，而是责令限期处分股权或者资产以及采取其他必要措施，恢复到投资实施前的状态。《安全审查办法》的处罚规定意味着，任何外商投资项目如果因违反《安全审查办法》而被要求不得实施、停止实施或恢复原状，该投资项目的利益相关方均将遭受经济损失。因此，无论申报义务人是谁，对于该申报而未申报或被要求申报而拒绝申报的外商投资项目，《安全审查办法》通过叫停投资项目和恢复原状的手段处罚包括外国投资人在内的所有参与外商投资项目的利益相关方。在此情形下，《安全审查办法》在确定外国投资者为申报义务人之外没有必要进一步明确境内相关当事人的具体指向。另外，如果《安全审查办法》明确规定申报义务人或限定申报义务人，这在客观上排除了其他利益相关方的申报义务，达不到鼓励申报的目的。作为一种立法技巧，法律与其限定申报义务人的范围，不如将此交由外商投资项目的相关利益方通过协议进行约定，从而确保申报义务的积极履行。

除外国投资者或者境内相关当事人主动申报外，《安全审查办法》第 4 条还规定，对于申报范围内的外商投资，工作机制办公室有权要求外国投资者或者境内相关当事人申报。但是,工作机制办公室只有在了解相关外商投资影响或者可能影响国家安全的情形下才有可能要求当事人申报。这涉及信息的收集和提供的问题。根据《国家安全法》第11条之规定,中国公民、一切国家机关和武装力量、各政党和各人民团体、企业事业组织和其他社会组织,都有维护国家安全的责任和义务。除此之外,法律往往在其规范的事项可能涉及国家安全时,对相关政府主管部门和主体的义务和责任进行具体明确规定。例如,《企业国有资产法》第57条规定:"国有资产向境外投资者转让的,应当遵守国家有关规定,不得危害国家安全和社会公共利益。"根据《企业国有资产交易监督管理办法》第8条和第35条的规定,对主业处于关系国家安全、国民经济命脉的重要行业和关键领域,主要承担重大专项任务子企业的产权转让和增资行为,须由国家出资企业报同级国资监管机构批准。另外,各级政府主管部门在办理外资业务时需要对外商投资所涉领域和外国投资者的持股比例等进行审查。例如,市场监督管理部门在办理外商投资企业登记注册时需审查相关外商投资是否遵守外商投资准入负面清单的规定,相关行业主管部门在办理经营许可事项时需审查外商投资企业是否符合相关资质的要求,国家反垄断局对经营者集中进行反垄断审查时需要对外商投资项目的具体产品市场和地域市场进行分析和研究。各级政府主管部门在各自的日常业务中如发现相关外商投资影响或者可能影响国家安全的,应该有法定义务告知外国投资者提出安全审查申请或通知工作机制办公室。[1] 此外,作为权利性规定,根据《安全审查办法》第15条的规定,有关机关、企业、社会团体、社会公众等在认为外商投资影响或者可能影响国家安全时,可以向工作机制办公室提出进行安全审查的建议。《安全审查办法》这一规定的目的应该是鼓励第三方向工作机制办公室提供线索和信息,方便工作机制办公室判断是否要求当事人申报。

关于申报资料,与《安全审查办法》不同,《商务部安全审查规定》对申报人提交

〔1〕 例如,《自贸区安审办法》第3条规定:自贸试验区管理机构在办理职能范围内外商投资备案、核准或审核手续时,对属于安全审查范围的外商投资,应及时告知外国投资者提出安全审查申请,并暂停办理相关手续。

的文件作了比较详细具体的列明。[1]《安全审查办法》规定的安全审查不仅包括《商务部安全审查规定》所针对的外国投资者并购境内企业的安全审查，还包括所有其他各种类型外商投资的安全审查，这或许是《安全审查办法》无法具体列明各种类型外商投资所涉及的安全审查申报资料的主要原因。作为原则性规定，《安全审查办法》第6条要求当事人向工作机制办公室申报外商投资时应当提交申报书、投资方案、外商投资是否影响国家安全的说明以及工作机制办公室规定的其他材料。其中，申报书应当载明外国投资者的名称、住所、经营范围、投资的基本情况以及工作机制办公室规定的其他事项。

审查范围决定哪些类型的外商投资需要申报，即当事人的申报义务；申报资料决定当事人的披露范围和披露义务。严格来说，《安全审查办法》在这两个方面均采取模糊化处理，只作原则性和抽象性规定。事实上，国家安全的政治内核决定了国家安全审查只能被有限法律化。法律采取模糊性和原则性规定的目的可能是赋予工作机制办公室必要的裁量权，这或许是立法者的本意，也与国际通行做法一致。根据工作机制办公室负责人2020年12月19日就《安全审查办法》答记者问时的介绍[2]，《安全审查办法》立足我国国情，适当借鉴国际经验，基于我国国家安全

---

[1] 《商务部安全审查规定》第5条规定："在向商务部提出并购安全审查正式申请时，申请人应提交下列文件：(一)经申请人的法定代表人或其授权代表签署的并购安全审查申请书和交易情况说明；(二)经公证和依法认证的外国投资者身份证明或注册登记证明及资信证明文件；法定代表人身份证明或外国投资者的授权代表委托书、授权代表身份证明；(三)外国投资者及关联企业(包括其实际控制人、一致行动人)的情况说明，与相关国家政府的关系说明；(四)被并购境内企业的情况说明、章程、营业执照(复印件)、上一年度经审计的财务报表、并购前后组织架构图、所投资企业的情况说明和营业执照(复印件)；(五)并购后拟设立的外商投资企业的合同、章程或合伙协议以及拟由股东各方委任的董事会成员、聘用的总经理或合伙人等高级管理人员名单；(六)为股权并购交易的，应提交股权转让协议或者外国投资者认购境内企业增资的协议、被并购境内企业股东决议、股东大会决议，以及相应资产评估报告；(七)为资产并购交易的，应提交境内企业的权力机构或产权持有人同意出售资产的决议、资产购买协议(包括拟购买资产的清单、状况)、协议各方情况，以及相应资产评估报告；(八)关于外国投资者在并购后所享有的表决权对股东会或股东大会、董事会决议、合伙事务执行的影响说明，其他导致境内企业的经营决策、财务、人事、技术等实际控制权转移给外国投资者或其境内外关联企业的情况说明，以及与上述情况相关的协议或文件；(九)商务部要求的其他文件。"

[2] 参见《健全外商投资安全审查制度　为更高水平对外开放保驾护航——外商投资安全审查工作机制办公室负责人就〈外商投资安全审查办法〉答记者问》，载中央人民政府网，https://www.gov.cn/zhengce/2020-12/19/content_5571295.htm。

新形势新特点,研究近年来主要国家外商投资安全审查制度的新变化,建立既适合我国国情又符合国际惯例的安全审查制度。不可否认的是,法律的模糊性和原则性规定一定会对法律的指引性产生不利影响,即当事人因不能正确理解法律的要求而无法遵守法律的模糊性规定。就申报义务而言,法律的模糊性和原则性规定将导致当事人无法准确判断是否需要主动申报以及需要报送哪些资料。对此,立法者充分知悉,并在《安全审查办法》第 5 条中规定,当事人向工作机制办公室申报外商投资前,可以就有关问题向工作机制办公室进行咨询。也就是说,在进行正式申报前,相关当事人可以就交易情况与工作机制办公室进行咨询和沟通。基于《商务部安全审查规定》的规定,申请人可在正式申请安全审查前就相关程序性问题提出商谈申请,提前沟通有关情况;该预约商谈不是提交正式申请的必经程序,商谈情况不具有约束力和法律效力,不作为提交正式申请的依据。工作机制办公室负责人 2020 年 12 月 19 日就《安全审查办法》答记者问时也明确提出,如外国投资者不清楚其投资是否在安全审查范围内,可就具体项目情况咨询工作机制办公室。工作机制办公室将根据具体外商投资项目的具体情况提出具体的申报要求。为方便当事人的申报,《安全审查办法》第 6 条也规定,工作机制办公室根据工作需要,可以委托省、自治区、直辖市人民政府有关部门代为收取并转送申报材料。

四、审查程序和审查决定

(一)审查机制

关于审查机制的问题,根据《国办发安全审查通知》和《商务部安全审查规定》,我国最初建立的是外国投资者并购境内企业安全审查部际联席会议制度,联席会议在国务院领导下,由发改委、商务部牵头,根据外资并购所涉及的行业和领域,会同相关部门开展并购安全审查。《安全审查办法》将安全审查机构由部际联席会议改为工作机制办公室。根据《安全审查办法》第 3 条之规定,国家建立外商投资安全审查工作机制,负责组织、协调、指导外商投资安全审查工作。工作机制办公室设在发改委,由发改委和商务部牵头,承担安全审查的日常工作。事实上,早在 2019 年 4 月 30 日,发改委就发布了“根据部门职责调整,外商投资安全审查申报即日起改由国家发展改革委政务大厅接收”的公告，将安全审查的日常性工作由商务部负责改为由发改委负责。工作机制办公室作为常态化的安全审查机构，克服了部际联席会议的临时性与流动性，能够为安全审查提供稳定的人员与机构保障，提高安全审查效率。无论是最初的联席会议，还是《安全审查办法》第 3 条规定的安全审查工作机制，两者都是跨部门和领域的联合审查机制。这点与很多国家的做法一致。例如，美国外资投资委员会是一个联邦政府委员会，负责对可能影响美国国家安全的外商投资交易进行审查，由美国财政部部长担任委员会主席，并由包括国防部部长、国土安全部部长、国务卿、商务部部长、能源部部长、司法部部长等数个政府机构的最高长官和包括国家安全委员会、国家经济委员会、国土安全委员会和国家情报局等在内的数个观察员组成。

(二)审查程序和时限

根据工作机制办公室负责人 2020 年 12 月 19 日就《安全审查办法》答记者问时的介绍，制定《安全审查办法》的总体思路之一是尽可能简便，避免过多增加企业负担，按照必要、合理的原则，设定审查程序和时限。同时，安全审查分三个阶段进行，根据申报项目风险情况，分层次、递进式推进审查，进入第二阶段和第三阶段的项目梯次减少，审查意见和决定将及时反馈给投资者。《安全审查办法》第 7 条、第 8 条和第 9 条对此有具体规定。

第一阶段为初步审查。在收到符合要求的申报材料之日起 15 个工作日内，工作机制办公室将对申报的外商投资是否需要进行安全审查作出决定并书面通知当事人；工作机制办公室作出决定前，当事人不得实施投资；工作机制办公室作出不需要进行安全审查决定的，当事人可以实施投资。

第二阶段为一般审查。工作机制办公室决定对申报的外商投资进行安全审查的，应当自决定之日起 30 个工作日内完成一般审查。审查期间，当事人不得实施投资。经一般审查，工作机制办公室认为申报的外商投资不影响国家安全的，应作出通过安全审查的决定；认为影响或者可能影响国家安全的，则应决定启动特别审查。工作机制办公室作出的决定应书面通知当事人。

第三阶段为特别审查。这一阶段不是每个项目的必经程序，只有未通过一般审查的项目才会进入特别审查。工作机制办公室决定对申报的外商投资启动特别审查的,应当自启动特别审查之日起60个工作日内完成;在特殊情况下,可以延长审查期限。审查期间,当事人不得实施投资。

需要注意的是,根据《安全审查办法》第10条和第11条的规定,工作机制办公室在审查期间可要求当事人补充提供相关材料并向当事人询问有关情况,当事人补充提供材料的时间不计入审查期限;当事人在审查期间修改投资方案的,审查期限自工作机制办公室收到修改后的投资方案之日起重新计算;当事人撤销投资的,工作机制办公室终止审查。另外,根据《安全审查办法》第14条的规定,工作机制办公室对申报的外商投资作出不需要进行安全审查或者通过安全审查的决定后,当事人变更投资方案,影响或者可能影响国家安全的,应当依照《安全审查办法》重新向工作机制办公室申报。

(三)审查标准

安全审查的标准或内容应该是外商投资是否危及国家安全,因此,确定安全审查的内容和标准的前提是准确定义"国家安全"。但是,目前国际上和各国立法实践中并没有关于国家安全的精确定义。[1] 参照《国家安全法》的相关规定,国家安全是指国家政权、主权、统一和领土完整、人民福祉、经济社会可持续发展和国家其他重大利益相对处于没有危险和不受内外威胁的状态,以及保障持续安全状态的能力。[2] 不难看出,国家安全是一个十分抽象模糊的概念,其具体内容根据每个国家的国际关系以及对外政策的变化而变化。就安全审查的内容和标准来说,根据《国办发安全审查通知》第2条的规定,判断并购交易活动是否影响国家安全主要从以下方面进行综合审查和评估:(1)并购交易对国防安全,包括对国防需要的国内产品生产能力、国内服务提供能力和有关设备设施的影响;(2)并购交易对国家经济稳定运行的影响;(3)并购交易对社会基本生活秩序的影响;(4)并购交易对涉

〔1〕 参见漆彤:《论外商投资国家安全审查决定的司法审查》,载《武汉大学学报(哲学社会科学版)》2020年第3期。

〔2〕 参见《国家安全法》第2条。

及国家安全关键技术研发能力的影响。在此基础上,《自贸区安审办法》第 2 条针对自贸区内的外商投资增加了两项审查内容和标准:(1)外商投资对国家文化安全、公共道德的影响;(2)外商投资对国家网络安全的影响。[1] 相对于《国办发安全审查通知》和《自贸区安审办法》,《安全审查办法》没有规定安全审查的具体标准和内容。笔者认为,无论《国办发安全审查通知》和《自贸区安审办法》的相关规定是否继续有效,既然国家安全涉及每个国家的实质性和根本性利益,安全审查的标准和内容应该属于国家自决权。即便法律明确规定审查标准和内容,东道国也可能根据国际形势和其对外政策在每个案件的具体审查中灵活掌握和运用审查标准。

(四)审查决定

工作机制办公室经审查后对申报的外商投资一般根据具体情况作出三种不同决定,即通过安全审查决定、禁止投资决定和附条件通过安全审查决定。附条件通过安全审查的决定是对影响或可能影响国家安全的外商投资的一种变通安排,但前提是通过附加条件能够消除外商投资对国家安全的影响,且当事人书面承诺接受附加条件。对于通过安全审查决定的,当事人可以实施投资;禁止投资决定的,当事人不得实施投资,已经实施的,应当限期处分股权或者资产以及采取其他必要措施,恢复到投资实施前的状态,消除对国家安全的影响;附条件通过安全审查决定的,当事人应当按照附加条件实施投资。[2] 安全审查决定由工作机制办公室会同有关部门、地方人民政府监督实施;对附条件通过安全审查的外商投资,可以采取要求提供有关证明材料、现场检查等方式,对附加条件的实施情况进行核实。[3]

与之前的规定相比,《安全审查办法》对不申报、提供虚假材料及不实施附加条件等行为规定了更为具体且具有操作性的处罚措施。(1)对申报范围内的外商投资,当事人未依照《安全审查办法》的规定申报即实施投资的,由工作机制办公室责令限期申报;拒不申报的,责令限期处分股权或者资产以及采取其他必要措施,恢

[1] 参见《自贸区安审办法》第 2 条第 4 款和第 5 款。
[2] 参见《安全审查办法》第 12 条。
[3] 参见《安全审查办法》第 13 条。

复到投资实施前的状态,消除对国家安全的影响。(2)当事人向工作机制办公室提供虚假材料或者隐瞒有关信息的,由工作机制办公室责令改正;提供虚假材料或者隐瞒有关信息骗取通过安全审查的,撤销相关决定;已经实施投资的,责令限期处分股权或者资产以及采取其他必要措施,恢复到投资实施前的状态,消除对国家安全的影响。(3)附条件通过安全审查的外商投资,当事人未按照附加条件实施投资的,由工作机制办公室责令改正;拒不改正的,责令限期处分股权或者资产以及采取其他必要措施,恢复到投资实施前的状态,消除对国家安全的影响。(4)当事人有上述情形的,应当将其作为不良信用记录纳入国家有关信用信息系统,并按照国家有关规定实施联合惩戒。[1]

《安全审查办法》没有就外国投资人或其他申报义务人对于工作机制办公室的审查决定是否有行政救济权或司法救济权的问题作明确规定。《外商投资法》第35条第2款规定,"依法作出的安全审查决定为最终决定"。这似乎意味着外国投资人或其他申报义务人对国家安全审查决定不得提起行政复议或行政诉讼。但是,"依法作出的安全审查决定"毕竟不等同于"作出的安全审查决定"。除非法律规定工作机制办公室作出的审查决定均为依法作出的安全审查决定,否则就存在如何判定和由哪个机构判定工作机制办公室的审查决定是否为"依法作出"的问题。《外商投资法》和其他相关法律对此均未规定,这或许需要通过未来的实践给予澄清。但是,鉴于国家安全审查的主权性、保密性、专业性和复杂性,即便法律允许司法救济,人民法院也只能对国家安全审查程序的合法性进行审查,而不应也不可能对工作机制办公室的审查决定作实质性审查。

五、安全审查对并购协议的影响

基于上述对安全审查范围的介绍可知,国家安全审查和外商投资负面清单共同构成外商投资管理体制的核心机制,两者为并列关系,互不替代。《2021年全国版负面清单》第8项指出,"《外商投资准入负面清单》中未列出的文化、金融等领域与行政审批、资质条件、国家安全等相关措施,按照现行规定执行"。从制度设计和

---

[1] 参见《安全审查办法》第16~19条。

实践来看，负面清单制度和安全审查制度被视为承载不同功能的独立规范体系，有特殊的适用标准和审查程序。从逻辑上说，负面清单中禁止类的外商投资为不得实施的外商投资，因此也就不存在安全审查的问题；负面清单中限制类的外商投资即便符合限制性要求，也可能存在安全审查的必要；负面清单之外的外商投资仍然需要在业务领域和地域方面遵守国家安全审查的要求；即便是国家鼓励的外商投资领域，外商投资项目如果位于《安全审查办法》规定的军事设施和军工设施周边地域，则仍可能因为影响或可能影响国家安全而被禁止。

按照《安全审查办法》第 4 条的要求，外国投资人或境内相关当事人申报安全审查的时间为实施投资前。另外，依照《商务部安全审查规定》第 5 条的规定，申报人申报时应该提交的文件包括并购后拟设立的外商投资企业的合同、章程或合伙协议、股权并购时的股权转让协议或者增资认购协议，以及资产收购时的资产购买协议等。因此，就公司并购交易而言，如果相关交易涉及国家安全审查，那么申报的时间应该在并购协议签署之后和并购交割之前。

与经营者集中反垄断申报类似，安全审查不是对并购协议的审批，即股权协议的生效不以并购项目通过安全审查为条件，当事方可以在股权协议中自行约定股权协议生效的日期。例如，协议签署方可以约定并购协议自签署日生效，或约定并购协议在约定的时间或约定的条件（包括安全审查）满足后生效。但是，在正常情况下，股权协议一般不会将并购项目通过安全审查作为股权生效的条件，而是将其作为申报义务人在股权协议生效后应该履行的义务。《安全审查办法》规定的申报义务人包括外国投资人或境内相关当事人，这意味着申报义务人可能包括外国投资人在内的多个主体，而不仅指外国投资人。为此，签约方应该在股权协议中具体明确申报义务人和启动申报的时间等。申报义务人违反协议约定则应承担相应的违约责任。

如果工作机制办公室经审查后对申报的外商投资作出禁止投资决定，或申报义务人和其他相关当事人不能承诺接受工作机制办公室所要求的附加条件，那么并购项目将无法继续推进。在此情形下，除非当事方之间另有不同约定，否则并购协议应自动解除或基于签约方的行权而解除，并且任何一方均无须对其他签约方承担责任。

CHAPTER 08 第八章

公司并购的税务问题及协议安排

并购律师对公司并购税务问题的关注应侧重于定性而非定量，即并购交易可能涉及的税种、与各税种相关的纳税义务人和扣缴义务人的认定、应纳税额的计算方法、纳税义务和扣缴义务发生的时间以及违反法律规定的责任等。无论是股权收购还是资产收购，只要卖方所得源于中国境内，卖方就应根据中国法律的规定在中国境内缴纳企业所得税或个人所得税，且买卖双方均应就签署交易文件的行为缴纳印花税。[1] 对于资产收购而言，除所得税和印花税外，交易方可能需要就资产转让缴纳增值税及附加；如资产收购的标的包括不动产，卖方还需要就不动产的转让缴纳土地增值税，买方需要就此缴纳契税。公司并购中的税务问题，包括对目标公司的税务尽调，大

---

〔1〕 根据2022年7月1日施行的《印花税法》，在中国境内书立应税凭证的单位和个人以及在中国境外书立在境内使用的应税凭证的单位和个人为印花税的纳税人。同一应税凭证由两方以上当事人书立的，按照各自涉及的金额分别计算应纳税额。不动产（包括土地使用权、房屋等建筑物和构筑物所有权）转让书据和股权转让书据的印花税额均为交易价款的万分之五；动产买卖合同（不包括个人书立的动产买卖合同）印花税额均为交易价款的万分之三。同一应税凭证载有两个以上税目事项并分别列明金额的，按照各自适用的税目税率分别计算应纳税额；未分别列明金额的，从高适用税率。印花税的纳税义务发生时间为纳税人书立应税凭证的当日。

多由专业的财务人员、税务师或税务律师具体负责。但是，并购律师需要掌握与公司并购相关的基本税务知识，以确保交易架构在税务成本控制方面的有效性，以及交易文件涉税条款的合法性和可执行性。本章将基于法律规定和相关案例介绍和讨论公司并购可能涉及的企业所得税、个人所得税、增值税、土地增值税和契税等相关税务问题，重点从税收征管的角度介绍交易双方的纳税义务或代扣代缴义务。另外，笔者也将结合税法的相关规定对并购交易文件的涉税条款进行分析。限于篇幅，本章不对国际税收协定、税收优惠政策或税收抵免规定对公司并购税收问题的影响进行分析。

第一节　公司并购交易涉及的企业所得税

参与公司并购交易的主体多种多样，既包括有限责任公司和股份有限公司，也包括合伙企业、个人独资企业和自然人；既包括中国境内的企业和中国公民，也包括中国境外的企业和外国公民。《企业所得税法》的适用对象包括居民企业和非居民企业。居民企业是指依法在中国境内成立，或者依照外国（地区）法律成立但实际管理机构在中国境内的企业；非居民企业是指依照外国（地区）法律成立且实际管理机构不在中国境内，但在中国境内设立机构、场所的，或者在中国境内未设立机构、场所，但有来源于中国境内所得的企业。[1] 我国《企业所得税法》同时规定了居民税收管辖权和来源地税收管辖权原则，即居民企业应当就其来源于中国境内、境外的所得缴纳企业所得税；非居民企业应当就其来源于中国境内的所得以及虽发生在中国境外但与其在中国境内设立的机构、场所有实际联系的所得缴纳企业所得税。[2] 《企业所得税法》不适用于个人独资企业和合伙企业。[3]

判断并购交易的所得是否来源于中国境内的标准主要包括两项：一是股权转

〔1〕 参见《企业所得税法》第2条。
〔2〕 参见《企业所得税法》第3条。
〔3〕 参见《企业所得税法》第1条第2款。

让所得的来源地按照被投资企业所在地确定,二是不动产转让所得的来源地按照不动产所在地确定。[1] 如果目标公司或目标资产位于中国境内,则并购交易的对价一般属于来源于中国境内的所得,卖方应当就该部分所得在中国境内缴纳企业所得税。但是,居民企业和非居民企业在法律适用、税率和税收征管等方面均存在差异。下文将基于并购交易的企业当事方是否具有中国税收居民身份来分别介绍并购交易所涉及的企业所得税问题,包括:(1)居民企业作为卖方的并购交易,即居民企业之间的并购交易和居民企业与非居民企业之间的并购交易;(2)非居民企业作为卖方与居民企业之间的并购交易;(3)非居民企业间的直接并购交易;(4)非居民企业间的间接并购交易。

一、居民企业作为卖方的并购交易

卖方为居民企业的并购交易是本书所讨论的并购交易中最常见的交易类型。根据《企业所得税法》的相关规定,作为卖方的居民企业在向居民企业或非居民企业转让中国境内企业的股权或资产时,卖方应当将相关所得按规定计入相应的纳税年度[2]以计算应纳税额。如应纳税额大于零,卖方应当按规定缴纳企业所得税。非居民企业在中国境内设立的机构、场所(如无独立法人资格的代表处、分公司)因转让中国境内企业的股权或资产取得的所得,适用与居民企业相同的税率和类似的征管方式。[3]

[1] 《企业所得税法实施条例》第7条规定:"企业所得税法第三条所称来源于中国境内、境外的所得,按照以下原则确定:(一)销售货物所得,按照交易活动发生地确定;(二)提供劳务所得,按照劳务发生地确定;(三)转让财产所得,不动产转让所得按照不动产所在地确定,动产转让所得按照转让动产的企业或者机构、场所所在地确定,权益性投资资产转让所得按照被投资企业所在地确定;(四)股息、红利等权益性投资所得,按照分配所得的企业所在地确定;(五)利息所得、租金所得、特许权使用费所得,按照负担、支付所得的企业或者机构、场所所在地确定,或者按照负担、支付所得的个人的住所地确定;(六)其他所得,由国务院财政、税务主管部门确定。"

[2] 《企业所得税法》第53条规定:"企业所得税按纳税年度计算。纳税年度自公历1月1日起至12月31日止。企业在一个纳税年度中间开业,或者终止经营活动,使该纳税年度的实际经营期不足十二个月的,应当以其实际经营期为一个纳税年度。企业依法清算时,应当以清算期间作为一个纳税年度。"

[3] 参见《企业所得税法》第3条和第4条。

（一）应纳税额的计算

居民企业的企业所得税的应纳税额应根据以下公式计算：

应纳税额 = 应纳税所得额 × 税率 − 减免税额 − 抵免税额[1]

其中，应纳税所得额是指企业应当纳税的所得金额；减免税额和抵免税额是指企业按照税法规定和国务院的税收优惠政策可以减征、免征和抵免的应纳税额。应纳税所得额并非企业在一个纳税年度内的全部收入，企业的应纳税所得额应根据以下公式计算：

应纳税所得额 = 每一纳税年度的收入总额 − 不征税收入 − 免税收入 − 各项扣除 − 允许弥补的以前年度亏损[2]

前述收入总额、不征税收入、免税收入、各项扣除和亏损均应根据《企业所得税法》《企业所得税法实施条例》的规定确定。需要注意的是，企业在计算股权转让所得时，不得扣除被投资企业未分配利润等股东留存收益中按该项股权所可能分配的金额。[3] 企业所得税的税率一般为25%；非居民企业在中国境内未设立机构、场所的，或者虽设立机构、场所但取得的所得与其所设机构、场所没有实际联系的，就其来源于中国境内的所得缴纳企业所得税所适用的税率为10%；符合条件的小型微利企业或国家需要重点扶持的高新技术企业，可享受低税率优惠。[4]

根据国家税务总局公告2010年第19号——《关于企业取得财产转让等所得企业所得税处理问题的公告》的规定，企业取得财产（包括各类资产、股权、债权等）转让收入，无论是以货币还是非货币形式体现，除另有规定外，均应一次性计入确认收入的年度计算缴纳企业所得税。“确认收入”是一个会计概念，是指企业对一项交易收入进行正式的会计记录（入账）的行为。企业所得税应纳税额的计算以权责发生制为原则，除非税法另有规定，应当以确认收入的时间为标准确定收入应当计

[1] 参见《企业所得税法》第22条、《企业所得税法实施条例》第76条。

[2] 参见《企业所得税法》第5条。

[3] 参见《国家税务总局关于贯彻落实企业所得税法若干税收问题的通知》（国税函〔2010〕79号）第3条。

[4] 参见《企业所得税法》第4条、第28条，《企业所得税法实施条例》第91～93条。

入的纳税年度,而不应按实际取得收入的时间确定。由于居民企业的企业所得税按纳税年度计算,确认收入时并非需要立刻纳税。根据《国家税务总局关于贯彻落实企业所得税法若干税收问题的通知》(国税函〔2010〕79号)第3条的规定,企业转让股权应于转让协议生效且完成股权变更手续时确认收入的实现。因此,即便交易双方约定跨越数个纳税年度分期付款,纳税人仍应在确认收入的纳税年度一次性计算全部所得额,而不应在实际取得收入的每个年度分别计算当年的所得额。

(二)征收管理

除非法律另有规定,居民企业以企业登记注册地为纳税地点。[1] 非居民企业在境内所设机构、场所取得的所得,以其机构、场所所在地为纳税地点;非居民企业设立两个或者两个以上机构、场所的,经税务机关审核批准,可以选择由其主要机构、场所汇总缴纳企业所得税。[2]

税务机关将根据企业财务会计核算等情况,对企业实行查账征收、核定征收或多种方式相结合的征管方式。其中,查账征收是指纳税人按照规定的期限向税务机关进行纳税申报,经税务机关查账核实后,填写缴款书,纳税人据以将应纳税款缴入国库的一种征收方式。这种税款征收方式主要适用于账簿、凭证、财务核算制度比较健全,能够据以如实核算,反映生产经营成果,正确计算应纳税款的纳税人。核定征收是税务机关对不能完整、准确提供纳税资料的纳税人采用特定方法确定其应纳税收入或所得额和应纳税额,纳税人据以缴纳税款的一种征收方式。[3] 账证健全,财务会计核算相对准确,但个别收入或成本项目需要核定的,税务机关将实行查账与核定相结合的征收管理模式,或采取预计利润率方式预征并进行年终汇算清缴。对于实行查账征收的企业,企业所得税的缴纳实行定期预缴和汇算清缴,企业应根据税务机关的核定,分月或者分季预缴企业所得税,并自纳税年度终了之日起5个月内,依照税法规定,自行计算本纳税年度应纳税所得额和应纳所得

〔1〕 参见《企业所得税法》第50条。
〔2〕 参见《企业所得税法》第51条。
〔3〕 参见《税收征收管理法》第35条,《税收征收管理法实施细则》第38条、第47条。

税额,根据预缴企业所得税的数额,确定该纳税年度应补或者应退税额,并填写企业所得税年度纳税申报表,向税务主管机关办理企业所得税年度纳税申报、提供税务机关要求提供的有关资料、结清全年企业所得税税款,但实行核定定额征收企业所得税的纳税人,不进行汇算清缴。[1]

二、非居民企业作为卖方与居民企业之间的并购交易

(一)应纳税额

非居民企业源泉扣缴的与股权转让相关的企业所得税的应纳税额应根据以下公式计算:

应纳税额 = 应纳税所得额 × 税率

其中,股权转让应纳税所得额应根据以下公式计算:

应纳税所得额 = 股权转让收入 − 股权净值(成本)

具体来说,股权转让收入是指股权转让人转让股权所收取的对价,包括货币形式和非货币形式的各种收入。股权净值是指股权转让人投资入股时向被投资企业实际支付的出资成本,或购买该股权时向该股权的原转让人实际支付的股权受让成本。企业在计算股权转让所得时,不得扣除被投资企业未分配利润等股东留存收益中按该项股权所可能分配的金额。[2] 关于税率,虽然根据《企业所得税法》第3条第3款的规定,非居民企业在来源地税收管辖权规则下适用的法定税率为20%,但是,根据《企业所得税法》第27条第5项和《企业所得税法实施条例》第91条第1款的规定,适用源泉扣缴的非居民企业可以减按10%的优惠税率征收企业所得税。除《企业所得税法》和《企业所得税法实施条例》外,国家税务总局2017年第37号——《关于非居民企业所得税源泉扣缴有关问题的公告》(以下简称国税2017年第37号公告)对非居民企业所得税的源泉扣缴作了一系列有针对性的规定。相对于已废止的《国家税务总局关于印发〈非居民企业所得税源泉扣缴管理暂

[1] 参见《企业所得税汇算清缴管理办法》(国税发〔2009〕79号)第2条和第3条。

[2] 参见国税2017年第37号公告第3条。

行办法〉的通知》(国税发〔2009〕3 号,以下简称国税发〔2009〕3 号文)以及《国家税务总局关于加强非居民企业股权转让所得企业所得税管理的通知》(国税函〔2009〕698 号),国税 2017 年第 37 号公告的规定更为详细和明确。下文将结合国税 2017 年第 37 号公告和国家税务总局 2017 年 10 月 27 日发布的有关国税 2017 年第 37 号公告的官方解读,对计算非居民企业股权转让企业所得税应纳税额应关注的几种特殊情形作简要介绍。

第一,中国法律允许交易双方约定税款的实际承担方。如果合同约定由扣缴义务人(买方)实际承担应纳税款的,则应将卖方取得的不含税所得额换算为含税所得计算并解缴应扣税款。[1] 例如,境内居民企业 A 公司向境外非居民企业 B 公司支付股权转让价款,不含税所得额为人民币 900 万元,A 公司应根据前述规定将 B 公司取得的不含税所得换算为含税所得,并据此计算并解缴应扣税款,A 公司应向税务机关申报代扣代缴税款的金额为人民币 100 万元[900 万元 ÷ (1 - 10%) ×10%]。

第二,对于卖方通过多次投资或收购而持有的股权,卖方如果仅转让其中部分股权,则应从该项股权全部成本中按照转让比例计算确定被转让股权对应的成本。[2] 例如,境外 A 公司为非居民企业,境内 B 公司和 C 公司为居民企业,A 公司前后三次投资 C 公司,第一次投资人民币 100 万元,第二次投资人民币 200 万元,第三次投资人民币 400 万元,合计持有 C 公司 40% 股权,A 公司持有 C 公司 40% 股权的全部成本为人民币 700 万元(100 万元 +200 万元 +400 万元)。A 公司以人民币 1000 万元的价格转让其持有的 C 公司 30% 股权给 B 公司,本次转让的股权占 A 公司持有的 C 公司股权的比例为 75% (30% ÷40%),该被转让的 C 公司 30% 股权对应的成本为人民币 525 万元(700 万元 ×75%),本次股权转让交易的应纳税所得额为人民币 475 万元(1000 万元 -525 万元)。

第三,非居民企业采取分期收款方式取得同一股权转让所得的,其先期收取的

---

〔1〕 参见国税 2017 年第 37 号公告第 6 条。

〔2〕 参见国税 2017 年第 37 号公告第 3 条。

款项可被视为股权转让成本，待成本全部收回后，再计算并扣缴应扣税款。[1] 例如，境外 A 公司为非居民企业，境内 B 公司和 C 公司均为居民企业，A 公司和 B 公司各持有 C 公司 50% 股权，A 公司投资取得 C 公司 50% 股权的成本为 500 万元人民币，现 A 公司以人民币 1000 万元人民币将该股权一次性转让给 B 公司，股权转让合同约定，B 公司先后分三期支付转让价款人民币 300 万元、人民币 400 万元和人民币 300 万元。B 公司第一期支付的人民币 300 万元价款和第二期支付的人民币 400 万元价款中的人民币 200 万元应被视为 A 公司收回人民币 500 万元股权转让成本，第二期支付的人民币 400 万元价款中剩余的人民币 200 万元成本和第三期支付的人民币 300 万元价款应为 A 公司应纳税所得额。

第四，如扣缴义务人以外币支付股权转让对价或股权转让对价以外币计价，股权转让对价应按以下三种不同情形折算人民币金额：(1)扣缴义务人扣缴企业所得税的，应按照扣缴义务发生日人民币汇率中间价折算；(2)非居民企业在税务主管机关责令限期缴纳税款前自行申报缴纳应源泉扣缴税款的，应当按照填报税收缴款书之日前一日人民币汇率中间价折算；(3)税务主管机关责令取得收入的非居民企业限期缴纳应源泉扣缴税款的，应按照税务主管机关作出限期缴税决定之日前一日人民币汇率中间价折算。[2]

第五，如果股权净值(成本)以外币计价的，应根据上述第四点规定的三种不同情形，先将股权净值折算成人民币金额，再按《企业所得税法》第 19 条第 2 项及相关规定计算非居民企业财产转让所得应纳税所得额。[3] 例如，境外 A 企业为非居民企业，境内 B 企业和 C 企业为居民企业，A 企业前后两次投资 C 企业，合计持有 C 企业 40% 股权，第一次出资 100 万美元(假设当时人民币汇率中间价为：1 美元 = 人民币 8.6 元)，第二次投资 50 万欧元(假设当时人民币汇率中间价为：1 欧元 = 人民币 8.9 元)。2016 年 1 月 10 日 A 企业以人民币 2000 万元将该股权转让给 B 企业，B 企业于 2016 年 1 月 15 日向 A 企业支付股权转让款人民币 2000 万元。假设

[1] 参见国税 2017 年第 37 号公告第 7 条。

[2] 参见国税 2017 年第 37 号公告第 4 条。

[3] 参见国税 2017 年第 37 号公告第 5 条。

2016年1月15日，人民币兑美元和欧元的中间价分别为：1美元＝人民币6.6元，1欧元＝人民币7.2元，则本次股权转让收入为人民币2000万元；本次交易的股权净值为人民币1020万元（100万美元×6.6＋50万欧元×7.2）；本次交易应纳税所得额为人民币980万元（2000万元－1020万元）。

（二）征收管理

作为卖方的非居民企业向作为买方的居民企业转让中国境内企业股权的，非居民企业应当就该所得在中国缴纳企业所得税。不同于居民企业的定期预缴和汇算清缴，如非居民企业在中国境内没有设立机构或场所，或取得的股权转让所得与其在中国境内所设机构、场所没有实际联系，相关所得将实行源泉扣缴。买方作为扣缴义务人应在每次支付或者到期应支付交易价款时，从支付或者到期应支付的款项中扣缴税款。[1] 扣缴义务人应当自扣缴义务发生之日起7日内向扣缴义务人所在地税务主管机关申报和解缴代扣税款。扣缴义务人可以在申报和解缴应扣税款前报送有关申报资料；已经报送的，在申报时不再重复报送。[2] 相较于已废止的国税发〔2009〕3号文规定的应当在签订合同后的30日内报送有关资料，国税2017年第37号公告规定的是“可以”在申报和解缴应扣税款前报送有关资料，这说明国税2017年第37号公告不再强制性要求扣缴义务人在签订合同后的30日内报送有关资料。

对于应当扣缴的税款，扣缴义务人应扣未扣的，由扣缴义务人所在地主管税务机关依照《行政处罚法》第28条之规定责令扣缴义务人补扣税款，并依法追究扣缴义务人责任。[3] 另外，买方自行委托代理人或指定第三方代为支付相关款项，或者因担保合同或法律规定等原因由第三方保证人或担保人支付相关款项的，仍由委托人、指定人或被保证人、被担保人承担扣缴义务。[4] 也就是说，买方的扣缴义务不因其不是实际付款人而豁免。

---

〔1〕 参见《企业所得税法》第37条。

〔2〕 参见国税2017年第37号公告第7条、第8条。

〔3〕 参见国税2017年第37号公告第12条。

〔4〕 参见国税2017年第37号公告第2条。

法律规定买方的代扣代缴义务并不意味着免除卖方作为纳税义务人的纳税义务。根据《企业所得税法》第39条的规定，扣缴义务人未依法扣缴或者无法履行扣缴义务的，由纳税人在所得发生地缴纳。根据《企业所得税法实施条例》第7条的规定，股权转让的所得发生地为被投资企业所在地。如非居民企业取得的同一项所得在境内存在多个所得发生地，涉及多个税务主管机关的，非居民企业在自行申报缴纳未扣缴税款时，可以选择一地办理申报缴税事宜。[1] 国税2017年第37号公告第12条和第13条进一步明确，需要向纳税人追缴税款的，由所得发生地主管税务机关依法执行。扣缴义务人所在地与所得发生地不一致的，负责追缴税款的所得发生地主管税务机关应通过扣缴义务人所在地主管税务机关核实有关情况；扣缴义务人所在地主管税务机关应当自确定应纳税款未依法扣缴之日起5个工作日内，向所得发生地主管税务机关发送《非居民企业税务事项联络函》，告知非居民企业涉税事项。非居民企业逾期缴纳税款的，税务主管机关除责令该非居民企业限期申报缴纳应纳税款外，可以收集、查实该非居民企业在中国境内其他收入项目及其支付人的相关信息，并向其他支付人发出《税务事项通知书》，从其他支付人应付的款项中追缴该非居民企业的应纳税款和滞纳金。不同于居民企业，对于非居民企业来说，只要在税务主管机关责令限期缴纳税款前自行申报缴纳未扣缴税款的，或者在税务主管机关限期缴纳税款期限内申报缴纳税款的，均视为按期缴纳税款。[2]

三、非居民企业间的直接并购交易

非居民企业间的直接并购交易是指非居民企业相互之间直接转让的股权所指向的公司为位于中国境内的目标公司。例如，A和B为非居民企业，A的子公司C为居民企业，A向B转让其在C持有的股权即为非居民企业间的直接并购交易。已经废止的国税发〔2009〕3号文第15条第2款规定：“股权转让交易双方为非居民

---

〔1〕 参见国税2017年第37号公告第10条。

〔2〕 参见国税2017年第37号公告第9条和《关于〈国家税务总局关于非居民企业所得税源泉扣缴有关问题的公告〉的解读》第8条。

企业且在境外交易的，由取得所得的非居民企业自行或委托代理人向被转让股权的境内企业所在地主管税务机关申报纳税。被转让股权的境内企业应协助税务机关向非居民企业征缴税款。”国税2017年第37号公告在废止并取代该通知的同时没有沿用该通知的前述规定。根据《企业所得税法》第37条和第39条的规定，对在中国境内未设立机构、场所，或者虽设立机构、场所但取得的所得与其所设机构、场所没有实际联系的非居民企业来源于中国境内的所得应缴纳的所得税，实行源泉扣缴，以支付人为扣缴义务人；扣缴义务人未依法扣缴或者无法履行扣缴义务的，由纳税人在所得发生地缴纳。笔者认为，除非法律另有规定，《企业所得税法》第37条和第39条的规定应同样适用于非居民企业之间的并购交易，即在卖方为非居民企业的情形下，如果买方也为非居民企业，买方同样应根据《企业所得税法》第37条和第39条的规定履行扣缴义务。

从税收征管的角度来看，非居民企业间的直接并购交易与非居民企业与居民企业间的并购交易的区别主要表现为，在非居民企业间的直接并购交易中，买卖双方均为非居民企业，在中国境内可能均未设立机构或场所，因而不存在严格意义上的基于居民企业注册地为标准确定的扣缴税款的主管税务机关。根据《企业所得税法》规定的所得发生地管辖原则，所得发生地的税务机关应是非居民企业间并购交易的主管税务机关。另外，即便作为扣缴义务人的非居民企业为境外企业，甚至在中国境内没有设立机构或场所，但这不是中国法律不应或无法适用的理由。事实上，对于《行政处罚法》第28条规定的限期改正（责令扣缴义务人补扣税款）以及依法追究扣缴义务人责任的相关规定是否适用非居民企业的问题，《行政处罚法》第84条有明确规定，即“外国人、无国籍人、外国组织在中华人民共和国领域内有违法行为，应当给予行政处罚的，适用本法，法律另有规定的除外”。因此，就作为买方的非居民企业的扣缴义务和作为卖方的非居民企业的纳税义务而言，非居民企业间的直接并购交易与非居民企业与居民企业之间的并购交易没有实质性区别。

国税2017年第37号公告有关如何确定不同货币之间的汇率的规定同样适用于非居民企业之间的并购交易。国家税务总局主办的《中国税务报》于2019年5月31日以“忽略汇率差，企业补税500多万元”为题，报道了一则因错误适用汇率导致被要求补缴税款的案例:深圳市税务局在监管中发现,中国香港特别行政区 A 公司向注册地在巴巴多斯的 B 公司购买其在中国内地的子公司 Y 公司的股权,Y 公司的主要资产为位于深圳市福田区的一处物业,A 公司与 B 公司之间的交易总价超过 51 亿元人民币。Y 公司的注册资本为 3950 万美元,在确定股权交易成本时,相关方使用的是 2006 年的人民币对美元汇率中间价 8.0,与交易发生时的人民币对美元汇率中间价 6.7 相差较大,从而导致被列报的交易成本较高,A 公司因此少缴税款 500 多万元。根据国税 2017 年第 37 号公告的规定,财产转让收入或财产净值以外币计价的,应先将以外币计价项目金额比照该公告第 4 条的规定折算人民币金额,再按照相关规定计算应纳税所得额;在适用汇率方面,自行申报的企业应当按照填开税收缴款书之日前一日人民币汇率中间价折合成人民币,计算非居民企业应纳税所得额。因此,Y 公司在进行股权转让所得纳税申报时,应先将 3950 万美元交易额按照 6.7 左右的汇率折算为人民币金额,再确定股权交易成本,计算相应的税款。

四、非居民企业间的间接并购交易

与非居民企业间的直接并购交易不同,非居民企业间的间接并购交易所直接指向的目标公司不属于中国居民企业,但目标公司直接或间接持有中国居民企业股权等财产。因此,非居民企业间的间接并购交易是一种间接转让中国境内应税财产的行为,产生与直接转让中国境内应税财产相同或相近的实质性结果。根据《企业所得税法》第 47 条之规定,企业实施其他不具有合理商业目的的安排而减少其应纳税收入或者所得额的,税务机关有权按照合理方法调整。就非居民企业间的间接并购交易所涉及的中国境内应税财产而言,国家税务总局 2015 年第 7 号——《关于非居民企业间接转让财产企业所得税若干问题的公告》(以下简称国税 2015 年第 7 号公告)第 1 条明确规定,非居民企业通过实施不具有合理商业目的的安排,间接转让中国居民企业股权等财产,规避企业所得税纳税义务的,应重新定性该间接转让交易,将其确认为直接转让中国居民企业股权等财产的行为或交易。

(一)非居民企业间接转让的商业目的

作为一项反避税的规定,国税2015年第7号公告无意禁止或限制非居民企业通过实施具有合理商业目的的安排间接转让中国居民企业股权等财产,国税2015年第7号公告针对的是非居民企业出于规避企业所得税纳税义务之目的,通过实施不具有合理商业目的的安排间接转让中国居民企业股权等财产的行为。因此,分析和判断非居民企业间的间接并购交易的商业目的是税务机关决定是否重新定性该间接转让交易,将其确认为直接转让中国居民企业股权等财产的前提条件。根据国税2015年第7号公告第3条之规定,判断合理商业目的,应整体考虑与间接转让中国应税财产交易相关的所有安排,结合实际情况综合分析以下相关因素:(1)境外企业股权主要价值是否直接或间接来自中国应税财产;(2)境外企业资产是否主要由直接或间接在中国境内的投资构成,或其取得的收入是否主要直接或间接来源于中国境内;(3)境外企业及直接或间接持有中国应税财产的下属企业实际履行的功能和承担的风险是否能够证实企业架构具有经济实质;(4)境外企业股东、业务模式及相关组织架构的存续时间;(5)间接转让中国应税财产交易在境外应缴纳所得税情况;(6)股权转让方间接投资、间接转让中国应税财产交易与直接投资、直接转让中国应税财产交易的可替代性;(7)间接转让中国应税财产所得在中国可适用的税收协定或安排情况;(8)其他相关因素。国税2015年第7号公告在规定判断合理商业目的应当综合分析的相关因素的同时,其第4条、第5条和第6条也分别规定了应当推定为不具有合理商业目的的情形、不应被视为避税的情形和具有合理商业目的的情形。

第一,除根据国税2015年第7号公告应被推定为具有合理商业目的或不应被视为避税的情形外,间接转让中国应税财产相关的整体安排同时符合以下情形的,无须按国税2015年第7号公告进行分析和判断,应直接认定为不具有合理商业目的:(1)境外企业股权75%以上价值直接或间接来自中国应税财产;(2)间接转让中国应税财产交易发生前一年内任一时间点,境外企业资产总额(不含现金)的90%以上直接或间接由在中国境内的投资构成,或间接转让中国应税财产交易发生前一年内,境外企业取得收入的90%以上直接或间接来源于中国境内;(3)境外企业及直接或间接持有中国应税财产的下属企业虽在所在国家(地区)登记注册,已满足法律所要求的组织形式,但实际履行的功能及承担的风险有限,不足以证实其具有经济实质;(4)间接转让中国应税财产交易在境外应缴所得税税负低于直接转让中国应税财产交易在中国所应承担的税负。

第二,根据国税2015年第7号公告第5条的规定,间接转让中国应税财产的整体安排符合以下情形之一的,不应被视为避税行为:(1)非居民企业在公开市场买入并卖出同一上市境外企业股权取得间接转让中国应税财产所得;(2)在非居民企业直接持有并转让中国应税财产的情况下,按照可适用的税收协定或安排的规定,该项财产转让所得在中国可以免予缴纳企业所得税。根据国家税务总局的官方解读,判断间接转让中国应税财产的交易是否符合国税2015年第7号公告第5条第2项规定(上述第二种情形),关键是看集团内部间接转让中国应税财产交易是否以获取更有利的税收结果为目的,而这需要通过集团内部交易后可能再次发生的间接转让交易与在未发生集团内部交易情况下的相同或类似间接转让交易的税收结果的比较进行测试。凡前者税收结果可能优于后者的,均不能排除集团内部间接转让中国应税财产交易不是以获取更有利的税收结果为目的的可能性。举例而言,A公司为一家非居民企业,将其持有的境外企业C公司股权转让给集团内B公司(另一家非居民企业),因为C公司直接或间接持有中国居民企业5%股权,该项交易构成间接转让中国居民企业股权交易。如果B公司可以适用的税收协定限制中国对该中国居民企业5%股权的直接转让所得征税,而A公司可以适用的税收协定则不予限制,那么本次交易可以适用国税2015年第7号公告第5条第2项规定而不予征税。[1] 需要注意的是,即使集团内部间接转让中国应税财产交易不符合国税2015年第7号公告第5条的规定,这也不意味着其一定会被认定为不具有合理商业目的,是否具有合理商业目的应按照国税2015年第7号公告第3条的规定判断。

第三,间接转让中国应税财产同时符合以下条件的,应被认定为具有合理商业

---

〔1〕 参见国家税务总局2015年2月6日《关于〈国家税务总局关于非居民企业间接转让财产企业所得税若干问题的公告〉的解读》第7条。

目的:(1)交易双方的股权关系具有下列情形之一:股权转让方直接或间接拥有股权受让方80%以上的股权,或股权受让方直接或间接拥有股权转让方80%以上的股权,或股权转让方和股权受让方被同一方直接或间接拥有80%以上的股权;但是,如果境外企业股权50%以上(不含50%)价值直接或间接来自中国境内不动产的,上述持股比例应为100%。(2)本次间接转让交易后可能再次发生的间接转让交易相比在未发生本次间接转让交易情况下的相同或类似间接转让交易,其中国所得税负担不会减少。(3)股权受让方全部以本企业或与其具有控股关系的企业的股权(不含上市企业股权)支付股权交易对价。

《中国税务报》2016年12月6日以“穿透‘导管’公司追缴亿元税款”为题,报道了一个因规避中国纳税义务而被税务机关要求补缴所得税1.44亿元的典型案例:2015年12月10日,贵阳市某区国税局发现其辖区内贵阳X公司的公司名称发生了变化,但其工商登记和税务登记信息均无变更。通过公开查询和对相关资料的研究,税务机关发现,贵阳X公司的香港特别行政区关联公司X(HK)公司已将其持有的注册在英属维尔京群岛的S公司100%股权转让给注册在英属维尔京群岛的Y公司;S公司在香港特别行政区的全资子公司G公司持有X公司100%的股权。税务机关注意到,S公司注册资本折合人民币仅有7万元,但股权转让成交价却高达人民币50多亿元。税务机关通过约谈贵阳X公司负责人,分析S公司和G公司交易信息、财务报表和经营情况进一步查明:G公司注册资本仅为1港元,S公司和G公司常年无工作人员及实质商业行为;X(HK)公司转让S公司取得的收益与S公司和G公司的实际注册资本、资产总额、生产经营状况、收入和现金流等都存在明显不匹配的情形;S公司与G公司除间接和直接持有贵阳X公司的股权外,没有其他不动产、无形资产、存货和设备等有价值的资产,S公司的股权价值99%以上来自贵阳X公司。基于前述事实以及考虑到本次交易在英属维尔京群岛无须缴纳资本利得税或其他与财产转让有关的税收,税务机关认定这次间接股权转让不具有合理商业目的,应被确认为直接转让中国居民企业贵阳X公司股权,X(HK)公司应按股权转让价减除股权成本价后的差额补缴预提所得税1.44亿元。

（二）非居民企业间接转让的特殊情形

与非居民企业间的直接股权交易相比，非居民企业间的间接股权交易有下列两个特殊情形值得注意：

第一，有关中国应税财产的认定问题。中国应税财产是指非居民企业直接持有，且转让取得的所得按照中国税法规定，应在中国缴纳企业所得税的中国境内机构场所财产、中国境内不动产、在中国居民企业的权益性投资资产（如股权）等财产。假设境外非居民企业A公司直接持有境外非居民企业B公司的股权，B公司直接持有中国境内企业C公司的股权为中国应税财产，B公司通过C公司间接持有的股权或资产D则不属于中国应税财产，B公司同时持有境外X公司的股权也不属于中国应税财产。

如果被转让境外企业股权价值包括中国应税财产因素和非中国应税财产因素，则需要按照合理方法将转让境外企业股权所得划分为归属于中国应税财产所得和归属于非中国应税财产所得，非居民企业只需就归属于中国应税财产所得按照国税2015年第7号公告调整征税。例如，上述B公司持有中国应税财产和非中国应税财产两项资产，非居民企业A公司转让B公司股权所得为100元人民币，假设其中归属于中国应税财产的所得为80元人民币，归属于非中国应税财产所得为20元人民币，在这种情况下，只就归属于中国应税财产的80元人民币部分适用国税2015年第7号公告的规定征税；假设其中归属于中国应税财产的所得为120元人民币，归属于非中国应税财产的所得为-20元人民币，那么即便A公司转让B公司股权所得为100元人民币，仍需就归属于中国应税财产的120元人民币适用国税2015年第7号公告征税。[1]

第二，根据国税2015年第7号公告第12条的规定，如果非居民企业转让同一境外企业股权导致间接转让两项以上中国应税财产并涉及两个以上主管税务机关，扣缴义务人或股权转让方应分别到各主管税务机关申报缴纳企业所得税。但

〔1〕 参见《非居民企业源泉扣缴税收指引》（国家税务总局国际税务司，2018年8月）第五章第六节。

是,根据国税2017年第37号公告第10条的规定,在直接转让的情形下,如同一项所得因涉及多处所得发生地而涉及多个主管税务机关的,扣缴义务人或股权转让方在申报缴税时可以选择一地办理。根据国家税务总局的官方解读,国税2015年第7号公告和国税2017年第37号公告的适用情形不同,两者并不存在冲突。国税2017年第37号公告第10条适用于非居民企业取得同一项所得的情形,国税2015年第7号公告第12条适用于非居民企业转让境外企业股权导致间接转让两项以上中国应税财产取得所得的情形。尽管适用国税2015年第7号公告第12条的交易在形式上表现为直接转让境外企业股权的一次交易,但如果按照国税2015年第7号公告对其重新定性,则应将该转让境外企业股权的交易重新确认为直接转让中国应税财产的交易;而如果间接交易涉及的中国应税财产有两项或两项以上,那么重新确认后的直接转让中国应税财产交易也有两项或两项以上,进而可以确定两项或两项以上直接转让中国应税财产交易产生的所得不属于同一项所得,不适用国税2017年第37号公告第10条规定。[1] 例如,境外A公司直接向境外C公司转让境外B公司股权导致间接转让中国境内X、Y和Z股权(X、Y和Z股权均为中国应税财产)。如果按照国税2015年第7号公告对其重新定性,则应将该转让境外B公司股权的交易重新确认为直接转让X、Y和Z股权的中国应税财产的交易,从而在事实上构成三项直接转让中国应税财产的交易。

(三)非居民企业间接转让的扣缴义务人

根据国税2015年第7号公告第8条和第9条的规定,间接转让不动产所得或间接转让股权所得按照该公告规定应缴纳企业所得税的,依照有关法律规定或者合同约定对股权转让方直接负有支付相关款项义务的单位或者个人为扣缴义务人。扣缴义务人未扣缴,且股权转让方未缴纳应纳税款的,主管税务机关可以按照税收征管法及其实施细则相关规定追究扣缴义务人责任;但扣缴义务人已在签订股权转让合同之日起30日内按国税2015年第7号公告第9条规定提交资料的,可

〔1〕 参见国家税务总局2017年10月27日《关于〈国家税务总局关于非居民企业所得税源泉扣缴有关问题的公告〉的解读》第9条。

以减轻或免除责任。国税2015年第7号公告第9条规定，间接转让中国应税财产的交易双方及被间接转让股权的中国居民企业可以向主管税务机关报告股权转让事项，并提交以下资料：(1)股权转让合同或协议；(2)股权转让前后的企业股权架构图；(3)境外企业及直接或间接持有中国应税财产的下属企业上两个年度财务、会计报表；(4)间接转让中国应税财产交易不应被重新定性并确认为直接转让中国居民企业股权等财产的理由。

第二节　公司并购交易涉及的个人所得税

《个人所得税法》不以自然人的国籍作为管辖标准，其适用对象既包括居民个人也包括非居民个人。根据《个人所得税法》第1条之规定，在中国境内有住所，或者无住所而在一个纳税年度内在中国境内居住累计满183天的个人为居民个人；在中国境内无住所又不居住，或者无住所而在一个纳税年度内在中国境内居住累计不满183天的个人为非居民个人。居民个人从中国境内和境外取得的所得应依法缴纳个人所得税；非居民个人从中国境内取得的所得应依法缴纳个人所得税。另外，根据《个人所得税法实施条例》第6条的规定，个人独资企业投资人、合伙企业的个人合伙人来源于境内注册的个人独资企业、合伙企业生产、经营的所得适用《个人所得税法》。下文将基于并购交易的当事方是否具有中国税收居民身份来分别介绍并购交易所涉及的个人所得税问题，包括个人作为卖方的并购交易，以及合伙企业或个人独资企业作为卖方的并购交易。

一、个人作为卖方的并购交易

实践中，个人为公司股东的情形不在少数，这就涉及个人股东转让股权的所得税问题。目前，国家有关个人股东转让股权所得税的法律规定主要有2018年8月31日发布的修正后的《个人所得税法》和2018年12月18日发布的修订后的《个人所得税法实施条例》，以及国家税务总局2014年12月7日发布、2018年6月15日修改的《股权转让所得个人所得税管理办法（试行）》（国家税务总局公告2014年第

67 号,以下简称国税 2014 年第 67 号公告)。[1] 国税 2014 年第 67 号公告是有关股权转让所得个人所得税管理的具体规定,但从法理上说,由于其发布时间和修改时间均在《个人所得税法》和《个人所得税法实施条例》修正和修订之前,且该公告属于下位法,因此国税 2014 年第 67 号公告如与《个人所得税法》和《个人所得税法实施条例》冲突,应以《个人所得税法》和《个人所得税法实施条例》为准。

(一)应纳税额

《个人所得税法实施条例》第 17 条规定,"财产转让所得,按照一次转让财产的收入额减除财产原值和合理费用后的余额计算纳税"。股权转让作为财产转让的一种形式,个人股东转让股权所得适用比例税率,税率为 20%。[2] 因此,个人股东转让股权所得的应纳税额应根据以下公式计算:

应纳税额 = 应纳税所得额(即股权转让收入 – 股权原值 – 合理费用)× 税率(20%)

具体来说:第一,股权转让收入是指纳税人因股权转让而取得的现金、实物、有价证券和其他形式的经济利益以及与股权转让相关的各种款项(包括违约金、补偿金以及其他名目的款项、资产、权益等);另外,纳税人按照合同约定,在满足约定条件后取得的后续收入,应当作为股权转让收入。[3] 股权转让收入应当按照公平交易原则确定。符合下列情形之一的,主管税务机关可以根据国税 2014 年第 67 号公告第 14 条规定的净资产核定法、类比法或其他合理方法核定股权转让收入:申报的股权转让收入明显偏低[4]

---

[1] 根据国家税务总局 2018 年 6 月 15 日发布的《国家税务总局关于修改部分税收规范性文件的公告》(国家税务总局公告 2018 年第 31 号),国税 2014 年第 67 号公告中原来的第 26 条被删除,其他条款未作实质性修改。

[2] 参见《个人所得税法》第 3 条。

[3] 参见国税 2014 年第 67 号公告第 7 条、第 8 条和第 9 条。

[4] 国税 2014 年第 67 号公告第 12 条规定:"符合下列情形之一,视为股权转让收入明显偏低:(一)申报的股权转让收入低于股权对应的净资产份额的。其中,被投资企业拥有土地使用权、房屋、房地产企业未销售房产、知识产权、探矿权、采矿权、股权等资产的,申报的股权转让收入低于股权对应的净资产公允价值份额的;(二)申报的股权转让收入低于初始投资成本或低于取得该股权所支付的价款及相关税费的;(三)申报的股权转让收入低于相同或类似条件下同一企业同一股东或其他股东股权转让收入的;(四)申报的股权转让收入低于相同或类似条件下同类行业的企业股权转让收入的;(五)不具合理性的无偿让渡股权或股份;(六)主管税务机关认定的其他情形。"

且无正当理由的;或未按照规定期限办理纳税申报,经税务机关责令限期申报,逾期仍不申报的;或转让方无法提供或拒不提供股权转让收入的有关资料;或其他应核定股权转让收入的情形。[1]

第二,有关如何确定股权原值的问题,根据国税 2014 年第 67 号公告第 15 条至第 18 条的规定,通常情况下,股权原值按照纳税人取得股权时的实际支出进行确认;如纳税人在获得股权时,转让方已经被核定征收过个人所得税的,纳税人在此次转让时,股权原值可以按照取得股权时发生的合理税费与税务机关核定的转让方股权转让收入之和确定;自然人多次取得同一被投资企业股权的,转让部分股权时,采用"加权平均法"确定其股权原值。国税 2014 年第 67 号公告的前述规定应该是为了使整个转让环节前后衔接,避免重复征税。另外,在计算应纳税所得额时可以扣除的合理费用是指股权转让时按照规定支付的税费。[2]

第三,如果转让的股权以外币结算的,根据国税 2014 年第 67 号公告第 23 条的规定,应该按照结算当日人民币汇率中间价折算成人民币计算应纳税所得额。笔者注意到,该条规定的按照"人民币汇率中间价"折算与《个人所得税法》第 16 条规定的原则相同。[3] 但是,国税 2014 年第 67 号公告规定的按照"结算当日"人民币汇率中间价折算似乎与《个人所得税法实施条例》不一致。根据《个人所得税法实施条例》第 32 条的规定,所得为人民币以外货币的,按照办理纳税申报或者扣缴申报的上一月最后一日人民币汇率中间价,折合成人民币计算应纳税所得额。

(二)征收管理

根据《个人所得税法》第 9 条之规定,个人所得税以所得人为纳税人,以支付所得的单位或者个人为扣缴义务人。国税 2014 年第 67 号公告第 5 条也规定,个人股权转让所得的个人所得税,以股权转让方为纳税人,以受让方为扣缴义务人。因此,受让方无论是企业还是个人,均应按个人所得税法规定履行扣缴税款义务。法

〔1〕 参见国税 2014 年第 67 号公告第 11 条。

〔2〕 参见国税 2014 年第 67 号公告第 4 条。

〔3〕《个人所得税法》第 16 条规定:"各项所得的计算,以人民币为单位。所得为人民币以外的货币的,按照人民币汇率中间价折合成人民币缴纳税款。"

律没有明确禁止扣缴义务人委托包括被投资企业在内的第三方代为履行扣缴义务。在“桂林琦宝房地产开发有限公司与陈某某追偿权纠纷案”中，广西壮族自治区高级人民法院认为，股权受让方本应为案涉税款的代扣代缴义务人，但基于股权受让方为被投资企业的股东，拥有该公司全部股权，税务机关指定被投资企业作为扣缴义务人，被投资企业应被视为代其股东（股权受让方）履行了代扣代缴义务；如股权受让方已向纳税人（卖方）支付全部股权转让价款，纳税人应当在被投资企业缴纳税款后向被投资企业偿还代缴税款；被投资企业在代纳税义务人缴纳个人所得税款后对其进行追偿有事实和法律依据。[1] 另外，从最高人民法院（2015）民申字第2936号民事裁定书和最高人民法院（2015）民申字第1143号民事裁定书认定的事实中可知，涉案的主管税务机关下发的《税务事项通知书》载明的扣缴义务人分别为被投资企业的法定代表人或被投资企业，并且最高人民法院在这两份民事裁定书中均认为，未经税务机关指定为扣缴义务人的买方在支付价款时不得将税款提前扣除。笔者认为，基于税收法定原则，纳税人或扣缴义务人均应由法律规定，税务机关应根据法律规定要求法定的纳税人或扣缴义务人履行相关纳税义务和扣缴义务，而不应自行指定法定扣缴义务人之外的第三人承担扣缴义务。但是，如果扣缴义务人在代扣纳税人的应税款之后委托第三方代为缴入国库，即扣缴义务人自行代扣后没有自行解缴税款，而是委托第三人代为缴入国库，只要相关安排不违反法律的其他规定，并且被主管税务机关所接受，那么扣缴义务人不应被视为违反法律规定的扣缴义务。

关于股权转让所得个人所得税的扣缴义务，《个人所得税法》第12条和第14条以及《个人所得税法实施条例》第24条规定，纳税人取得股权转让所得，应按次计算个人所得税，由扣缴义务人按次代扣代缴税款；扣缴义务人向个人支付应税款项时，应当依照《个人所得税法》的规定代扣税款；扣缴义务人每次代扣的税款，应当在次月15日内缴入国库，并向税务机关报送扣缴个人所得税申报表。法律规定的“按次”应是指一次独立的并购交易，即股权转让所得的个人所得税应按照每个独立股权转让的交易代扣代缴。但是，就任何一次特定的并购交易而言，对于买方

---

〔1〕 参见广西壮族自治区高级人民法院民事判决书，（2015）桂民四终字第72号。

根据双方之间的约定分期支付股权转让款时应如何代扣代缴个人所得税的问题,《个人所得税法》《个人所得税法实施条例》似乎没有给予明确规定。深圳市税务局 2021 年 11 月 24 日在其官方网站的解答中认为,股权转让款分期支付的,应在第一笔款项支付时按照全额申报缴纳个人所得税。

法律还规定了个人转让股权时个人所得税的代扣代缴时间或纳税时间。《个人所得税法》第 15 条第 2 款规定,"……个人转让股权办理变更登记的,市场主体登记机关应当查验与该股权交易相关的个人所得税的完税凭证"。根据该规定,目标公司只能在扣缴义务人或纳税人完税之后方可在公司登记机关办理股权转让的变更登记,或者说个人所得税税款必须在股权转让变更登记之前入库。部分地方税务机关也通过地方性规定明确要求卖方在办理股权转让变更登记前缴纳个人所得税。例如,国家税务总局广州市税务局和广州市市场监督管理局 2021 年 3 月 16 日发布的《关于个人股权变更登记需查验完税凭证的通告》(国家税务总局广州市税务局、广州市市场监督管理局通告 2021 年第 2 号)规定:"个人转让股权办理股东变更登记的,应先到税务机关办理个人所得税纳税申报,市场主体登记机关应当查验与该股权交易相关的个人所得税的完税凭证。"深圳市税务局和深圳市市场监督管理局在其 2021 年 6 月 11 日发布的通告中,要求"个人转让股权办理股东变更登记的,在向市场监督管理部门办理变更登记前,扣缴义务人、纳税人应依法在被投资企业所在地税务主管机关办理纳税申报"。上海市税务局和上海市市场监督管理局于 2022 年 11 月 28 日联合发布通告,要求自 2022 年 12 月 20 日起,个人转让股权办理股东变更登记的,在向市场监督管理部门办理变更登记前,扣缴义务人、纳税人应依法在被投资企业所在地主管税务机关办理纳税申报;市场主体登记机关根据税务机关提供的《自然人股东股权变更完税情况表》办理股权变更登记。

《个人所得税法》在规定以支付所得的单位或者个人为扣缴义务人的同时,也规定纳税人在扣缴义务人未扣缴税款的情形下应当依法办理纳税申报,并应当在取得所得的次年 6 月 30 日前缴纳税款。[1]

---

〔1〕 参见《个人所得税法》第 9 条、第 10 条和第 13 条。

二、合伙企业或个人独资企业作为卖方的并购交易

《企业所得税法》第1条明确排除该法对个人独资企业和合伙企业的适用。国税2014年第67号公告第2条也排除该管理办法对投资于个人独资企业和合伙企业的投资人的适用。根据《个人所得税法实施条例》第6条之规定，个人所得税法规定的个人所得中的“经营所得”包括“个人独资企业投资人、合伙企业的个人合伙人来源于境内注册的个人独资企业、合伙企业生产、经营的所得”。

（一）合伙企业的所得税

《合伙企业法》第6条规定：“合伙企业的生产经营所得和其他所得，按照国家有关税收规定，由合伙人分别缴纳所得税。”财政部、国家税务总局《关于合伙企业合伙人所得税问题的通知》（财税〔2008〕第159号）也规定，合伙企业以每一个合伙人为纳税义务人，合伙企业合伙人是自然人的，缴纳个人所得税；合伙人是法人和其他组织的，缴纳企业所得税。在纳税与分配的先后顺序上，合伙企业生产经营所得和其他所得采取“先分后税”的原则。“先分”是指先向合伙人分配生产经营所得和其他所得，该等所得除合伙企业实际分配给投资者个人的所得外，还包括合伙企业当年留存的所得（利润）；“后税”是指合伙人在取得合伙企业分配的所得后根据相关法律规定自行缴纳所得税。由于法律规定了个人所得税的代扣代缴制度，有人误以为第三人在向合伙企业支付款项时，第三人应就合伙企业的个人合伙人所涉个人所得税进行代扣代缴。事实上，法律并未规定向合伙企业支付价款的第三人在向合伙企业付款时承担代扣代缴个人所得税的义务。但是，合伙企业向个人合伙人支付所得时应根据《个人所得税法》的规定扣缴个人所得税。

根据《个人所得税法》第6条和《个人所得税法》所附《个人所得税税率表二》以及《个人所得税法实施条例》第6条的规定，个人合伙人从合伙企业取得的所得属于经营所得，经营所得以每一纳税年度的收入总额减除成本、费用以及损失后的余额为应纳税所得额，个人的经营所得适用5%～35%的超额累进税率。

对于采用有限合伙企业形式的私募股权基金而言，从商业逻辑上看，私募股权基金的普通合伙人和有限合伙人在合伙企业中的权利和义务不同，其源于合伙企

业的所得的性质也有所区别。作为执行事务合伙人的普通合伙人执行合伙事务，负责“经营”合伙企业，其从私募股权基金中取得的所得作为经营所得并无明显争议。但有限合伙人不执行合伙事务，不参与私募股权基金的管理，私募股权基金在本质上仅是有限合伙人的一种投资工具，其从私募股权基金中取得的所得大多是因私募股权基金从事股权投资（股权转让）而取得的所得。有人提出，按照实质课税原则，个人有限合伙人因私募股权基金从事股权投资而取得的所得应被视为个人的财产转让所得，适用20%的比例税率。对此，财政部、国家税务总局、国家发改委和中国证监会于2019年1月10日发布的《关于创业投资企业个人合伙人所得税政策问题的通知》（财税〔2019〕8号）规定，“创投企业选择按单一投资基金核算的情况下，其个人合伙人从该基金应分得的股权转让所得和股息红利所得，按照20%税率计算缴纳个人所得税”。但是，该通知对可以适用20%税率（财产转让所得税率）的限定条件较为严格，且仅适用于经备案的创投企业，并未允许其他类型的基金适用20%税率。除前述通知外，国家层面没有其他规定允许个人有限合伙人因私募股权基金从事股权投资而取得的所得适用20%税率。从地方层面的规定来看，为鼓励股权投资基金，部分省市曾发布规定，对个人从私募基金中取得的所得按照20%税率征收个人所得税。例如，北京市财政局等于2009年1月19日施行的《关于促进股权投资基金业发展的意见》（京金融办〔2009〕5号）规定，“合伙制股权基金中个人合伙人取得的收益，按照‘利息、股息、红利所得’或者‘财产转让所得’项目征收个人所得税，税率为20%”；上海、深圳和天津等城市也曾执行过类似的政策，但相关文件目前大多已到期失效或按内部口径不再执行。因此，除非得到税务主管机关的明确同意，否则个人合伙人均应按照经营所得的税率申报缴纳个人所得税。

（二）个人独资企业的所得税

根据《个人独资企业法》的相关规定，个人独资企业是指在中国境内设立，由一个自然人投资，财产为投资人个人所有，投资人以其个人财产对企业债务承担无限责任的经营实体；个人独资企业以其主要办事机构所在地为住所；个人独资企业投资人对本企业的财产依法享有所有权；个人独资企业投资人可以自行管理企业事务,也可以委托或者聘用其他具有民事行为能力的人负责企业的事务管理。[1] 与合伙企业相比,除投资人人数不同之外,个人独资企业与合伙企业在包括法律形式和投资者责任承担等其他方面没有实质性区别。因此,不难理解,个人独资企业投资人的所得与合伙企业个人合伙人的所得在税收待遇上适用相同的法律规定,即均适用个人所得税法有关"经营所得"的规定。

第三节　资产收购涉及的税费

与股权收购不同,资产收购除所得税和印花税外,还可能涉及增值税、土地增值税和契税等。本节从资产收购的角度选择性地介绍与资产收购相关的几个主要税种和企业改制重组中的税收优惠政策,并讨论以股权收购形式间接收购不动产的税收风险。

一、资产收购涉及的主要税种

(一)增值税

增值税是以应税商品、劳务和服务在流转过程中产生的增值额作为计税依据而征收的一种流转税。从计税原理上说,增值税是对商品生产加工、流通、劳务服务中各个环节的新增价值或商品的附加值征收的一种流转税。增值税也是一种价外税。

我国曾就提供劳务、转让无形资产或者销售不动产征收营业税,就销售货物或者提供加工、修理修配劳务以及进口货物征收增值税。经部分行业的试点后,财政部、国家税务总局于 2016 年 3 月 23 日发布了《关于全面推开营业税改征增值税试点的通知》(财税〔2016〕36 号,以下简称财税〔2016〕36 号文)。根据财税〔2016〕36 号文,自 2016 年 5 月 1 日起,我国在全国范围内全面推开营业税改征增值税(营改

---

〔1〕 参见《个人独资企业法》第 2 条、第 3 条、第 17 条和第 19 条。

增)试点,建筑业、房地产业、金融业、生活服务业等全部营业税纳税人纳入试点范围,由缴纳营业税改为缴纳增值税。财政部和国家税务总局在下发财税〔2016〕36号文的同时下发了《营业税改征增值税试点实施办法》《营业税改征增值税试点有关事项的规定》等4个附件。国务院于2017年11月19日相应修订了《增值税暂行条例》。根据修订后的《增值税暂行条例》和《营业税改征增值税试点实施办法》等规定,在我国境内销售货物或者加工、修理修配劳务,销售服务、无形资产、不动产以及进口货物的单位和个人,为增值税的纳税人。

1. 增值税应纳税额的计算方法

增值税的纳税人分为一般纳税人和小规模纳税人。其中,应税行为的年应征增值税销售额(以下简称应税销售额)超过财政部和国家税务总局规定的标准(人民币500万元)的纳税人为一般纳税人,未超过该标准的纳税人为小规模纳税人;年应税销售额未超过人民币500万元的纳税人,如果会计核算健全,能够提供准确税务资料的,可以向税务主管机关办理一般纳税人资格登记,成为一般纳税人。[1]区分一般纳税人和小规模纳税人的意义在于两者的应纳税额计算方法不同。《增值税暂行条例》规定了两种不同的应纳税额计算方法,即一般计税方法和简易计税方法,前者适用于一般纳税人,后者适用于小规模纳税人。

第一,一般计税方法的应纳税额计算公式为:

应纳税额 = 当期销项税额 - 当期进项税额

当期销项税额小于当期进项税额不足抵扣时,其不足部分可以结转下期继续抵扣。前述"销项税额"是指纳税人发生应税销售行为,按照销售额和《增值税暂行条例》规定的增值税税率计算并收取的增值税额,即销项税额 = 销售额 × 税率。其中,销售额为纳税人发生应税销售行为收取的全部价款和价外费用;价外费用是指在价外收取的各种性质的费用,但不包括代为收取并符合规定的政府性基金或者行政事业性收费以及以委托方名义开具发票代委托方收取的款项等。前述"进项税额"是指纳税人购进货物、劳务、服务、无形资产、不动产支付或者负担的增值税

〔1〕《财政部、税务总局关于统一增值税小规模纳税人标准的通知》(财税〔2018〕33号)第1条,《增值税暂行条例》第13条第2款。

额。一般计税方法的销售额不包括销项税额，纳税人采用销售额和销项税额合并定价方法的，按照下列公式计算销售额：

销售额 = 含税销售额 ÷ (1 + 税率)[1]

《增值税暂行条例》、财政部和国家税务总局《关于调整增值税税率的通知》(财税〔2018〕32 号)以及《关于深化增值税改革有关政策的公告》(财政部、税务总局、海关总署公告 2019 年第 39 号)等按照不同的商品、劳务和服务规定了 0、6%、9% 和 13% 四种不同的税率。

第二，简易计税方法的应纳税额是指按照销售额和增值税征收率计算的增值税额，即应纳税额 = 销售额 × 征收率。根据简易计税方法计算的应纳税额不得抵扣进项税额。简易计税方法的销售额不包括其应纳税额，纳税人采用销售额和应纳税额合并定价方法的，按照下列公式计算销售额：

销售额 = 含税销售额 ÷ (1 + 征收率)[2]

除另有规定外，小规模纳税人增值税征收率为 3%。[3]

2. 增值税纳税义务发生时间和纳税期限

增值税纳税义务发生时间分别为：发生应税销售行为的，为收讫销售款项或者取得销售款项凭据的当天；先开具发票的，为开具发票的当天；进口货物的，为报关进口的当天。增值税扣缴义务发生时间为纳税人增值税纳税义务发生的当天。增值税的纳税期限分别为 1 日、3 日、5 日、10 日、15 日、1 个月或者 1 个季度。纳税人的具体纳税期限，由税务主管机关根据纳税人应纳税额的大小分别核定。不能按照固定期限纳税的，可以按次纳税。纳税人以 1 个月或者 1 个季度为 1 个纳税期的，自期满之日起 15 日内申报纳税；以 1 日、3 日、5 日、10 日或者 15 日为 1 个纳税期的，自期满之日起 5 日内预缴税款，于次月 1 日起 15 日内申报纳税并结清上月应

〔1〕 关于一般计税方法的应纳税额的计算，参见《营业税改征增值税试点实施办法》第 21 ~ 33 条，《关于全面推开营业税改征增值税试点的通知》(财税〔2016〕36 号)第 21 ~ 33 条。

〔2〕 关于简易计税方法应纳税额的计算，参见《营业税改征增值税试点实施办法》第 34 ~ 36 条，《关于全面推开营业税改征增值税试点的通知》(财税〔2016〕36 号)第 34 ~ 36 条。

〔3〕 参见《增值税暂行条例》第 12 条。

纳税款。[1]

3. 转让不动产的增值税

国家税务总局 2016 年 3 月 31 日发布的《纳税人转让不动产增值税征收管理暂行办法》(国家税务总局公告 2016 年第 14 号,以下简称国税 2016 年第 14 号公告)对纳税人转让其取得的不动产的税收征管问题进行了明确。国税 2016 年第 14 号公告适用于纳税人转让自己以直接购买、接受捐赠、接受投资入股、自建以及抵债等各种形式取得的不动产,不包括房地产开发企业销售自行开发的房地产项目。国税 2016 年第 14 号公告按照不动产的取得时间、纳税人类别、不动产类型,分别对纳税人转让其取得的不动产如何在不动产所在地预缴、如何在机构所在地申报纳税,作了进一步细化和明确。[2]

第一,一般纳税人转让 2016 年 4 月 30 日前取得的不动产,可以选择简易计税方法或一般计税方法。选择简易计税方法的,转让取得(不含自建)的不动产,以取得的全部价款和价外费用扣除不动产购置原价或者取得不动产时的作价后的余额(以下简称扣除后余额)为销售额,按照 5% 的征收率计算应纳税额;转让自建的不动产,以取得的全部价款和价外费用(以下简称全部价费)为销售额按照 5% 的征收率计算应纳税额。选择一般计税方法的,转让取得(不含自建)的不动产,以扣除后余额按照 5% 的预征率预缴税款;转让自建的不动产,以全部价费按照 5% 的预征率预缴税款。

第二,一般纳税人转让 2016 年 5 月 1 日后取得的不动产,只适用一般计税方法,转让取得(不含自建)的不动产,以扣除后余额按照 5% 的预征率预缴税款;转让自建的不动产,以全部价费按照 5% 的预征率预缴税款。

第三,小规模纳税人(不含个人)转让其取得(不含自建)的不动产,以扣除后余额为销售额,按照 5% 的征收率计算应纳税额;转让其自建的不动产,以全部价费为销售额,按照 5% 的征收率计算应纳税额。

根据国税 2016 年第 14 号公告的要求,纳税人按规定从取得的全部价款和价外

---

〔1〕 关于增值税纳税义务发生时间和纳税期限的规定,参见《增值税暂行条例》第 19 条、第 23 条。

〔2〕 参见国税 2016 年第 14 号公告第 2 条、第 3 条。

费用中扣除不动产购置原价或者取得不动产时的作价的,应当取得符合法律、行政法规和国家税务总局规定的合法有效凭证,包括税务部门监制的发票,法院判决书、裁定书、调解书,仲裁裁决书,公证债权文书,以及国家税务总局规定的其他凭证。[1] 国税 2016 年第 14 号公告还明确了纳税人销售不动产的税款计算、增值税发票开具以及纳税申报等具体税收征管问题。

国税 2016 年第 14 号公告是国家税务总局专门对纳税人转让不动产的增值税征管问题所做的规定,与《增值税暂行条例》有关销售不动产和转让土地使用权的规定不完全相符。《增值税暂行条例》第 27 条规定:"纳税人缴纳增值税的有关事项,国务院或者国务院财政、税务主管部门经国务院同意另有规定的,依照其规定。"该条规定授权国务院财政、税务主管部门经国务院同意可以就纳税人缴纳增值税的有关事项作不同于《增值税暂行条例》的规定。

4. 增值税附加

根据 2021 年 9 月 1 日起施行的《城市维护建设税法》、国务院《征收教育费附加的暂行规定》(2011 年修订)以及财政部《关于统一地方教育附加政策有关问题的通知》(财综〔2010〕98 号)的相关规定,纳税人在缴纳增值税、消费税时,应当以依法实际缴纳的增值税税额、消费税税额为计税依据,同时缴纳城市维护建设税、教育费附加和地方教育费附加。具体而言,根据《城市维护建设税法》第 4 条的规定,城市维护建设税应纳税额应按照计税依据乘以下列具体税率计算:(1)纳税人所在地在市区的,税率为 7%;(2)纳税人所在地在县城、镇的,税率为 5%;(3)纳税人所在地不在市区、县城或者镇的,税率为 1%。城市维护建设税纳税人所在地是指纳税人住所地或者与纳税人生产经营活动相关的其他地点,具体地点由省、自治区、直辖市确定。根据《征收教育费附加的暂行规定》第 3 条和《关于统一地方教育附加政策有关问题的通知》第 2 条的规定,教育费附加率为 3%,地方教育附加征收标准统一为 2%。

〔1〕 参见国税 2016 年第 14 号公告第 8 条。

(二)土地增值税

土地增值税是对有偿转让国有土地使用权、地上建筑物和其他附着物(以下简称房地产)并取得增值性收入的单位和个人所征收的一种税种。转让房地产并取得收入的单位和个人为土地增值税的纳税人。土地增值税按照纳税人转让房地产所取得的增值额和《土地增值税暂行条例》第7条规定的税率计算征收。其中,纳税人转让房地产所取得的收入减除计算增值额的扣除项目后的余额为增值额。《土地增值税暂行条例》第6条列明的计算增值额的扣除项目,包括取得土地使用权所支付的金额、开发土地的成本费用、新建房及配套设施的成本费用或者旧房及建筑物的评估价格、与转让房地产有关的税金以及财政部规定的其他扣除项目。需要注意的是,扣除项目涉及的增值税进项税额,只要允许在销项税额中计算抵扣的,不计入扣除项目;不允许在销项税额中计算抵扣的,可以计入扣除项目。[1] 城市维护建设税、教育费附加,凡能够按清算项目准确计算的,允许据实扣除。[2] 实践中,纳税人可能因为各种原因无法提供发票等凭证证明扣除项目的金额。在此情形下,税务机关通常允许纳税人以有资质的评估机构出具的重置成本评估报告来确定扣除项目的金额。另外,尽管有上述规定,纳税人有下列情形之一的,税务机关将按照不动产评估价格计算征收土地增值税:隐瞒、虚报成交价格的;提供扣除项目金额不实的;转让不动产的成交价格低于不动产评估价格,又无正当理由的。[3] 根据《土地增值税暂行条例》第7条的规定,土地增值税实行四级超率累进税率(见表1)。

---

〔1〕 参见《财政部、国家税务总局关于营改增后契税、房产税、土地增值税、个人所得税计税依据问题的通知》(财税〔2016〕43号)第3条。

〔2〕 参见《国家税务总局关于营改增后土地增值税若干征管规定的公告》(国家税务总局公告2016年第70号)第4条。

〔3〕 参见《土地增值税暂行条例》第9条。

表 1　四级超率累进税率

增值额	税率/%
增值额未超过扣除项目金额 50% 的部分	30
增值额超过扣除项目金额 50%、未超过扣除项目金额 100% 的部分	40
增值额超过扣除项目金额 100%、未超过扣除项目金额 200% 的部分	50
增值额超过扣除项目金额 200% 的部分	60

纳税人应当自转让不动产合同签订之日起 7 日内向不动产所在地税务主管机关办理纳税申报，并在税务机关核定的期限内缴纳土地增值税。[1] 但是，根据《财政部、国家税务总局关于土地增值税一些具体问题规定的通知》（财税字〔1995〕48 号）第 16 条之规定，“税务机关核定的纳税期限，应在纳税人签订房地产转让合同之后、办理房地产权属转让（即过户及登记）手续之前”。[2]

（三）契税

根据《契税法》的相关规定，以买卖、赠与等方式受让土地使用权和房屋所有权的单位和个人应当缴纳契税；以土地和房屋权属作价投资、入股和以土地和房屋权属抵债，视同土地使用权转让和房屋买卖或者赠与。[3]

契税的应纳税额应根据以下公式计算：

$$应纳税额 = 计税依据 \times 税率$$

其中，土地使用权出售和房屋买卖的计税依据为成交价格；纳税人申报的成交价格、互换价格差额明显偏低且无正当理由的，税务机关将参照市场价格核定成交价格。[4] 《契税法》第 3 条规定的契税税率为 3% ~5%，各地具体适用的税率由省、自治区、直辖市人民政府在该税率幅度内提出，报同级人大常委会决定，并报全

〔1〕 参见《土地增值税暂行条例》第 10 条。

〔2〕 《财政部、国家税务总局关于土地增值税一些具体问题规定的通知》（财税字〔1995〕48 号）第 1 条和第 3 条被《财政部、国家税务总局关于企业改制重组有关土地增值税政策的通知》（2015 年 2 月 2 日发布）废止，但其他条款仍然有效。

〔3〕 参见《契税法》第 1 条、第 2 条。

〔4〕 参见《契税法》第 4 条。

国人大常委会和国务院备案。

契税的纳税义务发生时间为纳税人签订土地、房屋权属转移合同的当天，或者纳税人取得其他具有土地、房屋权属转移合同性质凭证的当天。[1] 但发生纳税义务并不意味着纳税人必须立即纳税。2021 年 9 月 1 日废止的《契税暂行条例》曾规定，纳税人应当自纳税义务发生之日起 10 日内向土地、房屋所在地的税务机关办理纳税申报，并在税务机关核定的期限内缴纳税款。《契税法》第 10 条将契税申报缴纳的时间修改为"纳税人应当在依法办理土地、房屋权属登记手续前申报缴纳契税"。

二、改制重组中的税收优惠政策

对于改制重组中的增值税征收政策，财税〔2016〕36 号文附件 2《营业税改征增值税试点有关事项的规定》规定，"资产重组过程中，通过合并、分立、出售、置换等方式，将全部或者部分实物资产以及与其相关联的债权、负债和劳动力一并转让给其他单位和个人，其中涉及的不动产、土地使用权转让行为"属于不征收增值税项目。但是我们注意到，相关规定未对适用上述不征增值税的"资产重组"进行界定，也未明确"相关联的债权、负债和劳动力"的范围。实践中，如何确定是否属于资产重组以及是否可以不征收增值税一般取决于税务主管机关在个案中的行政决定。

为支持企业改制重组，国家税务总局和财政部陆续就企业在改制重组过程中涉及的土地增值税和契税颁布了优惠政策，并进行了多次"续期"。根据《关于继续实施企业改制重组有关土地增值税政策的公告》（财政部、税务总局公告 2023 年第 51 号）的规定，如果企业整体改制、合并、分立以及在改制重组时作价出资涉及房地产转让，并且转移双方均不属于房地产开发企业，可以暂不征土地增值税。企业整体改制包括非公司制企业改制为有限责任公司或股份有限公司，有限责任公司变更为股份有限公司，股份有限公司变更为有限责任公司。具体来说，根据《关于继续实施企业改制重组有关土地增值税政策的公告》的规定，企业整体改制，"对改制前的企业将国有土地使用权、地上的建筑物及其附着物（以下称房地产）转移、变更

---

〔1〕 参见《契税法》第 9 条。

到改制后的企业,暂不征土地增值税”;“两个或两个以上企业合并为一个企业,且原企业投资主体存续的,对原企业将房地产转移、变更到合并后的企业,暂不征土地增值税”;“企业分设为两个或两个以上与原企业投资主体相同的企业,对原企业将房地产转移、变更到分立后的企业,暂不征土地增值税”;“单位、个人在改制重组时以房地产作价入股进行投资,对其将房地产转移、变更到被投资的企业,暂不征土地增值税”。前述“不改变原企业投资主体、投资主体相同”是指“企业改制重组前后出资人不发生变动,出资人的出资比例可以发生变动”;“投资主体存续”是指“原企业出资人必须存在于改制重组后的企业,出资人的出资比例可以发生变动”。需要明确的是,前述优惠政策均为“暂不征土地增值税”,并非免征土地增值税。通过前述改制重组受让房地产的企业如果后续继续对外转让房地产,则需要按照规定缴纳土地增值税。

根据《关于继续执行企业事业单位改制重组有关契税政策的公告》(财政部、税务总局公告2023年第49号)的规定,符合规定的企业改制,事业单位改制,公司合并、分立,企业破产,资产划转等方式中涉及房地产转让的免征契税。根据该公告,在资产划转的方式中,“同一投资主体内部所属企业之间土地、房屋权属的划转,包括母公司与其全资子公司之间,同一公司所属全资子公司之间,同一自然人与其设立的个人独资企业、一人有限公司之间土地、房屋权属的划转,免征契税。母公司以土地、房屋权属向其全资子公司增资,视同划转,免征契税”。

实践中,不同地区的税务机关对上述土地增值税和契税的优惠政策理解不完全一致。例如,对于非房地产行业的公司利用不动产向其子公司出资(以下简称作价出资),有的税务机关认为,改制重组属于特定语境下的专用名词,仅适用于国有企业和集体企业,不适用于民营企业,因此民营企业的作价出资不属于改制重组,不能适用上述土地增值税和契税的优惠政策;有的税务机关认为,所有的作价出资均可以适用土地增值税的优惠政策,但只有属于增资的作价出资才可以适用契税的优惠政策;还有的税务机关认为,所有的作价出资均可以适用土地增值税和契税的优惠政策。

除上述关于增值税、土地增值税和契税的税收政策外,企业在日常经营活动以外发生重大交易构成企业重组的,包括企业法律形式改变、债务重组、股权收购、资产收购、合并、分立等，如果符合规定的条件，对企业所得税的计税基础、应纳税额的计算等可以适用特殊性税务处理。特殊性税务处理将对企业的应纳税所得额、计税基础等项目产生影响，从而影响企业缴纳的企业所得税额。由于特殊性税务处理的相关规定较为复杂，在此不展开介绍，相关规定详见《财政部、国家税务总局关于企业重组业务企业所得税处理若干问题的通知》（财税〔2009〕59 号）、《国家税务总局关于发布〈企业重组业务企业所得税管理办法〉的公告》（国家税务总局公告 2010 年第 4 号）、《财政部、国家税务总局关于促进企业重组有关企业所得税处理问题的通知》（财税〔2014〕109 号）、《国家税务总局关于企业重组业务企业所得税征收管理若干问题的公告》（国家税务总局公告 2015 年第 48 号）等规定。

三、以股权转让形式间接转让不动产的税收风险

实践中，交易各方往往会通过转让持有不动产的公司的方式间接转让不动产。国家税务总局过去曾基于"实质课税原则"在个案批复中将因公司股权转让而导致的公司所拥有的不动产的间接转让视为不动产的直接转让。例如，国税函〔2000〕687 号《国家税务总局关于以转让股权名义转让房地产行为征收土地增值税问题的批复》较为典型，该批复表示，鉴于深圳市能源集团有限公司和深圳能源投资股份有限公司一次性共同转让深圳能源（钦州）实业有限公司 100% 的股权，且这些以股权形式表现的资产主要是土地使用权、地上建筑物及附着物，经研究，对此应按土地增值税的规定征税。国家税务总局在此后的国税函〔2009〕387 号和国税函〔2011〕415 号批复中也表达了类似的意见。国家税务总局给广西壮族自治区地方税务局的国税函〔2009〕387 号批复中载明："鉴于广西玉柴营销有限公司在 2007 年 10 月 30 日将房地产作价入股后，于 2007 年 12 月 6 日、18 日办理了房地产过户手续，同月 25 日即将股权进行了转让，且股权转让金额等同于房地产的评估值。因此，我局认为这一行为实质上是房地产交易行为，应按规定征收土地增值税。"国家税务总局给天津市地方税务局的国税函〔2011〕415 号批复中载明："同意你局关于'北京国泰恒生投资有限公司利用股权转让方式让渡土地使用权，实质是房地产交易行为'的认定，应依照《土地增值税暂行条例》的规定，征收土地增值税。"笔者认为，如果税务机关以实质课税原则将股权交易认定为不动产转让，从而要求征收土

地增值税，那么基于同样的逻辑，税务机关也可能同时要求征收契税、增值税等不动产转让涉及的其他税费。

司法实践与国家税务总局上述批复中的意见不同。最高人民法院在(2014)民二终字第264号民事判决书中认为，"由于转让股权和转让土地使用权是完全不同的行为，当股权发生转让时，被投资企业并未发生国有土地使用权转让的应税行为，被投资企业并不需要缴纳营业税和土地增值税"。江苏省高级人民法院(2014)苏商再终字第0006号民事判决书也表达了类似的观点："现行税法没有对涉及土地使用权的项目公司的股权转让作出是否征收土地增值税和契税的规定。根据税收法定主义，税法未规定需要纳税的，当事人即可不交税。而且在股权转让时，土地增值税最终并未流失，因为股权转让只是股东的变换，土地使用权权属没有变化，股权无论经过多少次转让，土地无论如何增值，公司初始受让土地支付对价的成本不变。但是，只要房地产发生了权属流转，公司就需要按最终的实际房地产销售价与最初的房地产成本价之间的增值部分缴纳土地增值税。因此，涉案股权转让实际上并未逃避土地增值税的征收。"

笔者认为，股权转让与不动产转让有本质区别。股权转让交易中的买方除了通过股权交易间接取得目标公司包括不动产在内的资产外，也间接承担了目标公司的所有既有和或然的债务以及其他所有属于或与目标公司有关的生产要素和投资经营风险。单凭某个具体交易中目标公司除不动产外没有其他资产，或基于目标公司取得不动产的时间与股权交易时间的前后紧密连接，甚至股权交易对价与目标公司不动产的价值之间的相似性等因素来推定交易双方的真实意图，不仅有失客观性，还不利于保护公司并购交易的稳定性，更不能为市场主体提供合理的可预见性。另外，将买方通过股权交易取得目标公司，并通过目标公司间接拥有目标公司的不动产等同于买方从卖方直接受让本来属于目标公司的不动产不仅缺乏严密的逻辑支持，而且没有直接的法律依据。基于税收法定原则，既然法律明确规定了每个税种的具体适用对象和征收条件，税务机关和纳税人都应根据法律规定征收税款和缴纳税款，除此之外不应超出法律规定进行任何形式的推定和主观猜测。《税收征收管理法》第28条第1款规定："税务机关依照法律、行政法规的规定征收税款，不得违反法律、行政法规的规定开征、停征、多征、少征、提前征收、延缓征收或者摊派税款。”

第四节　并购交易文件中的涉税条款

基于本章前面对公司并购可能涉及的税务问题的介绍，并购交易各方需要在交易文件中安排的税务事项至少包括三个方面，即卖方有关目标公司在交割前税收违规的责任承担问题、交易双方在并购交易中的纳税义务和扣缴义务问题、交易文件解除或股权和资产回转时因交易所产生的并已经缴纳的税费的退还或成本承担问题。本节将围绕前述三个方面分别进行介绍和分析。

一、有关目标公司在交割前税收违规的责任承担

（一）目标公司欠缴税款的责任

如果目标公司在交割前的投资和生产经营中未能根据法律规定办理纳税申报、缴纳税款或拒不缴纳应纳税款，根据《税收征收管理法》的规定，目标公司除应根据税务机关限定的期限缴纳税款外，还可能被征收滞纳金或被处以罚款，构成犯罪的，甚至会被追究刑事责任。就滞纳金而言，根据《税收征收管理法》第 32 条之规定，纳税人未按照规定期限缴纳税款的，扣缴义务人未按照规定期限解缴税款的，税务机关除责令限期缴纳外，从滞纳税款之日起，按日加收滞纳税款万分之五的滞纳金。税务机关对纳税人罚款的数额视纳税人违规的具体情形而定。例如，根据《税收征收管理法》第 68 条之规定，纳税人、扣缴义务人在规定期限内不缴或者少缴应纳或者应解缴的税款，经税务机关责令限期缴纳，逾期仍未缴纳的，税务机关除依照法律规定采取强制执行措施追缴其不缴或者少缴的税款外，可以处不缴或者少缴的税款 50% 以上 5 倍以下的罚款。

除前述滞纳金、罚款和刑事责任外，根据 2022 年 2 月 1 日施行的《重大税收违法失信主体信息公布管理办法》（国家税务总局令第 54 号）第 15 条之规定，税务机

关对按该管理办法确定的“重大税收违法失信主体”[1]适用相应的D级纳税人管理措施。根据《纳税信用管理办法(试行)》(国家税务总局公告2014年第40号)以及国家发改委、中国人民银行、国家税务总局等34个部门联合颁布的《关于对重大税收违法案件当事人实施联合惩戒措施的合作备忘录(2016年版)》(发改财金〔2016〕2798号)(以下简称《税收联合惩戒备忘录》)的规定,对于信用等级被判定为D级的纳税人,除将在税务方面被采取严格管理措施外,税务机关还有权将其纳税信用评价结果通报相关部门,相关部门有权在经营、投融资、取得政府供应土地、进出口、出入境、注册新公司、工程招投标、政府采购、获得荣誉、安全许可、生产许可、从业任职资格、资质审核等方面予以限制或禁止。另外,《税收联合惩戒备忘录》第1条规定,重大税收违法案件当事人为自然人的,惩戒的对象为当事人本人;当事人为企业的,惩戒的对象为企业及其法定代表人、负有直接责任的财务负责人。

(二)税务机关追缴税款的时效

税务机关追缴税款受到追缴时效的限制。根据《税收征收管理法》第52条之规定,追缴税款的时效需根据未缴或者少缴税款的原因确定。具体而言,因税务机关的责任,致使纳税人、扣缴义务人未缴或者少缴税款的,税务机关在3年内可以要

---

〔1〕《重大税收违法失信主体信息公布管理办法》(国家税务总局令第54号)第6条规定:“本办法所称‘重大税收违法失信主体’(以下简称失信主体)是指有下列情形之一的纳税人、扣缴义务人或者其他涉税当事人(以下简称当事人):(一)伪造、变造、隐匿、擅自销毁账簿、记账凭证,或者在账簿上多列支出或者不列、少列收入,或者经税务机关通知申报而拒不申报或者进行虚假的纳税申报,不缴或者少缴应纳税款100万元以上,且任一年度不缴或者少缴应纳税款占当年各税种应纳税总额10%以上的,或者采取前述手段,不缴或者少缴已扣、已收税款,数额在100万元以上的;(二)欠缴应纳税款,采取转移或者隐匿财产的手段,妨碍税务机关追缴欠缴的税款,欠缴税款金额100万元以上的;(三)骗取国家出口退税款的;(四)以暴力、威胁方法拒不缴纳税款的;(五)虚开增值税专用发票或者虚开用于骗取出口退税、抵扣税款的其他发票的;(六)虚开增值税普通发票100份以上或者金额400万元以上的;(七)私自印制、伪造、变造发票,非法制造发票防伪专用品,伪造发票监制章的;(八)具有偷税、逃避追缴欠税、骗取出口退税、抗税、虚开发票等行为,在稽查案件执行完毕前,不履行税收义务并脱离税务机关监管,经税务机关检查确认走逃(失联)的;(九)为纳税人、扣缴义务人非法提供银行账户、发票、证明或者其他方便,导致未缴、少缴税款100万元以上或者骗取国家出口退税款的;(十)税务代理人违反税收法律、行政法规造成纳税人未缴或者少缴税款100万元以上的;(十一)其他性质恶劣、情节严重、社会危害性较大的税收违法行为。”

求纳税人、扣缴义务人补缴税款,但是不得加收滞纳金;因纳税人、扣缴义务人计算错误等失误,未缴或者少缴税款的,税务机关在3年内可以追征税款、滞纳金,有特殊情况的,追征期可以延长到5年;对偷税、抗税、骗税的,税务机关追征其未缴或者少缴的税款、滞纳金或者所骗取的税款,不受期限的限制。另外,根据《税收征收管理法实施细则》第56条的规定,纳税人与其关联企业未按照独立企业之间的业务往来支付价款、费用的,税务机关自该业务往来发生的纳税年度起3年内进行调整;有特殊情况的,可以自该业务往来发生的纳税年度起10年内进行调整。就行政处罚而言,根据《税收征收管理法》第86条之规定,"违反税收法律、行政法规应当给予行政处罚的行为,在五年内未被发现的,不再给予行政处罚"。

(三)并购交易文件有关目标公司税收违规责任承担的约定

从法律和执法部门对纳税人违规行为的处罚力度来看,目标公司在税务方面的合规性直接关系到目标公司能否在并购交易交割后持续正常经营和发展。基于公司并购的习惯性做法,买方一般均要求卖方就目标公司在交割前的税收合规事项向买方作全面彻底的陈述与保证,并对税收违规事项向买方作全面彻底的披露。但是,交易各方在实践中往往难以达成共识的不仅是卖方陈述与保证的范围或披露事项的范围和深度,还包括卖方究竟应当对目标公司在交割前多长时间内的税务合规行为作陈述与保证,以及多长时间内的税务违规事项作披露。出于不同的利益,卖方希望该期限越短越好,而买方则希望该期限越长越好。卖方也可能不坚持对陈述与保证的期限以及披露的期限作明确界定,但要求对在交割后因卖方违反其陈述与保证或目标公司因卖方披露的违规事项给买方造成损失的责任承担期限作明确约定,即卖方对在约定期限之后给买方造成的损失不承担赔偿责任。卖方还有可能不仅要求约定具体的责任承担期限,还要求对损失赔偿数额的上限作明确约定,即无论买方在交割后遭受多大的损失,卖方对买方的损失赔偿额以约定的数额为上限。从买方的角度来看,或许简单以期限或赔偿数额为标准来划分卖方的赔偿责任范围或上限容易导致交易各方忽视目标公司税务违规的情节。对于因税务机关的责任致使纳税人、扣缴义务人未缴或者少缴税款的情形,以及因纳税人、扣缴义务人计算错误等失误未缴或者少缴税款的情形,以交割后的3年或5年为卖方的赔偿期限有一定的合理性；但是作为一项例外，交易双方或许需要对该3年或5年期限是否适用于目标公司在交割前可能存在的偷税或骗税问题进行特别约定。

二、并购交易中的纳税义务和扣缴义务

除非并购交易中的卖方是个人或非居民企业，否则卖方作为纳税人应依照法律规定或者税务机关依照法律规定确定的申报期限、申报内容如实办理纳税申报，报送纳税申报表和其他纳税资料。根据我们在本章前两节的介绍，如果卖方为个人或非居民企业，买方根据法律规定负有代扣代缴卖方所得税的义务。在买方为扣缴义务人的情形下，买方应当依照法律规定或者税务机关依照法律规定确定的申报期限、申报内容如实报送代扣代缴税款报告表和其他有关资料。但是，笔者在实践中注意到，无论卖方是个人，还是非居民企业，被投资企业所在地的主管税务机关往往同意甚至要求作为纳税人的个人和非居民企业自行向被投资企业所在地税务机关办理个人所得税或企业所得税的申报并缴纳税款。这在法律层面上产生一个问题，即在法律规定应由买方承担代扣代缴义务时，并购交易双方是否有权自行约定与法律规定不同的纳税申报方式，买方的法定扣缴义务能否通过其与卖方之间的约定而免除。

作为法定义务，纳税人、扣缴义务人必须分别依照法律规定缴纳和代扣代缴税款。扣缴义务人依法履行代扣税款义务时，纳税人不得拒绝；纳税人拒绝的，扣缴义务人应当及时报告税务机关处理。[1] 从法律的规定来看，在法律没有明确规定扣缴义务人时，纳税人应当自行申报并缴纳税款。但是，在法律明确规定扣缴义务人的情形下，扣缴义务人应根据法律规定履行扣缴义务，并且纳税人应当配合、不得拒绝。纳税人拒绝扣缴义务人扣缴税款的事实不能自然免除扣缴义务人的扣缴义务，扣缴义务人在此情形下可以暂停代扣代缴纳税人的应纳税款，但应及时报告

〔1〕 参见《税收征收管理法》第4条和第30条。

主管税务机关,由税务机关直接向纳税人追缴税款。[1] 作为扣缴义务人的一项法定义务,如果扣缴义务人拒绝履行扣缴义务,税务机关有权对扣缴义务人处应扣未扣税款50%以上3倍以下的罚款;另外,扣缴义务人代扣税款后在规定期限内不缴或者少缴应解缴的税款,经税务机关责令限期缴纳,逾期仍未缴纳的,税务机关除依法采取强制执行措施追缴其不缴或者少缴的税款外,可以处不缴或者少缴的税款50%以上5倍以下的罚款。[2] 这项处罚性规定没有附带任何其他条件或排除其他任何情形。例如,在扣缴义务人与纳税人通过协议约定由纳税人自行申报并交纳税款的情形下,法律没有规定将因此自动免除扣缴义务人的扣缴义务和相关法律责任。法律将居民企业与个人和非居民企业进行区分,只要求买方代扣代缴个人和非居民企业的所得税,而没有要求买方对居民企业的所得税进行代扣代缴,其目的应是通过强制性要求买方从支付给特定卖方的交易对价中扣留卖方的应纳税款并向税务机关解缴的手段来确保国家对相关税款的征收。另外,对于扣缴义务人应扣未扣的税款,法律规定由税务机关向纳税人追缴,这应是立法者对于扣缴义务人拒绝履行扣缴义务时的补救安排,其目的也是保证税务机关对相关税款的有效征收。因此,尽管执法实践中可能有不同的做法,但严格来说,扣缴义务人的扣缴义务与税务机关对纳税人的追缴权利在税收征管的程序安排上有先后顺序,即只有在扣缴义务人拒绝履行代扣义务时税务机关才直接向纳税人追缴相关税款,并且扣缴义务人将因拒绝履行代扣义务而承担相应的法律责任。

司法实践对扣缴义务人扣缴义务的认定不尽一致。在"甘肃万达房地产开发有限公司、郝某某股权转让纠纷案"中,买方收购自然人股东持有的公司股权,并向卖方支付了部分股权转让款。卖方起诉要求买方支付尾款,并主张买方不得扣除卖方所得税。最高人民法院认为,该案系股权转让合同纠纷,双方的权利义务由合同约定;案涉《股权转让协议》中并未约定卖方应缴纳的个人所得税由买方代扣代缴并冲抵股权转让款,亦未将卖方缴纳个人所得税作为买方支付股权转让款的条

---

〔1〕 参见《国家税务总局关于贯彻〈中华人民共和国税收征收管理法〉及其实施细则若干具体问题的通知》(国税发〔2003〕47号)第2条,《税收征收管理法实施细则》第94条。

〔2〕 参见《税收征收管理法》第68条和第69条。

件,即税款的缴纳与买方支付股权转让款之间并非双方在合同中约定的先后义务;在双方未将税款的缴纳或代扣代缴作为合同义务进行约定的情况下,卖方是否申报并缴纳个人所得税,受税收行政法律关系调整,不属于该案民事诉讼管辖范围,二审法院未将税款扣缴问题纳入该案审理范围并无不当。[1] 笔者认为,该案中买方的扣缴义务应属法定义务,不取决于双方之间的约定,也不取决于交易任何一方的意思。但是,在"王某某、徐某某、青海南部矿业公司有限公司股权转让纠纷案"中,《股权转让协议书》约定卖方将其持有的某金矿 90% 的股权转让给买方及其合作伙伴。关于该案中买方是否应该代扣代缴卖方股权转让款个人所得税的问题,青海省高级人民法院认为:根据《个人所得税法》和《税收征收管理办法》的规定,股权转让的个人所得税由股权购买方代扣代缴,这是法定义务。由于法定代扣代缴义务的存在,卖方无权要求买方放弃代扣代缴的义务,将此款直接付给卖方。[2]

严格来说,既然代扣代缴是扣缴义务人的法定义务,扣缴义务人无法通过协议将该等义务转移给纳税人并通过协议免除自身的法律责任。但是,如果交易双方自愿约定由纳税人自行申报纳税,并最终保证了税务机关对相关税款的按时足额征收,税务机关也没有必要追究扣缴义务人的法律责任。例如,上海市税务局于 2015 年 3 月 16 日以问答的形式发布了《股权转让个人所得税申报纳税操作指南》。[3] 其中第 4 个问题是:"纳税人自行申报缴纳股权转让所得个人所得税,应该怎么办?"该指南的答复是:"纳税人向被投资企业所在地主管税务机关自行申报缴纳股权转让所得个人所得税的,被投资企业所在地主管税务机关应予受理。"基于正常逻辑,对于同一笔税款,税务机关不可能在接受纳税人自行申报纳税的同时又要求或接受扣缴义务人的代扣代缴。如果纳税人根据主管税务机关依照法律规定确定的申报期限、申报内容如实办理纳税申报,报送纳税申报表和其他纳税资料并自行纳税,那么主管税务机关接受纳税人自行申报纳税的事实应被理解为税务

[1] 参见最高人民法院民事裁定书,(2019)最高法民申 3972 号。

[2] 参见青海省高级人民法院民事判决书,(2012)青民二终字第 62 号。

[3] 参见《股权转让个人所得税申报纳税操作指南》,载国家税务总局上海市税务局网 2015 年 3 月 16 日,http://shanghai.chinatax.gov.cn/tax/zcfw/zcjd/201503/t413182.html? ivk_sa = 1024320u&wd = &eqid = 8a5eaad500016bd900000006642b8f03。

机关同时免除了扣缴义务人的扣除义务。问题的关键是纳税人是否基于其与扣缴义务人的约定在税务机关规定的期限内自行申报,以及主管税务机关是否接受纳税人的自行申报和纳税。换句话说,即便扣缴义务人与纳税人之间有明确的约定,如果纳税人违反约定未能在扣缴义务人扣缴期限届满前自行申报,或者主管税务机关不接受纳税人的自行申报和纳税,那么扣缴义务人仍然应向税务机关承担未能履行扣缴义务的法律责任。

基于上面的分析和介绍,笔者认为,交易文件中有关交易双方的纳税义务和扣缴义务条款应该根据并购交易的具体情况约定。

第一,如果卖方为居民企业,那么买方没有法定扣缴义务。在正常情况下,各方均应根据中国法律和主管税务机关依据中国法律的要求按时足额申报、交纳并承担各自与并购交易相关的税费。虽然法律并不禁止交易双方约定由买方承担本应由卖方承担的税款,但是该等约定不应改变纳税主体的身份和法定纳税义务以及相关责任,即双方可以约定由买方承担卖方依法应缴纳的税款,但如存在未依法纳税的情况,相关违法责任仍应由卖方承担。[1] 另外,需要注意的是,无论是基于税法的逻辑还是基于企业的会计逻辑,买方承担的该等税费应为股权转让对价的一部分,即由买方实际承担的该等税费同样应被视为卖方的应纳税所得额,卖方应按适用的所得税税率就此计缴所得税。

第二,在卖方为个人或非居民企业的并购交易中,由于买方根据法律的强制性规定负有法定的扣缴义务,交易双方一般不宜通过协议约定免除买方的法定扣缴义务,以防止该等约定因与税收法律和行政法规相抵触而无效,并导致扣缴义务人承担包括罚款在内的法律责任。如果双方同意根据法律规定由买方履行法定扣缴义务,那么为了避免协议签署后双方的不必要误解,双方之间的协议应对下列事项进行约定:(1)协议应明确,买方有权并应该根据中国法律和主管税务机关依据法律规定的申报期限、申报内容如实报送代扣代缴税款报告表和其他有关资料,并按时足额代扣并向主管税务机关解缴卖方的所得税税款。(2)协议也应约定卖方的配合义务,包括向买方提供有关股权成本和费用的真实信息和资料,并明确如果卖

[1] 参见江苏省高级人民法院民事判决书,(2016)苏民终646号。

方拒绝提供有效配合,买方有权根据法律规定及时通知主管税务机关,由税务机关直接向卖方追缴相关税款。(3)协议还应约定,如果因任何一方之原因(包括因卖方不配合或提供虚假信息导致买方无法按时履行法定义务或买方因自身原因未能恰当地履行扣缴义务)导致相关税款未能在主管税务机关规定的期限内申报或解缴,并由此给对方造成损失(包括税务机关加收的滞纳金和处以的罚款),相关责任方应赔偿对方的全部损失。(4)卖方也可以要求买方在完成税款的代扣代缴后及时向卖方提供完税凭证。(5)虽然根据司法实践,当双方对税款的承担方约定不明或没有约定时,税款应由法律规定的纳税人自行承担,但实践中在买方为扣缴义务人的情形下,交易双方对约定不明时纳税义务的承担主体偶有误解,交易文件或许有必要根据法律规定对此进行明确约定。[1] (6)为防止交易双方对扣缴义务人在主管税务机关出具认定税款的书面文件之前是否有权先行扣除的问题产生不同理解,协议也应明确约定,扣缴义务人应根据主管税务机关基于其申报确认的应纳税额代扣代缴税款,或根据其自行测算或交易双方共同委托的税务师测算的应纳税额临时代扣税款,最终以税务机关确认的应纳税额为准。[2]

第三,如果卖方为个人或非居民企业,但双方基于充分沟通和业务的实际需要同意由卖方自行申报并缴纳所得税税款而不由买方代扣代缴,并且主管税务机关接受卖方的自行申报和纳税,那么交易文件应明确约定卖方充分知悉买方的法定扣缴义务,同意根据税务机关依照法律规定确定的申报期限、申报内容自行如实办理纳税申报,报送纳税申报表和其他纳税资料,并自行按时足额缴纳所得税税款。在此情形下,卖方应特别承诺,如卖方未能按时申报或足额缴纳税款导致买方由于未能根据法律规定履行扣缴义务而被主管税务机关处罚,卖方应赔偿买方的所有损失。协议还应约定卖方应向买方及时提供能够充分证明其已经自行申报和足额缴纳税款的证明文件,包括但不限于主管税务机关出具的相关凭证原件或复印件。

---

〔1〕 例如,根据最高人民法院(2014)民一终字第43号民事判决书,一审法院认为从市场交易习惯的角度考虑,在未明确约定的情况下,个人所得税应由法定的纳税人承担,二审法院予以认可。

〔2〕 例如,根据福建省高级人民法院(2015)闽民终字第1292号民事判决书,当事人未提供任何税务机关出具的关于案涉税款金额的证据,仅依据其自行委托的税务师事务所作出的报告认定税款金额,没有法律依据。

另外，为防止双方因主管税务机关在交易文件签署后拒绝接受卖方的自行申报而可能产生的不同理解，协议应明确约定在此情形下应由买方根据法律规定履行扣缴义务。

三、并购交易文件解除时已缴税款的退还

与公司日常经营中的交易不同，公司并购交易由于交易额较大、涉及的业务和法律问题比较复杂，交易双方在正式交割前一般都很难确定交易最终能否成功。有的项目虽然交易文件已经签署并生效，但在交割前交易双方共同决定解除合同或交易一方基于合同约定或法律规定单方解除合同；有的项目虽然完成了交割，但在交割后不久由于出现了双方约定的回购情形，双方需要根据合同约定安排股权回转。在交易停止或股权回转的情形下，对于相关方是否有权要求主管税务机关退还已经缴纳的税款的问题，法律因不同税种而有不同规定。

（一）个人所得税和企业所得税税款的退还

就个人所得税而言，国家税务总局2005年1月28日对四川省地方税务局《关于纳税人收回转让的股权征收个人所得税问题的批复》（国税函〔2005〕130号）中的意见包括两点：(1)股权转让合同履行完毕、股权已作变更登记，且所得已经实现的，转让人取得的股权转让收入应当依法缴纳个人所得税；转让行为结束后，当事人双方签订并执行解除原股权转让合同、退回股权的协议，是另一次股权转让行为，对前次转让行为征收的个人所得税款不予退回。(2)股权转让合同未履行完毕，因执行仲裁委员会作出的解除股权转让合同及补充协议的裁决、停止执行原股权转让合同，并“原价收回已转让股权”〔1〕，由于股权转让行为尚未完成、收入未完全实现，随着股权转让关系的解除，股权收益不复存在，纳税人不应缴纳个人所得税。似乎能够从该国税函中看到国家税务总局的下列逻辑，即以股权是否已经从

〔1〕　国税函〔2005〕130号的用词或表述似乎有误。笔者从四川省地方税务局2005年2月28日基于国税函〔2005〕130号给成都市地方税务局的批复（川地税函〔2005〕39号）中注意到，实际情况是“双方当事人将已经转让的股权和转让所得退还原所有人”，而不是“原价收回已转让股权”。

卖方转让给买方为界限，如果交易双方在股权转让之后重新约定或基于原协议的约定由原买方将股权转让或返还给原卖方，那么该转让或返还应构成一个新交易，卖方基于原协议缴纳的所得税不应退回，原买方也应就新交易项下的转让收入缴纳所得税。相反，如果交易双方在股权转让之前停止交易，那么即便买方在此之前已经向卖方支付全部或部分股权转让对价，而且纳税人或扣缴义务人也已经就该转让所得申报纳税，则该等税款应被退回。

国税函〔2005〕130 号是国家税务局对四川省地方税务局就执法实践中的具体事项的请示所作的回复，既不属于法律，也不属于严格意义上的规范性文件。或许正因为是就事论事，国家税务局没有在国税函〔2005〕130 号中就与股权转让相关的所得税的退还给予全面阐述。例如，在股权已经从卖方转让给买方的情形下，如果该股权后来不是基于双方之间的约定由买方返还给卖方，而是因为原协议被法院或仲裁机构的最终有效裁判文书认定无效或撤销，卖方基于原协议所产生的并已缴纳的所得税税款是否也应退还？笔者认为，这涉及对税法和民法之间关系的理解和认识。就其本质而言，税法基于民商事活动规范税种、税赋和纳税人，因此民法规范的民商事法律关系的主体以及各主体之间交易的性质和规则对税法确认纳税主体、纳税义务产生的条件和时间、计税依据等应具有决定性作用。从一定意义上说，虽然税法和民法属于不同的法律领域，但税法的规定不应与民法的基本原理相违背。《民法典》第 157 条规定，民事法律行为无效、被撤销或者确定不发生效力后，行为人因该行为取得的财产，应当予以返还；不能返还或者没有必要返还的，应当折价补偿。根据《民法典》这一规定，在并购交易原协议被认定无效或被撤销的情形下，对于原协议项下的股权或资产则应基于其是否具有可返还性通过两种不同的方式处置，即或返还，或不返还但折价补偿。如果返还，那么基于原协议而发生的股权转让应被视为自始没有有效发生，卖方基于原协议所产生并已缴纳的所得税税款应该基于相同的逻辑而退还。如果不返还，即便原协议被认定无效或被撤销，但股权或资产的转让事实已经发生，并且相关股权或资产将继续保持转让后的状态，在此情形下，卖方基于原协议所产生并已缴纳的所得税税款是否也应该退还则需要法律和司法实践给予明确。笔者认为，如果相关股权或资产本来可以返还，但交易双方决定不返还，或相关股权或资产无法返还，那么卖方已经缴纳的所得税税款也不应退还,相关税负成本则应根据双方间的约定或在没有约定的情形下根据各自对造成原协议被认定无效或被撤销的责任由一方承担或由双方按照一定的比例共同承担。

上述有关个人所得税退还的分析,同样适用于实行代扣代缴的非居民企业的所得税。对于居民企业的所得税而言,由于纳税时间与个人所得税和非居民企业的企业所得税代扣代缴时间不同,实践中应该很少存在居民企业缴纳与并购交易相关的所得税税款后因为停止交易或因协议无效或被撤销而需要退还的客观需求。但是,如果发生相同情形下的退还,至少从逻辑上说应该适用同样的原则。

需要强调的是,这里所说的所得税税款的退还与税法规定的"退税"不是同一个概念。前者的本质是因原协议被认定无效或被撤销导致卖方没有取得收入或买方没有取得相关股权或资产而不应纳税,是将不应当征收而已经征收的税款退还给没有纳税义务但已经支付相关税款的合同当事方。《税收征收管理法》规定的"退税"是指对依法应征收并已实际征收的税款根据国家法律或行政法规的规定所给予的退还,是国家给予符合规定条件的特定纳税人的一种优惠待遇。根据《税收征收管理法》第 3 条的规定,"退税"应该依照法律和行政法规的规定执行。

(二)其他税款的退还

就资产收购而言,并购交易的停止或交易文件的解除同样可能涉及相关税种的税款退还问题,包括印花税、增值税、契税和土地增值税等。具体来说:

第一,印花税属于行为税,以纳税人的特定行为为课税依据。因此,税务主管机关不会因并购交易文件的解除而退还交易各方已缴纳的印花税。[1]

第二,增值税税额以扣减的形式退还。根据相关规定,纳税人适用一般计税方法计税的,因销售折让、中止或者退回而退还给购买方的增值税额,应当从当期的销项税额中扣减;因销售折让、中止或者退回而收回的增值税额,应当从当期的进

---

〔1〕《国家税务局关于印花税若干具体问题的规定》(〔88〕国税地字第 25 号)第 7 条规定:"依照印花税暂行条例规定,合同签订时即应贴花,履行完税手续。因此,不论合同是否兑现或能否按期兑现,都一律按照规定贴花。"

项税额中扣减。纳税人适用简易计税方法计税的,因销售折让、中止或者退回而退还给购买方的销售额,应当从当期销售额中扣减,扣减当期销售额后仍有余额造成多缴的税款,可以从以后的应纳税额中扣减。[1] 根据前述规定,在并购交易文件解除后,纳税人已缴纳的增值税不直接退还,但可以扣减其应缴纳的增值税,达到了间接退还的效果。

第三,契税税款是否退还以是否办理土地、房屋权属登记为标准。《契税法》第12条规定,"在依法办理土地、房屋权属登记前,权属转移合同、权属转移合同性质凭证不生效、无效、被撤销或者被解除的,纳税人可以向税务机关申请退还已缴纳的税款,税务机关应当依法办理"。按照前述规定,如果买卖双方在协商解除房屋买卖合同时已缴纳契税并办理了不动产权属变更登记,则已缴纳的契税应不予退还,原产权人重新取得房产将被视为一次新的转让,原产权人应当重新缴纳契税。

第四,法律没有对土地增值税税款退还的事项作明确规定。笔者认为,基于正常逻辑,土地增值税税款的退还应该与契税适用相同或类似的原则。

(三)交易文件有关协议解除或股权回转时的税务安排

交易文件的解除、无效或被撤销将导致并购项目的终止或股权和资产的回转。交易双方应基于交易文件被解除或被认定无效或被撤销的具体情形对税款的退还和相关责任进行约定。具体来说:

第一,考虑实践中纳税人缴纳税款后申请退还税款的实际困难,交易双方应尽可能在主管税务机关规定的纳税期限内推延相关税款的缴纳或解缴时间,从而避免在税款缴纳之后申请退还。由于实践中各地税务机关和公司登记机关的要求可能不尽相同,交易双方可以事先征询目标公司注册地的相关政府主管部门,并据此安排税款的缴纳或解缴时间。如果目标公司所在地的公司登记机关不要求卖方必须在股权转让变更登记之前完税,并且主管税务机关也允许卖方在股权转让变更登记之后缴纳所得税税款,那么交易双方应争取在并购交易交割之后办理相关税

---

[1] 参见《关于全面推开营业税改征增值税试点的通知》(财税〔2016〕36号)第32条、第36条,《营业税改征增值税试点实施办法》第32条、第36条,《增值税暂行条例实施细则》第11条和第31条。

款的缴纳。另外，纳税申报只是向税务机关报送申报资料，而且纳税申报期限与税款缴纳期限不完全相同，因此纳税人或扣缴义务人无须因担心税款退还的实际困难而推延纳税申报。

第二，无论并购项目在何种情形下终止或相关股权和资产在何种情形下办理回转，对于交易各方已经缴纳的税款，只要根据法律规定应当退还，相关纳税人就应根据法律规定向主管税务机关申请退还，其他方也应提供必要协助。在协议一方不是相关税款的纳税人，但因其违约或其他自身原因应对协议解除或无效等承担责任的情形下，如果作为协议另一方的纳税人怠于申请并因此造成相关税款无法及时退还或足额退还，那么对协议解除或无效承担责任的一方应有权据此减轻其对另一方的赔偿责任。该等约定的目的是促使另一方及时并尽力申请税款的退还，而不是单纯基于对责任方赔偿的依赖放弃申请或不积极申请。根据《民法典》第 591 条之规定，当事人一方违约后，对方应当采取适当措施防止损失的扩大；没有采取适当措施致使损失扩大的，不得就扩大的损失请求赔偿。

第三，在通常情形下，根据法律规定不应退还的已纳税款应被视为纳税人因交易文件被解除或被认定无效或被撤销的实际损失，相关损失的承担或赔偿则应视具体情形不同而不同。如果交易文件的解除、无效或撤销归因于协议一方的违约，那么责任方应自行承担相关损失或赔偿对方的该等损失。如果交易文件的解除、无效或撤销不应归因于协议一方的违约，如并购项目因未能通过经营者集中反垄断审查或国家安全审查而终止，那么理论上说，交易各方应当各自承担相关损失，包括各自根据法律规定所应缴纳并已实际缴纳的税款；但是，如果交易双方希望对此作不同的安排，交易文件对此应作明确约定。

CHAPTER 09 第九章

公司并购中的经营者集中反垄断审查

公司并购涉及卖方对目标公司或目标资产和业务控制权的转移,买方通过公司并购取得对目标公司或目标资产和业务的全部或部分控制权,卖方丧失对目标公司或目标资产和业务的全部或部分控制权。因此,作为一种最典型和最常见的经营者集中,公司并购不仅是经营者之间在私权领域的商业交易行为,而且可能对市场竞争产生负面影响。国家不限制经营者通过自身的内部发展扩大经营规模或增加市场占有率,但对于经营者通过与其他经营者的联合或合并或通过对其他经营者或对其他经营者的资产和业务的部分或全部收购而扩大经营规模或增加市场占有率的外向型发展的行为,国务院反垄断执法机构(以下简称反垄断执法机构或市场监管总局)将根据法律规定的标准和程序分析和评判相关行为对市场竞争的影响,并据此作出批准、附条件批准或禁止的决定,以求维护市场正常和有序竞争。近年来,国家逐步加强对经营者集中的监管力度,特别是2022年8月1日生效的修正后的《反垄断法》加大了对违法集中的处罚力度,公司并购涉及的经营者集中越来越引起监管部门和交易当事方的关注。本章将介绍和分析公司并购涉及的经营者集中反垄断审查制度,基于法律规定和案例,着重介绍和分析经营者集中的构成要素和表现形式，经营者集中的申报、审查和调查以及违反法律规定的法律责任。

第一节　经营者集中的认定

认定并购交易是否构成经营者集中是决定并购项目是否需要办理经营者集中反垄断申报的前提。根据《反垄断法》第25条之规定，经营者集中包括三种情形：一是经营者合并；二是经营者通过取得股权或者资产的方式取得对其他经营者的控制权；三是经营者通过合同等方式取得对其他经营者的控制权或者能够对其他经营者施加决定性影响。在这三种情形中，经营者合并是指两个或两个以上的经营者合并成为一个经营者的集中行为，无疑属于最典型的经营者集中；其他两种情形均是指经营者取得对其他经营者的控制权或者能够对其他经营者施加决定性影响（以下合称控制权）。因此，控制权的取得是认定并购交易是否构成经营者集中的主要或唯一标准，即经营者之间的交易行为或合同安排如果导致经营者取得对其他经营者的控制权，则应被视为经营者集中，否则不应被视为经营者集中。

一、反垄断法中的控制权

不同的法律基于各自的立法目的对公司的控制权可能有不同的规定。例如，《公司法》的立法目的是规范公司的组织和行为，保护公司、股东和债权人的合法权益，而《反垄断法》的立法目的主要是预防和制止垄断行为以及保护市场公平竞争。虽然《反垄断法》没有明确规定控制权的认定标准，但是，基于《反垄断法》的立法目的，反垄断执法机构在执法实践中对控制权的认定标准应该比其他法律规定得更为宽松。国家反垄断局的前身是2008年成立的商务部反垄断局，2018年国务院机构改革后，原先分别由商务部、国家发改委、原国家工商总局承担的反垄断执法工作统一归由市场监管总局负责，故商务部反垄断局划归市场监管总局。反垄断执法机构曾在不同时期，分别以商务部和市场监管总局的名义发布经营者集中的规定或征求意见稿，尝试对控制权的问题进行明确。

第一,商务部2009年1月20日《经营者集中申报暂行办法(征求意见稿)》(以下简称《商务部经营者集中征求意见稿》)第3条规定:“《反垄断法》第二十条第二、三款所称‘取得对其他经营者的控制权’包括:(一)取得其他经营者50%以上有表决权的股份或资产;(二)虽未取得其他经营者50%以上有表决权的股份或资产,但通过取得股权或资产以及通过合同等方式,能够决定其他经营者一名及以上董事会成员和核心管理人员的任命、财务预算、经营销售、价格制定、重大投资或其他重要的管理和经营决策等……”但是,商务部2009年11月21日正式公布的《经营者集中申报办法》删除了征求意见稿的上述规定。

第二,商务部2017年9月8日《经营者集中审查办法(修订草案征求意见稿)》第6条第1款规定:“确定经营者取得对其他经营者的控制权或者能够对其他经营者施加决定性影响,应当考虑经营者持有其他经营者的表决权或类似权益的情况,以及对其他经营者高级管理人员任免、财务预算、经营计划等经营决策和管理的影响。”第7条规定:“确定经营者是否取得对其他经营者的控制权或者能够对其他经营者施加决定性影响,应以交易协议和经营者章程等法律文件为主要依据,综合考虑以下因素:(一)交易目的和交易后的经营计划;(二)交易前后经营者的股权结构及其变化;(三)经营者股东会或股东大会表决事项及表决机制;(四)经营者股东会或股东大会历史出席和表决情况;(五)经营者董事会、监事会或类似决策机构的组成及表决事项、表决机制和历史表决情况;(六)经营者股东、董事之间的关系,是否存在委托行使投票权和一致行动人等情况;(七)经营者之间是否存在重大商业关系或合作协议;(八)其他应当考虑的因素。”后因2018年国务院机构改革,商务部不再负责经营者集中反垄断审查,《经营者集中审查办法》的修订改由市场监管总局负责。

第三,市场监管总局于2018年修订的《关于经营者集中申报的指导意见》和2022年3月24日发布的修改后的《经营者集中审查暂行规定》对控制权作了几乎完全相同的规定。《经营者集中审查暂行规定》第4条规定,“判断经营者是否通过交易取得对其他经营者的控制权或者能够对其他经营者施加决定性影响,应当考虑下列因素:(一)交易的目的和未来的计划;(二)交易前后其他经营者的股权结构及其变化;(三)其他经营者股东大会的表决事项及其表决机制,以及其历史出席率和表决情况;(四)其他经营者董事会或者监事会的组成及其表决机制;(五)其他经营者高级管理人员的任免等;(六)其他经营者股东、董事之间的关系,是否存在委托行使投票权、一致行动人等;(七)该经营者与其他经营者是否存在重大商业关系、合作协议等;(八)其他应当考虑的因素"。

第四,市场监管总局2020年1月2日公布的《〈反垄断法〉修订草案(公开征求意见稿)》(以下简称《反垄断法2020年征求意见稿》)第23条首次对控制权作了定义,即控制权是指经营者直接或者间接,单独或者共同对其他经营者的生产经营活动或者其他重大决策具有或者可能具有决定性影响的权利或者实际状态。从该定义不难看出,控制权的类型包括直接控制和间接控制、单独控制和共同控制;判断控制权应考虑的因素应侧重于生产经营活动或其他重大决策;控制权不仅可以通过交易文件中的约定得到体现,也可能表现为一种实际状态。但是,该征求意见稿未能进一步明确"其他重大决策"的具体范围,修订后的《反垄断法》没有包含控制权的定义。

第五,市场监管总局于2023年3月10日发布并自2023年4月15日起施行的《经营者集中审查规定》第5条规定:"判断经营者是否取得对其他经营者的控制权或者能够对其他经营者施加决定性影响,应当考虑下列因素:(一)交易的目的和未来的计划;(二)交易前后其他经营者的股权结构及其变化;(三)其他经营者股东(大)会等权力机构的表决事项及其表决机制,以及其历史出席率和表决情况;(四)其他经营者董事会等决策或者管理机构的组成及其表决机制,以及其历史出席率和表决情况;(五)其他经营者高级管理人员的任免等;(六)其他经营者股东、董事之间的关系,是否存在委托行使投票权、一致行动人等;(七)该经营者与其他经营者是否存在重大商业关系、合作协议等;(八)其他应当考虑的因素。两个以上经营者均拥有对其他经营者的控制权或者能够对其他经营者施加决定性影响的,构成对其他经营者的共同控制。"

根据前面的介绍,目前法律有关经营者集中控制权认定标准的规定,主要包括市场监管总局2018年发布的《关于经营者集中申报的指导意见》第3条和2023年3月10日发布的《经营者集中审查规定》第5条的规定。相对于已经颁布实施的法律规定而言,《商务部经营者集中征求意见稿》《反垄断法2020年征求意见稿》有关控制权的规定可能也代表反垄断执法机构对控制权的倾向性意见。例如,虽然不排除立法者对于是否应当明确控制权的认定标准以及如何明确相关认定标准存在不同看法,但就《反垄断法2020年征求意见稿》第23条的规定来看,反垄断执法机构在判断控制权时可能更关注对其他经营者的生产经营活动或者其他重大决策具有或者可能具有决定性影响的权利或者实际状态。根据目前有效的法律规定并结合商务部和市场监管总局发布的征求意见稿,控制权的取得方式主要有两种,即基于股权或类似权益取得控制权和基于合同取得控制权。

二、基于股权取得的控制权

就基于股权的控制权而言,一人有限责任公司应该不存在判定控制权的问题,涉及判定控制权问题的企业应为合营企业,即由两个或两个以上股东共同投资设立的企业。股东对合营企业的控制权是指对合营企业的重大事项拥有的决定权或否决权。合营企业作为依法独立享有民事权利和承担民事义务的组织,应当依法设立自己的权力机构和执行机构,以其全部财产独立承担民事责任;股东不得滥用股东权利损害公司或其他股东的利益。因此,股东对合营企业的控制权不是指股东可以越过合营企业的权力机构和执行机构直接对合营企业发号施令,也不是指股东有权直接代替合营企业或以合营企业的名义作出任何决定。股东对合营企业的控制权应是指股东基于其对合营企业的出资所享有的在公司股东会的表决权对股东会的决议产生决定性影响的权力。合营企业的权力机构、执行机构和管理层之间存在隶属关系,能够对股东会的决议产生决定性影响的股东一般也能对董事会成员的选任和董事会的决议产生决定性影响,并进而对管理层成员的任免和管理层的决定产生决定性影响。然而,股权比例虽然是分析和判定控制权的重要因素,但不是唯一因素。确切地说,只有当股权比例所代表的表决权根据公司章程规定的表决机制或其他特别安排能够足以对合营企业股东会或董事会的重要决议产生决定性影响时,股东方可被认定为对合营企业具有控制权。这涉及两个相互关联的判断标准,即表决事项和表决机制,以及基于这两个标准所产生的与控制权相关的否决权。

(一)表决事项

表决事项,是指股东对合营企业哪些事项的控制或决定性影响应被视为对合营企业拥有控制权。股东会的职权包括法定事项和约定事项,约定事项是指股东之间或股东会本身在《公司法》规定的股东会法定职权之外通过公司章程设定的股东会的其他职权。[1] 董事会的职权也是如此。《公司法》第46条规定:"董事会对股东会负责,行使下列职权:(一)召集股东会会议,并向股东会报告工作;(二)执行股东会的决议;(三)决定公司的经营计划和投资方案;(四)制订公司的年度财务预算方案、决算方案;(五)制订公司的利润分配方案和弥补亏损方案;(六)制订公司增加或者减少注册资本以及发行公司债券的方案;(七)制订公司合并、分立、解散或者变更公司形式的方案;(八)决定公司内部管理机构的设置;(九)决定聘任或者解聘公司经理及其报酬事项,并根据经理的提名决定聘任或者解聘公司副经理、财务负责人及其报酬事项;(十)制定公司的基本管理制度;(十一)公司章程规定的其他职权。"因此,除《公司法》规定的属于股东会和董事会法定职权外,股东会和董事会职权中的约定事项由公司章程规定。

股东会和董事会的职权既包括生产经营事项,也包括经营者内部管理事项。根据《反垄断法2020年征求意见稿》第23条的规定,控制权是指经营者对其他经营者的生产经营活动或者其他重大决策具有或者可能具有的决定性影响。市场监管总局2022年6月27日《经营者集中审查规定(征求意见稿)》第4条也强调,确定经营者拥有对其他经营者的控制权或者能够对其他经营者施加决定性影响,应当考虑经营者"对其他经营者高级管理人员任免、财务预算、经营计划等经营决策和管理的影响"。市场监管总局于2023年9月5日发布并施行的《经营者集中反垄断

[1] 《公司法》第37条规定:"股东会行使下列职权:(一)决定公司的经营方针和投资计划;(二)选举和更换非由职工代表担任的董事、监事,决定有关董事、监事的报酬事项;(三)审议批准董事会的报告;(四)审议批准监事会或者监事的报告;(五)审议批准公司的年度财务预算方案、决算方案;(六)审议批准公司的利润分配方案和弥补亏损方案;(七)对公司增加或者减少注册资本作出决议;(八)对发行公司债券作出决议;(九)对公司合并、分立、解散、清算或者变更公司形式作出决议;(十)修改公司章程;(十一)公司章程规定的其他职权……"

合规指引》第 11 条举例说明:“A 企业收购 B 企业 20% 股权,尽管 A 企业不是最大股东,但 A 企业可以单独否决 B 企业的年度商业计划、财务预算、高级管理人员任免等经营管理事项,则 A 企业很可能取得对 B 企业的(共同)控制权,构成经营者集中。”经营者的生产经营活动既涉及与其他相关经营者的合作和竞争,也关系相关消费者的利益,对市场竞争产生直接影响。因此,反垄断执法机构以结果为导向,将对合营企业的生产经营活动或者其他重大决策具有或者可能具有的决定性影响作为判断控制权的核心标准具有充分的合理性。经营者集中反垄断审查的真正目的是防止经营者通过集中排除或限制市场竞争,股东对合营企业内部管理事项的影响力不应是反垄断执法机构的关注重点。同样地,股东会和董事会职权范围内与合营企业生产经营没有紧密关系的事项也不应是反垄断执法机构的关注重点。笔者认为,经营决策和管理以及与经营决策和管理相关的其他重大决策应包括下列主要事项:

第一,合营企业的经营方针和经营计划。根据《公司法》第 37 条和第 46 条之规定,经营方针属于股东会的决议事项,而经营计划属于董事会的决议事项。经营方针作为公司的经营战略代表公司生产经营活动的方向和公司希望最终达到的目标,而经营计划则是指董事会为实施股东会制定的经营方针和战略决策从包括人力、财力和其他相关资源的配备方面在时间和空间上作出的统筹安排和具体执行方案。任何战略性经营决策均需要通过具体计划来实施和实现,公司的经营计划对市场竞争产生更为直接的影响。另外,董事会制订的经营计划必须符合股东会制定的经营方针,经营方针在一定程度上也决定了公司的经营计划。《经营者集中审查规定》第 5 条在明确规定应当考虑经营者对其他经营者高级管理人员任免、财务预算、经营计划等经营决策和管理的影响的同时,还进一步规定判断控制权的标准包括“交易的目的和未来的计划”。该规定没有明确“未来的计划”所包含的具体内容。笔者认为,该未来计划应是指交易后的计划,且至少应包括交易后的经营计划。《商务部经营者集中征求意见稿》第 3 条将对“经营销售、价格制定”的决定权作为判断控制权的标准,但严格来说,经营销售和价格制定应该属于经营计划的组成部分。因此,根据《经营者集中审查规定》第 5 条的相关规定,并购交易后的目标公司包括经营销售和价格制定等经营计划在内的计划应是判断控制权的重要因素。2008 年 4 月 16 日发布的《欧盟委员会关于经营者集中理事会条例(EC) No. 139/2004 的综合管辖权公告》(以下简称《欧盟管辖权公告》)对此有更为明确的规定:经营计划代表公司的具体目标以及为了实现这些目标所采取的措施,无论股东对其他事项是否享有否决权,股东对该等经营计划所享有的否决权足以表明股东取得对合营企业的控制权。但是,如果经营计划仅为有关合营企业经营目标的概括性宣示,那么对此类经营计划所享有的否决权不足以判断股东的控制权,此种否决权仅是在对控制权进行一般性评估时所考虑的一个因素。[1]

第二,合营企业的年度财务预算和投资计划。根据《公司法》第 37 条之规定,批准公司的年度财务预算和投资计划属于股东会职权范围的事项。财务预算是从财务角度对公司生产经营目标和方针的一种量化的表述形式,是与公司的生产经营活动和投资活动密切相关的事项。同样地,投资计划直接关系到公司未来生产经营活动的方向和规模。因此,年度财务预算和投资计划属于与公司生产经营活动密切相关的重大决策。根据《商务部经营者集中征求意见稿》第 3 条之规定,股东能否决定合营企业的年度财务预算和重大投资是认定股东对合营企业是否具有控制权的主要因素。《经营者集中审查规定(征求意见稿)》第 4 条确认了财务预算与控制权的密切关系。虽然该条没有明确列明投资计划是判断控制权时应当考虑的因素,但笔者认为,该条规定的"未来的计划"除应包括上面所说的经营计划外,还应包括交易完成后的投资计划。欧盟竞争法也将财务预算和投资计划视为判断控制权的主要因素,但就投资计划而言,欧盟竞争法区分两者不同情形:需要股东会批准的投资额有多大,以及相关投资在合营企业从事经营活动的市场上能够起到多大作用。如果需要股东会批准的投资额非常高,相关的否决权更接近于对小股东利益的保护;同样地,如果相关投资对于合营企业的市场活动和竞争行为无法发挥重要作用,那么该等投资计划对控制权的影响也应有限。[2]

第三,合营企业董事的选任。根据《公司法》第 37 条的规定,股东会选举和更换非由职工代表担任的董事。合营企业的董事人选对于判断控制权之所以重要,

---

[1] 参见《欧盟管辖权公告》第 70 段(2008 年 4 月 16 日《欧洲联盟公报》第 19 页)。

[2] 参见《欧盟管辖权公告》第 69 段和第 71 段(2008 年 4 月 16 日《欧洲联盟公报》第 19 页)。

是因为虽然股东所持有的股权比例决定其在股东会上的表决权，但股东对董事会决议能否产生决定性影响取决于董事会成员在董事会的表决是否代表相关股东的意思和利益。尽管董事对公司负有忠实义务和勤勉义务，但董事在行使职权时往往也代表特定股东的利益。能够在股东会选举和更换董事时对股东会决议产生决定性影响的股东往往也能够保证股东会选举出代表其意思和利益的董事，进而对董事会未来的决议产生决定性影响。《经营者集中审查规定》第 5 条规定，合营企业董事会等决策或管理机构的组成是判断控制权的标准之一。

第四，高级管理人员的任免。《公司法》中的高级管理人员是指公司的经理、副经理、财务负责人，上市公司董事会秘书和公司章程规定的其他人员。[1] 根据《公司法》第 46 条之规定，公司经理由公司董事会决定聘任或者解聘；公司副经理、财务负责人由公司董事会根据公司经理提名聘任或者解聘。高级管理人员负责管理的公司日常生产经营与市场竞争具有紧密联系，因此，对高级管理人员任免有决定性影响的股东对合营企业应有控制权。《经营者集中审查规定》第 5 条和《商务部经营者集中征求意见稿》第 3 条均规定，"高级管理人员任免"或"核心管理人员的任命"是判断控制权的标准之一，但是，对于《公司法》《经营者集中审查规定》《商务部经营者集中征求意见稿》规定的高级管理人员或核心管理人员的范围是否相同的问题，以及决定多少高级管理人员（包括公司章程中定义的除经理、副经理、财务负责人、上市公司董事会秘书之外的其他人员）的任免可构成判断控制权的充分标准的问题，尚需执法实践进一步明确。

《经营者集中审查规定》在修改前曾规定监事会的组成和表决机制，也是判断控制权的因素之一。但是，根据《公司法》第 53 条之规定，监事会的职权主要是检查公司财务和对董事、高级管理人员执行公司职务的行为进行监督等合营企业的内部事务，与合营企业的市场经营行为没有直接关联。因此，修改后的《经营者集中审查规定》不再将监事会的组成和表决机制作为判断控制权的因素。另外，需要注意的是，《经营者集中审查规定》没有明确上述涉及判断控制权的诸多因素之间的关系，即对于上述每个因素是否单独构成判断控制权的充分标准或股东只有在

---

〔1〕 参见《公司法》第 216 条。

对其中超过一个因素同时拥有决定性影响时才被认定为对合营企业具有控制权的问题,目前法律没有明确规定。基于笔者对执法实践的理解,在通常情况下,经营者对其他经营者就下面任一事项拥有决定性影响(包括否决权)即可被视为对其他经营者拥有控制权:关键管理人员的任免(如任免总经理)、财务预算、经营计划、重大投资、其他特定市场权利(如研发计划)。

(二)表决机制

除与控制权密切关联的上述主要几个因素外,合营企业股东会的表决机制,以及合营企业董事会的组成及其表决机制等也是判断控制权的重要标准。在前面讨论的有关认定控制权的几个主要因素(表决事项)中,公司的经营方针、年度财务预算、投资计划和董事的选任属于股东会职权范围,而公司的经营计划和高级管理人员的任免一般属于董事会的职权范围。股东对股东会或董事会有关该等事项中的任何一个事项的决议能够施加决定性影响的都有可能被视为对合营企业具有控制权。但是,就股东会的决议事项而言,股东究竟能否对股东会的相关决议施加决定性影响不仅取决于与股权比例相对应的表决权,还取决于公司章程规定的股东会的表决机制。例如,当 A 和 B 分别拥有合营企业 90% 和 10% 的股权比例时,如果股东会相关决议必须经全体股东一致通过,那么 A 和 B 对相关决议均有决定性影响,即只要任何一方不同意,股东会就无法通过有效决议;如果股东会相关决议必须经代表 2/3 以上表决权或 1/2 以上表决权的股东通过,那么 A 对相关决议具有决定性影响,B 则没有任何影响。

股东能否对董事会决议施加决定性影响,取决于代表其利益和意志的董事的人数和董事会的表决机制。例如,董事会共有 2 名董事,A 对 2 名董事有提名权,B 只对 1 名董事有提名权,如果公司章程要求董事会对相关决议的表决必须经全体董事一致同意,那么 A 和 B 对相关决议均有决定性影响;如果董事会相关决议只需经 2/3 以上董事或 1/2 以上董事同意,且董事会会议不要求全体董事全部参加,那么 A 对相关决议具有决定性影响,B 则没有任何影响。根据欧盟竞争法,就某项决定来说,否决权也可以通过董事会的法定人数来实现;如果公司章程要求某项决定必须得到小股东参加的合营企业特定组织机构的批准,且小股东的参加对于该决定所需的法定人数来说必不可少,那么否决权也能够得到实现。[1] 在上述例子中,如果董事会会议的法定人数为3人,即在B提名的董事未参加董事会会议的情况下,董事会会议无法有效召开,那么B对合营企业应有控制权。再假设合营企业有3名股东,其中大股东A拥有90%股权,2名小股东B和C分别拥有5%股权;合营企业的董事会由5名董事组成,包括A提名的3名董事和B、C分别提名的1名董事,董事会会议的法定人数为4人。如果公司章程规定董事会的法定人数必须包括B提名的董事,那么B对合营企业应有控制权。另外,董事会可能下设若干个专门委员会,包括战略发展委员会、投资委员会和提名委员会等,在小股东提名的董事在董事会不占多数的情形下,如果该董事能够实质性影响战略发展委员会、投资委员会或提名委员会的相关决定,该股东对相关事项也可能具有决定性影响。因此,取决于公司章程的规定,在某些情形下持股比例很小的股东对股东会或董事会的决议可能具有否决权,从而被视为对股东会和董事会的相关决议具有决定性影响。

公司章程往往在对表决机制作一般性规定的同时,也就董事的选任和高级管理人员的任免等作特别规定。法律除对董事的任职资格有限制性规定外,对董事候选人的产生和选举没有强制性规定。股东在设立合营企业时可以通过股东协议和公司章程对董事会的人数、候选人的产生以及股东会有关选举董事的表决机制进行约定。在并购交易中,买方同样可以就相关事项与公司的其他股东进行事先约定,并通过公司章程进一步落实。具体而言:(1)股东之间可以对董事会成员的名额进行分配,如约定各股东有权提名的董事人数,并要求除非有合理理由,否则股东均应在股东会上对各股东提名的候选人投赞成票;(2)股东之间可以约定特定股东有权提名董事人选,股东会应从特定股东提名的候选人中选举产生董事;(3)股东之间可以不对董事会成员的名额进行分配,各股东均有权提名董事候选人,股东会基于各股东的提名通过投票方式选举产生董事。严格来说,在第一种情形下,股东会选举董事仅为一种形式,真正决定董事人选的是有权提名董事候选人的股东,当选的董事也自然是提名股东在董事会的代言人。第二种情形同样是赋予提名股东的决定权,虽然特定股东提名的候选人最终需要通过股东会的选举程

---

〔1〕 参见《欧盟管辖权公告》第65段(2008年4月16日《欧洲联盟公报》第18页)。

序后方可成为董事,但由于其他股东只能从提名股东提名的候选人中选举产生董事,其他股东的表决权相对于提名股东的提名权来说对于董事的产生没有构成决定性影响。在第三种情形下,提名权对董事的产生没有实质性意义,真正决定候选人能否当选董事的是各股东在股东会选举时所持有的表决权和公司章程规定的表决机制。同样的协议安排也适用于合营企业的高级管理人员,即股东在设立合营企业时或买方在签署并购交易文件时可能已经与其他股东就各自提名高级管理人员的事项达成协议,如由一方股东提名公司经理的人选,另一方股东提名副经理和财务负责人的人选;在此情形下,董事会聘任或者解聘高级管理人员的职权也仅为一种形式,股东对高级管理人员的提名权事实上已经变相成为对相关高级管理人员的间接指定。

(三)构成控制权的否决权

在前文讨论控制权的判断标准时,已经多次提到小股东的否决权,即小股东对某些特定事项所拥有的否决权也是其对合营企业行使控制权的表现。以否决权为表现形式的控制权属于一种消极控制权,在通常情形下表现为小股东对合营企业所拥有的共同控制权。就股东会或董事会的表决事项而言,股东能够通过其表决权或通过其提名的董事会成员表决通过股东会或董事会相关决议或否决相关决议应被视为对相关事项具有控制权,但股东对某一特定事项的决定权或否决权并不代表其对合营企业一定具有控制权。经营者集中项下的控制权是指股东对合营企业的战略性经营行为的决定权或否决权。就否决权而言,即便股东无法单方决定合营企业的战略性经营行为,但只要其对合营企业战略性经营行为具有否决权,那么股东对合营企业应有控制权。根据欧盟竞争法的相关规定:(1)否决权必须是针对合营企业经营方针的战略性决定,而不是出于保护小股东或防范小股东的财务风险之目的而设定的否决权。这些对小股东的正常保护措施大多涉及合营企业根本性的决定,如公司章程的修改、注册资本的增加或减少、合营企业的清算等。举例而言,小股东阻止解散合营企业的否决权并没有赋予小股东对合营企业的共同控制权;赋予共同控制权的否决权通常涉及财务预算、经营计划、重大投资或高级管理人员的任命等事项。(2)控制权的取得并不要求小股东对所有上述事项都有否决权,取决于否决权的具体内容以及该否决权在合营企业具体商务背景下的重要性,小股东对其中部分事项甚至一个事项的否决权就足以证明其对合营企业拥有共同控制权。(3)在评估否决权与控制权之间的关系时,相关的评估不应相互独立,而应作为一个整体。但是,如果一项否决权与合营企业的战略性商务政策、高级管理人员的任命、年度预算或经营计划均没有关系,那么该等否决权不应被视为赋予股东共同控制权。(4)共同控制权的取得不要求小股东对合营企业日常运营具有决定性影响,关键是看小股东能否通过否决权对合营企业的战略性经营行为施加决定性影响。(5)共同控制权也不要求相关股东实际行使否决权,只要构成控制权的否决权客观存在,小股东有对合营企业施加决定性影响的可能性,小股东就拥有控制权。[1]

根据《反垄断法2020年征求意见稿》第23条之规定,我国反垄断执法机构在审查经营者集中时的关注重点是经营者对其他经营者在生产经营活动或者其他重大决策具有或者可能具有决定性影响的权利或者实际状态。就否决权来说,不是任何否决权都能够成为判断控制权的依据。根据笔者对我国反垄断执法实践的理解,股东出于保护自身利益之目的对某些事项所拥有的否决权一般不应被视为其对合营企业具有控制权,这不仅包括股东对《公司法》第43条规定的事项的否决权,[2]还包括股东对诸如利润分配、增资认购、股权转让或回购、股权激励计划、债券发行等主要涉及股东利益的事项的否决权;但是,股东对包括合营企业经营方针和经营计划、年度财务预算、重大投资,以及董事和高级管理人员的任免等事项的否决权则应被视为对合营企业具有控制权。

根据前文对表决事项、表决机制以及代表消极控制权的否决权的分析,对于经营者是否通过交易取得其他经营者的控制权的问题,法律除规定在分析和判断该问题时通常所应考虑的因素外,没有进一步规定黑白分明的界定标准。事实上,经营者集中多种多样,判断经营者是否通过交易取得对其他经营者的控制权取决于

---

〔1〕 参见《欧盟管辖权公告》第62段至第68段和第73段(2008年4月16日《欧洲联盟公报》第18页至第19页)。

〔2〕《公司法》第43条第2款规定:"股东会会议作出修改公司章程、增加或者减少注册资本的决议,以及公司合并、分立、解散或者变更公司形式的决议,必须经代表三分之二以上表决权的股东通过。"

大量法律和事实因素,法律不可能对在各种不同情形下控制权的取得问题分别给予具体规定。也就是说,对经营者是否取得控制权的判断需要基于法律规定的应当考虑的判断因素和反垄断执法机构的执法实践,结合并购交易的个案情况具体分析。法律上看似不明确或不确定的规定往往导致经营者在实践中对同一并购交易是否构成经营者集中产生不同的认识。从目前的执法实践来看,被处罚的违法集中基本不存在实质性争议。据笔者所知,截至目前,尚未发生经营者因不服反垄断执法机构有关违法集中的行政处罚决定而提起行政诉讼的案例。这也从另一角度说明,反垄断执法机构对于没有明显违法实施集中的交易通常持较为宽容的态度。但是,鉴于修订后的《反垄断法》加大了对违法集中的处罚力度,笔者建议经营者在判断并购交易是否构成经营者集中时应当更为谨慎,必要时应当通过商谈的方式听取反垄断执法机构的意见。

三、基于合同取得的控制权

根据《经营者集中审查规定》第 5 条之规定,在判断经营者是否通过合同取得对其他经营者的控制权时,通常需要考虑的因素包括"其他经营者股东、董事之间的关系,是否存在委托行使投票权、一致行动人等",以及"该经营者与其他经营者是否存在重大商业关系、合作协议等"。就并购交易而言,这些因素中前者主要是指股东之间的协议安排,后者指的是股东与合营企业之间的协议安排。

(一)股东间的协议

股东之间的协议安排主要是指协议签署方对各自在股东会如何行使表决权,以及如何保证代表其意思和利益的董事在董事会上行使表决权的事项进行约定。这类协议一般被称为一致行动协议。签署一致行动协议的股东(一致行动人)一般按照下述两种方式行使表决权:(1)在合营企业召开股东会或董事会之前,一致行动人按照双方之间的约定就股东会或董事会拟议事项事先达成一致意见,一致行动人及其代表其意思和利益的董事在股东会或董事会表决时根据事先达成的共识行使表决权;(2)一致行动协议确定代表协议各方意思和利益的股东(决定性股东),一致行动人中的其他股东或代表其意思和利益的董事在股东会或董事会的表决应与决定性股东或代表其意思和利益的董事保持一致,其他股东依据决定性股东的意志被动行使表决权和发表意见,决定性股东的意志被视为一致行动协议各方的共同意志,并据此形成一个稳定的利益主体。上述两种方式的根本区别在于:第一种方式中的一致行动人就每项待表决事项事先内部沟通和协商,以确保一致行动人在股东会和董事会表决的一致性,即经协商后达成的内部协议代表一致行动人的共同意思,一致行动人内部没有固定的最终决定人;第二种方式中的其他股东事实上间接将其表决权交由决定性股东行使或直接委托决定性股东根据自己的意志以其他股东的名义行使表决权。第二种方式的一致行动协议在本质上为表决权委托协议,无论其他股东是否自行行使表决权或委托决定性股东代为行使表决权。

一致行动协议是股权分散的合营企业或上市公司的小股东为控制合营企业或上市公司而相互协调和联合行动的一种表现形式,其直接结果是一致行动人或一致行动人中的决定性股东通过一致行动协议取得对合营企业或上市公司的单独控制权或共同控制权,而本来可以基于其股份或股权所对应的表决权单独控制合营企业或上市公司的其他股东可能因为一致行动人的联合行动丧失单独控制权或只能与一致行动人一起对合营企业或上市公司享有共同控制权。例如,根据市场监管总局出具的《经营者集中反垄断审查不实施进一步审查决定书》(反垄断审查决定〔2019〕446 号),北京海淀科技金融资本控股集团股份有限公司(以下简称海科金集团)原持有仁东控股股份有限公司(以下简称仁东控股)约 1.19 亿股股份(占仁东控股总股本的 21.27%),在与其他股东签署一致行动协议后,海科金集团通过自身持有的股份所对应的表决权以及一致行动协议合计持有仁东控股 29.93% 的股份表决权,从而成为仁东控股的控股股东。

需要注意的是,鉴于一致行动协议的敏感性,一致行动协议大多属于保密性极强的协议,除非法律强制性要求,一致行动人一般不会主动对外披露协议的存在或协议的内容。另外,实践中也不排除相关股东存在一致行动的事实或类似一致行动的协调行为,但股东之间没有签署书面的一致行动协议的情形。准确地说,控制权的外在表现不只是股权比例或协议安排,也有可能是一种实际状态;相关协议和公司章程是判断经营者集中的重要依据,但不是唯一依据。如果从相关协议和章程中无法判断是否取得控制权，但相关股东存在一致行动的事实或类似一致行动的协调行为，并实际上赋予了特定股东事实上的控制权，则也属于经营者集中所指的控制权的取得。根据《经营者集中审查规定》第5条之规定，判断经营者是否取得对其他经营者的控制权，还应考虑合营企业股东会的历史出席率和表决情况。

（二）股东与合营企业间的协议

根据笔者对反垄断执法机构受理的经营者集中申报案件的不完全统计，实践中，比较常见的合作协议包括委托经营合同和管理服务合同，即股东通过委托经营合同和管理服务合同取得对合营企业的业务的控制权。例如，在“北京梅赛德斯—奔驰销售服务有限公司通过合同取得深圳腾势新能源汽车有限公司经销业务的控制权案”中，合营企业外方股东的关联方北京梅赛德斯—奔驰销售服务有限公司（以下简称北京奔驰）通过合同取得对合营企业部分业务的控制权。根据相关的媒体报道和该案的《经营者集中简易案件公示表》，深圳腾势新能源汽车有限公司（以下简称腾势）最初是由比亚迪与戴姆勒大中华投资有限公司在2010年共同设立的合营企业，双方股东持有的股权比例一直保持50%。该次交易涉及腾势的部分业务，即腾势销售的腾势品牌电动乘用车、电动乘用车相关零部件、设备、汽车用品、汽车精品的经销业务（目标业务），不涉及腾势自身保留的生产和研发等业务。根据协议安排，腾势的汽车销售体系划归北京奔驰，由北京奔驰利用其在国内销售渠道的优势向腾势提供渠道和售后方面的服务，北京奔驰作为外方股东的关联方通过合同取得对目标业务的单独控制权。除委托经营合同和管理服务合同外，如果股东通过原材料供应、产品经销、知识产权许可等合同使得合营企业对其形成商业依赖关系，则相关合同也可能构成控制权认定因素中的“重大商业关系或合作协议”。

与通过股权或一致行动协议取得的控制权相比，认定通过其他合同取得控制权的难度通常较大。就委托经营合同或管理服务合同而言，受托方是否取得控制权取决于相关协议安排是否导致目标资产和业务的经营管理权的转移，或受托方通过协议安排是否能够对目标资产和业务施加决定性的影响。如果受托方提供的服务仅为管理性或技术性咨询服务，相关建议最终由委托方决定是否采纳和执行，那么受托方不应被视为取得对相关资产和业务的控制权。相反,如果受托方对相关资产和业务的运营拥有充分自主的决定权,如同该等资产和业务为受托方自身的资产和业务,那么受托方应被视为取得对相关资产和业务的控制权。但是,介于这两种情形之间的协议安排往往属于“灰色地带”,需要结合协议的具体细节和协议当事方的真实意思具体分析和判断。实践中,协议的履行有时与协议的约定存在偏差,即协议当事方可能通过协议的实际履行变更协议约定的内容。因此,判断受托方是否通过合同取得控制权不仅需要了解协议的书面约定,还需要查明协议的实际履行情况。也就是说,即便受托人根据相关协议的书面约定不能对目标资产和业务施加决定性的影响,但如果在协议的履行过程中,受托人实际上对目标资产和业务施加了决定性的影响,协议当事人应被视为通过协议的履行修改了协议的书面约定,从而构成经营者集中。另外,根据实践中的案例,与通过股权或一致行动协议所取得的控制权不同,经营者通过重大商业关系或合作协议取得的可能是对其他经营者的部分业务的控制权,而不一定是对其他经营者本身或对其全部业务的控制权。

通过合同取得控制权在平台经济领域具有一定的普遍性。由于我国法律长期限制外资进入互联网行业,互联网企业创始人往往出于海外融资和上市之目的在海外避税港成立公司,通过协议安排实际控制国内的互联网运营企业。反垄断执法机构在很长时间内拒绝接受涉及 VIE 架构的经营者集中申报。2020 年 7 月 16 日无条件通过审查的“上海明察哲刚管理咨询有限公司与环胜信息技术(上海)有限公司新设合营企业案”应是反垄断执法机构正式立案的涉及 VIE 架构的经营者集中申报的首个案例。根据该案的《经营者集中简易案件公示表》,上海明察哲刚管理咨询有限公司(以下简称明察哲刚)与环胜信息技术(上海)有限公司拟设立合营企业,分别持有合营企业 60% 和 40% 股权,共同控制合营企业。明察哲刚的最终控制人是一家在开曼注册的公司,该公司通过关联实体基于一系列协议安排控制明察哲刚。2021 年 2 月 7 日发布的《国务院反垄断委员会关于平台经济领域的反垄断指南》第 18 条明确规定,平台经济领域的经营者集中达到国务院规定的申报标准的,经营者应当事先向反垄断执法机构申报,未申报的不得实施集中;涉及协议控制架构的经营者集中,属于经营者集中反垄断审查范围。国家反垄断局于2021年11月18日新组建后的第三天在其官网通报了43起包括多家互联网知名企业的未依法申报违法实施的经营者集中案件,对涉案企业分别处以50万元罚款。这说明国家已经对通过合同取得控制权的经营者集中案件给予高度关注。

四、控制权的类型

根据不同的标准,控制权可作不同的分类。例如,控制权可被分为积极控制权和消极控制权。积极控制权是指经营者不需要其他股东的配合,可以单方面决定其他经营者的经营策略;消极控制权是指经营者虽然无法单方面决定其他经营者的经营策略,但可以单方面否决其他经营者的经营策略。《经营者集中审查规定》第5条第2款规定:"两个以上经营者均拥有对其他经营者的控制权或者能够对其他经营者施加决定性影响的,构成对其他经营者的共同控制。"因此,以享有控制权的股东人数为标准,控制权包括一方股东对合营企业的单独控制权,也包括两个或两个以上股东对合营企业的共同控制权。实践中,还存在所有股东对合营企业均没有控制权的情形。

(一)单独控制权

单独控制权,是指只有一个股东对合营企业拥有控制权。不同于一人有限责任公司,单独控制权并不要求拥有单独控制权的股东在合营企业其他股东一致反对的情形下仍然能够通过合营企业的股东会自行决定合营企业的所有事项,单独控制权的具体表现形式不尽相同,但其最根本的特征是只有一个股东能够单独对合营企业施加决定性影响。下面基于股东的股权比例分三种不同情形,举例说明单独控制权。

第一种情形是指拥有单独控制权的股东所持有的股权比例超过2/3,足以自行决定合营企业的所有重大经营事项。在此情形下,除非公司章程有不同规定,否则即便合营企业有数个股东,该股东基于其持有的超过2/3的表决权可以自行决定包括修改公司章程在内的股东会的所有重大决议,并进而通过其单独控制的股东会任免董事会董事,控制董事会的决议和任免合营企业的高级管理人员。不难看出,这是一种比较极端、但也比较简单清晰的单独控制的情形，控股股东的单独控制权不存在任何争议。

第二种情形是指拥有单独控制权的股东所持有的股权比例达到或超过1/2但没有达到2/3。例如，A、B和C分别拥有合营企业50%、30%和20%股权，公司章程规定股东会有关合营企业的重大决议需要超过2/3表决权表决通过。在此情形下，如果没有B或C的表决同意，合营企业股东会无法单凭A的50%表决权通过决议。同样，如果没有A的表决同意，无论是B还是C也无法保证决议的有效通过。换句话说，在A同意时，只要B或C任何一个股东同意，股东会即可通过有效决议；在A反对时，即使B和C一致同意，股东会也无法通过有效决议。事实上，就股东会决议而言，A与B和C的实质性区别是A无须其他特定股东的同意，而B或C均需要特定股东A的同意，所以A对合营企业拥有单独控制权，B和C对合营企业均没有控制权。

第三种情形是指拥有单独控制权的股东所持有的股权比例没有达到1/2，但相对于合营企业的其他股东来说，其拥有的股权比例最高。例如，在A拥有合营企业40%股权和B、C、D分别拥有20%股权的情形下，对于需要超过1/2表决权表决通过的事项，如果A同意，但B、C和D均反对，合营企业股东会无法通过有效决议；对于需要超过2/3表决权表决通过的事项，A只有在得到B、C和D中至少2名股东的表决同意方能使得股东会通过相关决议。基于前面提到的原因，A只需B、C和D中任意1名或2名股东的同意，而非任何特定股东的同意就可使股东会通过有效决议，而B、C和D均需要特定股东A的同意方可使合营企业股东会通过有效决议，所以A对合营企业拥有单独控制权，B、C和D对合营企业均没有控制权。拥有单独控制权的股东所持的股权比例因合营企业的股东数目和股权分散程度不同而不同。一般来说，股东越多，股权越分散，小股东基于各自的表决能够达到股东会有效决议所需的1/2或2/3以上表决权的可能性就越小，大股东为达到单独控制权所需的股权比例也就越低。

上面举例的三种不同情形的共同特点是拥有单独控制权的股东通过多数表决权对合营企业的重大决策拥有单独的决定权，或者虽然没有取得通过决议所需的表决权，但该股东的表决权相对于合营企业的其他股东来说是最多的，并且该股东能够同时做到两点:(1)无论其他股东是否同意或一致同意,该股东可以单独否决其他股东的一致提议,即对于该股东反对的事项,股东会无法通过有效决议;(2)除非其他股东一致反对,否则该股东可以基于其他部分非特定股东的同意,确保股东会通过有效决议。

(二)共同控制权

当两个或两个以上股东能够对合营企业施加决定性影响时就存在共同控制权,但是,拥有共同控制权的股东不一定持有很高的股权比例。前文已述,在股东较多、股权较为分散的合营企业中,拥有单独控制权的股东的股权比例不一定很高。这在共同控制的情形下更是如此。例如,从市场监管总局2021年4月28日发布的《行政处罚决定书》(国市监处〔2021〕33号)中可以了解到,市场监管总局于2021年3月11日对上海汉涛信息咨询有限公司(以下简称汉涛)收购上海领健信息技术有限公司(以下简称领健)股权涉嫌违法实施经营者集中案进行立案调查。根据《行政处罚决定书》,汉涛基于其与领健以及领健的原股东签署的增资协议认购领健新增注册资本,获得6.67%股权。市场监管总局认为该交易为股权收购,汉涛通过认购6.67%股权取得了对领健的控制权。

另外,拥有共同控制权的股东不一定持有相同或基本相同的股权比例。欧盟竞争法规定,共同控制的特点是只要两个或两个以上特定股东中任何一个股东反对,合营企业就无法制定和实施战略性决策,制定相关决策的程序就可能陷入僵局。最明显的共同控制表现为两个股东在合营企业的地位完全平等,在股东会享有相同的表决权,在董事会拥有相同数目的成员,且每位成员具有相同的投票权,没有任何一名成员享有决定性一票。但是,在小股东对合营企业的战略性经营行为拥有否决权的情形下,即便两个股东的股权比例不同,各自提名董事的名额也不相同,共同控制权也有存在的可能。〔1〕 例如,A、B和C分别拥有合营企业60%、35%和5%股权,A提名3名董事会成员,B提名2名董事会成员,对于公司章程规定的需要2/3以上表决权表决通过的重大决议,如果没有A和B的共同同意,合营

〔1〕 参见《欧盟管辖权公告》第64段至第65段(2008年4月16日《欧洲联盟公报》第18页)。

企业股东会和董事会无法通过决议,故 A 和 B 对合营企业具有共同控制权。与单独控制权不同,在共同控制的情形下,A 和 B 均可以否决对方和 C 的提议,只有在得到对方同意时方可保证合营企业股东会或董事会通过有效决议。

（三）不存在控制权的合营企业

如果 A、B 和 C 分别拥有合营企业 1/3 的股权,每个股东提名一名董事,那么在股东会和董事会的决议只需要简单多数表决通过时,股东会和董事会基于任何两个股东或其提名的董事的表决同意即可通过有效决议,而无须特定股东或其提名的董事的表决同意。例如,股东会可以经 A 和 B 同意通过有效决议,也可以经 A 和 C 同意或 B 和 C 同意通过有效决议;董事会决议的表决也完全相同,即有任何两个股东提名的董事表决即可通过。严格来说,在此情形下,任何一名股东对相关事项均没有否决权。根据欧盟竞争法的相关规定,股东在此情形下没有共同控制权。[1]

第二节　不同公司并购交易中的经营者集中

基于《反垄断法》的相关规定,可以比较清楚地了解《反垄断法》规范的经营者集中的具体指向或情形,即经营者合并、经营者通过取得股权或者资产的方式取得对其他经营者的控制权以及经营者通过合同等方式取得对其他经营者的控制权或对其他经营者施加决定性影响。从《反垄断法》的立法目的来看,立法者和执法者关注的重点不仅是经营者以何种方式集中以及如何集中,而更应是本来相互独立甚至相互竞争的经营者是否通过交易或合同就相关业务和市场形成同一个利益共同体或同一个意思表示主体,以及相关安排是否具有排除、限制竞争的效果。换句话说,经营者之间的交易或合同如果没有对对方或目标公司的控制权产生影响,则不应是一种集中行为。相反,如果经营者之间的交易或合同导致本来相互独立,甚至相互竞争的经营者合并为同一个经营者,或部分经营者能够对其他经营者进行

[1] 参见《欧盟管辖权公告》第 80 段(2008 年 4 月 16 日《欧洲联盟公报》第 21 页)。

控制或能够对其他经营者施加决定性影响,那么相关交易或合同应为集中行为。实践中,经营者之间的交易或合同多种多样,《反垄断法》不可能在规定经营者集中的三种法定情形的同时具体列明经营者集中的具体商业表现形式。但是,对于并购交易的当事方而言,了解哪些并购交易可能触发经营者集中应该有利于防范违法集中的风险。

一、公司合并中的经营者集中

根据《公司法》第 172 条的规定,公司合并包括吸收合并和新设合并两种方式。吸收合并是指一家公司吸收其他公司,被吸收的公司解散;新设合并是指两家或两家以上公司合并设立一个新的公司,合并各方解散。虽然《公司法》第 174 条只规定,公司合并时合并各方的债权、债务应当由合并后存续的公司或者新设的公司承继,但是,无论是吸收合并还是新设合并,参与合并的公司的股东都将成为合并后存续公司或新设公司的共同股东,参与合并的公司的资产、业务、债权、债务、员工、客户和供应商在通常情形下也都将自动转入合并后的存续公司或新设公司。

根据《反垄断法》第 25 条之规定,经营者合并是经营者集中法定情形之一。从交易安排来看,《反垄断法》中的经营者合并与《公司法》中的公司合并的指向应当相同,只是两者立法目的不同,对公司合并或经营者合并规范的角度和重点不同。反垄断法从市场竞争的角度将参与市场竞争的经济主体视为经营者,因此经营者合并应该是两个或两个以上的经营者合并成为一个经营者的集中行为。无论是吸收合并还是新设合并,就市场竞争效果而言,经营者合并将直接导致独立参与市场竞争的经营者数量的减少。另外,由于参与合并的经营者的业务、资产、人员和市场份额等实现完全统一,由合并后的经营者概括承受,合并后的经营者的市场竞争力将得到加强。因此,相对于其他情形的经营者集中而言,经营者合并意味着参与合并的所有经营者的控制权的合并,不仅是最全面、最彻底和最典型的经营者集中,而且最可能产生排除和限制竞争的效果。

二、公司收购中的经营者集中

(一)股权收购和资产收购

公司收购包括股权收购和资产收购。《反垄断法》第25条将股权收购和资产收购视为经营者集中的同一种情形,即经营者通过取得股权或者资产的方式取得对其他经营者的控制权的情形。商务部2017年9月8日公布的《经营者集中审查办法(修订草案征求意见稿)》第4条规定:“经营者取得其他经营者能够在市场上经营且产生营业额的财产、业务、权利等组成部分,属于经营者集中。”因此,公司法和反垄断法中的资产收购都是指对运营资产和相关业务的整体收购,而不是指资产的简单买卖行为。如果买方通过公司并购取得目标公司全部股权或取得目标资产和业务全部所有权,买方自然取得对目标公司或目标资产和业务的控制权,相关的并购交易应该属于经营者集中,不存在控制权的认定问题。在买方收购目标公司部分股权或认购目标公司的增资的情形下,并购交易的直接结果可能是将目标公司改制为由买方和目标公司现有股东共同持股的合营企业。在资产收购的交易中,买方可能直接收购卖方的资产和业务,也可能间接收购卖方的资产和业务。比较常见的间接收购方式是买方与卖方设立合营企业,卖方将相关的资产和业务作为出资转让到合营企业。因此,当买方收购目标公司部分股权或间接收购目标资产和业务时,并购交易都将涉及买方与其他经营者对合营企业控制权的判断问题。前者是相关各方将目标公司改制为合营企业;后者是相关各方新设合营企业,通过合营企业受让并运营目标资产和业务。

(二)新设合营企业

如果至少有两个经营者共同控制该合营企业,则构成经营者集中;如果仅有一个经营者单独控制该合营企业,其他的经营者没有控制权,则不构成经营者集中。反垄断法没有明确新设合营企业属于哪种法定情形的经营者集中,笔者从《商务部行政处罚决定书》(商法函〔2018〕129号)中注意到,商务部于2017年8月9日依法对青岛港招商局国际集装箱码头有限公司和青岛港(集团)有限公司设立合营企业涉嫌未依法申报违法实施经营者集中案进行立案调查，认定交易双方共同设立合营企业，分别持股49%和51%，对该合营企业形成共同控制，属于《反垄断法》规定的经营者集中第三种情形，即经营者通过合同等方式取得对其他经营者的控制权或者能够对其他经营者施加决定性影响。笔者认为，对于新设合营企业属于哪种法定情形的经营者集中的问题需要视具体情形具体分析。如果交易双方或一方没有将其现有的业务与资产转让到新设的合营公司，那么双方新设合营公司的经营者集中行为应当属于《反垄断法》第25条规定的第三种情形。但是，如果交易双方或一方通过新设合营公司将其现有的业务与资产转让到新设的合营公司，那么双方的交易本质应为资产收购，属于《反垄断法》第25条规定的第二种情形。

关于新设合营企业，还有一个值得注意的问题，即实践中经营者可能出于各自的业务需要设立不具有正常经营职能的合营企业，包括经营业务单一，仅从事研发活动，不从事产品生产和销售的合营企业；仅为股东生产和供应特定产品，不向第三人销售的合营企业；或者仅为特定建设工程的联合投标和建设之目的设立，且经营期限较短的合营企业等。这类合营企业由于缺乏经营上的长期性，不直接参与市场竞争，对市场竞争应当没有直接影响。根据欧盟2004年发布的《经营者集中控制条例》(139/2004号条例)第3条之规定，新设的合营企业如果是出于长期经营之目的且具有完全自主决策功能的经济实体则应为经营者集中。[1] 我国反垄断法目前没有对这类合营企业的设立是否构成经营者集中，以及是否需要进行经营者集中申报作明确规定。在反垄断执法机构目前公布的未依法申报新设合营企业的行政处罚决定书中，反垄断执法机构似乎不区分新设合营企业的类型或具体功能，只要交易各方新设合营企业且对合营企业有共同控制权，即构成经营者集中。或许可以这样理解：我国反垄断法不因合营企业不具备完全功能而否定其为经营者集中，也不因此而免除申报义务人的申报义务，但反垄断执法机构在审查环节将考虑不具备完全功能的合营企业对相关市场竞争的有限影响，并据此作出审查决定。

〔1〕 参见2004年1月29日《欧洲联盟公报》第7页。

三、合营企业重组情形下的经营者集中

(一)合营企业股东之间的股权转让

既存合营企业的股权重组包括股东之间的股权转让以及合营企业的增资和减资三种不同类型。就股东之间的股权转让而言,股东可以通过相互之间的股权转让增加或减少各自的股权比例,这类重组是否构成经营者集中需要根据股权转让对合营企业控制权的影响而判定:(1)如果合营企业在重组前后均受同一股东单独控制,那么由于该股东并未通过合营企业重组取得对合营企业更多的控制权,其他股东也没有因为重组而取得或丧失对合营企业的控制权,股东之间的股权转让不构成经营者集中;(2)如果合营企业在重组前由一个股东单独控制,在重组后由两个或两个以上股东共同控制,那么由于其他股东通过重组取得了对合营企业的控制权,股东之间的股权转让应当属于经营者集中;(3)如果两个或两个以上股东在合营企业重组前共同控制合营企业,合营企业在股东之间股权转让后被原拥有控制权的股东中的部分股东控制,那么由于其他股东通过重组取得对合营企业更多的控制权,股权转让前后控制权发生了转移,股东之间的股权转让也应当属于经营者集中。总之,如果经营者对合营企业的控制权在重组前后发生变化或转移,相关的重组应被视为经营者集中。

在上述三种不同情形中,第一种情形和第二种情形似乎不难理解。第三种情形说明,反垄断法不仅关注经营者是否取得对其他经营者的控制权,还关注经营者是否通过进一步集中增加对其他经营者的控制权。从市场监管总局《行政处罚决定书》(国市监处〔2018〕11 号)可以了解到,市场监管总局于 2018 年 3 月 12 日对格林美(武汉)城市矿产循环产业园开发有限公司(以下简称格林美武汉)收购武汉三永格林美汽车零部件再制造有限公司(以下简称武汉三永)30% 股权涉嫌未依法申报违法实施经营者集中案进行立案调查。武汉三永是格林美股份有限公司(以下简称格林美)、株式会社 Honest(以下简称 Honest)及三井物产株式会社(以下简称三井物产)于 2015 年共同设立并共同控制的合营企业,格林美直接和间接持有格林美武汉 91.45% 的股权,格林美武汉与 Honest 于 2017 年签署股权转让协议,收购

Honest 在武汉三永持有的 30% 股权,交易完成后,格林美和格林美武汉共同持有武汉三永 75% 股权(其中格林美持有 45% 股权,格林美武汉持有 30% 股权),三井物产持有武汉三永 25% 股权。基于格林美对格林美武汉的控制关系,武汉三永在本次交易后由原来的三个经营者共同控制变为由两个经营者共同控制,即格林美通过本次交易加强了对武汉三永的控制。

(二)合营企业的增资和减资

在合营企业增资时,如果所有股东按照各自认缴的股权比例认购增资,那么合营企业的增资没有对控制权产生影响。但是,如果股东不按照各自认缴的股权比例认购增资,其结果必然导致股东在增资后持有的股权比例的调整,即有的股东因为参与增资而增加股权比例,有的股东的股权比例则因其没有参与增资而被稀释。在此情形下,增资是否构成经营者集中应参照前述股东之间转让股权的各种不同情形作具体分析和判断。同样,在合营企业减资时,即便股东之间没有发生直接的股权转让,如果部分股东通过合营企业的减资退出合营企业或减少其持股比例,那么这类重组可能导致原来共同控制合营企业的股东人数的减少或原来对合营企业没有控制权的股东取得控制权,从而构成经营者集中。

(三)股东协议和公司章程的修改

严格来说,合营企业重组还包括一种约定情形,即股东之间通过合同而非股权转让的方式对合营企业的控制权进行重新安排。如果公司股东或股东会在合营企业成立后的存续期内修订股东协议和公司章程,将原由一名股东单独控制的合营企业改为由两名或两名以上股东共同控制的合营企业,或者原由多名股东共同控制的合营企业改为由一名股东单独控制的合营企业,那么股东之间的协议安排同样属于经营者集中。例如,在"诺和公司(Novo A/S)通过合同取得西真医疗保健信息技术二号有限公司(Cidron Healthcare - IT 2 Limited)的控制权案"中,从该案的《经营者集中简易案件公示表》可以了解到,诺和公司间接持有西真医疗保健信息技术二号有限公司(以下简称西真公司)的股权,西真公司由北欧资本八号有限公司单独控制,依照《关于西真医疗保健信息技术二号有限公司的经修订和重述的股东协议》，诺和公司在股东协议修改后取得西真公司的控制权，与北欧资本八号有限公司共同控制西真公司。

四、以股权支付交易对价情形下的经营者集中

经营者有时为了战略合作之目的通过以股权支付对价（换股）的方式进行公司并购。举例而言，A拟通过增资认购的方式入股B，作为A对B的出资，A拟将其持有的C的股权转让给B，交易完成后A成为B的股东，B成为C的股东。从公司并购的角度看，该战略合作涉及两个相互关联的公司并购交易，即A对B的增资认购和B对C的收购。如果A通过增资认购取得对B的单独控制权或共同控制权，那么A对B的增资认购构成经营者集中。同样，如果B取得对C的单独控制权或共同控制权，那么B收购C的交易也构成经营者集中。在该等相互关联的交易中，A是否取得对B的控制权与B是否取得对C的控制权没有必然关系，反之亦然。因此，即便其中一个并购交易没有构成经营者集中，也不必然影响另外一个交易构成经营者集中的可能性。实践中，类似的换股交易的表现形式多种多样，有的是直接以股权支付对价，有的则不以股权支付对价，而是由一方向另一方转让其在目标公司持有的部分股权，并同时取得另一方或另一方关联公司的股权。例如，从市场监管总局《行政处罚决定书》（国市监处〔2020〕28号）中可以了解到，深圳市丰巢网络技术有限公司（以下简称丰巢网络）以换股方式取得中邮智递科技有限公司（以下简称中邮智递）100%股权。2020年5月13日，丰巢网络与中邮智递原股东浙江驿宝签署《标的股权转让协议》，收购中邮智递0.1%股权；随后，中邮智递其他股东与丰巢网络和丰巢开曼签署《减资协议》，除丰巢网络外，中邮智递其他股东退出中邮智递，减资完成后丰巢网络持有中邮智递100%股权。与此同时，丰巢开曼等与中邮智递原股东签署《丰巢开曼股权购买协议》和《丰巢开曼股东协议》，中邮智递原股东合计购买丰巢开曼28.68%股权。

五、股权交易加合同控制的经营者集中

公司并购以取得目标公司或新设合营企业的股权为目的，公司并购涉及的经营者集中大多是买方基于受让的股权或认缴的出资获得对其他经营者的控制。在

有些并购交易中,基于各种不同的原因,如卖方不愿意转让过多股权或目标公司不同意买方认购过多的增资、买方出于投资成本控制或其他战略考虑不愿意或认为不需要受让过多的股权等,买方难以通过收购股权取得对目标公司的控制。作为替代方案,买方在此情形下可能通过合同的方式在受让少数股权的同时取得对目标公司的控制权。如果买方将相关的合同控制作为其受让股权的前提条件,将两者作为一个完整交易不可分割的组成部分,那么即便买方仅凭受让的股权无法获得对目标公司的控制权,买方基于合同在受让部分股权的同时取得对目标公司的控制权也应被视为经营者集中的一种特殊形式。例如,在"深圳市智慧城市科技发展集团有限公司通过合同及股权投资取得深圳市卓翼科技股份有限公司的控制权案"中,从该案的《经营者集中简易案件公示表》可以了解到,投资人在认购增资的同时接受原实际控制人的表决权委托,合计持有目标公司增资后的表决权总数的28.44%。

第三节　经营者集中的申报标准

申报标准是经营者集中反垄断审查制度的门槛,起到初筛竞争风险、划定监管范围、明确申报义务、便利守法经营的作用。国家在设定申报标准时一般同时考虑经济发展水平和市场竞争状况,在消除潜在竞争问题和减轻企业负担之间取得平衡。本节在介绍和分析申报标准的同时,也将讨论与申报标准密切相关的两个基本问题,即哪些经营者应被认定是参与集中的经营者,以及如何计算参与集中的经营者的营业额。

一、申报标准

目前执行的申报标准是2018年修订的《国务院关于经营者集中申报标准的规定》。根据该规定第3条,"经营者集中达到下列标准之一的,经营者应当事先向国务院反垄断执法机构申报,未申报的不得实施集中:(一)参与集中的所有经营者上一会计年度在全球范围内的营业额合计超过100亿元人民币,并且其中至少两个经营者上一会计年度在中国境内的营业额均超过4亿元人民币;(二)参与集中的所有经营者上一会计年度在中国境内的营业额合计超过20亿元人民币,并且其中至少两个经营者上一会计年度在中国境内的营业额均超过4亿元人民币。营业额的计算,应当考虑银行、保险、证券、期货等特殊行业、领域的实际情况,具体办法由国务院反垄断执法机构会同国务院有关部门制定。"

随着我国经济快速发展,2008年起执行的申报标准逐渐不能适应高质量发展要求。一方面,与2008年相比,我国经济总量、市场主体的数量和规模都发生了深刻变化,原来的申报标准营业额设定偏低的问题愈发明显;另一方面,随着产业结构升级,资本、技术、数据等要素集中度不断提高,垄断和竞争失序风险增加,需要进一步提高经营者集中审查精准识别、防范风险的能力。[1] 基于这些原因,市场监管总局起草了《国务院关于经营者集中申报标准的规定(修订草案征求意见稿)》(以下简称《申报标准修订草案》),并于2022年6月27向社会公开征求意见。《申报标准修订草案》不仅提高了营业额标准,而且优化了申报标准。

《申报标准修订草案》设定了三种不同的申报标准:第一,参与集中的所有经营者上一会计年度在全球范围内的营业额合计超过120亿元人民币,并且其中至少两个经营者上一会计年度在中国境内的营业额均超过8亿元人民币;第二,参与集中的所有经营者上一会计年度在中国境内的营业额合计超过40亿元人民币,并且其中至少两个经营者上一会计年度在中国境内的营业额均超过8亿元人民币;第三,中国境内营业额超过人民币1000亿元的经营者,并购市值(或估值)人民币8亿元以上并且超过1/3营业额来自中国境内的经营者。[2] 因此,经营者集中达到三个标准中的任一标准的,经营者应当事先向反垄断执法机构申报,未申报的不得实施集中。

---

〔1〕 参见市场监管总局2022年6月27日《关于〈国务院关于经营者集中申报标准的规定(修订草案征求意见稿)〉的说明》。

〔2〕《申报标准修订草案》第4条规定:"经营者集中未达到本规定第三条规定的申报标准,但同时满足下列条件的,经营者应当事先向国务院反垄断执法机构申报,未申报的不得实施集中:(一)其中一个参与集中的经营者上一会计年度在中国境内的营业额超过1000亿元人民币;(二)本规定第二条第(一)项所规定的合并其他方或第二条第(二)项和第(三)项所规定的其他经营者市值(或估值)不低于8亿元人民币,并且上一会计年度在中国境内的营业额占其在全球范围内的营业额比例超过三分之一。"

事实上,第一个标准和第二个标准是在原来申报标准的基础上提高了相关经营者的营业额。根据市场监管总局2022年6月27日的说明,新标准是根据我国经济社会发展情况、反垄断执法实践,参考国际经验,并利用经济模型分析得出。营业额标准提高将有效减少不具有竞争问题的中小规模并购申报,降低企业制度性交易成本,提升经济运行效率,为各类市场主体特别是中小企业创造广阔发展空间。第三个标准为《申报标准修订草案》新设定的标准。根据市场监管总局2022年6月27日的说明,大型企业一般市场力量较强,相比中小经营者,其集中行为具有或者可能具有排除、限制竞争效果的可能性较高。同时,关注大型企业并购也符合国际趋势。对大型企业开展集中的申报门槛进行规定,并对于具有或者可能具有排除、限制竞争效果的集中依法进行竞争分析,可以在事前有效预防产生垄断的市场结构,减少集中对竞争产生的不利影响,增强反垄断治理的准确性和有效性,保护市场主体创新活力。因此,《申报标准修订草案》的相关规定是对原来申报标准的优化。

二、参与集中的经营者

从《反垄断法》规定的经营者集中的三种法定情形来看,经营者集中意味着市场上本来相互独立或相互竞争的经营者通过包括合并、收购和协议安排等手段达到对其他经营者的控制,从而实现一种聚合的效果。经营者集中的本质是市场上不同经济力量的集中,因此参与市场力量联合的经营者就是参与集中的经营者。举例来说,对于新设合营企业而言,由于新设合营企业尚未设立,新设合营企业本身不具有市场力量。如果仅有一方股东单独控制该合营企业,则市场力量没有通过新设合营企业得到聚合,新设合营企业不属于经营者集中;只有在两个或两个以上的股东共同控制合营企业的情况下,不同股东各方的市场力量才有可能通过新设合营企业得到聚合,在此情形下拥有控制权的股东各方应为参与集中的经营者。对于既存合营企业而言,由于既存企业自身已有市场力量,因此取得对合营企业单独控制权的股东与既存合营企业也可以形成市场力量的聚合。

关于参与集中的经营者的界定,实践中具有指导意义的认定标准是反垄断执法机构在《经营者集中反垄断审查申报表》(以下简称申报书)中所作的注释说明。

根据该注释说明,参与集中的经营者需要根据经营者集中的具体情形来界定。具体来说:(1)在经营者合并的情况下,无论是吸收合并还是新设合并,合并各方均为参与集中的经营者。(2)在经营者通过取得股权或者资产的方式取得对其他经营者的控制权的情况下,取得控制权的经营者和目标经营者为参与集中的经营者。(3)在经营者通过合同等方式取得对其他经营者的控制权或者能够对其他经营者施加决定性影响的情况下,取得控制权或能够施加决定性影响的经营者和目标经营者为参与集中的经营者。(4)如集中后两个以上经营者对目标经营者有控制权或者能够施加决定性影响,则前述两个以上经营者均为参与集中的经营者。(5)在新设合营企业的情况下,合营企业的共同控制方均为参与集中的经营者,合营企业本身不是参与集中的经营者。(6)在既存企业的基础上通过交易形成合营企业的,如既存企业本身为合营企业,既存企业和交易后所有对其有控制权或者能够施加决定性影响的经营者均为参与集中的经营者。如既存企业在交易前由一个经营者单独控制,交易后所有有控制权或者能够施加决定性影响的经营者为参与集中的经营者;如交易前的单独控制方交易后仍拥有控制权或者能够施加决定性影响,既存企业不是参与集中的经营者;交易前单独控制方交易后不再拥有控制权或者能够施加决定性影响的,既存企业是参与集中的经营者。[1]

三、参与集中的经营者的营业额

根据《经营者集中审查规定》第 9 条之规定,营业额是指相关经营者在集中协议签署日的上一会计年度内销售产品和提供服务所获得的扣除相关税金及附加后的收入。如果经营者在集中协议签署日的上一会计年度的收入较高,且经营者可以肯定其营业额达到法律规定的申报标准,经营者似乎没有必要根据反垄断法的相关规定计算准确的营业额。但是,在上一会计年度内销售产品和提供服务所获得的收入与法律规定的作为申报标准的营业额比较接近时,经营者则有必要认真分析该收入中可以扣除的项目,避免将本来没有达到申报标准的经营者集中视为达到申报标准。经营者在分析和统计上一个会计年度的营业额时,应当注意下列

〔1〕 参见《经营者集中反垄断审查申报表》注释 2。

要点。

(一)营业额不等同于含税销售收入

依照《金融业经营者集中申报营业额计算办法》关于扣除“营业税金及附加”的规定,《经营者集中审查规定》第9条规定的扣除相关税金及附加应是指增值税及其附加(包括城市维护建设税、教育费附加和地方教育费附加),即反垄断法规定的营业额是指销售收入扣除增值税及其附加之后的余额。如果参与集中的经营者的上一个会计年度在中国境内的销售收入超过4亿元人民币,但该销售收入在扣除增值税及其附加之后的余额没有超过4亿元人民币,那么相关集中不应被视为达到申报标准。

(二)全球范围的营业额和中国境内的营业额

全球范围的营业额包括中国境内的营业额。根据《关于经营者集中申报的指导意见》第5条之规定,申报标准中的中国境内营业额是指经营者提供产品或服务的买方所在地在中国境内,包括经营者从中国之外的国家或地区向中国的出口,但不包括其从中国向中国之外的国家或地区出口的产品或服务。反垄断执法机构审查经营者集中所关注的重点是相关集中在中国市场是否具有排除、限制竞争的效果,因此反垄断法不仅关注经营者在全球范围的营业额,而且关注经营者在中国境内的营业额。从市场竞争的角度来看,如果一个经营者在中国境内没有营业收入,其经济活动对中国市场的竞争状况应该没有直接影响;从消费者的角度来看,其集中行为也不存在导致损害中国消费者利益的可能性。

分别关注经营者在全球范围的营业额和在中国境内的营业额也有利于正确判断集中是否达到申报标准。就《国务院关于经营者集中申报标准的规定》规定的前两个标准而言,如果参与集中的所有经营者上一会计年度在全球范围内的营业额合计超过100亿元人民币或者在中国境内的营业额合计超过20亿元人民币,但其中没有任何一个经营者或只有一个经营者上一会计年度在中国境内的营业额超过4亿元人民币,那么相关集中没有达成申报标准。同样,即便参与集中的经营者中至少两个经营者上一会计年度在中国境内的营业额均超过4亿元人民币,但参与集中的所有经营者上一会计年度在全球范围内的营业额合计没有超过100亿元人民币,并且在中国境内的营业额合计也没有超过20亿元人民币,那么相关集中也没有达成申报标准。因此,正确区分全球范围的营业额和在中国境内的营业额对于判断经营者集中是否达到申报标准至关重要,这点对于从事出口贸易的经营者来说意义更为重大。

(三)经营者及其关联方的营业额

参与集中的经营者的营业额,应当为该经营者以及申报时与该经营者存在直接或者间接控制关系的所有经营者的营业额总和,不包括上述经营者之间的营业额。[1] 具体来说,参与集中的单个经营者的营业额应包括以下经营者的营业额:(1)该单个经营者;(2)该单个经营者直接或间接控制的其他经营者;(3)直接或间接控制该单个经营者的其他经营者;(4)前述第三项所指经营者直接或间接控制的其他经营者;(5)前述第一至四项所指经营者中两个或两个以上经营者共同控制的其他经营者。[2] 严格来说,经营者之间关联交易所产生的营业额不能代表经营者在市场上的经济实力和竞争力,只有剔除集团内部成员关联交易后的营业额才能够真实反映经营者的经济力量,也只有基于剔除集团内部成员关联交易后的营业额才能够对集中行为的竞争影响进行较为客观的分析和评估。因此,参与集中的单个经营者的营业额不包括与该经营者存在直接或间接控制关系的所有经营者之间发生的营业额。根据《经营者集中审查规定》第10条第3款的规定,参与集中的经营者之间或者参与集中的经营者和未参与集中的经营者之间有共同控制的其他经营者时,参与集中的经营者的营业额应当包括被共同控制的经营者与第三方经营者之间的营业额,此营业额只计算一次,且在有共同控制权的参与集中的经营者之间平均分配。除此之外,《关于经营者集中申报的指导意见》第6条进一步明确:(1)如果参与集中的单个经营者之间有共同控制的其他经营者,则参与集中的所有经营者的合计营业额不应包括被共同控制的经营者与任何一个共同控制他的参与

---

〔1〕 参见《经营者集中审查规定》第10条第1款。

〔2〕 参见《关于经营者集中申报的指导意见》第6条。

集中的经营者或与后者有控制关系的经营者之间发生的营业额;(2)如果参与集中的经营者被两个或两个以上经营者共同控制,其营业额应包括所有控制方的营业额。

就经营者关联交易营业额的计算方法而言,在计算一个参与集中的经营者的营业额总和时,应确定该经营者的最终控制人,然后将该最终控制人控制的集团公司范围内的全部受控制的关联实体的营业额均计算在内。如图5所示,在计算营业额时,应当将图中以灰色标识的实体的营业额计算在内,其中:A为参与集中的经营者;B1、B2和B3为A的下属子公司;C1、C2、C3和C4为A的母公司以及控制母公司的上级公司;D为A的母公司控制的其他子公司;E为A所在公司集团内共同控制的其他公司;F1、F2为A所在公司集团参股但未取得控制的公司。因此,A的营业额应该包括A本身和A的所有关联方的营业额,但不应包括A以及A的关联方相互之间的业务往来所产生的营业额,也不应包括F1和F2的营业额。

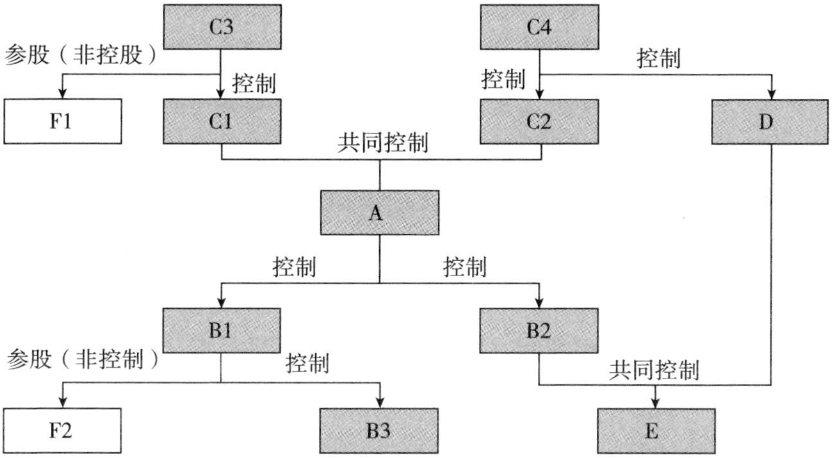

图5

另外,对于合并报表内的关联企业而言,如果股东和合营企业均是参与集中的经营者,在计算参与集中的经营者营业额时,股东的营业额不应包括合营企业和合营企业下属企业的营业额。例如,甲和乙共同控制丙,并分别持有丙60%和40%的股权,尽管甲和丙的营业额根据会计准则应该合并,但在乙将丙的40%股权转让给甲的情形下,在计算参与集中的经营者的营业额时,甲和丙的营业额应该分开计算。

(四)已出售或新收购业务的营业额

法律规定的申报标准是参与集中的经营者在集中协议签署日的上一个会计年度的营业额。实践中,不能排除相关经营者在集中协议签署日的上一个会计年度之后和集中协议签署日之前这段时间内出售现有业务或收购新业务的可能性。这就产生一个问题,即对于参与集中的经营者在集中协议签署当年已经出售的业务或新收购的业务,在集中协议签署日上一会计年度所产生的营业额应该如何处理?例如,集中协议的签署日是 2022 年 6 月 10 日,而参与集中的经营者在 2022 年的 4 月 10 日出售了部分业务并于 2022 年 5 月 10 日收购了部分新业务,那么该等出售的业务在 2021 会计年度的营业额是否应该从其 2021 会计年度的营业额中扣除,而其新收购的业务在 2021 会计年度的营业额是否应该加入该经营者 2021 会计年度的营业额?从理论上说,参与集中的经营者距离集中协议签署时间越近的营业额越能代表其真实的经济实力和市场竞争力,参与集中的单个经营者在集中协议签署时已出售的业务的营业额不代表经营者在集中协议签署时的经济实力和市场竞争力,而新收购的业务无疑增加其经济实力和市场竞争力。虽然法律规定以经营者上一会计年度的营业额为申报标准,但从立法意图来看,为了真实反映经营者的经济实力和竞争力,集中协议签署时当年已出售或不再具有控制权的业务的上一会计年度的营业额似乎应当从经营者上一会计年度的营业额中扣除,而集中协议签署时当年已经收购或取得控制权的新业务的上一会计年度的营业额则应增加到经营者上一会计年度的营业额中,并据此确定相关集中是否达到法定的申报标准。尽管目前法律和执法实践对此没有明确要求,但从下面介绍的在部分收购时和在多次收购时法律有关营业额的规定来看,参与集中的经营者应当根据集中协议签署时的实际情况调整其上一会计年度的营业额,即在调整前的营业额没有达到申报标准,而调整后的营业额达到申报标准的情形下,参与集中的经营者应有义务进行申报;而在调整前的营业额达到申报标准,调整后的营业额没有达到申报标准的情形下,参与集中的经营者应无义务办理申报。

(五)部分收购的营业额

《经营者集中审查规定》第 10 条第 2 款规定:“经营者取得其他经营者的组成部分时,出让方不再对该组成部分拥有控制权或者不能施加决定性影响的,目标经营者的营业额仅包括该组成部分的营业额。”《关于经营者集中申报的指导意见》第 7 条也规定,在一项经营者集中包括收购一个或多个经营者的一部分时,如果卖方在交易后对被出售部分不再拥有控制权,则对于卖方而言,只计算集中涉及部分的营业额。上述规定包括两种情形:一是在出售资产时,如果卖方对被出售的资产不再拥有控制权,则只计算该资产所产生的营业额;二是在出售目标公司全部或部分股权时,如果卖方在交易完成后对目标公司不再拥有控制权,则只计算该目标公司的营业额。例如,卖方的业务包括家具和电器,买方通过资产收购的方式收购卖方的电器业务,并在收购后对该业务拥有单独控制权,那么在计算营业额时应仅计算电器业务产生的营业额。

(六)多次收购的营业额

《经营者集中审查规定》第 11 条第 1 款规定:“相同经营者之间在两年内多次实施的未达到申报标准的经营者集中,应当视为一次集中,集中时间从最后一次交易算起,参与集中的经营者的营业额应当将多次交易合并计算。经营者通过与其有控制关系的其他经营者实施上述行为,依照本规定处理。”《关于经营者集中申报的指导意见》第 8 条也有相同的规定。实践中,交易方往往就多个目标公司或同一资产包中的多个资产在一段时间期限内分别收购,其中,买方对单个目标公司或资产的收购可能因为参与集中的经营者的营业额没有达到申报标准而无须申报,但如果将两年之内收购的目标公司或资产的营业额累计则可能达到申报标准。例如,买方上一会计年度在中国境内的营业额为 21 亿元人民币,买方收购卖方持有的目标公司 A 全部或部分股权并取得对目标公司 A 的单独控制,那么如果目标公司 A 上一会计年度在中国境内的营业额为 3 亿元人民币,该集中因没有达到申报标准而无须申报。但是,如果买方在收购目标公司 A 之后的两年内又收购卖方持有的目标公司 B 全部或部分股权并取得对目标公司 B 的单独控制,即便目标公司 B 上一会计年度在中国境内的营业额仅为2亿元人民币,由于目标公司A和目标公司B的营业额相加超过4亿元人民币,买方收购目标公司A和目标公司B的两次交易应被视为一次集中交易,需要办理申报。不难看出,法律的相关规定能够防止交易方为规避申报义务而人为将一个整体交易分割为若干个交易完成。《经营者集中审查规定》第11条第2款明确规定,该条所称的“两年内”是指从第一次交易完成之日起至最后一次交易签订协议之日止的期间。

(七)共同控制情形下的营业额

如果目标公司在交易前有多个相互独立的股东,那么在判断集中是否达到申报标准时,应该关注所有对目标公司具有控制权的股东和目标公司本身的营业额,而不是仅关注通过本次交易取得控制权的经营者和目标公司的营业额。例如,目标公司在交易前为合营企业,受A和B两个股东共同控制,C通过股权转让或增资认购的形式成为目标公司的新股东,目标公司在交易后受A、B、C 3个股东共同控制,如果仅关注C和目标公司的营业额,集中可能没有达到申报标准。但是,由于目标公司以及在交易后所有对该合营企业拥有控制权的经营者都是参与集中的经营者,即使C和目标公司的营业额均未达到申报标准,只要A和B的营业额达到了申报标准,相关交易仍应办理集中申报。

(八)特殊行业的营业额

值得注意的是,有关金融业经营者集中申报营业额的计算办法,国家另有规定。《经营者集中审查规定》第10条第4款规定:“金融业经营者营业额的计算,按照金融业经营者集中申报营业额计算相关规定执行。”《国务院关于经营者集中申报标准的规定》第3条第2款规定:“营业额的计算,应当考虑银行、保险、证券、期货等特殊行业、领域的实际情况,具体办法由国务院反垄断执法机构会同国务院有关部门制定。”2009年7月15日商务部会同中国人民银行、原中国银监会、中国证监会和原中国保监会制定并发布的《金融业经营者集中申报营业额计算办法》对金融业经营者(包括基金管理公司)的营业额计算方法作了特别规定,该等规定无疑应当优先适用。[1]

四、未达申报标准的经营者集中

按照经营者集中反垄断申报的法律依据来划分,经营者集中申报可以分为三类:达到申报标准的申报、根据执法机构要求的申报和经营者的自愿申报。根据《反垄断法》第 26 条第 1 款之规定,经营者集中达到国务院规定的申报标准的,经营者应当事先向反垄断执法机构申报,未申报的不得实施集中。因此,第一类申报是申报人基于经营者集中达到申报标准所产生的法定申报义务所作的申报。就第二类而言,《反垄断法》第 26 条第 2 款规定:"经营者集中未达到国务院规定的申报标准,但有证据证明该经营者集中具有或者可能具有排除、限制竞争效果的,国务院反垄断执法机构可以要求经营者申报。"《经营者集中审查规定》第 8 条第 2 款进一步规定,经营者集中未达到申报标准,但有证据证明该经营者集中具有或者可能具有排除、限制竞争效果的,市场监管总局可以要求经营者申报并书面通知经营者。集中尚未实施的,经营者未申报或者申报后获得批准前不得实施集中;集中已经实施的,经营者应当自收到书面通知之日起 120 日内申报,并采取暂停实施集中等必要措施减少集中对竞争的不利影响。事实上,第二类申报也是申报人基于法定申报义务所作的申报,只是其申报义务不是基于经营者集中达到申报标准,而是基于反垄断执法机构的要求。第三类申报则是指申报人没有法定申报义务,自愿进行的申报。根据《经营者集中审查规定》第 18 条之规定,经营者集中未达到申报标准,参与集中的经营者自愿提出经营者集中申报,市场监管总局收到申报文件、资料后经核查认为有必要受理的,按照反垄断法予以审查并作出决定。

相对于达到申报标准的申报而言,反垄断执法机构主动审查和经营者自愿申报是法律规定的两种不同的补充性监管方式。就前两类的申报而言,申报人均有

---

〔1〕《金融业经营者集中申报营业额计算办法》第 2 条规定:"本办法适用于银行业金融机构、证券公司、期货公司、基金管理公司和保险公司等金融业经营者集中申报营业额的计算。银行业金融机构包括商业银行、城市信用合作社、农村信用合作社等吸收公众存款的金融机构以及政策性银行。对金融资产管理公司、信托公司、财务公司、金融租赁公司、汽车金融公司、货币经纪公司以及经银行业监督管理机构批准设立的其他金融机构的营业额计算办法,适用本办法对银行业金融机构的规定。"

申报的法定义务,而第三类申报应是申报人为了保证相关交易安排的稳定所主动采取的风险预防措施。可以说,第二类申报与第三类申报具有一定的因果关系,即正是因为法律规定了第二类申报,经营者对未达申报标准的涉嫌具有或者可能具有排除、限制竞争效果的经营者集中才有自愿申报的可能。值得注意的是,《反垄断法》规定的反垄断执法机构应当主动调查的集中只适用于反垄断执法机构有证据证明具有或者可能具有排除、限制竞争效果的经营者集中,而不是对任何集中的主动调查。另外,严格来说,即便集中具有或者可能具有排除、限制竞争效果,只要集中没有达到法定申报标准,除非反垄断执法机构要求申报,否则经营者没有主动申报的义务;在经营者实施集中之后,如果反垄断执法机构通过主动调查确认集中具有或者可能具有排除、限制竞争效果,经营者也不应因为未经申报实施集中而受到类似达到申报标准而违法集中的处罚。

五、豁免申报的情形

法律虽然规定了集中申报标准,但这并不意味着所有达到申报标准的集中都需要进行申报。事实上,法律在规定申报标准的同时,对一些特定的经营者集中的申报给予豁免。《反垄断法》第 27 条规定的豁免申报包括两种情形:(1)参与集中的一个经营者拥有其他每个经营者 50% 以上有表决权的股份或者资产的集中;(2)参与集中的每个经营者 50% 以上有表决权的股份或者资产被同一个未参与集中的经营者拥有的集中。所谓“豁免”,应是指本应依法申报的经营者集中根据法律的特殊规定而无须申报。《反垄断法》第 27 条规定的豁免针对的是关联方之间的交易,而经营者关联方之间的交易在本质上属于同一个集团的内部重组,不应导致集团内部任何成员取得对集团外部的经营者的控制权,也不应导致集团外部的经营者取得对集团内部任何成员的控制权。因此,经营者关联方之间的交易不会对市场竞争产生影响。换句话说,既然经营者已经取得对目标公司的控制权或已经能够对目标公司施加决定性影响,那么在经营者将其持有的目标公司的股权转让给关联方时,经营者和其关联方所属的集团公司没有对目标公司取得任何新的控制权或施加其他额外的决定性影响。严格来说,关联方之间的内部交易不应是反垄断法所规范的经营者集中,也不应是反垄断执法机构所关注的对象。

值得注意的是,《反垄断法》规定的豁免标准采用了《公司法》"控股股东"的标准,没有考虑其他决定控制权的因素。举例来说,A、B、C 三个股东分别持有 X 50%、49% 和 1% 股权,以及 Y 49%、50% 和 1% 股权,并且 A 和 B 同时拥有对 X 和 Y 的共同控制权。如果 A 将其在 X 中持有的股权转让给 Y,或 B 将其在 Y 中持有的股权转让给 X,根据《反垄断法》第 27 条的规定,该等集中不属于豁免申报的情形。另外,如果 X 通过增资认购的形式投资 Y 并与 A、B 共同控制 Y,这一集中仍然不属于豁免申报的情形。

同样需要注意的是,即便参与集中的经营者在通过审查后决定放弃交易,而改由各自的关联方进行相同的交易,反垄断执法机构对前一个集中的审查不能被视为对随后的交易的审查。例如,A1 和 B1 拟共同设立合营企业 X,并各自持有 50% 的股权,A1 和 B1 就设立 X 的集中办理了申报,但在获得反垄断执法机构无条件通过后决定终止双方之间的交易,改由各自的全资子公司 A2 和 B2 按照相同的条件设立新的合营企业 Y,并且 Y 的经营范围、产品市场和地域市场与 X 完全相同。在 A1 和 B1 通过各自的子公司 A2 和 B2 设立 Y 代替 X 的情形下,无论是从控制权来看,还是从集中的目的和对市场竞争的影响来看,新的交易方案与原交易方案没有任何区别。根据反垄断法的规定,A2 和 B2 设立 Y 属于一次新的经营者集中,仍然需要办理集中申报。但是,如果换一种方式,A1 和 B1 不通过 A2 和 B2 新设 Y,而是在设立 X 后将各自在 X 中持有的股权转让给 A2 和 B2,那么该等股权转让应该属于《反垄断法》第 27 条规定的豁免情形。

第四节　经营者集中的申报

《反垄断法》第 2 条明确规定了其适用范围,即在中国境内的垄断行为,以及对中国境内市场竞争产生排除、限制影响的发生在中国境外的垄断行为,均受《反垄断法》管辖。根据该规定,如果一项并购交易构成经营者集中,且达到法定申报标准,或虽然未达到法定申报标准,但反垄断执法机构有证据证明该经营者集中具有或者可能具有排除、限制竞争效果,并要求经营者申报的,则无论该交易发生在中国境内还是境外,也无论交易主体是中国境内主体还是境外主体,申报义务人均应向反垄断执法机构进行经营者集中申报,未申报的不得实施集中。[1] 反垄断法区分参与集中的经营者和参与交易的经营者,两者对集中申报具有不同影响。除在本章第三节已经介绍的参与集中的经营者的营业额决定经营者集中是否达到法定申报标准之外,参与集中的经营者在相关市场的份额也决定集中申报是否适用简易程序或非简易程序,并对集中审查的结果有直接影响。参与交易的经营者不一定是参与集中的经营者,但经营者集中申报与参与交易的经营者也具有直接的利害关系:一方面,参与交易的经营者均为并购交易文件的签署方,申报义务人是否根据法律规定和反垄断执法机构的要求进行申报,以及申报能否通过审查,决定并购交易文件能否履行和交易目的能否实现;另一方面,并购交易文件有关交易步骤、交割条件和交割时间的约定也直接决定申报义务人的申报时间。本节将对申报义务人、申报时间、分步骤交易的集中申报、申报程序和经营者集中的相关市场等涉及集中申报的核心问题逐一介绍和分析。

一、申报义务人

根据《经营者集中审查规定》第 13 条之规定,通过合并方式实施的经营者集中,合并各方均为申报义务人;其他情形的经营者集中,取得控制权或者能够施加决定性影响的经营者为申报义务人,其他经营者予以配合。同一项经营者集中有多个申报义务人的,可以委托一个申报义务人申报。被委托的申报义务人未申报的,其他申报义务人不能免除申报义务。申报义务人未申报的,其他参与集中的经营者可以提出申报。申报人可以自行申报,也可以依法委托他人代理申报。不难看出,反垄断法以取得控制权或者能够施加决定性影响作为确定申报义务人的标

---

〔1〕 就反垄断执法机构受理的发生在中国境外的经营者集中而言,有的交易各方和目标公司均为境外主体,且设立的合营企业或收购的目标公司不在中国境内从事任何业务。如根据反垄断执法机构于2020 年 4 月 23 日公示的"加拿大退休金计划投资委员会与荷兰汇盈不动产投资共同基金收购三木新星私人有限公司股权案",交易各方均为境外主体,目标公司也位于境外,且不在中国境内从事任何业务。但是,就发生在中国境外的集中行为而言,对于参与集中的经营者在中国境外设立不在中国境内从事经济活动的合营企业,或收购不在中国境内从事经济活动的境外企业股权或资产的,法律允许申报人按照简易程序申报。

准,即在参与集中的经营者中,取得控制权或者能够施加决定性影响的经营者是集中申报的义务人。具体来说,经营者合并意味着参与合并的各方的市场竞争力的聚合,参与合并的各方都可被视为取得对其他各方业务的控制权,均为申报义务人;在股权收购和资产收购的情形下,如果买方取得对目标公司或目标资产的控制权或者能够施加决定性影响,买方应为集中申报的义务人。

需要注意的是,经营者并购交易和经营者集中是分属民商法和反垄断法调整和规范的两种不同的法律行为,民商法规范和调整民事主体之间的并购交易行为,反垄断法规范经营者之间的集中行为,关注经营者通过并购交易等手段实现市场竞争力的聚合。并购交易是经营者集中的前提和基础,而经营者集中则是并购交易的结果。因此,参与集中的经营者和参与交易的经营者并不完全相同,参与并购交易的经营者不一定是参与集中的经营者,参与集中的经营者也并非一定是参与交易的经营者。例如,合营企业的三个股东中 A 和 B 有共同控制权,C 没有控制权,A 将其部分股权转让给 D,股权转让后 A 对合营企业不再有控制权,D 取得控制权,与 B 和 C 共同控制合营企业。在该例子中,A 虽是参与交易的经营者,但不是参与集中的经营者;C 虽不是参与交易的经营者,但是参与集中的经营者。只有通过并购交易将自身的市场竞争力与其他经营者的市场竞争力聚合到一起的经营者才是参与集中的经营者,而即便参与并购交易但未能通过其参与的并购交易将其市场竞争力与其他经营者的市场竞争力聚合到一起的经营者只能是参与交易的经营者,而非参与集中的经营者。

参与交易的经营者没有申报义务,但根据申报书的要求,申报人需要填报参与交易的经营者的信息和材料。法律没有明确规定参与交易的经营者的具体指向。根据《经营者集中反垄断审查申报表》脚注 21,参与交易的经营者是指“参与交易但不属于参与集中经营者的相关方”,即在参与并购交易的各个主体中,除参与集中的经营者外,其他主体均应为参与交易的经营者。实践中,并购交易方式各不相同,经营者在不同的交易方式中的法律地位也各不相同。下面笔者基于几种较为典型的并购交易对参与集中的经营者和申报义务人作简要归纳(见表 2)。

表 2 不同并购交易中参与经营者集中的经营者

交易方式	控制权变化 及申报义务人	参与集中的 经营者
A 收购 B 的全资子公司 C 的股权,取得对 C 的单独控制权	A 取得单独控制权,也是申报义务人	A 和 C
A 收购 B 的全资子公司 C 的部分股权,取得对 C 的共同控制权	B 单独控制变为 A 和 B 共同控制,A 是申报义务人	A 和 B
A 和 B 收购 C 的全资子公司 D 的股权,交易完成后,A 和 B 共同控制 D	A 和 B 取得共同控制权,并是申报义务人	A、B 和 D
A 和 B 共同控制 C,B 将其持有的 C 的股权全部转让给 A,A 单独控制 C	A 和 B 共同控制变为 A 单独控制,A 为申报义务人	A 和 C
A、B 共同控制 C,B 将其持有的 C 的股权部分转让给 D,C 在交易前后均被共同控制,但共同控制人由 A、B 变为 A、B、D 三方共同控制	控制人增加,D 取得控制权,是申报义务人	A、B、C 和 D
A、B、C 共同控制 D,C 将持有的 D 的股权转让给 B,D 由 A、B、C 共同控制变为由 A、B 共同控制	控制人减少,B 取得更多的控制权,是申报义务人	A、B 和 D
D 有 A、B、C 三个股东,A 对 D 有单独控制权,E 在交易后(增资认购或受让现有股东的部分股权)与 A 对 D 拥有共同控制权	控制人增加,E 取得控制权,是申报义务人	A 和 E
D 有 A、B、C 三个股东,A 对 D 有单独控制权,E 在交易后(增资认购或受让现有股东的部分股权)对 D 拥有单独控制权	控制人改变,E 取得控制权,A 丧失控制权,E 是申报义务人	D 和 E

在经营者集中只有一个法定申报义务人的情形下,相关申报义务人如果不根据法律规定进行申报则应自行承担违法责任。但是,在同一个经营者集中涉及多个申报义务人时,如果有的申报义务人愿意申报,而其他申报义务人拒绝申报或拒绝委托或配合其他申报义务人申报,则必将影响申报的正常进行。《反垄断法》第 29 条规定:“经营者提交的文件、资料不完备的,应当在国务院反垄断执法机构规定的期限内补交文件、资料。经营者逾期未补交文件、资料的,视为未申报。”根据《经

营者集中审查规定》第 16 条和第 17 条对此所作的进一步规定，市场监管总局对申报人提交的文件、资料进行核查，发现申报文件、资料不完备的，可以要求申报人在规定期限内补交。申报人逾期未补交的，视为未申报。市场监管总局经核查认为申报文件、资料符合法定要求的，自收到完备的申报文件、资料之日予以受理并书面通知申报人。因此，如果愿意申报的申报人无法收集到其他申报义务人应当提供的资料和信息，则反垄断执法机构很难受理申报，或即便受理也无法进行实质性审查。另外，法律要求申报人及申报代理人对申报文件、资料的真实性负责，并应对隐瞒有关情况或者提供虚假材料承担法律责任。[1] 在其他申报义务人拒绝申报或拒绝配合的情形下，愿意申报的申报义务人无法保证其自行收集的有关其他申报义务人的资料和信息的真实性和完整性，这无疑导致愿意申报的申报义务人无法自行申报或不敢单独申报。因此，虽然法律规定申报义务人未申报的，其他参与集中的经营者可以提出申报，但这一规定并未真正解决现实中的问题。为避免申报义务人的懈怠，并购交易文件或许应该对作为集中协议签署方的申报义务人的申报义务进行明确约定，要求违反相关约定的合同方承担违约责任，包括其他申报义务人因违约方拒绝申报或拒绝配合申报而被反垄断执法机构处罚的损失，以及其他参与交易的经营者因交易无法交割所遭受的所有损失。

二、经营者集中的申报时间

前文已述，按照经营者集中反垄断申报的法律依据来划分，经营者集中申报可以分为三类：达到申报标准的申报、根据市场监管总局要求的申报和经营者的自愿申报。不难理解，有关法定申报时间的问题只涉及前两类的申报，不涉及经营者的自愿申报。对于没有达到申报标准但根据市场监管总局要求的申报而言，申报时间应由市场监管总局决定。但是，在市场监管总局要求经营者申报并书面通知经营者时，集中尚未实施的，经营者未申报或者申报后获得批准前不得实施集中；集中已经实施的，经营者应当自收到书面通知之日起 120 日内申报，并采取暂停实施

〔1〕 参见《反垄断法》第 62 条、第 63 条，《经营者集中审查规定》第 14 条、第 70 条。

集中等必要措施减少集中对竞争的不利影响。[1]

对于达到申报标准的申报来说，法律规定的经营者集中申报制度为事先申报制度，即经营者集中达到法定申报标准的，申报义务人应当在实施集中之前申报，未申报的不得实施集中。《反垄断法》第28条规定，经营者在向反垄断执法机构申报集中时应当提交包括集中协议在内的一系列文件和资料。实践中，反垄断执法机构可能根据申报人的请求同意申报人在集中协议签署前启动申报程序以配合申报人对交易时间的安排，但严格来说，申报人应在集中协议签署后方可申报。另外，既然法律规定"未申报的不得实施集中"，如何认定实施集中的行为或如何认定实施集中的时间对于确定申报人的最后申报时限应当十分关键。笔者注意到，在反垄断执法机构公布的部分处罚案例中，公司设立登记或变更登记日被确定为实施集中之日。[2] 本书第四章第四节已经介绍，根据公司法的相关规定和司法实践，股权转让协议可以约定股权转让日。尽管实践中人们大多习惯以公司变更登记日作为股权转让日，但除非协议另有不同约定，否则任何一方有权主张以买方名称记载在公司股东名册之日为股权转让日。值得注意的是，公司法及其相关司法实践只适用于股东之间股权转让的法律关系，并不当然适用于经营者集中，经营者集中属于反垄断法规范的范畴。基于反垄断法的立法目的，反垄断法中的经营者集中关注的是经营者对其他经营者是否以及何时取得控制权或能够施加决定性影响。从公司法的角度看，买方自股权转让协议约定的日期（如自买方名称记载在公司股东名册之日或公司变更登记日或任何其他约定之日）取代卖方成为目标公司新股东，并同时取得对目标公司的控制权。因此，股权转让协议约定的股权转让日在通常情形下也应是反垄断法规定的实施经营者集中日。但是，如果买方在股权转让协议约定的股权转让之前事实上已取得对目标公司的控制权或对目标公司能够施加决定性影响，那么该实际取得控制权或能够施加决定性影响的日期应被视为经营者实施集中之日，无论此时买方是否已经取代卖方为目标公司新股东，也无论此

〔1〕 参见《经营者集中审查规定》第8条第2款。

〔2〕 参见市场监管总局关于格林美武汉收购武汉三永股权涉嫌未依法申报案《行政处罚决定书》（国市监处〔2018〕11号）和关于林德香港与上海华谊设立合营企业涉嫌未依法申报案《行政处罚决定书》（国市监处〔2018〕12号）。

时买方名称是否已经记载在公司股东名册中或股权转让是否已经办理公司变更登记。《经营者集中审查规定》第8条第3款规定:“是否实施集中的判断因素包括但不限于是否完成市场主体登记或者权利变更登记、委派高级管理人员、实际参与经营决策和管理、与其他经营者交换敏感信息、实质性整合业务等。”

《反垄断法》第26条规定的“未申报的不得实施集中”不仅包括经营者在申报之前不得实施集中,还应包括经营者在申报获得批准之前不得实施集中。[1] 经营者在申报之后和获得批准之前实施集中的构成俗称的“抢跑”。就并购交易而言,双方在正式签署交易文件前的一系列行为,包括签署保密协议、开展尽职调查、为尽职调查之目的提供相关资料和信息等,一般不应被视为实施集中。交易双方大多为相互独立甚至相互竞争的市场主体,一般不可能在该阶段深度交换敏感性商业信息或发生事实上的实施集中的行为。对于交易一方或双方为并购交易之目的所做的单方准备性工作,例如卖方为交易之目的对目标公司或其拟转让的业务和资产进行内部整改重组,只要相关的整改重组既没有改变目标公司的日常经营,也没有产生与买方或买方关联方之间的交易或实质性整合,卖方单方的内部整改重组一般也不应被视为实施集中的行为。

“抢跑”最容易发生在并购交易文件签署日至股权转让日这段过渡期内。实践中,双方之所以未能在交易文件签署后立即进行交割大多是因为双方约定的交割条件尚未满足,或交易方需要在交易文件签署后根据法律规定申请办理相关的行政审批或审查。因此,过渡期事实上也是等待期。交易文件的签署意味着双方对于股权转让的条款和条件已经达成最终协议,此时的买方或许从心理上已将目标公司视为自己的公司,而卖方也可能对目标公司失去之前的关注。作为并购交易的习惯性安排,交易双方大多希望目标公司在过渡期内保持现状,即目标公司在过渡期内仅从事其过去正常从事的日常业务,不得从事正常业务之外的活动。这些为保持目标公司现状的约定和安排一般不会影响或限制目标公司的正常经营,不应被视为买方实际参与经营决策和管理或对目标公司施加不合理和不正常的影响

---

[1] 《经营者集中审查规定》第8条第1款规定:“经营者集中达到国务院规定的申报标准(以下简称申报标准)的,经营者应当事先向市场监管总局申报,未申报或者申报后获得批准前不得实施集中。”

和限制。但是,相关约定或限制如果超出并购交易过渡期习惯性安排的范围,并构成对目标公司的控制或施加决定性影响,则有可能被视为“抢跑”。类似可能被视为“抢跑”的约定和实际做法包括:(1)买方向目标公司委派董事或高级管理人员;(2)买方限制、决定或影响目标公司的日常经营,包括目标公司与第三方的正常业务或合同条款;(3)卖方或目标公司与买方交换敏感信息;(4)目标公司与买方不从事相互竞争行为等。

三、连续多次并购交易的经营者集中申报

经营者可能通过连续但相互独立的并购交易完成对数个不同目标公司或资产的收购。例如,A 通过两次相互独立的交易分别收购 B 的全资子公司 X 和 Y,即 A 对 Y 的收购不以 A 对 X 的收购为前提,而且 A 在收购 X 的时候未与 B 约定将在收购 X 之后继续收购 Y。在此情形下,A 与 B 之间的两次独立的交易在反垄断法中也应被视为两个相互独立的经营者集中(A 分别与 X 和 Y 的集中)。但是,作为例外,如果 A 在收购 X 之后的两年内收购 Y,那么 A 对 X 和 Y 的两次收购应被视为法定的一次集中。〔1〕换句话说,如果 A 在收购 X 的两年之后收购 Y,那么反垄断执法机构不应将本来相互独立的两个不同交易视为同一个集中。反垄断执法机构仅以两次交易之间的时间为标准,将本不应是同一个集中的两次相互独立的交易视为法定的一次集中的目的或许是防止经营者规避集中申报,以及消除经营者之间的连续交易对市场竞争可能产生的负面影响。可以肯定的是,由于两次集中相互独立,只要第一次集中未达到申报标准,即便两次集中作为法定的一次集中达到申报标准,法律也不应要求经营者在实施第一次集中之前进行申报。另外,从逻辑上说,如果经营者在实施第二次集中之前的申报无法获得批准,经营者不应实施第二次集中,但在正常情形下,这不应影响经营者已经实施的第一次集中。

四、分步骤交易中的经营者集中申报

除通过连续并购交易完成对数个不同目标公司或资产的收购外,经营者也可

〔1〕 参见《经营者集中审查规定》第 11 条。

能通过“一揽子”交易的形式分别完成对数个目标公司或资产的逐一收购，或通过分步骤实施的方式逐步完成对同一目标公司或资产的收购。这两种情形下的收购均构成为同一个最终目标的分步骤交易。

(一)分步骤交易的认定

分步骤交易，是在并购交易实践中较为常见的交易形式。现行法律对分步骤交易没有明确界定。商务部《经营者集中审查办法(修订草案征求意见稿)》(2017年9月8日公布)第8条规定，“相同经营者通过多个交易同时或连续取得一个或多个经营者的控制权或者能够施加决定性影响，相关交易在法律或事实上互为条件的，应当视为一个集中”。虽然该征求意见稿最终未能被正式颁布实施，但笔者认为其在一定程度上反映了反垄断执法机构对分步交易构成同一个经营者集中的认识。商务部分别于2016年12月16日和2017年5月5日公布的两份行政处罚决定书对此有进一步说明。

商务部2016年10月21日根据举报依法对佳能株式会社(以下简称佳能)收购株式会社东芝(以下简称东芝)持有的东芝医疗系统株式会社(以下简称东芝医疗)全部股权涉嫌未依法申报案立案调查。[1] 该案的基本事实如下：(1)东芝为解决财务困境，欲出售其持有的东芝医疗100%股权。2016年3月9日，佳能获得此交易的排他谈判权。相关当事方作了如下交易前准备工作：2016年3月8日，3位自然人成立特殊目的公司MS Holding(以下简称M公司)。2016年3月15日，东芝将东芝医疗全部已发行的普通股转化成三类股权：有投票权的20股(A类股)、无投票权的1股(B类股)和100份认股权证(有权购买普通股)。(2)2016年3月17日，M公司与东芝签署协议，购买东芝医疗有投票权的20股A类股；佳能与东芝签署《股份等转让合同》，购买东芝医疗无投票权的1股B类股和100份认股权证。上述协议于当日履行完毕(以下简称步骤一)。(3)根据《股份等转让合同》的约定，在获得包括中国在内的各司法管辖区的反垄断批准后，佳能行使新股预约权，将认股权证转化为有表决权的普通股；东芝医疗将从M公司和佳能分别回购A类

〔1〕 参见《商务部行政处罚决定书》(商法函〔2016〕965号)。

和B类股并予注销。至此，佳能将完成收购东芝医疗100%股权（以下简称步骤二）。基于上述事实，商务部认为：该案所涉交易系佳能收购东芝医疗全部股权。该交易虽然分为两个步骤实施，但两个步骤紧密关联，均是佳能取得东芝医疗全部股权不可分割的组成部分，构成《反垄断法》规定的经营者集中。根据步骤一的安排，2016年3月17日，东芝医疗的全部股份和新股预约权均已经转移完毕，与之对应的全部价款也已支付完毕。因此，步骤一说明相关经营者在申报前已经开始实施集中。虽然集中行为需要等到步骤二完成时才可全部完成，但经营者在申报前的行为构成未依法申报、违法实施的经营者集中。

另外，商务部2016年7月25日根据举报依法对美年大健康产业（集团）有限公司（以下简称美年大健康）、上海天亿资产管理有限公司（以下简称天亿资管）、上海维途投资中心（以下简称维途投资）先后收购慈铭健康体检管理集团有限公司（以下简称慈铭体检）股权涉嫌未依法申报经营者集中案立案调查。[1] 该案的行政处罚决定书列明了下列事实：（1）美年大健康与慈铭体检全体股东于2014年11月签署《关于慈铭健康体检管理集团股份有限公司之股份转让协议》（以下简称《股份转让协议》），约定美年大健康分步收购慈铭体检100%股份。（2）2014年12月，美年大健康、慈铭体检股东、深圳前海瑞联二号投资中心（以下简称瑞联二号）等签订《〈股份转让协议〉的修订协议》，瑞联二号收购慈铭体检27.78%股份。（3）2015年2月，瑞联二号与美年大健康签订股份转让协议，美年大健康从瑞联二号收购慈铭体检27.78%股份并完成股权变更登记。（4）2015年11月，天亿资管与慈铭体检股东、美年大健康等签订《〈股份转让协议〉的补充协议》，天亿资管受让慈铭体检68.4%股份并完成股权变更登记。（5）2016年4月，天亿资管将慈铭体检36.11%股权转让给维途投资并完成公司变更登记。（6）2016年5月，美年健康（美年大健康的股东）与慈铭体检全体股东（除美年大健康外）签署协议，拟购买慈铭体检72.22%股份，交易完成后，美年健康及其子公司美年大健康将合计持有慈铭体检100%股份，美年健康尚未实施该项交易，并主动进行了申报。基于上述事实，商务部认为，美年大健康收购慈铭体检27.78%股份，天亿资管收购慈铭体检68.4%股

[1] 参见《商务部行政处罚决定书》（商法函〔2017〕206号）。

份，维途投资从天亿资管收购慈铭体检 36.11% 股份，以及美年健康收购慈铭体检 72.22% 股份是由多个关联方参与、分步骤实施的“一揽子”交易，各项交易依次展开和履行，交易间相互依存且交易目的一致，最终由同一经营者及关联方取得控制权，属于一项经营者集中。美年大健康收购慈铭体检 27.78% 股份、天亿资管收购慈铭体检 68.4% 股份、维途投资收购慈铭体检 36.11% 股份已经实施，但在实施之前未向商务部反垄断局申报，构成未依法申报、违法实施的经营者集中。

根据上述案件的事实以及反垄断执法机构的分析意见，笔者认为，属于同一个集中的分步交易具有下列三个主要特征：(1)包含多个交易或多个步骤的“一揽子”交易一般是由相关经营者在交易前基于特定的商业目的通过协议明确约定的，是基于经营者主观目的和意志特意安排的交易方案，是一种有计划、有目的的分步推进的交易。(2)“一揽子”交易中的每个交易或每个步骤在法律上或事实上具有一定的关联性，不仅存在时间上的先后顺序，而且在逻辑上具有因果关系，即在前的交易或步骤是在后的交易或步骤的前提条件，没有前一个交易或步骤，将不会发生在后的交易或步骤。每个交易或每个步骤相互依存且交易目的一致。(3)“一揽子”交易的最后一个交易或步骤是参与集中的经营者真正实现其全部交易目的的交易或步骤，即对数个目标公司或资产的全部收购或对特定目标公司或资产的最终收购。因此，“一揽子”交易虽然被人为地分为数个交易或数个步骤，但每个交易或每个步骤不仅相互紧密关联，而且均是收购方最终取得目标公司或资产不可分割的组成部分。

(二)分步骤交易的申报时点

根据反垄断执法机构的上述两份行政处罚决定书，满足上述三个主要特征的分步骤交易或“一揽子”交易应构成一次经营者集中，交易方实施的第一个交易或第一步应被视为实施经营者集中，无论买方是否能够通过第一个交易或第一步取得对目标公司的控制权或对目标公司施加决定性影响。如果买方没有在实施第一个交易或第一步之前申报集中，而是拟在实施后面的交易或步骤之前申报，那么相关交易构成“抢跑”，同样属于“未依法申报违法实施的经营者集中”。因此，如果并购交易构成经营者集中，且相关交易达到申报标准，分步骤交易的申报时间应提前到实施第一个交易或第一步之前。

需要注意的是,不是所有"一揽子"交易中的第一个步骤的实施都构成未依法申报违法实施的经营者集中。例如,在上面提及的《商务部行政处罚决定书》(商法函〔2016〕965号)中,交易方通过3位自然人成立特殊目的公司M公司,以及东芝将东芝医疗全部已发行的普通股转化成三类股权的行为均被视为前期安排,没有构成实质性交易和实施集中,但M公司与东芝签署协议购买东芝医疗有投票权的A类股以及佳能与东芝签署《股份等转让合同》购买东芝医疗无投票权的B类股和认股权证等行为构成实质性实施集中,即"抢跑"。因此,交易一方或双方为并购交易之目的而基于双方的约定或单独决定所做的前期准备性工作一般不应被视为实施集中。例如,在买方收购卖方的部分业务和资产时,卖方为交易之目的根据双方协议先行设立一家公司,并将拟转让的业务和资产转移到新公司,卖方的该等业务重组一般不应被视为实施经营者集中。

另外,分步骤交易不仅涉及申报时间的问题,还可能涉及不同的参与集中的经营者和不同的营业额问题,甚至还涉及是否需要申报的问题。例如,买方上一会计年度在中国境内的营业额超过20亿元人民币,卖方在中国境内的营业额低于4亿元人民币,目标公司在中国境内的营业额高于4亿元人民币,在买方分两次收购卖方的全资子公司(目标公司),并且每次收购50%股权的情形下,如果将第一次收购作为一个独立交易,那么参与集中的经营者为买方和卖方,买方因集中没有达到申报标准而无须申报,而仅须在第二次收购时申报;如果将第一次收购视为"一揽子"交易中的第一步,那么参与集中的经营者为买方和目标公司,买方应在第一步收购时进行集中申报。相反,假如卖方在中国境内的营业额超过4亿元人民币,目标公司在中国境内的营业额低于4亿元人民币,如果将第一次收购作为一个独立交易,买方应在第一次收购时进行集中申报,但在第二次收购时无须申报;如果将第一次收购视为"一揽子"交易中的第一步,那么由于目标公司的营业额没有达到申报标准,买方无须申报。

就分步骤交易的申报而言,交易双方不仅应在交易文件(如框架协议)中就每个交易步骤作详细、完整的约定,而且申报方在申报时也应对包括所有交易步骤的整个交易作明确的报告,以避免在完成经营者集中申报后,反垄断执法机构将后续的交易步骤视为一项新的经营者集中。特别是在交易双方通过连续交易完成对数个不同目标公司或资产的收购时,申报方应在申报时分别介绍所有拟收购的目标公司或资产的情况,避免后续分别申报。实践中,有些交易安排可能很难被认定为典型的"一揽子"交易。例如,交易双方之间有两个交易,两个交易的商业目的不完全相同,但两个交易先后完成,如果没有第一个交易,交易双方不会进行第二个交易。对于这类交易,为避免相关交易被认定为违规集中,如果两个交易均需要申报,则申报方可考虑在第一个交易的交易文件签署后将两个交易合并一同申报。根据笔者的理解,只要交易二能够通过交易文件明确确定的话,反垄断执法机构即便认为交易一和交易二为两个独立的经营者集中,一般也不会拒绝受理申报方的合并申报。如果交易一需要申报,交易二无须申报,申报方仍可考虑在交易一的申报文件中对交易二进行明确描述,以确保交易二不会因未申报而被认定为违规集中。如果交易一无须申报,而交易二需要申报,为降低被认定为"抢跑"的风险,申报方仍可考虑在交易一实施前将两个交易合并申报。

五、申报的简易程序和非简易程序

为提高经营者集中反垄断审查效率,减轻申报人的申报负担,反垄断执法机构基于过去的审查经验,建立了经营者集中简易案件申报制度,允许申报人对符合简易案件标准的案件通过简易程序申报。相对于非简易程序而言,简易程序意味着审查期限的缩短。虽然不能排除反垄断执法机构对简易案件在初步审查阶段之后进行进一步审查的可能性,但在通常情况下,简易案件通过审查的时间比非简易案件普遍缩短。近年来,反垄断执法机构更是尽力缩短简易案件的审查时间,一般在简易案件立案并经过10日公示期后的短期内作出是否实施进一步审查的决定,并书面通知经营者,而不会等立案后30日的最长期限届满时才作出决定。

(一)简易案件的适用标准和排除情形

根据《经营者集中审查规定》第19条之规定,符合下列情形之一的经营者集中,可以作为简易案件申报,市场监管总局按照简易案件程序进行审查:(1)在同一相关市场,参与集中的经营者所占的市场份额之和小于15%;在上下游市场,参与集中的经营者所占的市场份额均小于25%；不在同一相关市场也不存在上下游关系的参与集中的经营者，在与交易有关的每个市场所占的市场份额均小于25%；(2)参与集中的经营者在中国境外设立合营企业，合营企业不在中国境内从事经济活动的；(3)参与集中的经营者收购境外企业股权或者资产，该境外企业不在中国境内从事经济活动的；(4)由两个以上经营者共同控制的合营企业，通过集中被其中一个或者一个以上经营者控制的。笔者注意到，上述第一种情形以市场份额为考察标准，第二种和第三种情形以经济活动地为考察标准，第四种情形以控制人人数为考察标准。值得注意的是，上述第二种情形中的"合营企业不在中国境内从事经济活动"以及第三种情形中的"该境外企业不在中国境内从事经济活动"不是指相关企业在中国境内没有销售收入或营业额。

关于上述第一种情形中的市场份额标准，根据《关于经营者集中简易案件申报的指导意见》之附件2《经营者集中简易案件公示表》注释1，申报方申请简易案件的理由如果基于市场份额，须同时选择市场份额标准中的三项标准。确切地说，申报方可以单选也可以多选，三项标准中没有被选择的应该被视为参与集中的经营者没有从事相关市场的业务。另外，申报人在依据市场份额判断集中是否适用简易程序时，如果集中不同时符合三项标准，则申报方应按照非简易程序申报。有关市场份额标准的具体分析如下。

第一，所有参与集中的经营者在同一相关市场所占的市场份额之和小于15%。反垄断执法机构设定这一标准的目的应该是审查参与集中的经营者在相关市场是否存在横向重叠。横向重叠将直接导致参与集中的经营者的市场竞争力的聚合，对市场竞争的影响较大。因此，法律限定的在同一相关市场的合计份额相对于其他两种情形也最低。举例来说，如果参与集中的经营者A和B的业务涉及同一产品市场，且两者在同一相关市场所占的份额之和等于或大于15%，那么A和B的集中不属于简易案件。

第二，存在上下游关系的参与集中的经营者，在上下游市场所占的份额均小于25%。如果参与集中的经营者存在上下游关系，则需要提供参与集中的经营者在上游相关市场和下游相关市场各自的市场份额。需要注意的是，判断上下游市场份额时，不应局限于存在上下游关系的经营者均处于同一地域市场。举例而言，如果上游地域市场是中国,下游地域市场为上海市,则不应将上游市场缩小到上海市,或者将下游市场扩大到中国。

第三,不在同一相关市场,也不存在上下游关系的参与集中的经营者,在与交易有关的每个市场所占的份额均小于25%。这是在实践中较为容易产生误解的标准。如果参与集中的经营者的业务类型完全不同,也不存在上下游关系,需要先分析"与交易相关的每个市场"的具体含义。笔者认为,集中之后与交易相关的每个市场应该是指被控制的经营者从事的具体业务所在的市场。例如,A和B分别从事房地产开发和电机设备的生产和销售,两者新设合营企业C并对C拥有共同控制权,C拟从事电视机的生产和销售。由于A和B在电视机市场的份额均为0,除非有其他排除情形,否则两者新设合营企业的申报适用简易程序。但是,如果A也从事电视机的生产和销售,且市场份额等于或大于25%,则A和B新设合营企业的申报不适用简易程序。

通过简易程序的标准不难看出,无论是市场份额标准,还是经济活动地标准或控制人人数标准,反垄断执法机构均是从集中对市场竞争影响的角度来判断一项集中是否属于简易案件。反垄断执法机构允许适用简易程序的集中基本是看似不可能具有排除、限制竞争效果的经营者集中。另外,为了确保特定类型的集中不会因适用简易申报程序而得不到严格审查,《经营者集中审查规定》第20条直接排除了简易程序对特定类型的集中的适用,包括:(1)由两个以上经营者共同控制的合营企业,通过集中被其中的一个经营者控制,该经营者与合营企业属于同一相关市场的竞争者,且市场份额之和大于15%的;(2)经营者集中涉及的相关市场难以界定的;(3)经营者集中对市场进入、技术进步可能产生不利影响的;(4)经营者集中对消费者和其他有关经营者可能产生不利影响的;(5)经营者集中对国民经济发展可能产生不利影响的;(6)市场监管总局认为可能对市场竞争产生不利影响的其他情形。

反垄断执法机构受理简易案件的申报后将通过其网站进行为期10日的公示,在此期间内,任何单位和个人均可对公示案件是否应被认定为简易案件向反垄断执法机构提交书面意见。第三方认为公示案件不应被认定为简易案件的,应在公示期内向反垄断执法机构提出异议,并提供相关证据。反垄断执法机构应对第三方的意见和证据进行核实。反垄断执法机构在审查时发现根据相关规定不应认定为简易案件的,应撤销简易案件认定,并要求申报人按非简易案件重新申报。[1] 在市场监管总局2019年12月20日公布的《关于附加限制性条件批准诺贝丽斯公司收购爱励公司股权案反垄断审查决定的公告》中,市场监管总局2018年8月31日收到该案申报方以简易案件进行的申报,2018年9月30日立案,公示期内第三方提出异议,市场监管总局经审查认为该案不符合简易案件适用标准,2018年10月26日撤销立案,并要求申报人按非简易案件重新申报。

(二)两种程序下的信息披露

根据《反垄断法》第28条之规定,经营者向国务院反垄断执法机构申报集中,应当提交的文件和资料包括申报书、集中对相关市场竞争状况影响的说明、集中协议、参与集中的经营者经会计师事务所审计的上一会计年度财务会计报告以及反垄断执法机构规定的其他文件、资料。《经营者集中审查规定》第14条进一步明确:(1)申报书应当载明参与集中的经营者的名称、住所(经营场所)、经营范围、预定实施集中的日期,并附申报人身份证件或者登记注册文件,境外申报人还须提交当地公证机关的公证文件和相关的认证文件。委托代理人申报的,应当提交授权委托书。(2)集中对相关市场竞争状况影响的说明包括集中交易概况,相关市场界定,参与集中的经营者在相关市场的市场份额及其对市场的控制力,主要竞争者及其市场份额,市场集中度,市场进入,行业发展现状,集中对市场竞争结构、行业发展、技术进步、创新、国民经济发展、消费者以及其他经营者的影响,集中对相关市场竞争影响的效果评估及依据。(3)集中协议包括各种形式的集中协议文件,如协议书、合同以及相应的补充文件等。总之,申报人提交的文件和资料是以申报书为核心,并以相关文件为附件的一整套文件。就集中协议而言,反垄断执法机构一般只接受申报方提供的签署后的集中协议,但在一些特殊情形下,例如以公开要约方式收购上市公司的,已公告的要约收购报告书也可视同为已签署的集中协议。[2]

[1] 参见《关于经营者集中简易案件申报的指导意见》第8条、第9条。

[2] 参见《关于经营者集中申报的指导意见》第14条。

申报文件、资料应当使用中文。申报文件、资料中可能包含商业机密和不宜向公众公开的其他重要信息。申报人应当对申报文件、资料中的商业秘密、未披露信息、保密商务信息、个人隐私或者个人信息进行标注,并且同时提交申报文件、资料的公开版本和保密版本。[1] 反垄断执法机构之所以要求申报人同时提交公开版本和保密版本,可能是在征询相关政府部门、行业协会、行业竞争对手和行业上下游经营者的意见时需要向相关方披露公开版本。

除审查时间之外,与非简易案件相比,简易案件对申报人信息披露的要求也明显减少。下面笔者根据简易案件和非简易案件的申报书对两种程序中信息披露的范围和程度作简单比较(见表3)。

表3　简易案件和非简易案件中的信息披露

填写项	简易案件	非简易案件
申请适用简易程序的理由	需要注明适用简易程序的具体理由	无要求
参与集中的经营者	(1)如果申报人在过去3年内曾向市场监管总局提交过反垄断申报,且申报人在申报书中确认此前提供的认证或公证文件内容并无变更的,则只需提交上次公证或认证的复印件,无须另行公证或认证。 (2)只须分别提供境外和境内从事与本项集中相关业务的关联实体的详细介绍。 (3)无须提供关联实体的名称及股权结构图。 (4)无须提供境内关联实体的基本信息、营业执照等材料	(1)需要提供境外申报人的公证、认证文件。 (2)除需要提供境内外从事与本项集中相关业务的关联实体详细介绍之外,还需提供全体关联实体的名称及股权结构图,以及境内关联实体的基本信息(包括名称、注册地、主要业务和股权结构)、营业执照复印件

〔1〕 参见《经营者集中审查规定》第15条。

续表

填写项	简易案件	非简易案件
相关市场的供应和需求结构	无须提供有关市场供应和需求结构方面的材料、信息	需要提供包括前五大独立供应商、外部客户信息(包括排名、名称、采购和销售的产品种类和名称、数量及其占比、金额及其占比、联系人和联系方式)及供应、需求结构在内的相关材料、信息
市场进入	无须提供	需提供
横向或纵向合作协议	无须提供	需提供
集中可能产生的效率	无须提供	需提供
集中是否涉及破产企业或濒临破产企业	无须提供	需提供
有关方面对本次集中的意见	无须提供	需提供

(三)简易案件的委托审查

为提高经营者集中反垄断审查的效率,市场监管总局于2022年7月8日发布《关于试点开展委托实施部分经营者集中案件反垄断审查的公告》,决定在试点期间内(2022年8月1日至2025年7月31日),将部分符合下列标准之一的简易案件委托北京、上海、广东、重庆、陕西5个试点省级市场监管部门负责审查:(1)至少一个申报人住所地在该部门受委托联系的相关区域(以下简称相关区域)的;(2)经营者通过收购股权、资产或者合同等其他方式取得其他经营者的控制权,其他经营者的住所地在相关区域的;(3)经营者新设合营企业,合营企业住所地在相关区域的;(4)经营者集中相关地域市场为区域性市场,且该相关地域市场全部或主要位于相关区域的;(5)市场监管总局委托的其他案件。试点省级市场监管部门以及各自委托联系的区域,如表4所示。

表4　试点省级市场监管部门以及各自委托联系的区域

序号	试点单位	相关区域
1	北京市市场监督管理局	北京、天津、河北、山西、内蒙古、辽宁、吉林、黑龙江
2	上海市市场监督管理局	上海、江苏、浙江、安徽、福建、江西、山东
3	广东省市场监督管理局	广东、广西、海南
4	重庆市市场监督管理局	河南、湖北、湖南、重庆、四川、贵州、云南、西藏
5	陕西省市场监督管理局	陕西、甘肃、青海、宁夏、新疆

根据上述公告,市场监管总局统一受理经营者集中申报并在试点省级市场监管部门审查意见的基础上作出审查决定。试点省级市场监管部门按照市场监管总局统一的经营者集中工作规则,进行材料审核、立案审查,并在规定时限内完成审查,将审查报告和审查建议报市场监管总局。市场监管总局作出审查决定后,试点省级市场监管部门将审查决定送达申报人。但是,对于符合下列任一情形的委托案件,市场监管总局将及时终止委托:(1)被委托的案件不符合简易案件申报标准的;(2)交易在申报前或在审查决定作出前已经实施,属于违法实施经营者集中的;(3)被委托的案件未达申报标准,且当事方申请撤回申报的;(4)交易已经取消或交易发生重大变化,当事方申请撤回申报的;(5)市场监管总局认为其他应当终止委托的情形。

六、经营者集中的相关市场

相关市场,是指经营者在一定时期内就特定商品或者服务(以下统称商品)进行竞争的商品范围和地域范围。[1] 界定相关商品市场和相关地域市场的目的是明确经营者竞争的具体市场范围。基于正常逻辑,只有确定经营者竞争的具体市场范围方可分析和判断该范围内的市场集中度,以及经营者在该范围内的市场份额、

〔1〕 参见2009年5月24日发布的《国务院反垄断委员会关于相关市场界定的指南》第3条。

市场地位、经营者的行为对市场竞争的影响。相关商品市场，是指根据商品的特性、用途及价格等因素由需求者认为具有较为紧密替代关系的一组或一类商品所构成的市场；相关地域市场，是指需求者获取具有较为紧密替代关系的商品的地理区域。一般在界定商品市场后方能界定地域市场。通过两者的结合可以较为客观地分析和判断经营者在特定地域范围内相关商品市场的竞争力。根据反垄断执法机构的要求，申报人需要通过申报书界定参与集中的经营者的相关商品市场和相关地域市场。

界定相关商品市场时，可以基于商品的特征、用途、价格等因素进行需求替代分析，必要时进行供给替代分析。从需求替代角度界定相关商品市场，可以考虑的因素包括但不限于以下各方面：(1)需求者因商品价格或其他竞争因素变化，转向或考虑转向购买其他商品的证据。(2)商品的外形、特性、质量和技术特点等总体特征和用途。商品可能在特征上表现出某些差异，但需求者仍可以基于商品相同或相似的用途将其视为紧密替代品。(3)商品之间的价格差异。通常情况下，替代性较强的商品价格比较接近，而且在价格变化时表现出同向变化趋势。在分析价格时，应排除与竞争无关的因素引起价格变化的情况。(4)商品的销售渠道。销售渠道不同的商品面对的需求者可能不同，相互之间难以构成竞争关系，则成为相关商品的可能性较小。(5)其他重要因素，包括需求者偏好或需求者对商品的依赖程度，可能阻碍大量需求者转向某些紧密替代商品的障碍、风险和成本，是否存在区别定价等。从供给角度界定相关商品市场，一般考虑的因素包括：其他经营者对商品价格等竞争因素的变化做出反应的证据，其他经营者的生产流程和工艺、转产的难易程度、转产需要的时间、转产的额外费用和风险、转产后所提供商品的市场竞争力、营销渠道等。[1] 就并购交易涉及的经营者集中而言，在界定商品市场时，通常基于被取得控制权的目标公司的业务进行分析，以目标公司的商品界定相关商品市场。但也存在例外情况，例如，在反垄断执法机构于 2019 年 10 月 16 日公布的《关于附加限制性条件批准浙江花园生物高科股份有限公司与皇家帝斯曼有限公司新设合营企业案反垄断审查决定的公告》中，反垄断执法机构认为，新设合营企

〔1〕 参见《国务院反垄断委员会关于相关市场界定的指南》第 7 条、第 8 条。

业的产品不对外采购或销售,不存在单独的相关商品市场,并据此基于集中双方各自的产品而非拟设立的合营企业的产品界定相关商品市场。

另外,相关市场的界定还需考虑交易方的商业目的。以投资基金为例,需要考虑基金是否为投资平台,交易方的目的是否为通过基金投资某一个具体行业,如房地产、医疗健康行业等,基金是否持有被投资公司全部或多数股权。如果符合上述因素,交易即便在基金层面实施,也应穿透到基金已经或将要投资的底层行业,按照底层行业的行业特征和产品特点来界定商品市场。相反,如果基金投资各种不同的行业,仅持有被投资公司少数股权,且与被投资公司或其原有股东通过对赌协议约定退出安排,那么需要进一步确认交易方的投资是否仅为战略性投资或财务性投资。如果符合上述情形,则应按照双方在基金层面的交易来界定商品市场。

界定地域市场需要着重考虑产品的销售分布、国内和国际运费成本和运输特征、进口关税、地域间的贸易壁垒等因素。从需求替代角度界定相关地域市场,可以考虑下列因素:(1)需求者因商品价格或其他竞争因素变化,转向或考虑转向其他地域购买商品的证据。(2)商品的运输成本和运输特征。相对于商品价格来说,运输成本越高,相关地域市场的范围越小;商品的运输特征也决定了商品的销售地域。(3)多数需求者选择商品的实际区域和主要经营者商品的销售分布。(4)地域间的贸易壁垒,包括关税、地方性法规、环保因素、技术因素等。(5)特定区域需求者偏好以及商品运进和运出该地域的数量等其他因素。从供给角度界定相关地域市场时,一般考虑的因素包括:其他地域的经营者对商品价格等竞争因素的变化做出反应的证据;其他地域的经营者供应或销售相关商品的即时性和可行性,如将订单转向其他地域经营者的转换成本等。[1] 具体交易涉及的相关地域市场的界定需要围绕上述因素并从需求和供应替代性来分析和综合判断。实践中,地域市场的最大范围是全球,最小范围可能是方圆 1 公里的商圈。例如,在“2019 年北京首农股份有限公司收购罗森(北京)有限公司股权案”中,地域市场被界定为北京、天津、河北省以及在特定区域(北京和天津)内以具体零售店为圆心方圆 1 公里为辐射范围的商圈市场。

---

〔1〕 参见《国务院反垄断委员会关于相关市场界定的指南》第 9 条。

七、经营者集中的商谈机制

反垄断法设立了申报前的商谈机制。根据《经营者集中审查规定》第12条之规定，在正式申报前，经营者可以以书面方式就集中申报事宜提出商谈申请，并列明拟商谈的具体问题。实践中，经营者可以就拟申报的经营者集中向反垄断执法机构申请商谈，就其关心的问题寻求反垄断执法机构的指导意见。商谈不是申报的必经程序，经营者可自行决定是否申请商谈。经营者申请商谈，应当以书面方式，通过传真、邮寄等方式提交相关信息，包括交易概况、交易各方的基本信息等文件和资料等。商谈涉及的交易应是真实和相对确定的，且拟商谈的问题应与拟申报或已申报集中直接有关，例如，交易是否需要申报，包括相关交易是否属于经营者集中、是否达到申报标准等。需要提交的申报文件资料包括申报文件资料的信息种类、形式、内容和详略程度等。具体法律和事实问题包括如何界定相关商品市场和相关地域市场、是否符合简易案件适用标准。有关申报的程序性要求包括申报的时间、申报义务人、申报和审查的时限、简易案件申报程序、非简易案件申报程序、审查程序等。[1]

需要注意的是，反垄断执法机构参与商谈的人员在商谈过程中发表的意见和看法为非正式意见，只以口头形式发表，对反垄断执法机构没有约束力。另外，对于符合委托条件的案件，需申报前商谈的，申报人可以向市场监管总局申请商谈，也可以向试点省级市场监管部门申请商谈。[2]

八、申报的撤回和更新

（一）申报的撤回

根据《经营者集中审查规定》第27条之规定，在市场监管总局作出审查决定之

〔1〕 参见《关于经营者集中申报的指导意见》第9条、第10条、第11条。

〔2〕 参见市场监管总局2022年7月8日发布的《关于试点开展委托实施部分经营者集中案件反垄断审查的公告》。

前，申报人要求撤回集中申报的，应当提交书面申请并说明理由。经市场监管总局同意，申报人可以撤回申报。对于集中交易情况或者相关市场竞争状况发生重大变化，需要重新申报的，申报人应当申请撤回。例如，申报人在申报后发现交易不属于经营者集中的，集中未达到申报标准的，集中符合申报豁免情形的，集中各方放弃交易的，或因集中发生实质性变化需要重新申报的，可以书面申请撤回申报。对于符合上述情形的交易，反垄断执法机构审核后应书面同意其撤回。[1] 撤回经营者集中申报的，审查程序终止。反垄断执法机构同意撤回申报不视为对集中的批准。

（二）申报内容的更新

申报人申报时不得隐瞒有关情况或提供虚假材料，并应对在提交申报后和市场监管总局作出审查决定之前发生的足以影响市场监管总局审查和决定的新情况及时书面通知市场监管总局。根据《关于经营者集中申报的指导意见》第 18 条之规定，在申报后发生申报人知悉或应当知悉的重大变化，或发生应披露的新情况的，申报人应及时书面通知反垄断执法机构；对于申报后发生实质性变化的交易，申报人应将该交易作为一次新的集中重新申报。市场监管总局在申报书的注释 23 中也明确要求，“如果申报后经营者集中的内容发生足以影响市场监管总局审查和决定的重大变化的，申报人应及时通知市场监管总局，并更新申报内容或重新申报”。该要求似乎是对《关于经营者集中申报的指导意见》第 18 条的具体解释，但并没有详细说明“重大变化”和“实质性变化”的具体指向和相互区别，相反仅采用“重大变化”而未提及“实质性变化”。另外，市场监管总局在要求申报人及时通知市场监管总局的同时，也要求申报人“更新申报内容或重新申报”，即申报人似乎有权选择更新申报内容或重新申报。根据市场监管总局《关于解除科力远、丰田中国、PEVE、新中源、丰田通商设立合营企业经营者集中限制性条件的公告》，“实质性变化”包括相关市场竞争状况的变化，如行业政策发生变化导致原有的优惠待遇取消、技术革新产生了新的替代性产品、集中各方的市场份额下降、客户需求发生

〔1〕 参见《关于经营者集中申报的指导意见》第 19 条。

变化。但是,有关“重大变化”和“实质性变化”的具体内涵和外延,以及两者之间是否有实质性区分的问题,有待反垄断执法机构进一步澄清。

第五节　经营者集中审查及违法集中的法律责任

基于前文的介绍和分析,达到申报标准的经营者集中,只有通过反垄断执法机构的审查,方可实施;没有达到申报标准但反垄断执法机构有证据证明具有或者可能具有排除、限制竞争效果,并要求申报的经营者集中,无论经营者在反垄断执法机构要求申报时是否已经实施集中,经营者应根据要求进行申报。反垄断执法机构对于涉嫌违法集中的行为(包括不按法律规定或不按反垄断执法机构要求申报实施集中,或虽然申报但未经批准实施集中或违反审查决定的行为)将立案调查,根据调查结果决定对违反法律规定的经营者,以及其他与集中申报相关的包括申报代理人、受托人和剥离业务的买方等主体进行处罚。本节将分别介绍和分析反垄断执法机构对经营者集中的审查和对违法集中的调查,以及违法集中相关责任人的法律责任,着重讨论经营者应当关注的审查和调查事项和有待法律和反垄断执法机构进一步明确的与违法集中法律责任相关的问题。

一、审查程序及审查决定

(一)受理

申报人应根据《反垄断法》及反垄断执法机构的具体要求提交申报文件和资料。反垄断执法机构接收材料后将出具材料接收单,并对申报文件、资料完备与否进行核查。如申报人提交的文件、材料不完备,反垄断执法机构将通过书面形式通知申报人,要求在通知规定的期限内补充资料。对于简易案件,反垄断执法机构通常要求在10个工作日内补充提供资料。如果申报人逾期未补交文件、资料的,视为未申报。[1] 实践中,如补充资料的准备和收集确实需要花费较长时间,只要申报人在截止日前与审查人员提前沟通,审查人员一般能够理解并同意适当延期,而不要求申报人重新提交全套申报资料,作为新的申报案件受理。由于反垄断执法机构无法预估申报人提交补充资料所需的实际时间,通过法律限定申报人提交补充资料的时间或者限定反垄断执法机构在申报人提起申报之后的立案时间似乎没有可行性,法律只规定反垄断执法机构经核查认为申报文件、资料符合法定要求的,应当在收到完备的申报文件、资料之日予以正式受理并书面通知申报人。[2]

(二)审查程序和停钟制度

反垄断执法机构根据申报案件的复杂程度、申报案件中发现的问题以及第三方提供的信息和资料,分阶段推进审查。

第一阶段为初步审查。反垄断执法机构应当自收到经营者提交的符合《反垄断法》规定的文件、资料之日起 30 日内,对申报的经营者集中进行初步审查,作出是否实施进一步审查的决定,并书面通知经营者。反垄断执法机构作出不实施进一步审查的决定或者逾期未作出决定的,经营者可以实施集中。[3] 实践中,反垄断执法机构对多数案件只作初步审查,即基于初步审查作出不实施进一步审查的决定。

第二阶段为进一步审查。在初步审查期限届满前,反垄断执法机构如决定进一步审查的,应当自决定之日起 90 日内审查完毕,作出是否禁止经营者集中的决定,并书面通知经营者。作出禁止经营者集中的决定,应当说明理由。有下列情形之一的,反垄断执法机构经书面通知经营者,可以延长前款规定的审查期限,但最长不得超过 60 日:(1)经营者同意延长审查期限的;(2)经营者提交的文件、资料不准确,需要进一步核实的;(3)经营者申报后有关情况发生重大变化的。反垄断执法机构逾期未作出决定的,经营者可以实施集中。[4]

---

〔1〕 参见《反垄断法》第 29 条。

〔2〕 参见《经营者集中审查规定》第 17 条。

〔3〕 参见《反垄断法》第 30 条。

〔4〕 参见《反垄断法》第 31 条。

对于复杂或可能影响市场竞争的案件，尤其是涉及附条件批准的经营者集中案件，反垄断执法机构可能需要作出进一步审查的决定。例如，市场监管总局对“2020 年丹纳赫公司收购通用电气医疗生命科学生物制药业务案”及“2019 年浙江花园生物高科股份有限公司与皇家帝斯曼有限公司新设合营企业案”的审查就是如此。值得注意的是，前述案件的实际审查时间均超过了从立案之日起的 180 日的法定最长审限，两案的申报人均在 180 日的期限届满前在得到市场监管总局同意的前提下申请撤回案件，然后再次申报并重新立案审查。基于正常理解，这种在审查期内撤回案件并重新申报的做法应该是申报人和反垄断执法机构根据当时的法律规定被迫采取的变通办法。修订前的《反垄断法》没有授权反垄断执法机构中止计算经营者集中的审查期限的权力，也就是说，反垄断执法机构必须在法定最长期限内完成审查工作并作出决定；如果反垄断执法机构逾期未作出决定，经营者可以实施集中。因此，在法定最长期限届满之前，如果申报人不撤回案件，反垄断执法机构为了防止集中对市场竞争可能产生的负面影响将被迫作出禁止经营者集中的决定。修订后的《反垄断法》引入了经营者集中审查期限停钟制度，通过授权反垄断执法机构中止计算经营者集中的审查期限真正解决了这一问题。根据《反垄断法》第 32 条之规定，有下列情形之一的，国务院反垄断执法机构可以决定中止计算经营者集中的审查期限，并书面通知经营者：(1)经营者未按照规定提交文件、资料，导致审查工作无法进行；(2)出现对经营者集中审查具有重大影响的新情况、新事实，需要进行核实；(3)对经营者集中附加的限制性条件需要进一步评估，且经营者同意。自中止计算审查期限的情形消除之日起，审查期限继续计算，反垄断执法机构应当书面通知经营者。《经营者集中审查规定》在《反垄断法》上述规定的基础上，针对适用中止计算经营者集中审查期限的三种情形，进一步制定了启动条件、恢复条件和适用程序等细则。[1]

(三)审查决定

《反垄断法》设定了经营者集中的审查标准。根据《反垄断法》第 33 条之规定，

---

〔1〕 参见《经营者集中审查规定》第 23 条至第 26 条。

审查经营者集中,应当考虑下列因素:(1)参与集中的经营者在相关市场的市场份额及其对市场的控制力;(2)相关市场的市场集中度;(3)经营者集中对市场进入、技术进步的影响;(4)经营者集中对消费者和其他有关经营者的影响;(5)经营者集中对国民经济发展的影响;(6)反垄断执法机构认为应当考虑的影响市场竞争的其他因素。《经营者集中审查规定》根据《反垄断法》的上述规定,对上述各因素作了进一步的明确和细化。[1] 反垄断执法机构经过审查后将根据法律规定和申报案情的具体情形作出下列决定:(1)不予实施进一步审查,即反垄断执法机构批准申报案件;(2)附加限制性条件批准经营者集中;(3)禁止经营者集中。市场监管总局认为经营者集中具有或者可能具有排除、限制竞争效果的,应当告知申报人,并设定一个允许参与集中的经营者提交书面意见的合理期限。参与集中的经营者的书面意见应当包括相关事实和理由,并提供相应证据。参与集中的经营者逾期未提交书面意见的,视为无异议。[2]

《反垄断法》在规定禁止经营者集中的情形的同时,也设定了豁免制度。根据《反垄断法》第 34 条之规定,经营者集中具有或者可能具有排除、限制竞争效果的,国务院反垄断执法机构应当作出禁止经营者集中的决定;但是,经营者能够证明该集中对竞争产生的有利影响明显大于不利影响,或者符合社会公共利益的,反垄断执法机构可以作出对经营者集中不予禁止的决定。集中豁免制度与申报豁免制度不同,前者需要申报,在申报之后由反垄断执法机构根据申报人提供的证明资料决定是否给予豁免;后者是由申报义务人根据《反垄断法》第 27 条的规定自行判定是否符合豁免申报的条件,并据此决定是否申报。

对不予禁止的经营者集中,反垄断执法机构可以决定附加减少集中对竞争产生不利影响的限制性条件。[3] 严格来说,附加限制性条件批准是对本应禁止的经营者集中的一种特别处理方式。根据《经营者集中审查规定》第 39 条和第 42 条之规定,为减少集中具有或者可能具有的排除、限制竞争的效果,参与集中的经营者

---

[1] 参见《经营者集中审查规定》第 32 条至第 37 条。

[2] 参见《经营者集中审查规定》第 38 条。

[3] 参见《反垄断法》第 35 条。

可以向市场监管总局提出附加限制性条件承诺方案。市场监管总局应当对承诺方案的有效性、可行性和及时性进行评估，并及时将评估结果通知申报人。市场监管总局认为承诺方案不足以减少集中对竞争的不利影响的，可以与参与集中的经营者就限制性条件进行磋商，要求其在合理期限内提出其他承诺方案。参与集中的经营者提出的附加限制性条件承诺方案能够有效减少集中对竞争产生的不利影响的，市场监管总局可以作出附加限制性条件批准决定。参与集中的经营者未能在规定期限内提出附加限制性条件承诺方案，或者所提出的承诺方案不能有效减少集中对竞争产生的不利影响的，市场监管总局应当作出禁止经营者集中的决定。限制性条件通常包括三类：(1)结构性条件，如剥离有形资产、知识产权、数据等无形资产或者相关权益（以下简称剥离业务）等；(2)行为性条件，如开放网络或者平台等基础设施、许可关键技术（包括专利或者其他知识产权）、终止排他性协议、保持独立运营、修改平台规则或者算法、承诺兼容或者不降低互操作性水平等；(3)结构性条件和行为性条件相结合的综合性条件。[1]

二、对违法集中的调查

有关经营者集中的审查和调查均为市场监管总局负责的行政行为，但两者适用的前提、程序和法律后果均不相同。经营者集中审查是市场监管总局对申报人申报的经营者集中所做的行政性审查，并基于审查结果作出批准、附条件批准或禁止集中的审查决定；而经营者集中调查是市场监管总局对经营者涉嫌违法集中的行为（包括经营者未依法或未按市场监管总局要求申报实施集中、申报后未经批准实施集中或者违反审查决定的行为）所做的执法调查，基于调查结果作出包括是否违法和是否应予处罚的调查决定。

对违法集中的调查包括对达到申报标准和未达到申报标准两种不同情形下经营者集中的调查。在经营者集中达到申报标准的情形下，如果经营者未依法申报实施集中，反垄断执法机构对此应依法调查。法律没有规定经营者是否可以在实施集中后主动补办申报。严格来说，申报前实施集中意味着违法事实已经形成。

---

〔1〕 参见《经营者集中审查规定》第40条。

即使经营者在被调查前主动申请补办申报或者恢复原状，该等申请只构成反垄断执法机构在决定处罚时考虑的从轻或减轻情节，不影响反垄断执法机构对违法未申报的认定和调查。《经营者集中审查规定》要求被调查人按照法律有关集中申报的要求提交相关文件、资料，[1]该等规定是为了方便反垄断执法机构调查和评估相关集中是否具有排除、限制竞争的效果，不应被视为反垄断执法机构接受被调查人补办申报。与达到申报标准的经营者集中不同，对于未达到申报标准但有证据证明具有或者可能具有排除、限制竞争效果的经营者集中，即便经营者已经实施集中，只要经营者按照市场监管总局的要求申报集中，市场监管总局就应按照审查程序进行审查，而不应适用调查程序，市场监管总局只有在经营者不按要求申报时方可按照法律规定的调查程序进行调查。

反垄断执法机构可能通过第三人的举报了解到经营者未依法申报的情况或线索。《经营者集中审查规定》第 57 条规定："对涉嫌违法实施经营者集中，任何单位和个人有权向市场监管总局举报。市场监管总局应当为举报人保密。举报采用书面形式，并提供举报人和被举报人基本情况、涉嫌违法实施经营者集中的相关事实和证据等内容的，市场监管总局应当进行必要的核查……"反垄断执法机构也可能通过其审查的申报案件获悉经营者其他未依法申报的经营者集中。实践中，有些未依法申报的集中是申报人在提交新的经营者集中申报资料时主动披露的。例如，根据申报书的要求，申报人在申报集中时应该提供经营者及其关联实体过去 3 年在相关市场的经营者集中情况。反垄断执法机构在决定立案调查前将对初步事实和证据进行核查，该等核查没有明确的期限要求。

对有初步事实和证据表明存在未依法申报嫌疑的，反垄断执法机构将立案，并书面通知被调查的经营者。被调查的经营者应当在立案通知送达之日起 30 日内，向反垄断执法机构提交是否属于经营者集中、是否达到申报标准、是否申报、是否违法实施等有关的文件、资料。反垄断执法机构在收到材料后的 30 日内对涉案交

[1] 《经营者集中审查规定》第 61 条第 1 款规定："市场监管总局决定实施进一步调查的，被调查的经营者应当自收到市场监管总局书面通知之日起三十日内，依照本规定关于经营者集中申报文件、资料的规定向市场监管总局提交相关文件、资料。"

易是否构成违法实施集中完成初步调查，作出是否实施进一步调查的决定，并将其决定书面通知被调查的经营者。如果反垄断执法机构决定实施进一步调查，被调查的经营者应当自收到反垄断执法机构书面通知之日起停止违法行为，并在30日内依照法律关于经营者集中申报文件、资料的规定向反垄断执法机构提交相关文件、资料。反垄断执法机构应当自收到被调查的经营者提交的符合法律规定的文件、资料之日起120日内完成进一步调查。在进一步调查阶段，反垄断执法机构的调查重点是评估涉案交易是否具有或者可能具有排除、限制竞争的影响。被调查的经营者、利害关系人有权陈述意见，市场监管总局应当对被调查的经营者、利害关系人提出的事实、理由和证据进行核实，在作出行政处罚决定前，应当将作出行政处罚决定的事实、理由和依据告知被调查的经营者。被调查的经营者应当在市场监管总局规定的期限内提交包括相关事实和证据的书面意见。市场监管总局对违法实施经营者集中将依法作出处理决定，包括决定采取必要措施恢复到集中前状态和对相关责任人罚款等，并可以向社会公布。[1]

对反垄断执法机构调查的涉嫌垄断行为，被调查的经营者承诺在反垄断执法机构认可的期限内采取具体措施消除该行为后果的，反垄断执法机构可以决定中止调查。中止调查的决定应当载明被调查的经营者承诺的具体内容。反垄断执法机构决定中止调查的，应当对经营者履行承诺的情况进行监督。经营者履行承诺的，反垄断执法机构可以决定终止调查。有下列情形之一的，反垄断执法机构应当恢复调查：(1)经营者未履行承诺的；(2)作出中止调查决定所依据的事实发生重大变化的；(3)中止调查的决定是基于经营者提供的不完整或者不真实的信息作出的。[2]

反垄断执法机构调查涉嫌垄断行为，可以采取下列措施：(1)进入被调查的经营者的营业场所或者其他有关场所进行检查；(2)询问被调查的经营者、利害关系人或者其他有关单位或者个人，要求其说明有关情况；(3)查阅、复制被调查的经营者、利害关系人或者其他有关单位或者个人的有关单证、协议、会计账簿、业务函

---

〔1〕 参见《经营者集中审查规定》第55条至第64条。

〔2〕 参见《反垄断法》第53条。

电、电子数据等文件、资料;(4)查封、扣押相关证据;(5)查询经营者的银行账户。[1] 另外,根据法律规定,被调查的经营者、利害关系人或者其他有关单位或者个人应当配合反垄断执法机构依法履行职责,不得拒绝、阻碍反垄断执法机构的调查;与涉嫌违法实施经营者集中有关的其他经营者或个人,应当按照要求提供相关文件、资料,配合市场监管总局的调查。[2]

如果未申报的经营者集中已经实施多年,与实施集中时的市场竞争情况相比,调查时的市场竞争情况可能已发生很大变化。例如,经营者集中在实施时不存在排除或限制竞争的可能,但在调查时可能排除或限制竞争;或在实施时可能排除或限制竞争,但在调查时已经不存在排除或限制竞争的可能。在此等情形下,是否采用集中实施时的市场数据和参与集中的经营者的市场份额来分析和判断经营者集中是否具有排除、限制竞争的效果,取决于经营者集中调查的目的。笔者认为,反垄断执法机构似乎应当按照调查时的相关市场数据进行竞争性分析。(1)如果根据违法集中时的市场数据分析,未申报的经营者集中具有排除、限制竞争的效果,但根据调查时的市场数据分析,该集中不具有排除、限制竞争的效果,反垄断执法机构没有必要要求违法集中的经营者恢复原状,但应以罚款的形式追究相关责任人违法集中的法律责任;(2)如果根据违法集中时的市场数据分析,未申报的经营者集中不具有排除、限制竞争的效果,但根据调查时的市场数据分析,该集中具有排除、限制竞争的效果,那么反垄断执法机构除对相关责任人进行罚款外,还应要求违法集中的经营者恢复原状或采取其他相应的措施,而不应允许违法集中的经营者通过违法不申报规避法律对市场竞争保护的规定。事实上,对于已经实施多年的未申报的经营者集中而言,由于当时的其他经营者可能已经转产,甚至清算解散,要求反垄断执法机构基于违法集中时的市场数据进行调查或要求被调查人提供多年前的市场数据应有很大难度。

---

〔1〕 参见《反垄断法》第47条。

〔2〕 参见《反垄断法》第50条和《经营者集中审查规定》第58条。

三、参与集中的经营者的违法责任

违反《反垄断法》的法律责任包括民事责任[1]、刑事责任[2]和行政责任。就行政责任而言,《反垄断法》的处罚规定区分违法集中和妨碍审查和调查两种不同情形。第一,就违法集中而言,与修订前的《反垄断法》不同,[3]2022 年修订后的《反垄断法》第 58 条有关违法集中的罚款规定不仅加大处罚力度,而且根据违法实施的集中是否具有或者可能具有排除、限制竞争效果规定不同的罚款数额,即如果具有或者可能具有排除、限制竞争效果,反垄断执法机构可以责令停止实施集中、限期处分股份或者资产、限期转让营业以及采取其他必要措施恢复到集中前的状态,处上一年度销售额 10% 以下的罚款;如果不具有排除、限制竞争效果的,处 500 万元以下的罚款。对《反垄断法》第 58 条规定的罚款,反垄断执法机构确定具体罚款数额时,应当考虑违法行为的性质、程度、持续时间和消除违法行为后果的情况等因素。[4] 第二,对于妨碍审查和调查的违法行为,《反垄断法》第 62 条规定:"对反垄断执法机构依法实施的审查和调查,拒绝提供有关材料、信息,或者提供虚假材料、信息,或者隐匿、销毁、转移证据,或者有其他拒绝、阻碍调查行为的,由反垄断执法机构责令改正,对单位处上一年度销售额百分之一以下的罚款,上一年度没有销售额或者销售额难以计算的,处五百万元以下的罚款;对个人处五十万元以下的罚款。"另外,无论是违法集中,还是妨碍审查和调查,如果违法情节特别严重、影响特别恶劣、造成特别严重后果的,反垄断执法机构可以在上述罚款数额的 2 倍以上 5 倍以下确定具体罚款数额。[5] 除此之外,根据《反垄断法》第 64 条之规定,经

[1] 《反垄断法》第 60 条规定:"经营者实施垄断行为,给他人造成损失的,依法承担民事责任。经营者实施垄断行为,损害社会公共利益的,设区的市级以上人民检察院可以依法向人民法院提起民事公益诉讼。"

[2] 《反垄断法》第 67 条规定:"违反本法规定,构成犯罪的,依法追究刑事责任。"

[3] 2022 年修正前的《反垄断法》第 48 条规定:"经营者违反本法规定实施集中的,由国务院反垄断执法机构责令停止实施集中、限期处分股份或者资产、限期转让营业以及采取其他必要措施恢复到集中前的状态,可以处五十万元以下的罚款。"

[4] 参见《反垄断法》第 59 条。

[5] 参见《反垄断法》第 63 条。

营者因违反《反垄断法》受到行政处罚的,按照国家有关规定记入信用记录,并向社会公示。

罚款是《反垄断法》规定的经营者违反《反垄断法》所应承担的主要行政责任。但就违法集中和妨碍审查和调查的罚款而言,尚有下列问题需要澄清和关注。

(一)关于"上一年度"的理解

虽然《反垄断法》第58条和第62条所规定的罚款均包括"处上一年度销售额百分之十以下的罚款"或"处上一年度销售额百分之一以下的罚款",但是《反垄断法》没有明确规定"上一年度"是指违法实施集中行为发生之日上一会计年度,还是反垄断执法机构出具立案通知书之日的上一年度或出具行政处罚决定书之日的上一年度。即便《反垄断法》第58条所称"上一年度",是指违法实施集中行为发生之日上一会计年度,但对于妨碍审查和调查的违法行为的罚款,《反垄断法》第62条所规定的"上一年度"的具体指向仍然不甚清楚。对于三种不同类型的垄断行为,即经营者违法实施经营者集中、经营者违法达成并实施垄断协议、经营者违法滥用市场支配地位,2022年修订前的《反垄断法》只对后两种违法垄断行为按照上一年度销售额的比例确定罚款额,修订后的《反垄断法》对三种不同类型的垄断行为的罚款均参照上一年度销售额确定罚款数额。或许反垄断执法机构自《反垄断法》2008年实施之后有关垄断协议和滥用市场支配地位的执法实践对于理解2022年修订后的《反垄断法》有关妨碍经营者集中的审查和调查的违法行为的罚款标准具有参考意义。根据发改委2016年6月17日公布的《关于认定经营者垄断行为违法所得和确定罚款的指南》的征求意见稿(以下简称《罚款指南征求意见稿》)第17条之规定,反垄断执法机构通常以启动调查时上一个会计年度的经营者销售额确定罚款数额,垄断行为在反垄断执法机构启动调查时已经停止的,"上一年度"为垄断行为停止时的上一个会计年度。会计年度自公历1月1日起至12月31日止。经营者采用不同会计年度的,按照中国的会计年度进行调整后使用。尽管《罚款指南征求意见稿》至今尚未颁布实施,但执法实践似乎采纳了《罚款指南征求意见稿》有关"上一年度"的规定。就妨碍经营者集中的审查和调查的违法行为而言,反垄断执法机构很可能沿袭这一执法实践,分别以受理集中申报和启动调查立案的上一年度的销售额确定罚款金额。

（二）关于销售额的认定

反垄断执法机构长期以来对销售额的认定存在不同理解，并曾尝试通过《罚款指南征求意见稿》对实施垄断协议和滥用市场支配地位的销售额计算标准予以明确。根据《罚款指南征求意见稿》第18条之规定，一般情况下，反垄断执法机构以经营者在实施垄断行为的地域范围内涉案商品的销售收入作为计算罚款所依据的销售额。如果这个地域范围大于中国境内市场，一般以境内相关商品的销售收入作为确定罚款所依据的销售额。反垄断执法机构根据会计制度和行业特点认定销售收入。但是，根据《中国市场监管报》2019年5月22日发表的对市场监管总局局长的专访，市场监管总局局长在谈到罚款基数的问题时表示："执法实践中，计算违法所得往往难度较大，但要应算尽算，不能计算的要充分说明理由。罚款基数应为企业上一年度的全部销售额，而不是涉案产品的销售额。就此问题，市场监管总局已经专门请示全国人大常委会法工委，并得到明确答复。目前，市场监管总局正在研究制定垄断案件行政处罚裁量工作规则，统一执法尺度。"

就司法实践而言，最高人民法院在"上诉人海南省市场监督管理局因与被上诉人海南盛华建设股份有限公司反垄断行政处罚纠纷案"中支持以全部产品销售额而非涉案产品销售额作为罚款计算基数。最高人民法院在2022年1月26日的行政判决书中认为，就该案争议的反垄断行政处罚的合法性与合理性而言，应当重点审查考量三个层面的问题：第一，系争反垄断行政处罚是否在《反垄断法》第46条（2022年修订后的《反垄断法》第56条）针对达成并实施垄断协议所规定的处罚幅度之内，以确定行政执法机构裁量具体罚款数额是否超出法定标准和范围。第二，系争反垄断行政处罚是否具有足够的威慑作用，以实现反垄断法第一条确立的预防和制止垄断行为等立法目的。第三，系争反垄断行政处罚是否符合《行政处罚法》及《反垄断法》所规定的过罚相当原则，以避免对轻微违法行为给予过重的处罚或者对特别严重的违法行为给予过轻的处罚。最高人民法院进一步认为：首先，从文义解释的角度看，《反垄断法》规定计算罚款基数时仅表述为"上一年度销售额"而没有作进一步限定。对该"销售额"的含义实践中可能存在多种理解，包括全部产品或者服务的销售额、涉案产品或者服务的销售额、中国境内涉案产品或者服务销售额、相关市场销售额、全球销售额等。在"上一年度销售额"存在多种理解情况下,需要结合立法目的和一般法律适用原则探究其合理含义。其次,从立法目的解释的角度看,《反垄断法》的直接立法目的是预防和制止垄断行为。鉴于垄断行为的危害不仅限于其违法经营的范围,还损害市场竞争机制和经济运行效率,垄断行为通常对市场经济的危害性较大,总体上对垄断行为应当处以较为严厉的处罚,方能起到有效的威慑作用,否则难以实现反垄断法预防和制止垄断行为的立法目的,因此,将《反垄断法》规定的"上一年度销售额"原则上解释为全部销售额具有合理性。最后,从过罚相当的角度来看,《行政处罚法》规定,设定和实施行政处罚必须以事实为依据,与违法行为的事实、性质、情节以及社会危害程度相当;《反垄断法》规定,反垄断执法机构确定具体罚款数额时,应当考虑违法行为的性质、程度和持续的时间等因素。据此,审查反垄断执法机构确定的具体罚款数额是否合法适当,需要结合个案具体情况,以有利于实现《反垄断法》预防和制止垄断行为的立法目的和确保个案处理结果公正为指引进行综合判断。具体可以考虑如下因素:垄断行为的危害性程度,如垄断行为的性质(横向垄断协议通常比纵向垄断协议对市场竞争的危害性更大)、持续时间、所涉及的市场范围、违法销售额及对经营者全部业务的影响等;经营者的主观恶意,如是否明知故犯、恶意违法;经营者在违法行为中所处的地位和作用,如是否属于垄断行为组织者或者主导者等;是否已经并处没收违法所得;经营者是否存在抗拒行政查处或者主动停止违法行为的情节;等等。[1]

不难看出,目前具有代表性的执法和司法实践均认为《反垄断法》规定的罚款基数应为相关经营者上一年度的全部销售额。但是,作为罚款基数的销售额还涉及其他两个问题:(1)如相关经营者在中国境外有销售,中国境外的销售额是否应纳入罚款的计算依据;(2)对于集团公司而言,如果签署集中协议的法人主体既有母公司,也有子公司和其他关联企业,那么作为罚款基数的销售额是否只应为其自身的销售额,或还应包括其下属公司的销售额,或甚至是整个集团公司的销售额。相关问题需要执法和司法实践进一步明确。

---

〔1〕 参见最高人民法院行政判决书,(2021)最高法知行终880号。

四、其他相关主体的法律责任

除参与集中的经营者外,《经营者集中审查规定》规定了其他与经营者集中相关的法律主体的法律责任,包括申报代理人、受托人、[1]剥离业务的买方。根据《经营者集中审查规定》第70条、第71条和第72条的规定:(1)申报代理人故意隐瞒有关情况、提供虚假材料或者有其他行为阻碍经营者集中案件审查、调查工作的,市场监管总局依法调查处理并公开,可以向有关部门提出处理建议。(2)受托人不符合履职要求、无正当理由放弃履行职责、未按要求履行职责或者有其他行为阻碍经营者集中案件监督执行的,市场监管总局可以要求义务人更换受托人,并可以对受托人给予警告、通报批评,处10万元以下的罚款。(3)剥离业务的买方未按规定履行义务,影响限制性条件实施的,由市场监管总局责令改正,处10万元以下的罚款。

五、处罚时效

违法实施集中的行为,包括经营者未依法或未按市场监管总局要求申报实施集中、申报后未经批准实施集中或者违反审查决定的行为。对违法实施集中的处罚属于行政处罚,应适用行政处罚法有关时效的规定。根据2021年修订的《行政处罚法》第36条之规定,除涉及公民生命健康安全、金融安全且有危害后果的或法律另有规定的之外,违法行为在2年内未被发现的,不再给予行政处罚。该2年期限从违法行为发生之日起计算;违法行为有连续或者继续状态的,从行为终了之日起计算。就经营者集中而言,即便违法实施的集中已逾2年,只要集中行为处于连续或继续状态,申报义务人应在有效的法律追诉期内;如果违法集中已经停止超过2年,如参与集中的经营者设立的合营企业已经解散并超过2年时间,那么该等违法

---

〔1〕 根据《经营者集中审查规定》第44条之规定,受托人包括监督受托人和剥离受托人。监督受托人是指受义务人(附加限制性条件批准经营者集中的审查决定中要求履行相关义务的经营者)委托并经市场监管总局评估确定,负责对义务人实施限制性条件进行监督并向市场监管总局报告的自然人、法人或者其他组织。剥离受托人是指受义务人委托并经市场监管总局评估确定,在受托剥离阶段负责出售剥离业务并向市场监管总局报告的自然人、法人或者其他组织。

集中因超过法律规定的追诉时效不受追诉。实践中,对于如何认定违法集中的停止可能存在争议。例如,对于经营者在合营企业设立后已经将股权转让给第三方或者股权收购中的买方已经将收购的股权转回给原来的卖方或转让给第三人等,如何认定违法集中是否已经停止?笔者认为,相关问题应参照《行政处罚法》的相关规定、执法和司法实践进行认定。